中国西部民族文化通志（33 卷）

哲学卷	伦理卷	心理卷	宗教卷
政治卷	历史卷	古籍卷	法律卷
社会卷	妇女卷	婚姻家庭卷	游牧卷
农耕卷	建筑卷	交通卷	贸易卷
科技卷	生态卷	教育卷	饮食卷
服饰卷	体育卷	娱乐卷	旅游卷
节日卷	礼仪卷	禁忌卷	文学卷
艺术卷	影视卷	工艺美术卷	傩文化卷
吉祥物卷			

教育部人文社会科学
重点研究基地重大项目成果

中国西部民族文化通志

瞿明安　何明　主编

法律卷

张晓辉　孙健飞　胡兴东　朱艳英等　编著

云南出版集团
云南人民出版社

国家出版基金资助项目

教育部人文社会科学重点研究基地重大项目

教育部人文社会科学重点研究基地云南大学西南边疆少数民族研究中心项目

总 序

21世纪之初，中国政府启动了西部大开发的战略部署，将西部各民族的繁荣发展推到了中国现代化建设的前沿阵地，使其成为中国西部发展史上最值得大书特书的一页。国发〔2000〕33号《国务院关于实施西部大开发若干政策措施的通知》中规定，中国西部开发的政策适用范围，包括重庆、四川、贵州、云南、西藏、陕西、甘肃、宁夏、青海、新疆、内蒙古、广西等12个省区市（统称为西部地区）。根据以上区域划分的原则，在中国西部地区主要分布着49个少数民族，即维吾尔族、哈萨克族、乌孜别克族、塔塔尔族、塔吉克族、柯尔克孜族、俄罗斯族、回族、土族、裕固族、东乡族、保安族、撒拉族、锡伯族、蒙古族、达斡尔族、鄂温克族、鄂伦春族、藏族、门巴族、珞巴族、羌族、傣族、哈尼族、基诺族、佤族、景颇族、德昂族、布朗族、拉祜族、阿昌族、傈僳族、独龙族、怒族、白族、纳西族、普米族、彝族、苗族、瑶族、布依族、水族、侗族、土家族、壮族、仫佬族、仡佬族、毛南族、京族等。在西部大开发的过程中，西部少数民族的现实状况和未来发展趋势将直接影响中国西部经济社会发展的总体进程。2001年国务院西部开发办《关于西部大开发若干政策措施的实施意见》中规定，其他地区的民族自治州（湖南湘西土家族苗族自治州、湖北恩施土家族苗族自治州、吉林延边朝鲜族自治州），在实际工作中比照有关政策措施予以照顾。

西部大开发分别包括对西部地区自然资源的开发利用与可持续发展，以及对人文资源的开发利用与保护传承两个方面的内容。而在人文资源的开发利用与保护传承方面，如何充分有效地认识和发掘西部少数民族文化资源的价值和功能，使其在西部大开发中发挥积极的作用就是其中一项十分重要的内容。从应用民族学的角度来看，西部少数民族文化资源的开发利用与保护传承包括多种不同的表现形式，既有从经济发展和提高人民物质生活水平的需要出发对民族饮食、民族服饰、民族建筑、民族生产方式、民族贸易、民族旅游等文化资源的开发利用与保护传承，也有从构建和谐社会的需要出发对民族政治、民族法律、民族道德、民族宗教、民族心理等社会结构及文化要素的调适、引导和传承，还有从提高全民族文化素质和满足人们精神生活需要出发对民族教育、民族科技、民族文学、民族艺术、民族古籍等传统知识及文化要素进行的传承、改造和创新。在对西部少数民族文化资源进行开发利用与保护传承的过程中，应正确处理好突出经济效益的开发利用与关注社会效益的保护传承两者之间的关系，做到开发利用与保护传承两者并重，或在开发利用的过程中高度关注民族文化资源的保护传承。可以说，西部少数民族文化资源的开发利用与保护传承是一项巨大的社会系统工程，它与西部地区自然资源的开发利用及可持续发展具有同等重要的价值。

面对西部大开发这一前所未有的宏伟规划，作为以民族群体及其文化为研究对象的中国民族学研究者，如何在西部少数民族文化资源开发利用与保护传承的过程中发挥独特的作用，就成了当代中国学术界高度关注的现实问题。其实，早在西部大开发之前的 20 世纪 80 年代中期，中国的部分民族学研究者就参与了由国务院委托中国科学院牵头组织的有关西部大开发的前期研究准备工作，为 20 世纪末和 21 世纪初西部少数民族经济社会的发展献计献策。随着 21 世纪初西部大开发的正式启动，中国民族学研究者再一次站在了西部少数民族文化资源开发利用与保护传承的前沿阵地，除了直接参与西部各省区市政府部门有关当地少数民族经济社会发展的应用对策研究以外，为了正确认识把握西部少数民族的历史和现状，继承和弘扬西部少数民族的优良文化传统，还有不少学者撰写了一些与西部少数民族文化有关的著作，在研究西部少数民族文化方面取得了初步的成果。然而，在肯定以上事实的同时也应该承认，目前有关中国西部少数民族文化研究的成果仍处于零散、单一、粗浅的初期阶段，在学术界尚未形成大的气候和雄厚的优势，远远适应不了西部大开发对精神文化产品的客观现实需要。为了改变这种被动的状态，我们策划并组织全国的有关学者撰写了这套《中国西部民族文化通志》，以便为西部大开发提供精神文化方面的优秀产品，同时也为西部少数民族文化资源的保护传承献上一份厚礼。与国内其他同类的书籍相比，本通志在研究对象、学术取向和书写范式等方面具有以下几个鲜明的特点：

第一，坚持民族学的文化概念，系统深入地研究中国西部少数民族文化的各种构成要素。有关文化概念的界定问题，在不同学科的认知体系中往往存在着较大的差异。在一般人们的视野中，文化主要是指文学、艺术、教育、新闻、传播、伦理道德、思想观念等反映经济基础的意识形态。而从民族学的角度来看，文化则是指整个人类及其各个民族生活方式的总和，包括物质文化、行为文化、制度文化和精神文化等不同的构成要素，是人与自然、人与人、人与社会互动的产物。这两种不同的看法其实就与文化概念的狭义和广义之分相关。本通志坚持民族学的广义文化概念，将中国西部少数民族的各种文化构成要素划分为33个方面，相应形成了哲学卷、伦理卷、心理卷、宗教卷、政治卷、历史卷、古籍卷、法律卷、社会卷、妇女卷、婚姻家庭卷、游牧卷、农耕卷、建筑卷、交通卷、贸易卷、科技卷、生态卷、教育卷、饮食卷、服饰卷、体育卷、娱乐卷、旅游卷、节日卷、礼仪卷、禁忌卷、文学卷、艺术卷、影视卷、工艺美术卷、傩文化卷、吉祥物卷等33个分卷，几乎涵盖了中国西部少数民族文化的方方面面，由此形成一个宏大而多元的文化体系。除了从总体上将西部少数民族的各种文化现象划分为以上不同的构成要素以外，各个分卷的专题民族文化志则更进一步地将某一种特定的文化现象进行细致入微的分解。通过这种层层深入的描述和解析，使中国西部少数民族文化的各种鲜明特点得以充分地显现出来，为人们正确地认识了解中国西部少数民族文化的本质特征和表现形式提供系统翔实的文本资料。

第二，对中国西部少数民族文化进行整体的研究，为中国民族学西部学派的形成奠定坚实的基础。中国民族学以往的研究曾显现出一个鲜明的倾向，就是绝大多数学者的精力和时间都投入了对某些单一民族及其文化的研究，对田野调查报告或民族志的关注超越了对文化整体的认识。在对中国少数民族的历史和现状缺乏了解的背景条件下，对各个单一民族及其文化开展的调查研究不仅是非常迫切需要的，而且也符合现代民族学的学科发展规律。而在对各个单一民族及其文化所进行的田野调查和民族志资料积累发展到一定程度的时候，对中国少数民族文化进行宏观和微观相结合的整体研究，就自然而然地成了当代中国民族学学科发展的必然趋势。本通志的研究对象和学术取向就是这一学科发展趋势的具体体现。与国内已出版的各个单一民族的文化志有所不同的是，本通志各个分卷的民族文化志都不是只单独涉及西南、西北和内蒙古等地区各个单一民族，而是打破原有的地区和民族界限，将西南、西北和内蒙古等西部地区所有少数民族的特定文化现象作为一个有机的整体来看待。通过对各种文化现象的描述和概括来认识中国西部少数民族文化的总体特点，在此基础上建立中国民族学西部学派。所谓中国民族学西部学派，就是在中国民族学研究者中以西部少数民族文化为整体研究对象的学术群体和学术取向。它既从学科发展的角度关注整个中国西部少数民族文化的构成要素和总体特点，同时又从应用实践的角度重视中国西部少数民族文化资源的开发利用与保护传承，以便在基础研究和应用研究方面构建当代中国民族学的学科体系。可以说，本通志的出版就是中国民族学西部学派正式形成的标志，同时也为今后中国民族学的学科建设和发展打下了坚实的基础。

第三，把描述性与解释性有机地结合起来，使中国西部少数民族的各种文化现象得以较完整地呈现出来。以往志书的一个鲜明特征就是完整地记录和描述某一特定的事项，即古人所谓的“述而不作”。而本通志的设计和写作则突破了这一窠臼，即注重描述性与解释性两者之间的有机结合。本通志各个分卷主要包括导论和正文两个部分，其中各个分卷的导论是具体专题民族文化志的核心和灵魂。每一种具体的民族文化均有其基本特点、形成因素、表现形式、特定内涵、价值取向、应用功能等方面的重要内容。本通志各个专题民族文化志的导论部分，需要作者具有扎实的理论功底和素养，熟练地运用民族学有关民族文化的相关理论方法来进行高度的概括和分析，使人们对纷繁复杂的中国西部民族文化现象有一个较高层次的感悟和较全面的理解，为进一步认识中国西部民族文化的具体构成要素提供总体的思维模式和分析框架。而本通志各分卷的正文部分则是具体专题民族文化志的主体内容。它们分别对每一种涉及的具体民族文化要素进行层层深入的描述和解释，充分展现中国西部民族文化各种构成要素所具有的特色鲜明的表现形式、内在含义，以及与其他文化要素之间的互动关系。其显著效果就是使被描述、解释的内容显现得细致入微和丰富多样，以便加深人们对这些特定民族文化现象的认识程度。

第四，把横向的民族志资料与纵向的历史文献相结合，充分显现出中国西部少数民族传统文化形成和发展的特点。通常情况下，民族文化志书写的特点都是侧重于横向的研究，即对某一特定时期的民族文化现象进行全面客观的描述，很少涉及历史上这种特定民族文化现象形成、发展、变化的过程和特点。本通志则在这一方面有所突破，即分别从横向和纵向两个方面入手，既描述某一种民族文化现象的具体表现形式和鲜明特征，同时又对这种民族文化现象在历史上的演变乃至在现代社会中发生的变化进行简要的概括和分析，使得各个专题民族文化志能够融贯古今，使其显现出本身应有的资料价值和学术价值。而在横向与纵向相结合的书写过程中，则以横向的民族志描述为主，以纵向的历史演变为辅。通过阅读本通志，既可以从文化体系的角度认识和了解中国西部少数民族传统文化的基本特征、表现形式、形成因素、价值取向、象征意义、社会功能等，也可以从历史发展的角度洞察中国西部少数民族传统文化在历史上的演变以及在现实生活中的状态和未来发展的趋势，让读者从各种不同的民族文化构成要素中充分体悟中国西部少数民族文化的多样性和复杂性。

本通志由云南大学西南边疆少数民族研究中心的瞿明安教授和何明教授担任主编，组织了以云南大学为主、其他院校和科研单位为辅的研究团队。分别由云南大学、中山大学、北京师范大学、四川大学、中央民族大学、中南民族大学、广西民族大学、云南民族大学、贵州民族大学、云南师范大学、云南农业大学、云南省社会科学院、云南行政学院、武汉工商学院、中国妇女儿童博物馆、云南人民出版社等国内十五所大学、科研机构和出版社长期从事民族文化研究的三十余位知名专家学者领衔撰写，参与人员近百人。全套通志约一千六百万字，可以说是目前国内规模最大、体系最完整的一套专题民族文化志，在中国民族学界尚属首次出版，堪称传世之作。这也是一项重大的基础建设工程，对于继承和发扬中国西部少数民族的优良文化传统，增强各民族的自豪感和自信心，提高中国民族学的整体研究水平具有重要的学术价值。

本通志的编辑和出版得到了有关方面的大力支持和帮助。其中云南人民出版社人文读物编辑部尹杰主任最早提出了编写这套通志的构想，并在具体策划和编辑过程中付出了辛勤的劳动，云南人民出版社刘大伟社长对本通志的出版给予了全力的支持，责任编辑李萍女士为通志的编辑出版敢担其责、倾心尽力。云南大学西南边疆少数民族研究中心将本通志申报立项为瞿明安主持的 2010 年教育部人文社会科学重点研究基地重大项目（批准号：10JJD850007）。本通志还得到了云南出版集团和云南大学的大力支持，在此表示衷心的感谢！

《中国西部民族文化通志》编委会

2013 年 10 月 31 日

目　录

导　论 …………………………………………………………………………… (1)

一、西部少数民族法律文化的研究价值 ………………………………… (1)

（一）有助于深刻认识中华法律文化的一体性 ……………………… (2)

（二）有助于客观地理解各民族法律文化的差异性 ………………… (4)

（三）有助于认识民族法律文化在现代社会的作用 ………………… (7)

二、西部少数民族法律文化的研究对象 ………………………………… (8)

（一）民族的法律价值观 ……………………………………………… (8)

（二）民族法的发生、发展、变迁 ………………………………… (10)

（三）民族法的类型、结构及其功能 ……………………………… (11)

（四）民族的立法和司法 …………………………………………… (12)

（五）民族的法律认知 ……………………………………………… (13)

三、本书的结构安排和主要内容 ……………………………………… (16)

（一）治理多民族地区的国家法 …………………………………… (16)

（二）区域性政权的法 ……………………………………………… (18)

（三）神话与史诗中的法 …………………………………………… (19)

（四）宗教法 ………………………………………………………… (21)

（五）家族法 ………………………………………………………… (22)

（六）历史上的纠纷解决机制 ……………………………………… (24)

（七）现代社会中的习惯法 ………………………………………… (25)

第一章　治理多民族地区的国家法 …………………………………… (27)

第一节　国家法的演变及特征 ………………………………………… (27)

一、治理多民族地区的国家法的演变过程 ………………………… (27)

二、治理多民族地区的国家法的特点 …………………………… (29)
第二节　国家法的立法指导思想 …………………………… (31)
一、"因俗而治" …………………………… (31)
二、"夷汉相安"与"威之以法" …………………………… (32)
三、"华夷有别"与"以夷制夷" …………………………… (33)
第三节　行政法律制度 …………………………… (34)
一、中央行政建置 …………………………… (34)
二、民族地区的地方行政法律制度 …………………………… (36)
第四节　刑事法律制度 …………………………… (47)
一、刑事法律制度的指导思想和原则 …………………………… (47)
二、主要罪名 …………………………… (48)
三、刑罚制度和量刑制度 …………………………… (51)
第五节　民事法律制度 …………………………… (61)
一、物权法律制度 …………………………… (61)
二、债权法律制度 …………………………… (67)
三、婚姻家庭和继承法律制度 …………………………… (70)
第六节　经济法律制度 …………………………… (77)
一、关于土地的法律制度 …………………………… (77)
二、赋税法律制度 …………………………… (78)
三、关于屯田和移民垦殖的法律规定 …………………………… (80)
四、商业和矿业等法律制度 …………………………… (84)
第七节　司法制度 …………………………… (93)
一、司法机构 …………………………… (93)
二、诉讼制度 …………………………… (98)
第二章　区域性政权的法 …………………………… (105)
第一节　区域性政权的产生 …………………………… (106)
一、中国历史上的区域性政权 …………………………… (106)
二、区域性政权存在的原因 …………………………… (111)
三、区域性政权的法制特点 …………………………… (116)
第二节　行政法律制度 …………………………… (120)

一、行政机关 …………………………………………………………… (120)
二、职官制度 …………………………………………………………… (124)
第三节　刑事法律制度 ……………………………………………… (132)
一、犯罪 ………………………………………………………………… (132)
二、刑罚 ………………………………………………………………… (137)
第四节　民事法律制度 ……………………………………………… (144)
一、物权法律制度 ……………………………………………………… (144)
二、债权法律制度 ……………………………………………………… (147)
三、婚姻、家庭和继承法律制度 ……………………………………… (149)
第五节　经济法律制度 ……………………………………………… (156)
一、农牧法律制度 ……………………………………………………… (156)
二、工商法律制度 ……………………………………………………… (160)
三、财税法律制度 ……………………………………………………… (163)
第六节　司法制度 …………………………………………………… (164)
一、司法机关 …………………………………………………………… (164)
二、诉讼审判制度 ……………………………………………………… (165)
三、狱政 ………………………………………………………………… (168)

第三章　神话与史诗中的法 ………………………………………… (170)

第一节　西部少数民族神话与史诗中的早期规范 ………………… (170)
一、祭祀的规范 ………………………………………………………… (171)
二、战争的规范 ………………………………………………………… (173)
三、生产生活中的规范 ………………………………………………… (175)
四、婚姻家庭的规范 …………………………………………………… (178)
第二节　西部少数民族神话与史诗中的“活法” …………………… (181)
一、神权的观念 ………………………………………………………… (182)
二、祖先崇拜的观念 …………………………………………………… (189)
三、因果报应的观念 …………………………………………………… (193)
第三节　西部少数民族的神话、史诗与规范变迁 ………………… (196)
一、神话与史诗中的规范变迁 ………………………………………… (196)
二、从神话、史诗看现实社会的规范变迁 …………………………… (198)

三、规范变迁的差异 ……………………………………………… (200)

第四章 宗教法 ……………………………………………… (203)

第一节 宗教与法律 ……………………………………………… (204)
一、宗教信仰的种类 ……………………………………………… (204)
二、宗教中的行为规范：类型与特点 ……………………………… (204)
三、宗教与法律的联系与区别 ……………………………………… (206)
第二节 原始宗教信仰与行为规范 ………………………………… (208)
一、西部民族原始宗教信仰概况 …………………………………… (208)
二、原始信仰中的行为规范 ……………………………………… (213)
三、仪式活动组织规范与官方的管理规范 ………………………… (216)
第三节 佛教教义与行为规范 ……………………………………… (217)
一、西部民族佛教信仰概况 ……………………………………… (218)
二、佛教信仰与行为规范 ………………………………………… (220)
三、宗教组织规范和财产规范 …………………………………… (227)
四、神职人员规范 ……………………………………………… (231)
五、宗教事务管理规范 ………………………………………… (233)
第四节 道教教义与行为规范 ……………………………………… (236)
一、西部民族道教信仰概况 ……………………………………… (236)
二、道教信仰与行为规范 ………………………………………… (238)
三、组织管理规范 ……………………………………………… (242)
四、宗教事务管理规范 ………………………………………… (244)
第五节 基督教教义与行为规范 …………………………………… (247)
一、西部民族基督教信仰概况 …………………………………… (248)
二、基督教信仰与行为规范 ……………………………………… (253)
三、宗教组织规范和财产保护规范 ………………………………… (258)
四、宗教事务管理规范 ………………………………………… (263)
第六节 伊斯兰教教义与行为规范 ………………………………… (266)
一、西部民族伊斯兰教信仰概况 …………………………………… (266)
二、教义中的行为规范 ………………………………………… (268)
三、宗教组织规范 ……………………………………………… (272)

四、神职人员权利义务规范 …………………………………………（273）
五、宗教事务管理规范 ………………………………………………（275）

第五章　家族法 ……………………………………………………（277）

第一节　家族法的类型、特点与功能 ……………………………（278）
一、家族组织的规模与形式 ………………………………………（278）
二、家族法的类型和特点 …………………………………………（282）
三、家族法的功能 …………………………………………………（289）
第二节　家族成员的人身关系 ……………………………………（292）
一、家族的识别 ……………………………………………………（292）
二、家长与族长 ……………………………………………………（296）
三、家族成员的关系 ………………………………………………（300）
第三节　家族的婚姻 ………………………………………………（303）
一、同姓不婚 ………………………………………………………（303）
二、婚姻关系中的女性 ……………………………………………（307）
三、舅权制与姑表婚 ………………………………………………（310）
第四节　家族的财产关系 …………………………………………（312）
一、家族的财产 ……………………………………………………（312）
二、家族财产的处分 ………………………………………………（313）
三、家庭财产的继承 ………………………………………………（315）
第五节　对违反家族法行为的惩罚 ………………………………（320）
一、执行惩罚的机构 ………………………………………………（320）
二、惩罚的程序 ……………………………………………………（322）
三、惩罚的种类 ……………………………………………………（324）

第六章　历史上的纠纷解决机制 …………………………………（328）

第一节　复仇式纠纷解决机制 ……………………………………（329）
一、群体间械斗型纠纷解决机制 …………………………………（329）
二、个体间复仇型纠纷解决机制 …………………………………（331）
第二节　神判式纠纷解决机制 ……………………………………（335）
一、水审型神判 ……………………………………………………（336）

二、火审型神判 …………………………………………………… (338)
三、武器型神判 …………………………………………………… (342)
四、动物型神判 …………………………………………………… (342)
五、发誓型神判 …………………………………………………… (343)
六、物质型神判 …………………………………………………… (347)
七、罚站型神判 …………………………………………………… (349)
八、占卜型神判 …………………………………………………… (349)
九、诅咒型神判 …………………………………………………… (350)
第三节　调解式纠纷解决机制 ………………………………………… (352)
一、诸民族群体中各类头人调解机制 ……………………………… (352)
二、少数民族内部专业人士与特定人员调解机制 ………………… (360)
三、土官土司调解机制 …………………………………………… (363)
四、宗教人士调解机制 …………………………………………… (365)
五、官方调解机制 ………………………………………………… (368)
第四节　诉讼式纠纷解决机制 ………………………………………… (373)
一、地方政权与土司衙门的诉讼式纠纷解决机制 ………………… (373)
二、地方各级流官政府的诉讼式纠纷解决机制 …………………… (375)
三、中央司法机关的诉讼式纠纷解决机制 ………………………… (379)
第五节　军事征伐式纠纷解决机制 …………………………………… (381)

第七章　现代社会中的习惯法 ……………………………………… (385)

第一节　习惯法的特点和作用 ………………………………………… (386)
一、禁忌的特点 …………………………………………………… (386)
二、习惯的特点 …………………………………………………… (390)
三、习惯法的作用 ………………………………………………… (394)
第二节　习惯法中的禁忌 ……………………………………………… (399)
一、生产禁忌 ……………………………………………………… (399)
二、生活禁忌 ……………………………………………………… (403)
三、宗教与祭祀禁忌 ……………………………………………… (412)
四、婚礼与生育禁忌 ……………………………………………… (414)
五、动物与植物禁忌 ……………………………………………… (419)

六、丧葬禁忌 …………………………………………………………………… (420)
第三节　习惯法中的制度性习惯 ……………………………………………… (424)
一、婚姻家庭制度 ……………………………………………………………… (424)
二、物权制度 …………………………………………………………………… (426)
三、债权制度 …………………………………………………………………… (427)
四、生产制度 …………………………………………………………………… (428)
五、公共事务管理制度 ………………………………………………………… (429)
六、对违法犯罪行为的处罚制度 ……………………………………………… (429)
第四节　少数民族习惯法在现代社会中的变迁 …………………………… (430)
一、习惯法变迁的表现举要 …………………………………………………… (431)
二、影响少数民族习惯法变迁的因素 ………………………………………… (436)

参考文献 ……………………………………………………………………… (439)

后　记 ………………………………………………………………………… (443)

导 论

民族文化是一个有着极其丰富的内涵和外延的概念。由于人类可以按照不同的群体、历史、语言文字、生活方式等指标划分为不同的民族（实际上，民族的形成本身即是一个文化现象，而划分民族的标准也多是文化的标准），所以，人类文化也便可以依其不同的民族性而划分不同民族的文化类型。法律是一种文化现象，属于制度文化的范畴。在民族国家中，法律充满着民族文化的气息，并受到其他民族文化领域的影响。在单一民族成分的国家中，民族文化与法律的融合表现为一种自然、和谐的关系。但是，在多民族的国家中，民族文化的多样性一方面会形成各民族不同的法律文化，另一方面则会使国家法律面临如何协调不同民族的文化的问题。我国是一个历史悠久的多民族的国家，西部是我国少数民族聚居区最多的地域，居住在西部的各族人民在各民族发展过程中，创造了与本民族生存环境和发展水平相适应的民族法律文化，并在相互交流、相互影响的文化涵化中，共同创造了中华文化中的法律文化。所以本书以西部少数民族法律文化为线索，研究西部少数民族法律文化的历史、类型、内容、形式以及变迁史，探索国家依法治理少数民族地区的经验和教训，分析西部各少数民族民间规范的历史和现实作用，从而展现中华法律文化中的西部少数民族法律文化的全貌。

一、西部少数民族法律文化的研究价值

各民族的法律文化都有其特殊性。法律作为一种文化现象，它必然受到以民族为特征的文化影响。中华文化是中国法律的基石，它通过各种渠道和媒介影响着统治者及普通民众的观念与行为，从而将中华文化的价值取向体现在国家法、地方法和民众的日常生活之中。然而，中华文化在历史发展中形成的中华各民族文化的包容性，并不排斥以汉文化为主体的文化格局。这种格局体现在法律和日常生活中，也就导致了国家法中的汉文化取向与少数民族文化取向的统一与差异，即法律文化中的一体性与差异性的问题。基于历史主义和文化相对主义的视角，设身处地地考察各民族法律文化的变迁史，客观地描述民族法律文化的一体性和差异性，进而反观本民族法律文化的弱点，发现处理一体性和差异性之间矛盾的路径，促进各民族法律文化的交流与发展，是研究西部少数民族法律文化的基本价值所在。具体来讲，西部少数民族法律文化的研究价值体现在以下几个方面。

（一）有助于深刻认识中华法律文化的一体性

在中国的历史中，尽管一直存在多民族的格局或在某个特定时期出现短暂的区域性政权，但是，中华文化的一体性奠定了中国统一的基础，而各民族在法律文化上对中华文化和国家法律的认同，保障了国家法律的统一性和国家法在少数民族地区的实施。

第一，中华各民族在历史上共同创造了中华文化，奠定了国家法在民族地区实施的基石。中华文化是中华民族统一的象征，中华文化在其发展历史中，尽管表现出以汉文化为主体文化的格局，但却从来不是单一民族的文化，汉文化在其发展过程中大量汲取各民族的文化，而各民族文化在保留自己文化特性的过程中，也不同程度地受到汉文化的影响。这种各民族之间文化上的相互影响和渗透，最终形成了影响法律及其实施的、融合各民族文化为一体又具有包容多元性的中华文化。中华文化的多元性可以从不同的方面做不同的解释，而这里所说的多元性实际上是指中华文化的多民族性。中华文化的多民族性在历史上影响了各个历史朝代法律的制定和实施，对民族地区的发展和民族的交流与融合起到了积极的作用。无论是在中国的元、清两朝所产生的汉法律文化与少数民族法律文化交错的“混合法”，还是少数民族地方政权大量沿用汉法律文化的制度和规范的事实，都足以说明中华文化的多元性在一定程度上打破了地域和民族之间的隔阂，为实施国家的统一法律奠定了文化基石。时至今日，中华传统文化仍然具有强大的民族凝聚力，并作为一种民族精神，对我国的立法与法律实施产生着影响。与此同时，以现代文明为背景的现代文化将各民族推向开放与交流的大潮，从而加强了中华文化的多元性和各民族间的共性，使建立在中华文化基础上的法律在体现民族共同利益、发挥法律的普遍性特征上更有广阔的前景。

第二，中华各民族地域上对祖国的认同感和共同维护中国疆域的精神，是中国法律在民族地区得以实施的地域基础。国家是一个地域性的政治实体，由于国家所辖的地域差异不以民族分布的地域为依据，因此，在一国的领域中，可能有数种不同民族成分的国民，形成多民族的国家；一个民族的成员也可能分布于数个国家的地域内，形成跨境民族。与国家的地域性相一致，法律的适用范围也有地域性的特征，法律只有在国家主权管辖的地域内才具有适用效力，也只有在被认同为一个国家地域内的不同民族中，才能被自觉地遵守。中国作为一个统一的多民族国家，自秦至今已有两千多年的历史，就民族分布的特点论，中国的少数民族大多居住在西部边疆地区，这些地区与内地山水相连，在长期的发展中，成为内地御敌入侵、保卫疆土的屏障，也成为内地与周边国家乃至世界各地进行政治、经济往来的通道，还成为内地经济发展的资源基地和重要市场。这种在发展中形成的政治、经济、文化的不可分性，导致了地缘上打破民族界限的国家观念的产生和各民族对祖国的认同感。“中国人”和“中华民族”的称呼被中国境内各民族所接受，各族人民在历史上为保卫祖国领土的完整、抗击侵略和分裂写下了无数可歌可泣的壮丽诗篇。建立于政治、经济、文化的互相依存与共同发展基础上的地缘性的国家观念，在中国历史上对立法和法律的实施产生了重大的影响，为不同历史时期的法律在我国境内实施提供了良好的地缘基础。尽管由于割据状态或地理交通等诸因素，封建王朝时期在边疆地区存在着中央政权的法律不能全面实施的情况，也在一定的时期出现过区域性政权的法律，但从中华民族发展的整体历史来考察，中国历来是一个统一的多民族国家，制约民族地区政治和防止分裂、保守疆土的中央法律在各个朝代都是必须实施的。

第三，民族关系的协调与冲突必然涉及国家政治的稳定与动乱，因此，多民族国家都将各民族之间的和睦关系视为政治稳定的基本条件。民族关系的和睦不但为民族的发展、经济的繁荣提供了必要的政治条件，而且也是立法和法律实施的政治保障，是法治社会的基本要求。中国的历史表明，在没有民族平等和民族和睦的时期中，纯粹依靠国家强制力来保障法律的实施，只会加剧民族间的冲突，激化民族矛盾，最终破坏法律实施的环境，导致国家的内乱。中华民族在几千年的发展中，尽管由于部分封建王朝的统治者推行民族歧视的政策，导致在一定时期和一定范围内出现过民族之间的战争和冲突，但从民族关系的基本情况看，我国各族人民世世代代和睦相处，互通有无，相互交流，互婚互市，共同发展，在制度文化上也创造了有利于缓解民族矛盾的羁縻制度、土司制度等。尤其是新中国成立以后，全面根除了民族歧视的旧制度，强调民族平等，共同繁荣，保障少数民族的基本权利，从而改善了民族关系，增进了民族团结，为依法治国，建设社会主义法治国家奠定了可靠的政治保障之基石。

（二）有助于客观地理解各民族法律文化的差异性

法律文化是民族文化的一个方面，它的内容主要是一个民族对民族生存、发展、社会关系及其民族成员个体行为的价值评价。它的表现形式为一系列存在于风俗习惯、社会舆论、成文与不成文法律中的规范体系。法律文化不是一种孤立的文化现象，它的生存、演变、发展受其他文化现象的影响和制约，是一个民族在特定发展时期的群体价值观和文化取向的集中反映。由于各个民族在不同的生存条件下会形成不同的民族文化，也必然会产生不同的法律文化。这些法律文化的差异不仅表现于不同民族在历史发展中确立的社会制度和法律规范上，而且表现在不因制度与法律的变更而立即变化的传统价值观念上。在20世纪50年代以前，中国境内的许多民族处于不同的社会形态中，西部一些民族地区的社会制度和具有民族性的法律规范也不尽相同。新中国成立后，尽管经过民主改革和一系列的社会主义教育运动，消除了社会制度的差别，废止了存在于各民族中的民族法律规范在形式上的权威，但是，作为一种文化观点和模式的传统法律文化仍然以各种方式表现在社会生活中，并深刻地影响着西部少数民族成员的行为选择。例如，西部一些民族地区的村寨制定的用于规范当地民众行为的村规民约，从表面上看，它们是社会法治化在基层的表现，但从这些村规民约的内容看，却有相当部分并不符合现行的法律政策，而是传统法律的禁忌、风俗习惯的再现，是西部民族地区的群众对其的继承，是一直深受其影响的民族法律文化的“合法”化。民族法律文化的差异往往形成不同民族对国家法律的认识差异，以致造成法律实施上的困难。在我国的法律实践中，民族地区出现过的早婚、重婚、佩枪、婚前性行为、村寨土地山林界定等受当地传统法律文化认可和保护的现象，或多或少地影响着国家法律的实施。而在允许少数民族保持和改革风俗习惯的原则下，地方立法机关和司法机关都采取了一些切合实际的变通或灵活的做法，有限制地允许部分民族地区传统法律文化的存在。

导致现代社会中的中国西部各民族之间法律文化差异性存在的原因很多，概括起来主要有以下几个方面：

第一，环境的差异。西部少数民族居住的大部分区域位于我国地势的第一级和第二级阶梯上，地形以高原和盆地为主，只有一小部分区域处在地势的第三级阶梯上，地势相对平缓。这种自西向东逐渐下降的地貌和受东南方向暖湿气流影响程度的不同，造成西部少数民族地区自然环境差异巨大，而西部少数民族在适应和改造环境的过程中，也形成了不同的生产方式和生活方式。如在青藏高原居住的藏族、珞巴族等民族的生产方式，主要围绕着养殖牦牛和种植青稞等适宜在高海拔地区生长的农作物展开；在水美草丰的内蒙古高原和新疆居住的蒙古族、达斡尔族、维吾尔族等民族，则以放牧牛羊为主要生产方式；在河套平原居住的回族、蒙古族等民族以种植小麦、玉米等作物为主要生产方式；在四川盆地居住的羌族等民族以种植水稻、小麦、玉米为主要生产方式；而在云贵高原，由于地形地貌和气候差异较大，生产方式更是形形色色。这些不同的生产方式造就了不同地区少数民族生活方式的不同，也使在同一地区生活的不同少数民族形成了相同的生活方式。而以生产和生活中的社会关系为调整对象的各民族法律文化，会因为生产方式和生活方式的不同，形成特色不同的规则体系和观念体系，也会在相同生产方式和生活方式的背景下，形成类似的规则体系和观念体系。所以，在西部少数民族的法律文化中，既能看到差异性的存在，也能看到同一性的现象。

第二，历史的差异。西部少数民族在几千年的发展中，有不同的发展历史，有的民族处于不断融合、分化的过程中，有的民族有着艰辛的迁徙史，有的民族曾经成为地域性或全国政权的统治者，有的民族则曾处于被统治的地位。在这个历史过程中，西部少数民族创造了与自己历史记忆相吻合的、独特的民族文化，并以自身的文化影响着包括汉族在内的其他民族的文化发展；同时，由于自汉代以来汉文化逐渐成为中华文化中的主流文化，通过历代中央王朝的推行和人口的迁徙流动，使得一些少数民族的文化也受到汉文化的影响。所以，在西部少数民族的法律文化中，存在着因为民族发展史的差别及受汉文化影响程度的差别而出现的规范和观念的不同。除此之外，在各民族的发展史中，同一地区的不同民族之间，为了处理生产和生活中的社会关系，还会形成具有历史渊源的文化网络和文化观念，通过文化网络和文化观念调整并维护民族与民族之间、民族与国家或地方政权之间的关系。在文化网络和文化观念中，法律文化至关重要，它是辨识相互关系的依据，也是不同民族处理纠纷的准则。这些处理对外关系的依据和准则并不是在短期内形成的，而是在历史长河中，不同民族通过自己的历史经验和教训逐渐形成的对其他民族或对国家及地方政权的基本观念的法律表现。

第三，法律传播的差异。法律的传播是法律对社会发生作用的必要条件。它不仅包括法律条文的宣传，也包括法律观念的普及和影响。我国的西部民族地区大多在边疆和交通不发达的区域，客观上与内地形成一定程度的封闭性，尽管现在的通信设备和交通设施有了很大的改善，但是这种封闭性仍然在一定程度上阻碍着民族地区与非民族地区的文化交流，影响着法律的宣传和法律观念的普及，也在一定程度上给执法和守法带来了一些困难。在许多地区，由于交通的不便，案件的反馈、证据的收集、法定程序的执行，以及通过执法扩大法律的宣传等都产生了内地不曾出现的诸多困难。地域的封闭性所造成的文化交流的缺乏，使新的法制观念难以深入群众。旧的法律传统在一些地方仍然占据着主要行为规范的地位，调整着人们的社会生活，以致出现实际排斥现行法律的现象。在有的地方，纠纷发生后，首先要按旧的习惯法来处理，或者，即使由国家司法部门处理的案件，当事人回到村寨中仍然不能摆脱习惯法的惩罚。这种现象在一定程度上造成了现行法律权威的失落，可能使法外制裁（民间制裁）在一些相对封闭、落后的民族地区有得以施行的空间，从而不利于国家法律的实施和公民人身权利、民主权利的保护。

第四，法律调整对象的差异。法律所调整的对象往往是一种普遍存在的社会关系。然而，这种普遍的社会关系在一个地域广大的国家中会由于地区间的不平衡出现差别。我国西部的民族地区由于历史的原因，大部分均处于经济不发达的环境中，经济生活相对来说比较简单，许多在经济发达地区必须或迫切需要法律调整的社会关系，在一些经济落后的西部民族地区尚未出现，而一些在经济发达地区不甚突出的问题，在一些经济落后的西部民族地区则是迫切需要用法律来调整的社会关系。例如在商品经济不发达的一些民族地区，诸如证券法、知识产权法等与现代商品经济社会相关联的法律尚无调整的对象，而有关扶贫、救济和指导群众发展生产的法律则有较大的适用范围。因此，国家的立法和法律实施必须考虑对象的实在性，做到有的放矢。如果单纯地强调立法和法律实施的全面性，采取“揠苗助长”的方法，只会扭曲立法和法律实施的目的，产生相反的效果。

第五，民族语言文字的差异。法律是需要以语言文字为载体的，没有语言文字为载体，再好的法律也不会产生，更谈不上实施。由于语言文字的创造和使用所具有的民族性，西部大部分少数民族都有自己民族的语言或文字，形成不同地区、不同民族的语言文字的差异。这使法律的运行和少数民族权利的保障都面临着必须解决的“舟和桥”的问题，即只有妥善地克服法律实施中的语言文字障碍，才能保障法律在少数民族地区的顺利实施，将法律的目的变为现实的同时，也只有承认和重视语言文字差异所形成的少数民族对法律和法律事实的认识程度的差异，才能在法律实施中注意保护少数民族的语言文字权利，发挥民族语言文字在司法过程中的作用。

上述几个方面的差异是由于西部民族地区在长时期的历史发展中形成的不平衡性所决定的。虽然这些差异的某些方面会随着现代化的进程而缩小，但不同民族文化的差异性将长期存在，并深刻地影响法律的实施。强调西部民族地区与非民族地区的差异，并不是排斥法律在西部民族地区实施的可能性和必要性，而是为了说明对于具有客观差异的西部民族地区，应当采用一些特殊的行政、立法、司法措施，并使这些措施形成一个完整的系统，灵活生动地保障法律的实施。

（三）有助于认识民族法律文化在现代社会的作用

西部少数民族和社会文化的多样性，以及各民族在政治、经济、文化与历史沿革和现实发展等方面的差别，决定了西部少数民族法律文化在形式、种类、功能和价值取向上的多元特征，也决定了在社会主义法治国家建设过程中，西部少数民族的传统法律文化会与国家层面的法律文化在时空上并存，继续发挥其在调整各民族对内对外关系上的特殊作用。

在现代社会，西部少数民族的传统法律文化与国家层面的法律文化既有一致的方面，又有冲突的方面。然而，我国实施的民族区域自治制度和村民自治制度，为少数民族法律文化与国家层面的法律文化的协调发展提供了制度保障。西部少数民族凭借自己的智慧，在社会管理的实践中，创造了发挥传统法律文化作用的合法方式。

例如，在西部少数民族聚居的地区和村寨普遍存在着社会发展和民族文化的差异，但是，每一个村寨都有一套强弱程度不等的规范体系在实际运行，对村民的行为发生着指导、鼓励和约束的作用。尤其突出的是，在这套规范体系中，并没有出现单纯以国家法或者民间法为规范渊源的村寨规范类型，而是表现为一种“混合法”的规范体系，即国家法和民间法共同组成村寨中的规范体系。国家法对村寨的成功渗透，可以说是改革开放以来农村和民族地区社会主义建设运动和时下新农村建设、民族地区建设的重要成果之一。但是，国家法的渗透并不意味着村寨中的民间法被替代，相反，民间法作为一种与村民生活十分贴近的规范和地方性知识，仍然在乡村生活中发挥着不可或缺的作用。不同种类的规范在少数民族村寨中并存的现象，也使不同规范之间的关系显得复杂和微妙：各种规范形式之间既相互影响、牵制，又相互渗透、支撑；既有分工、合作，又有矛盾、冲突。在西部少数民族地区，多层次的规范体系虽然有冲突，但这些规范仍然存在于少数民族的村寨生活中，维护着村寨的日常秩序。这种多层次、不同内容、性质、来源的规范能够同时并存，实际上是它们在运行过程中经过相互调适、缓解冲突，最终整合为统一的规范体系。在这个规范体系中，每个层次的规范都有存在的位置和相应的功能，它们共同地对村寨的社会控制发挥作用。即使这个规范体系中的一些规范会发生冲突，但这些冲突的解决方案往往是采用民间法优先适用，或冲突规范相互妥协的原则。当没有国家机关介入时，选择采用哪一种方案，往往由村委会等公共权力机构或宗教势力根据朴素的关于公平、合理的精神来决定①。所以，尽管规范的差异和冲突存在，但村寨的各项活动和村民间的相互关系仍然被这样多层次的规范体系调整得井井有条。

二、西部少数民族法律文化的研究对象

如果从研究对象上来界定民族法律文化，可以将民族法律文化的研究对象划分为：民族的法律价值观的研究，民族法的发生、发展、变迁的研究，民族法的类型、结构、功能的研究，民族立法和司法的研究，民族的法律认知的研究。把民族法律文化的研究对象概括为上述五个方面的内容，是由于从文化学的角度来说，关于这些对象的研究可以揭示作为一种文化现象的民族法律的全貌。西部少数民族的法律文化是民族法律文化的区域性研究，它的研究对象与一般的民族法律文化的研究对象是一致的。所以，我们就从民族法律文化的角度来具体论证西部少数民族法律文化的研究对象。

（一）民族的法律价值观

从社会文化人类学的角度来说，法律实际上是上升为国家意志的、对一

---

① 在西部少数民族村寨中，尽管有一定的普同性规范或原则，但规范间和做法上的差别也很多。在有的村寨，除重大犯罪外，所有的村寨事务都按民间法来调整；在有的村寨，选择适用的规范已成为村民的权利；在有的村寨，国家法或官方的规范成为处理纠纷的首选规范。

定地域的人类行为的价值评价。这种价值评价可以分为肯定性的评价和否定性的评价，由此在法律规定中产生了非禁止性规范和禁止性规范，以及依据这些规范建立的维护统治秩序的权利义务体系。因此，所谓法律体系即以公共权力的强制力为后盾的价值评价体系。

各民族的法律价值观在形成和发展的过程中，由于所处的地理环境、经济生活方式、风俗习惯、宗教信仰和其他文化因素的差异，会表现出鲜明的民族性和不同的价值取向。例如，在对待死亡的态度上，一些民族有祈生御死的观念，将死亡视为进入地狱之门或是人生的终结，但也有一些民族认为灵魂不灭，人可以死而复生。这两种不同的价值取向直接影响到刑法的实施效果：对于祈生御死的民族来说，死刑可能是一种极端严厉的刑罚；而对于相信灵魂不灭、死而复生的民族来说，死刑可能是一种不及罚金严厉的轻刑。尽管一个国家的法律是统一的，不能为境内的各个民族制定相应的法律，但是，如果了解各民族的法律价值观，则可以在立法、司法中采取灵活的策略，使法律在具有不同法律价值观的民族中得到有效适用。

民族法律价值观是由各民族的生活条件所决定的思想观念，其内容是从维护民族的生存与发展的认识出发，对行为性质的判断和对行为的取舍标准。作为一种社会意识，法律价值观由民族法律心理和民族法律意识形式两部分组成。民族法律心理属于民族心理的内容，是某个民族在长期的历史发展中逐渐形成的习俗，以及其他影响行为选择的各种心理因素（如性格、情感、认知能力等）的总和。民族法律意识形式是依赖于民族法律心理，由调整社会关系的各种法律和法律制度表现的法律思想。

民族法律价值观不是个别民族成员的法律价值观念的翻版，而是经过整合升华，表现为整个民族意志的群体观念。在民族的生存和发展中，民族的法律价值观是规范民族行为、增强民族团结、统一民族意志、抵御外族侵略的精神支柱。民族的法律价值观虽然从根本上来说取决于它的物质生活条件，但作为一种观念，它又具有一定的独立性，有着自身的发展规律。它一方面反映物质生活条件，但又表现出与物质生活条件变化的不同步性；它一方面吸收先进的、现时代的价值观念，另一方面又具有保持和继承传统文化的特性。因此，民族法律价值观中总有一些与现时代法律制度不相吻合的观念。例如，云南省的哈尼族是一个崇尚禁忌的民族，禁忌植根于社会生活的各个方面，规范着民族成员的行为，由于许多禁忌与习惯法的不可分性，哈尼族的禁忌体系中所表现的价值观念便是该民族法律价值观的主要内容。尽管新中国成立六十多年来，哈尼族的物质生活条件有了巨大的变化，各种政策、法规的教育不断地进行，但哈尼族的禁忌并没有发生质的改变。

民族的法律价值观对于立法、司法、守法具有重要的意义，但却是目前研究中的薄弱环节。为了建立具有中国特色的民族法体系，保证国家法律在民族地区的有效实施，促进民族地区政治、经济、文化的现代化进程，应当大力加强对民族法律价值观的研究。

（二）民族法的发生、发展、变迁

民族法是一定历史范畴中的文化现象，就其内容来说，包括各民族历史上存在过的或现行的法律和多民族国家调整民族关系的各种法律制度两个方面的内容。

法律的发生是一个漫长的渐进过程，它沿着禁忌—习俗—法律的轨迹演进。禁忌植根于人们的生活体验中，它最初依靠自然界对人类的恩赐和惩罚产生的神秘力量得以保存，是人类最早的一种行为规范。当鬼神的观念产生后，禁忌进而与鬼神观念结合，成为具有强大的心理威慑力和社会舆论压力的行为规范。由于禁忌与人们的生活和生产活动密切相关，再加上祭祀鬼神的活动包含着诸多的禁忌，这样就使人们深化对禁忌的认识及违反禁忌所可能产生的后果的认识。天长日久，禁忌逐渐成为一种固定不变的行为模式为人们所遵守，从而成为带有鲜明的民族文化特征，并由相应的民族普遍遵守、代代相传的风俗习惯。随着社会公共权力机关的建立和权力的增加，一部分风俗习惯对于维护社会秩序和公共权力机关的权力有重要的作用，其强制力凭借公共权力机关的权力而逐渐增强，超出了一般社会规范的强制效力，这就形成了法律的胚胎。在早期法律的形成中，民族首领及其特权的产生对于习俗向法律转化的进程具有重大意义。它标志着社会规范的产生不再局限于亲身的体验和迷信，而可以源于首领和贵族阶层的意志，表现为首领和公共权力机关的命令。

法律的发展和变迁可以分为渐进式和突变式两种类型。在渐进式的演进中，法律的发展和变迁是在继承传统的前提下，逐渐适应变化了的社会生活条件，旧的传统法律文化的保持与消失，新的法律文化的出现与巩固往往是在一种有序的、缓慢的、互相衔接的过程中完成的。在突变式的演进中，法律的发展和变迁是在破坏传统的前提下，通过创制新的法律文化来适应变化了的社会生活条件。旧的法律文化的破坏，新的法律文化的创制呈现出一种无序的、激烈的、缺乏衔接的过程。从世界史的线索来看，突变式的演进虽然以破坏传统为前提，但传统的法律文化并不像一件挥之即去的器物，它深深地扎根于民众的意识之中，以各种方式影响突变式的进程，并且在突变进程完成后，它仍然作为一般社会力量发生着作用。因此，无论是在哪种类型的发展、变迁中，传统法律文化的改革都是一个漫长的过程，它并不随着旧制度的终结而消失。

民族法的发生、发展与变迁是社会变革的重要内容，也是衡量社会变革的一项重要指标。它不能独立于社会的其他文化要素而完成自身的变革，但也有不同于其他文化要素发生、发展、变迁的内在规律。这是我们研究民族法律文化时需要注意的问题。

（三）民族法的类型、结构及其功能

按照理论上的一般分类，民族法的类型可以分为若干种类。其一，以社会形态为标准，民族法有奴隶制法、封建制法、资本主义法、社会主义法等类型；其二，以法律渊源为标准，民族法有成文法和不成文法的类型；其三，以法律调整的社会关系的类型为标准，民族法有刑法、民法、经济法、程序法等部门。除了上述惯常的分类外，以不同的文化因素为标准，还可以区分出另外一些民族法的类型。例如，以是否有民族文字为标准，可以将民族法分为有文字民族的法律和无文字民族的法律；以不同民族的民族性为标准，可以将民族法分为不同族称的法律；以法律的发生形式为标准，可以将民族法分为自发性法和移植性法等。不同的分类方法是从不同的角度对民族法的透析，在民族法的分类上不应求得统一，而应当鼓励研究者运用多种文化视角来研究民族法。

民族法的结构与功能是紧密相连的两个环节，结构决定着功能的范围和功能的发挥，而功能则表现着结构的特点。研究民族法的结构和功能不能离开特定的文化环境，文化环境决定着人们对法的结构、功能的认识，从而影响着人们对法的结构和功能的设定。在中国法律史中，法的结构由古代的诸法合体向近代的诸法分立转变的过程，实际上反映着中国社会由专制文化向民主文化的转变。这种转变标志着中国现代法结构的诞生。在少数民族法律中，法的结构不仅表现为诸法合体，而且表现出直观的、简单枚举式的规范体系特点。例如，在云南傣族地区发现的一些用文字记载的傣族法律中，大量的规范表现为以刑罚为制裁方法的刑法性条文，每个条文规定一种行为，仅有关盗窃的行为就依侵害对象的不同列举了二十四种，并逐一规定了刑罚。在口碑传承的哈尼族习惯法中，也有类似的情况。这种法律结构反映了脱胎于禁忌和习俗的法律仍然保留着其母体的文化特征，缺乏法的一般理论的指导。

一定时代和一定民族的文化环境对法的功能的影响更是显而易见。尽管从一般的意义上说，法的功能是建立和维护一定的统治秩序，然而，法的具体功能则依时代和民族的文化特性而有差异。早期法律强调镇压敌对行为的功能，是维护部族的统一和专制集权的法文化的需要；而现代法律强调法律对政治、经济、文化和公民之间关系的调整，则是开放交往的文化环境的产物。

（四）民族的立法和司法

早在18世纪时，被称为“文化人类学第一个理论家”的法国著名的启蒙思想家孟德斯鸠便注意到了立法和司法与民族文化的关系。他在《论法的精神》一书中，用大量的篇幅论述了法律与各民族的风俗习惯以及民族的精神气质、内心情感的关系，并创立了从历史、生活、风俗习惯等文化领域研究法律的新方法。

我国是一个统一的多民族国家，历史上一直面临着如何利用立法和司法手段调整民族关系、维护国家统一的重要任务。例如，自唐代以来各个王朝的法律中都有关于处理民族关系的规范，而在一些少数民族地方政权制定的法律中，也反映了相应的民族特点。这些法律在实施过程中的司法活动，则与法律的表达有较大的差距。在中国少数民族法制史的研究中，这些内容是了解中国民族关系和少数民族法律文化的重要资料。

在现代社会，民族的立法和司法涉及许多方面的问题，例如，民族区域自治、自治机关的建立、散居少数民族的权利保障、民族自治地方的立法、民族地区的法律实施、普法教育以及民族语言与法律等等。这些问题不仅属于法律的范畴，而且也属于文化的范畴。它们的解决必须考虑多民族的文化背景和不同民族的文化传统（这里所讲的文化包括法律文化和其他思想的、制度的、物质的文化因素）。我国宪法在确立处理民族关系的一般原则上，十分注意民族文化的作用和影响。它规定在民族关系上各民族一律平等；在发展民族地区的经济、文化上，要以各少数民族的特点和需要为根据，在少数民族聚居的地方实行民族区域自治；在传统文化上允许各民族有使用和发展自己语言文字的自由和保持或改革本民族风俗习惯的自由。这些规定体现了尊重少数民族的文化传统，在民族平等的基础上各民族共同繁荣进步的宪法精神。它们是我国民族立法和司法工作的根本原则和法律准则。

研究民族地区的立法和司法，不能不了解中国各民族的文化传统和现阶段各民族的文化特点。以立法机关的权限来划分，现行的法律可以分为国家法律和地方法规两大部分。作为国家法律来说，在立法上如果不考虑中国境内各民族的特点和需要，则可能出现所制定的法律不能在民族地区有效实施或不利于民族团结、国家统一的情况。为了解决法律与各少数民族的特点、需要不符可能造成的文化冲突，我国的一些主要法律总是明确规定允许民族自治地方的国家权力机关根据法律的基本原则和当地民族的特点，按照一定的法律程序制定对该法律的变通或补充规定。至于地方性法规则由于地域性的特点，具有较强的针对性，因此，必须在立法时就考虑到如何避免可能引起的民族间的文化冲突以及地方法规与国家法律之间的冲突。

法律总是在一定的民族文化环境中得以实施的，在民族地区开展司法工作，如果不考虑特定地域或特定民族的文化传统，便不能保障国家法律和地方法规的有效实施。在实施法律的过程中，民族的法律心理、风俗习惯、生存条件等文化因素，都是司法人员应当考虑的因素。这些文化因素直接影响着各少数民族的成员对法律的认识和对自己行为性质的认识。只有充分认识文化传统对司法工作的影响，司法工作者才能正确地处理各类案件，并充分利用法律来促进民族地区的政治、经济、文化的发展，避免法律实施中的文化冲突和民族矛盾。

正是由于立法和司法与民族文化有着密切的联系，因此，民族法律文化的研究应当把民族文化对立法和司法的影响作为研究的对象，研究立法中应体现的各民族或某一民族的法律价值观和调整民族关系的原则、制度与政策，研究特定的民族文化环境对司法工作的影响程度和法律在少数民族地区实施的效果，从而为我国的立法和司法工作提供理论的和实证的材料，促进我国民主与法制建设的发展和现代化与民族传统文化的协调发展。

（五）民族的法律认知

法律的认知是指人们对法律的态度、观念和评价，属于法律文化的内容。通过法律认知的研究，能够获得对少数民族法律意识的认识，从而理解少数民族在处理法律事实上的价值判断和行为方式。

在法治社会，法律是统一的，但是，人们对法律的认知结果却是多样的。不同的民族或居住在不同地域的同一民族，或不同的地域以及同一地域而社会分层不同的人对于法律的态度、观念和评价都有很大的差别。这种现象反映出人们对法律的认知并不取决于法律的存在或者是法律制定者的意愿。民族文化、地域文化和群体与个体文化的差异在法律认知过程中对认知主体发生着作用，影响着人们对法律的认知能力和认知程度。

人们的认知能力和认知程度与人们的知识体系有密切的关系，人们的知识体系决定着人们认知能力的大小和认知程度的深浅。随着依法治国，建设社会主义法治国家进程的发展，国家政治文化、法律文化、经济文化得到迅速传播，并正在改变着我国公民的知识体系。公民的知识体系中关于国家文化的知识出现增强的趋势。但是，由于我国境内多民族的结构和地区间的发展不平衡，以及教育的差异和社会角色的不同，我国公民的知识体系呈现出一种多元的格局。这种多元格局的基础是对本民族文化、地域文化和角色文化的保存。它虽然不妨碍公民对国家文化的认同，却影响着公民对国家文化的认知。在不同社会群体的知识体系中，民族文化、地域文化和角色文化与国家文化相比，所占的位置并不相同。对于大部分公民来说，民族文化、地域文化和角色文化构成了公民知识体系中的主要内容。由于知识体系的不同，就有可能产生与知识体系相应的不同的规范观念、规范系统和规范实施模式，以至于人们往往不是处于一种规范系统的约束下，而是处于多元的规范系统的约束下。

我们一直强调提高公民的法律意识，然而，公民对法律的认识程度取决于法律所赖以存在的知识体系和他们的知识体系相吻合的程度：如果法律和他们的知识体系吻合度高，他们对法律的认知就会达到熟悉的程度；如果法律和他们的知识体系吻合度低，他们就会出现对法律无知或误识的现象。在少数民族地区，很多少数民族群众对国家法律的认知往往是以他们对本民族民间法的认知为基础，把国家法的内容转化为相应的民间法加以理解。实际上，他们认识的国家法是其与民间法在价值取向上一致的内容，是一种被转化为民间法观念的国家法，而不是真正意义上的国家法。

在法律认知中，以民族语言为载体的少数民族话语体系扮演着重要的角色。话语是人们知识体系的表达形式，不同的知识体系有不同的话语系统，由此构成不同的话语系统对同一事物的表达并不一致；同时，在同一话语系统中，使用话语的技能和经验足以让人们能够使用不同的话语表达来区分不同的事物。法律体系中不同形式的法律都需要通过一定的话语系统予以表达，法律话语要求简洁、准确、统一，但是，在法律的实践中，知识体系不同的人对法律和法律事实的表述却存在着很大的差异。考察少数民族关于法律的话语表达上的差异，了解不同知识体系在法律认知过程中发生的碰撞、粘贴、借用和吸收的现象，对于认识少数民族的知识体系、法律信仰和知法、用法的技能有重要的意义。

另外，人们对法律的认知能力和认知程度又直接影响着法律的实施效果。法律的作用之一是为人们提供一种行为准则。但是，如果法律提供的行为准则不被人们所认知，再好的法律也不会影响人们的行为。在少数民族公民的意识中，国家法律所具有的效力无疑比民间规则强，当依据民间规则解决纠纷不能实现公民观念中的公平和正义时，越来越多的人开始向行政、司法机关请求再次解决，以推翻原来依据民间规则做出的裁决。对于政府和司法部门严格执行的禁止性和命令性法律，少数民族公民中的一些人可能通过普法宣传和周围发生的案例得以认知，所以，刑法、计划生育法这类刚性法律在社会中得到较好的执行。但是，对于不具有强制性（如授权性的法律）或执行力度不大的法律，少数民族公民守法的态度就比较复杂，一些人可能会基于功利的考虑，放弃遵守国家法的行为选择。

以上关于法律认知的理论，实际上是对立法、司法和执法中存在的法律现象的一种形而上的概括。在少数民族地区现实的司法实践中，我们可以时时发现法律认知的差异对法律适用的影响：法官对法律认知的差异，会导致判决的事实认定和判决的结果的差异；当事人对法律认知的差异，会导致当事人对法律事实的错误判断和对判决结果的不同态度。当法律颁布后，立法者、司法者和执法者都希望人们对法律的认知保持统一，但是，这仅仅是一种希望而已，难以实现。虽然如此，法律认知上的相对同一还是可以实现的，否则岂不乱了套。在少数民族地区，法律认知相对同一的基础有几个方面：其一，少数民族对公平、正义、公正的价值理念和法律精神的追求的一致性；其二，法律的权威和维护法律权威的机构、程序及各种手段；其三，法律解释机关的唯一性和至上性；其四，法律知识作为一种国家文化得以传播和普及；其五，民族地区正在形成的少数民族公民学法、用法的社会氛围。正是因为存在着以上基础，所以，少数民族地区的立法、司法、执法和守法，才能在各民族知识体系存在差异的背景下保证统一，从而实现法律面前人人平等的目标。

三、本书的结构安排和主要内容

西部少数民族的法律文化历史悠久，内容丰富，形式多元。为了较全面地反映西部少数民族法律文化的全貌，本书在结构上采用从历史到现实、从一般法到部门法、从国家法到地方法的思路安排各章的顺序，先梳理历史上中央政权法律中处理民族关系的内容，分析少数民族地方政权的法律特点，厘清西部少数民族传统法律文化的脉络，继而对现实社会中的民间规范进行研究。在每一章的内容结构上，采用从一般到特殊的方法安排内容。先分析研究对象的基本类型、特点和功能，进而用翔实的文献材料和调查材料描述研究对象在规范内容与形式上的表现。在研究材料的使用上，本书除了使用正史中的史料外，还采用了少数民族文献材料、神话与史诗材料，以及大量的现代田野调查材料。其中，云南大学在 2000 年和 2003 年对分布在西部的 55 个少数民族村寨的调查材料，为本书研究当代西部少数民族法律文化现状提供了极大的便利。

本书除导论外，正文分为七章。为了方便读者对本书的研究对象有一个大致的了解，有必要在这里对本书的主要内容按章名顺序做一个相对系统的介绍。

（一）治理多民族地区的国家法

该章通过对历代中央王朝治理西部民族地区的行政法律制度、刑事法律制度、民事法律制度、经济法律制度和司法制度等，以及历代中央政府针对西部民族地区因地制宜、因事制宜的专门立法所产生的各类法律规定的介绍，展示了历代中央王朝治理多民族地区的国家法，以及与之相关的特定历史时期的国家观、民族观、民族政策、治边策略以及民族地区的社会发展程度。历史上调整民族关系的国家法由于深受中央王朝与民族地方力量对比关系的制约，呈现出此消彼长的发展现象，当中央王朝的势力强大时，国家法的实施力度就扩张，反之，就萎缩。

中国古代治理多民族地区的国家法以“夏夷一统”与“因俗而治”思想为根本特征和精神。国家法的立法指导思想因此主要体现为“因俗而治”“夷汉相安”“威之以法”“华夷有别”“以夷制夷”。“因俗而治”在历史的发展中，经历了中央王朝羁縻统治下的“以其故俗治，毋赋税”和土官土司制度下“有限的因俗而治”两个主要阶段。“夷汉相安”就是对顺服者怀柔笼络。“威之以法”则是对反叛者武力征讨。“华夷有别”体现了作为统治民族的汉族基于对其他少数民族的差异性认识，而产生的对民族关系的根本认识和处理民族问题的基本态度，往往体现为自我优越感及对其他民族的歧视。“以夷制夷”包括了利用当地少数民族的首领来担任当地的国家官职，任命当地少数民族首领统治本民族。还有就是民族地区出现诸如叛乱等问题时，则征用另一个当地少数民族进行处理。从中固然可以看到中国古代民族观的褊狭，但也可以看到古人的深刻思想和政治智慧。

在以上立法思想指导下，中国古代治理多民族地区的国家法总体上具有以下主要特征：法律多元与因俗而治、维护统一与因地制宜、区别对待和重刑轻民。西部民族地区存在的多元法律包括了国家基本法、国家特别法、土司机构适用的法律规范和民间的习惯法。之所以会在同一社会领域内共同存在着两个或者两个以上的法律体系，正是因为历代统治者将“因俗而治”作为治理西部民族的核心法制原则。西部少数民族因各自地域、语言、生产方式、生活方式和社会风俗的差别，形成了各自独特的法律文化。作为多民族国家，历代中央王朝也在国家统一和法制统一的前提下，因地制宜、因事制宜地进行民族立法，变通司法，以照顾到西部少数民族的特殊性。历代中央王朝对西部民族地区采取化外异制、分而治之的区别对待治策。在对西部民族地区的立法和司法上，则秉承了古代法制重刑法轻民法、重公法轻私法的传统。

从历代中央王朝治理西部民族地区法律制度的变迁中我们不难发现，随着各民族间交流的日益密切，中央王朝对于西部民族地区的控制也在不断深化。武力征伐渐居次要地位，法律制度日趋完备，承认并尊重民族差异，在此基础上，维护国家统一与民族和谐成为共同目标。例如，秦汉至隋唐的统治者对西部民族地区的治理重在边疆的防守，即“守在四夷”，并不以贡赋的取得为主要目的。这并不完全是因为统治者信奉儒家王道“以厚德怀服四夷”的缘故，也是因为统治者力不从心、鞭长莫及。元明清时期，国家在民族立法的技术、内容，民族法制体系的完备、运用的深度和广度等方面都达到中国古代社会的最高峰。明清时期，对西部民族地区逐步推行“改土归流”，民族地区的事务被正式和广泛地纳入国家法调整的范围，中央王朝对西部民族地区的民族立法和司法力度越来越大。尽管中央王朝对西部民族地区的控制力量不断增强，但中央王朝仍然充分考虑了西南民族地区和西北民族地区的不同特点，分而治之。这也体现了统治者对西部少数民族认识的深入和对西部民族地区监控力度的加大，如此才能并行不悖。

（二）区域性政权的法

该章主要通过行政法律制度、刑事法律制度、民事法律制度、经济法律制度、司法制度等来展现各区域性政权的法律制度概况。具体而言，行政法律制度包括行政机关、职官制度；刑事法律制度包括罪名、刑罚制度和量刑制度；民事法律制度包括物权法律制度、债权法律制度、婚姻家庭和继承法律制度；经济法律制度包括农牧法律制度、工商法律制度、财税法律制度；司法制度包括司法机关、诉讼审判制度和狱政。

受儒家文化浸润的中央王朝立足于农耕文化，总体上缺乏进取与扩张的精神，而特殊的自然环境不仅使得一些少数民族形成不同的经济生活和文化类型，更使得其在一定时期很难被中央王朝纳入统一的版图之中。一些少数民族从原始社会到阶级社会，再到形成地方割据势力，并最终建立区域性政权。这种现象的存在既是这些民族本身经济社会发展的结果，同时也体现了中央王朝与区域民族集团实力的相对变化。历史上，少数民族统治阶级除了建立过元、清这样统一的封建王朝外，还在今天的西部建立过不少区域性政权。

通过对各区域性政权的法律制度进行考察，不难发现它们的法制体现了阶级压迫与民族压迫并存、借鉴汉法和保持旧制并存、因俗而治和因族而治并存的特点。例如，辽朝统治机构中官分南北、蕃汉分治，即“以国制治契丹，以汉制待汉人”，维护了辽朝的有效统治，也为后来历代王朝统治者提供了经验和借鉴。特别值得一提的是，区域性政权在借鉴汉法的同时亦有所发展。例如，北魏均田制为后来的北齐、北周、隋、唐所继承，对中国封建土地立法有重要贡献。而北魏创立的存留养亲更为后世所沿袭，存在了一千多年。

区域性政权借鉴汉法的做法，使一些具有鲜明儒家文化特点的法律制度被区域性政权所吸收，从而促进了儒家法律文化在民族地区的传播。例如，辽朝提倡儒家的孝文化，辽圣宗曾下诏，使父母在别籍异居者经邻里揭发可以坐罪，三世同居者则给予表彰。又如，西夏婚姻成立须有“父母之命”和

“媒妁之言”，并且有“七出”与“合离”的规定，在诉讼制度上推行“亲亲有罪相为隐”的原则。借鉴并不是照抄照搬，一些区域性政权也结合本民族实际，灵活变通地采用儒家礼法。例如，《魏书·高祖本纪》记载，孝文帝大力倡导婚姻中的礼法，仿古制重定婚礼，著之律令，“犯者以违制论”。但考虑到现实中民间还残留诸如私合、乱伦等氏族群婚制习俗，很难要求百姓遵循儒家结婚的“六礼”，依据《周礼·媒氏》“仲春之月，令会男女，于是时也，奔者不禁”，诏令“男女失时者以礼会之”，在一定程度上保留了鲜卑习俗。

区域性政权的法律属于中华法系的范畴，它们的存在大大丰富了中华法系的内容。例如，匈奴、突厥、吐蕃、辽、西夏等政权与游牧经济相关的不少法律制度，就是以农耕文化为主的中央王朝所没有的。敦煌古藏文写卷就记载了吐蕃关于数人狩猎时猎物如何分配的规定，根据猎物的大小及实际射箭的先后次序分别获得猎物身体不同部位的部分肉或皮、血等。吐蕃还有关于见死不救罪的规定，即命价相同之人，一人陷于牦牛身下，一人若在近旁而不予救援，使其被牦牛伤害，见死不救者要赔偿命价。相反，若从牦牛身下救人，被救者则要以女儿酬谢，若无女儿则赠银二百两。又如，元昊将畜牧业看作契丹与宋人的重要区别，《宋史·夏国传》载：“衣皮毛，事畜牧，蕃性所便。”西夏在中央机构的十六司中设群牧司统管全国的畜牧业。在立法中，详细规定了官牧管理之制，包括牧群之组合、牧官之选任、官畜之登记、游牧之方法等。

可见，中国法制史不只是汉族法制史和王朝法制史，少数民族法制史尤其是区域性少数民族地方政权的法制史也是其重要组成部分。

（三）神话与史诗中的法

该章以西部少数民族的神话和史诗为材料，从三个方面揭示了神话与史诗中西部少数民族的制度性规范和观念及其在现代社会的存在。一是从反映早期社会制度起源、重大事件和社会变迁过程的神话和史诗中，探寻人类早期社会法律状况。二是从神话与史诗的内容中发现各民族想象中的现实和共同的知识，并以这些想象和共同知识作为验证现代社会中民间禁忌、习惯和村规民约的文化根基。三是从神话与史诗构建的民族史中，发现各民族历史上的法律制度变迁，并比较神话与史诗中的法律制度与现实社会中的民间规范和制度，揭示各民族法律文化的渊源和变迁。

以神话和史诗为材料研究法律文化，是社会文化人类学的传统。19 世纪人类学理论的奠基者、英国著名法学家梅因在《古代法》（1861）一书中，运用《荷马史诗》中的材料，努力去还原古希腊社会的法律制度，以论证西方法律制度的历史渊源。梅因认为，《荷马史诗》提供了认识早期法律现象的知识，虽然不能把它认作一种确实事件的历史，但能把它作为“作者所知道的不是出于想象的一种社会状态的描写”①。英国著名社会人类学家马林诺夫斯基最早注意到神话在现实社会中的功能。在《西太平洋的航海者》（1922）一书的第 12 章中，马林诺夫斯基专门讨论了特罗布里恩德群岛的库拉神话，他将神话分成三类，即“最古老的神话”“文化神话”和“关于拥有巫术的普通人的神话”。“最古老的神话”涉及人类起源、氏族分支和村落的社会学、今世和后世永久关系的建立等内容；“文化神话”涉及妖魔及降妖、风俗和文化的建立、制度的起源等内容；“关于拥有巫术的普通人的神话”中没有妖魔和怪物，只包括巫术的起源、祈爱巫术、飞行独木舟等内容。在描述了库拉神话的内容后，马林诺夫斯基认为，“神话被赋予建立风俗、决定行为模式、树立制度的权威和重要性的规范力量”，并满足了人们对巫术和好运的期望，因而具有“为土著人提供非常有价值的行为准则和欲望的归宿”的功能。马林诺夫斯基对神话的这种规范功能是这样描述的：“严格遵从风俗，即各人都遵守的风俗，是特罗布里恩德土著人的主要行为准则。由此推出另一个重要的原则是：过去比现在重要。父亲（在特罗布里恩德是舅父）所做的，比兄弟做的更为重要。特罗布里恩德人本能地以上代的行为做指南。因此，神话中的故事，那些神人、英雄的事迹，当然比起刚刚逝去的先人的行为更有社会影响力。重要事件的故事被奉为圭臬，因为它们属于伟大的神话年代，也因为它们是真理，并被广为传诵。它们由于其普遍性和远古性而成为正当的准则。”尽管马林诺夫斯基揭示了神话在现实社会中具有规范力量的功能，但是，他认为对神话只能做共时性的研究，而不能做历时性的研究。因为，土著人“没有历史时序的概念”，“不会回顾大自然或人类社会所产生的连续性变化”，“神话英雄过着和今天同样的生活，处于同样的社会和环境中”②。马林诺夫斯基的这一论断对后来的社会人类学研究产生了广泛的影响，直到 20

---

① ［英］梅因著，沈景一译《古代法》，商务印书馆 1959 年版。

② ［英］马林诺夫斯基著，梁永佳、李绍明译《西太平洋的航海者》，华夏出版社 2002 年版。

世纪中叶才被新生代的人类学家纠正。英国新功能主义学派的代表人物格拉克曼不同意马林诺夫斯基关于土著人没有历史的观点，在对非洲部落社会的研究中，他将历时性研究引入社会人类学的法律研究中，并取得了创新性的成果。在《部落社会的政治、法律和仪式》（1965）一书中，他对以往的研究做了这样的总结：认为非洲没有历史记录而不能对其进行历史分析的观点是错误的。非洲的历史存在于神话传说中，透过关于社会制度进步发展道理的传说和将变迁吸纳进去并对信仰体系具有支配作用的固有观念，以及社会中安排现存秩序的历史事件就可以发现非洲的历史①。在法律研究中，这种历史研究就是关于法律制度变迁的历时性研究，它不再把初民社会视为在时间上静止的、只能做共时性研究的社会，而是把初民社会视为在时间的动态过程中不断变迁的社会而进行相关的制度史研究。

（四）宗教法

该章通过史料、20 世纪 50—60 年代的民族调查资料和学界相关研究成果，全面地介绍了西部少数民族宗教中的行为规范。宗教是非常重要的社会控制手段，也是人类文明的文化表现形式之一。因此，梳理西部少数民族宗教信仰的历史演变，对宗教中的行为规范进行分析，以史为鉴，以法律为视角，结合多学科的材料与方法探索宗教法，是理解西部少数民族法律文化的重要途径之一。

作为一种复杂的社会文化现象，宗教信仰是自然力量和社会力量在人们意识中的一种超自然反映形式。一些西部少数民族曾有过原始宗教信仰，同时，制度性宗教在西部少数民族中也都有传播，也存在多种过渡性宗教信仰形态，形成多种信仰相互竞争、融合并存，一个民族有多种信仰等现象。宗教法以宗教信仰为媒介，凭借宗教和宗教组织的权威，将社会关系转化为神人关系，实现规范的内化性和制裁的超验性，进而控制越轨行为，加强社会团结。宗教法分为两个部分：一部分是宗教经典中的行为规范、宗教组织规范和财产规范、神职人员规范等，都属于宗教内部规范；另一部分是国家和地方政权制定的关于宗教管理的规定。

不同宗教的组织性和制度化程度固然不同，但其通过内部行为规范达到

① M. Gluckman, *Politics, Law, and Ritual in Tribal Society*, London: Bail Blackwell, 1965.

惩恶扬善、维护秩序的目的却是共同的。如纳西族东巴教中关于祭祀“署”的传说，告诫人类要自觉爱护生态环境，学会与自然界和谐相处，以求得生态平衡，实现可持续发展。佛教戒律的要旨是“诸恶莫作，众善奉行，自净其意”。汉代道教经典《太平经》也强调为道要忠君、孝亲、敬长。基督教除了“摩西十诫”之外，《圣经》里还有许多详细具体的道德规范要求。穆斯林的日常生活要受教义和教法的约束，受中国传统文化影响，中国穆斯林认为不仅要尽“五功”，还要尽人道，维护君臣、父子、夫妇、兄弟、朋友“五典”。不同宗教善恶标准不尽相同，但几乎都会肯定和强调善、孝、忠、信等，而否定与此相违背的行为。这或许是宗教跨越地理、民族、文化等障碍进行传播的根源所在。

宗教法中的规范与国家法律有时会发生冲突，并造成较大的社会影响，所以，历代封建王朝和地方政权对宗教既有扶持利用，也有防范控制。例如，经过魏晋时期，佛教得到长足发展，隋、唐建立统一的国家政权后，均采取了较为宽容的宗教政策。隋文帝曾提倡“三教并奖”。之后的唐代，除唐武宗因崇信道士，佛教又过度发展，影响了国家财政等原因而采取过“灭佛”举措外，大多数帝王基本延续了“三教并奖”政策。又如，清朝前期对穆斯林的统治虽未给予与藏族和藏传佛教一样的政治礼遇和经济特权，但也采取了尊重和宽容政策。后来，却逐步发展为采取防范措施，将之纳入清政权的直接统治之中。乾隆年间西北甘青地区因伊斯兰教的新旧教派之争，发生了撒拉族、回族人民起义，对此，清朝制定了“以回制回”的策略，对穆斯林进行分化瓦解并进行镇压，还大力推行乡约制度以排斥阿訇对穆斯林社会的影响。

在现代社会，宗教对西部少数民族群体和个体的影响仍然存在，尤其是在一些全民信教的少数民族中，宗教戒律在规范信教群众行为和观念方面具有重要的作用。

（五）家族法

该章是关于西部少数民族家族、家庭、婚姻法律制度的研究。日本学者滋贺秀三在《中国家族法原理》中将中国“家”的概念分成广义与狭义两种，广义上的“家”与“宗”同义，指男性继嗣血统中的亲属集团；狭义的“家”，仅指共同维持家计的生活共同体，即家庭①。本书在分析西部少数民

① ［日］滋贺秀三著，张建国、李力译《中国家族法原理》，法律出版社2002年版。

族的家族法律制度时兼顾了上述广义和狭义概念，既分析作为宗的家族，又分析个体的家庭。在国家法的层面上，中国古代法律将家、宗族和国家视为一个整体，宗法制度是国家法的重要内容，国家政权通过国家强制力保证宗法制度的实施。在现代中国，宗法制度在国家法中已经被取消，我国婚姻法构建的基于婚姻自由、一夫一妻、男女平等婚姻制度上的平等、和睦、文明的婚姻家庭关系，已经成为当下各民族处理婚姻家庭关系的基本准则。但是，在日常生活中，宗族的观念仍然存在，宗族组织也活跃于民间。在西部少数民族社会中，尽管社会变迁已经使一些旧时的家族法失去了效力，然而，由于家族组织的存在，传统家族法中与国家法不冲突或冲突较小的内容也还作为传统法文化的重要内容保留着，家族组织对农村秩序的影响还在很多地方存在。

家族是一种主要以血缘关系为纽带形成的社会组织，它由数个、数十个或更多的同宗家庭组成。在西部少数民族社会中，由于社会发展不平衡和民族文化的差异，家族组织的规模呈现出多样化的格局。由家族组织制定的家族法，代代相传，历史久远，其中的大部分内容已经成为该地区或该家族的风俗习惯。西部少数民族的家族法具有民族性、历史性、劝导性和规制性的特点，是约束生活在特定地域的特定族群的行为规范。它通过文字的方式或口耳相承的方式代代继承，借助祖宗崇拜的信仰和祖宗的威严不断得以加强。它以劝导的话语为主，惩戒性话语为辅，依情势而变更，确立家族成员之间的权利义务关系和与之相关的行为准则，规范家族成员的观念和行为，构建家族生存和发展所需要的秩序。

西部少数民族家族法之所以能够在很长的历史时期存在，并被本家族的族人所遵守，一个重要的原因就是西部少数民族的家族法具有彰显祖宗德行、增进族人团结、扬善惩恶、规范行为准则、提倡族人互助、共同安内攘外、确定族人的婚姻家庭关系、保障家族繁荣的功能。这些功能体现了家族成员的共同需要，维护了家族的繁衍和发展，而家族的繁衍和发展也在强化着家族法的功能。家族法虽然是一种民间法，但是，凭借家族成员的认同、地方管理者的支持和强有力的执行机构，家族法在处理家族纠纷中具有一定的权威性。

西部少数民族的家族法主要有以下内容：识别家族成员的规范；建立家长制和族长制的规范；确立家族成员权利义务的规范；择偶规范；对妇女义

务的特别规范；舅权制的规范；家族和家庭财产的占有、使用和处分的规范；家族法适用程序的规范等。这些规范对于保证以血缘关系为基础的家族组织延绵和繁荣，维护家族中的等级、权威、亲疏、和睦、内聚力等秩序，保护家族共有财产和家庭财产，确保家族法的实施具有重要的作用。此章中列举的西部少数民族的家族法，大部分是1950年前后存在于西部少数民族地区的家族法。这些家族法在现代社会已经发生了许多变化，但是，家族法中的一些基本内容仍然被人们所认同，并在现代社会中以新的形式调整着西部少数民族的村寨秩序和婚姻家庭关系。

（六）历史上的纠纷解决机制

该章描述和分析了西部少数民族历史上存在过的多样化的纠纷解决机制。依据纠纷解决机制的特点、解决方式、解决主体等因素，西部少数民族的纠纷解决机制可以分为复仇式、神判式、调解式、诉讼式和军事征伐式等几种类型。不同类型的纠纷解决机制中，又细分成多种形式各异的具体的纠纷解决机制。法律主要功能在于“定纷止争”“调处争端”，因此，以纠纷解决机制为主题，对相关史料进行排比分析，有助于通过西部少数民族历史上的诉讼和法的实现程序，深入地了解西部少数民族的法的观念和法的推理逻辑。

在西部少数民族社会中，一些在今天看来落后、野蛮、不理性的纠纷解决方式，实际上可能正是他们所处社会发展阶段中的合理选择。例如，凉山彝族社会的“斯吉比”是比较有代表性的自杀复仇。“斯吉比”案的基本构成是某两人因为纠纷，通常是些小事发生口角，一般是在纠纷中处于弱势的一方如果感到尴尬，受到侮辱、难堪，尤其是当众受辱，情面和自尊受到伤害时，他或她可能通过选择自杀，以死相争，报复对方，使之出现“斯吉比”。“斯吉比”事件的出现毫无例外地导致死者家支群体的卷入，让个体纠纷转化成群体纠纷。这种在今人看来可能荒唐的复仇方式，用作者的话说：“这是以家族、氏族、部落等血缘为社会结构单元下的一种产物。”

该章不仅从法律、宗教等社会现象中将纠纷解决机制抽离出来给予特别关注，而且还通过对纠纷解决机制变迁的分析，揭示了纠纷解决机制与各民族社会发展水平之间的关系。例如，精神复仇，也称为巫术复仇、诅咒复仇。当某人与他人产生纠纷后，不愿或不能采用肉体复仇时会选择此种复仇方式解决纠纷。这种选择的合理性可以从三个方面来考量：首先，西部一些少数民族历史上曾信仰过的各类原始宗教、巫术是选择的依据之一；其次，西部一些少数民族缺乏强有力的公共权力组织，特别是纠纷解决机制的组织，使个体私力救济成为解决纠纷的必要手段之一；最后，由于个体肉体复仇或群体械斗都会产生严重的社会后果，所以，从直接的、赤裸裸的肉体对抗转化成仪式化、形式化和心理性的复仇形式。这是人类社会发展中实践理性的作用在驱动，因为肉体直接对抗对纠纷解决来说是零和博弈，并不是纠纷解决的目标。

神判既是西部少数民族的一种特殊的纠纷解决机制，也是宗教控制社会的一种手段。神判的种类很多，可以细分为水审型、火审型、武器型、动物型、发誓型、物质型、罚站型、占卜型、诅咒型等。复仇式纠纷解决机制与神判式纠纷解决机制在解决纠纷时具有相当的价值，两种纠纷解决机制在适用时均是作为最后的手段使用，而不是作为纠纷解决的优先手段。把纠纷交给当事人以外的第三者进行调解和诉讼审理的调解式纠纷解决机制具有很强的理性、世俗性，是西部少数民族解决民间日常纠纷最常用的方式。调解式纠纷解决机制以西部少数民族社会的村寨、家族、氏族、部落为基本单元，并凭借各种类型的社区头人对社区内部事务具有的重大决定权来推动纠纷的解决。诉讼式纠纷解决机制主要有地方政权或土司衙门的诉讼式纠纷解决机制、地方流官政府的诉讼式纠纷解决机制和中央司法机关的诉讼式纠纷解决机制。值得指出的是，历史上，流官政府的调解机制在秦汉以后一直存在着，且这种机制在权力位阶上一直处于优势地位，成为纠纷解决机制中最具国家权威的解决机制。西部少数民族地区还存在着通过军事征伐解决重大纠纷的机制。军事征伐作为一种解决社会矛盾纠纷的机制，是最后的使用手段。

（七）现代社会中的习惯法

该章与本书中的其他章节不同，它以21世纪西部少数民族田野调查的材料为主要依据，构建了当代西部少数民族民间法现状的社会事实。习惯法是西部少数民族的传统法律文化的组成部分，也是西部少数民族村寨中现行的行为规范。它们广泛地存在于西部少数民族的生产、生活、宗教、饮食、婚姻家庭、生育、娱乐等社会生活领域，在现实生活中发挥着重要的作用，并在很大程度上影响着人们的思想观念和行为方式。习惯法虽然各有特点，但它们对于保持和强化本民族的传统文化，建构民族村寨的社会结构，维护村寨的公共利益和村民的个人利益，组织生产活动和其他社会活动具有重要作用。

1949 年新中国成立后，西部少数民族的习惯法出现了“混淆”的现象。主要发生在习惯法范畴的这种现象表现为：旧习惯法所依靠的政权机构或社会组织丧失了权威，失去强制力的习惯法沦为习惯。这些习惯法中的一部分被将它们作为生活方式的人们自觉遵守；同时，由于传统文化对整个族群或村寨存在影响，所以，一部分习惯法仍然被整个族群或村寨的村民所共同遵守，成为以集体的舆论和行为方式保证执行的惯例。随着新的政权机构和社会组织的建立，建构村寨秩序的需要又使传统文化中的习惯成为可以利用的制度资源，被乡镇政府和村民委员会规定在乡规民约或村规民约中，并以公共权力保证其执行，这部分习惯实际上又重新具备了习惯法的特点。所以，现代社会中，由于习惯、惯例与习惯法具有相同的渊源，同时又均是建构乡村社会秩序的制度资源，所以，许多习惯兼有习惯、惯例和习惯法的功能。

在此章中，列举了各民族的生产禁忌、生活禁忌、宗教与祭祀禁忌、婚姻与生育禁忌、动物与植物禁忌、丧葬禁忌，分析了各民族在婚姻家庭制度、物权制度、债权制度、生产制度、公共事务管理制度、对违法犯罪行为的处罚制度等方面的现行制度性习惯。尽管与西部少数民族浩瀚的习惯法相比，此章所列举和分析的习惯法只是很少的一部分，但是这些内容还是给出了西部少数民族民间规范的一个基本构架。

此章还特别关注了习惯法变迁的表现和原因。习惯法是一种依靠公共舆论或公共权力组织实施的规范，是一种集体认同的行为方式。由于它与政治结构和社会政治生活关系密切，社会的变迁对习惯法的影响较大。同时，习惯法与国家法的调整对象、适用领域相一致，而价值取向和适用程序不一样，所以，也容易与国家法发生冲突。在现代西部少数民族的村寨中，习惯的变迁在实体上主要表现为习惯法内容、权威和语言方面的变迁，在形式上表现为找到了村规民约作为合法的存在载体。导致习惯法发生变迁的原因主要有：制度因素、替代文化因素、宗教因素、教育因素和社会生活因素。其中，制度的变革是导致习惯法变迁的根本因素，替代文化是习惯法变迁的重要条件，宗教是部分习惯法存在和变迁的基础，教育是习惯法变迁过程中导致自觉行为的条件，社会生活的变迁是习惯法变迁的基本动力。

第一章　治理多民族地区的国家法

从国家治理的层面而言，国家法作为社会控制的一种强有力的手段，对治理西部多民族地区发挥着重要的作用。国家法的实施，旨在确立一种由中央政权主导的社会控制方式，从而建构起整个西部民族地区社会的宏观秩序。历代中央王朝治理多民族地区的国家法与每一特定历史时期的国家观、民族观、民族政策、治边策略以及民族地区的社会发展程度紧密联系在一起，并且深受中央王朝与民族地方力量对比关系的制约，所以呈现出一个不断发展变化的过程。历代中央王朝治理西部民族地区的法律制度主要包括国家律法中通行于全国的行政法律制度、刑事法律制度、民事法律制度、经济法律制度和司法制度等，以及历代中央政府针对西部民族地区因地制宜、因事制宜的专门立法所产生的各类法律规定。

第一节　国家法的演变及特征

一、治理多民族地区的国家法的演变过程

自秦以来，中央王朝治理民族地区的法制可分为两个典型阶段：秦汉以来至唐宋羁縻统治阶段，元明清时期的土官土司制度阶段。国家法在这一历史阶段中不断走向成熟和完善，总体上经历了一个由简单到复杂，由低级到高级，由随意到规范，由不完备到较为完备，由指导思想的模糊到逐渐明确化的发展历程。

秦汉时期西部民族地区的民族立法及相应的法律制度便已初步形成。根据《史记·西南夷列传》中的记载，秦汉时期对西部民族地区采取与内地不同的方式经营和治理。秦代《属邦律》的制定开创了封建社会民族立法的先河，其中对“臣邦君长”的宽贷之举，为其后历代王朝对西部少数民族在法

制上的专门治理提供了先例。汉代专门立法制定的《蛮夷律》是汉初朝廷针对“蛮夷”所制定的一项特殊的民族立法，主要内容是“蛮夷”在赋税徭役方面享有特殊待遇[①]。魏晋至隋唐时期是古代国家治理西部民族地区法律制度的发展期，表现为羁縻制度的确立，国家成功地总结和探索出民族自治的法律统辖方式，以分而治之和二元法律为特点的民族法制进一步明确和规范化[②]。西晋实现了短暂的统一，对民族地区的治理在“臣邦君长制”和“蛮夷君长制”基础上有所发展，但在实际上晋法往往不能行之于西部“蛮酋”统治之地。隋唐时期循三国以来旧制，确立了较为完善的羁縻之治，对所属西部少数民族地区“即其部落列置州县”，在《唐律疏义》中确立了“诸化外人同类自相犯者，各依本俗法；异类相犯者，以法律论”的少数民族法律适用原则。唐宋时期在西南民族地区出现了南诏和吐蕃以及后来的大理等少数民族地方政权，唐宋王朝的国家法不能直接适用于西南民族地区，长期持续着国家律法与民族地区固有法二元并存、相互独立的状况。

元明清时期，国家对西部民族地区的治理进入了一个新的历史阶段。国家在这一阶段的民族立法的技术、内容，民族法制体系的完备，法律适用的深度和广度都达到中国古代社会的最高峰。土官土司制度的确立、发展以及“改土归流”的实施，使国家的律法不断深入西部民族地区和民族社会。元代以降，西部地区被纳入中央王朝的直接治理之下，特别是元代在西部地区设立了云南行省、四川行省、湖广行省、广西行省、甘肃行省等政区，由中央王朝对西部民族地区实行直接统治，国家的正式典章制度在西部地区得到前所未有的实施。明清时期，对西部民族地区逐步推行“改土归流”，民族地区的事务被正式和广泛地纳入国家法调整的范围，中央王朝对西部民族地区的民族立法和司法力度越来越大。特别是清代的民族立法得到了空前发展，在法律的实施和效力上，国家法在西部地区广泛实施，在处理纠纷中成为具有最高法律效力的依据。

---

① 《蛮夷律》之名，目前仅见于20世纪80年代发掘的湖北江陵张家山汉简。其中，出土于张家山二四七号汉墓的《奏谳书》共有竹简228支，记载春秋至西汉初年的案例20余件。在一则汉高祖十一年（公元前196年）发生的一件诉讼案件中，发现了传世文本罕见的《蛮夷律》佚文。参见曾代伟、王平原《〈蛮夷律〉考略》，《民族研究》2004年第3期。

② 张冠梓《浅论中国古代的民族法制及其精神》，《学术界》2003年第5期。

二、治理多民族地区的国家法的特点

一般认为，作为国家观和民族观的“夏夷一统”与“因俗而治”思想一直是中国古代民族法制的二元观或社会思想基础，“华戎同轨”和“化外异制”则分别是中国古代民族法制的双重标准，是两套并行不悖甚至可说是相得益彰的制度分设[①]。在这种二元观和双重标准指导下，治理多民族地区的国家法在总体上具有以下主要特征。

（一）法律多元与因俗而治

我国古代社会中的法律多元并非是指国家存在着律令格式等法律的多种表现形式，而是指在同一社会领域内共同存在着两个或者两个以上的法律体系。从国家法的层面而言，西部民族地区存在的多元法律具体包括以下几种情形：第一，国家基本法。尽管元代以前国家的正式典章制度对西部少数民族的实际社会生活在诸多方面并没有太大的影响，但中央王朝在行政建置和重大刑事案件的处理上仍屡屡适用国家法。第二，国家特别法。主要是指中央王朝为了治理西部民族地区而进行的特别立法，它由负责少数民族地区的中央和地方官僚机构来制定和实施，它们仍然属于国家法。如元明清时期专门设立的土官土司制度这一行政法制；又如清代专门制定和实施的《蒙古则例》《藏内善后章程》《回疆则例》等。第三，土司机构适用的特别法律规范。在明清四百多年的长时段中，由各级土司组织所正式颁行实施的大量法律规范是西部民族地区国家法的一元。第四，经国家认可的民族习惯法，成为国家律法的组成部分。如宋代对西北地区“蕃法”的认可和清代的“苗例”等。

“因俗而治”一直是历代统治者治理西部民族的核心法制原则，无论是羁縻之治还是土官土司制度，都是中央政权在考虑内地与西部边疆地区客观上所存在的差异的前提下所实施的与内地不同的特殊治理方式。先秦以来中央王朝采取的“五服制”就是“因俗而治”最早的体现。秦代以来秉承“五服制”而发展出来的“因俗而治”法制原则，为后来各中央王朝的立法和司法所不断继承和完善。

（二）维护统一与因地制宜

从历史发展看，自夏商的“五服制”，周代的“同服不同制”，秦朝的

---

① 张冠梓《浅论中国古代的民族法制及其精神》，《学术界》2003 年第 5 期。

“书同文”“车同轨”“行同伦”等，到唐代的“华戎同轨”、明清的“改土归流”等，都反映了历代中央政府治理多民族地区的法制在目的上都是为了维护国家统一，严格控制其少数民族群体上层势力的发展，防止其分化。所以历代中央王朝要求各民族地区要遵从中央政府的调遣和法度，中央政府对西部少数民族群体进行统一设官建置，对其册封、通婚、赏赐、优抚，同时也要求西部少数民族向中央政府履行纳贡、助国讨伐、赋役、兵役之种种义务等，从而使整个西部民族地区与中央王朝形成一个统一的政治法律实体。

西部少数民族因各自地域、语言、生产方式、生活方式和社会风俗的差别，形成了各自独特的法律文化。作为多民族国家，历代中央王朝也在国家统一和法制统一的前提下，因地制宜、因事制宜地进行民族立法，变通司法，以照顾到西部少数民族的特殊性。尤其清代的民族法制，较好地体现了国家在立法过程中既维护国家法制统一又因地制宜保留西部民族法律传统的法制特点。在中央，清政府专门制定了统一针对少数民族地区事务的《理藩院则例》，所适用的地区和民族涵盖了东北、西北、西南各民族地区及民族；对西北地区，专门制定了《回疆则例》《青海善后事宜十三条》《禁约青海十二条》和《西宁青海番夷成例》等法律规范；对西藏地区单独制定了专门的《酌定西藏善后章程》《钦定西藏善后章程》《设站定界事宜》《酌议藏中各事宜》《酌拟裁禁商上积弊章程》和《新治藏政策大纲》六部单行法规；对西北部蒙古地区，制定《蒙古律例》十二卷，并以蒙、汉、满三种文字颁行。这些民族立法十分鲜明地体现了中国古代民族法制维护统一与因地制宜的特点。

（三）区别对待和重刑轻民

在采取华戎同轨、维护国家法制统一的同时，历代中央王朝对西部民族地区也采取化外异制、分而治之的区别对待治策。“化外异制”这一区别对待的法制传统在唐律中体现得最为鲜明。《唐律疏议》规定了“诸化外人同类自相犯者，各依本俗法；异类相犯者，以法律论”之条文。及至元明清土官土司制度确立，在西部少数民族罪名的认定和刑罚处罚上，都与内地采取区别对待的法制原则，对西部少数民族首领的违法犯罪多予宽宥和赦免。

在对西部民族地区的立法和司法上，历代中央王朝秉承了古代法制重刑法轻民法、重公法轻私法的传统。国家特别注重运用刑事法制、行政法制惩治西部少数民族的严重危害国家统治秩序的行为。历史上因“反叛”重罪而被中央王朝处以极刑的西部少数民族首领不在少数。而对户婚田土、继承等民族社会内部私法性质的事务，国家基本不予立法干预。国家法中关于婚姻、家庭、继承等的法律制度往往只限于对少数民族首领这一特殊群体适用，无法深入民族群体内部。

第二节　国家法的立法指导思想

历代中央王朝，特别是以汉族为主建立的王朝，对治理西部民族地区的立法形成了“修其教不易其俗，齐其政不易其宜”的总的指导思想，具体主要体现为以下几方面。

一、“因俗而治”

“因俗而治”体现在民族立法上主要是指中央王朝对西部少数民族地区往往保留其原有的法律制度，国家允许当地少数民族在当地适用其民族习惯法，国家层面的正式典章制度只在一定范围内和一定程度上调整民族地区事务。“因俗而治”在历史的发展中经历了中央王朝羁縻统治下的“以其故俗治，毋赋税”和土官土司制度下“有限的因俗而治”两个主要阶段。

（一）“以其故俗治，毋赋税”的指导思想

从《属邦律》《蛮夷律》等民族立法文献中可以看出，秦汉时期中央王朝对西部少数民族采取“以其故俗而治之”的立法指导思想。只要西部民族认可中央王朝的中心地位，国家承认这些民族群体固有的法律制度在其民族群体内的法律效力，不对其社会内部进行调整。《汉书·严助传》中反映了秦代即使对设置了郡县的少数民族地区也仍以其俗治。《后汉书·西羌传》记载了汉代国家在西部羌人居住地区设立了护羌校尉管理西羌事务，并且还设立了金城属国管辖羌人居住地区。西汉政府在一个地区实行两套管理制度，是当时的“因俗而治”思想的典型体现。隋唐时期采取了“分置酋首，统其部落”，“因其俗而抚驭之”的民族立法原则。宋代国家在法制上承袭唐代的治策，对少数民族仍然实行“以本俗法”的立法原则。总之，元代以前的“以其故俗治”，是羁縻统治下的国家法与西部民族地区民族固有法律制度两套法律体系并行之下的分而治之。

所谓“毋赋税”，并非指在少数民族地区免征赋税，而是指在民族地区实施赋役制度，收取西部少数民族群体的土特产等贡赋，并不以取得税赋为主

要目的，而在于维护一种象征性的统治关系。秦汉至隋唐的统治者对西部民族地区的治理重在边疆的防守，即“守在四夷”，并不以贡赋的取得为主要目的。国家对西部民族地区制定了不同于内地的赋税政策，在缴纳赋税的种类、数额方面都与内地不同，大多是以当地的土特产充当赋税，数量也比内地征收得少。

（二）有限的“因俗而治”

元明清时期“因俗而治”的立法指导思想较秦汉至唐宋时期的“因俗而治”已经发生了重要变化。这一时期的“因俗而治”，是国家法优先前提下的有限的“因俗而治”，即在国家的正式典章制度取得主导性地位、获得最高法律效力的前提下，有限度地认可西部少数民族固有习惯法的法律效力。

元代至明中期，西部民族地区的法制已逐步被纳入王朝国家的法律体系中。在民族内部事务的立法方面，有限制地承袭了前代“因俗而治”的立法指导思想，对西部民族地区事务的处理仍采取了相对较为宽松的态度。明中后期至清代，改土归流进程中国家法的立法指导思想与土官土司制度下的立法指导思想已经发生重要变化，中央王朝力图将西部民族地区法制纳入与内地汉族地区同一的法律体制中，不再采取宽松的“因俗而治”的立法指导思想，而是要积极推行国家法，在立法上实行西部民族地区与汉族地区法制的一体化。这种有限的“因俗而治”思想，以明清时期国家对土官土司的承袭和违法惩治的立法体现得最为鲜明。在土官的承袭上，明清时期国家不再认可少数民族社会的幼子继承制，而是强行实施国家律法中的嫡长子继承制。对土官之间的引兵仇杀，国家也不再按其习惯法允许其自行处理，而是规定“有相仇者，疏上听命于天子”①。

二、“夷汉相安”与“威之以法”

历代中央王朝对少数民族采取的“恩威并施”的民族政策，在具体的民族立法上体现为“夷汉相安”与“威之以法”两个方面，并对西部民族地区的民事、行政、刑事立法产生了重要影响。

“夷汉相安”就是历代统治者对西部少数民族实施的“怀柔”政策，即进行笼络，给予特殊的政治和经济待遇。特别对于那些难以控驭或鞭长莫及的少数民族，历代王朝实行“夷汉分制”“夷汉相安”的政策。早在秦汉时

---

① 《明史》卷七六《志五二·职官五·土官》。

期，就形成了“以恩德安抚”“以厚德怀服四夷”“威制百蛮”等对后世影响深远的民族法制思想。历代统治者往往秉持“守在四夷”的治边理念，对西部少数民族采取“怀柔”政策，以维护西部边疆的稳定。

“威之以法”是为了防范少数民族反叛。历代中央王朝对反叛的少数民族最大的刑罚就是武力征讨。武力征讨主要适用于以下两种情况：一是用来对付不归附、不服从统治的少数民族。这种情形往往发生在王朝国家初建，西部民族不归附时。二是对已经划入中央王朝的版图，但不服从甚至叛乱的民族，采取武力征讨，对其民族首领则适用刑罚制裁。如两晋时期西部民族地区形成“大姓”这一新兴的强大势力，威胁到中央政权的统治，国家在民族事务的处理上开始“威之以法”。

三、“华夷有别”与“以夷制夷”

“华夷有别”的指导思想主要包括以下的内容：第一，从作为统治民族的汉族的立场出发，汉族具有强烈的民族优越感。第二，对其他民族持有民族歧视的观念。历代中央王朝，不论是汉族还是少数民族建立的政权，在民族观上大体是一致的，即优待本民族、歧视其他民族。一般到其统治地位稳固以后，又往往会强调对其他民族的一视同仁，或表示出对其他民族的亲近。例如，清代在民族观和民族政策上既强调“旗民有别”，同时又强调“满汉一体”。第三，即使是主张“华夷一家”，其前提也是“华夷有别”“内诸夏而外夷狄”的指导思想。如唐代初期中央王朝对民族关系问题的认识较前代而言，“华夷有别”“患在夷狄”的意识已经较为淡薄，对西部民族地区的治策是“德泽洽夷”，能够较为平等地对待各少数民族群体。但整体上唐代对西部民族地区的立法指导思想仍然承袭了前代“羁縻之治”下通过立法对民族地区进行招抚和防范的思想。《唐律·名例一》中“诸化外人同类自相犯者，各依本俗法；异类相犯者，以法律论”的规定仍然体现了“华夷有别”的思想。

“以夷制夷”作为民族法制思想包括两层含义：一是利用当地少数民族的首领来担任当地的国家官职，任命当地少数民族首领统治本民族。秦汉以来长期存在的羁縻统治和元明清时期的土官土司制度就是其典型体现。自秦代以来，国家在西部民族地区设置郡县，其郡守和县令多以当地少数民族首领充任，充分体现了各王朝绥抚少数民族的政策和“以夷制夷”的指导思想。二是“以夷攻夷”，民族地区出现问题，如叛乱，则征用另一个当地少数民族进行处理。特别是对于那些难以控驭或鞭长莫及的少数民族，历代中央王朝实行“汉夷分制”“分而制之”的政策和措施。

第三节 行政法律制度

历代中央王朝均在中央政府中设置一定的机构和职官治理西部民族地区的事务，也在地方设置各级相应的机构和职官，形成了民族地区行政法律制度的中央和地方分级建置、一般和特殊并行的双轨制模式。

一、中央行政建置

秦朝治理西部民族地区的中央机构，除了属于九卿之一的“典客”之外，还有“典属国”。《汉书·百官公卿表第七上》载，典客“掌诸归义蛮夷”，负责接待和秦朝有友好往来关系的西部边疆民族首领；典属国“掌蛮夷降者”，具体管理已经归附秦朝的西部少数民族的事务。汉承秦制，汉代在中央机构中主管西部少数民族事务的机构有“大鸿胪”和“客曹”。大鸿胪“掌诸侯及四方归义蛮夷”。客曹也主管西部边疆少数民族事务。《晋书·职官志》载，西晋初在中央政府中列曹尚书中的客曹“主护驾羌胡朝贡事”，后裁撤。另外还设立大鸿胪卿，统大行、典客等令，负责处理边疆少数民族事务。隋唐时期管理边疆民族事务的行政机构较前代有了较大的完善，且与前代有所不同。《隋书·百官志中》记载，隋朝礼部以及鸿胪寺等中央行政机构有管理西部民族事务的职能。隋炀帝时还在京城建国门外置四方馆，以待四方使者，隶鸿胪寺，分掌四方边疆民族及其互市。唐代管理西部民族事务的中央行政建置已经较为完善。据《新唐书·百官志》记载，唐代西部民族地区的具体事务主要由礼部的礼部司和主客司以及鸿胪寺的典客署负责[①]。礼部司主要负责“宾礼”及“出藩册授”。主客司掌“诸藩朝见之事”。鸿胪寺“掌宾客”，鸿胪寺所管的边疆民族事务具体由典客署执行。宋代对西部民族地区的法律治理相对较弱。据《宋史·职官志三》记载，宋朝中央行政机构中的礼部、兵部和鸿胪寺等有管理民族事务和边疆事务的职能。礼部掌“朝会、宴享”诸令。兵部掌“土军、藩军，四夷官封承袭”等事。《宋史·兵志五》载，宋代对西部民族土军、藩兵的管辖，主要由兵部尚书负责，具体事务由职方郎中、员外郎经办。鸿胪寺，下属有都亭西驿及管干所、礼宾院等不同机构

① 赵云田著《中国治边机构史》，中国藏学出版社2002年版。

分别掌管西部少数民族事务。此外，还有客省、引进司等掌管西部边疆少数民族朝觐贡献仪式、进奉礼物诸事等。

元代在中央政府中，设有帝师、宣政院等官员和机构，管理西部民族地区事务。帝师是管理全国佛教及吐蕃军政事务的高级官员。《元史·释老传》记载："及得西域，世族以其地广而险远，民犷而好斗，思有以因其俗而柔其人，乃郡县土番之地，设官分职，而领之于帝师。"帝师领吐蕃事务，是元政府利用帝师的宗教地位和影响，加强对吐蕃地区治理的体现。宣政院原名总制院，《元史·百官志一》载，宣政院"掌释教僧徒及吐蕃之境而隶治之"。宣政院还专门在吐蕃等地设行宣政院，处理有关佛教事务。元朝中央政府中，礼部和兵部也有管理西部民族地区事务的职能。礼部下设会同馆，《元史·百官志一》载，会同馆"掌接伴引见诸番蛮夷峒官之来朝贡者"。兵部"掌天下郡邑邮驿屯牧之政令"，包括对西部民族地区驿道的管理。

明代在元代基础上，在中央设有礼部、鸿胪寺等具有管理西部民族地区事务之职能的机构，现将其相应职能简介如下。礼部，负责处理西部少数民族使者进京朝贡以及册封等事务。《明史·职官志一》载，明代的礼部，处理西部少数民族地区的事务只是其部分职责，礼部仪制司会同吏部奏请少数民族首领的诰命。鸿胪寺，负责西部少数民族首领在京师活动的各种礼仪。提督四夷馆，据《明史·职官志一》载，负责与西部民族地区有关的翻译事务。行人司，负责抚谕西部少数民族首领。僧录司，负责西部民族地区的宗教事务。《明史·职官志三》载，明代西藏地区"有法王、佛子、大国师等封号"，僧录司代表明中央政府对他们颁授印信。在西部边疆地方，又另设僧纲司，分掌僧录司事务，由精通经典，戒行端洁的人担任[①]。五军都督府，管理西部民族地区的都司卫所。《明史·职官志五》载，明初设都督府，"掌军旅之事，各领其都司卫所，以达兵部"。洪武十三年（1380 年）改都督府为五军都督府，分领在京各卫所和在外各都司卫所。此外，还有吏部。明中央政府中的吏部负责管理西部民族地区的文职土官事务。据《明史·职官志一》记载，对西部民族地区土官土司的管理，文职土官事务由吏部管理，武职土司事务由兵部管理。从上可知，明代管理西部民族地区事务的中央机构在设置上较为完备，且职能分明，分工渐趋

① 参看赵云田著《中国治边机构史》，中国藏学出版社 2002 年版。

细化。在明中央政府的治理之下，西部民族地区加快了内地化的进程，国家正式的典章制度在西部民族地区得到史无前例的推行。

清代在明代基础上，对西部少数民族事务的管理更加合理性。其所设礼部、鸿胪寺、理藩院等机构，均有管理西部民族地区事务的职能，其礼部与鸿胪寺的设置及其职能与明代近似。理藩制度是清代满族贵族在政治、经济、军事、文化上统治边疆少数民族地区形成体系的一种表现。蒙古、新疆、青海、西藏等少数民族居住地区，在清代被称为“藩部”。据《钦定大清会典》卷六三载，理藩院下设旗籍、王会、典属、柔远、徕远、理刑等六个司，主要管理西部民族地区的以下事务：参与议政；参与军事；审理刑事诉讼案件；管理藏传佛教；赈济灾荒；管理会盟、驿站、稽查蒙古地区户丁；管理少数民族王公朝觐（年班、围班）、贡物、燕赉、饩廪、封爵和俸禄等。

二、民族地区的地方行政法律制度

自秦以来，历代中央王朝在西部民族地区的地方行政建置从“道”、“属国”、羁縻府州到土官土司、伯克等，经历了一个逐步与内地一体化的进程，并因此形成了西部民族地区行政法律制度上特有的双轨制。

（一）秦代的地方行政建置“道”

秦代首次在民族地区开设“道”这一特殊的地方行政建置。东汉卫宏撰《汉旧仪》载，“道”，“内郡为县，三边为道”。《后汉书·百官志五》载，“凡县主蛮夷曰道”。“道”是与县相当的一级行政区划，是与县同属郡下的平行组织。“道”的设立，反映了秦朝对西部少数民族地区不同于内地的统治形式。据《史记·西南夷列传》，秦代在西部民族地区也设置了郡县、道“置吏”管理。从前述史籍记载看，秦在西部民族聚居地区设置的“道”，主要通过“臣邦君长”进行治理。这些被分封的“臣邦君长”“臣邦君公”和“蛮夷邑君侯王”就是后代“土官土吏”的前身。

（二）汉代的两级地方行政建置“道”和“属国”

汉代在西部民族地区，除了置郡县之外，单独设置了民族地区的行政区划。除了继续设置相当于县级的“道”之外，还在中国历史上首次设置了相当于郡一级的“属国都尉”。

其一，郡县（道）的设立。汉朝沿袭秦朝制度，对西部民族地区设置郡县，以少数民族为主的县仍称为“道”。其二，在西北部边疆民族地区，汉朝设立了都护、中郎将、校尉等军政性质的职官进行管辖，这是一种在更大范围内实施的羁縻统治[①]。据《后汉书·百官志五》《汉书·西域传》等载，在西域，西汉时设西域都护府，东汉时设长史府管辖西域。西域都护府是汉朝治理西域的最高地方军政机构。汉朝政府还设立护羌校尉，管理居住在今甘肃、青海境内的黄河及其支流湟水一带的西羌。在西北地区，汉朝建立了使匈奴中郎将，使匈奴中郎将是汉朝管理匈奴事务的专职官员。其三，在归附的西部边疆少数民族地区设立属国进行管辖。属国是汉代对边疆少数民族的一种间接管理形式，即历史上常见的羁縻统治。属国是专门管理少数民族地区的地方行政区划。《后汉书·百官志五》载，汉代有属国，设属国都尉，"主蛮夷降者"。属国相当于郡一级，与郡一样，其下有属县，而"凡县主蛮夷者曰道"。其与郡的不同之处，在于其"具有半独立的地位"[②]。在西部羌人居住地区，汉朝政府不仅设立护羌校尉管理西羌事务，而且建立金城属国等对羌人居住地区进行管理。根据《后汉书·安帝纪》记载，在西南民族地区，设有犍为属国、广汉属国、蜀郡属国等。东汉政府沿袭了西汉制度，继续设立金城属国，由护羌校尉代行属国都尉职权管辖金城湟水两岸的羌族牧民。在匈奴地区，汉朝除了前述设立的使匈奴中郎将之外，还设立了安定属国、天水属国、西河属国、上郡属国、五原属国、张掖属国等管辖归附的匈奴族部众。汉朝在"道"和"属国"地区保留"蛮夷君长"的统治地位，给予他们印绶等信物。"有邑君长，皆赐绶印"，允许"蛮夷君长""复长其民"，维持原有统治而不加干预。同时，汉代采取郡守县令与"蛮夷君长"并行，用前者制约后者的办法在西部民族地区进行治理。

（三）两晋时期的"渠帅"和"蛮夷"职官

西晋时期，袭用三国时期"皆即渠帅而用之"的治理策略，设立了诸"蛮夷校尉""镇蛮护军"等专门治理"蛮夷"的职官机构。《资治通鉴·晋惠帝永康元年》记载，"蛮夷校尉"，均准予立府，故"各有长史、司马"。"蛮夷校尉"往往由将军、所在治所刺史兼领，故合称"三府"，地位高于地方一般州刺史，是地方的最高行政、军事长官。根据《新唐书·南蛮传》《华阳国志·南中志》等记载，在这些设置"蛮夷校尉""镇蛮护军"的西部民族地区，晋王朝采取以"蛮夷"为长的治理策略，即为了笼络少数民族首领，

① 马大正《〈西南通史〉序》，载方铁主编《西南通史》，中州古籍出版社 2003 版。
② 吴永章著《中国土司制度渊源与发展史》，四川民族出版社 1988 年版。

不用中央派遣的“王官”，而由“蛮酋”担任少数民族聚居地区的行政长官，赐予“夷王”以王、侯、将军名号，甚至新增徒有虚名的州郡“位号”，以“授蛮酋也”。

（四）唐宋时期的羁縻府州

隋朝在西部民族地区设置的地方机构主要是郡县和校尉。据《隋书·西域传》，隋朝在西北部设置了伊吾郡、鄯善郡、且末郡等和西域校尉。西域校尉主要处理的是西部少数民族和隋朝的朝贡事宜。在西南地区，隋朝设益州、西宁州、恭州、协州、牂柯郡等郡县①。但隋朝统治的时间较短，其对西部民族地区的行政建置和职官未能形成有效治理。

唐代在地方机构的设置上，在今西部地区曾设立了安西都护府、北庭都护府和安南都护府等作为当地的最高地方军政建置。唐王朝国家法的实施，最主要借助的就是都护府这样的地方军政机构。安西、北庭两大都护府都设立了“孔目司”机构，负责征收商税事宜②。在西南边疆民族地区，唐政府设立了安南都护府和戎州都督府、姚州都督府等进行管辖。对所属西部少数民族地区，唐代主要是建置羁縻府州。唐代的羁縻州与普通州即“正州”的划分标准不同。《新唐书·地理志七》载，羁縻州按“即其部落列置州县”的原则设立，并令其少数民族首领照旧统领本部部众而不打乱其旧有组织，所以规模较小。而正州则是按照地理、人口等因素设置的。二者又可以相互转化：当唐王朝对当地民族的治理力量较强时，会出现羁縻州改为正州的情况，进行直接统治；当唐王朝对当地民族的治理力量较弱时，又可将正州改为羁縻州，以示安抚。据《新唐书·地理志七》，唐贞观年间，羁縻府州制度被正式确立为治理民族地区的一种地方行政制度，并广为推行。“西北诸蕃及蛮夷稍稍内属，即其部落列置州县。其大者为都督府，以其首领为都督、刺史，皆得世袭。”在羁縻府州制度之下，唐代也沿袭了前代的做法，对民族地区的“豪帅”授予官衔，任命当地的少数民族酋长为刺史、县令，赐予名目繁多的甚至是品级极高的虚衔。羁縻府、州、县的官员，“皆得世袭”，如《旧唐书·南蛮西南蛮传》记载，两面羌“其部落代袭刺史等官”。

---

① 尤中编著《云南民族史》，云南大学出版社1994年版。

② 参见杨建新、卢苇《唐代的安西、北庭两大都护府》，载《新疆历史论文集续集》，新疆人民出版社1982年版。

宋代对西部少数民族的治理，沿袭唐代的“羁縻府州”制度，设置由少数民族首领担任世袭长官的州、县、洞（相当于县）的政区。与宋朝正式的行政区域有所不同，这类政区因宋朝采取“蛮夷之俗，羁縻而已”的绥抚政策故称“羁縻州”，或因其归附臣服宋朝而称“归明州”。此外，还有因其居于溪洞的地域特征，而称之为“溪洞州”的[①]。《宋史·地理志六》载，西部地区的羁縻州主要集中在荆湖路、夔州路、成都府路、潼川府路、广南西路，其中最重要的是在西南地区的广南西路。《宋史·地理志六》载，广南西路下设桂、容、邕、融、象、昭、梧、藤、龚、浔、柳、贵、宜、宝等二十五州，“桂林邕贡接夷僚，置守戍”，“许土人领任”。根据宋人范成大所撰《桂海虞衡志·志蛮》的记载，广南西路（今广西）“州县洞五十余所”，“有知州、权州、监州、知县、知洞”。据《宋史·蛮夷传》，宋朝对西部民族地区归附的首领，都以原官授之，不惜以大量官爵来笼络内附的首领。在西北地区，宋朝授羌人部落大小首领为官，由他们分别率本部族壮丁，组成藩兵，对抗西夏；在西南民族地区“数其酋长，使自镇抚”，建立由少数民族担任世袭官长的州、县、洞地区，即羁縻州、县、洞。《宋史·职官志七》载，在西南边疆少数民族居住地区，宋朝还专门在其基层政权机构中单独设置镇寨官和巡检司，负责管理少数民族事务。值得注意的是，宋朝在西南边疆少数民族地区，主要实行宋朝和少数民族地区两种职官制度，一方面既赐予少数民族首领以王、大将军、将军、郎将、司阶、司戍、司侯等官称，另一方面又赐予刺史、藩落史、知军、都鬼主等官职。宋朝廷虽然委任土官，但又加以限制，将其调离本土，并不许自置职名。

（五）元明清时期的地方行政建置

1. 一般行政建置

元代初期，在西部地区只设万户统军旅，以断事官治刑政，设万户府、千户所、百户所。后来元统治者设立了行省、宣慰司、都元帅府等建置治理西部民族地区，将西南、西北等边疆民族地区纳入王朝国家统一治理的轨道。元代当时设有11个行省，其中土官土司主要设在西部民族地区的四川、云南、湖广、江西等行省。这些设置了土官土司的行省首先是元代行省的组成部分，与其他行省一样，同是元王朝管辖下的地方行政区域，而不像元代之

① 吴永章著《中国土司制度渊源与发展史》，四川民族出版社1988年版。

前一样仅是中央王朝的“臣属”或是“藩属”地区。《元史・地理志一》载，“唐所谓羁縻之州，往往在是，今皆赋役之，比于内地”。表明这些地区是国家正式行政地区，这是元代国家治理的力量深入西部民族地区的体现，也是中央王朝的国家法在西部民族地区实施的前提和反映。《元史・百官志一》载，元朝“在外者，则有行省，有行台，有宣慰司、有廉访司。其牧民者，则曰路、曰府、曰州、曰县”。随着西部地区各行省的建立，为了加强对民族地区的治理，元中央政府在西部地区设立了相应的地方军政机构。据《元史・百官志三》和《元史・地理志六》载，元代在吐蕃地区设有三个宣慰使司都元帅府（隶属于宣政院）：一是吐蕃等处宣慰使司都元帅府，管辖吐蕃东北部地区；二是吐蕃等路宣慰史司都元帅府，管辖吐蕃东部地区；三是乌思藏纳里速古鲁孙等三路宣慰史司都元帅府，管辖吐蕃西部和中部地区。元代在西北地区，即今新疆的部分地区，设立了北庭都护府及西北地区的都元帅府等地方军政机构。《元史・世祖本纪六》载，今西南地区在元代属于湖广行省和云南行省，元政府在广西和云南地区设立了专门管理少数民族事务的军政机构，各地的宣慰司都元帅府。

明代在西部民族地区设置的地方军政机构，既有布政使司、府、州、县，又有都司卫所和土官。其一，设承宣布政使司、提刑按察使司和都指挥使司“三司”。《明史・地理六》《明史・地理七》记载，明代在西部地区陆续设立了广西、四川、江西、山西、陕西、云南、贵州等布政使司、提刑按察使司和都指挥使司。其二，设羁縻都司卫所。洪武十六年（1383年）前（明军洪武十五年平定云南，设云南都司、贵州都司），卫所制随着明军征讨的进程向全国蔓延，边远的少数民族的朝贡又使得明朝在周边地区推行卫所制的一种特殊形式——羁縻都司卫所。西部地区三司和后来巡抚的设置，以及卫所的设立和土官土司制度的不断完善，标志着明中央王朝在西部地区行政建置的日趋完善。其三，专门设置管理西域的地方机构。明代西域即今新疆地区，明政府通过遣使赐物、建立卫所、分封王爵、设置官吏，加强了对这一地区的管辖。明王朝对西域的地方行政机构设置采取了军政合一的卫所制与首领封王制。《明史・西番诸卫传》记载，洪武三年（1370年）明军攻克蒙古族聚居较多的河州（今甘肃临夏），明朝政府于次年设河州卫，“又遣西宁州同知李喃哥等招抚其酋长，至者亦悉授官，乃改西宁州（今青海西宁）为卫”。此后，明朝又先后设置蒙古卫所20余处，其中较著名的如新疆哈密的哈密卫等。《明史·西域传一》和《明史·西域传四》等记载，哈密卫是明政府在西域地方设立的行政和军事机构，明政府较为重视。其四，专门设置管理西藏地区的地方机构。明朝我国藏族聚居集中的西藏地区被称为乌斯藏。明政府通过设立军政机构、分封诸王等措施，加强了对这一地区的管辖。根据藏传佛教在藏族社会盛行的特点，明朝对藏族地区的机构设置，基本上沿袭了元朝的政教合一制度。据《明史·西域传三》和《续文献通考·四裔考》，洪武六年（1373 年），明政府在西藏设置乌斯藏、朵甘卫都指挥使司以及宣慰司二、元帅府一、招讨司四、万户府十三、千户四，且任用藏族上层僧侣担任各机构长官，颁给印信，制定条规，赋以行政管辖之权，并定期向朝廷贡纳方物。明朝还采取了分封藏传佛教首领为王的措施，制定了西藏的僧官制度。通过以上措施，明朝进一步把藏族聚居地区的政教合一机构的官职纳入民族地区系统的体制之内，西藏地区的行政法建制逐步内地化。其五，分类设置管理西南与两广地区诸族的地方机构。明朝对西南（云南、贵州、四川）以及广西等地的苗、僮（今壮族）、彝、瑶、傣等族的统治机构设置，基本上沿袭元制的土司制度。为与各族社会经济发展水平相适，土司机构及职官设置有三种类型：第一种是少数民族人口较少、居住分散，纳入军事编制的卫、所。这类机构多由少数民族首领任卫、所军官，统领本部族民众，听命于朝廷。第二种是社会经济水平发展较高、接近于汉族地区者，则实行与汉族地区行政体制类似的机构设置，主要有土府、军民府、土州、土县、土巡检司等不同形式的机构。其长官设土知府、土同知、土通判、土知州、土知县、土巡检等。第三种是经济发展落后地区，保留元朝的土司制，任命当地少数民族的上层人物做土官进行统治。这种类型的机构经“划一”后，主要有宣慰使司、宣抚司、安抚司、招讨司、长官司等。

清代在西部地区设置以督抚为中心的文官体制，以将军、都统为主的军事管理机构。清代废都指挥使，保留布政使司和按察使司。《清史稿·职官志三》载，在地方一级，管理民政事务的省级机构是巡抚。在一省之内根据需要设置寻道、守道，分理几个府、州、县的事务。府在省之下设置，在司、道的领导下，辖有数州、县。府的长官是知府，其职能为“掌总领属县，宣布条教，兴利除害，决讼检奸”。设置在西部民族地区的地方军政机构中的官员主要有将军、都统、大臣等，一般都统率军队，负责维护西部地区社会秩序的稳定，人们称之为军府①。他们既是理藩制度的重要组成部分，也是理藩制度在不同的藩部地区得以实行的组织和军事方面的保障。清代西部地区的军府建置，在蒙古地区有绥远城将军、呼伦贝尔副都统、察哈尔都统、热河都统、定边左副将军（也称乌里雅苏台将军）、科布多参赞大臣、阿尔泰办事大臣、库伦办事大臣，在新疆有伊犁将军、塔尔巴哈台参赞大臣、乌鲁木齐都统、喀什噶尔参赞大臣等，在青海有西宁办事大臣，在西藏有驻藏大臣。清朝通过理藩院和西部地区将军、都统、大臣组织上报以及奏事方面的联系，加强对西部地区的统治。

值得注意的是，明清以来中央王朝对西部民族地区在治理思想和制度设计上，充分考虑了西南民族地区和西北民族地区的不同特点，在西南民族地区推行自元代以来实行的土官土司制度，并使之不断被纳入中央王朝正式的行政建置及其职官制度中，与内地的行政法制一体化。而在西北民族地区则更为重视军政机构的建置和军事控制，如在哈密、吐鲁番两地，清政府设“扎萨克”管理旗务；在天山以南维吾尔族聚居地区，即清代文献中所称的“回疆”，设“伯克”等职官进行管理。《回疆则例》中的首要内容就是对新疆地区尤其是回疆地区行政管理体制的法律确认。“扎萨克”和“伯克”制度是清代在西北民族地区实施的具有民族特色的官吏制度，其实质与西南民族地区的土官土司制度有异曲同工之处。

2. 土官土司制度

元代以来的土官土司制度②是中央王朝变“羁縻统治”这种间接统治方式为“直接统治”方式的重要体现。这种直接统治在具体实施中又通过“以夷制夷”的手段来实现，并形成了西南民族地区特有的行政法律制度。

（1）土官土司的设立

元代在西部民族地区除了正式的路、府、州、县，在云南行省、湖广行省等之下，设立总管、宣慰、宣抚、安抚、招讨、长官诸司等官职，专门处理西南少数民族事务，同时任命一些当地少数民族酋长为土官，对少数民族地区实行具体管理。元代设立的土官制度，设有宣慰、宣抚、安抚、招讨、

① 管守新著《清代新疆军府制度研究》，新疆大学出版社 2002 年版。

② 对于土司制度，有不同的看法，本处采通说。参看吴永章著《中国土司制渊源与发展史》，四川民族出版社 1988 年版；尤中编著《云南民族史》，云南大学出版社 1994 年版；方铁主编《西南通史》，中州古籍出版社 2003 年版。

长官诸司等官职，以及总管、土知府、土知州和土知县等。《元史·百官志七》载："宣慰司，掌军民之务，分道以总郡县，行省有政令则布于下，郡县有请则达于省。有边陲军旅之事，则兼都元帅府，其次则止为元帅府。其在远服，又有招讨、安抚、宣抚等使，品秩员数，各有差等。"又载："西南夷诸溪洞各置长官司，秩如下州。达鲁花赤、长官、副长官，参用土人为之。"宣慰、宣抚诸司一般设于偏远地区，而靠近内地的西部民族地区，则设总管、土知府、土知州进行统治。

明代在元代基础上，形成了一套完备的土司制度施行于西南民族地区。明初，对西部民族地区归降的土官仍拥有元代官职，《明史·土司列传》记载："洪武初，西南夷来归者，即用原官授之。"又载："有明踵元故事，大为恢拓，分别司郡州县，额以赋役，听我驱调，而法始备也。"明朝将土流官吏截然分开，并确定了相应的品级。明代设立的土官土司又分为文职和武职，文职为土知府、土知州和土知县，武职为宣慰使、宣抚使、安抚使、招讨使及长官司长官。文职土官在省隶属于布政使司，属中央吏部验封司；武职土官在省隶属于都司，属中央兵部武选司。这就是"文武相维"之制，有利于中央政府对土官土司的治理。但这种文职武职的划分在实际执行中并不能完全执行。据《明史·土司列传》，在土司的设置上，明廷对靠近内地的民族地区设立土府、土州、土县的土官，由布政司负责管理；而边疆地区设立的宣慰司、宣抚司、招讨司的土司，则由都指挥使司负责管理。由土官担任的知府、知州和知县，级别如同流官，但冠以"土"字以示区别，表明明代土司制下的上官土司都是国家正式的职官。《明史·职官志五》载，"军民府、土州、土县，设官如府州县"，在《续通志·职官略·明官制下》中就更为明确地说"明置军民府、土州、土县，设官同府州县"。

清代土司制度是清王朝占领西南民族地区以后，在明朝基础上建立起来的。清代西部地区设立土司有两种情形：一是明代原有的土司归附清廷的，《清圣祖实录》卷一〇八载，清"袭明旧制，土司准予承袭任职"。二是新归附的土酋，对这些新归附者，也同样授予土司职衔。清代在西南增设了几百家小土官，在全国增设了701家[①]。但国家同时开始废除各大土司。清代的土官分文职与武职，文职隶吏部，武职隶兵部。文职职衔有

① 龚荫著《中国土司制度》，云南民族出版社1992年版。

土府六等、土州四等、土县四等，还有土巡检、土驿丞和土官之名。光绪《大清会典》卷四五载："土巡检、土驿丞为土官支庶，降授所不及，不列于等。"武职职衔有：指挥使司七等、宣慰使司四等、宣抚使司四等、安抚使司四等、招讨使司二等、长官司二等、土弁五种，还有土舍、土目。《大清会典》卷四七记载："土司支庶分地管理者，准降等给予职衔，至无等可降，则为土舍土目，不给衔职。"土舍土目并无职衔品级。《清史稿·职官志四》载，清代在土司土官中最有特色的是出现了没有辖土、辖民的土官，称为"不管理苗裔村寨者"。

（2）土官土司的任命及职责

元代在西部民族地区的各级地方政权，已经普遍实行参用土官的职官任职原则。根据《元史》《土官底簿》《百夷传》《蛮司合志》《黔南职方纪略》等文献记载，元代在云南、湖广、四川诸行省内，从宣慰都元帅、宣抚、安抚、长官诸司到路、府、州、县诸官，都大量地引用土人为官。土官的任命，均由中央予以任命，赐予诰敕、印章、虎符、驿玺书、金银符作为信物。诰敕、文凭等可以视为元朝廷的土官任命书。元代土官归附朝廷并被授予官职后，还要对朝廷承担朝贡、纳赋、听从调遣参加作战征讨等义务。这些规定都构成了元代在西部民族地区特殊的行政法律制度。

明朝任命的土官土司，一般隶属于当地同级或者高一级的流官，再依次隶属于行省乃至中央。据《明史·职官志一》礼部条，以及《明会典·吏部五》卷六载，明代土司一经朝廷任命授职，与元代类似，即颁发有关信物作为凭证，有诰敕、印章、冠带和符牌等类别。对西南各地的土官和土司，朝廷颁发专门的符牌及相应批文、勘合与底簿。土司对中央有所呈请，也在所发勘合内填写，通过布政使司再送至京师。但明代土司较元代土司有两个明显变化：一是明代宣慰司已经由元代设于全国各地的省与郡之间的一级行政组织变为专门在民族地区设立的土职；二是明代土司的品级普遍低于元代。明代土官除了要按期交纳贡赋以外，还要承担政府征调土兵的职责，帅领土兵保境、轮戍、征讨。土司和都司卫所，各统其官军及其部落，听征调、守卫、保塞之令，以及不时修浚和阅视城池。在明代，凡中央王朝有重大作战活动，包括剿倭、援辽、"征贼""征蛮"，均要求土官征调土兵参加。

清袭明制，任命土官土司时，一般都颁给印信号纸、诰敕，以示中央王朝对土官土司的正式任命和授职。《大清会典》卷一二载："凡土官之职，皆给以号纸，土府厅州县则加以印。”只对某些地位低微的土司，如土舍、寨首一类，才有不颁给印信号纸者。据《清史稿·土司传二》，清廷给土司新的信物时，即将旧的信物收缴。这又分两种情况：一是归附时，需将前朝信物呈缴；二是升职时，换给印信号纸。土司若丢失信物，往往会受到降职处分。据《大清会典·吏部》《大清会典·兵部》记载，清廷还颁给土司诰敕。清代土司的职责与明代相似，主要是交纳贡赋、完钱粮、擒盗贼和备征调等义务。

（3）对土司承袭的管理

元代土司的承袭方式主要是世袭。据《元史·世祖本纪五》，土官一经国家授职，即为世袭，土官的承袭之法主要还是按本地习俗，国家较少进行规定。明代的土官承袭有一整套严密的法律制度。第一，明廷规定了承袭人的范围。第二，土官的承袭必须经朝廷批准。土司的承袭人只有在上缴信物并献方物，履行一定的手续后才能袭任。土官承袭到京，由中央直接发给所袭者印信，提供宗支图本，后来是应袭册。《明会典·兵部四·土夷袭替》还规定“土官袭职后，习礼三月，回任管事”。土官承袭要提供相关人证，具体是土官所管地区的族亲、下属、邻佑等人的证言。验封司必须委官查勘明确别无争袭之人，《明会典·吏部五·土官承袭》规定“明白取具宗支图本，并官吏人等结状，呈部具奏”后方得承袭。第三，规定了承袭的程序。明代土官的承袭过程分为：权职、授以冠带、署职、实授。国家在四个不同的阶段进行考核，以便加强管理。

清代的土司承袭在明代基础上更为严密，国家对土司的管理和法制建设更为完善，对土司的承袭管理包括以下几方面：第一，据《大清会典·吏部·土官》载，清代对土司承袭人的承袭顺序规定了先嫡后庶的顺序。第二，对承袭人的承袭条件进行了法律规定。对承袭冒名者一经查出即革职。《钦定大清会典事例·兵部·土司承职》规定“承袭之人，有宗派不清、顶冒、凌夺各弊，查出革职”。为此，清代加强了对土司编宗谱的管理。且清代《皇朝政典类纂·职官·土官》规定，土司法定承袭人必须年满15岁，对不满15岁的承袭人，应将土司衙门的各种事务或由本族土舍，或由其母亲“护理”，到15岁后才能“治事”。第三，土司承袭的程序规定。据《钦定大清会典事例·吏部·土官》载，当土司承袭时，提出应袭候选人时就得提交相关资料和证明，具体是宗亲族谱、样供、地方官及相邻土司的甘结状，同时还得把原有的号纸交还。《钦定重修六部处分则例·边防·土官承袭》还规定号纸“由部给牌，书其职衔、世系及承袭年月于上”，就是国家给所任土司的委任状。当上述证件都齐时该管机构应当给予办理，否则有关官员要受到处分。当号纸出现水火、盗贼损失时，可以到所在上司处报告，由他们上报中央相关部门补办。第四，对犯特定罪被革职的土官，剥夺其亲子的承袭权。《钦定大清会典事例·吏部·土官承袭》中载，“如土官受贿隐匿凶犯逃人者，革职提问，不准亲子承袭，择本支伯叔兄弟、兄弟之子继之。若有大罪被戮，既立夷众素所推服者，以继承其职”。

（4）对土官土司的赏罚制度

元代对土官的行政奖赏有三种方式：一是有功升迁。据《元史·刑法志二·职制下》记载，元朝对土官实行有功升赏的制度，有功者给予升迁，如有官吏阻难将受处分。二是按土官品级升转。三是加以流官官衔，但并不去任所授职官。四是封以各种虚衔。其中包括勋阶、文散官、武散官①。如前所述，元代国家对土官违反国家法的行为，开始适用国家法进行司法管辖。据《元史·刑法志二·职志下》记载，元代对土官的行政处罚尚未形成具体规范，多采取罚财而不废其职的方式。

明代土官升迁的条件，一般是有功升迁。根据《土官底簿》中的有关记载，“有功”包括两方面：一是“积有年老”，忠于职守；二是有军功。除有功升迁之外，明王朝还规定了其他的情形也可升迁，如纳米升授、进献论赏等。明代土官的升迁之法与元代类似，主要有升品级、加流官衔、加封虚衔等。但土官所授流官职衔，子孙不能世袭。总之，明代土官升迁，几同流官待遇，并未滥加歧视性限制。明代对土官的违法行为主要有以下的行政处罚规定：第一，革职，对违法土司处以革职，让其他应袭者承袭；第二，降职，就是对犯法的土官处以降职处罚。

清代的土司升迁制度发生了重大变化，只能遵循土官品级，最高至指挥使、宣慰使，土司无论有多大功劳，也不能像流官一样升任更高的品级，终身只能是一土官而已。清代对土司奖惩考核的法律规定达到了十分完善和严密的程度，基本上与流官相一致，对土司的行政奖赏有赏给官名顶戴、名号、

① 吴永章著《中国土司制度渊源与发展史》，四川民族出版社1988年版。

土司虚衔等。具体如下：第一，赏银牌红花；第二，记功；第三，加衔；第四，加级。清代国家对土司进行严格的考核和惩治，对土司的行政法律责任规定和国家正式官僚一样。据《钦定大清会典事例·兵部·土司议处》，除了对严重犯罪者处以迁徙、死刑等刑罚外，清代对土司的行政处罚有：第一，罚俸、降罚。但由于土官没有俸禄。这实质上是罚钱。第二，降级留用。在降级留用中，“应降一级、二级、三级调用者，止降一级留任；降四级、五级调用者，止降二级留任；应革职者，降四级留任”。第三，革职，降四级留用。就是前述本应革职的以降四级留用。第四，革职，择其子弟应袭者代袭或择本支叔伯兄弟子孙者代袭。

第四节　刑事法律制度

自秦代以来，中央王朝的刑事法律制度不断被适用到民族地区，但被不同程度地变通实施。历代中央政府治理西部民族地区的刑事法律制度主要包括处理在西部民族地区所适用的罪名、刑罚制度和量刑制度方面。

一、刑事法律制度的指导思想和原则

历代中央王朝对西部地区的刑事立法和司法是在“各依其本俗法”指导思想下惩治重大犯罪，宽宥轻微犯罪，维持民族地区的稳定，对族际重大犯罪行为予以严厉制裁，对各民族群体内部的一般犯罪行为，则一般不予直接适用国家律法。

（一）区别对待

区别原则，在西部民族地区主要体现在因民族身份的不同而进行的区别对待上，而非汉族地区因官僚身份和亲属身份而形成的区别原则。国家对西部少数民族成员的一般违法行为，往往不适用国家律法认定其罪责，可“各依其本俗法”加以惩治，而对西部地区的汉族，则要适用国家律法。特别是元明清时期，对朝廷派遣到西部民族地区任职的官员与当地少数民族的土官犯罪，在刑罚适用和量刑上有较大的区别。如《元史·刑法志》规定，朝廷派遣到西部民族地区的官员，“有罪依常律”，按元朝的有关法律处理，在定罪和案件处理程序上与内地没有什么区别，但是土官有罪，则“罚而不废”。

（二）“轻轻重重”

对于西部民族地区犯罪的惩治，历代中央王朝基本上秉持“轻轻重重”

的原则。在刑法立法和司法上，国家对严重危害统治秩序的行为坚决予以严惩，即使在西部边远民族地区也不例外。对威胁、损害皇权，危及国家政权的犯罪，即“谋反”“谋大逆”“谋叛”“大不敬”等罪，中央王朝一般要进行重惩；而对于少数民族地区的一般犯罪行为则不严格按照国家的正式典章制度进行制裁，允许各民族群体“各依其俗”进行宽宥处理。

二、主要罪名

自秦代以来，历代中央王朝对西部少数民族地区部分刑事案件的管辖和审理，使国家正式律法中的相关罪名适用于西部民族地区，并形成中央王朝正式律法中的一般罪名和针对民族地区所形成的专门罪名两类。以下主要分析的是谋反等危害统治秩序的罪名和西部民族地区所形成的特有或较典型的罪名。

（一）谋反等危害统治秩序的罪名

历代中央王朝的律法都对预防和惩治西部地区少数民族的谋反进行了规定。“大逆无道”在秦代主要是指谋反，在汉代则扩大为各种危害汉王朝统治的行为。秦汉时期，整个西部民族地区反叛朝廷的事件时有发生。《汉书·西南夷传》记载，夜郎王、句町王和哀牢王三位西南地区少数民族首领因反叛而被处死，可见汉代对少数民族地区已适用反叛罪名。西羌地区的羌人也屡次反叛，汉朝廷均发兵镇压，并在律法中规定谋反为重罪，对为首者处以死刑。唐宋时期在西部民族地区适用的最主要罪名仍是谋反罪。据樊绰《云南志》卷一载，南诏地区梦蛮三姓大鬼主梦冲，内受恩赏于国，外私于吐蕃，按唐律已构成谋反，因而被节度使韦皋按唐朝律法处死。元明清时期西部土官土司之间时有引兵仇杀、反叛行为，国家开始将土官土司间的引兵仇杀和反叛朝廷作为叛逆罪认定。《元史·刑法志二·职制下》就规定“诸左右两江所部土官，辄兴兵相仇杀者，坐以叛逆之罪”。元代云南麓川土官思可法反叛，朝廷定的罪名是反叛罪：“叛贼思可法敢冒刑章，作为弗靖，侵掠境土，戕害至人。”① 清代在回疆地区对反叛的大小和卓也适用大清律例处以叛逆之罪，《清高宗实录》卷七三六载，乾隆三十年（1765 年）吐鲁番郡王额敏和卓将企图叛乱的哈子伯克阿璘抓获，并奏报中央政府。奏称：“臣等将逆回阿璘，及原首回人克伊雅斯等人，提集审讯。”

① 〔元〕黄溍《金华黄先生集·招谕云南土官等诏》。

（二）特有和典型罪名

秦汉时期在西部民族地区形成的特有罪名主要有：伤害“臣邦君长后子”罪。“臣邦真戎君长”即臣属于秦的少数民族首领，睡虎地秦墓竹简中的《法律答问》清楚地记载了秦王朝对擅自杀死、刑伤或髡剃“臣邦君长后子”的，要定罪处罚。“擅杀、刑、亏其后子，谳之。何谓后子，官其男为爵后，及臣邦君长所置为后太子，皆为‘后子’”。“去夏”罪。“去夏”，就是想离开秦的属境。臣属于秦的少数民族的人，对其主长不满而想去夏的，不予准许[①]。翻译人员的诈伪罪。张家山汉墓竹简中的《具律》规定了汉代对诉讼中涉及少数民族语言翻译人员的诈伪罪，“译讯人为诈伪，以出入罪人，死罪，黥为城旦舂；它各以其所以出入罪反罪之”。逃避屯戍罪。出土于张家山二四七号汉墓的《奏谳书》竹简记载了一则逃避屯戍的诉讼案件[②]，结合竹简中的《蛮夷律》佚文进行对照、分析，可知秦汉时期国家对西部少数民族地区适用逃避屯戍罪[③]。

唐宋时期国家在西部民族地区适用掠卖奴隶罪、“以口馈遗”罪、违制典买少数民族田土罪、杀人祭鬼罪、引兵仇杀罪等特有罪名。“擅杀蛮人邀功”。据《宋会要辑稿·番夷五》记载，宋代因西部地区少数民族叛乱和各政权的相互征战，出现了地方官员“擅杀蛮人邀功”的行为，朝廷适用《宋刑统》的律条禁杀蕃人，“杀熟户以邀功者斩”。掠卖奴隶罪。唐宋时期西部少数民族社会仍然处于奴隶制社会形态，普遍存在对奴隶的买卖，唐宋中央政府不得不为掠卖奴隶进行专门刑事立法加以禁止。《旧唐书·孔戣传》记载，“帅南海者，京师权要多托买南人为奴婢，戣不受托。至郡，禁绝卖女口”，反映了当时京师权贵托岭南地方官购俚僚为奴、掠岭南夷人为奴的情形不在少数。《宋史·高宗本纪一》记载，宋代绍兴初年，邕州之地南邻交趾，其左右江诸峒多有亡赖之徒略买人口贩入交趾，朝廷对此情况诏令户部、刑部立法定罪制裁。“以口馈遗”罪。这类罪名主要适用于西南民族地区的官员和当地少数民族首领。在唐宋时期西部民族地区的奴隶买卖不仅已经成为地方官吏发财牟利的途径，甚至成为当时行贿受贿的方式。对此，唐宋中央王朝均明确予

① 参见睡虎地秦墓竹简整理小组编《睡虎地秦墓竹简》，文物出版社 1978 年版。

② 参见张家山二四七号汉墓竹简整理小组编《张家山汉墓竹简［二四七号墓］》，文物出版社 2001 年版。

③ 参见曾代伟、王平原《〈蛮夷律〉考略》，《民族研究》2004 年第 3 期。

以禁止。《旧唐书·宪宗本纪下》载，唐宪宗元和八年（813 年），桂管观察使房启以“南口”15 名贿宦使，宪宗知道后怒杀宦人，并诏：“比闻岭财五管并福建、黔中等道，多以南口饷遗，及于诸处博易，骨肉离析，良贼难分，以后严加禁止。如违，长吏必当科罚。”杀人祭鬼罪。唐宋时期西部民族地区在神明裁判时仍然使用活人祭祀，作为裁判案件的方式和程序，唐宋中央政府开始对此习惯法下令禁止。《宋史·太宗本纪》记载，北宋淳化元年（990 年），朝廷下诏“禁川陕、南岭、湖南杀人祭鬼”。《宋史·高宗本纪七》记载，（绍兴十九年，即 1149 年）“二月丁丑，禁湖北溪洞用人祭鬼蛊及造毒，犯者保甲同坐”。译人作伪罪。《唐律·诈伪律·证不言情及译人作伪》规定，“诸证人言不情，及译人诈伪，致罪有出入者，证人减二等，译人与同罪”。民族地区案件审理过程中，翻译少数民族语言的人故意翻译失实，导致定罪量刑错误适用此罪名。违制典买少数民族田土罪。宋代西部少数民族的土地买卖成为普遍现象，《宋史·兵志二》中规定禁止汉人违制买卖蕃部田土。《宋史·哲宗本纪一》载，元祐五年（1090 年）七月壬申，泾源路经略司言：“诸人违制典买蕃部田土，许以免罪，自二顷五十亩以下，责其出刺弓箭手及买马备边各用有差。”

元明清时期，国家刑法在西部地区开始统一适用，在西部民族地区形成和适用以下特有和典型罪名。土司间兼并土地罪。元代《招捕总录》上记载了很多因土司争夺和兼并土地相互仇杀的案件。由于元代以来土司地区的各府州县是以区域为准，国家开始禁止土司兼并其他土司领地的行为。如明代国家对西南地区土司的几次征伐也都是因为土司间的土地兼并而引发的，“三征麓川”就是明政府为制止麓川土司思可法家族进行土地兼并扩张而进行的征伐。少数民族相互仇杀罪。自元代始，国家对少数民族引兵相互仇杀行为开始以刑法规定来禁止。特别是清代，对西南民族间发生的引兵仇杀案件要适用国家法以相互仇杀罪定罪。掠人、掠卖人罪。自宋代开始，中央王朝就将岭南地区掠卖奴隶等人口的行为作为犯罪予以禁止。《元史·世祖本纪》载，元代至元年间曾下诏：“禁云南权势多取债息，仍禁没人口为奴及黥其面者。”《明会典·刑部十》规定，“将腹里人口，用强略卖与境外土官土人峒寨去处图利，除杀伤人律该处死外，若未曾杀伤人，比依将人口出境律绞”。清代，西部民族中存在着严重的掠卖人口现象，为此制定了专门针对这些地区的法律，将掠卖人口行为视为重罪处理，只要犯此罪者就处以杖刑一百、流三千。《大清会典事例·刑律贼盗·略人略卖人》规定，“贵州、云南、四川地方民人，诱拐本地子女，要本省销卖，审无勾通处省流棍情事，仍照诱拐妇人女子本例，分别定拟”。越境走私罪。清代对没有合法证照而私自从边疆地区进入周边国家进行商业活动的视为一种犯罪。例如在今云南临沧和保山，《大清会典事例·兵律关津·私越冒度关津》载：“凡省永昌、顺宁二府以处沿边关隘，禁止私贩碧霞玉、翡翠玉、葱玉、鱼盐、棉花等物，如拿获私贩之人，审讯明确，共伙人数在一二十人以上，为首者拟绞立决，为从及数在四人以上不及十人者，具发黑龙江等处。”违例通婚罪。自明代开始，为削弱西部地区土官土司的势力，限制和禁止土司间互相缔结婚姻，特别是禁止土司群体越境相互通婚。《明会典·户部七》记载：“（正统）十一年（1446 年），令云南、四川、贵州所属宣慰、宣抚、安抚长官司，并边夷府州县土官衙门，不分官吏军民，其男女婚姻皆依朝廷礼法，违者罪之。”清代禁止苗汉通婚，如有违反，就构成违例通婚罪，要按律治罪。私出他省罪。清代土司和土民要离开本省外出的，要得到该省督抚的证照，如果没有得到证照就私自出省者，就构成了犯罪，且有专门的法律加以规定和惩治。

除此之外，明清时期在西部民族地区的土官土司群体中还适用不孝罪名。《土官底簿·广西·结伦州知州》载，明代广西结伦州冯郎黄承袭土司职位时，由于其父在时曾说其“悖逆夺印”，朝廷不准其承袭，后被以“无礼”罪名，“发去辽东都司安置”。该案就是以不孝定罪处罚的。《明史·云南土司二》载，正统二年（1437 年），副使徐训奏鹤庆土知府高伦与弟纯屡呈凶恶，屠戮士庶，与母杨氏并叔宣互相残害，对于这种属于“真犯”的罪行，皇帝命令黔国公沐昂“谕使输款，如悖强不服，即调军擒捕”，后高伦又因杀人、不孝、私敛民财等罪名被处死刑。当然，元明清时期西部民族地区还有一些特有罪名，如明代的“潜住苗寨教诱为乱”，清代的“白昼伏草抢夺罪”（白天伏在草中抢夺路人财物的犯罪）、“土幕教诱土官犯罪”（土司聘延的幕友教诱土官犯法）、“汉奸”擅入“番苗”境内滋事等。

三、刑罚制度和量刑制度

在对西部民族地区的治理过程中，中央王朝与西部少数民族群体间的征战多有记载，战争成为当时最严厉的刑罚制裁方式。除了对谋反等进行征讨，适用死刑外，中央王朝对西部民族地区的犯罪在刑罚制裁上均区别于内地汉族地区，且量刑较轻。

（一）刑罚制度

自秦代以来，历代中央王朝刑律中的死刑、肉刑、自由刑、财产刑、耻辱刑等都在西部民族地区不同程度地得到适用。

1. 死刑

死刑在秦汉时期有多种执行方式，仅秦代就有二十几种执行方式。其中诛杀、斩首、腰斩等刑罚在西部民族地区主要针对少数民族首领的谋反重罪予以适用。《汉书·卷九十五·西南夷两粤朝鲜传传第六十五》记载："滇王始首善，以故弗诛。"前述张家山二四七号汉墓出土的《奏谳书》竹简中记载的"蛮夷"地区成年男子毋忧，因逃避屯戍获罪，被处于腰斩①。魏晋时期，诛杀、斩首等死刑也适用于西部民族地区。《三国志·魏书·徐胡二王传》载，"（魏）明帝以凉州绝远，南接蜀寇，以邈为凉州刺史，使持节领护羌校尉。……邈与羌、胡从事，不问小过；若犯大罪，先告部帅，使知，应死者乃斩以徇"。表明当时中央对应处死刑的少数民族成员采取斩首的执行方式。唐宋时期随着唐宋王朝与西部少数民族间的征战，对谋反或者不听从朝廷号令的少数民族首领、引兵仇杀的少数民族首领等往往适用斩首、诛杀方式执行死刑。另外，对西部民族地区违反《唐律》的朝廷地方官员，应处死刑的，要按唐律适用死刑。《南诏德化碑》中列举姚州都督张虔陀的六条罪状中，就有诸如勾结唐王朝的宿敌吐蕃，包庇"蔑盟构逆"之徒等行为，在唐律中均应入罪以诛②。宋代，对靠近汉族地区的"熟夷"之间的杀伤罪至死的情况，可以适用死刑，《宋会要辑稿·番夷五》载，"夔州路所部州、军，自今熟夷同这类自相杀伤罪至死者，于死罪上减等。……从之"。《宋会要辑要》第一九九册记载，宋神宗时期，蕃族讷儿温、禄尊首归顺宋朝后又反叛，元丰元年（1078年）宋神宗下令将其"凌迟处死"。

元明清时期国家对西部民族地区的死刑的执行方式有"斩""绞""杀""大辟""凌迟""枭首"等。元代在西部民族地区的死刑分斩、凌迟两种。《元史·世祖本纪》载，元代至元二十年（1283年）五月诏谕诸王相吾答儿，"先是云南重囚令便宜处决，恐滥及无辜，自今凡大辟罪，仍须待报"。明代

① 张家山二四七号汉墓竹简整理小组编写《张家山汉墓竹简［二四七号墓］》，文物出版社2001年版；曾代伟、王平原《〈蛮夷律〉考略》，《民族研究》2004年第3期。

② 张晓辉、方慧主编《彝族法律文化》，民族出版社2005年版。

国家律法中的死刑已经广泛地适用于西部民族地区。《明武宗实录》卷九五记载，明正德七年（1512 年），“都察院议：‘三边夷人为边境藩篱，骠等贪利妄杀，开惹衅端，法不可贷，当斩。’”对西部少数民族掠杀行为适用国家法中的斩刑。明代对反叛的土官，多处死刑。明代西部地区被处死的土官不少，如鹤庆土知府高伦，在正统六年（1441 年）就“依例斩决”；马湖土知府安鳌，在弘治八年（1495 年）就“拟凌迟处死，家口迁徙”；成化八年（1472 年）剑川州弥沙井巡检司土巡检沙膀就被处死[①]。明代对少数民族地区犯有命盗重罪、买卖人口行为的，也处以死刑。《明会典·刑部十》规定，“将腹里人口，用强略卖与境外土官土人峒寨去处图利，除杀伤人律该处死外，若未曾杀伤人，比依将人口出境律绞”。清代《大清律例·贼盗》对“谋反”“谋大逆”“谋叛”和“大不敬”等危害皇帝安全和尊严的行为，“本人不分首从皆凌迟处死，父子、祖孙、兄弟及同居之十六以上者，不分同姓异姓，亦不限籍之异同，不分是否残疾，一律处斩”。这一规定在西部民族地区也不例外。据《新疆回部志》卷四记载，在回疆地区，国家适用《大清律例》将杀伤人命等严重危害统治秩序的犯罪处以死刑，不再按照伊斯兰教法的规定由当事人自行采用同态复仇或赔偿血金的方式解决[②]。

2. 肉刑

秦汉时期笞、黥、劓、膑、宫等肉刑已经适用到西部地区的少数民族首领中。前述《法律答问》中记载：“臣邦真戎君长，爵当上造以上，有罪当赎者，其为群盗，令赎鬼薪鋈足；其有腐罪，［赎］宫。”秦律的刑罚中有“鋈足”，即砍脚。两晋时期，各类肉刑也适用到西部地区的地方官员中[③]。《晋书·王逊传》记载，晋怀帝时期，宁州刺史王逊对拒不执行军令的将领姚崇、爨琛等人适用鞭刑惩治。唐代在西部民族地区，杖刑和笞刑往往适用于朝廷官员。《旧唐书·玄宗本纪第九下》记载，唐玄宗天宝六年，“南海太守彭果坐赃，决杖，长流溱溪郡，死于路”。宋代对归明人逃亡的采取杖刑等刑罚，宋代《归明附籍约束·捕亡敕》规定：“诸归明人逃亡，杖一百，再犯加一等，三犯或逃往缘边者，奏裁。”元明清时期，肉刑普遍适用于进入西部民族

① 《云南志钞》卷七《土司上·广南府土同知》。

② 王东平《清代回疆刑法研究》，载《民族史研究》（第 5 辑），民族出版社 2004 年版。

③ 参见睡虎地秦墓竹简整理小组编《睡虎地秦墓竹简》，文物出版社 1978 年版。

地区的官员。根据史料的记载，肉刑有黥面、杖刑、受械、刺字、笞刑等。元代因加重对盗窃罪的处罚，对盗窃罪恢复黥刑、劓刑等肉刑。在西部民族地区普遍适用肉刑，有黥刑、劓刑、笞刑、杖刑等。如《元史・顺帝本纪》中记载："盗牛马劓；盗驴骡黥额，再犯劓；盗羊豕墨项，再犯黥，三犯劓，劓后再犯死。"笞刑、杖刑共十一级，尾数改为七。杖刑，《元史・英宗本纪》中，至治年间有云南行省平章答失铁木儿，忽辛"坐赃，免杖"的记载。受械，《元史・赛典赤・赡思丁传》中记载，土吏数人京师诬告赛典赤，忽必烈"即命械送赛典赤处治之"。肉刑的适用在明清较为普遍，既针对汉族官吏，也针对少数民族土官适用。如《明会典・刑部二》记载："云贵军职及文职五品以上官，及各处大小土官犯该笞杖罪名不必奏提。"据《大清会典事例》记载，笞、杖等肉刑在清代普遍适用于西部民族地区。

3. 自由刑

(1) 流刑

流刑自秦汉以来即已适用于西部地区。西部民族地区是历代国家执行流刑的主要地区。唐宋时期对于犯罪的人往往流放到西部边疆地区，对国家派遣到西部民族地区任职的官员坐赃、监主自盗、贿赂地方官员等罪也适用流刑。元中叶后，西部边远民族地区仍是谪贬罪人之所，(康熙)《澄江府志》记载，元代诸王月鲁铁木儿，中书右丞相脱脱等皆流放云南。蒙古野喇，原官右丞，后谪贬云南澄江。明代对犯罪土官适用的迁徙，实质上是流刑的一种方式，就是把有罪土官迁往他地安置。明代律例规定："云贵军职及文职五品以上官，及各处大小土官……其徒流以上情重者，仍旧奏提。"明代对土官土司所执行的流刑有些特殊，为切断其与当地千丝万缕的联系，土官的徒、流刑是"徙之北平"[①]，或者迁往江宁（今南京）安置。《清世宗实录》卷六二载，雍正时期规定"云南、贵州、四川、广西、湖广五省，改土为流的土司，有犯斩绞重罪者，其家口迁于远省安插；犯军流罪者，土司并家口迁于近省安插"。犯死罪的土司家属，要在土司本人被处决后迁徙他乡。在军流上，清代有一定里数规定。但对云南、两广、贵州四省则进行另外处理，不拘里数，只要相互遣发就行。而据《大清会典・理藩院・理刑司》规定，对

① 《明会典》卷一六〇《刑部一》；《明太祖实录》卷一六七，洪武十七年闰十月癸丑条。

蒙、疆等地的犯人不适用流放，而是“发遣”，遣到内地和云贵、两广。

（2）徒刑

自唐宋以来，徒刑在西部民族地区已经广为适用。如宋代对私入宋朝境内的西北少数民族适用徒刑。《庆元条法事类·蛮夷门》中《蕃蛮出入·卫禁敕》规定：“诸北界人私入中国者，许人告，其知情容止者，徒一年。”“诸蕃商娶中国人为妻及雇为人力、女使，将入蕃者，徒一年。”《明会典·刑部一》规定：“云贵军职及文职五品以上官，及各处大小土官……其徒流以上情重者，仍旧奏提。”前述洪武年间规定土官“徒、流则徙之北平”。

（3）充军

充军是罚犯人到边远地区从事强迫性的屯种或充实军伍，是轻于死刑、重于流刑的一种刑罚。充军创制于明代，明初西部边远地区是明廷实施充军的主要地区之一。《云南机务抄黄》中记载，朱元璋给云南、大理等处守御卫所发布命令：“有发到的有罪断发军人，编入伍，着他种田；把关去处盘获有罪断发，但是曾刺字，不刺的，刺旗，不刺旗的逃囚、军人，拿住发与原卫所收，将为首逃的废了示众。”明宪宗成化十年（1474年）诏令：“陕西榆林等处近边土地……军民系外处者，发榆林卫充军，系本处者，发甘肃卫充军。有毁坏边墙私出境外者，枷号三个月发落。”① 《明会典·刑部九》规定：“川、广、云、贵、陕西等处，但有汉人交结夷人，互相买卖借贷，诓骗财物，引惹边衅，及潜住苗寨教诱为乱，贻害地方者，除真犯死外，俱问发边卫永远充军。”明代被充军的不仅有汉人，也有争夺仇杀的土官。《明会典·兵部四》的土官袭替禁例中规定：“其通事，把事人等及各处逃流军囚、客人，拨置不该承袭之人，争夺仇杀者，俱问发极边烟瘴地面充军。”《明会典·刑部十七》中规定明代适用充军的罪名还有“冒籍生员，食粮起贡，及买土人起送公文，顶名赴吏部投考者”，“沿边军民等躲避差役，逃入土夷峒寨潜住者”，“汉人交结夷人引惹边衅，及潜往苗寨教诱为乱者”等。清代《大清会典事例·刑律贼盗·略人略卖人》中规定对“捆绑本地子女，在本地销卖，为首拟斩监候，为从发边卫充军”。

发遣是一种比充军重的刑罚。如前述明代广西结伦州的冯郎黄承袭土司职位时，以“不孝”罪“发去辽东都司安置”。清代往往是把犯罪者发到本

① 〔明〕《问刑条例·户律二》，《田宅·盗耕种官民田条例》。

省特定地区服刑。如对云南地区，“发本省多罗、松林等十二驿摆站。罪重者迤东各府人犯，发诺邓等井煎盐；迤西各府人犯，发个旧等厂熬铅”。这是对汉族犯徒刑的处理。在军流上，清代有一定里数规定。但对云南、两广、贵州四省则进行另外处理，不拘里数，只要相互遣发就行。

4. 财产刑

（1）赎刑

赎刑的适用较为普遍。秦律中的赎刑是允许罪犯以交纳法定的财物代替已经判处的刑罚。秦律中赎刑可赎免的刑罚范围相当广泛，可以赎死、赎宫、赎耐、赎迁等。睡虎地秦墓竹简中的《法律答问》记载“真臣邦君公有罪，致耐罪以上，令赎”，表明少数民族首领可以赎耐刑。根据前述《法律答问》的记载，爵位相当于“造”以上的少数民族首领，犯了罪可以赎刑，如果犯了“群盗”罪，则赎“鬼薪鋈足”；如果犯了“腐罪”，则可以赎“宫刑”。犯了其他与“群盗”罪相当的罪行均照此处理①。《华阳国志·巴志》记载，“（秦）昭襄王与巴夷盟伤者论，杀人顾死倓钱”，表明秦代还可赎死刑。唐宋时期对少数民族首领的犯罪行为，在处罚上往往允许罚财赎罪。唐律规定，除了犯“十恶”应死之罪外，犯“不孝”应处流刑得赎罪以外，判处其他各刑，均准许以铜赎罪，赎金的数额根据刑罚的轻重而定。在西部民族地区，也适用赎刑，但变通适用。《宋史·哲宗本纪一》记载，对于“违制买卖蕃部田土”的，“许以免罪，自二顷五十亩以下，责其出刺弓箭手及买马备边各用有差”，以“出刺弓箭手及买马备边”的财产罚代替身体刑。元明清时期，西南民族地区的赎刑主要适用于土官土司犯罪。对土官的一般犯罪，往往采取罚财赎罪的变通方式，赎刑的方式有纳银赎罪、纳米赎罪、纳木材赎罪、贡马赎罪、纳牛羊赎罪等。即使对于犯死罪的土官，也允许罚财赎罪。《明史·梁材传》载，明嘉靖初年，梁材到云南任官，遇到当地的土官相互仇杀数年，按规定，这些土官应处以死刑，但梁材允许他们用牛羊赎罪。清代在蒙古和回疆地区，赎刑也普遍适用于当地少数民族的犯罪。凡偷窃、诱卖及人命重案，均可罚畜；无论蒙古王公、贫苦牧民都可罚。所以康熙、嘉庆朝的《大清会典》有“凡蒙古犯罪皆论罚”的规定。《理藩院则例·罪罚》规定，对无俸的闲散王公实行罚畜抵罪的办法，不过可折银代罚，马每匹折银三两。

① 参见睡虎地秦墓竹简整理小组编《睡虎地秦墓竹简》，文物出版社 1978 年版。

清《西宁青海番夷成例》规定，少数民族的一般犯罪，首先罚缴牲畜牛一至九头不等，马五至一百匹不等。若缴纳不足，则要被处以鞭打，少一头鞭打二十五，最多至鞭一百，由所属佐领或管辖章京设誓俱结，如果故意隐匿不缴，则一体受罚。清代在广西地区，以一定的钱物赎罪的方法是适用最广泛的刑罚手段，《续文献通考》之《论边省苗蛮事宜书》中记载"劫盗者，尝其主三倍，杀人者出牛马三十头与其家以赎死"，甚至死罪也可以用钱赎之。

（2）赀刑

赀刑与赎刑不同，赀刑是依法判处犯人缴纳财物或以劳役抵偿的刑罚，也是一种财产刑。秦代《法律答问》记载："邦客与主人斗，以兵刃、投梃、拳指伤人，抿以布，何谓抿？抿布入公，如赀布，入资钱如律。"此规定表明对少数民族个体与秦人间的人身伤害行为，可以通过赀刑来处理。

5. 耻辱刑

枷号是明代首创的一种耻辱刑，也是明廷在西部民族地区常用的一种刑罚，主要是对西部民族地区的汉族适用。据《明世宗实录》卷五〇嘉靖四年（1525 年）四月己亥条记载，嘉靖帝针对巡抚云南右副都御史黄衷上奏云南由于诸多原因刑罚太轻的奏章说："云南地果远，自今所捕盗，会讯情真，奏闻得旨，许即依律处决不俟转详：其哨、堡官军及里、甲诸人，有贿免或弃役者，官调边卫，守御旗军人等枷号一月，发沿哨守。"清代的枷号刑承袭明代的"枷项游历"。在徒、流、军刑适用上，对少数民族采取枷号一定时期，就可以免于迁徙。"云南、贵州苗人，犯该徒、流、军遣，仍照旧例枷责完结。"[①] 如乾隆十八年（1753 年）广西的"莫老黑打死伊妻莫氏案"中当事人是广西僮民，所以折枷抵冲军流刑。但是若是情节严重的，或累犯，就是在按照枷号处罚后还要被迁徙安插。在回疆地区，乾隆七年（1742 年），根据甘肃巡抚黄廷桂奏称，军流徒罪等刑罚的适用与苗疆地区类似，"准折责枷号完结"[②]。

（二）量刑制度

总体上，历代中央王朝对西部民族地区的刑罚适用在量刑上区别于内地，一般比照内地从轻处理，或采用特殊的处罚制度。但明代以后，对命盗重罪

---

① 《钦定大清会典事例》卷七四一，《刑部十九·名律例二·徒流迁徙地方一》。

② 《清高宗实录》卷一七九，乾隆七年十一月癸酉。

以及个别严重影响封建伦理纲常案件的刑罚量刑也趋同于内地。

1. 对谋反等案件的处罚

对西部地区少数民族的反叛行为，历代中央王朝除了军事征讨平叛，对反叛的首要分子均予以从重处罚。《汉书·西南夷传》记载，汉代夜郎王、句町王和哀牢王三位西南地区少数民族首领因反叛而被处死，不予赦免。秦汉中央王朝虽然并不改变西部民族群体的内部社会组织结构，但对被任命的少数民族官员的反叛行为则严惩不贷。隋唐至宋代，随着中央王朝与西部少数民族间的征战，对谋反或者不听从朝廷号令的少数民族首领、引兵仇杀的少数民族首领等往往适用斩首、诛杀的方式从重处罚。隋开皇十七年（597 年）隋王朝对云南地区爨翫的反叛进行征讨，俘虏了爨翫，押解到长安，本人被处死，“诸子没为奴”[①]。元明清时期，对严重犯罪者，特别是土官土司有反叛行为的，中央王朝按照国家律法严厉惩治。诸如土官之间相互仇杀，《元史·刑二》规定“坐以叛逆之罪”，“其有忘相告言者，以其罪罪之”。凡土官犯谋逆、杀人、盗等严重危害国家统治的犯罪，不能再得到原宥，而也同样要国家刑律处以死刑。如前所述，明代对谋反、大逆等罪，处罚远重于唐律，对反叛的土官，多处死刑，不予宽宥。从文献及一些档案史料来看，清代将西部民族地区有关危害封建皇权、政权以及封建统治秩序的谋反、谋叛等行为，列为最严重的犯罪，严格依照大清律例处以死刑，甚至其亲属也受到株连，实行连坐。《大清律例·贼盗》规定，对谋反、谋大逆者，“本人不分首从皆凌迟处死，父子、祖孙、兄弟及同居之十六以上者，不分同姓异姓，亦不限籍之异同，不分是否残疾，一律处斩”。此规定即使在西部回疆地区也不例外[②]。

2. 对普通案件的从轻处罚

历代中央王朝对西部民族地区，特别是对西部少数民族违反国家律法的行为在处罚上都比照内地从轻处理，或者采取特殊的处罚制度。

秦汉时期统治者对西南地区“蛮夷部族”采取了优宠、笼络政策。其部民如果有罪，在刑罚制裁上给予从轻处罚。前述睡虎地秦墓竹简中的《法律答问》的相关记载就表明秦朝对一般少数民族部落首领和部民的犯罪行为在

① 《隋书》卷四五《文帝四子传》;《新唐书》卷二二二下《南蛮传》。

② 王东平《清代回疆刑法研究》，载《民族史研究》（第 5 辑），民族出版社 2004 年版。

刑罚上给予减免。《后汉书·南蛮传》记载，秦惠王时对巴氏“蛮夷君长”，“有罪得以爵除”，对巴蜀民族在刑罚上给予减免，“杀人者得以倓钱赎死”，“秦犯夷，输黄龙一双；夷犯秦，输清酒一钟”。此法不仅在秦代适用，东汉时依然适用。唐宋时期对少数民族首领的犯罪行为，中央王朝尽管适用国家刑法进行管辖，认定其罪行，但在处罚上一般从轻、减轻或者免除处罚，往往允许罚财赎罪。据《宋史·蛮夷列传》载，太宗淳化二年（991 年），“荆湖转运使言，富州向万通杀皮师胜父子七人，取五脏及首以祀魔鬼。朝廷以其远俗，会勿问”。对靠近汉族地区的“熟夷”之间的杀伤罪至死的情况，宋代规定可以适用国家刑法，但要减轻处罚，在量刑时将死刑减轻为流刑适用。《宋会要辑稿·番夷五》载，对“夔州路所部州、军，自今熟夷同这类自相杀伤罪至死者，于死罪上减等”，“泸州夷人与夔州夷人一同，欲依绍兴三十一年十月夔州路已得旨于死罪上减等从流罪至死，并依本族专法，余沿边澳桐有熟夷人亦乞仿此施行”。

元明清时期对于土司犯罪的惩治采取的原则是“轻者可轻，重者难宥”，即对严重违反律法的土司，不许赎罪，严惩不贷；但对普通犯罪则从宽处理。元代，国家对西部民族地区朝廷派遣的官员和任命当地少数民族担任的土官二者的犯罪在量刑处罚上是有所区别的。按《元史·刑法志》上的规定，从内地到西部民族地区朝廷派遣官员，“有罪依常律”，即按元朝的有关法律处理，与内地没有区别。但是土官有罪，则“罚而不废”，在处罚上不采取死刑的，仍由本人任职；如果处以死刑，由其应承袭之人承继。这显然比朝廷派遣到西部民族地区任职的官员在处理上要宽大得多。总体上元代对土官土司犯罪多为宽赦，而明代则在大明律的统一适用下采取“重其所重，轻其所轻”的原则，对“谋反”等重罪之外的其他“事关典礼及风俗教化”，非直接威胁损害封建国家的行为，则可放宽处理。特别是在明初对犯罪土官一般都不按律法处以应有刑罚，典型的如明朝对西部民族地区土司朝贡失期者一般采取宽宥方式，并不按照大明律十恶重罪中的“大不敬”处罚。《明英宗实录》卷二一九记载，从洪武年间到景泰年间对西部地区土司朝贡朝觐失期的都进行宽宥，而对同案中的其他官员则要按“大不敬”处罚。

元明清时期，对少数民族成员犯罪也从轻或者免除处罚。特别是元代强调蒙古人的特权，蒙古人因争及乘醉殴死汉人，只断罪出征，征烧埋银，便可了事。杀人者死的法律只适用于汉人杀蒙古人，蒙古人之间和汉人之间的命案[①]。《元典章·圣政二·霈恩宥》记载元仁宗延祐元年（1314年）下诏“湖广、云南边境诸蛮互相仇杀、掳掠人民，如能悔过自新，即与免罪”。明代朝廷处理麓川思可法家族的反叛案件的招谕云南土官的诏书中就规定，跟随思可法作乱的土官，只要纳款出降，便“并免本罪，各安永业，原有官者悉其官”[②]。“土夷罪可矜拟者，量其轻重，定拟纳赎合式木植，及应免罪复职袭替之人。并将前项献赎恩例，通行两广、四川、云、贵凡有土官之处。”这个建议也得到皇帝的批准[③]。清代对西部少数民族犯罪的，直接规定在惩治上与汉族要区别对待。《皇朝政典政纂·名例律·化外有犯·事例》记载，康熙四十年（1701年）有“覆准熟苗、生苗若有伤害人者，熟苗照民例治罪；生苗仍照苗人例治罪”。但清代对西部民族地区的犯罪在刑事处罚和量刑方面已经开始与内地一致，特别是对西部民族地区的汉族在法律适用上一律准于汉族，总体上在量刑方面较元明时期要处罚得更重。《清高宗实录》卷七一六乾隆二十九年八月丁酉条的记载规定云南“夷倮”地：“改苗为民者，犯军、流、徒、遣，照黔省例与民人一体办理。”当然，西部民族地区毕竟在政治、经济发展水平等方面与内地存在较大的差距，无法完全照搬适用于内地的刑事法律制度。所以，清代对西部边远地区少数民族所犯重罪在定罪上依汉律判决后，执行刑罚上进行适当变通，最明显的是对徒流刑采用折枷免徙。《皇朝政典政纂·名例律·徒流迁徙地方》载，“云南、贵州苗人犯该徒流军遣者，仍照旧例枷责完结”。对民族点地区的命盗案也进行区分，对没有亲缘关系的人之间相互仇杀的，可以照“苗例”结案，并不适用国家刑罚制裁；但若有亲缘关系的，就要按“汉律”处理[④]。对蒙古和回疆地区的犯罪，《钦定理藩院则例·审断》中规定“蒙古等在内地犯事，照依刑例定拟。民人在蒙古地方犯事，照依蒙古例定拟”。表明在清代的蒙古、回疆、苗疆地区刑罚的适用和量刑上，与内地相比仍然较轻。

---

① 参见《元史》卷一〇五《刑法志四》，《元典章》卷四四《刑部六》。

② 〔元〕黄溍《金华黄先生集·招谕云南土官等诏》。

③ 《明世宗实录》卷四五〇嘉靖三十六年八月癸卯条。

④ 《清代档案史料丛编》（第十四辑），中华书局1990年版。

第五节　民事法律制度

历史上的西部民族地区，不可否认地存在着一般意义上的物产交换、婚姻和继承等社会关系，具有物权、债权等民事法律制度产生的社会土壤。历代中央王朝对西部民族地区的“户婚田土钱债”等民事活动，并不直接干预，而是在更大程度上采取“各依其俗”的调整方式。国家的民事法律制度也以禁止性、惩罚性规范的形式表现出来。

一、物权法律制度

中国古代社会的物权制度包括所有权、永佃权、典权等主要内容。自元代始，国家的物权法律制度开始正式适用于西部地区，特别是有关不动产物权的法律规定。而对西部民族地区动产物权的法律调整和保护，国家律法一般不进行干预。

（一）土地所有权制度

历代中央王朝在西部民族地区实施的土地所有权制度主要涉及国家公有官地、私人土地的所有权等方面的规定，对于少数民族社会内部的田土房产所有权基本不涉及。

隋唐时期，《唐六典》《通典》《唐大诏令卷》《唐律疏议》等均对国有和私有土地的所有权做出了相关规定，国家对西部地区公私土地的所有权均给予法律保护。在近年发现的吐鲁番的出土文书中，经常见到国家把口分田授予农民的记载[①]，表明隋唐时期国家对其所能控制的西部民族地区也曾推行过土地所有权法制，在法律上确认国家对西部地区土地的所有权。宋代，国家对公私土地所有权都加以保护，《宋刑统》中就有专门的法规严格规定禁止盗耕公私田。对于土地私有权，通过“输钱印契”的方式确认土地私有权，出现了官府正式承认土地私人所有权的凭证——红契。但唐宋时期这些调整土地所有权的国家律法一般只针对西部地区的汉族，对西部少数民族群体则很难适用。

元明清时期，西部民族地区的土地从所有权上看分为官田和私田两种，土地私有权不再受法律的限制，国家对私有土地的调整也经历了由承认占有

① 蒲坚主编《中国历代土地资源法制研究》，北京大学出版社2006年版。

到确认所有权并进行干预的转变。据《元史·食货志一》，元代对公私田产都要求向官府登记其所有权。第一，对于官田，元代通过“籍没”、“投献”、垦荒、有偿购买土地、夺民田为屯田等方式获得其所有权，并规定所有的公产一律向官府登记。国家还对西部边疆地区学田的所有权进行专门法律保护。第二，对于人民的私有田产，通过清查户籍予以确认其所有权，并要求向官府登记，不得隐瞒。凡隐瞒不实者，“所隐田没官”。而且，元代国家保护私人通过垦荒、买卖等方式所获得的土地所有权，并发给土地私有权凭证。明代《明史·食货志》对官私土地的所有权都进行了立法规定。第一，在西部民族地区，法律对国有土地所有权的确认主要是对军屯之田的所有权予以确认，并规定按照《大明律·户律二·田宅》之《盗卖田宅》禁止盗卖、盗耕种官田。第二，对西部民族地区不同情形的私有土地进行立法确认和保护。一是对官豪势要之家的土地私有权在法律上给予了确认。《明太祖实录》卷七四记载：“太祖赐勋臣、公侯、丞相以下庄田，多者百顷，亲王庄田千顷。又赐公侯暨武臣公田，又赐百官公田，以其租入充禄。指挥没于阵者，皆赐公田。”二是对土官土司世袭领地所有权的确认和权利的限制。对西部地区各土司对所辖土地的支配处分权，也予以承认。土司领地内的土地为土司所有，人民不得自由迁徙。土司严禁耕种者买卖土地，耕种者只是为土司进行耕种，并无对耕种土地的所有权①。三是对私人占有和开垦荒地的土地私有权，《明会典·户部四·田土》规定以“业田”“科田”的方式确认所有权。政府通过推行鱼鳞册的土地登记制度，要求所有权人逐一登记并取得登记地亩编号，官方发给田地所有人产权证明文件以确认其私产田地。明代对西部少数民族田地、房屋所有权的保护并未形成专门的立法，而是在实践中采取因事制宜的方法进行规范。清代雍正、乾隆时期（1723—1795 年），西部地区的土地制度已基本定型，土地所有权关系也基本明确，清中央王朝在西部地区对官私土地所有权采取了一定的立法予以确认和保护。第一，官田的所有权在法律上属于国家，不能擅自买卖转让，但其占有者可以使用、租佃或者典当②。对官田的所有权具体采取以下两方面的法律规定：一是制定了苗疆土、田之

---

① 江应樑《滇西僰夷的社会经济》，载江应樑著《江应樑民族研究文集》，民族出版社 1992 年版。

② 参见蒲坚主编《中国历代土地资源法制研究》，北京大学出版社 2006 年版。

分垦制度[①]，以确认国有屯地的所有权；二是废除西部民族地区的庄田制，由国家依据不同情况确认其所有权。康熙二十四年（1685 年）云贵总督蔡毓荣在《筹滇第四疏·议理财》中提出消除庄田制，清廷获准此议，成为废庄田为官田的立法。第二，对西部民族地区土地私有权的确认与调整。清初国家在西部地区通过“更名田”“垦荒令”等法律手段，承认垦荒者的土地所有权。据《清世祖实录》卷一〇九，清消灭“三藩”之后，原来依附于明代权贵的佃农正式转为国家编户下的自耕农，对其原耕作的土地不仅获得使用权，还获得了所有权，这一权利得到法律上的承认和保护。《大清律例·户律·田宅》规定对于盗卖他人田宅、盗种他人田者及换易、冒认、侵占他人田宅等行为，皆要科罪。第三，对土司土地所有权的确认和规定。《清圣祖实录》卷一〇八载，清初对四川、贵州、云南各地土司，“凡未经归顺今来投诚者，开具原管地方部落”，确认投诚土司对所辖土地的所有权。雍正时期通过“改土归流”，将土司土地，除酌留少部分外，其余都籍入官府，国家将改土归流地区土司的土地大部分作为国有土地予以确认，由王朝国家或赐给官吏，或分拨给农民耕种。

（二）土地租佃法律制度

秦汉时期至隋唐时期，国家所有的公田和个人拥有的私田都可以租佃，并形成了相关的土地租佃法律制度。在敦煌、吐鲁番出土的文书中，保存了很多隋唐时期国有土地出租给私人耕种的租佃契约文书[②]，表明隋唐时期，土地租佃制度已经施行到西北部边疆的军屯之地，但中央王朝有关的租佃法令应当尚未施行到西南地区的民族社会中。宋代，土地租佃十分盛行，北宋时在陕西沿边州郡及熙河之地等西部军屯地区，军屯之地多已租佃给民众。国家要求土地租佃关系要用确定的契约固定下来，宋太平兴国七年（982 年）诏令全国：“诸路州民户，或有能勤稼穑而乏子种与田土者，或有土田而少男丁与牛力者……明立要契，举借粮种，及时种莳，俟收成，依契约分，无致争讼。”[③]《宋史·吐蕃》记载，四川大渡河中下游靠近黎州的康东藏族聚居地区，“每汉人过河种基地，及其收成，十归其一，谓其蕃租。土丁之耕蕃地者十有七八”。南宋期间，在与金邻近的陕西、四川等地也广置屯田，募民承

① 张晋藩主编《中国法制通史》（第八卷·清），法律出版社 1999 年版。

② 蒲坚主编《中国历代土地资源法制研究》，北京大学出版社 2006 年版。

③ 《宋会要辑稿·食货六十三》。

佃纳租。《宋史·西部溪洞诸蛮》载："峒丁皆计口授田，多寡阔狭，疆畔井井，擅鬻者有禁，私易者有罚，一夫岁输租三斗。"说明宋代在接近内地汉族居住区的民族地区，国家的土地租佃之法开始适用到接近汉族居住区的侗族地区。南宋时期部分西部地区还出现永佃权，《宋会要辑稿·食货六十三》载，四川资州属县的营田，长期由"人户请佃为业，虽名营田，与民间二税田产一同"。

元代在西部民族地区，根据前文所述的军屯之地、学校、寺院田产以及权贵和官吏对田地的出租，可以推知，国家土地租佃法律规定应当适用于西部民族地区。对于官田，元代基本都采用租佃制经营方式，出现了"包租制"，还允许佃户兑佃，即转让租佃权，"转佃"时对"何名色、官田顷亩、合纳官租明白附簿，许立私约兑佃"[①]。对于私田租佃，元成宗大德八年（1304年）正月，公布了中国民法史上第一个减租[②]法令，《大元通志条格·田令·江南私租》规定私租一律减轻20%，并成为永制。明代官田由佃户耕种，政府收取田租。所以，明代在内地已经出现了高度发达的土地租佃关系，需要一定的法律制度来保障其有效地运行。但是明律中找不到关于土地租佃关系的明确的法律条文[③]。明王朝大体上通过认可民间习惯法的方式来确认佃权的成立和主佃双方的权利。清代在西部民族地区，由于土地租佃关系引发的汉夷冲突不断升级，国家禁止汉族租佃西部少数民族的土地，并以特别立法的方式对西部地区汉族与"夷民"之间的佃权做出与内地有别的规定，专门立法调整西部少数民族的撤佃权，强令不得承佃少数民族的土地。对已经承佃少数民族土地的汉族，只要不按约交租，其佃权即不受保护。如《清仁宗实录》卷二六一载，嘉庆十七年（1812年）九月，四川总督常明的筹定编查汉族私佃夷地章程的奏疏中提出："责成土司夷人投明立案，准其退佃注册，但不准将所佃之地，转佃他人；土司夷人不得将所退出之地，再招汉佃，违者照私入夷地例治罪。夷人一例究惩。若土司有蹈前项情弊，更当从严惩治。"得到清廷批准施行。道光十三年十二月（1833年），四川总督

① 《元典章》卷一九《户部五·转佃官田》。

② 此处的"租"并非指上缴王朝国家的赋税、租税，而是指佃农向地主或出佃人交付的私租，即实物地租或者货币地租，是地主或出佃人从佃农耕种田土中所得的一种收益。

③ 李鸣著《明代土地法制研究》，中国青年出版社2000年版。

鄂山等奏《筹议善后章程十条》中的奏议[1]，下令汉族退还已经租佃的少数民族土地，承佃人的佃权在少数民族社会中被国家的禁令所限制。清中期以后西部各地出现永佃权，永佃权人“永远耕种的权利”及“转佃、典押等部分处理土地的权利”逐渐为国家认可并给予了保护，但对涉及汉族与西部少数民族间的永佃权则由国家以特别立法的方式规定强行退佃，不予保护。

（三）土地买卖和典卖法律制度

自秦汉以来，国家并不禁止土地的买卖，国家法律规定土地契约是土地买卖的必备要件。隋唐时期国家对土地买卖的限制更加松弛，但对口分田及国家其他公田，法令明确禁止交易。买卖土地要经过严格的程序，要制作买卖文书，经官府确认之后，除去卖主旧的田籍，发给土地所有的凭证。《通典》卷二记载：“凡买卖，皆须经所部官司申牒，年终彼时除附。若无文牒辄买卖，财没不追，地还本主。”土地买卖双方到官府办理过户手续是土地所有权发生转移的必备要件，且双方还要签订土地买卖的法律文书。隋唐时期国家关于土地买卖的律法开始适用到西北部地区。在法国国立图书馆所藏敦煌文书中，有 P. T. 3394 号《大中六年（852 年）沙州僧张月光父子回博土地契》[2]，表明在今甘肃敦煌地区，隋唐时期已经形成了土地的买卖，且唐中央政府对土地买卖的法律规定已经适用到当地[3]。上述这份土地交换文书，虽不是买卖文书，但具备买卖文书所有的要件。宋承唐制，对土地买卖和典卖专门进行的立法予以认可和保护。《宋刑统・户婚律》规定，国家对于那些过去典卖土地而没有经过“输钱印契”的买主，允许其补办手续，以保障其所有权。《宋刑统・户婚律》中有“典卖指当论竞物业”“婚田入务”二门，但其中并无具体律文，全是新收入的“准”字条和“臣等参详”条。这些条文一再论及典卖田宅、物业“须是家主尊长署押契贴”，“方成交易”[4]。

元代，典与卖的界限尚不清晰，田宅的典当与买卖一般合称“典卖”，国家法律中把典、卖纳入同一规范，典卖称典质、典当。元代在宋代的基础上对典卖规定了较多相关的法律制度，尤其对土地的典卖规定十分详尽，典权

---

① 《清宣宗实录》卷二四六，道光十三年十二月。

② 蒲坚主编《中国历代土地资源法制研究》，北京大学出版社 2006 年版。

③ 郑显文《中国古代关于商品买卖的法律文书研究》，《中国经济史研究》2003 年第 2 期。

④ 郑秦著《中国法制史纲要》，法律出版社 2001 年版。

的相关规范也就包含在典卖制度中。国家律法规定，田产买卖必须具备“经官给据”“先问亲邻”“印契税契”“过割赋税”四个要件，才能生效，并规定了亲邻享有的先买权[①]。在程序上，元代对典质地产、房产等不动产的要求与买卖相同，土地出卖和典卖要经过提出申请、经官勘查后发给公据才可交易的这种制度和程序十分详细。元代西部民族地区已经有了用于土地买卖的文契，买卖契约是承认田产买卖、典卖合法化的手段之一。

明代国家立法虽抑制土地兼并，但实际上，民间土地可以买卖，士农工商全都买卖田土，官田也成为交易对象。明代部分西部民族地区已有买卖土地的地契，如明代云南的昆明、大理等地[②]。国家律法规定了田产买卖的法律要件。《大明律卷五·户律二》规定，典卖田宅应税契，不税契者，分别笞杖，罚没一半价钱入官。《大明令》也规定，典卖田土、过割税粮，各州县应“置簿附写”，正印官提调收掌，年终造册解府。经过这样的方式土地所有权的变动才算完成法定程序并受到国家法律的保护，也因此，明代私人书立之地契都要载明鱼鳞册上之编号。明律已将“典”“卖”做出区别，《大明律卷五·户律二·田宅》设有“典买田宅典卖田宅”条，具体规定了典权关系的设定、典权人与出典人的权利和义务、违反土地田产典当制度的违法行为等。为了强调“卖不可赎”，法律规定：“田产已经实卖，过割年远者，悉照原立卖契约，断令照旧管业，不许再赎。”[③] 典权的成立必须通过订立契约才能建立，还要经过验税、过割等几个阶段，否则，这种民事关系将不能受到法律的保护。《大明律·户律二·田宅》还禁止对同一田产重复典卖。

清代国家立法中关于典权的规范已经适用于西部民族地区，但又有特殊规定，专门立法调整少数民族作为出典人的各种权利。较之典卖的一般法律规定，对西部少数民族的土地典卖，国家制定了特别回赎法，即西部各少数民族可以不受法律规定的年限，回赎原来典卖、典当给汉族的土地，并且在回赎的价金上也有特别规定，比一般的回赎金要少。如清律中对典卖的回赎期有明确规定，土地房产典当的回赎期为十年，对契约中没有明

① 《元典章》卷一九《户部五·典卖》；《大元通志条格》卷一六《田令》。

② 参看白族社会历史调查组辑《云南大理白族自治州碑文辑录附明清契文抄》（油印稿），云南大学方慧教授提供。

③ 〔明〕戴金辑《皇明条法事类纂》卷一二《户部类》“禁约刁讼越诉诬告例”，明抄本；刘海年主编《中国珍稀法律典籍集成》（乙编），科学出版社 1994 年版。

确载明是绝卖还是典卖的最长不得超过三十年。而在西部民族地区，为了返还少数民族已经典卖给汉族的土地，则特别规定没有回赎期的限制。道光年间对四川、云南一带的少数民族典卖土地的回赎期和回赎办法制定过几个比较系统的规定①。对少数民族不能回赎的土地，清廷特别规定“或割半均分，或给还十分之三”，这是国家对西部少数民族已典土地的所有权在法律上的重新确认，也体现了王朝国家对土地的最后处分权。至道光九年（1829 年）的时候，这些应当回赎的土地因为不能缴清回赎的契银仍然没有完全回赎，应当返还到少数民族手中的土地还没有完全返还，道光帝下谕不限制回赎期限，可以随时回赎。《清宣宗实录》卷二四六载，道光十三年（1833 年）十二月四川省总督鄂山等对四川省苗疆事务奏定了善后章程十条，规定了对实在不能回赎土地的少数民族，如果自愿将土地卖给汉族的，由汉族补足典卖与绝卖之间的差价，少数民族得到“找贴”的价银后，该土地即为汉族所有。

二、债权法律制度

中央王朝对西部民族地区债权关系的法律调整在汉代就出现在民族间的贸易交往中，形成正式的法律制度则主要是元代以后，尤其清代对田产房产等交易中的合同之债、债的担保、债的履行都做出了正式规定。

自宋代开始，就在西部地区形成了契约之债。如前所述，租佃制向西部民族地区的传播使得邻近内地的西部民族地区形成了租佃契约，契约中一般要写明所租佃土地的类别、四至、面积、地租的数额和形式以及田主和租户的姓名。宋代还有典卖契约，且国家强制推行“官版契纸”“标准契约”。对于土地的典卖契约，要求写明号数、亩步、田色、四至、典卖原因、原业税钱、色役、回赎期限（宋初始立典卖田宅收赎法）、交易钱数、买卖双方姓名等。交易的双方各执一份，称“合同契”。订立契约后，双方到官府，交契税钱，地方官当面核验，加盖官府印章，这种契约就称“红契”。从历史文献资料和地方民族志资料看，中央王朝有关债权的法律规定在西部只是部分施行于靠近内地的民族地区。

元代的“债”发生了一些重大变化，债的范围有所扩大，除了最主要的契约之债，还有侵权之债。对土地的买卖、典卖、租佃要求必须订立契约，

① 《清宣宗实录》卷一三；《清宣宗实录》卷一八。

形成契约之债。在交易中书面契约必须经过官府加盖官印，并缴纳交易税和契税，以确认该契约之债的合法性。《元史·刑法志》规定，“诸典卖田宅，从有司给据立契……诸典卖田宅，须从尊长书押，给据立账历问有服房亲”。《大元通志条格校注·典卖田产事宜》中规定，“今后典质交易，除依例给据外，须要写立合同文契贰纸，各各画字，赴务投税”。《元典章·户部八》载至元七年（1270年），元朝统治者确立了印契税契制度：“私相贸易田宅、奴婢、畜产及质压交业者，并合立契收税。”这些规定也同样适用于西部民族地区。当然，元代由于西部各民族的社会经济发展不平衡，关于债权的法律实施情况也有较大的差别。元代政府对西部民族地区中出现的借贷之债中的高利贷进行干涉和限制。《通制条格·违例取息》中载“至元三年二月，钦奉圣旨：债负止一本一利，虽有倒换文契，并不准使，并不得将欠债人等，强行扯拽头匹，折准财产，如违治罪”。这是全国性的规定，在西部民族地区也同样适用。据《通制条格》所载，当时云南行省内有的官豪势要之家，放债进行高利贷盘剥，等债到期无力偿还时，便将其妻子儿女强行抢去，刺面为奴。对这种借高利贷没人为奴的陋习，云南行中书省上奏请予禁止，得到皇帝的批准①。这种因负债为奴的非法之债被国家废止。元代的侵权之债在范围上有所扩张，元代法律中引入了蒙古族等少数民族对人身伤害致死时赔偿烧埋银的制度，使元代的债权制度形成了典型的民族特色。在西部民族地区，这种罚财赎罪的习惯法规定成了西部民族地区侵权之债的内容。

明代对西部民族地区有关债权方面的法律规定，较元代有了新的发展，特别是有关借贷之债的法律规定，要比前代严密得多。《大明律》新创《钱债》篇，其中所涉及的债已经含有借贷之债、买卖、租佃、侵权之债和不当得利之债等实质内容。如《大明律》规定了私放钱债和典当财物的利息：“每月取利并不得过三分。年月虽多，不过一本一利。”②《问刑条例》对契约的效力、契约的无效情形、契约的责任等都做了相应的规定，契约的订立一般都遵照约定俗成的格式或者用官颁格眼契纸，契约的成立必须签署画押③。西部民族地区在明代已经广泛出现土地租佃契约、典卖契约、借贷契约等。如《云南省大理白族自治州碑文辑录附明清契文抄》中记载了明代万历时期的一

① 《通制条格》卷二八《杂令》；《元史》卷十二《世祖本纪》。

② 《大明律》卷九《户律钱债》“违禁取利”条。

③ 参见张晋藩主编《中国法制通史》（第七卷·明），法律出版社1999年版。

些借贷契约；贵州毕节地区甚至出现了彝文的永佃权契约[①]；明代云南的昆明、大理等地区，都有关于土地的典卖与绝卖的契约[②]。契约的内容表明，《大明律》和《问刑条例》等国家律法的规定已经适用于西部民族地区，成为国家调整债权关系的重要手段。

清代债的最主要的产生方式是通过契约产生。契约之债最主要有买卖契约、典当契约、回赎契约、借贷契约、租赁契约等。西部民族地区的债权制度在明代基础上更发达，出现了以少数民族文字记载的各种典卖、借贷、租佃契约，这是清代西部地区债权制度最大的特点。

清代出典契约在少数民族中也广泛存在，很多汉族到少数民族地区往往是采用租或典的方式从少数民族手中取得土地。与明末的典卖契约相比，清代西南民族地区的典卖契约在形式上变化不大，唯其在民族地区的普遍发展成为清代土地典卖关系发展的特点。清代在云南边远地区的傈僳族中也出现了典当契约[③]。清后期甚至四川凉山彝族地区也兴起土地出当，有一份关于当时四川宁远府彝人将自己的土地出典给本民族成员的典契[④]。《贵州苗族林业契约文书汇编（1736—1950年）》中收录了部分典卖田地的契约，可反映清后期贵州锦屏苗族、侗族地区的土地典卖关系[⑤]。云南德宏地区景颇族的土地典卖最初就是出现在汉族和景颇族间。这在1956年的民族调查中得到明证。汉族直接进入景颇地居住，对景颇族社会至少有这样一些影响：促进了土地的典当、买卖关系的发展，与汉族发生土地买卖，都立有汉文契约[⑥]。

对借贷之债进行特别法律规范。与明代相比，清代违禁取利的高利贷现象更加普遍，“放债则八两当十两，取息则每月加二两，利上盘利，害及亲

① 白族社会历史调查组辑《云南省大理白族自治州碑文辑录附明清契文抄》（油印稿），转引自方慧主编《云南法制史》，中国社会科学出版社2005年版。

② 白族社会历史调查组辑《云南省大理白族自治州碑文辑录附明清契文抄》（油印稿），转引自方慧主编《云南法制史》，中国社会科学出版社2005年版。

③《云南少数民族社会历史调查资料汇编》（二），云南人民出版社1987年版。

④ 四川省编辑组编《四川彝族历史调查资料、档案资料选编》（中国少数民族社会历史调查资料丛刊），四川省社会科学院1987年版。

⑤ 武内房司、杨有庚、唐立主编《贵州苗族林业契约文书汇编（1736—1950）》，东京外国语大学国立亚非语言文化研究所2001年版。

⑥ 云南省编辑组编《景颇族社会历史调查》（三），云南人民出版社1986年版。

朋；动辄行凶锁吊，拳打脚踢，刀背皮鞭，血淋漓而怒犹不息”[①]。为打击越来越严重的违禁取利的高利贷盘剥和保护旗人利益，清朝之初，即在《大明律例》的基础上，着手对典当和借贷行为进行法律规范。这些规范有的直接作为条例编入《大清律例》，有的则作为最高统治者的诏令谕旨下达。

对于侵权行为之债，在西部民族地区中不仅有与国内其他地区相同的侵权行为，还有特殊的侵权行为，那就是在各民族中存在的“杀人偿以财”的侵权行为之债。如彝族、景颇族、苗族、拉祜族等。据《清圣祖实录》卷一六，清代国家在法律上也认可这种债的产生方式。

三、婚姻家庭和继承法律制度

秦汉以来，国家都设立了专门的婚姻管理机关，一般都以“父母之命，媒妁之言”作为婚姻的成立条件，在婚姻缔结中采取同姓不婚的原则，门当户对、良贱不婚的标准和要求，“六礼”等程序；在离婚方面采取“七出”“三不去”等规定。在继承制度上，已经适用宗法制下形成的嫡长子继承制。对于西部民族地区而言，一直存在着各民族固有的婚姻继承习惯法。元代以前，对西部民族地区，特别是西部少数民族社会中的婚姻家庭和继承问题，历代中央王朝较少采用国家正式典章制度进行调整和规范，即使进行调整，也只限于对进入西部民族地区的朝廷官员、汉族和归附中央王朝的少数民族首领。自元代始，中央王朝对西部民族地区的婚姻关系，特别是少数民族首领的承袭进行规范，逐步推行国家的正式法律规范。

（一）婚姻家庭方面的法律规定

根据文献记载，秦代在西部民族地区适用的婚姻法律规定主要有以下两个方面：一是允许西部少数民族与汉族缔结婚姻。《秦律》对不同民族之间的婚娶并不禁止。睡虎地秦墓竹简《法律答问》中记载：“何谓夏子，臣邦父，秦母谓殹（也）。”[②]《法律答问》中的这一记载反映了秦代随着疆土的扩张，为解决劳动力的严重不足，国家鼓励汉族与少数民族通婚，并规定“臣邦父秦母”所生子女为“夏子”，“臣邦母秦父”所生子女更是要归属秦人。《后汉书·南蛮传》记载，秦惠王时“长以巴氏以蛮夷君长，世尚秦女”，秦统治者为了笼络巴蜀地区的少数民族，承认其“蛮夷君长”的地位，并“得世尚

① 〔清〕秦世祯《抚浙檄草禁约兵丁》，转引自《清史资料》（第二辑），中华书局1981年版。

② 参见睡虎地秦墓竹简整理小组编《睡虎地秦墓竹简》，文物出版社1978年版。

秦女”。二是国家律法规定禁止与逃亡者缔结婚姻。西部民族地区作为边疆民族地区，在秦汉时期有内地逃亡者进入而与当地人缔结婚姻的情形。国家律法对此明文禁止，但一直不能有效实施。

汉代有关婚姻家庭的法律规定在秦代法规的基础上进一步适用到西部民族地区，但“父母之命”“媒妁之言”“七出”“三不去”等只能对朝廷官员和进入西部地区的少量汉族适用，并且多是依靠朝廷官员个人的认真推行而在部分民族地区得到实施。《后汉书》记载了一部分到西部民族地区任职的朝廷官员在当地积极推行“父母之命”“媒妁之言”“六礼”等的事例，体现了国家婚姻法律规定在民族地区的适用。《后汉书·循吏列传第六十六》载，汉建武年间，卫飒任桂阳太守时，“郡与交州接境，颇染其俗，不知礼则。飒下车，修庠序之教，设婚姻之礼。期年间，邦俗从化”。任延任九真太守期间，“延乃移书属县，各使男年二十至五十，女年十五至四十，皆以年龄相配。其贫无礼娉，令长吏以下各省俸禄以赈助之。同时相娶者二千余人”。可以看出，汉代进入西部民族地区的朝廷官员已经开始在西部地区改革当地的婚姻习俗，推行国家的礼法，如规定最低法定婚龄、结婚双方要年龄相当、婚娶要按照六礼等。

唐宋时期，国家律法明文规定禁止同姓为婚、亲属为婚、良贱为婚、士庶为婚、官民为婚等。宋代官民不婚的范围扩大到军中上下级将士间，《宋会要辑稿·职官六三》载，熙宁七年（1074 年）十月，（神宗）令军中有上下级关系的将士“不得为婚姻”。唐宋时期国家在西部民族地区主要实行了以下婚姻方面的法律规定：一是限制和禁止族际通婚。唐王朝与西部地区的回纥、吐蕃等都有通婚的历史记载，但唐代族际通婚并非无所限制，这从《唐律疏议·卫禁·越度缘边关塞》中可以看出：“中国人不得越边塞与异族人通婚，违者，流二千里，婚姻未成，则减三等处罚；国内官人、百姓不得私与入朝蕃客为婚；蕃人经允许居中国内，可以娶汉女为妻妾，但不得将其带回蕃内。”由此律文可知，唐代禁止族际通婚的范围主要限于越边塞与“异族人”通婚，私自与入朝“蕃客”为婚，以及“蕃人”将已娶妻妾带回“蕃内”这三个方面，对于其他方面的族际通婚，政府没有限制。宋代则严格禁止族际通婚，特别是禁止汉族与其他少数民族通婚。宋代法律《宋刑统》虽然沿袭了唐律的相关内容，但由于赵宋王朝与西部和北方少数民族矛盾异常尖锐，因此宋代并未遵循《宋刑统》的相关规定，而是采取了全面禁止族际通婚的态度，对汉族与周边少数民族间的联姻全盘禁止。《宋史》卷九曰：“（宋太宗）至道元年八月癸卯，禁西北缘边诸州民与内属戎人昏娶。”有宋一代，此禁令在西北地区普遍施行。李焘《续资治通鉴长编》卷四六六载，哲宗元祐六年又重申“蕃户不得与汉人婚姻”。此禁令不仅朝廷提倡，而且大臣和民间也持支持态度。南宋时期也规定对西北地区投宋的少数民族，禁止其与汉族结婚。南宋《庆元条法事类·户令》规定：“诸陷蕃投归及归明人，官司具奏听旨……各不得与三路或缘边人共为婚姻。”这种限制在《庆元条法事类·蕃夷门》《蕃蛮出入·卫禁敕》中也得到体现：“诸蕃商娶中国人为妻及雇为人力、女使，将入蕃者，徒一年。”二是对收继婚的禁止。唐代，禁止收继婚的法令已经相当严密，但是唐代社会的实际情况与法律的有关规定相差很远，社会中仍然存在着收继婚。特别是在西部民族地区，收继婚一直作为当地少数民族群体的婚俗习惯法加以适用。宋代对收继婚的禁止较唐代更为严格，但是《唐律疏议》《宋刑统》等国家法的规定大多只调整西部地区的朝廷官员和汉族的婚姻家庭关系。

元代，国家对婚姻的缔结遵循“各依本俗”和“酌古准今”的原则。在西部民族地区的婚姻法律制度上有以下的主要规定：一是允许同姓为婚。二是国家不禁止各民族间通婚，但规定了不同的民族间通婚时婚礼等方面适用的法律原则。《通制条格·婚姻礼制》规定了两条婚姻法上的基本原则：“诸色人同类自相婚姻者，各从本俗法；递相婚姻者，以男为主，蒙古人不在此限。”此规定突出了蒙古人在婚姻缔结的礼节上的特权，即蒙古女子与其他民族的男子结婚时，适用的不是男子所在民族的婚姻习惯法，而要适用蒙古的有关婚姻习惯法。元代西部地区蒙古人与不同民族群体之间有通婚。三是元代对西部民族地区的婚姻家庭关系开始由国家进行专门立法予以调整。赛典赤在云南行省为官时，对西部少数民族的婚姻关系进行干预，积极适用国家法调整婚姻关系。《元史·赛典赤·赡思丁传》载，（至元）十三年（1276年），“赛典赤教之跪拜之节，婚姻之媒”。《元史·乌古孙泽列传》载，至元二十九年（1292年）乌古孙泽为广西两江道宣慰副使、佥都元帅府事时，制定了一系列改革当地婚俗的法律，“两江荒远瘴疠，与百夷接，不知礼法，泽作《司规》三十有二章，以渐为教，其民至今遵守之”。《元典章·户部四》《通制条格·婚姻礼制》等屡载有按“回回体例”断处的案例。

明清时期，国家的婚姻法开始深入西部民族地区。特别是清代中后期，国家针对西部多民族地区的婚姻法在很多方面与内地汉族地区已经十分接近。主要表现在以下几方面：

一是在婚姻的主婚权上，逐步废除西部民族地区长期存在的舅权婚，将主婚权赋予结婚当事人的父母①。清代乾隆《鹤峰州志·文告》载“至于主婚，女家自父母、祖父母外，伯叔兄姊有人，外姻远族不得干预，如有不遵，按律法究”②。

二是推行“六礼”等婚姻缔结程序，规定婚姻的缔结取决于“父母之命，媒妁之言”。据《大理丛书·金石篇》载，明清时期国家推行婚姻须经媒妁议婚，订婚以男方下聘礼，女家回婚书为准，革除西部民族地区固有的“放话”等订婚方式。行聘礼成为婚姻成立的法定条件。在婚礼的实施中，男方在娶前要先请期，女方家同意后再迎娶。

三是改革西部少数民族早婚的习俗，规定按照国家法适婚年龄缔结婚姻，其标准为男十六岁、女十四岁以上。明万历十年（1582 年），四川官员张士佩专门立碑颁示禁约禁止早婚，“每五里则立一穹碑严禁之，每朔望，阖邑报院，邑中婚娶若干，某家男女若干。犯者重罪之”③。

四是严格禁止“同姓为婚”和“尊卑为婚”，废除西部民族地区同姓通婚和异辈间通婚的习惯。《大明律》和《大清律》的《户律三·良贱为婚姻》都规定，“凡同姓为婚，各杖六十，离异”；“凡外姻有服（或）尊属（或）卑幼，共为婚姻，及娶同母异父姊妹，若妻前夫之女者，各以奸论”。清代还对良贱通婚严格禁止，特别是严禁奴婢与良人通婚。“凡家长与奴娶良人女为妻者，杖八十……其奴自娶者亦如之……若妄以奴婢为良人，而与良人为夫妻者，杖九十，各离异，改正”④。

五是禁止汉族与西部少数民族通婚。明代瑶族《过山榜》中就有“准令汉族不许娶瑶女为妻，民不许与百姓为婚”⑤。清代也禁止西部地区少数民族与汉族的通婚，只是禁止的程度前后不同。康熙四十七年（1708 年）有“覆

---

① 《大明律》卷五《户律二·婚姻》；《大清律例》卷一《户律二·婚姻》。

② 转引自彭林绪《土家族婚姻习俗的嬗变》，《湖北民族学院学报》（哲学社会科学版）2001 年第 2 期。

③ 白彬《明代四川万历年间禁止早婚碑初探》，《四川大学学报》（哲学社会科学版）1990 年第 4 期。

④ 〔清〕刘启端等纂《钦定大清会典事例》卷七五六《户律婚姻》，清光绪石印本。

⑤ 转引自唐兆民著《瑶山散记》，桂林文化供应社 1942 年印。

准百姓擅入苗地，民苗结亲往来，该管各官失于觉察者，降一级调用，该管上司，罚俸一年”[①] 的规定。禁止汉族与苗人（不仅指苗族，泛指苗、瑶、壮、彝、黎等西部各少数民族）通婚。雍正九年（1731 年）以前禁止汉苗通婚，并且是清中央政府调整西部少数民族婚姻关系的基本法。乾隆年间颁布了《苗汉禁婚令》。至清末，清政府对西部少数民族与汉族通婚的规定发生了根本性的变化，允许通婚，只要到官府登记即可。在西部地区最有代表性的是清末四川大员赵尔巽在《创定汉夷简明约章》和《新定居民约章》中明确指出四川大凉山地区的汉族和少数民族可以自由通婚。

除了上述的规定，对于西部民族地区土官土司的婚姻缔结，明清时期有专门的限制性规定。自明代开始，国家对土官土司群体的婚姻就有专门的限制和要求，清代沿袭明代的规定。一是禁止土官姻亲间结婚、禁止土司间越境联姻。《明史・贵州土司传》记载，明英宗正统初年，贵州地区“蛮夷长官司奏土官衙门婚姻，皆从土俗，乞颁恩命。帝以土司循袭旧俗，因亲结婚者，既累经赦宥不论，继今悉依朝廷礼法，违者罪之”。明清以来，土官之间联姻的状况一度使土司势力增加，危及中央王朝对民族地区的控制，如特别典型的广西左右江地区的土司，为此国家一直禁止土司间越境联姻。《明会典・兵部四》记载，明嘉靖三十三年（1554 年）规定：“题准土官，土舍嫁娶，止许本境同类，不许越省。”二是土司婚姻的缔结要依照国家法进行缔结。《明会典・户部七》记载：“（正统）十一年（1446 年），令云南、四川、贵州所属宣慰、宣抚、安抚长官司，并边夷府州县土官衙门，不分官吏军民，其男女婚姻皆依朝廷礼法，违者罪之。”此规定多是要求土官土司家结婚必须要按照朝廷礼法进行，对一般的平民则不严加追究。由此也可看出，西部地区少数民族社会的婚姻家庭关系开始逐步受到国家法干预。当然，上述这些婚姻方面的法律规定实际上很难在西部民族地区真正施行。

在西部民族地区的家庭制度上，历代中央王朝很少进行积极的干预或者规定。值得一提的是，至清代，国家在西部民族地区推行有关家庭的礼法制度已卓有成效，如对西部民族地区存在的“以婿为子，承袭家业”的习俗加以禁止。清代嘉庆五年（1800 年）在云南大理地区师范就设立了《永禁以婿

---

① 《钦定大清会典事例》卷一一九，《吏部一〇三・处分则例・边禁》。

作子约》[1]，推行国家的立法制度，革除民族地区以婿为子的习惯法，还对西部民族因生产力发展水平低而形成的子女一结婚就别财另居的习俗加以革除等。但这些国家推行的家庭礼法制度在实施中效果不是很好。

（二）继承方面的法律规定

历代中央王朝对民间的财产继承并不直接干预，特别是对西部民族地区，存在着各民族不同的继承习俗，国家律法中的继承制度很少适用于西部民族地区。本处主要探讨作为国家官员的土官土司的职位继承方面的法律规定。

秦汉时期，西部民族地区仍处于较低的社会发展阶段，当地通行的继承制度是各民族群体的习惯法，如幼子继承制、家庭财产均分等。如当时的西羌，“所居无常，依随水草。地少五谷，以产牧为业。其俗氏族无定，或以父名母姓为种号”[2]。直至唐宋时期，这种继承习惯法仍然是当地通行的继承制度，国家继承法律制度中的嫡长子继承制并不能得以推行。

元明清时期，国家对西部民族地区的继承关系逐步进行调整，目的是确立起国家礼法制度下的嫡长子继承制。土官土司作为国家的官员，其身份承袭有别于一般民众，最能体现元明清时期国家的继承法律制度在西部民族地区的实施状况。对土官土司的承袭规定，前文已有所述，此处主要从民事继承的角度简要述及土官土司的承袭法律规范。

元代国家对西部地区土官的承袭还没有严格实行嫡长子继承制。据《元史·仁宗本纪三》，国家从法律上承认了土官可以世袭，但继承的顺序并未严格规定和限制，其方式为“子侄袭之，无则妻承夫职”。元代的土官的承袭之法主要还是“宜从本俗”，由儿子、兄弟、妻子承继，承袭的手续较为简单和随意，反映了元代作为土官制度草创时期的特点。明清时期国家对西部民族地区土司、伯克等职位的承袭要求适用嫡长子继承制。明确规定土官承袭人的范围。《明史·百官志一》载，“凡土司之官九级，自从三品至从七品，皆无岁禄。其子弟、族属、妻女、若婿及甥之袭替，胥从其俗”，可以看出明代土官承袭的范围有：儿子、弟弟、族属[3]、妻妾、女儿、女婿、外甥。在土官继承顺序上，开始适用嫡长子继承制。《明会典》对土官承袭并没有明确规定嫡长子继承的优先权。但据《大明会典》卷六，在《土官承袭》下有洪武二

① 杨世钰主编《大理丛书·金石篇》，中国社会科学出版社 1993 年版。

② 《后汉书·西羌传》，中华书局 1965 年版。

③ 族属范围很广，侄子、同宗都可以包括在这个范围之内。

十六年（1393 年）“定湖广、四川、云南、广西土官承袭，务要验封司委官体勘，别无争袭之人，明白取具宗支图本，并官吏人等结状”。该规定意味着明中央政府在确定土官承袭人时要考察承袭人在土官家族中的地位如何。据《明神宗实录》卷二〇八，明神宗万历十七年（1589 年）兵部回复云南抚按和户部的规定，表明国家对土官承袭在法律上正式规定了宗法制中的嫡长子继承制。从明代土官承袭的实践中，也可以看出，明代的土官之子是指嫡子及庶子，嫡子优于庶子。同时，同类中长子优于他子。认可嫡长子继承以外的其他继承方式。根据《土官底簿》的记载，除了嫡长子继承，在明代土官承袭中还有无子弟袭、叔侄相袭、族属承袭等，其中还有女性承袭者。这些继承方式也为国家所认可。

清代的土司承袭在法律制度规定上，较明代更为严密，国家对土司承袭进一步推进嫡长子继承制。据《钦定大清会典事例・吏部・土官》载，“或土官故，或年老有疾请代者，准与嫡子、嫡孙承袭。无嫡子、嫡孙，则以庶子、庶孙承袭。无子孙，则以弟或其族人承袭，其土官之妻及婿，有为土民所服者，亦准承袭。如有子而幼者，或其族或其母能抚孤治事，由督抚拣委，至其子年及十五岁，再令承袭”①。土司的承袭制度具体包括以下几方面：第一，规定土司承袭人的范围必须是土司的法定宗亲，在没有法定宗亲时，才可由土官的弟、族人、妻子、女婿来承袭职位。第二，对承袭顺序规定了先嫡后庶的顺序。《钦定大清会典・吏部・验封清吏司》记载，顺治十五年（1658 年）规定“凡承袭之土司，嫡庶不得越序”，至乾隆三十三年（1768 年）再次重申“土官袭替定例，必分嫡次长庶，不得以亲爱过继为词……如非挨次承袭者，不准袭职”。第三，土司承继的时间限制。当土司病故或其他原因产生承继时，一般规定在六个月内提出并办理。《钦定大清会典事例・吏部・土官》记载，雍正三年（1725 年）“凡土司病故，该督抚于题报时，即查明应袭之人，限六个月内具题承袭”。

除了上述的土司土官职位的承袭，元明清时期，民众的继承只要没有发生纠纷，国家并不进行法律干预。

---

① 《钦定大清会典事例》卷一四五《吏部一二九・土官》。

第六节　经济法律制度

历代中央王朝治理西部民族地区的经济法律制度大量地、主要地表现为各朝代发布的单行法规和皇帝的诏令。元代以前国家对西部民族地区经济关系的调整主要体现在赋税和资源开发等方面。元明清时期，国家对西部民族地区的土地权属关系、赋税、屯垦和移民、商业和矿业等都制定了相关的经济法律规范。

一、关于土地的法律制度

秦汉魏晋时期，中央王朝对土地关系的调整主要是抑制地方豪强、皇族亲贵等对公私田宅的侵占，确认屯田之民和自耕农通过垦荒而获得的土地所有权。但国家关于土地所有权的律、令在西部民族地区一般并不适用。西晋灭蜀灭吴的十余年间，净增户近百万，西晋王朝在原蜀地废除屯田制之后，全面整顿原屯田区的土地权属关系，在《晋书·食货志》中确认了这些原屯田之民和自耕农通过垦荒而获得的土地所有权。隋唐时期，国家明令禁止口分田和国家的其他公田进行交易。《隋书·食货志》《唐律疏议》《新唐书·食货志》等均有关于侵占、盗耕国有、私有耕地，非法侵占公共用地等行为的诸多法律规定。宋代，土地兼并严重，国家实行限田，加强对土地的管理。《宋刑统》中专门规定，禁止官吏仗势侵占私人田地，违者治罪。在西部民族地区，《宋史·蛮夷传二》载，国家特别禁止汉族和西部少数民族之间“擅自易田”，“诈匿其产徭人者论如法，仍没入其田，以赏告奸者。田前卖入徭人，俾为别籍，毋遽夺，能还其田者，县代给钱偿之”。

元代蒙古贵族依仗权势，非法豪夺民产、侵冒官田的情形在西部地区也一直十分严重。国家对西部民族地区官僚、贵族、地主、豪强兼并和掠夺官私土地田产的行为屡次下令禁止。《元史·成宗纪二》载，大德二年（1298年）曾下令，“禁诸王、驸马并权豪，毋夺民田”。对于民众的私有田产，通过清查户籍予以确认其所有权，并要求向官府登记，不得隐瞒。《元史·食货志一》中规定，凡隐瞒不实者，“所隐田没官”。如当时的云南行省曾“八籍民户，四籍民田”[①]。元朝还多次颁布法令严禁僧寺侵冒民

① 《元史》卷一二二《昔里钤部传附爱鲁传》。

产，但屡禁不止，作用不大。据《明史·食货志一·田制》规定，明代对西部地区的土地管理法制主要是保证国家税收田赋和禁止官豪势要侵占国有土地两个方面。禁止西部地区卫所军屯之地、都司和诸卫指挥等官的准俸田转让、买卖。限制和禁止官豪势要侵夺少数民族土地建立私庄。自正统年间始，明廷通过清查西部各地官豪势要所占土地的数目，限令将所侵占的民田予以返还。但明朝禁止侵占屯地的法律，仍不能抑制土地不断被侵占的状况。为遏制土官势力的扩张，特别规定禁止土官越境置田①。明代徐问《议处地方事略》中说："……邻近土官，今后不许与卫所官军往来结亲、耕种、买卖，引起衅端，鞫问是实，依走漏消息于外境论以斩罪，其土官各从重参处。"② 清代在明代的基础上继续抑制对公私土地所有权的非法侵占。在土地权属上，清代的"官田"不断向"民田"转化的情形比明代更甚。国家在西部地区明令禁止卫所官军对少数民族土地的侵占、禁止汉族与少数民族之间的田产交易，特别是禁止旗地的典卖。《清宣宗实录》卷二六一载，道光年间屡次下令禁止汉族典买土司的土地，甚至立法禁止汉族进入西部民族地区，强令汉族迁出少数民族地区。对于旗地的典卖，清廷非常敏感，怕动摇了其统治基础，多次出巨资赎回被典卖的土地。《大清律例·田宅·典卖田宅》记载，乾隆五年（1740 年）定例"旗丁有将运田私典与人"者治罪；嘉庆十三年（1808 年）又定例："旗地旗房，概不准民人典卖，如有设法借名私行典卖者，业主、售主，俱照违制律治罪，地亩房间价银，一并撤追入官。"但这些定例并不能真正禁止旗地买卖，清后期问题愈加严重，法律对此已不能再禁。

二、赋税法律制度

自秦汉以来，中央王朝的赋役种类繁多，赋税有田税、人口税、名目繁杂的杂税及地方贡赋等，徭役则有力役、屯戍等。这些赋税制度在西部民族地区大多有所变通。

秦汉至唐宋时期，西部民族地区的"蛮夷君长"羁縻府州向中央王朝所纳贡赋，更多地具有承认、归顺朝廷统治的象征意义，其所纳数额也较为随意。出土的《蛮夷律》等史料显示，秦汉时期，散居于今长江流域四川、重

① 《明世宗实录》卷四一一，嘉靖三十三年一月戊子条。

② 徐问《议处地方事略》，引自谢东山（嘉靖）《贵州通志·经略志》，明嘉靖三十二年刻本。

庆、贵州地区的少数民族，都享有减免赋税徭役的优待，只是其具体名目、数额、办法有所差异①。如《蛮夷律》规定，“岁出賨钱，以当徭赋，即复也”②，即少数民族地区成年男子每年交纳一定数量的“賨钱”，以当徭赋，即可免除力役之征和赋税之敛。《后汉书·南蛮西南夷列传》记载：“秦地既定，乃遣还巴中，复其渠帅罗、朴、督、鄂、度、夕、龚七姓，不输租赋，余户乃岁入賨钱，口四十。”“苍梧，秦昭王使白起伐楚，略取蛮夷，始置黔中郡。汉兴，改为武陵。岁令大人输布一匹，小口二丈，是谓賨布。”秦汉在西部民族地区征收的赋税多为当地的土特产品，而且数额比内地少。

唐代对西部民族地区所收赋税较轻，《旧唐书·食货上》载：“武德七年（624 年），使定律令。……若岭南诸州则税米，上户一石二斗，次户八斗，下户六斗。如夷僚之户，皆从半输。”对西部羁縻府州，《新唐书·地理志七下》载，“虽贡赋版籍，多不上户部”。这种较轻的赋税，在西部民族地区是较为普遍的，致使唐廷经营西部边疆地区难以为继，《旧唐书·张柬之传》载，神功元年（697 年）蜀州刺史张柬之上书武则天请罢姚州，言羁縻府州“盐布之税不供”。宋代，农业税渐居次要地位，禁榷收益及商税渐成财政收入的主体。唐宋时期对南诏和大理政权治理下的西部地区并未进行正式赋税征收，南诏和大理与唐宋中央王朝之间形成朝贡关系，向中央贡纳土特产，且数额不定。这些贡纳之物，只是羁縻统治下收取的象征性纳贡，并非正式意义上的税赋征收。

自元代开始，西部民族地区实行与内地划一的行省制，中央王朝开始在西部民族地区征收正式赋税。从《元史·食货志》的记载看，元代对西部民族地区征税的范围，应是以农业税为主，收缴秋税和夏税。同时，开征银矿、金矿、铁矿、铅锡矿等采矿业的赋税，还有人口税以及盐税、酒税等。总体上，元代对西部民族地区所征收的税收比内地轻，《元史·泰定帝一》载，至治三年（1323 年），元廷免八番、思、播、两广洞寨差税一年，四川、云南、甘肃秋粮三分。元代西部民族地区在征收赋税的种类、数量、方法上都与内地有不同的规定。如明人张洪《南夷书》记载，云南行省根据当地所产，可以用牛、马、银子折算赋税。《元史·世祖本纪》中还记载云南地区纳税可

① 参见曾代伟、王平原《〈蛮夷律〉考略》，《民族研究》2004 年第 3 期。

② 张家山二四七号汉墓竹简整理小组编写《张家山汉墓竹简［二四七号墓］》，文物出版社 2001 年版。

“以贝子折纳，每金一钱直贝子二十索”。

明代在西南地区征收的赋税主要有田赋、矿税、银课、盐税等项目，已接近于内地。按照明代的规定，政府依据所掌握的户口确定赋役。《明会典·户部七》规定：“国初，因赋定役，每十年大造黄册，户分上、中、下三等，差役照册佥定。”从《明会典·户部》的记载看，明代在西部地区征收田租也是按政府掌握的田地多少来征收，且在云南、贵州、广西等土司治理地区，也开始出现了税赋的征纳。明代对西部地区课以较重的矿税。在各种矿税中，又以云南等地的金银矿税最重。《明穆宗实录》卷六五载，隆庆六年（1572 年），云南年例金 2000 两，“已苦难办”，今又加派 3000 两，“夷民骚然，莫知所出”。在银课的征收上，《明宪宗实录》卷二四七记载，成化十九年（1483 年）云南岁纳银 102 300 两，负担极其沉重。在贵州，则要求大规模地进贡木材以折抵税银。《明神宗实录》卷四四三载，万历三十六年（1608 年），贵州巡抚郭子章奏：贵州采办楠杉等大木 12 298 根，计银值 107 余万两。在西部民族地区，交纳赋税的种类与内地又有所不同。据《明史·食货志二》载，“洪武九年，天下税粮，令民以银、钞、钱、换代输……十七年，云南以金、银、贝、布、漆、丹砂、水银代秋租”，可见明代规定云南可用贝币和土特产交纳租税。

清代西部地区的赋税除了田赋以外，主要还有盐、铜、金、银、林木等税收。康熙五十一年（1712 年）的“摊丁入亩”使西部民族地区的税赋发生变化。据《清世宗实录》卷四五载，雍正四年（1726 年）开始，西部地区的赋税制开始进入地丁合一时代。对西部地区开垦的荒芜军屯之地，按照民田缴纳税赋，如在《大清会典事例》卷一六二《户部·田赋科则》中有一款是专门为云南制定的规定：“云南民赋，田每亩科银五厘五毫至四分六厘五毫零不等，粮一升九合四勺至一斗五升零不等；归并卫所屯地每亩科粮五升九合二勺至八升一合八勺零不等；马厂地每亩科银三分；夷地每亩科粮一升。”对改土归流地区，清代也实行丈量土地、按亩征赋制，不再以贡赋代替税赋。嘉庆《四川通志》卷六二载，四川的酉阳土宣慰司，雍正十二年（1734 年）“改土归流”后，实行统一的赋税制，每年应征秋粮 905 石，每石折征银 4 钱，共折征银 362 两。清代对西部地区还征收铜、金、银、盐、林木等税率不同的税收。

三、关于屯田和移民垦殖的法律规定

屯田是历代中央王朝治理西部地区的重要手段。各类屯田都有专门的机构管理，军屯所得基本归国家，民屯所得或按定额制，或按分成制，或按其他形式进行分配。国家对屯田的法律调整主要是针对屯田的方式、组织管理和屯田的人员以及对屯地的保护等。

汉代屯田有军屯和民屯。据《史记》和《汉书·赵充国传》的记载，西部地区的屯田生产归国家专设的“田官”系统管理。军事所屯之田属国家公有，田卒只是国家的农奴，并不能获得所耕之田的所有权。屯田所需农具、籽种、耕牛以及田卒生活所需均由国家供给，所以屯田所获全部上缴国库。民屯由内郡的百姓应募而往西部边疆和北部边疆，官府分配给一定数量的土地令其耕种，一段时间内免除赋税，民屯户以田租的方式向国家缴纳租赋。西晋时期对军屯之田的国有所有权以律令等形式进行保护。隋唐时期屯田规模相当大，《唐六典·尚书工部·屯田郎中》记载“凡天下驻军州管屯总九百九十有二”。在西部边郡地区，设有多处军屯。国家对西部地区屯田制定了一套完整的管理体制，从尚书省、司农寺、州镇、巡行御史直到屯官、屯副，都有明确的职责分工，赏罚严明。据《新唐书·食货志》，西部军屯由工部尚书职掌，设屯田郎中与屯田员外郎进行管理，同时又与兵部有密切的关系。而其下诸军、州屯田，则设有专门的屯官、屯副等管屯官员，进行具体管理。屯垦地亩的收粮根据土地肥瘠及当年丰歉取民田中等收成为征收标准，超过标准多收者则有褒奖。收获季节遇警，则发兵助收。应当春耕时，屯官即巡行视察及时督课，处罚不按农时耕作者，以争取按时耕耘，多收屯粮。宋代屯田主要设在西北边境，最高管理机构是工部。据《宋史·食货志》《宋会要辑稿·食货》等记载，宋代西北屯田的土地最主要是闲田旷土。宋代广西屯田数量迅速增加。《宋史·理宗本纪》载，宝祐六年（1258年）“诏置横山屯”。屯田所得，根据土地的性质及劳动者的身份确定三种分配方式：全部上缴军仓、劳役地租、实物地租。宋代对屯田虽也有一些相关法律规定，却又朝令夕改，经常变动。

元代屯田分为军屯和民屯两种。西部各地行省建立后，大规模的军屯和民屯在行省组织下进行。据《元史·兵志三》载，今西部地区基本上都有屯田，元政权在西部地区设立了专门的官员管理屯田事宜。参加军屯的人员，除了当地戍守官兵外，也有当地少数民族的乡兵参加。军屯和民屯多在同一地区进行。参加民屯的人员，大部分是漏籍人口①，也有一部分是新划出来的

① 《元史》卷一二二《昔里钤部传（附爱鲁传）》。

编民。民屯的土地，无地的漏籍户和编民，由官府拨给土地；有土地的民户，则自带“已业田”参加屯田。明代屯田分军屯、民屯和商屯，区域之广、规模之大、组织之严密都达到了高峰。明实行卫所制，各卫所驻军一部分守城，一部分屯种。当时通行的原则是边地三分守城，七分屯种；内地二分守城，八分屯种。明初对西部地区军屯人员的调集、生产资料的准备、赋税的征收都是有专门规定的。《明会典·工部》还规定：“凡屯种去处，合用犁、铧、耙齿等器，着有司给铁、炭铸造发用。”“凡屯种合用牛只，设或不敷，即便移文即索。”据张纮《云南机务抄黄》记载，明代为保障西部地区的军屯，对军屯户进行了专门的规定，“尽问军人每，若是有粮，便差内官送将家小来”，如有逃跑者，则要受到严厉的制裁：“拿住发与原卫所收，将为首逃的废了示众。”但明中期以后官豪势要对屯田的大肆侵占是屯政废弛的重要原因，明王朝开始以严厉的法律制裁抑制官豪势要对屯地的侵占。《问刑条例·户律二》中专门制定了屯田条例以禁止官豪势要对军屯之地的侵占，对破坏屯田的人要治罪。《问刑条例·田宅·盗卖田宅条例》规定：“凡用强占种屯田五十亩以上，不纳子粒者，问罪，照数追纳；完日，官调边卫带俸差操，旗军军丁人等发边卫充军，民发口外为民。其屯田人等，将屯田典卖与人至五十亩以上，与典主、买主，各不纳子粒者，俱照前问发。若不满数及上纳子粒不缺，或因无人承种而侵占者，照常发落。管屯等官，不行用心清查者，纠奏治罪。”清朝屯田的规模相对较小，但乾隆时将军屯扩展至西南苗疆地区，且在军屯之外形成民屯等制度。李宗昉《黔记》卷二记载，乾隆时，汉苗杂居之地，拨给田土的标准是“汉三苗一”，即在苗疆地区也有民屯，并形成了关于屯田的法规，对非法买卖屯田的行为进行制裁。清乾隆时多次颁令，规定“各军户内，不守屯规，小则枷责示众，大则依法严处”；无论军屯民屯，均严禁将屯田买卖，“典卖屯田，照盗卖他人田：一亩以下笞五十，五亩加一等，官田加二等，私行当买者同罪”[①]；要求各卫将典卖的屯田“备价取赎”。

历代中央王朝为开发和经营西部地区，在实行屯田的同时，不仅派官吏和军队，还从内地迁徙汉族进行屯垦，一般采取鼓励移民屯垦和强制外地罪人和豪强进行屯垦的方式。《华阳国志·南中志》载，设置益州郡后，“汉乃募徙死罪及奸豪实之”。除此之外，还有因任职戍边而留居西南夷地区的官吏

① 《清高宗实录》卷七八，乾隆三年十月甲申。

和军士，以及一些自发流入西部民族地区的流民。屯垦劳动者的来源有军士及其家属、谪遣罪人以及内地招募之民。《新唐书·西域传》记载，贞观十四年（640 年），唐朝在西州“更置安西都护府，岁调千兵，谪罪人以戍”。《旧唐书·陆贽传》记载唐后期为防御吐蕃攻城略地，从内地募民到西北边地屯田戍边。宋代，西部地区移民增多，因国家屡颁诏令，鼓励垦荒，不再限制占田亩数[①]。元初蒙古统治者为缓和汉族及其他农业民族与蒙古贵族的矛盾，开始重视农业，鼓励屯垦，并形成了军事遏制下的屯垦，西部各行省在各地设有劝农官，负责督促当地的农业生产、推广先进的生产技术等等。据《元史·兵志三》记载，元代民屯的来源有多种途径，主要有招募民户屯田、签发编民屯田、拘刷漏籍户屯田以及将内地无田可耕者迁徙边疆屯田等，形成大量的移民。其中有一部分人名义上是招募，实际却是强迫迁徙。从事民屯的人户另立户籍，称“屯田户”。民屯的生产资料如土地、牛、种、农具由朝廷供给。据《明史·食货一》，明初为了鼓励百姓到边疆垦荒，颁布了“额外垦荒者永不起科”的法令。军屯、民屯和商屯的实施，使大量移民进入西部地区，《明史·食货一》记载，“其制移民就宽乡，或召募或罪徙者为民屯，皆领之有司”。同时，也强行迁徙一些罪犯到西部地区屯种，明代有记载：“高皇帝既定滇中，尽迁江左良家闾左以实之，及有罪窜戍者，咸尽室以行。”[②] 特别在西部地区，明廷因大兴民屯，把地少人多地区的农民迁移到山多人少的西部地区。《明史·食货一·田志》中规定“就以所种田为己业，官给牛、种、舟、粮，以资遣之。仍三年不征其税”。在明初的七十多年间政府多次颁布鼓励垦荒、听为永业的诏令。《明会典·户部四·田土》规定：“令各处荒闲田地，许诸人开垦，永为己业，俱免杂泛差徭。三年后，并依民田起科。”清初统治者继承了明代“招民垦荒”的原则，在西部地区通过“更名田”“垦荒令”等法律手段，鼓励垦荒者垦荒。如《清会典·户部十五》记载，雍正四年（1726 年）专门就西部地区开垦荒地做出规定：“滇黔二省广行开垦，地方官招民开垦，及官生捐垦者，将垦熟田地归于开垦佃户，于次年起科；民间自垦者，按照年限起科。”清代的移民屯垦与明代国家主导和强制型的移民屯垦不同。据《清史稿·食货志一》，清代自康熙朝以后，内地

① 郑秦著《中国法制史纲要》，法律出版社 2001 年版。

② 谢肇淛《滇略》卷四《俗略》。

急剧增加的人口开始向西部地区迁徙，形成民间自发的移民垦殖，国家法律开始划定汉夷之间垦种土地的界址，限制每户开垦者垦占的土地数量。

四、商业和矿业等法律制度

（一）商业方面的法律制度

历代中央王朝对西部民族地区的商业和贸易的法律规定集中在市场管理、茶马贸易、禁榷等方面。

1. 关于市场管理等法律

关于西部民族地区的商品互市，自秦汉以来已有之。据张家山汉墓竹简的记载，汉代允许西部边疆民族地区互市，特别是汉武帝时设武威、张掖、酒泉、敦煌西域四郡的互市。但汉代在对外贸易方面，却是采取限制性的贸易法令。大多数限制性法令是通过《津关令》反映，在与外国接壤的西部边境地区，严防私自出入津关，并特别禁止黄金、铜、金器、马匹流向域外。隋代炀帝时在京城建国门外置四方馆，隶鸿胪寺，分掌四方边疆民族及其互市。唐宋时期西部民族地区的商品互市最为发达，国家也制定了完善的法律规定对西部民族地区的城镇市场、边境互市市场进行法律调整，并首开边境贸易法律化。如唐代重要的市场管理制度——和籴制度在敦煌和吐鲁番地区已得以实施①。《唐会要·市》和《唐会要·诸互市监》中涉及西部民族地区市场管理的规定涉及以下几方面的内容。一是确立了以官府为主的市场管理体制及机构，在西部边疆地区设互市监，掌管诸蕃交易之事。主要是负责以丝绸、茶叶等中国特产换取马匹、驴、牛羊等交易。二是禁止私自与化外人贸易。《卫禁》“越度缘边关塞”条禁止私自与化外人贸易。“诸越度缘边关塞者，徒二年。共化外人私相交易，若取与者，一尺徒二年半，三匹加一等，十五匹加役流；私与禁兵器者，绞”。三是要进入边关互市贸易者得先申请边境通行证。“诸度关者，先经本部本司请过所。在京则省给之，在外则州给之。虽非所部，有来文者，所在给之。”② 该条律令也适用出关贸易的商人，违反者则要受刑事处罚。边境互市也是在固定场所进行，并有规定的日期，并非天天进行。四是交易前须由官府与蕃商定价。据《唐令拾遗》记载，“诸

① 参看吴治繁《试论我国古代的市场管理制度——以简牍文书为中心考察》，《四川理工学院学报》（社会科学版）2006 年第 6 期。

② ［日］仁井田升《唐令拾遗·关市令第二十六·一甲》，转引自张晋藩《中国法制通史》（第四卷），法律出版社 1999 年版。

外蕃与缘边互市，皆令官市检校，其市四面穿堑及立篱院，遣人守门，市易之日，卯后，各将货物畜产，俱赴市所，官司先与蕃人以定物价，然后交易”。五是为抵御突厥、回纥、党项等西部游牧民族的威胁，唐代对西部边疆互市的进出口商品种类有严格限制。唐《关市令》规定，锦、绫、罗、绢、丝、金、银、铁等物品，不得度西边、北边诸关及至缘边诸州贸易。《卫禁》“赍禁物私度关”条对携带禁物度关的行为也严加打击，“诸赍禁物私度关者，坐赃论；赃轻者，从私造、私有法……”总体上，唐代对互市交易方式与程序与对国内城镇市场的规定基本相同，强调官府对各类市场的管理，要求主管市场的官吏必须公平评议市价，对垄断市场、随意哄抬物价者给予处罚。

宋初“沿边市易”，在唐代基础上对西北边沿地区设置官办贸易场所，即“榷场”。《宋会要辑稿·食货》载“市易法”，规定了榷场等市易组织、管理、交易规则等内容。宋代在西部边疆少数民族地区一度允许民间互市，《宋史·食货志八》载：“楚、蜀、南粤之地，与蛮僚溪峒相接者，以及西州沿边羌戎，皆听与民通市。”又载，真宗景德二年（1005年）规定：“平互市物价，稍优其值予之。”榷场贸易完全是在官方的监督之下进行的，是以双方官府需要而互通有无的，严禁民间非法贸易。宋太宗年间曾下禁令，“违者抵死，北界商旅辄入内地贩易，所在捕斩之”。《宋史》卷一八六载，神宗熙宁四年（1071年），朝廷累令“陕西、河东诸路止绝蕃汉百姓不得与西贼交易”。熙宁九年（1076年）专门制定了“与化外人私贸易罪赏法”。在西部边疆地区互市中，还规定硫黄、焰硝等商品不允许出境。元代，商业十分发达，国家在西部地区鼓励商业贸易，市场贸易管理的法规主要沿袭唐宋之制。明代《大明律·户律》特设市廛一门，共五条，对贸易市场进行规范。在唐宋律的基础上增列了私充牙行埠头、把持行市、器用布绢不如等条款，以保证市场交易公平合理。西部边境贸易主要有两种形式，即官方的“差发马制”和民间互市贸易。“差发马制”又称为“金牌信符”制度，是一种由国家主持进行的建立在边境地区少数民族与中央臣属关系基础之上的互市行为，少数民族以明中央颁发的金牌为凭证缴纳差马和参加互市。少数民族贡马作为差应，政府则酬以茶斤以示赏赐，但交易中明政府严格控制交易的形式、时间、价格、规模等，后被民间互市代替。清代对西部民族地区的市场管理法规基本上承袭了明朝的旧制，其《市廛律》内容与明代基本相同，但清代的市场管理法比明代更为完善，如对边疆互市贸易的限制，除了按《大清律例》

设置的马牛、军需品、铁货、铜钱、绸缎等的出口限制，还有木材、大米等进口限制，对私自出境贸易处以流刑、死刑。清代国家利用牙行管理商业交易，政府逐渐退出直接管理市场，而改由牙行代行管理。国家还对西部少数民族的市场交易颁布了统一的度量衡标准，以取代少数民族商品交易中五花八门的度量衡。

2. 关于朝贡和市马等法律制度

西部民族对中央王朝的朝贡古已有之。秦汉时期国家在西部民族地区广泛推行“蛮夷君长”制，各少数民族的首领就有了向朝廷效贡纳的义务。唐宋时期，朝贡制度发展达到了顶峰，并成为一种重要的贸易形式。史书对唐代的朝贡多有记载，如《册府元龟》卷九七五载：“开元二十二年（734 年）三月……癸丑，西南蛮大酋率蒙归义遣使献麝香、牛黄、降书慰勉，赐绢二千匹、杂彩二百匹、衣一副以酬之。”《宋会要辑稿》卷一一九载：“大理、蒲甘国所进方物，除更不受外，余令广西经略司差人押赴行在，其回赐令本路转运提刑司于应管钱内取拨付，本司依自来体例计价优与回赐，内革表等先次入递投进，令学士院降款敕书回答。”在此史料中，朝贡的贸易功能体现得十分突出，并且所朝贡之物还可以根据需要与否“除更不受”，而“回赐”要按体制计价。宋王朝对入贡的物品数量、人数、程序等有具体的规定，如荆湖溪洞“诸蛮”的贡物中矿物类主要是黄金、丹砂、水银、石英等；西南“诸夷”主要有畜兽及其产品类（马匹、象牙、麝脐）、毛织类、药物类等。“西南夷”的进贡人数最多，致使宋王朝回赐的负担较重，宋王朝开始对进贡人数进行限制。《宋史·食货志》载：“绍兴三年（1133 年），邕州守臣言大理请入贡。上谕大臣，止令卖马，不许其进贡。”明清时期的朝贡，也是西部地区和内地在商品贸易上互通有无的方式。但随着明清改土归流的实施，入贡制度已有所衰微，而且入贡方式也与前朝有很大的区别。魏源《圣武记·雍正西南夷改流记上》卷七载：“凡土司贡赋，或比年一贡，或三年一贡，各因其土产，谷、米、牛、马、皮、布皆折成以银，而会计于户部。”在这里，贡与赋已无多大区别。历史上，贡一般都限制其数量以防多贡，而使中央王朝回赐不堪重负，而赋一般规定数量以防止少纳。随着改土归流的结束，朝贡亦随之取消，据《大清会典事例》卷二六五，雍正九年（1731 年）奏准“土司故绝及以罪削除者，开除岁贡马匹”，可为证。

关于茶马互市，宋代和明代最为兴盛，并形成了详细严密的法律规定。

宋初与大理国之间采用“贡马”形式，后采用以茶易马的“券马”方式，形成茶马法。宋朝设立了与大理国“市马”的专门机构。周去非《岭外代答》有记：“绍兴三年（1133年），置提举买马司于邕。六年（1136年），令帅臣兼领。令邕州守臣提点买马经干一员，置于邕者不废也，实掌买马之财。其下则有右江二提举，东提举掌等量蛮马，兼收买马印，西提举掌入蛮界招马。有同巡检一员，亦驻扎横山寨，俟安抚上边，则率甲兵先往境上，警护诸蕃入界。有知寨、主簿、都监三员同主管买马的钱物。”这则史料较为详细地记录了宋邕管买马司的设置、组织结构、分工和职能等。《宋会要辑稿》第一八三册记载了“市马”的相关规定。枢密院统一制定宋朝买马方面的法令。买马应与“蛮”订约，并付订金。关于马之质量，亦有定制：“马必四尺二寸以上乃市之，其直为银四十两，每高一寸增银十两，有至六七十两者。”又言：“广马例以五十匹为一纲，每年过三十纲许以推赏。”马的质量标准与计量单位为“纲”。禁止私下交易马匹。《续资治通鉴长编》卷二四九记载，熙宁七年（1074年）宋廷规定：“诸汉蕃义军、义儿私易卖官印马，徒一年。”《宋史·高宗本纪七》载，绍兴十八年（1148年）十一月戊申，“禁四川买马官吏私市蛮马”。自此，我国历史上定期进行的茶马互市开始成为定制，并被元、明、清三代所沿用。

明朝茶马互市法在宋代基础上更为严密。明代前期，茶马贸易由明朝政府垄断经营，并制定了严密和完善的茶马交易法规，对茶叶的征收、运输、储藏和交易等各个环节进行规范。一是在产茶区设置茶课司，管理征收茶课事宜，将征取来的茶叶通过茶马司与藏族地区交易马匹，并禁止民间蓄茶。《明会典·马政》载：“所蓄不得过一月用，多皆官卖。茶户私鬻者，籍其园入官。”二是严禁私商运茶。《明会典·茶课》记载，洪武三十年（1397年）诏：“榜示通接西番经行关隘并偏僻处所，著拨官军严谨把守巡视。但有将私茶出境，即拿解赴官治罪。”为了防止私茶贩运，即使是勋戚、驸马犯法也严惩不赦。《明史·安庆公主传》记载，洪武三十年（1397年），明太祖女安庆公主的驸马、都尉欧阳伦“数遣私人贩茶出境”，“帝大怒，赐伦死”。三是在陕西、四川等地设立茶马司，管理和经营茶叶交易。据《明史·食货志·茶法》载，洪武初年，明政府“设茶马司于秦、洮、河、雅诸州，自碉门、黎、雅抵朵甘、乌斯藏，行茶之地五千余里”。四是建立茶叶专卖制度，严禁私户卖茶。五是推行“金牌信符”制度。金牌信符成为明代茶马交易的合法凭证。六是实行“收纳差发马匹，给以价差”的茶马比价制度，控制茶马比价。如《明史·兵志四》载，明初茶马比价定为“上马一匹，给茶百二十斤，中马七十斤，下马五十斤”。明宣德年间，私茶盛行，官营茶马贸易衰落。《大明律·市廛》记载，嘉靖时期，茶禁完全放开，茶马法也不复施行。七是建立巡视监察制度。据《明英宗实录》卷四载，洪武三十年（1397 年），令自三月至九月差行人四员于陕西河洮、四川黎雅等地省谕把关头目，禁绝私贩出境，半年之内，共派 24 员。永乐中改为月遣行人巡视，往来旁午于道，最终确立了御史巡督茶马制度，成为明朝中后期及清代前期相沿不革的法规。

3. 关于国家专卖的禁榷法

历代中央王朝对重要物资和商品都实行禁榷制度，并形成了相关的禁榷法[①]。在西部民族地区，主要是榷盐、榷铁和榷茶，并不榷酒，并以宋代和明代的法律规定较为完善和详细。

秦汉时期对西部地区有盐、铁之榷。汉置铁官以禁其事，对盐、铁实行官营。对于盐、铁，据《史记·食货志》载，“置大农部丞数十人，分部主郡国，各置均输盐铁官”，即官府提供生产资料（如煮盐之锅），百姓应募自费制盐，盐制成后，由官家定价收购。而铁则是民采民制，制成铁器具后，亦由官府统购包销。《史记·平准书》载，国家严令：“敢私铸铁器煮盐者，钛左趾，没收其器物。”隋至唐初并未实行禁榷制度，“安史之乱”后，统治者对西部民族地区的盐、铁实行专卖。据《旧唐书·第五琦传》和《新唐书·食货志》记载，唐肃宗乾元元年（758 年）在全国实行盐专卖。其具体办法是“民制、官收、官运、官销”，即在产盐之地设立“盐院”和官吏，将制盐的盐户立籍编为“亭户”，其所产之盐按每斗十钱之价，全部由官府收购，然后官府再以每斗一百一十钱的盐价卖给私商出售。唐法中还规定“私盐一石至死”。唐文宗时，将茶也付之专卖。《册府元龟·邦计部·山泽二》所载唐武宗时盐铁司所奏《禁园户盗卖私茶奏》和《禁商人盗贩私茶奏》两则奏文较好地反映了当时的榷茶法。《禁园户盗卖私茶奏》中规定：“其园户私卖茶犯十斤至一百斤，征钱一百文，决脊杖二十。至三百斤，决脊杖二十，钱亦如上。累犯累科，三犯以后，委本州上历收管，重加徭役，以戒乡闾。”

宋代的专卖之制在唐代基础上范围更广，对矾、香料及各类宝货也实行

① 刘海年《中国古代经济法制之研究》，《南京大学法律评论》1996 年秋季号。

禁榷，且禁榷律法得到进一步发展，后世许多专卖措施亦可在此找到其渊源。在西部地区，除了前述茶马交易所导致的禁茶外，主要是禁盐。北宋建立初期定《官盐阑入法》，规定凡在“禁地贸易”官盐将受严厉制裁。宋朝盐的生产为官营，有“官般官卖”和“通商”两种形式：“官般”就是官营运输，由官府役人代运，把盐运到销售处，由专卖机关市易务榷卖；“通商”就是在官府直接控制下，有限制地批发给商人在指定区域零售[①]。如前所述，宋代对茶也实行专卖，茶叶专卖法包括贴射法、茶引法、交引法、茶马法等。宋代中后期对盐茶专卖实行“引法”。据《宋史·食货志》，宋徽宗时期废除茶叶官买官卖，改行通商，实行“茶引法”。对盐亦实行“引法”。根据盐、茶产地和产量，划定运销范围，商人要向政府买得盐引、茶引，方可在引地运销，而无引者不得运销。如有违反引法规定的条款，要受到没收茶货及笞、杖、徒、流等刑罚。

元朝禁榷的范围不及宋代广，只对盐茶酒行专卖，盐茶禁榷的方法已发展至引岸制，即专商运销制。明清时期禁榷的范围仅对盐茶，但禁榷法制更加成熟。洪武元年定《盐引条例》，规定私盐者绞，有军器者斩。随着明王朝对全国的统一，《大明律》中对贩私盐者的惩罚略宽，但私盐犯的范围仍然非常广泛，依照《明律·户律·课程》“盐法”条，私盐犯包括治盐和运盐以及存储盐各个环节的人员。对私盐犯，根据其情节、身份等予以处罚，“凡犯私盐者，杖一百，徒三年；若有军器者，加一等；诬指平人者，加三等；拒捕者，斩；盐货、车船、马匹并入官。引领牙人及窝藏寄顿者，杖九十，徒二年半。挑担驮载者，杖八十、徒二年”。在明万历时，对盐专卖已行纲法，即将商人所领盐引，编设纲册。编入纲册的盐商便成为世袭的食盐专卖商，向官府纳银后可直接向盐户收盐，成为商收、商运、商销的专卖制。明清时期榷茶，虽有官茶、商茶（给引征税）、贡茶（供皇室用）之分，但皆由官府专营。如前所述，明代也建立茶叶专卖制度，严禁私户卖茶。《续文献通考·征抽五》记载，明太祖辛未岁（1391年）二月始立茶法，“山园茶主将茶卖与无引由客兴贩者，初犯笞三十，仍追原价没官，再犯笞五十；三犯杖八十，倍追原价没官”。茶户生产的茶叶除了交纳茶课之外，必须卖给明政府准许的有引茶商。《大明律》附例载：“私茶

① 赵晓耕《两宋商事立法述略》，《法学家》1997年第4期。

出境与关隘失察者，并凌迟处死。”可见榷茶十分严格。清代盐榷法在国家法律体系中有重要作用，《大清律例》在户律中辟出专章规定食盐禁榷的相关内容。《大清律例·户律·课程》十九条律文中，盐榷律条就有十四条之多，国家还通过大量的条例细化其适用规则，增加了大量盐法条例。而其他诸如“私茶”“私矾”等法律也大都参循盐法体例，或直接规定“同私盐法”。

（二）矿业方面的法律

西部民族地区采矿业较为发达，自汉代国家实行盐铁专营以来，历代中央王朝对西部地区的矿业都采取政府控制的专营的方式，制定了渐趋严密的矿冶法。

西汉时期，就已在今陕西、山西、四川、甘肃等地设置铁官管理冶铁，并对巴蜀的辰砂和铜、铁，云南的锡、铅和银，四川、贵州的汞和川、滇境内的沙金等矿业开采实行国家专营，禁止民间私人开采。唐代，对矿业推行了公私兼营的宽松政策，政府经营管理着部分矿业，也允许私人从事矿业经营。《旧唐书·职官志三》记载：“凡天下出铜铁州府，听人私采，官收其税。若白镴，则官市之。其西北诸州，禁人无置铁冶及采铁。若器用所须，具名移于所由官供之。”政府允许民间私人开采部分矿产，如岭南西部的金矿、云南和广西等地区的金矿、银矿、瑟瑟（一种玉石）等均可由民间开采，但对西部地区铜矿的开采则严加控制，规定官营采铜。宋代矿冶法渐趋严密。据《宋史·食货下·坑冶》记载，宋代开采金、银、铜、铁、锡及铅、水银等基本上都由政府控制经营，国家在羁縻府州也设置一些官府管理的矿厂。据《宋史·食货志》载，为了控制铸钱的原料，对铜矿业控制很严，禁私采私铸。太祖开宝年间曾诏令：“民铸铜为佛像、浮屠及人物之无用者，禁之。”在西部那些矿藏量不很丰富的地方，允许百姓承买采炼。采炼的人户必须将部分产品作为租税交纳给官府，剩余部分或全部或部分卖给政府，或部分听命出售，并用保甲法来管理矿藏开采和冶炼。徽宗大观二年（1108 年）下诏：“金银坑发，虽告言而方检视，私开淘取者以盗论。坑冶旧不隶知县、县丞者，并令兼监，赏罚减正官一等。”关于铜禁，对西南民族地区稍有变通，《宋史·蛮夷传一·西南溪峒诸蛮上》载，宋雍熙元年（984 年），“黔南言溪峒夷僚疾病，击铜鼓、沙锣以祀神鬼，诏释其铜禁”。

元初，政府在西部行省各路设立诸洞冶总管府掌管矿冶业，颁布矿业法规，以保护官办矿场和恢复税收。云南行省的金矿开采管理在元代得到重视。《元史·世祖本纪》载，至元十九年（1282 年），元朝派遣使臣到云南括所产金，并任命孛罗为打金洞达鲁花赤，对打金洞进行管理。至元二十年（1283 年），云南省参政怯剌上书建议，“建都地多产金，可置冶，令旁近民炼之以输官”。这个建议得到皇帝的批准。

明代西部地区金、银、铜、铁、铅矿的开采均有一定规模，但明统治者对开矿的态度是主张官营，反对和取缔民营。在宋元的基础上，明代对矿产、盐业的开采和经营做出了专门的规定，禁止私自开采和贩卖矿产，以保证官方的垄断。如前所述，明代政府对官营矿业皆课以重税。对于官矿，国家有严格的管理规定，如违反规定，要受严厉的制裁。如《大明会典·户部四》载，正德十年（1515 年），“奏准云南银场积年矿头作弊，搅乱矿场者，照打搅仓场事例，杖罪以下，于本场枷号一个月发落。徒罪以上与再犯杖罪以下，属军卫者，发边卫，属有司者，发附近，俱永远充军。职官有犯，奏请处治”。至于私贩矿产的，处罚更重，《明实录》中记载了大量西部地区因私采矿产而被国家处罚的事例。明代对西部地区盐业的官营开采与矿产一样，在各地设盐课提举司，专门管理各地盐矿的开采、销售、赋税。明代的盐还作为“开中”之用，即“召商输粮而与之盐”。

清代西部地区是全国重要的矿业开采区，国家颁布了各种法规来调整当时的矿业。清政府对矿业鼓励民间开采，政府收税。其中盐业和铜业的开采是西部地区较重要的行业，本处以盐业和铜业为主阐述清代的矿业法律规定。关于盐业的经济法律规范主要有以下几个方面：一是国家在各省设有专门的盐法道来管理各省范围内的盐政，在主要盐井地设有提举、盐课大使等管理人员。二是规定产销上实行商办。如清代在云南盐业上采用的政策是民煎民销。三是对盐价进行干预和调控。如在西南民族地区，乾隆年间盐价太高，乾隆帝为此下诏要求云贵总督必须把盐价降到每百斤三两银以下。为此，清政府还规定调川盐和粤盐平盐价。四是对盐的质量进行规范。如对盐中掺沙土等行为进行处罚，对短斤少两的行为进行处罚。五是对销售进行规范。清代对盐的销售不采用国家专营，鼓励商运商销，国家仅对总的盐价和盐量进行干预。六是对各盐井的盐户私偷漏和越境私贩的进行严格查处，按例处罚。关于铜业的经济法律规范主要有以下几个方面：一是规定铜业开采采取民商自采，国家抽税的办法。如康熙二十二年（1683年）云贵总督蔡毓荣《筹滇第四疏·议理财》提出应广开云南的铜矿，民开民运官家抽税对官民都有利，后来被清廷采用成为定制。雍正时期，在铜的收购上，除铸钱以外的铜由民间自由贩卖，国家不再干预铜的销运。二是对于铜的销卖规定了各省本省铸钱、京运、各省购铜等几类。其中京运涉及的问题最多，成为法律规范的中心。三是对管理、督办铜业的官员有明确法律上的奖罚规定①。对银、金、锡、硫黄等其他矿业的规定，与盐、铜类似。

（三）关于货币的法律规定

自秦代在全国统一货币以来，历代中央王朝基本都推行黄金、铜钱本位的复本位制。钱币由政府专门发行，严禁私人铸造。但在西部民族地区，因其社会发展程度总体上比内地低，除了中央王朝统一发行的法定货币外，还存在其他形式的货币，特别是云南地区通行的贝币，一度得到中央王朝的认可，成为云南地区的法定货币之一。元代，云南仍通行长期使用的海贝作为货币，元朝政府根据云南的具体情况批准了云南钞、贝并行，贝币可作为民间流通货币②。据《马可·波罗行纪》第2卷第117章载，国家规定云南地区的海贝、银币、金币之间都有一定的比价。但由于云南使用的货币与全国不一致，货币方面的问题日益突出。据《通制条格·关市》载，至元年间，贝币贬值，物价上涨。元廷下令禁止从内地运海贝到云南，并进一步采取强硬的法律手段加以禁止。《元典章·户部》载，大德年间，元廷下令顺元、大理、临安、曲靖、乌撒等各处官府，并各个关津渡口，"常切盘缉，禁治私𧴩，如有捉获，将犯人随即中解拘该上司，依条断罪，私𧴩入官"。《元史·刑法志》中也有"诸云南行使𧴩法，官司、商贾辄以他𧴩入境者，禁之"。元廷还采取了一些相应的行政措施加以调控。《元史·成宗本纪》载，大德年间"惟钞万锭给云南行省，命与贝并用，其贝非出本土者同伪钞论"。元朝还规定了云南使用贝币有"真𧴩"和"私𧴩"之分。所谓"真𧴩"是指原来在云南法定流行的贝币；"私𧴩"则是通过公私各种非法渠道流入云南，视同伪钞的海贝，是法律禁止通行的。但一直到元末，云南的"私𧴩"问题仍然存在。明代，贝币仍然作为交纳赋税的货

① 方慧主编《云南法制史》，中国社会科学出版社2005年版。

② 方慧《从金石文契看元明及清初云南使用贝币的情况》，载《史学论丛》（第五辑），云南大学出版社1992年版。

币之一得到明中央政府的认可。《明史·食货志二》载："洪武九年（1376 年），天下税粮，令民以银、钞、钱、换代输……十七年（1384 年），云南以金、银、贝、布、漆、丹砂、水银代秋租。"此外，云南少数地区还有使用金铜铁和盐块作为货币的①。

第七节　司法制度

历代中央王朝在西部民族地区实施的国家司法制度主要包括司法机构组织制度、案件管辖和审判制度等方面。中央王朝在推行国家司法制度的过程中，有选择地针对民族地区的重大案件，并经历了从少数民族首领反叛等政治类刑事案件到一般民众的命、盗等刑事案件和重大民事案件的进程。

一、司法机构

历代中央王朝在司法机关的设置上，均有中央和地方司法机关的设置，并且在中央形成了以皇帝对案件享有最高裁判权为特征的司法制度，在地方则长期持续着行政机构承担司法职能的状况。在西部民族地区，还规定了"蛮夷君长""土官土司""伯克"等对案件的特别司法权。

（一）中央司法机关

自秦以来至清代，皇帝掌握着国家的最高司法权和死刑的最后裁决权，是中央特殊的司法机关。《汉书·刑法志》记载，秦始皇经常亲自断案，"躬操文墨，昼断狱，夜理书，自程决事，日悬石之一"。汉代的皇帝有时甚至亲自参加审判一些关系国家的重大刑事案件，即"诏狱"。隋唐时期的死刑案件必须奏请皇帝批准。在西部地区，对于谋反的少数民族首领适用死刑，要由皇帝最终裁决。《新唐书·南蛮传》载，隋文帝下令将西南地区反叛的爨氏首领爨翫押解到长安处死，其诸子没为奴。元代对西部民族地区重大案件的最高司法权属于皇帝，对地方重大案件，实行逐级审理、中央终审、皇帝批准的程序。《元史·世祖本纪》载，至元二十年（1283 年）五月，元世祖忽必烈招谕诸王相吾答儿"先是云南重囚令便宜处决，恐滥及无辜，自今凡大辟罪，仍须待报"。《元史·朵儿赤传》载，朵儿赤任云南廉访使时，云南行省

---

① 《罗泸州子父志节状》，《麟原后集》卷十；［意］马可·波罗著，［法］沙海昂注，冯承钧译《马可·波罗行纪》，上海书店出版社 2001 年版。

丞相帖木迭儿“贪暴擅诛杀，罗织安抚使法花鲁丁，将置于极刑，朵儿赤谓之曰：生杀之柄，归于天子，汝以方面之臣而专杀，意将何为？小民罪法，且必审覆，况朝廷之臣耶?”说明元代对死刑案件的最终裁判权由皇帝直接掌握。明代对西部民族地区土官土司间的引兵仇杀等严重危害统治秩序的犯罪，国家规定不再任其自行依习惯法处罚，而由皇帝行使最后的司法裁决权。《明史·职官志五·土官》直接规定土官“有相仇者，疏上听命于天子”。清代死刑案件的最终核定权在皇帝手中，即使对蒙古地区的死、遣等重大案件，难以决断案件虽由理藩院受理，但皇帝仍享有案件的最终裁决权。

除皇帝外，历代中央王朝在中央都设有专门的司法机关，并由秦汉时期单一的廷尉向“三法司”发展和完善。这些中央设置的司法机关对西部民族地区的重大案件进行着程度不同的司法管辖、审理和裁决。据《汉书·百官公卿表》，秦汉时期的司法机构由丞相、廷尉和御史大夫组成，廷尉是最高司法机关。魏晋时期，尚书台与廷尉、御史台并列为三大司法机构，初步形成了审判、监察、司法行政“三司”并列格局。《唐六典·大理寺》《唐六典·尚书刑部》和《新唐书·刑法志》等记载，隋唐时期中央政府的司法机构由大理寺、刑部、御史台三个机关组成，分别执掌中央司法机构的各项职能。对西部民族地区上报的重大刑事案件，主要由刑部和大理寺行使司法复核权。宋代中央司法机关以大理寺和刑部为主，分掌司法审判和审判复核工作。据《宋史·刑法三》记载，“凡内外所上刑狱，刑部、审刑院、大理寺参主之”，在三法司之外，增设审刑院。审刑院不仅有权决定案件是否审理，而且是刑部之上的复审机构，限制了大理寺和刑部的权力。据《元史·百官志一》，元代仿宋制在中央设立了刑部，但没有设立大理寺，另设大宗正府、御史台、宣政院等机构。《元史·刑法志·职制》规定，大宗正府设断事官札鲁忽赤，专理蒙古人及色目人词讼，“诸四怯薛及诸王、驸马、蒙古、色目之人，犯奸盗诈伪，从大宗正府治之”。明代中央司法机关主要由刑部、大理寺和都察院组成，《明史·刑法志》载“刑部受天下刑名，都察院纠察，大理寺驳正”。大理寺专掌复核，刑部则由唐宋时的司法行政机关转变为审判机关。明代出现“厂卫”等特务司法机关。“厂卫”虽然不是正式的司法机构，但实际上操纵司法，直接参与缉捕、审判，甚至监督法司审判和代行最终裁决权。清代，据《清会典》卷三五、卷六九记载，中央司法机构仍然沿用“三法司”制度，在中央还专门设立了处理少数民族事务的司法机关理藩院和维护旗人利益的特殊司法机构八旗都统衙门、步军统领衙门等。据《清会典》卷六三，理藩院“掌外藩之政令，制其爵禄，定其朝会，正其刑罚”，专门管理少数民族地区事务，对蒙、疆、青海地区的案件享有管辖权和终审权。《理藩院则例·通例》规定，理藩院下设理刑清吏司掌审判，负责对蒙古、回部地区等各少数民族犯罪的审判，如果罪至发遣，须报理藩院会同刑部裁决，死刑案件须报呈理藩院，由“三法司”会审定案。

（二）地方司法机关

中国古代社会中司法制度的一个突出特点为司法从属行政，地方司法审判机关也就是行政机关，地方的司法权由行政长官行使。历代中央王朝对西部民族地区设置行政机构的同时，也就相应设置了不同审级的司法机构，对地方案件进行管辖和审理裁判。对前述行政法律制度中所提及的内容此处不再赘述。

秦汉地方司法机构为郡、县两级。秦代在西部地区所设的郡县由郡守和县令（小县设长）行使当地的司法审判权，西部民族聚居地区设相当于县的“道”行使地方司法权。据《后汉书·百官志》，汉代地方仍由行政长官兼理司法，设郡、县两级。郡设郡守，郡守率属吏治一郡司法，景帝中更名太守，为一郡之长。郡下设决曹专门负责司法。汉武帝时遣刺史周行巡察，断治冤狱。两晋时期的地方司法机构沿袭东汉之制。隋唐时期地方州、县两级的州刺史和县令，既是地方的行政长官，又兼理地方司法。其属下增设了专门掌管民事和刑事诉讼的官员。《唐六典·尚书刑部》规定，地方州、县两级司法机关只能最终判决徒刑以下的案件。笞、杖刑的案件，由县判决执行，不必向州申报。由县断定的徒刑以上案件，呈送到州复审，徒罪和流罪改易杖刑或应赎者，由州判决执行。流罪以上案件，州再申报尚书省刑部复审，上奏皇帝裁决。州、府下设司户参军事专理田土、户婚等民事诉讼；设司法参军事“掌律令格式、鞫狱定刑、督捕盗贼”，专理刑事诉讼。县下设司户佐处理民事纠纷，设司法佐处理刑事纠纷。在西北部边疆民族地区，唐王朝设置的都护府等地方军政机构也承担司法机构的职能。1966 年至 1969 年新疆吐鲁番阿斯塔那—哈拉和卓古墓出土的《高昌县上安西都护府牒》一件唐代文书上，记载了一批绢练从弓月城运往龟兹，中途发生问题，与季三、李绍谨、毕安三人有关，由一个叫□禄山的人告到高昌县，高昌县便把这件事上报到安西大都护府。还有因租佃发生的民事纠纷，因交易中不付款引起的争斗，都是由唐政府设在西部地区的军政机构处理。在西南民族地区，如前所述，羁縻州县的案件由各“蛮夷君长”行使司法权。《旧唐书》卷一八五《本传》记载，唐高祖武德七年（624 年），唐将“韦仁寿将兵五百人至西洱河，承制建置八州十七县，授其豪率为牧宰，法令肃清，人怀欢悦”。宋代的地方司法机关主要是州、县两级，并新增加了提点刑狱司。据《宋史·刑法志》记载，宋代在州上设路，各路设提点刑狱司，是中央派出的、代表中央监督所辖州县司法审判活动的机构，负责复查地方审判案件。对路级主要司法官员提点刑狱使，多由皇帝亲选。州长官是主审官，并专设司理院，由司理参军“掌狱讼勘鞫之事”，负责审讯人犯、传集人证、调查事实等审判事务；州府受理的狱讼主要由司理参军审理；还设司法参军，掌“议法判刑”，就是根据已经认定的事实，检索有关法律条文，定罪量刑。据《宋会要辑稿·刑法三·诉讼》，县由知县负责审判，“杖罪以下在县遣断”。

元代的地方司法机关分为行省、路、府（州）、县四级。行省下设理问所专门掌管审判事务，并设有专门的司法官员，《元史·百官志一》载“仍置理问官二员，郎中、员外郎、都事各一员”。行省以下有路、府（州）、县三种行政区划，均设达鲁花赤（亲民官）一员，管理刑狱及捕盗事务。路作为一级重要的地方机构，设有总管府，《元史·世祖本纪》载，总管府“以蒙古人充各路达鲁花赤，汉人充总管，回回人充同知，永为定制”。达鲁花赤以蒙古人充任，但不管实事，具体政务由总管、知府（府尹）、知州（州尹）和县尹负责，审判事务也由他们负责。路、府两级又设“推官”，专掌刑狱，不兼任其他政务。《元史·刑法志·职制》规定：“诸各路推官专掌推鞫刑狱，平反冤滞，董理州县刑名之事，其余庶务，毋有所兴。”凡有罪囚，先由推官鞫问，问明案情后，再由全体行政官员“通审圆署”。州、县两级无专职审判官员，一般以州判官和县尉掌捕盗之事，有关的民刑案件由知州和县尹审断。根据规定，路府州县的词讼必须由正官推问，不得委派典吏弓兵等人审理。另外，在西部民族地区，与军事有关的宣慰司也掌有一定的司法权。据《元典章·台纲一》和《察司体察等例》记载，元代在陕、甘、滇、蜀等西部地区还设立御史台的分支机构陕西诸道行御史台（简称为西台），与若干道肃政廉访司一起实施审判监察和复审重刑判决。如云南通海《普光山智照兰若记》中谈道：“廉访司省会拟付洒扫户成升等，置到：一户来保，一户福生。一住宅一院，东至玉君，南至道，西至杨福，北至王应。”方国瑜教授认为，这是廉访司判案，没收住宅一院，作普光寺产业，有二户居民（来保、福生）解省会议，拟付洒扫户永充劳役。这是官方通过司法判决，改变房屋所有权的案例。当然，元代《监察合行事件》规定，监察机关不得取代审判机关的工作，也不得直接介入审判之中。

明代地方司法机关分为省、府、县三级。在省设提刑按察司，作为“三司”之一的提刑按察使司是省级主要司法机关。《明史·职官志四》中记载其主要职责是“掌一省刑名按劾之事”，并为府县的上诉机关，直接对皇帝负责。提刑按察使司有权判处徒刑及以下案件，徒刑以上案件须报送中央刑部批准执行。由于明代三司地位不相上下，遇到重大案件，三司须共同会案处理，而且中央都察院还派出都御史、副都御史、佥都御史，至各省巡抚，地位在三司之上。府（州）、县二级仍是行政长官兼理司法。但在西部民族地区有不少土官治理的州、县或“土流兼治”地区，司法方面也与其他地区有所不同。在全由土司管辖的边远地区，司法由土司衙门兼理，但重大刑事案件必须上报按明律处理，最后裁判权属于朝廷。在“土流兼治”地区和全设流官的地区，一般是“府卫参设”，对不能建府的地区，则设立军政合一的“军民指挥使司”，统领下属州县。如《明孝宗实录》卷五一，弘治四年（1491年）五月戊子条记载，弘治四年明廷升云南按察司佥事贺元忠为金齿司副使，明孝宗敕谕他任职后的任务就有“一应军民词讼悉与听理”，军民指挥使司是当地行使司法权的机构之一。

清代西部民族地区的地方行政机关仍与司法机关合在一起。地方设省、道、府、县四级行政机构，从司法体制的角度看，清代的地方司法机关由高到低分为省督抚、按察司、府、州县四级。据《大清律例》，总督和巡抚负责审核复拟该省臬司上报的案件，对全辖区内的重大案件负责。据《清史稿·刑法志三》，清代的臬司即按察司，是各省主要专职的司法机构，负责复核、审理省内各府、州上报的刑名案件，还负责一省的狱政。府下辖数个州县，知府受理辖区内州县上报的刑事案件，通过审理后，出具意见，上报省级官署。县及与之平行的州、厅是民刑案件的初审机构，知州、知县，以行政兼理司法，在知州、知县之下，设吏目、典吏等专职属官，辅助处理司法事务。州县的司法权限主要是审决“户婚田土及笞、杖轻罪”等自理案件，对徒以上的案件则解府道臬司转审。清代在司法机关设置上针对西部民族地区的特殊之处在于国家允许土司、伯克等在自己辖区内行使一定的司法权。为了保证和维护旗人的司法特权，清代专门设立了处理旗人案件的司法机构，各省驻防八旗最高军官都统、将军就有一定的旗人诉讼审判权。西南地区的土司有处理自己辖区内一定级别案件的司法权，土司的司法权限大体与州县的司法权限相似。《皇朝政典类纂·名例律》“化外”条记载了康熙四十四年（1705年）的事例：“苗民犯轻罪者听土司自行发落外。若杀死人命、强盗掳掠及捉拿人口索银勒赎等情，被害之苗赴道厅衙门控告，责令土官将犯苗拿解，照律从重治罪。”说明在清代前期土司机构也是西南民族地区的一级司法审理机构。西北回疆地区，除了清政府驻回疆各级衙门是当地的司法机关外，“伯克”衙门也行使自己辖区内一定级别案件的司法权。据清代傅恒《西域图志·官制二》记载，行使司法权的“伯克”有：“哈孜伯克”，“总理一切刑名事务”；“斯帕哈子伯克”，“办理头目词讼”；“斯帕哈子”，直译为“军事法官”或“审判官员案的法官”；“拉雅哈子伯克”，“办理细民词讼”；等等①。清代蒙古地区分外藩蒙古和内属蒙古，对外藩蒙古，旗札萨克兼管司法事务，旗就是司法审判的第一审级；而内属蒙古各旗，据魏源《圣武记》卷三载，是清朝的直辖领地，不设札萨克，由清朝派总管进行管理，由将军、都统监督各旗总管行使司法审判权②。西藏地区，根据《钦定西藏章程》和《理藩院则例·西藏通例》的规定，驻藏大臣衙门是西藏地区的最高司法机关，驻藏大臣负责西藏地方的司法，对犯罪者的司法处罚，须经过驻藏大臣审批，但对西藏地方政府拥有司法终审权的规定却不明确。

二、诉讼制度

在司法管辖方面，历代中央王朝对西部民族地区的谋反、命盗等重大刑事案件均确立了国家的司法管辖权，一般民事案件则基本由民族地区“蛮夷君长”管辖，并按其习惯法审理。在审判制度上，汉至唐大体上分为三级审理，宋至清末大体上为四级审理。国家在正式律法规定的审级和审判方式基础上，对西部民族地区进行变通或者特别设置。特别是元明清时期，国家对西部民族地区重大的民事案件也确立了司法管辖权，国家逐步将土官土司衙门、伯克衙门、札萨克衙门等民族地区司法机构的审判活动也纳入国家审判制度体系中。

---

① 王东平《清代回疆的司法制度》，《中国边疆史地研究》1997年第4期。

② 杨选第《试论清代蒙古地区的司法制度》，《内蒙古社会科学》2001年第4期。

如前所述，秦汉时期虽然对臣邦君长等少数民族首领多有优待，但对犯严重谋反等破坏国家统治秩序的罪行则规定由国家进行司法管辖。睡虎地秦墓竹简中的《属邦律》规定“臣邦真戎君长，爵当上造以上，有罪当赎者，其为群盗，令赎鬼薪鋈足；其有府（腐）罪，［赎］宫。其他罪比群盗者亦如之”。《汉书·西南夷传》记载汉成帝河平年间夜郎王兴与钩町王禹、漏卧侯俞举兵相攻杀，朝廷“谕告夜郎王兴，兴不从命，立请诛之”，“立数责，因断头”，“以兴头示之”。说明国家对西部地区少数民族首领犯严重扰乱社会秩序等罪行是进行司法管辖的，这类罪行也属于国家司法机关受理的“公室告”案件。

隋唐时期对西部地区少数民族群体的犯罪，已开始由国家司法机关管辖和审理。《唐律》中“化外人相犯”条明确规定不论是“化外人”同类相犯或是异类相犯都由国家管辖，但在具体定罪量刑方面，同类相犯适用的是少数民族本身的罪名与刑罚，异类相犯则适用国家法的罪名与刑罚。在西南地区，樊绰《云南志》卷一和《资治通鉴》卷二三四都记载，唐朝时云南地区少数民族首领梦冲在接受唐中央的治理后，因私通吐蕃，被唐朝剑南节度韦皋处死。这表明唐代对少数民族首领危害国家统治秩序的罪行进行司法管辖。唐代起诉方式主要包括告诉、举告、自告、纠弹、举劾五类。据《唐律疏议·断狱》“依告状鞫狱”条，唐代的起诉奉行私人追诉为主，法司纠举为辅的基本原则，法司断案，奉行“不告不理”原则。在西部民族地区案件的审级上，《唐律疏议·卫禁·私度及越度关》规定“关外之人被妄断徒罪以上，及按覆使臣不予申理者，可于近关州、县具状申诉”，“官司抑而不送者，减所诉之罪二等论断”。《唐六典·尚书刑部》规定：“犯罪者，徒以上，县断已定，送于州。复审讫，徒罪及流应决杖若应赎者，即决、配、征赎。”敦煌、吐鲁番出土文书保留了大量唐代诉讼案卷原始资料，从中可窥知唐代对西部地区诉讼和审判制度之原貌。据《宋会要辑稿·刑法三·诉讼》，北宋对刑事案件的管辖和审判，是“杖罪以下，县长吏决遣，有冤枉者，即许诉于州”。徒以上的罪，县仅有预审权，州对笞刑至死刑的案件，均有完整的管辖权。地方死刑案件一般由州一级审判，上报路一级转送刑部复核。宋代国家对少数民族刑事案件的管辖进一步深化，针对西部民族地区“蕃民”与“汉族”间的犯罪，在司法上已经按照“汉法”进行管辖和审理。至宋徽宗时期，北宋对西部民族地区用汉法处理“蕃族”违法犯罪问题已是大局之势。据清人徐松辑《宋会要辑要》第一七三册《兵四》记载，宋廷将原拟定于湖广南、北路、广南西路新边实施的蕃汉关系法，首先在西北地区颁布，即《熙河兰湟秦凤路敕》，其法令规定："诸乞取蕃族熟户财物者徒二年，二贯徒三年，十贯加一等，至一百贯或奸略人者斩，不以赦降；原减诸与蕃部熟户交易而小为价致亏损者，计所剩，以监主自盗论；诸蕃族熟户无故辄勾呼追扰者，徒而二年，禁留拘系加一等，三日以上又加一等，因而致逃叛者，又加一等。"表明宋代国家的司法机关对西北地区蕃汉族户违法犯罪的管辖和处罚已基本纳入统一的"汉法"体制。《宋史·兵志十二》也记载，宋朝有"旧制：秦州蕃汉人月募得良马二百至京师，给彩绢、银碗、腰带、锦袄子，蕃官、回纥隐藏不引至者，并以汉法论罪"。表明宋代国家把少数民族中一般人之间的犯罪都进行了管辖和审理。宋代在司法审判制度方面也有很多创新，如建立了鞫谳分司制度，从州至大理寺，都实行了鞫谳分司、审判分离的制度。

元代，国家开始积极把西部少数民族群体内部的案件正式纳入国家司法管辖。《元典章》载，元仁宗延祐元年（1314 年）下诏"湖广、云南边境诸蛮互相仇杀、掳掠人民，如能悔过自新，即予免罪"。《元史·刑二》规定，土官之间相互仇杀，"坐以叛逆之罪"，"其有妄相告言者，以其罪罪之"。表明元代国家对西部地区少数民族群体间发生的重大纠纷案件开始进行管辖。在司法管辖上，汉人的狱讼由"有司"，即中央的刑部、地方的路府州县审理；对从内地进入西部民族地区的官员，"有罪依常律"，按照元朝的有关法律进行审理；蒙古人和色目人则另由特殊的司法机关审理。据《元史·刑法志四》《元典章·刑部六》规定，蒙古人犯罪，一般司法机构无权审理，必须由蒙古人审判或由专管蒙古人的机构审理；而汉人的审判机关则由蒙古人担任长官，由蒙古人来决断汉人案件。蒙古军人的狱讼一般也由所属的奥鲁官断决，《元典章·刑部·刑制》载："蒙古军人自行相犯婚姻、良贱、债负、斗殴词讼、和奸、杂犯，不系官兵捕捉者，合从本奥鲁就便处断。"色目人的诉讼，除大宗正府管辖者外，一般都归都护府审理。据《元史·百官志五》，都护府"掌领旧州城及畏吾儿之居汉地者，有词讼则听之"。元朝断理狱案，实行蒙汉分治；定罪量刑，则是同罪异罚，因族而异，蒙古人在诉讼和法律适用上享有许多特权。如元律规定蒙古人犯罪一律不准刑讯，除犯死罪，蒙古人概不监禁。在诉讼制度上，据《元史·刑法志》记载，案件的诉讼分纠举与告诉，诉讼不得越诉，越诉者笞五十七，除因官吏受贿违法，直接向肃政廉访司告发的不以越诉论。值得注意的是，元代的诉讼中有一种前代所没有的“约会制”。《元典章·刑部十五》特设了“约会”一项，规定凡遇到不同户籍、不同民族及僧俗之间发生刑名词讼，就得采取“约会”制度，即由政府将有关户计的直属上司，包括“有司”、蒙古色目人断事官、各职业团体的首领，会同审理有关民刑案件。西部民族地区作为多民族地区，“约会”制度得到广泛施行。

明代为增强对西部少数民族地区案件的司法管辖和审理，往往在西部地区的土府、土州、土县中设置流官同知、推官、吏目或其他流官官员兼理司法。对民族地区犯有命盗重罪、买卖人口行为等严重犯罪的，由国家正式司法机关管辖和审理。《明会典·刑部十》规定，“将腹里人口，用强略卖与境外土官土人峒寨去处图利，除杀伤人律该处死外，若未曾杀伤人，比依将人口出境律绞”。即使对西部民族地区的土官土司等少数民族成员的命盗重案，也要由国家司法机关进行管辖和审判。据《明世宗实录》卷九九载，自明嘉靖八年（1529 年）后，凡土官犯谋逆、杀人、盗窃等对国家统治危害极大的犯罪，要由国家司法机关进行管辖和治罪。在民事案件上，国家对可能引起重大社会事件的土地案件和水源案件等也积极进行管辖。《明孝宗实录》卷一六七载，明弘治十四年（1501 年）六月，“严责成云贵、两广、湖广、四川土官土人有争地、争官者，巡抚、巡按等官督委巡守等官亲临勘报”，要求地方大员对土地纠纷案件及时审理，说明国家对此类纠纷进行的司法管辖。在诉讼的审级和审理上，明律规定自诉案件须自下而上逐级控告，严禁越诉，对西部民族地区的案件也不例外。《明会典·刑部十》规定：“凡土官衙门人等，除叛逆机密并地方重事，许差事等头目赴京奏告外，其余户婚田土等项，俱先申合干上司听与分理。若不与分理及阿徇不公，方许差人奏告，给引照回该管上司从公问断。若有蓦越奏告，及已奏告，文书到后三月不出官听理，与已问理，不待归结，复行奏告者，原词俱立案不行，其妄捏叛逆重情，全诬十人以上，并教唆受雇，替人妄告，与盗空纸用印奏诉者，递发该管衙门，照依土俗事例发落，若汉人投入土夷地方，冒顶夷人亲属头目各色，代为奏告报仇公骗财产者，问发边卫充军。”“各处军民词讼，除机密叛逆等项衙事，许共赴京奏告。其有亲邻全家被人残害，及无主人命，官吏侵盗系官钱粮，并一应干已事情，俱要自下而上陈告，若有蓦越，奏告者，俱问罪。除四川行都司所属，及云贵、两广各给引照回。”从以上规定中可清楚看出明代西部民族地区的诉讼和审判，无论是土官衙门人等或是各处军民，“机密叛逆等项衙事”可以赴京奏告，最高裁决权在皇帝手中。除重大案件外的其他案件要逐级上诉，不许“蓦越奏告”。如有越诉的，土官衙门人等是“原词俱立案不行”，其他军民是“俱问罪”。如土官衙门人等诬告，教唆受雇，替人妄告，盗空纸用印奏诉者，则“递发该管衙，照作土俗事例发落”。

清代国家对西部民族地区的司法管辖和案件审理已普遍适用国家正式的律法，《大清律例》这一最基本法中的诉讼制度普遍适用于西部民族地区。在案件管辖上，《清史稿·刑法志三》记载，清代州县为第一审级受理笞、杖、徒刑案件，府为第二审级受理州县上报的徒刑以上的案件，省按察使为第三审级，是督府的下属机构，总督巡抚是第四审级也是地方最高审级，主要审理按察使判决的案件并有权审判犯罪的地方官吏。总督和巡抚对辖境内的一般的徒、流、军刑案件有审决权。在地方案件诉讼上实行自下而上的审、申讼方式。对于越诉者，清代即使诉讼是实也要受笞杖五十。清代中央政府高度重视对西北民族地区的司法，对西南民族地区和西北民族地区实施的司法制度有较大差异。在西南民族地区，清政府并未专门进行民族立法，在司法上尽量将西南少数民族的案件管辖纳入国家统一的司法体制。汉族聚居地区和改土归流地区直接适用《各部则例》《六部处分则例》《钦定学政全书》等全国性的刑事法律规范进行司法管辖。西北民族地区则适用《回疆则例》《青海善后事宜十三条》《禁约青海十二条》和《西宁青海番夷成例》等清政府专门制定的法律规范。清中期对西北民族地区的命盗案件已开始由国家进行司法管辖。《回疆则例》对维吾尔族地区刑事案件的管辖制度也做了相关的一些规定，统由理藩院管辖。新疆的塔尔巴哈台蒙古各旗案件，由伊犁将军复核报院。其他各“城”的维吾尔族如有刑讯重案，最后报伊犁将军或其他驻扎大臣复核具奏皇帝和咨呈理藩院。《清高宗实录》卷一四六乾隆六年七月甲戌条记载，乾隆六年（1741 年）清政府对瓜州、肃州、吐鲁番回族的命盗案件管辖权做了规定：“安西回民一切命盗等案，仿照榆林、宁夏之例办理。如两造俱系回民，应令札萨克公将人犯拘交办理……若民人与回民交涉之案，则令安西同知会同部郎审拟详报。”至咸丰、同治朝，清政府进而废止按伊斯兰教法处理死刑案件。《清穆宗实录》卷二五记载，同治元年（1862 年）正式规定：“办理斩绞各犯……均着照律定拟，所有查经议罪一节，着永远禁止。”蒙古地区的各族案件的管辖基本上与回疆地区相同。

在司法审判的审级和程序上，清朝国家统一掌握西部民族地区重大犯罪的审判程序和定罪量刑标准。在西南民族地区，国家的一套司法制度逐步建立起来，主要由流官兼理司法，审理土司辖区内的案件，即土司州县的重大案件由附近的流官州县或上一级机关承审，或在土司州县设立“汉堂”，负责审理案件，剥夺土司的司法权。《清仁宗实录》卷三五三载，嘉庆二十四年（1819 年）正月，嘉庆在谕内阁中就有：“（临安府江外）其土司、土舍案件改归附近州县办理一条，著照所请。纳更土司及稿吾卡土把总所属案件，改归蒙自县承办。”在宣统元年（1909 年）西藏山南科麦、察隅改土归流时，出布告晓谕土民即有“以后务遵朝廷法度……在汉官处上纳词讼案件，控由汉官审讯”的条款。至于终审权，已改流地区的司法终审权理应统于中央，所以刑案均应照汉族地区，依《律例》程序审办，由州县而上，逐级审转复核，直至刑部三法司和皇帝。由于与汉族地区相同，也就无须咨报理藩院。而对于未改流地区，《大清律例·断狱·断罪不当》规定在“其一切苗人自相争讼之事，俱照‘苗例’归结，不必绳以官法，以滋扰累”。《清史稿·土司传四》也载“苗讼仍从苗俗处分，不拘‘律例’”。对西藏地区，根据《钦定藏内善后章程二十九条》的规定，由固有的噶伦、宗本执行一审的司法权，驻藏大臣对西藏民刑案件有最高审判权。在西北民族地区，理藩院是内外蒙古、青海、回疆等地区的最高上诉审级。回疆地区，阿齐木伯克的刑事司法权受到限制，禁止阿奇木伯克私理刑讯重案。据《回疆则例》卷六、卷八规定，参赞大臣为第二审级，是清朝在回疆的最高审级，主要复审地方重要刑事案件；伊犁将军为第三审级，有权再次审理和复核回疆地区重要刑案。在蒙古地区，《理藩院则例·首告》规定蒙古地区各项案件的审诉，必须严格遵守审判程序，严禁“越诉诬告”。凡是蒙古地区的一般民、刑案件，经旗札萨克初审，盟长复审而难以决断的，需上报理藩院复核。康熙和嘉庆朝《大清会典》中明确规定，“凡蒙古之狱，各以札萨克听之。不决，则盟长听之。不决，则报于院。驻司官者，司官会札萨克而听之。蒙古内属者，将军、都统、大臣各率其属而听之”。甚至秋审制度也毫无例外地在蒙古地区实施。据《大清会典·理藩院·理刑司》和《理藩院则例·审断·秋曹会议》的规定，清中期以后蒙古地区的死、遣等重大案件、难以决断案件的司法审判程序，经旗札萨克、盟到理藩院、三法司，直到皇帝，使中央的司法管辖权深入西北民族聚居的边陲地区。另外，清代在司法中实行因族而异的原则，蒙古人、满人、汉人在不同地区犯罪，在案件管辖和法律条文适用上不一样。据光绪《大清会典事例》卷九九三记载，清朝初期无论在内地还是在蒙古地区犯罪，汉人一律依大清律，蒙古人依蒙古例，比较注重当事人所属族别。但道光二十年（1840 年）规定无论是蒙古人还是汉人犯罪，在内地一律依大清律，在蒙古地区一律依蒙古例，在司法管辖上侧重于属地管辖。这表明清后期随着国家对西北民族地区治理的不断深入，司法制度已渐趋于内地化。

第二章　区域性政权的法

历史上，少数民族统治阶级除了建立过元、清这样统一的封建王朝外，还建立过不少区域性的独立政权。因此，中国法制史不只是汉族法制史和王朝法制史，少数民族法制史尤其是区域性少数民族政权的法律也是其重要组成部分。一方面，区域性政权的法促进了儒家法律文化在民族地区的传播。例如，中央王朝中央机构设置与职官制度被不少区域性政权借鉴或照搬。南诏效仿唐王朝的六部设置了六曹。金朝六部与尚书省等机构设置则是借鉴宋朝制度。西夏也借鉴宋朝制度建立了自己的职官制度，并和辽一样都借鉴和采用了科举制作为选任官吏的一种方法。至于刑法、民法等方面的例子更是举不胜举。不仅如此，中央王朝一些具有鲜明儒家文化特点的法律制度也被区域性政权所吸收。例如，辽朝提倡儒家的孝文化，辽圣宗曾下诏，使父母在别籍异居者经邻里揭发可以坐罪，三世同居者则给予表彰。又如，西夏婚姻成立须有“父母之命”和“媒妁之言”，并且有“七出”与“合离”的规定，诉讼制度上推行“亲亲有罪相为隐”的原则。另一方面，区域性政权的法也丰富和发展了中华法系。区域性政权反映其自身特点的一些法律为中央王朝所无或不完备。例如，匈奴、突厥、吐蕃、辽、西夏等政权与游牧经济相关的不少法律制度就是以农耕文化为主的中央王朝所没有的。敦煌古藏文写卷就记载了吐蕃关于数人狩猎时猎物如何分配的规定。此外，区域性政权不仅吸收中央王朝的法制，而且有所发展。程树德认为，“今之言旧律者，率溯源于唐律。故唐本于隋，隋本于北齐”，“而寻流溯源，又当以元魏之律为北系诸律之嚆矢”①。对于北魏法制评价很高。例如，北魏均田制为后来的北齐、北周、隋、唐所继承，对中国封建土地立法有重要贡献，而北魏创立的

① 程树德著《九朝律考》，中华书局2006年第2版。

存留养亲更为后世所沿袭，存在了一千多年。又如，辽朝统治机构中官分南北、蕃汉分治，不仅促进了辽朝的有效统治，也为后来的金朝、元朝提供了经验和借鉴。

第一节 区域性政权的产生

在中国多民族统一国家形成的过程中，每一个民族都不是孤立发展的，各民族间不断分化和融合，其中自然包括了不同民族建立的政权下产生的法制。一方面，由于经济社会发展水平、民族文化传统等因素，这些法制存在显著的差异；另一方面，因为统一的中央王朝不断深化对民族地区的控制，并且同一社会形态和发展阶段也存在共性，所以这些法制也有共同之处。中华法律文化多元一体格局因此形成。

一、中国历史上的区域性政权

中国历史上少数民族区域性政权的建立主要集中在三个历史时期：一是魏晋南北朝时期，二是隋唐时期，三是宋、辽、金、西夏时期。秦汉时期的匈奴也很重要。元、清都是少数民族建立的统一中央王朝，另外还有一些区域性政权不在今天西部的地理范围之内，如唐代以靺鞨族为主体在东北建立的渤海国，在此不涉。

（一）秦汉时期的区域性政权

匈奴这个族称最早见于战国时期的记载，如《战国策·燕策三》《逸周书·王会篇》《山海经·海内南经》等。《史记·匈奴列传》载："匈奴，其先祖夏后氏之苗裔也，曰淳维。唐虞以上有山戎、猃狁、荤粥，居于北蛮，随畜牧而转移。"可见，匈奴属于我国北方游牧民族，是先秦时期我国北狄民族集团的一部分。

匈奴人最初的政治、经济中心在今内蒙古自治区的河套及大青山一带，后来逐渐移居漠北。据《史记·匈奴列传》，到战国晚期的时候，各部落仍然是"自有君长""莫能相一"。可是他们趁着七国争雄之机，向南扩张。战国时期北方秦、赵、燕等国一方面因为军事上的冲突各自修建长城，另一方面也是因为南下的匈奴对他们构成了严重的威胁。后来秦始皇统一六国后将这几处长城连接起来，目的就在于阻挡匈奴的进一步南下，而汉代也屡次与匈奴有战争。由此可见，匈奴政权的存在对于秦、汉都是很大的威胁。

匈奴的兵制为寓兵于牧，也就是说青壮既是牧民又是战士。《史记·刘敬传》载，“冒顿为单于，兵强，控弦三十万”，估计其总人口约在150万至200万之间。战国晚期，匈奴已统一了今内蒙古中部以及以北的地区。秦统一六国后就派兵北上攻打匈奴，始皇三十三年（前214年），派蒙恬率10万之众攻打匈奴，收复河南地，因河为塞，置44县，并从临洮至辽东筑起长城。当时的匈奴单于头曼被迫北迁。

等秦末农民大起义和楚汉相争之时，《史记·匈奴列传》记载，冒顿继为单于之后，乘此机会“大破灭东胡王，而虏其民人及畜产”，“西击走月氏，南并楼烦、白羊河南王，悉复收秦所使蒙恬所夺匈奴地”，建立了东接朝鲜，西接月氏、氐羌，控弦30万众的空前强大的国家。后来，继续征伐，以致北方的“引弓之民”和西域城邦之国，皆臣服之。

由于匈奴力量很强大，直到汉武帝即位之初，也还是继续执行与匈奴的和亲政策，并且往往赠送大量的礼物，但匈奴还是经常南下进行掠夺和破坏。为了改变这种局面，并且试图使匈奴臣服，汉武帝多次派大将卫青、霍去病领兵向匈奴发动大规模出击，迫使匈奴远徙。后来，由于匈奴内部争夺单于位等因素，匈奴分为南北。北匈奴仍然独立于汉朝之外，也经常奉使称臣，南匈奴则成为汉朝统治下的一个少数民族。

总而言之，在秦汉400多年的时间里，匈奴从强大趋于衰落，从独立到臣服于汉，并最终成为汉统治下的一个少数民族。

（二）魏晋南北朝时期的区域性政权

公元3世纪初至6世纪末（220—589年），是我国历史上的魏晋南北朝时期。这一时期是中国历史上各民族大混战、大迁徙、大同化、大融合的时期。除西晋短暂的统一外，经常处于群雄割据，汉族和少数民族所建立的政权鼎立并存的状态。而且由少数民族建立的区域性政权很多，如十六国中，除前凉、西凉和北燕三个政权是汉族所建外，其余十三个政权（前赵、后赵、前燕、成汉、前秦、后燕、后秦、后凉、西秦、南凉、南燕、夏、北凉）均为匈奴、羯、氐、羌、鲜卑、巴氐等所谓“六夷”所建立。

三国时期，魏、蜀、吴三国为了巩固疆域、扩张势力，都十分重视对其境内少数民族地区的经营。到了西晋，对境内少数民族基本上沿袭了汉魏的统治制度，一度出现相对安定的时期，边地的少数民族匈奴、鲜卑、羯、氐、羌等大量内迁。晋惠帝到晋怀帝间诸王互相残杀，史称“八王之乱”，诸王歧视少数民族，并且调发少数民族参加战争，西晋统治发生危机，各地流民和内迁的少数民族纷纷起来反晋。304 年，匈奴贵族刘渊称王，四年后称帝，都城设在平阳（今山西省临汾市西南），国号汉。这是十六国中最早由少数民族建立的区域性政权。318 年，汉内乱，原是刘渊部将的石勒自称大单于、赵王，定都襄国，史称后赵。

鲜卑是我国东北部的一个少数民族，西汉时都还只是附属于匈奴的弱小部族，后来逐渐与汉朝发生关系。在这一时期，鲜卑族先后建立了九个政权，以我们今天的西部这一概念而言，主要有北魏、北周、西燕、西秦、南凉。

氐族是中国古代西北部少数民族之一，汉朝至三国期间，氐族曾两度大迁徙，在关中一带居住。十六国时期，晋室南下，先是氐族人苻健建立了前秦（351—394 年）。羌族姚苌本是降于前秦苻坚的将领，后起兵反秦，384 年姚苌自称大将军、大单于、万年秦王，史称后秦（384—417 年）。另外，氐族贵族吕光建立了后凉（386—403 年）。

（三）隋唐时期的区域性政权

隋唐时期是我国封建社会发展的鼎盛时期，五代十国则是这一时期的衰落期。这一时期，各少数民族的社会和经济发展也都有了长足的进步，一些颇有影响的区域性政权也随之出现。

突厥是中亚民族的主要成分之一。突厥是游牧民族，《北史·突厥传》记载："突厥者，其先居西海之右，独为部落，盖匈奴之别种也……又曰突厥之先，出于索国，在匈奴之北。"突厥最先是生活在咸海西边，后东走至叶尼塞河南方，受铁勒同化。5 世纪中归附于柔然，为柔然奴隶主锻铁，被称之为"锻奴"。6 世纪初，突厥部落游牧于金山（今阿尔泰山）。6 世纪时突厥首领阿史那土门遣使向西魏献方物。546 年合并铁勒部 5 万余户，势力逐渐强盛。552 年又大败柔然，以漠北为中心在鄂尔浑河流域建立突厥奴隶制政权。最盛时疆域东至辽海（今辽河上游），西濒西海（今咸海），北至北海（今贝加尔湖），南临阿姆河南。突厥在隋唐时期与汉族政治经济联系密切。582 年分裂为东突厥和西突厥。638 年和 659 年，东西突厥先后归附于唐。680 年，南迁的东突厥北返复国，建立后突厥汗国，745 年亡于回纥。突厥各部乃大多附于回纥，一部西迁中亚，其他南下附唐。

吐蕃是 7—9 世纪古代藏族在青藏高原建立的政权，自松赞干布到达磨延续两百多年，对我国民族关系演变和唐朝产生了显著的影响。《旧唐书·吐蕃传》说："西戎之地，吐蕃是强。蚕食邻国，鹰扬汉疆。"贞观初年，唐太宗认识到吐蕃的强大，处理好与吐蕃的关系有利于西部边疆的稳定，于是文成公主和亲吐蕃。在唐太宗和松赞干布相继去世之后，唐与吐蕃的关系并非一帆风顺，既有矛盾斗争，也有友好往来。安史之乱后，吐蕃向东、向南扩展，取得了唐朝大片土地。8 世纪后期至 9 世纪初，吐蕃的疆域达到最大，西起葱岭，东至陇山、四川盆地西缘，北起天山山脉、居延海，南至喜马拉雅山南麓。9 世纪中叶，吐蕃发生内乱，国势衰落，以后内部分裂。

回鹘，原称回纥，是铁勒的一支。唐初，漠北有九姓铁勒，回鹘即其中之一。隋唐时期，回鹘受突厥政权统治。隋大业元年（605 年），回鹘联合仆骨等部族起来反抗，终于摆脱突厥的统治，逐渐强大起来。唐贞观二十一年（647 年），回鹘联合诸部，配合唐军攻灭薛延陀政权，首领吐迷度自称可汗，接受唐朝的管辖，唐在其地分置六府七州。天宝三年（744 年），回鹘首领骨力裴罗自立为可汗，建立回鹘政权。这时回鹘控制的地区，东起今额尔古纳河，西至今阿尔泰山，势力日益强盛。开成五年（840 年），回鹘政权被黠戛斯推翻后，大部分回鹘人向西迁徙，一支迁到葱岭以西，另一支迁到河西走廊，还有一支迁到西州。西州回鹘又向西发展，以高昌为中心，建立了高昌回鹘政权。西州回鹘后来改称为"畏兀儿"，也就是今天维吾尔族的先人。

南诏是西南地区第一个统一的王朝，也是西南历史上最强大的王朝。在南诏建国之前是六诏的建立，这是大理洱海地区各族走向统一的重要一步。在六诏的争夺中，南诏逐渐强大，首领皮逻阁在唐王朝的支持下，最终吞灭其他势力，在 738 年建立了以洱海地区为中心，以乌蛮奴隶主为核心，白蛮大姓为辅佐，集合境内各族（包括汉族）共同组成的统一国家。直到 937 年被段思平所灭，建立大理。

（四）宋、辽、金、西夏时期的区域性政权

赵匡胤在建国时为避免唐安史之乱以来藩镇割据和宦官乱政的悲剧，采取了重内轻外和崇文抑武的国策，而这一时期契丹、女真、党项等族迅速发展壮大，出现了汉族政权相对较弱的状态。

9 世纪至 13 世纪初，维吾尔族先民在原先的北庭和安西两都护府所辖的大部分地区，建立了一个强大的王朝——喀喇汗王朝，它存在的时间长达数百年，对中亚社会经济文化的发展起了重大的历史作用。

唐末五代时期，南诏由于社会经济危机的加深，统治集团内部发生了严重的分裂。937 年，通海节度使段思平以“减尔税粮米，宽尔徭役三载”的诺言，联合滇东“乌蛮”三十七部，灭了杨干贞的“大义宁国”，占领了大理地区，建立了号称“大理国”的新政权。大理国仍然是一个多民族集合体，其中白族是其统治区域内的主体民族。据《元史·地理志》，从疆域上看，大理基本上承袭了南诏的疆域，东至普安路之横山（今贵州普安），西至缅地之江头城（今缅甸杰沙），南至临安路之鹿沧江（今越南莱州省境的黑河），北至罗罗斯（元朝用以专指西南地区部分罗罗人及其居住地，就地理范围而言，相当于今四川西昌地区和凉山彝族自治州）之大渡河。大理国不仅在疆域上保持了与南诏的连续性和继承性，“大理国的法律制度与南诏国法律制度，保持着连续性和继承性，有很多相同或相似之处”[①]。1253 年，忽必烈“革囊渡江”征云南，灭大理国。

由契丹族建立的辽（907—1125 年）、党项族建立的西夏（1038—1227 年）、女真族建立的金（1115—1234 年）都是与宋对峙的区域性政权。

契丹族是长期以来以辽河上游的西拉木伦河流域为活动中心的古老民族。907 年，契丹建立了政权，成为中国北方的一个强大势力。916 年，契丹族首领耶律阿保机即皇帝位，建立了契丹国。947 年，太宗耶律德光改国号为辽，成为中国北方统一的政权。辽与北宋在 1004 年订立“澶渊之盟”，维持了 100 多年的和平。辽的疆域盛时东临北海、东海、黄海、渤海，西至金山（今阿尔泰山）、流沙（今新疆白龙堆沙漠），北至克鲁伦河、鄂尔昆河、色楞格河流域，东北迄外兴安岭南麓，南接山西北部、河北白沟河及今甘肃北界。1125 年为金所灭，其余部建立了西辽王国，延续了 93 年。

西夏是以党项族为主的政权。党项属古羌人的一支，发源于今青海省东南部黄河一带，后来迁移到今陕西省、甘肃省和宁夏回族自治区的毗连地带定居。1038 年，李元昊称帝，建立西夏。1227 年，西夏为蒙古所灭。

女真族住在松花江流域，在契丹族兴起后，受到辽的统治。1114 年，女真人在阿骨打的领导下进行了为期 10 年的伐辽战争，并且在很短的时间内攻打下了辽国的北方首都上京。1125 年，金灭辽，两年后，又灭了宋。“金的崛起，是一个暴风雨式的发展。”[②] 1234 年，金被蒙古灭亡。

---

① 方慧主编《云南法制史》，中国社会科学出版社 2005 年版。

② 白寿彝主编《中国通史纲要》，上海人民出版社 1980 年版。

南宋时期，在西南潼川府路（驻今四川三台县）南部边境的“乌蛮”（彝族）贵族势力发展起来，统治了今川南与贵州省西部连接的大片地方，脱离南宋王朝的羁縻，建立了称为“罗施鬼国”（或叫“罗氏鬼国”）的少数民族地方政权。南宋王朝也如同防范当时的大理国一样地防范罗氏鬼国，担心与罗氏鬼国交往而引起西南边境的军事纠纷，所以对与罗氏鬼国交往的边疆官吏和人民加以严厉惩罚。也是在南宋时期，大理国统治趋于衰落后，大理国东方三十七部中的一些民族上层，趁机进行兼并分裂活动，脱离大理国，建立了介于南宋、罗氏鬼国、大理国之间的“自杞国”。后来被元攻灭，存在了 81 年①。

二、区域性政权存在的原因

区域性政权的存在有其多方面的原因，概括起来，我们大致可以从以下几个方面来认识。

（一）少数民族经济社会发展的结果

关于国家的形成，人们一直沿用以摩尔根、恩格斯为代表的古典进化论学者提出的“氏族—（胞族）—部落—部落联盟—国家”的模式。杨茂盛认为，国家是在氏族部落解体之后形成的宗族部族社会组织基础上发展而来的，氏族部落及部落联盟不能直接形成民族和国家，二者之间有一个特别重要的中间环节，那就是宗族部族组织。宗族是在氏族家庭公社的基础上发展而来的，其内部已经出现了财富和地位的分化，个体家庭包括男性的配偶和子女都可以在其内部发展。而部族是以某个最富强的宗族为核心，由不同族体的宗族、家族和家庭（也包括奴隶）组成，具有共同地域、语言、经济和文化等特征而又不稳定的共同体。

杨茂盛认为，党项族就是在氏族部落解体之后形成了大大小小的宗族部族社会，党项的民族和国家便是在这些大大小小的宗族部族的基础上发展起来的。他的结论是：氏族部落是公有制的产物，宗族部族是私有制的产物，而国家则是阶级矛盾（也包括民族矛盾和统治阶级内部的矛盾）不可调和的产物与表现②。

可见，无论国家形成的模式如何，它都是那个民族经济社会发展的一

① 尤中《南宋时期西南边疆的民族地方政权“罗施鬼国”和“自杞国”》，《思想战线》1996 年第 3 期。

② 杨茂盛著《中国北疆古代民族政权形成研究》，黑龙江教育出版社 2004 年版。

个结果——其中当然也不排除外部因素的影响。我们以党项族西夏立国的历史来看，也是符合这个规律的。在隋唐时期，党项羌都还只是中央王朝统治下的一个少数民族。其大姓有细封氏、费听氏、折氏、野利氏，而拓跋氏是其中最为强盛的。据《新五代史·四夷附录第三》记载，社会发展处于“部有大姓而无君长，不相统一”，可见还只是原始社会部落时期。唐贞观八年（634年），拓跋赤辞帮助吐谷浑，被唐将李靖所败。拓跋赤辞降唐之后被授西戎州都督，吐蕃灭吐谷浑后，侵袭威逼党项羌，散居在今甘肃南部和青海境内的党项部落南迁，迁居夏州一带的为平夏部落，西夏政权就是在平夏部落的基础上发展起来的。内迁后的党项羌由于其定居陕北、河套一带，与其他民族在经济、文化方面发生密切的交往，生产力发展很快，由此进入阶级社会。唐末，党项族平夏部首领拓跋思恭因参与镇压黄巢农民起义有功，再次被封赐。历经五代，党项拓跋部利用藩镇争战、朝代更替的机会，逐渐发展壮大自己的力量。到后周末年，已经形成一个以夏州为中心的地方割据势力。宋初赵匡胤削藩镇的兵权，引起李氏的不满，开始积极准备脱离宋，并最终在1038年建立西夏，开始了与宋、辽鼎立的时期。

从党项羌发展以及西夏立国的历史我们可以看出，党项羌从原始部落社会到阶级社会，再到地方割据势力，并脱离宋朝成为区域性政权，根本上还是自身经济社会发展的一个结果。而且其中拓跋部始终是一个线索，这也在一定程度上印证了杨茂盛的观点。

（二）自然环境因素

民族在其形成之初就与一定区域相联系，共同地域是民族形成的基本条件，通常也是民族的基本特征之一。早在夏商之时，我国已存在着华夏族及其四方的“夷、蛮、戎、狄”这几大民族集团。而与之联系的“中国”这个概念，就是指夏王和商王直接统治的地区，含有中央王国和大国的意思。显然，民族意识是与地理概念紧密联系在一起的。

钱穆认为：“各地文化精神之不同，穷其根源，最先还是由于自然环境有分别，而影响其生活方式。再由生活方式影响到文化精神。”据此，钱穆指出，人类文化若从源头上看，不外乎三种类型，一是游牧文化，二是农耕文化，三是商业文化。具体而言，游牧文化发源于高寒的草原地带，农耕文化发源于河流灌溉的平原，商业文化发源于滨海地带以及近海之岛屿。“三种自然环境，决定了三种生活方式；三种生活方式，形成了三种文化型。”① 这话是很有道理的。例如，《礼记·王制》就说：“中国戎夷五方之民，皆有性也，不可推移。东方曰夷，被发文身，有不火食者矣。南方曰蛮，雕题交趾，有不火食者矣。西方曰戎，被发衣皮，有不粒食者矣。北方曰狄，衣羽毛穴居，有不粒食者矣。中国、夷、蛮、戎、狄，皆有安居、和味、宜服、利用、备器。五方之民，言语不通，嗜欲不同。”之所以不同地域的民族有不同的经济生活、习俗与语言，自然环境的影响是不可低估的。

区域即土地之界划，这是历史上区域性政权存在的基本自然条件。中国的地貌是西高东低，形成三级阶梯。我们今天所讲的西部主要处于第一级阶梯和第二级阶梯。从自然环境的角度来看，历史上中国区域性政权存在是因为：

首先，不同自然环境下所造成的不同的经济生活和文化类型，使得少数民族与代表农耕文化的政权之间产生冲突，从而形成独立性的政权。北方民族，包括以蒙古高原为中心的游牧民族、内蒙古东部大兴安岭地区和辽西一带的游牧狩猎民族、中国东北的半农半猎民族以及青藏高原上的游牧狩猎或半农半牧民族，历史上多次形成强大的集团，对相应历史时期的中央王朝形成很大压力。在冷兵器时代，北方游牧民族骁勇善战的骑兵无疑是具有优势的。更为重要的是，这种势力扩张不只是简单基于军事优势上的武力掠夺，有时也反映了一种特定自然环境下的生存需要。例如，《史记·主父偃传》记载汉朝统治者评价匈奴为“行盗侵驱，所以为业也，天性固然”。然而，正如有学者所指出的，匈奴在与汉和亲的过程中，经常背约，侵犯汉朝边境，掳掠汉族和财物。但我们并不能因此说匈奴就是以“行盗”或“盗窃”为务或为业，他们生活的主要来源与生存的依据也都是自己的生产活动。之所以善变而且喜欢掳掠，是处于奴隶社会时期的游牧民族游牧经济类型的一个特点和需要。

其次，特殊的自然环境可以为区域性政权的存在提供天然屏障，使得中央王朝很难将其纳入统一的版图之中。例如，南诏之所以能在盛唐时作为区域性政权存在，很大程度上就是因为地处西南偏僻之地的云南还未被开发，对于唐王朝来说，要想征服并非易事。《旧唐书·杨国忠传》载：“自仲通、

---

① 钱穆著《中国文化史导论》，商务印书馆 1994 年修订版。

李宓再举讨蛮之军，其征发皆中国利兵，然于土风之不便，沮洳之所陷，瘴疫之所伤，馈饷之所乏，物故者十八九。凡举二十万众，弃之死地，只轮不还，人衔怨毒，无敢言者。”可见，唐王朝先后两次出兵讨伐南诏，结果是汉族士兵死伤十余万，其中“土风之不便，沮洳之所陷，瘴疫之所伤”是重要因素。后来南诏异牟寻主动结好之时，《旧唐书·良吏传》载：“朝廷方命抚谕，选郎吏可行者，皆以西南遐远惮之。”可见，自然环境因素是区域性政权得以存在的一个重要原因。

最为典型的是《三国演义》第九十回记载，蜀汉南征得胜之后，费祎建议设置官吏与孟获共同管理，诸葛亮则认为：“如此有三不易：留外人则当留兵，兵无所食，一不易也；蛮人伤破，父兄死亡，留外人而不留兵，必成祸患，二不易也；蛮人累有废杀之罪，自有嫌疑，留外人终不相信，三不易也。今吾不留人，不运粮，与相安于无事而已。”诸葛亮这段话虽然不见于正史，但与史书所记载“即其渠（帅）而用之”的史实是相符的。因为诸葛亮南征的主要目的在于免除伐魏的后顾之忧，蜀汉本来人口和兵力都有限，因此这段话也是切合诸葛亮当时的务实选择的。诚如学者马戎所指出的，这些边疆地方人口稀少、地域广阔，不产粮食或产量很少，一旦对其发动战争，军队的后勤供给线很长，得胜后派驻官吏与军队，这些对国库来说都是极大的财政负担。因此，中国历代皇帝们在对外用兵时都会非常之慎重[①]。

（三）中央王朝与区域民族集团实力的相对变化

中央王朝国力的强弱对周边民族区域政权的存亡有着很大的影响。区域性政权往往是在中央王朝势力不振的时候趁机出现和崛起的。例如，秦兼并六国后，一方面筑起长城，另一方面北逐匈奴，匈奴单于头曼，因为不能敌秦而北徙。而秦末农民起义、楚汉相争时，匈奴单于冒顿就东破服东胡，西击走月氏，南并楼烦、白羊河南王，将之前秦将蒙恬所夺匈奴地悉数收复。汉初甚至取得平城之役的胜利。汉武帝经过准备，对匈奴发动连年战争后，虽然对汉朝的社会经济造成了很大破坏，但也给匈奴造成极大的经济困难，最终导致了匈奴经济的破产和政治的分裂。而唐代，吐蕃、南诏的发展壮大

① 马戎编著《民族社会学——社会学的族群关系研究》，北京大学出版社2004年版。

也与安史之乱后唐朝由盛转衰有很大的关联。而更为典型的就是魏晋南北朝时期与宋、辽、金、西夏时期。

魏晋南北朝时期，西晋存世仅52年，代之而起的东晋也只有103年，而且与东晋大体同期，在我国北方、西北方和西南地区出现了主要由少数民族建立的国家，史称“十六国”。少数民族第一次在中国历史上以黄河中下游地区为核心的北方地区占有了政治上的统治地位。之所以如此，与这一时期统一政权实力太弱或没有一个强有力的中央政权存在有很大关系。例如，据《魏书·司马睿传》的记载，东晋时，吴越之地，仍然是“僻远一隅，不闻华土”,“故地远恃险，世乱则先叛，世治则后服”。可见，是“叛”还是“服”，都是依当时中央政权的强弱治乱而定，这是一个基本规律。再如，《魏书·蛮传》这样描述当时一些地区的少数民族：“蛮之种类，盖盘瓠之后，其来自久。习俗叛服，前史具之。在江淮之间，依托险阻，部落滋蔓，布于数州。”“其于魏氏之时，不甚为患，至晋之末，稍以繁昌，渐为寇暴矣。自刘石乱后，诸蛮无所忌惮，故其族类，渐得北迁，陆浑以南，满于山谷，宛洛萧条，略为丘墟矣。”“太祖既定中山，声教被于河表。泰常八年，蛮王梅安率渠帅数千朝京师，求留质子以表忠款。”这段话生动记述了江淮间的少数民族从曹魏到西晋末年，尤其是刘渊、石勒趁“八王之乱”后起兵反叛，再到北魏政权称霸华北各个不同历史时期的叛服情况。

宋、辽、金、西夏时期，契丹、女真、党项等少数民族政权的出现与宋的相对软弱是直接相关的。关于宋朝国势不振的原因，一般认为主要是由于宋的内重外轻和崇文抑武的国策。北宋由于要加强皇权，特别注意防范地方割据势力的出现和大臣对皇位的威胁。“但皇权的过分强化和对大臣的防范，特别是对武臣的防范，也成为政治腐化和对外来军事威胁表现软弱的一个原因。另外也是由于这一时期的契丹、女真、党项已经不是单纯的游牧民族了，不仅契丹所占的领土有汉人的官僚治理，而且辽境后方，据目击者的报告，无数之官吏、文人、工匠、优伶、武术家和僧尼也来自中土，由此也可见得其汉化程度之深。这半汉化国家的组织能力，比汉和唐对抗的单纯游牧民族要厉害多了。”① 除此之外，黄仁宇认为：“中国人缺乏坚强的民族观念也构成赵宋王朝的一大弱点。很明显的，假使所有汉人决心从外人束缚下求解放，

① 白寿彝主编《中国通史纲要》，上海人民出版社1980年版。

这种解放战争当然会有利于宋的军事行动。可是实际上双方之竞争只在大体上被视为一种朝代之间的冲突。”① 由此可见，国力的强弱与其战争动员能力，进一步言，与其民众的民族观实在大有关系。

儒家思想在中国古代社会长期处于统治地位，与之相应，儒家民族观也被认为是最能体现中国古代民族观的本质特征。儒家民族观至少在两个方面其实并不利于抑制少数民族政权的出现：其一，以孔子为首的儒家从“仁”的观点出发，不把“四夷”视为禽兽，孟子进一步消除了对“夷狄”的鄙视，不再视之为未开化，主张用华夏的“德”去包容“夷狄”。这一思想成为历代政治家、思想家对“四夷”“怀柔”的思想基础。加之汉族政权属于农耕文化，自给自足，安于现状，总体上缺乏进取与扩张的精神。这当然有利于与四边民族保持和平关系，但一定程度上也减弱了军事上的威慑。其二，儒家“夷夏之辨”的标准在于文化和礼仪，以文化和礼仪而非血缘和种族来区分民族优劣，固然具有很大的包容性，但正如黄仁宇所言，缺乏坚强的民族观念其实并不利于军事行动。

民族观的变动与民族政策的调整都与当时中央王朝与民族集团势力之间的对比息息相关。例如，《资治通鉴》卷一九八记载，唐太宗贞观二十一年（647 年）五月，唐太宗云：“自古皆贵中华，贱夷、狄，朕独爱之如一，故其种落皆依朕如父母。”可见，在唐初的时候，唐朝相对周边民族势力有强大优势，受到各方势力认同，加之自身本是胡汉相融，因此统治者民族观有很大进步，族属观念要淡薄得多，以至于唐初至开元、天宝末，社会上以胡服为时尚。而在后期，安史之乱后中央王朝与地方民族势力之间的关系发生了明显的变化，“华夷之辨”转而成为社会主导思潮，胡服也普遍为人们所厌弃。可见，“唐朝的民族观念处在变动之中。引起观念变动的因素是社会形势的变化，特别是唐朝中央王朝与地方（节度使）力量的转化，这种转化隐藏的另一种现象则是中央王朝与周边民族势力强弱关系的转变”②。

三、区域性政权的法制特点

统治阶级通过自己所掌握的政治权力设立规范，使人们有所遵循，从而维护对社会的统治和管理，这便是阶级社会的法制，对于中国古代区域性政

① 黄仁宇著《中国大历史》，生活·读书·新知三联书店 1997 年版。

② 李鸿宾《论唐朝的民族观念》，《内蒙古社会科学》（汉文版）2001 年第 5 期。

权也不例外。但不同民族建立的政权下产生的法制，既有阶级与时代以及中华法系一些共有的特点，又由于经济生活、民族文化等差异而体现出鲜明的民族和地方特色。但总体来讲，我们可以归纳出以下几个特点。

（一）阶级压迫与民族压迫并存

封建社会的法律都是为了维护并巩固其社会制度和社会秩序而制定的，反映着一定时期、一定社会的社会结构，维护统治阶级的利益。对于区域性政权而言，除了将社会成员划分为不同阶级，并赋予其不同社会地位而外，同时为了依靠本民族的团结维护自身统治利益，又对其他民族采取民族压迫与民族歧视的方针。当然，在阶级对立社会中，民族压迫的实质是阶级压迫。

各少数民族进入阶级社会相对较晚。例如，西自保山以东，北至大理一带，古代是巂（叟）、昆明族的共同杂居区，其中以昆明族居多数。《史记·西南夷列传》记载，这一带的巂（叟）、昆明各部落“皆编发，随畜迁徙，毋常处，毋君长，地方可数千里”。也就是说他们当时还是以游牧业为主，农业还没有发展起来，也还没有产生阶级分化。又如，在隋唐时期，据《新五代史·四夷附录第三》记载，党项羌社会发展都还只是处于“部有大姓而无君长，不相统一”的原始社会部落时期。后来进入阶级社会，西夏立国后，其法制就体现出了封建法制阶级压迫的特点。比如说，对于各种轻微犯罪，一般对庶人处以杖刑，对有官在身的人则仅处以罚纳马或铜钱。如《天盛律令》“渡船门”规定“河水上置船舶处，左右十里以内，不许诸人免税渡船”，倘若违律偷免税五十至一缗，庶人七杖，有官罚钱三缗；一缗以上至二缗，庶人十杖，有官罚钱五缗；二缗以上，一律庶人十三杖，有官罚马一。对于统治阶级内部成员显然在法律上是有优待的。

区域性政权往往是以某个少数民族为主体建立的，其人口规模、经济发展水平、文化发展程度等相对汉族都较为有限，而其统治下一般除本族外还有汉族以及其他少数民族，因此，一方面要积极吸纳其他民族的人才加入统治集团，另一方面又不得不有所防范，采取民族压迫和歧视的政策。

同样以西夏为例，在西夏立国之初，统治者就对汉族儒士十分重视，一方面是因为汉族知识分子更具统治经验，另一方面则是因为汉族是西夏境内第二大民族。无论是就汉官在西夏统治集团中所占比例，还是就这些汉族官僚在西夏政权发展中的实际作用而言，汉族儒士都起到了重要作用。即便如此，西夏同样也有以本民族为中心，视其他民族为“夷狄”的观念，并体现在法制中。例如，元昊继位时的朝贺仪式，领班的宰相必须由党项人担任；军队中监军使以上，不能由汉人担任；西夏在肃州设蕃和郡，甘州设镇夷郡，因为肃州地区多吐蕃居民，甘州为回鹘的根据地，因此重兵防范。当然，公允地讲，西夏的民族政策较后来元朝统治者“人分四等”的政策已经是很开明的了，而且其实践也是成功的。

民族压迫现象比较突出的是少数民族纷纷建立政权的十六国时期。少数民族统治者建立政权后，为了统治人口众多、文化先进的汉族，大都采用了“胡汉分治”的政策，匈奴建立的汉国和前赵、羯族建立的后赵、鲜卑建立的南凉都最为明显。例如，汉国设立左右司隶来统治被掳掠到平阳一带的汉族人民，称之为司隶部民，设立单于左右辅统率各少数民族。前、后赵则基本继承了这一政策。据《晋书·秃发利鹿孤载记》，南凉则“置晋人于诸城，劝课农桑，以供军国之用，我则习战法以诛未宾”。这必然激起汉族人民的强烈反抗。而处于被统治地位的少数民族也同样受到统治民族的压迫，因此反抗斗争也接连不断。如前赵刘曜统治时，因为屠杀巴氐酋长徐库彭等五十余人，引起巴氐族的反抗，《晋书·刘曜载记》说：“四山羌、氐、巴、羯应之者三十余万，关中大乱，城门昼闭。”

（二）借鉴汉法和保持旧制并存

《史记·郦生陆贾传》记载，西汉陆生曾对汉高帝说：“居马上得之，宁可以马上治之乎？且汤武逆取而以顺守之，文武并用，长久之术也。”少数民族在凭借武力征服后建立起的区域性政权也同样都意识到这个问题，因此都会仿照汉家制度，进行政治、法制、文化等领域的自我更新与自我完善。因为其相对汉族而言发展明显滞后，所以学习汉族的礼仪法制就尤为迫切。但与此同时，自身的文化传统不仅难以割裂，而且其本身也是区分本民族与他族，凝聚民族力量以维护自身统治不可或缺的。于是，各区域性政权就体现出附会汉法和保持旧制并存的特点，但总体上都是在向汉族法制发展。

北魏的改革是借鉴汉族制度与文化取得显著成效的改革之一。北魏道武帝拓跋珪时期“认祖归宗”和崇奉儒学，实际上已经从思想文化方面为后来的整个改革奠定了基调。所谓“认祖归宗”，就是认汉族为己宗。其目的在于为其君临南夏克服民族观念上的障碍。崇奉儒学也是顺理成章的事情，《北史·魏本纪》记载，拓跋珪“令五经群书各置博士，增国子太学生员三千人”，“集博士儒生比众经文字”，“凡四万余字”。而北魏孝文帝时期则进行了更多的政治、经济和文化上的改革，其中最为重要的是实行均田制和改革鲜卑旧俗、实行汉化政策。这些都有助于消除鲜卑与汉族之间的隔阂与矛盾，加速了鲜卑族的汉化与封建化，对当时社会经济发展和民族的大融合起了积极推动作用。

北魏对汉家法制并非简单的照抄照搬，而是有所取舍，并且有所创造。例如，北魏孝文帝即位不久，就下诏修改旧律，对其中罪连全族的“门房之诛”逐步予以限制。《北史·魏本纪三》记载，孝文帝延兴四年（474年）诏曰：“自今非谋反大逆，干纪外奔，罪止其身而已。”据《魏书·高祖本纪》载，孝文帝次年又对连坐的范围也做了限制：“其五族者，降止同祖；三族，止一门；门诛，止身。”北魏还有创造性的法制，例如存留养亲，对于诸犯死罪，但其祖父母父母年七十以上无成人子孙，旁无期亲赡养者，准许留养其亲。

魏孝文帝的法制改革是全面的、大胆的，但即便如此，鲜卑的一些旧俗也并未完全革除。例如，《魏书·高祖本纪》记载，孝文帝大力倡导婚姻中的礼法，仿古制重定婚礼，著之律令，“犯者以违制论”。但考虑到现实中民间还残留诸如私合、乱伦等氏族群婚制习俗，很难要求百姓遵循儒家结婚的六礼，依据《周礼·媒氏》“仲春之月，令会男女，于是时也，奔者不禁”，诏令“男女失时者以礼会之”，以灵活变通的方式在一定程度上保留了鲜卑习俗。另外，鲜卑法本来就有将部落重罪成员放逐于荒僻边远之地致死的惯例，所以北魏将流刑升格为主刑实际上是对鲜卑习惯法的延续和改造。

（三）因俗而治、因族而治

不同民族自古就共同生活在广袤的中华大地上，各民族之间、少数民族政权与汉族政权之间的法律制度、文化是互相交融、影响的。几乎所有区域性政权都不是由单一民族组成的，因此就产生了对统治阶级内部以及治下不同民族之间关系的处理，尤其是如何应对不同民族风俗习惯上的差异的问题。如果只是一味地民族压迫注定会行不通，其政权也不能长久。因此，一些区域性政权体现出因俗而治、因族而治的特点。

“因其故俗而治之”是早在夏朝实行的“五服”制度中就有的方法。夏朝以帝王都城为中心，按距离远近和其生产力发展水平高低分为五类，即甸、侯、绥、要、荒，分别采取不同的统治方式。《史记·夏本纪》载：“绥服外五百里要服：三百里夷，二百里蔡。要服外五百里荒服：三百里蛮，二百里流。”其中“要服”和“荒服”当指少数民族居住的地区，“要服”是指采取约束管制的地区，“荒服”是按照当地居民的传统习俗治理的地区。这一制度不仅为商、周所继承，实际上也是后世羁縻思想的雏形和起源。

辽朝的统治政策最为典型地体现了这个特点，而且较为完善和成功。辽朝统治机构中官分南北、蕃汉分治，即“国制治契丹，以汉制待汉人”。契丹在对外掠夺战争中所获汉族人口和土地大量增加，汉族本以从事农耕为主，如果要强使他们像契丹族那样去从事畜牧狩猎生产，过逐水草而居的生活显然是不可能的，而且也不利于统治秩序的稳定。就辽朝历史来看，其之所以能立国二百余年，并且进行了有效的统治，与其实行因俗而治、因族而治的民族政策是有很大关系的，也为后来历代王朝统治者提供了经验和借鉴。例如，继辽朝而起的金朝，最初也和辽朝一样，对本部族实行传统的习惯法，对新征服的地区实行辽、宋法。《金史》载“往往因仍辽旧”，“汉官之制……尚踵辽南院之旧”。据《元史》，元世祖忽必烈也认识到“北方之有中夏者，必行汉法乃可长久”。所以元代在云南行省、四川行省以及宣政院管辖的一部分地方推行土官制度，利用各少数民族的上层人物来统治各族人民。

第二节 行政法律制度

行政法律制度是掌握政权的组织管理国家事务和社会公共事务的法律制度。除了司法和立法，其他法律制度都可以归入此类。在长期的历史发展过程中，各区域性政权也创造出了具有鲜明民族特点的行政法律制度。

一、行政机关

行政机关是行使行政职权的行政组织，关于区域性政权的行政机关，我们可从以下方面来了解。

（一）王位的选任与继承①

区域性政权的中央行政中很重要的一项是王位的选任与继承。通过历史记载，我们可以看到，各区域性政权的立国往往是由这一民族中最为强大的那一部的首领来完成，而关于开国君主一般都会有君权神授的传说。例如，

① 因为古代并无今天选举法或宪法之概念，因此我们在某种意义上可以将王位或皇权看作中央行政机关之一种，便于记述。

后汉政权建立者刘渊，《晋书·刘元海载记》记述他出生时的情景："豹（刘渊之父）妻呼延氏，魏嘉平中祈子于龙门，俄而有一大鱼，顶有二角，轩鬐跃鳞而至祭所，久之乃去。巫觋皆异之，曰：'此嘉祥也。'其夜梦旦所见鱼变为人，左手把一物，大如半鸡子，光景非常，授呼延氏，曰：'此是日精，服之生贵子。'寤而告豹，豹曰：'吉征也。吾昔从邯郸张冏母司徒氏相，云吾当有贵子孙，三世必大昌，仿像相符矣。'自是十三月而生元海，左手文有其名，遂以名焉。"关于南诏第一代王细奴逻的选任，《南诏野史》是这样记载的："奴逻素有祥异，会唐封首领大将军建宁国王张乐进求，以诸葛武侯所立白崖铁柱，岁久剥蚀重铸之。因社会祭柱，柱顶故有金镂鸟，忽能飞，集奴逻左肩，相诫勿动，八日乃去。众骇异，谓天意有属。进求遂妻与女，举国逊之。于唐太宗己酉，贞观二十三年即位，年三十二岁，建号大蒙国，称奇嘉王，据南诏。"[①]《辽史·太祖纪》中耶律阿保机同样也有降生神话："唐咸通十三年生。初，母梦日堕怀中，有娠。及生，室有神光异香，体如三岁儿，即能匍匐。祖母简献皇后异之，鞠为己子。常匿于别幕，涂其面，不令他人见。三月能行，晬而能言，知未然事。自谓左右若有神人翼卫。虽龆龀，言必及世务。时伯父当国，疑辄咨焉。既长，身长九尺，丰上锐下，目光射人，关弓三百斤。为挞马狘沙里。时小黄室韦不附，太祖以计降之。伐越兀及乌古、六奚、比沙狘诸部，克之。国人号阿主沙里。"

开国君主之后便为子承父业，而非之前的"兄终弟及"。但王位继承制度并不完善，部落社会推崇首领个人能力的传统以及政权外部的压力都使得嫡长子继承制度仍有反复。例如，匈奴单于头曼已经立了冒顿为太子，可是他后来想废冒顿而改立所爱阏氏生的少子，他又不想或者不能直接这样做，于是就使冒顿出质于月氏，然后对月氏发起战争。月氏欲杀冒顿，冒顿却盗得一匹良马，死里逃生。头曼通过这件事认识到冒顿的强壮，就让他统领大军。冒顿逐渐使得军队完全忠于自己，并且借一次打猎的机会将其父亲射杀，自立为单于。匈奴的职官制度中以左为尊，左贤王是仅次于单于，地位最尊贵、权力最高的职官。这与古代中央政权官职以右为尊正相反。这个左贤王实际上就相当于太子，所以匈奴历史上，以左贤王身份继承单于位的很多。不过在左贤王无嗣、单于子年少以及有某种特殊约定的情况下，也存在兄终弟及

① 木芹会证《南诏野史会证》，云南人民出版社 1990 年版。

的事例。另外，十六国时期匈奴汗国刘渊、刘聪死后也都发生了争夺王位的内乱，而前燕、后燕等政权也同样在确立君主嫡长子继承的道路上出现一系列冲突和斗争。

与王位稳定相关的还有王权与包括贵族在内的势力集团之间的关系。例如，匈奴以单于庭为中心，左右贤王、左右谷蠡王为地方“四大国”，除了这四大王之外，还有“名王”“裨小王”，都是匈奴最高统治者根据血缘关系亲疏等来分配或赐予的。而北魏道武帝拓跋珪则针对被征服部落、降附部落和原有部落采取了离散部落的措施，也就是以氏族或家族为单位，将北魏境内所有的游牧部族分解为若干小部分，使原来的君长大人变成了国家直接统治下的、有服役纳税法定义务的地方基层官员。这样做的结果就是削弱了游牧贵族的势力，增强了国家的经济和军事实力，并且加快了北魏封建化的进程。辽朝统治者也是通过对部族组织、部族统领体制、部族长官选任方式的调整，从而限制和削弱部族长官和权贵们的政治特权，加强对部族组织的控制。

（二）中央与地方行政机关之设置

中央行政与地方行政对于一个政权的兴废存亡都很重要。在中央行政机关中，一些区域性政权存在一个由军政大臣、贵族等组成的议事机构，这可以看作是少数民族氏族部落联盟时代贵族元老会议传统的延续。如匈奴有贵人会议，凡废立、和战、祭祀等大事，均由贵人会议决定。北魏前期也存在“八部大夫”“八大人官”和后期的“八座”，拥有重大国策的议事权和决定权。唐时突厥各部落的大小头领，称为伯克。可汗、贵族，各级大小伯克组成贵族会议，决定军国大事。金朝初年的“勃极烈”制度，即皇帝通过专门任用宗室近属中勋劳卓著的功臣来共议国政，决定国家大事，行使行政、司法、军事等职权的制度，实际上也带有明显的议事制痕迹。而吐蕃赞普则是通过与群臣每年举行一次小盟，三年举行一次大盟，使臣下保证世代无条件地效忠自己。

北魏地方实行州、郡、县制，各州、郡、县设相应的行政长官和僚佐处理各辖区的政务。在基层，孝文帝太和九年（485年）改革，创立邻里党三长制，即五家立邻长，五邻立里长，五里立党长。另外，北魏还设置了许多军镇，属下士兵称镇兵，百姓称镇民。镇将既统兵又治民，实际上就是一种军事管制。这也为北齐和北周所承袭，沿边要地往往设置军镇，以维护对少数民族的统治和防范外部势力的骚扰和侵袭。

松赞干布统一吐蕃全境后，将雪域划为五大翼（茹）、十八个地区势力范围、六十一个豪奴千户、戍边三军。吐蕃的行政区划和军事组织基本处于一致，即行政区划成了军事组织，军事组织也就是行政区划。从松赞干布至朗达玛时期，历经几百年，吐蕃行政区划并没有发生太大变化。在五大茹中，卫茹处于整个吐蕃疆域的中心，故称“卫”（中）。十八个地方势力属于“五大茹”的范围，是赞普和众臣等诸君分割一方的十八个行政单位。而“千户”也和“茹”一样兼有行政区划与军事组织双重性质。戍边三军分为上、中、下三军。

南诏在其统治中心的滇西洱海地区，行政区划以“睑”为单位，相当于唐朝的“州”。南诏境内共有十睑，这十睑是南诏的政治、经济、文化中心，是南诏王室的直辖政区。除此之外，南诏还仿照唐朝设立了节度和都督区。《新唐书·南蛮传》载，“外则有六节度：曰弄栋（今姚安）、永昌（今保山）、银生（今景洪）、剑川、拓东（今昆明）、丽水（今缅甸克钦邦密支那南部、伊洛瓦底江东岸）。有二都督：会川、通海”。另外，南诏还在一些重要的城镇设有城使和镇使。南诏设有相当于唐朝六部的六曹。六曹分别为：兵曹，主管军事；户曹，主管户籍、赋税；客曹，主管官园、祭祀、礼乐等；刑曹，主管司法刑律；工曹，主管营造河津、桥梁等；仓曹，主管仓廪储藏。南诏后期改六曹为九爽，各爽及其职能分别是：幕爽管军事，琮爽管户籍，慈爽管典礼，罚爽管刑罚，劝爽管官吏，厥爽管工程造作，万爽管财政，引爽管接待外宾，禾爽管商业贸易。最基层的行政机构则设置了“村邑理人处”。《蛮书》载：“南诏务田农菜圃，战斗不分文武，无杂色役。每有征发，但下文书与村邑理人处，克往来月日而已。其兵杖人各自赍，更无官给。百家已上有总佐一，千人已上有理人官一，人约万家以来，即制都督，递相管辖。”可见，在“村邑理人处”之上逐层还有总佐、理人官、都督。

大理国中央与南诏一样设爽。《宋会要辑稿》第一九七册载：“二月十三日，大理国进奉使天驷爽贲李紫琮，副使坦绰李伯祥见于紫宸殿。”大理国早期的地方行政区划，基本上沿袭南诏，仅是对一些名称和辖区做了调整，并在节度之下设了郡一级行政区。到大理国中后期，其地方行政区划形成了八府、六郡、四镇及三十七部的体系。其中，八府由南诏和大理国早期之节度、都督等行政建制演变而来；郡是八府下属机构，主要设于经济文化较发达的地区，一些少数民族聚居区则根据具体情况设大小不等的部；镇类似于南诏时期的都督，属于军事重地，管辖边远的少数民族地区。部也是大理国管理少数民族聚居区的一种行政区划，但部的大小因时因地而异，一般置于府、镇、郡之下①。

辽采取的是“一国两制”，从中央到地方实行双重体系。《辽史·百官志一》概括为“以国制治契丹，以汉制待汉人”，即以奴隶制统治契丹广大畜牧业地区，以封建制统治占领的渤海幽云十六州等农业生产较为发达的汉人区。相应地，辽将中枢行政机构分为北面官与南面官，据《辽史·百官志一》，“北面治宫帐、部族、属国之政，南面治汉人州县、租赋、军马之事”。在地方，则分别实行的是部族制和州县制。契丹和其他游牧民族地区是部族制，汉人包括渤海人则编入州县制，即宋代龙衮《江南野史》中所谓的“蕃不治汉，汉不治蕃，蕃汉不同治”。另外，契丹建国前后，包括帝后两大族系在内的契丹贵族，还建立了头下军州，其实是经济实体，也是契丹重要的经济力量。斡鲁朵则是辽代契丹民族特有的一种制度，最初是因防备寇贼奸宄而设立的宫卫组织，后来逐渐演变为以宫帐为中心兼有宫卫、官府治事之所等功能的机构。

金朝立国之初是由宗室近属担任最高官员共议国政的“勃极烈”作为皇帝的决策集团，金熙宗即位后，废除了这一制度。皇帝下面设置太师、太傅、太保，称为“三师”。朝中设尚书、中书、门下三省，领三省事综理政务。在尚书省下设吏、户、礼、兵、刑、工六部，分掌政务。金代地方行政机构设置也是在金熙宗之后得以统一，分为路、府、州、县几级，县是最基本的地方行政区。另外，金还在地方行政中保留了女真族原有的猛安谋克制，其相当于防御州，主管休整军务，训练武艺，劝课农桑。

西夏的地方行政机构设置基本上沿用唐宋的府、州、郡、县建制。州的设置随宋、辽、金战争中疆域的变化而增减。地方体制以州为主，州或县因地理位置或政治、军事上的重要作用也会升为府、郡。

二、职官制度

职官制度是区域性政权行政法律制度的重要组成部分。所谓职官是指在国家机构中担任一定职务的官吏，其内容主要包括职官的名称与职责、选任、考课与监察等。

① 参见方慧主编《云南法制史》，中国社会科学出版社2005年版。

（一）名称与职责

秦汉时期匈奴政权的各级官吏既是军事首领，又是行政长官。单于是最高军事首领和行政长官，总揽军政外交一切大权。其下设王、侯、大将、大都督、大当户等官职，由显贵氏族或家族世袭。在这些之下还置有千长（千骑长）、百骑（百骑长）、什长（十骑长）、裨小王、相封、都尉、当户、且渠等官。《后汉书·南匈奴传》说他们“各以权力优劣、部众多少为高下次第焉”。

十六国时期一些区域性政权采取“胡汉分治”的政治行政官吏制度，也就是分别置官吏统治和管理胡人和汉人。如匈奴建立的前赵在职官制度上既继承了秦汉匈奴政权，也仿效了中央王朝，中央王朝的官制与匈奴单于官制并用。北魏的职官也是“华夷杂糅”的，《南齐书·魏虏传》记载：“南部尚书知南边州郡，北部尚书知北边州郡。”其中央职官以尚书省为中枢，但尚书之下不置郎中，而以大夫（或中夫、下大夫）、令（或长）主之。但北魏后期孝文帝改革则旨在改变这种胡风国俗杂糅的状况，于是依魏晋官职设置三师、三公、尚书、中书、四征、四镇和九卿等中央文武官员。地方上，州设刺史，郡设太守，县设县令。

北魏分裂为西魏与东魏，宇文泰在掌握西魏政权后，在职官制度方面依据《周礼》进行了改革，实行“六官制度”。所谓六官是指天官、地官、春官、夏官、秋官、冬官，各置一府。府有卿一人为长官，是为六卿，主持中央政务。天官府为六官之首，长官称大冢宰卿，副长官称小冢宰上大夫，二人；地府官主土地、民户和教化等，长官大司徒卿，副长官小司徒中大夫，二人；春官府主礼仪祭祀，夏官府主军政，秋官府主监察司法刑律，冬官府主营建城邑宗庙、制造器械，职官称呼有宗伯、司寇、司马、司空等，各不相同。

唐时突厥汗国的最高首领称为可汗，集军政大权于一身，系最高行政长官。可汗的夫人称为“可敦”，也拥有崇高地位并可发号施令。“特勤”为可汗子弟，也担任要职。可汗以下的最高官员为“叶护”，一般由可汗的弟弟充当，可汗去世后，叶护可袭汗位。东西突厥分裂后，西突厥又分为“五咄陆”和“五弩失毕”两部分，分别由称为“啜”和“俟斤”的官员管辖。突厥政权的职官还有阿波、颉利发、达干、阎洪达、凡士等，后来发展为二十八等。

仅从职官名称来看，突厥的官制显然对回纥的职官设置有很大影响。可汗是回纥的最高首领，其子弟称为“设”，大臣有叶护、颉利发、阿波、啜、俟斤、达干等。与此同时，回纥也受中央王朝的影响，采用了唐朝的官制，设置外宰相六、内宰相三，又有都督、将军、司马等官号。

松赞干布也模仿唐制，建立了吐蕃的职官制度。赞普是最高统治者，拥有至高无上的权力。赞普之下有“论臣”（大相）、“论臣扈莽”（副相），总管全国政务。其下设有“悉编掣逋”（都护）一人，主持管理属部、军事征讨等事务。设“曩论掣逋”（内大相）、“曩论觅零逋”（内副相）、“曩论充”（内下相）各一人，主管王朝内部政务。主管王朝司法事务的官员是“喻寒波掣逋”（刑部尚书、整事大相）、“喻寒波零逋”（副整事）、“喻寒波充”（小整事）。大相为群臣之首，一切政务须经其批准。地方官有茹本、东本、域本、戚本、楚本、昌本以及带有汉官特色的节度使、讨击使、大兵马使、营田使、百夫长、千夫长、万人将等。

南诏官制效仿唐朝，但名称有所不同。国王称“诏”，为最高统治者，掌握军政大权。南诏官职系统中，以清平官职位最高，共有六人，其职能是辅助南诏王处理朝廷大事，相当于宰相。在清平官中又分内算官人和副内算官人，负责主持和处理日常朝廷政务。另设外算官两人，由清平官或大军将兼领，其职责主要是统领六曹，负责南诏各项政令的下达。六曹各设曹长一人，又设断事曹长（主管缉拿推鞠盗贼）、军谋曹长（主持阴阳占卜）。设同伦长两人，各有副都，主月终唱示。在各赕、节度等地方设节度统领一方。地方则有总佐、理人官、都督。南诏后期职官制度有所变化，如六曹改为“九爽”，“爽”相当于唐朝的省，其职由清平官、大军将、酋望兼任。后来的大理国也基本沿袭了南诏的官制。大理国王称骠信，下设清平官，有坦绰、布燮、久赞、彦赞。其中，彦赞为大理国所增设，清平官下有九爽。

皇帝是辽国的最高统治者，其下最高军政机构为枢密院。枢密院分北、南两院，北、南枢密院设枢密使，参与国政，听决狱讼。枢密使以下设有知枢密使事、枢密副使等官职。辽国北面官制的官名多源于突厥、回纥，也采用汉人官职的某些官名。例如，辽设有北、南宰相府，其职责是“掌佐理军国之大政”，职官名称有：宰相、总知军国事、知国事；设北、南大王府，职责是“分管部族军民之政”，职官名称有：大王、大王事、太师、太保、司徒、司空、郎君。南面官制则多仿中央王朝官制。据《辽史·百官志三》：“辽有北面朝官矣，既得燕、代十有六州，乃用唐制，复设南面三省、六部、台、院、寺、监、诸卫、东宫之官。”如中书省职官为中书令、大丞相、左丞相、右丞相等。另外，辽朝设有警巡之职，盖汉中尉之所掌，循徼京师。沈家本认为："前世无此官，始见于辽，而《志》不详其所掌之事。金、元仍辽制。《金志》言掌平理狱讼、警察别部，《元志》言领民事，此正今日警察之司。警察二字，始见《金志》，疑日本警察之名，即取诸此也。"①

金熙宗即位后，改用辽、宋官制。皇帝下面设置太师、太傅、太保，称为"三师"。三省之下设左、右丞相及左、右丞（副相）。海陵王即皇帝位后，只置尚书省，其最高行政长官为尚书令，不设左、右丞相。就地方职官制度而言，总管府行政长官称"总管"，散府行政长官称"尹"，还有节镇长官节度使、防御州长官防御使、普通州长官刺史、县行政长官县令。县以下，还有坊正、里正等行政官员。

西夏的职官制度是仿照宋朝制度建立的，同时也基本上沿用了蕃汉并行、分而治之的方法。在皇帝下面设立"中书"，掌管国家行政；设立"枢密"，掌管军事；设立"三司"，掌管财政；设立"御史台"，掌管谏察弹劾；等等。其官吏蕃、汉人都可担任。另外还设有一些仅限党项人才能充任的"专授蕃职"，有宁令、谟宁令、丁卢、素赍、祖儒、吕则等官号。

（二）职官选任

职官选任是指官吏的选拔和任用，其主要涉及的问题是选拔和任用官吏的方法与标准问题。中国古代职官选任制度主要经历了世卿世禄制、察举征辟制、九品中正制、科举制几个阶段，区域性政权大体上也是如此。总体来看，区域性政权在官吏选任上存在两个显著特点：其一，政权建立之初往往留存较多部落社会传统，官吏选任突出本族亲贵的特权，之后随着君主集权的需要，官吏选任范围更广。其二，几乎所有区域性政权都面临官吏选任时如何对待不同民族的问题，基本都存在"胡汉分治"的问题，但总的趋势是向民族融合的方向发展。

区域性政权有以下几种任用官吏的制度。

世官制。某官职由一族世代承袭。如匈奴在单于之下设王、侯、大将、大都尉、大当户等官制，都由显贵氏族或家族世袭。《史记·匈奴列传》载："诸大臣皆世官。呼衍氏，兰氏，其后有须卜氏，此三姓其贵种也。"北魏"太和改革"虽然通过取消封王等措施对部落贵族的特权有所贬抑，但也建立

① 〔清〕沈家本撰，邓经元、骈宇骞校点《历代刑法考》（四册），中华书局1985年版。

了门阀官僚制度，其原则就是“以贵承贵，以贱袭贱”。除拓跋皇族外，鲜卑族以穆、陆、贺、刘等姓为高门士族，汉族以卢、崔、郑、王四姓为大族门第。高门以下又分为若干门第。这些高门子弟、鲜卑宗室或是贵胄后裔的身份，往往成为他们仕途通达的一条捷径。回纥的大臣，诸如叶护、颉利发、阿波等，也皆为世袭。吐蕃各官也均为世袭。大理国建国后，统治者也对支持其建国的功臣进行封侯、赐地，并派往各地进行统治。

世选制和荫补制可以说是世官制的变种，且这两种制度都以辽国为典型。辽国的世选制是指在官员选任中实行的垄断朝廷政要和高官显爵的制度。一般认为，这种制度源于契丹部落联盟时代的旧俗。赵翼《廿二史札记》卷二七对世官制与世选制的不同以及世选制的优点做了明确说明：“辽初功臣无世袭，而有世选之例。盖世袭则听其子孙自为承袭，世选则于其子孙内量才授之……功大者世选大官，功小者世选小官，褒功而兼量才也。”辽朝官员的世选制在部族官员的任用中最为常见。辽朝的荫补主要分“常荫”与“难荫”两种。常荫是指父、祖达到一定官阶，朝廷即允许其子孙为官。辽朝八、九品官员就有荫补权。难荫则是指父、祖殁于王事，子孙得荫。当然，荫补制度并非辽所特有，宋、金、西夏也都存在。乾顺时期，西夏规定“选人以资格进”，即按照资格大小来任用官吏，而且，“凡宗族、世家议功、议亲，俱加蕃汉一等。工文学者，尤以不次擢”①。

察举征辟制。察举征辟制确立于汉武帝时，一直到隋唐科举制之前都是重要的选官制度。其中察举是由地方长官在辖区内随时考察、选取人才并推荐给上级或中央，经过试用考核再任命官职。征辟就是征召名望显赫的人出来做官，皇帝征召称“征”，官府征称“辟”。据《晋书·石勒载记》，后赵石勒就曾“令群僚及州郡岁各举秀才、至孝、廉清、贤良、直言、武勇之士各一人”。北魏吴瑱“少好学，博通经史，性闲雅，不与俗伍一，时俊秀多游其门，于是代郡常然、渤海郝直皆师事焉。然素恬静不妄交游，以图书山水自娱，虽征辟屡至，皆不就”②。后来还是被当时的益州刺史力举为狄道县令。至于辽、西夏等区域性政权通过察举征辟制来纳用外族尤其是汉族人才的就更多了。

九品中正制。九品中正制上承两汉的察举制，下启隋唐的科举制，是中

---

① 〔清〕吴广成撰，龚世俊等校《西夏书事校正》，甘肃文化出版社 1995 年版。

② 《魏故狄道县令吴君墓志铭并序》，载洛阳市文物工作队编《洛阳出土历代墓志辑绳》，中国社会科学出版社 1991 年版。

国封建社会三大选官制度之一。九品中正制就是设置中正官，由其掌管州郡人物之品评，并将评议结果上交复核后作为选官的根据，其目的在于“唯才是举”。它在西晋时渐趋完备，南北朝时又有所变化，其中北魏可为代表。北魏的中正组织至少有两个特点：一是正式形成了中央与地方两大中正组织系统；二是与门阀官僚制度相应，重门品（出身门第状况），轻人品。《魏书·崔亮传》记载孝明帝时的司空谘议参军刘景安就说北魏“立中正不考人才行业，空辨氏姓高下”。

科举制。科举制始于隋朝，是通过考试选拔官吏的一种制度。区域性政权中，辽和西夏都借鉴和采用了科举制作为选任官吏的一种方法。辽朝开进士取士的时间大概是在辽太宗时代。《契丹国志》称：“太祖龙兴朔漠之区，倥偬干戈，未有科目，数世后，承平日久，始有开辟。”辽朝科举考试的科目，在圣宗时仅设了词赋、法律两科，以词赋为正科，法律为杂科。辽道宗咸雍六年（1070 年），又增设了贤良科，下诏应考科举者，首先进上所业十万言。辽科举取士是不允许契丹人参加的，可见，它是针对为契丹人所统治的北方汉族人而设的。西夏则借鉴了科举制为党项族所用，元昊于建国第二年（1039 年）正式设置了蕃学用以培养人才，“俟习学成效，出题试问，观其所对精通，所书端正，量授官职”①。西夏正式确立科举制是在仁孝时期。夏仁宗人庆四年（1147 年）八月，西夏“策举人，立唱名法，复设童子科。于是，取士日甚”②，并且一直沿用到西夏灭亡。

各区域性政权官吏选任的标准实际上蕴含于官吏任用制度中。比如，世官制标准只在贵族出身，世选制则除了出身之外还要考量才干，荫补制在于父、祖官品与功劳大小，科举制在于词赋、法律、书法、应对等才能。概括起来，则无外乎家世、道德与才能三项，只是不同时代，不同区域性政权偏重有所差异。

（三）考课与监察

考课包含两种意义：一是考察官吏任职期间执行国家法令的具体表现；二是督促官吏完成国家指定的工作。总而言之，就是依照国家法令和行政规则，在一定年限内，对各级官吏进行考核，并依其不同表现，区别不同等级，

---

① 〔清〕吴广成撰，龚世俊等校《西夏书事校正》，甘肃文化出版社 1995 年版。

② 〔清〕吴广成撰，龚世俊等校《西夏书事校正》，甘肃文化出版社 1995 年版。

予以升降赏罚。所以考课制度实际上与官吏选任是有紧密联系的。监察制度旨在监察政府官员，维护法律、法令的统一。

区域性政权中考课制度较为完备且史书记载较详的是北魏。北魏前期，在监察和考课方面都是以地方官为中心。据《魏书·广陵王羽传》，孝文帝时，“外考令文，每岁终，州镇列牧守治状。及至再考，随其品第，以彰黜陟”。也就是说，地方官每年向中央自列治理地方的政绩，同时列上各自属官的治状，经过两次考课后，中央根据其考绩决定升迁或降职。考课的办法：一是不定期地派遣使者，巡查地方官吏；二是通过诏令，督察地方官吏。例如，《魏书·世祖纪》记载，太武帝拓跋焘曾下诏：“朕承天子民，忧理万国，欲令百姓家给人足，兴于礼义。而牧守令宰不能助朕宣扬恩德，勤恤民隐，至乃侵夺其产，加以残虐，非所以为治也。今复民赀赋三年，其田租岁输如常。牧守之徒，各励精为治，劝课农桑，不听妄有征发，有司弹纠，勿有所纵。”可见对地方官吏考课的内容主要是劝课农桑和养民安民的情况。就中央官吏而言，北魏自宣武帝时逐渐对中央散官与职事官采取不同考课方法，即优待职事官，歧视散官。所谓散官与职事官，据《隋书·百官制下》的解释就是“居曹有职务者为职事官，无职务者为散官”。北魏散官的主要差事是被派到地方去戍守，或催督拖欠的账款，或到异国绝域去担任使者。散官受歧视，如散官考绩在上中的四年一升，而职事官考绩在上中者与上下者没有分别，都是三年升一阶。

中国古代的监察制度由御史和谏官两大系统组成。御史监督百官，纠弹非法；谏官谏诤朝政，封驳违失。所以，谏官可以被看作是对最高统治者的行政监察。一些区域性政权除了保留有议事制的传统来限制和规范王权外，还赋予监察官员直言进谏的权责，甚至专门设置谏官。如北魏御史台官员有责任对君主进行谏诤，在北魏后期，御史台长官谏诤的有四例，分别见于《魏书》高道悦、游肇、甄琛、元匡之传。高道悦对孝文帝巡幸路线提出质疑，最终使孝文帝改变了由水路巡邺的计划；游肇对宣武帝南伐之策提出了建议；甄琛上表请弛盐禁，废除盐业官营政策；元匡则多次请求改革度量衡制度①。据吴广成《西夏书事》卷三三记载，西夏崇宗贞观十二年（1112 年）六月，由于国内水旱灾害造成饥民遍地流连失所，“命诸臣言得失”，御史大

① 张金龙《北魏御史台政治职能考论》，《中国史研究》1997 年第 4 期。

夫谋宁克任在上疏中直陈治国之方："治法之要不外兵刑，富国之方无非食货……且吾国立国西陲，射猎为务，今国中举贤重学，兵政日弛……臣愿主上既隆文治，尤修武备，毋徒慕好士之虚名，而忘御边之实务也。"实际上是站在党项崇武的立场上对崇宗尊崇儒学的一个批评。

北魏在吸取前人经验的基础上对监察制度有一定创新，从而形成一套具有本朝特色的、魏晋以来较为完备的监察制度。北魏中央监察机构称为御史台，原为独立机构，后被废除，监察权收归尚书省。但监察制度在北魏始终都是至为重要的。《魏书·高祖纪》记载，太和二十年（496 年）七月，孝文帝颁诏说："又邪佞毁朝，固唯治蠹；贪夫窃位，大政以亏。主者弹劾不肖，明黜盗禄。""主者"，即御史台官员。御史台主要职能在于弹纠官吏贪污受贿、残酷剥削的行为，此外还握有理狱、统军等重权。

辽朝北、南面官都设有专司官员监督、考核的机构和职官。据《辽史·圣宗纪》，太平六年（1026 年）十二月，辽圣宗下诏："北南诸部廉察州县及石烈、弥里之官，不治者罢之。诏大小职官有贪暴残民者，立罢之，终身不录；其不廉直，虽处重任，即代之；能清勤自持者，在卑位亦当荐拔；其内族受贿，事发，与常人所犯同科。"学者根据辽代石刻文字资料结合相关历史文献研究后发现，辽代对百官监察弹劾类职官主要有"西台御史大夫""殿中侍御史""监察御史""行宫御史"等。这些都是承仿唐、五代及宋之制而置[①]。

金代对于监察制度尤为重视。监察御史多为进士出身，且必须有在基层实际工作的能力、经验和政绩，由尚书省提名呈报，最后由皇帝亲自决定是否除授。为防止监察官员与其他官员相互勾结而徇私枉法，金代甚至一度严禁监察官员与其他官吏进行任何非公事的交往。金代监察制度对元明两代监察制度有很大影响的是它一改前代将察官与言官分属御史台与谏院的做法，实行"台谏合一"的制度。总体而言，金代的监察体制是极为有效的，但金代监察机构最高长官的任用中也明显存在民族不平等的现象，女真人处于绝对支配地位，汉人、党项等则很少。

西夏建国之初，元昊在仿宋朝制度设官分职时就建了御史台，作为中央

---

① 张国庆《石刻所见辽代监察狱案警巡系统职官考——〈辽史·百官志〉补遗之三》，《黑龙江社会科学》2011 年第 2 期。

最高监察机关。吴广成《西夏书事》卷一一记载，御史台“掌纠察官邪，肃纲纪，属有御史大夫、御史中丞、殿中御史和监察御史等官”。从御史大夫谋宁克任上疏批评崇宗的事例以及史书所载西夏行政机构设置来看，西夏监察官员不仅纠察百官，而且也可以规谏皇帝。除此之外，《天盛改旧新定律令》“越司曲断有罪担保门”规定：“诸人有互相争讼陈告者，推问公事种种已出时，京师当告于兴府、御史，余文当告于职管处，应取状。”可见御史负有理讼之责。

第三节　刑事法律制度

每个区域性政权都需要通过规定犯罪与刑罚来维护统治阶级在政治上和经济上的利益。如果说重刑法轻民法是中国传统法律的特点的话，那么区域性政权的法制更典型地体现了这一点，并且由于各少数民族政权在其建立之初都保留了较多本民族的习惯法，所以其有关犯罪与刑罚的规定颇具本民族的特色。

一、犯罪

从各区域性政权的刑法来看，下面几种犯罪是最为常见的。

（一）国事罪

国事罪，也就是侵犯统治阶级根本利益的犯罪。一般包括了叛国、谋反、大逆、大不敬等犯罪。因为其直接关系到政权的稳定、帝王及王室的尊严，所以是重罪。

史书中关于匈奴弑君、欺君、谋乱等罪记载很多。如《汉书·匈奴传》记载：“单于年少，好杀伐，国中多不安。左大都尉欲杀单于……左大都尉欲发而觉，单于诛之。”此外，丢弃国土、违抗君命、违背盟誓等也可算国事罪，或杀或伐。

据《魏书·刑罚志》，北魏在其建立政权之前就有法令规定：“犯大逆者，亲族男女无少长皆斩。”《魏书·源贺传》记载，高宗时断狱多滥，源贺上书称：“案律，谋反之家，其子孙虽养他族，追还就戮，所以绝罪人之类，彰大逆之辜……窃惟先朝制律之意，以不同谋，非绝类之罪，故特垂不死之诏。若年十三已下，家人首恶，计谋所不及，愚以为可原其命，没入县官。”高宗采纳了他的意见。据《魏书·刑罚志》，北魏孝文皇帝拓跋宏延兴四年（474

年）“诏自非大逆干纪者，皆止其身，罢门房之诛”。门房之诛就是一人犯罪，诛杀其全家或全族。可见北魏对于谋反大逆的惩处是非常严厉的。

据《隋书·刑法志》，北周有《大律》二十五篇，其中十三曰贼叛，十四曰毁亡，十五曰违制。这些应该都是属于国事罪。《大律》规定：“盗贼及谋反大逆降叛恶逆，罪当流者，皆甄一房配为杂户。”可见，盗窃也被视为严重威胁统治的犯罪。《隋书·刑法志》记载，北周宣帝性残忍暴戾，甚至有“上书字误者，科其罪”。

突厥，《隋书·北狄传》载其俗“谋反叛杀人者皆死”。毗伽可汗开元四年即位，本蕃号为小杀。《旧唐书·突厥传》载：“二十年，小杀为其大臣梅录啜所毒，药发未死，先讨斩梅录啜，尽灭其党。”

吐蕃对谋叛的重视体现在盟誓中。《旧唐书·吐蕃传》记载，吐蕃赞普“与其臣下一年一小盟，刑羊狗猕猴，先折其足而杀之，继裂其肠而屠之，令巫者告于天地山川日月星辰之神云：‘若心迁变，怀奸反覆，神明鉴之，同于羊狗。’三年一大盟，夜于坛埠之上与众陈设肴馔，杀犬马牛驴以为牲，咒曰：‘尔等咸须同心戮力，共保我家，惟天神地祇，共知尔志。有负此盟，使尔身体屠裂，同于此牲。’”实际上是以吐蕃盟誓的制度宣告了对于谋叛大罪的严惩。

辽、金、西夏对于谋反大逆犯罪严惩的规定相对更为详备。《辽史·刑法志》记载：“亲王从逆，不磬诸甸人，或投高崖杀之。”一般官吏若参与叛逆，则活埋或乱箭射死。辽还规定诸帐郎君不得在禁地射鹿，否则也要受惩。西夏刑法继承了唐宋法律“十恶”重罪制度，谋逆、背叛、大不恭都是为确保皇帝至尊地位和政权稳固而设。据《金史·刑志》，金熙宗天眷元年（1138年）十月，禁亲王以下佩刀入宫，“卫禁之法，实自此始”。更是对谋反大逆从法律上有所预防。

（二）官吏犯罪

北魏在文成帝（452—455年）统治期间，颁布了一系列严惩官吏犯罪的单行刑事法规。其中主要罪名有失职罪，如太安元年（455年）文成帝曾下诏派遣尚书穆伏真等三十人巡行州郡，观察风俗。凡是地方官没有严课农桑，盗贼公行，司法不公，民风不善的都可黜而戮之。贪秽过度罪，即中央政府杂调减省，而州郡官吏贪秽过度，侵食百姓，以营家业，使得百姓不能安居乐业的，都加以死罪。若侵使兵民，擅兴劳役的，则论同枉法。救济不均罪，遭遇自然灾害时，国家会对灾民进行救济，若官吏分职不均，使上恩不达于下，受灾百姓没有得到及时救济，则加以重罪。逼民借贷谋取私利罪，地方官吏以征收土地赋税为名，官商勾结，逼迫百姓向大商富贾借高利贷，从中谋取私利的，一切禁绝，犯者十匹以上皆死。此外，若地方州郡官吏选拔给后任的佐吏举非其人，违反法律的，则该官承担简任失所，以“罔上”罪论处。诈取爵位的也要受惩。对于逃兵与不按期赴任的官吏，限期投案自首，否则依律惩处。

南诏的官吏犯罪有擅立为诏，自立为王，分裂南诏；招降纳叛；唆使离间，征求无度，恣意加重赋税军粮等①。其中，唆使离间指派遣奸细到南诏进行离间王族或臣民活动的行为，征求无度指唐朝驻边官吏加重南诏的税赋和军粮调拨的行为。

辽朝规定官吏贪求贿赂，为罪犯开脱或为其说情者，以本犯人罪而定其罪。官吏犯失职之罪，要处以笞刑以至死刑，如《辽史·太宗纪》载：“乙卯，敞史阿钵坐奉使失职，命笞之。”景宗喜欢养鹿，如果有人伤害到鹿，或者使鹿逃逸的，就要被处死。有一次景帝要杀一个负责监养鹿的官员，因为皇子必摄进谏才得免。

《金史·章宗纪》记载：“庚申，北京留守裔以行省失职，杖一百，除名。”此外，金朝对于官吏参与赌博也有规定，如《金史·刑志》载，大定八年（1168 年）“制品官犯赌博法”。贞祐三年（1215 年），金宣宗谓宰臣：“自今监察官犯罪，其事关军国利害者，并笞决之。”贞祐四年（1216 年），又下诏：“凡监察失纠劾者，从本法论。”对监察尤为重视。其他则涉及私通外使，假公济私等罪。

西夏《天盛律令》特别将诸司长官与属员相斗杀或诸司吏员与皇使相斗杀规定在《失义气门》中。另有贪状罪法门六条，都是关于官吏受贿枉法的判罪量刑规定。受贿区分为枉法与不枉法，行贿区分为行贿、传贿、讲情。还有关于边防军官犯罪的法规，如，不依法派遣守卫官兵要治罪，被派遣大小首领纵放军卒、寨妇（正军所隶军中仆役之妻），误职，区分受贿与否，依人数、日期论枉法罪处刑，官、兵、寨妇擅离职守的处罪规定，等等。

（三）盗窃

由《史记·匈奴列传》可见，汉时匈奴法制已有“坐盗者没入其家”的

① 参见张晓辉、方慧主编《彝族法律文化研究》，民族出版社 2005 年版。

规定。北魏律法不仅规定了盗窃罪，而且对于所盗财产依其性质有不同惩罚。《魏书·刑罚志》载："盗官物，一备五，私则备十。"盗窃私有财产所受惩罚要重于盗窃公有财产。北周《大律》第十二篇为劫盗，其中规定："经为盗者，注其籍。"

吐蕃法律规定，野兽被箭射中后，拔箭据为己有算是偷窃；但从地上拾箭不算偷，如果认识箭主就应交还原主。猎人偷走全部猎物，或者趁村人打猎时偷肉，都要受惩。一般偷盗者罚令追偿。盗窃佛像者按佛像价值折成黄金两数钱数计算，与钻入住家行窃惩治之法等同[①]。《新唐书·南诏传》记载："牂牁蛮"，"盗者倍三而偿"；"东谢蛮"，"盗物者倍偿"；"松外蛮"，"盗者倍九而偿赃"。

辽代关于盗窃也有公私之分。据《辽史》，太宗时"思奴古多里等坐盗官物，籍其家"，兴宗时"秋七月壬戌，诏诸职官私取官物者，以正盗论"，"开泰八年（1019年），以窃盗赃满十贯，为首者处死，其法太重，故增至二十五贯"。辽朝对于盗窃还特别注意加重累犯的惩处。

《金史》记载，金朝"制盗群牧马者死"，"制盗太庙物者与盗宫中物论同"。统治者还注意到盗窃作为一种犯罪有其经济社会根源。例如，《金史·太祖纪》载："岁不登，民多流莩，强者转而为盗。欢都等欲重其法，为盗者皆杀之。太祖曰：'以财杀人，不可。财者，人所致也。'遂减盗贼征偿法为征三倍。"

西夏《天盛律令》中将盗杀牛马作为专条单列，对于强盗的处罚也重于一般偷盗，还特别对五人以上同谋盗窃的"群盗"严厉惩处。另外，由于西夏以佛、道、儒三教为国教，因此对亵渎神灵的盗窃，如盗毁佛像、神帐、道教像、夫子庙等行为也予以严惩。

（四）伤害人身

伤害人身犯罪包括了杀人和伤害两种，在原始部落社会一般是采取血亲复仇的方式来自我救济的。鲜卑习惯法曾将杀人区分为杀外部落人和杀本部落人两种。杀外部落人，"其相残杀，令部落自相报。相报不止，诣大人平之。有罪者出其牛羊以赎死命，乃止"[②]。但《魏书·世祖纪》记载，北魏建

---

① 李鸣著《中国民族法制史论》，中央民族大学出版社2008年版。

② 《三国志》卷三十《乌丸鲜卑东夷传》引《魏书》。

立政权后，太武帝太延元年（435 年）下诏："民相杀害，牧守依法平决，不听私辄报复，敢有报者，诛及宗族。"复仇已为法律所明令禁止。

《隋书·北狄传》记载突厥："斗伤人目者偿之以女，无女则输妇财，折支体者以输马。"吐蕃法律规定，射箭伤人，若是有意伤害，无论对方死亡与否，故意伤人者一律处死；非故意伤害，则伤人者不必处死，被害者死亡，按照身份等级赔命价；被害者未亡，就只赔偿医药食品费。

辽对于杀人也分故杀与非故杀，如《辽史·兴宗纪》载，"丁亥，录囚。非故杀者减科"。另外，辽对于杀无罪奴婢也会惩处，如《辽史·公主表》记载，赛哥公主"统和中，下嫁萧图玉。以杀奴婢，得罪"。金朝也有此规定，《金史·世宗纪》载，"壬寅，定杀异居周亲奴婢、同居卑幼，辄杀奴婢及妻无罪而辄殴杀者罪"。西夏《天盛律令》中规定"卑幼杀缌麻以上亲，不论主从，皆斩，妻，同居子女连坐；亲祖父母、父母、庶母故杀自子孙，比故伤他人罪，依丧服降等减罪"。这显然在很大程度上参考了《唐律疏义》和《宋刑统》。西夏这一律令中还有对纵火伤、杀人及烧物、斗殴相伤杀等罪的惩处。

（五）通奸、乱伦、尊卑为婚、强奸

据《魏书·刑罚志》，鲜卑族在拓跋什翼犍时就有"男女不以礼交皆死"的习惯法。《魏书·高宗纪》记载，和平四年（463 年），诏曰："夫婚姻者，人道之始。是以夫妇之义，三纲之首，礼之重者，莫过于斯。尊卑高下，宜令区别。然中代以来，贵族之门多不率法，或贪利财贿，或因缘私好，在于苟合，无所选择，令贵贱不分，巨细同贯，尘秽清化，亏损人伦，将何以宣示典谟，垂之来裔。今制皇族、师傅、王公侯伯及士民之家，不得与百工、伎巧、卑姓为婚，犯者加罪。"

松赞干布时期根据佛教"十善"的精神制定的《法律二十条》第三条规定，奸淫者断肢，并流放异地。《新唐书·南诏传》记载："女、嫠妇与人乱，不禁，婚夕私相送。但已嫁有奸者，皆抵死。"可见南诏对于通奸是严惩的，但对于单身女子的性行为则是宽容的。

金朝无论汉人与女真，通奸都被视作伤风败俗应受惩罚的行为，对于皇室内此种行为更是严厉。如《金史·世宗纪》载："十二月戊辰，以渤海旧俗男女婚娶多不以礼，必先攘窃以奔，诏禁绝之，犯者以奸论。"《金史·后妃传》载："二十一年，尚书省奏巩州民马俊妻安姐与管卓奸，俊以斧击杀之，罪当死。上曰：‘可减死一等，以戒败风俗者。’”严惩皇室成员通奸行为的，如《金史·海陵纪》载：“丙子，贵妃唐括定哥坐与旧奴奸，赐死。”《金史·世宗纪》载：“二月庚寅，皇子豳王妃徒单氏以奸，伏诛。”

西夏《天盛律令》有“内乱门”三条，与唐、宋律“十恶”罪之“内乱”同，即“奸小功以上亲、父祖妾及与和者”。另有“侵凌妻门”十五条，主要是对通奸罪的规定。关于良贱婚配规定为“使军未问所属头监，不取契据，不许送女、姐妹、姑等与诸人为婚，若违律为婚时徒四年”。对于强奸量刑要重于通奸，引诱人妻成奸，男女一律徒三年；若是强奸人妻，则徒八年。

（六）其他犯罪

北魏规定：“为蠱毒者，男女皆斩，而焚其家。巫蠱者，负羖羊抱犬沉诸渊。”[①] 其实，辽代也有类似案例，只不过对统治者而言不是犯罪，而是昏聩。《辽史·穆宗纪》载：“夏四月戊午朔，还上京。初，女巫肖古上延年药方，当用男子胆和之。不数年，杀人甚多。至是，觉其妄。辛巳，射杀之。”

吐蕃有见死不救罪的规定，即命价相同之人，一人陷于牦牛身下，一人若在近旁而不予救援，使其被牦牛伤害，见死不救者都要赔偿命价。相反，若从牦牛身下救人，被救者则以女儿酬谢，若无女儿则赠银二百两。

二、刑罚

刑罚就是依照法律对犯罪者实行的强制处分。各区域性政权不仅存在“墨、劓、刖、宫、大辟”奴隶制五刑，“笞、杖、徒、流、死”封建制五刑，还有一些特有的刑罚制度。

（一）死刑

死刑是人类社会刑罚中基本的一种。各区域性政权都有死刑，且所涉极广，只是执行死刑的方式不尽相同。

《史记·匈奴列传》载：“其法，拔刃尺者死……有罪小者轧，大者死。”一般认为，“拔刃尺者”就是指已经拔出刀刃一尺长，足以证明其有故意杀人的意图，所以是死罪。

据《魏书·序经》，北魏穆帝时为了平复叛乱，一改以往“国俗宽简，民未知禁”的状况，明刑峻法，常以军令从事，“诸部民多以违命得罪。凡后期

① 〔清〕沈家本撰，邓经元、骈宇骞校点《历代刑法考》（一册），中华书局1985年版。

者皆举部戮之，或有室家相携而赴死所，人问‘何之’，答曰‘当往就诛’。其威严伏物，皆此类也”。北魏的死刑分为斩刑、绞刑两种。如大逆不道要被腰斩，将人卖作奴婢要处以绞刑。另外，北魏还有枭首、轘两种死刑，轘刑在北魏孝文帝太和三年（479 年）被废除。

据《魏书·刑罚志》，北魏在死刑适用中有两点特别值得一提：一是北魏世祖时规定“妇人当刑而孕，产后百日乃决”；虽然孕妇生产之后还是要处以死刑，但是毕竟更为人性化。二是创立了存留养亲制。犯人直系尊亲属年老而家无成丁赡养，死罪非十恶，可以上请，流刑可免发遣，徒刑可缓期，将罪犯留下以照料老人，老人去世后再实际执行。这体现了法律对儒家提倡孝道的支持。

北周死刑有五种：罄、绞、斩、枭、裂。其中，“罄”又作“磬”，也是绞刑的一种，执行的办法是用绞索套住人的脖子将人悬挂起来，就像古时的乐器磬那样悬挂着。这种刑罚早在周代就有，但北周将罄与绞分为两种，可见其在执行中是有所区别的。

吐蕃关于死刑有不同的分类，大致有绞刑、砍头、碎裂肢体、剥皮、活埋、绝嗣等。如藏文史料《贤者喜宴》记载：“对行十恶不悔改者，其舌及眼球（灌以）融化之铜水，还须剥皮。”①

南诏死刑的执行方式有杀头、割喉、杖下捶死、枭首等等。另外还有一种军刑“刀刃其后”。《蛮书》卷九载：“用军之次，面前伤刀剑箭许将息。傥背后伤刀剑辄退者，即刃其后。”以刀剑之伤所在来判断与敌作战时是否勇敢，若伤在背后，即是临阵脱逃，因此杀无赦。

就现有史料记载而言，辽朝死刑的种类是最为繁多的，有：射鬼箭、刺死、焚、骑践、肢解、脔杀、投崖、生埋、绞杀、斩首、五车轘杀、腰斩、磔、凌迟、生瘗、沉河、炮掷、铁梳等。如《辽史·刑法志》记载：“天祚大恐，益务绳以严酷，由是投崖、炮掷、钉割、脔杀之刑复兴焉。或有分尸五京，甚者至取其心以献祖庙。”辽朝刑罚之严酷由此可见一斑。

金朝死刑主要为斩和绞两种，在死刑适用中对存留养亲制度和八议制度有所限制，甚至是取消。《金史·世宗纪》记载，大定十三年（1173 年），“尚书省奏，邓州民范三殴杀人，当死，而亲老无侍。上曰：‘在丑不争谓之

① 黄颢译注《贤者喜宴》，《西藏民族学院学报》1981 年第 2 期。

孝，孝然后能养。斯人以一朝之忿忘其身，而有事亲之心乎？可论如法。其亲，官与养济。'"

西夏死刑分为绞杀、剑斩两种。绞杀可以保全遗体，稍轻于身首异处的剑斩。《天盛律令》卷一所列“十恶”罪之首谋逆罪犯“无论主从一样，皆以剑斩，家门子、兄弟、节亲连坐”。

（二）身体刑

身体刑，又称肉刑，是对犯罪者的肉体进行处罚、伤害的刑罚，主要有笞、杖两种。沈家本认为：“杖、笞古本不分，自隋除鞭而分杖、笞为二，杖重笞轻。唐以下承之，至今未改。”①

《汉书·匈奴传》记载：“有罪，小者轧，大者死。”其中的“轧”，据《汉书·匈奴传》师古注就是“碾轹其骨节，若今之压踝者也”。而《史记·匈奴列传》索隐引服虔云，“刀割面也”，又引如淳云“轧，挟也”。可见，对“轧”的具体含义至少有三种解释。有学者认为：“匈奴作为游牧民族，一般不会以伤残肢体而丧失劳动能力或行动能力为刑罚形式。因为这样的刑罚形式在警示旁人的同时，也会为匈奴社会增加不应有的负担。”② 而以刀割面本是匈奴、羌、西域等民族遇到大忧大丧时表达忧愁的一种习俗。所以“挟”即杖击的解释或许更为合理。

北魏献文帝拓跋弘（466—471年）末年，尤为警惕滥用刑罚。据《魏书·刑罚志》载：“理官鞫囚，杖限五十，而有司欲免之则以细捶，欲陷之则先大杖。民多不胜而诬引，或绝命于杖下。”拓跋弘了解到这个情况后，定下制度：“其捶用荆，平其节，讯囚者具本大三分，杖背者二分，挞胫者一分，拷悉依令。皆从于轻简也。”北魏宣武帝永平元年（508年），下诏尚书检查枷杖大小违制之由，科其罪失。此外，北魏还存在着宫刑。拓跋焘时，崔浩定律令，就有对犯大逆不道罪之子年十四以下者处腐刑的记载。

北周身体刑主要有杖刑和鞭刑。杖刑分为五等：十、二十、三十、四十、五十。大体和北魏一样。鞭刑也分为五等，六十至一百，以十为差。鞭刑既可以作为正刑，也可以作为徒刑、流刑的附加刑，因此运用

① 〔清〕沈家本撰，邓经元、骈宇骞校点《历代刑法考》（一册），中华书局1985年版。

② 武沐著《匈奴史研究》，民族出版社2005年版。

的范围较为广泛。

吐蕃身体刑适用比较普遍，且种类较多，主要有断肢、挖眼、割舌、劓、笞刑、鞭刑等。《贤者喜宴》记载：“挖出的眼睛等等堆积如山。”“对僧人目瞪手指者，挖其眼、断其指。”[①] 突厥的身体刑主要有鞭刑和棍刑。

南诏借鉴唐律也用杖刑，如《蛮书》卷九记载：“军将犯令，皆得杖，或至五十，或一百。”与唐律中杖刑的上下限是一致的。

辽朝杖刑自五十至三百，凡杖五十以上者，以沙袋决之。沙袋用熟皮缝制而成，长六寸、宽二寸，有柄，长尺余，在人的腓骨之上及四周击打。还有木剑、大棒、铁骨朵之法。木剑面平背隆，大臣犯重罪，欲宽宥则击之，自十五至三十；铁骨朵之数，或五或七。

金朝笞刑为十至五十共五等，杖刑为六十至一百共五等。但实际上存在杖刑被滥用的情形，《金史》记载杖一百五十、杖二百、杖杀的例子很多。另外，金朝徒刑可以用杖刑折算，而且即便朝廷有杖刑刑具的标准，但实际中还是难以避免滥用。

西夏笞刑适用范围较小，最低为十五，然后依次为笞二十、三十至一百。笞刑可以单独适用，也可以作为附加刑。杖刑则一般分为七、八、十、十三杖四等。《天盛律令》“行狱杖门”对“杖”做了详细规定：“杖以柏、柳、桑木为之，长三尺一寸。头宽一寸九分，头厚薄八分，杆粗细皆为八分，自杖腰至头表面应置筋皮若干，一共实为十两，当写新年日。”杖刑也可作为徒刑的附加刑适用，一般分为十三杖、十五杖、十七杖、二十杖四等。杖刑一般只用于庶人，官吏犯罪通常将杖刑折算为笞刑。

（三）自由刑

自由刑是以剥夺、限制人的自由为主要内容的刑罚。区域性政权的自由刑主要为徒刑、流刑。这两种刑罚都不只是限制人身自由，一般还有劳役。

《汉书·匈奴传》记载：“狱久者不满十日，一国之囚不过数人。”这大概跟匈奴游牧生活方式有关。一方面逐水草而居，并没有一个长期固定的拘押之所，另外劳动力很重要，所以关押人少，负责看守的人自然也少。据《魏书·刑罚志》，鲜卑族在氏族部落时期“无囹圄考讯之法，诸犯罪者，皆临时决遣”。北魏建立后有了徒刑，从史书记载来看，有一年、三年、五年不

① 黄颢译注《贤者喜宴》，《西藏民族学院学报》1981年第2期。

等。世宗即位后，诏司徒崔浩定律令，除去五岁、四岁刑。

沈家本认为，徒刑以徒役得名，在北周以前，徒刑本曰年刑。“改名为徒，实自周始，唯其年数为一年至五年，隋改为一年至三年，分五等。自唐以后，历代相沿，至今不改。”① 北周徒刑从一年至五年，每等以一年为差，共分五等。北周的流刑则仿《周礼》，分卫、要、荒、镇、藩五服，自二千五百里至四千五百里，以五百里为等差。

《旧唐书·吐蕃传》记载：“囚人于地牢，深数丈，二三年方出之。”南诏有徒刑和徙边。徙边是将罪犯放逐到边远地区，且不得返回，但并非像流刑那样附加强制劳役。《蛮书》记载男女犯通奸罪的，“或有强家富室责资财赎命者，则迁徙丽水瘴地，终弃之，法不得再合”。

《辽史·刑法志》记载，辽朝流刑：“量罪轻重，置之边城部族之地，远则投诸境外，又远则罚使绝域。”徒刑分为三等：“一曰终身，二曰五年，三曰一年半。”凡判徒刑者，皆附杖刑。终身者决杖五百，其次递减一百，徒一年半者决杖三百。

与辽一样，金朝有徒刑和流刑，且徒刑附加杖刑。金律还允许以徒折杖，徒一年折杖一百二十，徒一年半折杖一百四十，徒二年至二年半折杖一百八十，徒三年至五年折杖二百。

西夏徒刑分为短期、长期、无期三种：短期徒刑有三个月、六个月、一年、二年、三年、四年、五年、六年共八个等级；长期徒刑分为八年、十年、十二年共三个等级；无期徒刑需服十三年劳役，期满后要留在服役地。徒刑加配杖刑，徒三个月至两年的决十三杖，徒三年至四年的决十五杖，徒五年六年的决十七杖，徒八年至十二年、无期徒刑，决二十杖。获徒刑的罪犯，大多被发往边地服劳役、守边城或入边地充军。

（四）财产刑

财产刑即籍没犯罪者个人或家庭所有财产的一部分或全部，通常适用于盗窃犯罪、人身伤害以及其他犯罪的赎刑。财产刑具有补偿或惩罚的功能。

《汉书·匈奴传》记载：“坐盗者没入其家。”《后汉书·匈奴传》也记载：“有窃盗者，相报，行其诛，偿其物。”“没入其家”和“偿其物”都是

① 〔清〕沈家本撰，邓经元、骈宇骞校点《历代刑法考》（一册），中华书局 1985 年版。

匈奴的财产刑，而且都是适用于盗窃犯罪。

拓跋什翼犍建立代国后，将鲜卑刑事习惯法以成文法形式公告。《魏书·刑罚志》记载："当死者，听其家献金马以赎；犯大逆者，亲族男女无少长皆斩；男女不以礼交皆死；民相杀者，听与死家马牛四十九头，及送葬器物以平之；无系讯连逮之坐；盗官物，一备五，私则备十。"其中除了"大逆"与"男女不以礼交"，其他犯罪都涉及财产刑。世宗朝崔浩定律令，规定"当刑者赎，贫则加鞭二百"。《隋书·刑法志》记载北周"妇人当笞者，听以赎论"。

吐蕃《法律二十条》规定："杀人者偿命、争斗者罚款；偷盗者除追还原物外，加罚八倍。"《贤者喜宴》记载"盗窃王室之财物赔偿八十倍，盗窃平民之财物赔偿八倍"，"杀人者赔偿命价和活命价（血价）"[①]。吐蕃所谓"赔命价"是指行为人致人死亡或受伤后，以向受害人或其家属给付相应财物或金钱来达成双方和解，免于刑事责任的一种制度。赔命价适用于过失杀人或过失伤人，故意杀人只能处死偿命，不允许以钱财进行赔偿。另外，赔命价因当事人身份而异：致害人身份接近或高于受害人时，可按赔命价的方式解决；若致害人身份低于受害人且过于悬殊，则不论受害人是否死亡，致害人一律处以死刑，还要株连子孙，抄没家产。

突厥盗马者、伤人者、奸人女者、伤人目者没有女儿时都赔偿财物，赔偿多少视伤害程度而定。盗马和物品要赔偿原物的十倍。《蛮书》记载南诏关于通奸罪有"或有强家富室责资财赎命者"的规定。另外，《旧唐书·南蛮西南蛮传》记载："牂牁蛮……杀人者出牛马三十头，乃得赎死，以纳死家。"可见，南诏也有赎刑。

辽朝官吏因公事误犯法，民众年纪在七十以上、十五以下犯罪者，可以赎罪。赎铜之数，应杖一百赎钱一千。此外还有籍没之法。

金朝笞、徒、流、死等刑都可以铜赎。笞刑五等，笞十赎铜二斤，每加一等加铜二斤；徒刑七等，徒一年赎铜四十斤，每加一等加铜二十斤；流刑三等，流二千里赎铜一百六十斤，每加一等加铜二十斤；死刑二等，各赎铜二百四十斤。《金史·刑志》评价金朝刑法"实《唐律》也，但加赎铜皆倍之"。

---

① 黄颢译注《贤者喜宴》，《西藏民族学院学报》1981年第2期。

西夏财产刑主要有罚和没两种。罚有罚马、罚钱、罚铁三种。《天盛律令》中"有官罚马一，庶人十三杖"的规定相当普遍，可见罚马作为财产刑一般用于官人犯罪。罚钱对官人、庶民都适用。对于犯轻微罪行的官人责令其缴纳一定数量的铁，以示惩罚。若是犯较重的罪时，官高者可以罚马代刑，官低者则不许。

（五）耻辱刑

耻辱刑由来已久，甚至比五刑还要早。《尚书大传》说："唐虞之象刑，上刑赭衣不纯，中刑杂履，下刑墨幪，以居州里，而民耻之。"其实质就是通过表明其犯罪身份，通过公众的关注与议论来使罪犯受到羞辱，承受精神上的痛苦。黥刑，又叫墨刑，就是在犯罪人的身体上刺字，然后涂上墨炭，作为犯罪的标志。同劓、宫、刖等相比，黥刑一般只伤及皮肉，但它通常施加于身体的明显部位，无法掩饰，所以给人造成的精神羞辱大于肉体的痛苦。因此，我们将黥刑作为耻辱刑而非肉刑来考察。当然，黥刑是耻辱刑中主要的一种，除此之外，还有其他一些刑罚，有些带有民间法的色彩。

据《后汉书·梁慬传》，匈奴单于谢罪时，要"脱帽、徒跣、面缚、稽颡纳质"。其中"面缚"是主动捆绑住双手，向对方表示屈服投降。"脱帽""徒跣""面缚""稽颡"都有耻辱刑的意思。

《魏书·崔浩传》记载："浩非毁佛法，而妻郭氏敬好释典，时时读诵。浩怒，取而焚之，捐灰于厕中。及浩幽执，置之槛内，送于城南，使卫士数十人溲其上，呼声嗷嗷，闻于行路。自宰司之被戮辱，未有如浩者，世皆以为报应之验也。"

吐蕃民风崇尚强雄。《新唐书·吐蕃传》记载："重兵死，以累世战没为甲门，败懦者垂狐尾于首示辱，不得列于人。"也就是说，吐蕃以战死疆场为荣，打了败仗的懦弱者要头上垂一条狐狸尾巴，并且不能和普通人同列。《旧唐书·吐蕃传》也记载："临阵败北者，悬狐尾于其首，表其似狐之怯，稠人广众，必以徇焉，其俗耻之，以为次死。"可见此种耻辱刑实不亚于一般肉刑。

《通典》卷一八七记载南诏"松外诸蛮"："其俗有盗窃、杀人、淫秽之事，酋长即立一长木，为击鼓警众，共会其下，强盗者众共杀之。若贼家富强，但烧其屋宅，夺其田业而已。"这样的仪式在涉及淫秽之事时，应该有执行耻辱刑，只不过史书记载不甚详明。

《辽史·刑法志》记载，辽代兴宗重熙二年（1033年），"有司奏：'元年诏曰，犯重罪徒终身者，加以捶楚，而又黥面。是犯一罪而具三刑，宜免黥。其职事官及宰相、节度使世选之家子孙，犯奸罪至徒者，未审黥否？’上谕曰：‘犯罪而悔过自新者，亦有可用之人，一黥其面，终身为辱，朕甚悯焉。’后犯终身徒者，止刺颈。奴婢犯逃，若盗其主物，主无得擅黥其面、刺臂及颈者听。犯窃盗者，初刺右臂，再刺左，三刺颈之右，四刺左，至于五则处死”。

《金史·伯嘉传》记载，礼部郎中抹捻胡鲁剌因言事忤旨，皇帝“集五品以上官显责之”。伯嘉谏曰：“自古帝王莫不欲法尧、舜而耻为桀、纣，盖尧、舜纳谏，桀、纣拒谏也。故曰：纳谏者昌，拒谏者亡。胡鲁剌所言是，无益于身，所言不是，无损于国。陛下廷辱如此，独不欲为尧、舜乎？”这里的“集五品以上官显责之”的“廷辱”虽没有载诸刑法，但却可以看作耻辱刑了。

西夏《天盛律令》“黥法门”规定：“诸人犯罪属十恶、盗窃、卖敕禁、检校军等犯大小罪，以及杂罪中有长期徒刑等，当依黥法受黥……诸人犯罪黥法：徒一年至三四年，手背黥四字。徒五六年耳后黥六字。徒八年、十年等面上黥八字。徒十二年、无期徒刑等当黥十字。”黥刑被刺之字不得随意去掉，“假若违律去黥字者，去掉面上徒三年，去耳后徒二年，去手背徒一年。有黥字人原有何字当重依旧刺字”。

第四节　民事法律制度

作为中华法系的重要组成部分，各区域性政权的法律也有重刑法轻民法的特点。但这并不等于说民法就无足轻重，因为，即便是在初民社会，如马林诺夫斯基所说：“由明确的法律规则构成的民法，远较单一的禁止性命令规则发达，仅仅研究初民的刑法便不免会遗漏了他们法律生活中最重要的现象。”① 因此，民法是各区域性政权的统治下民众日常生活的基础，同时也鲜明体现了不同民族政权的文化与习俗。

一、物权法律制度

物权就是权利人依法对特定的物享有支配并排除他人干涉的权利。物权

---

① ［英］布罗尼斯拉夫·马林诺夫斯基、［美］索尔斯坦·塞林著，许章润、么志龙译《犯罪：社会与文化》，广西师范大学出版社 2003 年版。

对于社会经济的发展与社会秩序的稳定都具有十分重要的意义。

（一）土地所有权

在一定的领土内拥有外部和内部的主权是一个政权存在的基本条件之一，而无论经济文化类型是游牧还是农耕，土地都是国家财富和民众生活的主要依赖。因此，土地所有权是物权法律制度中最为重要的内容。

分封制是处于奴隶社会发展阶段的各区域性政权的土地所有权形式。例如，匈奴实行土地（草场）分封制，被分封给贵族的土地原则上属于最高统治者单于，不存在土地的私有制。匈奴以土地为立国之本。《史记·匈奴列传》记载，冒顿弑父自立为单于后，东胡依仗自身势力强大，派使节先后向冒顿讨要头曼单于的千里马和冒顿所爱阏氏，虽然群臣反对，但冒顿无不应允。可是当东胡要求其与匈奴之间荒无人烟的千余里弃地时，群臣以为弃地可让，但冒顿却大怒，曰："地者，国之本也，奈何与之！"不仅如此，还将主张让地的人都斩杀。

北魏太和九年（485 年），颁布《均田令》。男子十五岁以上，授种粟谷的露田四十亩，妇人二十亩；奴婢与良人一样授田；四岁以上耕牛每头授田三十亩，以四头牛为限。露田所有权归官府，年老或身死还田，奴婢和牛的授田随奴婢和牛的有无而还授。男子授桑田二十亩，妇女五亩，桑田为世业，终身不还，可传与子孙。产麻地男子授麻田十亩，妇人五亩。均田制促进了北魏从游牧经济转向农业经济，并且为北周及隋唐所承袭。

《周书·突厥传》记载："虽迁徙无常，而各有地分。"可见其牧地是有定界的。据《唐会要》卷七三记载，贞观四年（630 年）唐太宗破突厥后，下诏议安边之策，中书侍郎颜师古主张"因其俗而抚驭之"，突厥与铁勒"终须河北居住，分置酋首，统领部落，节级高下，地界多少，伏听量裁，为立条例，远绥迩安，永永无级"。由此可知突厥习俗中酋长的节级与其统领的部落和地界多少是相适应的。

吐蕃土地属于国有，是按人口分配。农民在受田的基础上，按照部落的管理，向吐蕃政府缴纳赋税。战争中的俘虏被贵族官员当作奴隶使用的情况是存在的，但是奴隶生产并不是社会生产的主要形式。

据《通典》卷一九七，回纥每一部落都有自己固定的游牧地域，与匈奴一样，也是"迁徙无常，而各有分地"。部落又将这些牧场划分给各氏族或巴格。氏族之下分成许多个家族，每个放牧点由一个或若干个家族组成。

南诏王室代表国家占有土地，这些土地包括蒙舍诏原来所有的土地，以及与唐朝和吐蕃等政权战争中所取得的土地。此外，一些与南诏结成婚盟关系的部落、部族土地属于集体所有。《蛮书》记载："收刈已毕，蛮官据佃人家口数目，支给禾稻，其余悉输官。"南诏国曾仿唐均田制进行授田。《蛮书》载："上官授与田四十双，汉二顷也。上户三十双，汉一顷五十亩。中户、下户各有差降。"

大理国土地制度是分封制，整个大理国的土地名义上属于大理国王室所有，王室再根据功劳和亲属关系把土地层层分封下去，形成了金字塔形的土地所有者结构。在这一基本框架之内，还存在着原土地所有者、生产关系较落后的原始、半原始状态的部族部落和大量的平民家庭，他们的土地所有状况十分复杂多样，如一地多主、一地多权等①。

辽朝的土地有公田和私田两类。在沿边设置的屯田是公田，募民耕种的在官闲田也是公田。公田领种十年以后，要对朝廷缴纳租赋。《辽史·食货志》记载："又诏山前后未纳税户，并于密云、燕乐两县，占田置业入税，此私田制也。"此外，辽允许各部大臣将战争中俘掠的汉人，自置城郭，为头下军州。除少部分需上缴，其余收入都归头下主所有。辽朝以"寺田"为核心的寺院经济也很发达。其土地来源大致有继承、捐施和购买三种途径。

金朝初年继承氏族制度的遗风，以耒牛、人口为依据确定占地多少，拥有众多人口和耒牛的女真贵族自然就可以广占田土。金朝在占领华北地区后，还有计划地将大量的猛安谋克分散各地以镇压汉族，称为屯田军。对于内迁的屯田军户，按照户口给以官田，即所谓"计口授田"。屯田军户分得土地以后，大多租给汉族耕种或是强迫汉族无偿耕种。

西夏皇室有自己的私有土地，有"御庄""御仓"的设置。贵族地主通过领受国家的赏赐、依恃权势扩占、买田等方式也占有大量土地。《天盛律令》第十五卷"取闲地门"规定：弃地三年未耕，他人可登册承种。"租地门"划定官、私农主地界，禁止彼此侵耕；各人属地周边生地、池沼允许耕种。第十九卷"牧场官地水井门"规定牧场与私地当界划清楚，不许于牧场有水处垦耕。牧场内旧有家主安家和私地，原则上当迁出。西夏法律还规定，断取相邻地禾穗，皆按偷盗罪处罚。若土地所有权归属不明，庄稼由双方共

① 参见方慧主编《云南法制史》，中国社会科学出版社2005年版。

同管理、共同收割、共同保存，不许使之损失，待权属明确后，土地上的添附物归土地所有者所有。

（二）其他物权

《魏书·高宗纪》记载，北魏文成帝和平四年（463年）八月丙寅，畋猎于河西，下诏："朕顺时畋猎，而从官杀获过度，既殚禽兽，乖不合围之义。其敕从官及典围将校，自今以后，不听滥杀。其畋获皮肉，别自颁赉。"

敦煌古藏文写卷P. T. 1071号《狩猎伤人赔偿律》记载了吐蕃关于数人狩猎时猎物如何分配的规定。根据猎物的大小及实际射箭的先后次序分别获得猎物身体不同部位的部分肉或皮、血等。具体讲，以一头牦牛（一般指公牛）射六箭计算，头一箭射中者得牦牛的右侧下部肉、右边的牛皮、全部肋骨、尾巴、心脏、胸脯、舌、一半血和筋胳，第二箭射中者可得左侧下部肉及皮、一半牛血、内腑、膀胱和四肢筋，第三射箭射中者得右侧上部肉，第四箭射中者得左侧上部肉，第五箭射中者得后肢，第六箭射中者得前肢。体积小于麋鹿和野驴，但大于羚羊的猎物按两箭来计算，由前两名射中者分割。

西夏对遗失物的归属做出了规定：拾得官府或私家牲畜、财物后，在一个月的限期内得向官府报告。逾期不告官不交还者要按偷盗治罪。另外，如果买盗物已知为赃物，当还物主。官畜、物在三个月内，私畜、物在一年内有人认领，则当归还。超期无人认领，则送交报案之官府，归国家所有。

二、债权法律制度

现代民法一般根据债的发生原因，将债分为合同之债、侵权之债、不当得利之债和无因管理之债等。中国古代法上的债一般仅指借贷之债。债分公债与私债。即便是私债，也并非纯粹私人间的事务，国家可以强行干预。另外，债务人若不履行债务，不仅要承担民事责任，还要受到刑事处罚。

（一）一般私债

吐蕃《法律二十条》中规定"如约还债""斗称要公平，不用伪度量衡"，可以看作吐蕃债权法的一般原则。吐蕃契约的种类主要有买卖契约、借贷契约、雇佣契约等，其中买卖和借贷契约较多。如敦煌吐蕃文书P. T. 1095号《兔年购牛契》载：

"兔年仲冬时节，在吐谷浑玛噶朵金部落之森努鼓布处，王广星购买了一头牛，其毛色和角状为：黑牛长角、胸肚花亮。此牛今后若被他人错认或由此发生任何大小纠纷，概由努鼓布担当。若发生纠纷而使此牛无从辨认，则将能顶替此牛且大小相仿的一头牛，或将产下两个牛犊之后的所生牛犊作为抵偿，立即呈送给广星。如努鼓布不在，照上述承诺，由其弟森夏苴结应诺担保。证人伦拉桑拉顿、王刁塞、安星塞、张辛辛等立契约盖印，牛主和应诺人按指印。如此交易之余，若有反悔者，则先反悔者要向未反悔者立即支付四克青稞，一并承诺。”

这份契约对交易标的发生纠纷做了预先规定，还有担保和证人，对于毁约情形也有规定。可见吐蕃对于合同之债已经有了相当成熟和完备的法律。并且这个契约中出现了藏族、汉族和吐谷浑族三个民族，吐谷浑玛噶朵金部落和唐人部落两个部落，可见“这些不同民族构成的部落之间有着较为密切的经贸往来，跨部落的民间商品交易活动比较普遍，游牧经济和农耕经济得到互补，商品经济有所发展，从中也折射出较为融洽的民族关系”①。

西夏契约有买卖契约、典当契约、借贷契约和寄托保管契约。买卖契约中，诸人自属私地允许买卖，土地所有权移交的同时，土地所承担的国家地租一并过让，要求买方至官府注册，办理交割手续。此外，严禁在敌界出卖物品。

典当业在西夏较为兴盛。《天盛律令》第三卷“当铺门”规定：典当须有知证人，盗窃得来的不许典，价值十缗以上的物品必须识别来源的正当性之后才能典当，不许再加利，典物损毁或失盗当论价赔偿，等等。

西夏借贷契约除了限制借贷利率，还限制借贷对象、主体。借贷时，钱主应估计借贷者偿还债务的能力，不可为得利息而随意借贷。家长掌握借贷同意权，若子女擅自借贷官私财物，家长不知，则此借贷类似今天民法所谓效力待定合同，家长同意负担则当还，不同意则当不还，不许强令家长还债。债务逾期或本利相等后，经债权人催索仍不还，则告官后官府当强力搜取问讯。若不告官而私自强取债务人财物抵债，则为法律所不许。

西夏将寄托保管契约分有偿保管和无偿保管两种：有偿保管，若寄托畜物遗失，保管者负全责赔偿；无偿保管，多系亲属，寄托畜物遗失，双方各负一半责任。

（二）限制高利贷

对于借贷利率一些区域性政权都有严格限制。如《魏书·高宗纪》记载，

① 卓玛才让《敦煌吐蕃文书 P. T. 1095 号写卷解读》，《西藏研究》2007 年第 1 期。

北魏文成帝和平二年（461 年），诏曰："刺史牧民，为万里之表。自顷每因发调，逼民假贷，大商富贾，要射时利，旬日之间，增赢十倍。上下通同，分以润屋。故编户之家，困于冻馁；富豪之门，日有兼积。为政之弊，莫过于此。其一切禁绝，犯者十匹以上皆死。布告天下，咸令知禁。"对于地方官吏借征收土地赋税之机与商贾富豪勾结向百姓放贷有严惩。

据《魏书·释老志》，北魏宣武帝永平四年（511 年），针对佛教寺院放债管理不善且取利过高的现象，专门下诏规定："诸有僧祇谷之处，州别列其元数，出入赢息，赈给多少，并贷偿岁月，见在未收，上台录记。若收利过本，及翻改初券，依律免之，勿复征责……征债之科，一准旧格。""收利过本，勿复征责"为后世历代法律所沿用。

辽代高利贷盛行，皇室、官吏、军官、寺院僧众无不放债。而高利贷的本钱绝大部分来自"官钱"和国库。如《辽史·大公鼎传》记载，大公鼎调任长春州钱帛都提点后，贵族、公主照例向钱帛司借贷，但大公鼎"拒公主假贷以守法"。至道宗时期，由于高利贷过于猖獗，道宗不得不下令"禁职官于部内假贷贸易"。

金朝高利贷不局限于"钱"，也包括了"粮"。如《金史·食货志》记载，宣宗时有官员上奏："国朝立法，举财物者月利不过三分，积久至倍则止，今或不期月而息三倍。愿明敕有司，举行旧法，丰熟之日增价和籴，则在公有益，而私无损矣。"可见金朝法定利息为月利不过三分，本利相等就不再加利。

西夏《天盛律令》第三卷"催索债利门"规定：借债利息一缗不过五钱，一斛不过一斛，本利相等不再加利；借畜利为一比一。

二、婚姻、家庭和继承法律制度

婚姻家庭是人类社会最广泛、最普遍的社会关系。作为社会关系特定形式的婚姻家庭，依存于一定的社会结构，与社会诸关系具有多方面的内在联系。婚姻、家庭、继承的法律制度直接或间接地反映了特定社会物质社会关系的要求和文化习俗、宗教、道德风尚等。

（一）婚姻法律制度

收继婚广泛存在于一些由游牧民族建立的区域性政权中。收继婚是指寡居的妇人可以由其亡夫的亲属收继为妻的婚姻制度。《史记·匈奴列传》载，匈奴"父死，妻其后母；兄弟死，皆取其妻妻之"。《汉书·匈奴列传》记载中行说为匈奴收继婚辩解："父兄死，则妻其妻，恶种姓之失也。故匈奴虽乱，必立宗种。"中行说的解释是有道理的，因为匈奴对于种姓之纯洁很重视。《汉书·元后传》载："且羌胡尚杀首子以荡肠正世。"师古注："荡，洗涤也。言妇初来所生之子或它姓。"另外，收继婚也具有促进人口繁衍的功能。

鲜卑部落中也曾盛行收继婚，《三国志·乌丸传》载："父兄死，妻后母执嫂；若无执嫂者，则己子以亲之次妻伯叔焉，死则归其故夫。""鲜卑与乌丸同为东胡，习俗相同。"孝文帝时仿古制重定婚礼，除了规定良贱不得为婚外，还禁止同姓相婚，有犯以"不道"论罪。对于婚娶奢侈的现象，下诏："婚娉过礼，则嫁娶有失时之弊；……故申之以礼数，约之以法禁。"

《北史·突厥传》记载："父、兄、伯、叔死者，子弟及侄等妻其后母、世叔母、嫂，唯尊者不得下淫。""尊者不得下淫"是突厥在收继婚上不同于其他民族的规定。另外，同段史料还记载："男女咸盛服饰，会于葬所，男有悦爱于女者，归即遣人聘问，其父母多不违也。"可见突厥婚姻并不像汉族婚姻那样重"父母之命"，男女恋爱相对较为自由。

《周书·武帝纪》载北周武帝建德三年（574 年）下诏曰："自今以后，男年十五，女年十三以上，爰及鳏寡，所在军民以时嫁娶。"另外，北周不仅禁止同姓为婚，还扩大到与母同姓者也不可为妻妾。《周书·武帝纪》载，建德六年（577 年）诏曰："同姓百世，婚姻不通，盖惟重别，周道然也。而娶妻买妾，有纳母氏之族，虽曰异宗，犹为混杂。自今以后，悉不得娶母同姓以为妾。其已定未成者，即令改聘。"可见，所禁主要是纳母氏之族。到了宣帝时，曾下诏"母族绝服外者听婚"，规定就更明确了。

吐蕃的婚姻存在着强烈的门第差别，婚姻都是在相同或相近门第间进行。吐蕃贵族通行一夫多妻制度，且有嫡庶妻妾之分，等级非常严格。收继婚在吐蕃也很盛行。此外，吐蕃的婚姻家庭完全以男性为中心，《新唐书·吐蕃传》有"妇人无及政"的禁令，《法律二十条》中也将"不听妇言，自作主张"列为一条，可见吐蕃男尊女卑的社会现实。

南诏贵族和官吏实行一夫多妻制。《蛮书》卷八记载："南诏有妻妾数百人，总谓之诏佐。清平官大军将有妻妾数十人。"此外，蒙舍诏存在姑舅表优先婚。对于同姓为婚，有的部族不加禁止，如《新唐书·南蛮传》记载："松外蛮……居丧，昏嫁不废，亦弗避同姓。"而作为南诏统治者的彝族蒙氏家族却将禁止同姓为婚作为本民族婚俗的基本准则，不许违背。

回纥也存在收继婚，幼弟可以娶亡兄的寡妇为妻，父亲死后，儿子可以“妻其群母”，即娶后母为妻。另外，回纥有多妻制。

辽朝皇族仅限与后族通婚，《辽史·圣宗纪》载：“癸巳，诏横帐三房不得与卑小帐族为婚；凡嫁娶，必奏而后行。”又《契丹国志·族姓原始》载：“蕃法，王族唯与后族通婚，更不限以尊卑。其王族、后族二部落之家，若不奉北主之命，皆不得与诸部族之人通婚。或诸部族彼此相婚嫁，不拘此限。”辽将“王族唯与后族通婚”作为基本国策，其目的在于巩固其统治基础。此外，为了防止汉族与渤海遗民通婚联合，辽朝禁止二者之间的通婚。

辽朝对于同姓为婚是禁止的。《辽史·后妃传》载：“懿祖庄敬皇后萧氏，小字牙里辛。肃祖尝过其家曰：‘同姓可结交，异姓可结婚。’知为萧氏，为懿祖聘焉。”离婚是被允许的，而且可以再嫁。如《辽史·公主表》载：“渤海妃生一女，淑哥，第四。无封号。乾亨二年，下嫁卢俊。与驸马都尉卢浚不谐，表请离婚，改适萧神奴。”淑哥先是下嫁卢俊，后来又与卢浚有染，离婚之后改嫁萧神奴，可见辽代婚姻是较为自由的。不过，汉族贞洁观念显然也对契丹族有影响。例如，《辽史·耶律奴妻萧氏传》记载，意辛本是公主之女，嫁给耶律奴后“事亲睦族，以孝谨闻”。耶律奴后来因事被诬陷，夺去爵位，流放乌古部。道宗因为意辛是公主之女，就想使其与耶律奴绝婚。意辛一方面感谢道宗大恩，另一方面却拒绝，因为她认为：“然夫妇之义，生死以之。妾自笄年从奴，一旦临难，顿尔乖离，背纲常之道，于禽兽何异？幸陛下哀怜，与奴俱行，妾即死无恨！”道宗被感动，答应她的要求，意辛到了贬所后，“事夫礼敬，有加于旧。寿隆中，上书乞子孙为着帐郎君。帝嘉其节，召举家还”。

金朝建立之初，女真人的婚姻仍遵循民族传统习俗。后来随着民族融合的发展，金朝根据儒家的礼法逐步对女真婚姻旧俗进行了改造。如禁同姓为婚、服丧期间嫁娶，抢婚习俗也被革除。金朝婚姻法律制度虽然受到儒家礼教的影响，但其中的民俗习俗并未完全革除，收继婚之俗就长期流行。此外，金朝一夫一妻制和一夫多妻制并存，并且夫妻在法律上的地位较唐宋更为不平等。

西夏受汉人婚姻的影响，婚姻成立须有“父母之命”和“媒妁之言”。女子十三以上始得为婚，自订婚之日其三年内当完婚。男方逾期未迎亲，罪责自负，当罚婚价。订婚后，若男方父母能给婚价而不给，曰“我不愿娶媳”，则当罚前所说定之婚价给予女方，女方可另嫁。男方实在无力给婚价，则女婿当往女家出三年劳力，期满后可将女子嫁予他。双方一致同意，也可退婚。女方已食用婚价，逾期不予媳时，女方父母徒一年。法律上对于婚价与嫁妆也有明文规定。

西夏也有“七出”与“合离”的规定，并且也禁止同姓为婚、抢亲等习俗。与唐宋律令不同，西夏明令规定寡妇可以再嫁，且分不同情形，各有规定。例如，《天盛律令》卷八“为婚门”中规定：“诸妇人已至夫主家住下，丈夫亡故者……寡妇行三年孝礼期满，有公婆则不许随意出。若公婆情愿放，有欲赎出者，则有无子女一律当赎出。无公婆，则情愿住即住，愿往乐住则住，夫主之畜物勿取。若公婆、孤父等，寡妇欲住不令住及欲往乐处不放，或妇人自取畜物等，一律有官罚马一，庶人十三杖。”

（二）家庭法律制度

“贵壮贱老”是游牧民族政权中家庭关系较为普遍和突出的一个特点。《史记·匈奴列传》记载：“壮者食肥美，老者食其余。贵壮健，贱老弱。”西汉孝文帝时汉使曾以此为非，“中行说穷汉使曰：‘而汉俗屯戍从军当发者，其老亲岂有不自脱温厚肥美以赍送饮食行戍乎?’汉使曰：‘然。’中行说曰：‘匈奴明以战攻为事，其老弱不能斗，故以其肥美饮食壮健者，盖以自为守卫，如此父子各得久相保，何以言匈奴轻老也?’”恶劣的自然环境和游牧射猎经济的脆弱性，使得通过战争去掠夺成了古代游牧民族生存和补充财富的重要手段。因此，青壮年对于本民族的生存与发展有着重要意义，所以形成了“贵壮贱老”的家庭关系。

北魏孝文帝通过表彰孝悌，宣扬养老尊老来矫正鲜卑贵壮贱老的旧习。《魏书·高宗纪》记载，太和二十一年（497 年）九月丙申，诏曰：“哀贫恤老，王者所先，鳏寡六疾，尤宜矜愍。可敕司州洛阳之民，年七十已上无子孙，六十以上无期亲，贫不自存者，给以衣食；及不满六十而有废痼之疾，无大功之亲，穷困无以自疗者，皆于别坊遣医救护，给医师四人，豫请药物以疗之。”此外，鲜卑族有着贵母贱父的传统。《三国志·乌丸传》引《魏书》记载：“贵少贱老，其性悍骜，怒则杀父兄，而终不害其母，以母有族类，父兄以己为种，无复报者故也。”因为母亲是外族人，一旦遇害则会引发部落之间的仇杀，因此鲜卑妇女拥有较高的社会地位。

敦煌《王昭君变文》中记载“夫突厥法，贵壮贱老”。另外，家庭中虽然以父权/夫权为主，但妇女也具有较高的地位。如可汗的外甥和儿子侄子都被称作“特勤”，说明突厥人对待姐妹的孩子和兄弟的孩子是一样的。

北周提倡做孝子、顺孙、义夫、节妇。宣帝时“诏制九条”第五条规定：“孝子、顺孙、义夫、节妇，表其门闾，才堪任用者即宜申荐。”

《旧唐书·吐蕃传》记载：“重壮贱老，母拜于子，子倨于父，出入皆少者在前，老者居其后。”并且，“居父母丧，截发，青黛涂面，衣服皆黑，既葬即吉。”但松赞干布时期制定的《法律二十条》中有“孝顺父母，报父母恩”的规定。

在回纥家族中，幼子享有多种特权。代表家长制家族的突厥文“依尼纠恭”（inijugün）便源自“依尼”（ini），意为“幼弟”。兄长结婚后便脱离家庭分居，唯有幼弟留在家中。

从南诏的丧葬习俗来看，南诏的家庭关系受到了儒家礼法的影响，但也保留了本民族的一些旧俗。《新唐书·南蛮传下》记载“松外蛮”，“死则坎地，殡舍左，屋之，三年乃葬，以蠡蚌封棺。父母丧，斩衰布衣不澡者四五年，近者二三年。为人所杀者，子以麻括发，墨面，衣不缉。居丧，婚嫁不废，亦弗避同姓”。斩衰守丧三年左右，这应该是受汉族文化的影响，而“三年乃葬”“居丧，婚嫁不废”则是“松外蛮”的旧俗。

辽代提倡并鼓励多世同堂，同族共居。如《辽史·圣宗纪》记载，辽圣宗于统和元年（983 年）曾颁诏：“民间有父母在，别籍异居者，听邻里觉察，坐之。有孝于父母，三世同居者，旌其门闾。”《辽史·道宗纪》记载，道宗咸雍十年（1074 年）四月，“以奚人达鲁三世同居，赐官旌之”。与《唐律》《宋刑统》中“祖父母、父母在，子孙不得别籍异财”的规定是一致的。

契丹人家庭中还存在奴婢与主人之间的关系。奴婢从事农牧业、家庭手工业及各种家务劳动，必须绝对听命于主人。《唐律》规定部曲奴婢除谋反、谋叛、谋大逆外不得告发主人。据《辽史·刑法志》，辽圣宗“二十四年，诏主非犯谋反大逆及流死罪者，其奴婢无得告首”，与《唐律》规定一致。但后来道宗时则有规定，《辽史·道宗纪》载：“制诸掌内藏库官盗两贯以上者，许奴婢告。”此外，奴婢虽然地位低下，但即便奴婢犯罪，家主不得擅杀，若是盗窃主物，也不能擅刺其面，只能刺其臂和颈。

女真人的家庭特点是生子年长即异居。《金史·世纪》载：“生女直之俗，生子年长即异居。”随着氏族部落的解体，大家庭不断萎缩，个体小家庭逐渐成为女真社会的基本单位。女真家庭也是父权、夫权居于统治地位。

西夏对于别籍异居与子孙擅用私财根据具体情况做了不同规定：父母不情愿，儿子强制分居另食，徒一年；父母情愿则不治罪。关于子孙擅用私财，《唐律疏义》和《宋刑统》中的《户婚律》均规定：“诸同居卑幼，私辄用财者，十匹笞十，十匹加一等，罪止杖一百。”《天盛律令》则规定，子孙卑幼擅用私财，五缗以下不治罪；若是与父母分用时，也不治罪。此外，《天盛律令》“不孝顺门”规定：“子女对自己亲高、曾祖父及祖父、祖母、父、母、庶母，及儿媳对此数等人撒土灰、唾及顶嘴辱骂及举告等之罪法：撒土灰、唾等，实已著于身、面，及当面说坏话、顶嘴等时绞杀。除谋逆、失孝德礼、背叛等三种语允许举告，此外不许举告，若举告时绞杀。”这一规定既体现了儒家亲属相隐的原则，“撒土灰、唾及顶嘴辱骂”也更为细致和具有本民族特点。

（三）继承法律制度

继承法律制度反映了一个民族的家庭（族）观念、财产观念、权利意识以及家庭（族）结构及内部的人际关系。古代继承不仅涉及财产的继承，也涉及身份、地位、非财产性义务等的继承，即梅因所说的“概括继承”：继承一种概括的权利。当一个人接受了另外一个人的法律外衣，在同一个时候，一方面承担其全部义务，另一方面享有其全部权利时，就发生概括继承[①]。例如，游牧民族盛行的收继婚就可以说是一种概括继承。因为妇女一方面固然是劳动力，可以看作“活财产”，但另一方面却也意味着一份责任与义务。

匈奴男子成年后，由父亲划分出一定的财产，另立门户。当父亲将财产依次分配给独立门户的儿子后，最终的财产往往属于最后与父亲同居住的儿子，这个儿子一般为幼子。此外，“匈奴妇女在法律上并不是独立的人格主体，不具有继承资格，她们只能作为男性宗法身份或政治地位的附属物而被继承，因此，她们的身份也只能随同男性身份的变更而改变”[②]。所以，匈奴人的继承制度不仅是财产的继承，还包括了身份的继承，与收继婚制度相联系。

北魏的继承内容不仅包括财产，还有爵位。例如，《魏书·陆俟传》记载，太保陆馛有六个儿子，其中琇、凯都好学而且知名，但都非长子。“馛有

① ［英］梅因著，沈景一译《古代法》，商务印书馆1959年版。

② 武沐著《匈奴史研究》，民族出版社2005年版。

以爵传琇之意。琇年九岁，馥谓之曰：‘汝祖东平王有十二子，我为嫡长，承袭家业，今已年老，属汝幼冲，讵堪为陆氏宗首乎?’琇对曰：‘苟非斗力，何患童稚。’馥奇之，遂立琇为世子。馥薨，袭爵。”

吐蕃继承同样包括财产继承和身份继承，“其中身份继承占着首要的位置，而财产继承是附着于身份继承的”①。吐蕃法律对继承人的范围、继承的顺序及标的等都做了规定。如敦煌古藏文写卷 P. T. 1071 号《狩猎伤人赔偿律》中规定银告身尚论本人及与银告身者命加相同之人，被大藏以下，平民百姓以上之人因狩猎等射中时，除了要处死伤人者之外，还要将其财产（包括奴户、库物、牲畜）之半给予受害人和告发人，而“另一半奴户、牲畜留给其子女、妻室。如无子则归其父，无父，其奴户之半，不能予其兄弟近亲。妇人与牲畜之半则予其亲近兄弟”。可见，吐蕃对继承顺序的规定为：子女、妻室，其次是父母，最后是兄弟、近亲。

回纥实行幼子优先继承制。幼子继承权不仅包括财产，还包括其他可继承的权利和义务，也是财产继承和身份继承的结合。

辽代家庭中父母多偏爱最小的儿子。如，耶律李胡是辽太祖耶律阿保机与述律太后的小儿子。辽太祖死后，述律太后便有意立耶律李胡为帝，但因诸臣反对而未成。《辽史·宗室传》载：“太后顾李胡曰：‘昔我与太祖爱汝异于诸子。谚云：偏怜之子不保业，难得之妇不主家。我非不欲立汝，汝自不能矣……’李胡残酷骄盈，太祖知其不才而不能教，太后不知其恶而溺爱之。”这其实是盛行于北方游牧民族的幼子继承制的残余。一方面因为诸子成人后自立门户，最后赡养父母的是幼子，幼子因此获得较多的财产继承；另一方面则因为幼子更能确保嫡子继承。

唐宋法律在家庭财产继承上都实行诸子均分的财产继承制度，金朝对此做了修正。《唐律疏义》明确规定：“应分田宅及财物者，兄弟均分。”兄弟在继承财产上，没有嫡庶之别。但金朝在财产继承权上对嫡庶做了区分。例如，《金史·雷渊传》就记载：“渊庶出，年最幼，诸兄不齿，父殁不能安于家，乃发愤入太学。”

西夏法律规定嫡子为家庭财产第一顺序继承人，私生子没有财产继承权。

① 彭毛卓玛、更太嘉《藏族部落习惯法中的财产继承权问题探析》，《西藏民族学院学报》（哲学社会科学版）2008 年第 3 期。

倘若无子，则在同族同宗中择立继子。西夏法律规定：男子有子不许立继，继子须从同姓亲属中择立，异姓或不明姓氏的弃子不能为嗣，以防止“异姓乱宗”。此外，妇女在一定条件下也有继承权。妻子在夫亡后若守志，可继承丈夫份额内财产，若改嫁，则无权带走任何财产。亲生女分为未出嫁的“门下住女”和出嫁女。“门下住女”有财产继承权，出嫁时按律令应给予嫁妆，若无祖父母、父母、伯叔、姨、子、侄、孙等，“门下住女”继承全部财产。若无“门下住女”，出嫁女才可继承全部财产。继承财产者必须履行安葬死绝人的义务。子女全无的绝户，家产入官充公。西夏对于出嫁女的财产继承权规定与唐律大致相同，较之宋出嫁女仅得三分之一，其余三分之二入官的规定明显为宽。

第五节　经济法律制度

经济基础是一个社会的物质基础，为了维系自己的统治，各区域性政权在对经济活动进行管理的过程中形成了丰富的经济法律制度。

一、农牧法律制度

农耕经济与游牧经济是中国古代社会两种基本的经济类型。各区域性政权主要以农耕或游牧为主，一些则是从游牧经济转向农耕经济。

（一）畜牧业法制

我国拥有广大的草原地带，内蒙古、新疆、青海、甘肃、西藏等五个西部省区为中国五大草原牧区，也是不少区域性政权的发源地。游牧经济对其经济生活具有重要影响，因此，畜牧业法制是其经济法律制度的重要组成部分。

《史记·匈奴列传》载“居于北蛮，随畜牧而转移”，“其俗，宽则随畜，因射猎禽兽为生业”，“自君王以下，咸食畜肉，衣其皮革，被旃裘”，可见匈奴衣食主要靠畜牧。此外，“秋，马肥，大会蹛林，课校人畜计”，说明牲畜数量是征收赋税的主要依据之一。

鲜卑早期有游牧传统，北魏立国后对畜牧业也很重视。如《资治通鉴》卷一一一记载，天兴二年（399 年）二月，拓跋珪“大猎于牛川之南，以高车人为围，周七百余里；因驱其禽兽，南抵平城，使高车筑鹿苑，广数十里”。后来拓跋焘时又建立起规模更大的国营大牧场。《魏书·高宗纪》记载，北魏文成帝和平四年（463 年），八月丙寅，畋猎于河西，下诏："朕顺时畋猎，而从官杀获过度，既殚禽兽，乖不合围之义。其敕从官及典围将校，自今以后，不听滥杀。其畋获皮肉，别自颁赉。"禁止皇帝畋猎时随从官兵杀获过度，破坏自然生态。

据《隋书·北狄传》，突厥"其俗畜牧为事，随逐水草，不恒厥处"。后东突厥大汉毗伽可汗曾推行过一些改革措施。《阙特勤碑》这样记载："依上苍之意，且因朕有威严，可以为所欲为。此垂毙之民族始因朕死而复生。裸者衣之，贫者富之，寡者庶之，有国有可汗者。朕使其优于他族。"根据"裸者衣之，贫者富之，寡者庶之"这一句可以推测，毗伽可汗的措施肯定有保护畜牧经济之意。

《旧唐书·吐蕃传》载，吐蕃"其人或随畜牧而不常厥居，然颇有城郭"。为加强对畜牧业的管理，松赞干布时设立的"七官"中有一名"楚本"，专门管理母牦牛、犏牛及安营设帐之事①。另据《贤者喜宴》载，赤松德赞时期，吐蕃"七贤臣"之一的"聂达赞冬斯"首先规定，每一民户必须饲养一匹马、一头犏牛、一头乳牛、一头黄牛，创夏季割青草，晒干备冬之先例，使吐蕃畜牧业生产有了很大进步②。

回纥以牧业立国，过着"乘高车，逐水草，衣皮食肉，毡帐穹庐"的游牧生活。回纥的牲畜主要为马、牛、羊和骆驼。羊的数量最多，而马最受重视。马种的优良，牧业的发达，造就了回纥强悍的骑兵。

南诏时期也有专门管理牛、马的部门，《新唐书·南蛮传》载："乞托主马，禄托主牛。"据明代将彬《南诏源流纪要》，唐初贞观年间，南诏贵族细奴罗，"耕于巍山之麓，数有神异，孳牧繁衍，部众日盛"。畜牧业对于南诏的经济与军事都有重要影响。

畜牧业是辽的立国之本，统治者对畜牧业的发展历来十分重视。辽朝在群牧官司中设牛群司，专门负责官营牧场牛群的放养和管理事宜。针对契丹人杀牛、马殉葬现象，辽兴宗曾于重熙十一年（1042 年）下诏，禁止丧葬杀牛马及藏珍宝。

---

① 巴俄·祖拉陈瓦著《贤者喜宴》（藏文），民族出版社 1986 年版，转引自陈崇凯著《西藏地方经济史》，甘肃人民出版社 2008 年版。

② 张云《"吐蕃七贤臣"考论》，《西藏民族学院学报》（哲学社会科学版）1992 年第 1 期。

《金史·兵志》记载："金初因辽诸抹而置群牧，抹之为言无蚊蚋、美水草之地也。"可见，群牧设置是借鉴辽制。金帝完颜亮时有九个群牧所，后因与契丹战事仅剩下四个。金世宗时复苏畜牧业，群牧所增至七个。

元昊将畜牧业看作契丹与宋人的重要区别，《宋史·夏国传》载："衣皮毛，事畜牧，蕃性所便。"西夏在中央机构的十六司中设群牧司统管全国的畜牧业。在立法中，详细规定了官牧管理之制，包括牧群之组合、牧官之选任、官畜之登记、游牧之方法等。除官营之外，还有党项贵族以及个体牧民的私营畜牧业。

（二）农业法制

由于领土扩张以及农耕人口的迁入等因素，农业也是各区域性政权的重要经济部门，有些甚至逐渐取代畜牧业成为主导。

据考古资料证实，匈奴人早在公元前3世纪时就已有农业了。《汉书·匈奴传》记载，汉武帝后元元年（公元前88年）秋，"会连雨雪数月，畜产死，人民疫病，谷稼不孰，单于恐，为贰师立祀室"。从"谷稼不孰"可以看出匈奴是有农业的，"单于恐"则说明农业生产对匈奴是有重要影响的。因此，《史记·匈奴列传》说匈奴"逐水草迁徙，毋城郭常处耕田之业，然亦各有分地"。这里的"分地"应该不限于畜牧，也包括了部分农业耕作。

太和九年（485年）《均田令》的颁布标志着北魏从游牧经济转向农业经济。但北魏的重农政策其实更早，例如，《魏书·高祖纪》记载，太和元年（477年）孝文帝下诏："今牧民者，与朕共治天下也。宜简以徭役，先之劝奖，相其水陆，务尽地利，使农夫外布，桑妇内勤。"明确要求各地官员劝奖农桑，发展农业生产。孝文帝还多次下诏督促地方兴修农田水利，如太和十三年（489年）八月"诏诸州镇有水田之处，各通灌溉，遣匠者所在指授"。

有学者认为，"由于突厥与唐朝的频繁交往，无论是在东突厥汗国灭亡之前还是其后，一些南下靠近唐朝统治区域的突厥民众就已经开始了一些农业生产，这是毋庸置疑的事实"①。而且，新疆吐鲁番地区的文书考古资料也表明在西域地区早有一部分突厥民众放弃游牧而从事农耕。当时一定有相关的

① 吴景山《后突厥汗国时期的主体经济辨析》，《中央民族大学学报》（社会科学版）1998年第2期。

法律制度。

雅鲁藏布江中游两岸河谷地带是吐蕃重要的农业区，吐蕃统治者多次在这里召开吐蕃王臣会议，制订发展农业的措施，并派专人管辖。除了建立一套自上而下的管理农业生产的机构之外，吐蕃为发展农业生产，还提倡开拓荒地和鼓励发展水利。此外，吐蕃还注意改进农业生产技术，改良作物品种。这些都与松赞干布、赤德祖赞先后与唐朝和亲，汉藏两族人民交往日益密切有关。

农耕经济是南诏经济的主体，这一点与突厥、吐蕃、回纥三个以游牧经济为主并且也与唐朝有过战事的区域性政权不同，由此可见南诏农业的发展水平。有学者研究指出，南诏统一后将天然泉水集中由国家管理，并且发动人民大力兴修水利，为南诏农田灌溉和农作物的栽培开辟了广阔的前景，促进了南诏农业生产及技术水平的发展和提高[①]。

大理国通过采取轻徭薄赋的政策鼓励农业生产。《南诏野史》载："免东方三十七蛮部徭役。"此外，段氏还采取迁徙实边、释放奴隶和有罪之人从事农业生产等有利于扩大耕地及促进农业生产劳动力的一些政策法令。

辽朝统治者大多十分重视农业，使农牧业共同发展。例如，会同（938—946 年）初年，辽太宗拟至辽阳游畋巡幸，臣下因农务方兴，以减少辎重、纾解民力为请，太宗欣然采纳，下令还朝。圣宗和太后萧绰执政时期，重视开垦荒闲土地，减轻人民负担，整顿赋税。

金朝把发展农业作为军事扩张的基础，通过减免租税等措施鼓励垦荒，农业生产有很大发展。金朝的田赋分为牛头税和地税。牛头税是与牛头税地相匹配的赋税，也称牛具税，是对猛安谋克户所征的地税。为了防止官豪之家隐匿地数逃避纳赋，大定年间（1161—1189 年）多次进行验实物力的通检推排。

西夏在中央政府设立的十六司中，有专门管理农业的"农田司"，并且多次颁布促进农业生产方面的法令。《天盛律令》中除了有鼓励垦荒、划定地界的规定外，还有许多关于农田水利与农业税法的规定。例如，将开渠灌溉作为西夏的要政，专设管理农田水利的机构，在中央为农田司，地方为水利局

① 廖国一、李福宏《南诏农牧业技术新探》，《广西大学学报》（哲学社会科学版）1996 年第 2 期。

分，各级水利局分设大人、承旨、司吏等，专司水利工程的维修保护与用水分配。

二、工商法律制度

在古代，工商包括了手工业和商业。古代工商业虽然整体上没有畜牧业、农业那么高的地位和发展水平，但它对于各区域性政权的军事、社会经济仍然有不可或缺的作用。

（一）手工业法律制度

古代手工业重要的有冶铁、纺织、陶器与木器制造、建筑等。其中，冶铁主要与军事、生产相关，其他则主要涉及人们的日常生活。

匈奴对手工业尤其是造箭非常重视。《汉书·匈奴传》记载，汉元帝时，匈奴辖区有一块插入汉界的地方，对着汉张掖郡，山上生长着奇异的木材，天上鹫羽非常适合做箭杆。汉朝于是派使者向乌珠留单于表达索求此地之意，乌珠留单于后来拒绝，理由是“匈奴西边诸侯作穹庐及车，皆仰此山材木，且先父地，不敢失也”。

北魏有专门的手工业管理机构，先是少府，到太和年间改为太府，其长官为卿与少卿。北魏法律还严格禁止工匠改业，且不许隐匿占有工匠。据《魏书·世祖纪》，太平真君五年（444 年），拓跋焘下诏：“自王公以下至于庶人，有私养沙门、师巫及金银工巧之人在其家者，皆遣诣官曹，不得容匿。限今年二月十五日，过期不出，师巫、沙门身死，主人门诛。”同年又下诏：“其百工伎巧、驺卒子息，当习其父兄所业，不听私立学校。违者师身死，主人门诛。”可见，工匠必须世袭。

北周中央管理手工业的部门为六卿中的冬官司空卿，具体部门还有工部中大夫、匠师中大夫、司木中大夫、司土中大夫、司金中大夫、司色下大夫、司织下大夫等。其中，根据《通典·职官》，工部中大夫“承司空之事，掌百工之籍，而理其禁令”，其他分掌营造、木工、陶瓷、冶铸、染织等事项。北周还对手工业者实行轮番服役制度。

吐蕃的手工业者享有与普通百姓一样的社会地位，并无歧视。历史上为表彰一些工匠在烧木造炭、冶炼金属和农用工具制造等方面的贡献，将其封为高官，这些工匠被誉为吐蕃历史上的“七良臣”。吐蕃设有专门管理手工业生产的称为“孜本”的管理机构和人员。

南诏手工业特别是纺织业有较高发展水平。据《蛮书》卷七记载，南诏中期，丝织技术已发展到“精者为纺丝绫，亦织为锦及绢”，其中的锦，质地精良，“蛮及家口悉不许为衣服”，“蛮王并清平官礼衣悉服锦绣”。南诏大概存在纺织业的官营和私营之分。

辽朝太宗时已设立专管矿冶的监冶局，又在产铁、金、银等矿的各地置冶，还专门派人去探矿。《辽史·食货志》记载：“鼓铸之法，先代撒剌的为夷离堇，以土产多铜，始造钱币。太祖其子，袭而用之，遂致富强，以开帝业。太宗置五冶太师，以总四方钱铁。石敬瑭又献沿边所积钱，以备军实。”由此可见矿冶对于辽朝的重要性。除矿冶制造外，辽朝还有采盐、陶艺、车马制造、建筑等多种手工业。

金朝手工业主要有矿冶、采盐、纺织、造纸、印刷等。熙宗以后，矿冶逐渐恢复。金朝海陵王曾派人检视矿冶，世宗也曾遣使访察铜矿。海陵王时，由于民间铜禁甚严，铜不给用，于是由官府制造民间必用的铜器并出售。

西夏矿冶、纺织、印刷等手工业都有很大发展。《天盛律令》“物离库门”规定了物品损耗；“库监派遣调换门”规定了池盐的生产与征榷；“酒种种门”规定严禁私人制造酒曲；“司序行文门”将政权机构分上次中下末五等，末等司里列有专门管理瓦砖的“砖瓦院”，涉及生活器皿、建筑材料等方面。可见西夏手工业法律规定之细致。

（二）商事法律制度

中国古代由于地理环境的相对封闭、交通不便、重农抑商思想、农牧经济为主等因素的影响，商事法律制度并不发达。但商品交换毕竟不可或缺，而且由于自然条件、经济类型、历史文化和风俗传统的差异，各区域性政权的商事法律制度也有所不同。

由于匈奴以畜牧业为主，因此迫切需要把自己的牲畜和皮毛与汉族的农产品和手工业品进行交换。自景帝至武帝初，匈奴不断与汉朝互通关市，《史记·匈奴列传》记载“匈奴自单于以下皆亲汉，往来长城下”。即便后来与汉朝发生了战争，匈奴仍不愿放弃关市。

北魏的盐铁主要由官府控制，实行专卖。另外，为避免酗酒闹事，在京师实行禁酒政策，但献文帝和孝文帝时也开过酒禁。在一些商业城市如洛阳专设做买卖的市，市内设钟鼓，击之以开市、罢市。孝文帝与孝明帝时都曾改定度量衡。在孝文帝之前，市场交易以绢帛、谷物充当一般等价物。孝文帝太和十九年（495 年），北魏开始铸币。关于铜钱铸造权、质量、绢与铜币之比值等都有规定。

北周武帝建德六年（577 年）八月，曾议定度量衡，颁布天下，有不依新式者，悉追停。

吐蕃有对内和对外两种贸易，并专门设立“商官”一职管理商业。松赞干布时颁布了吐蕃统一的度量衡标准法。他曾派人到天竺和西域各国进行贸易，但对外贸易主要是与唐朝进行。吐蕃与唐朝的贸易以两种方式进行，一种是所谓朝贡贸易，由互派使者来完成。另一种就是在边界地区的互市贸易。此外，吐蕃与南诏的经济往来也很多。

回纥与唐朝的马绢贸易最大。回纥商人向内地大量贩运西域的玉石、香料、白氎、琉璃等，获利颇丰。据《资治通鉴》卷二二五记载，他们在长安等大城市“殖赀产，开第舍、市肆，美利皆归之”。有些人还在内地娶妻生子，久居不归。可见回纥的法律应该是鼓励和保护商业的。

南诏的商业并不发达。人们所使用的货币，还停留在低级阶段的实物上，即贝、缯帛和食盐。当时，南诏并没有将这些实物统一管理起来。但南诏的兴起还是加强了原本闭塞的各民族之间的相互联系。随着各民族间以及南诏与缅甸、柬埔寨、吐蕃等地的贸易往来的频繁，南诏还在行政机构中专设“禾爽”作为管理贸易的机构，并且形成诸多贸易城镇。

辽在一些商业较为发达的城市设有都商税院、户部司、转运使等进行市场和贸易管理。一些州县根据不同情况也设有相应管理机构。沿边一带有榷场，与高丽、女真、党项、宋人进行贸易。与之同时存在的还有避开巡检者耳目的“私市”。市场管理的主要内容包括征课商税和巡检不法两个方面。货币铸造由国家统一管理，但辽朝自铸货币种类颇多而数量较少，流通中大量使用汉、唐、五代和宋朝的货币。

金制，榷货之目有十，其中盐为最重要的，设有盐司，立法甚详。金朝设立不少榷场，与西夏和南宋进行贸易。《金史·食货志五》载：“与敌国互市之所也。皆设场官，严厉禁，广屋宇以通二国之货，岁之所获亦大有助于经用焉。”但因为战事影响，榷场或罢或开，时有反复。

西夏国内商业买卖主要是粮食、布匹、牲畜等。有一些自己不能生产的物资，则依靠与宋、辽、金进行贸易交换。据《续资治通鉴长编》卷一六二记载，宋朝知并州庞籍曾经说：“夏人仰吾和市，如婴儿之望乳。”可见与宋贸易对西夏很重要。为适应商业和贸易的需要，西夏也有铸币，但宋朝货币在西夏也长期使用。

三、财税法律制度

财政与赋税非为两事，赋税乃是财政的核心。财政是以国家为主体的特殊分配关系，其根本在于经济的发展。因此，不同区域性政权由于政治、经济发展阶段和水平不同，财政也有不同特征。

匈奴实行土地（草场）分封制，那么贵族对单于就有定期朝贡和提供军赋等义务。此外，匈奴的战功奖赏制度也可以看作是一种特殊财政制度。《史记·匈奴列传》记载："其攻战，斩首虏赐一卮酒，而所得掳获因以予之，得人以为奴婢。故其战，人人自为趣利，善为诱兵以冒敌。故其见敌则逐利，如鸟之集；其困败，则瓦解云散矣。战而扶舆死者，尽得死者家财。"这种战利品的分配制度同样反映了游牧经济的特点。

北魏早期财政来源主要以军事掠夺为主，掠夺对象为财物和人口。从拓跋珪时起，逐渐转向畜牧经济，孝文帝时则转向农业经济。对于北魏财政而言，农业和工商业也逐渐取代军事掠夺与畜牧经济居于主导地位。此外，据《魏书·高祖纪》，北魏曾"置常平仓"，由国家掌握粮价，"丰则籴，歉则粜，以利百姓"。

北周之初也沿用北魏钱，到武帝保定年间开始铸造货币，法律严禁民间盗铸。北周还设司仓以储备粮食，《周书·武帝纪》记载，建德三年（574年）春正月，周武帝"诏以往岁年谷不登，民多乏绝，令公私道俗，凡有贮积粟麦者，皆准口听留，以外尽粜"。规定全国上下，无论身份，除留下口粮外，其余都由国家收购，以防饥荒。

吐蕃王朝的主要剥削和统治对象是奴隶和平民，特别是对奴隶的剥削更严重。他们的赋税是吐蕃财政的主要来源。除此之外，还有对外劫掠财富。赤松德赞执政时期命令吐蕃贵族和平民为寺院布施，以供养寺院僧众，形成了吐蕃的寺院经济。

在南诏与吐蕃、唐朝关系的演变中，财政是重要因素。据《旧唐书·南蛮西南蛮传》记载，南诏先是与吐蕃结盟，但"吐蕃役赋南蛮重数，又夺诸蛮险地立城堡，岁征兵以助镇防，牟寻益厌苦之"。郑回曾对异牟寻说："自昔南诏尝款附中国，中国尚礼义，以惠养为务，无所求取。今弃蕃归唐，无远戍之劳、重税之困，利莫大焉。"南诏后来与唐朝结盟。

辽朝立国之后财政问题紧迫。《辽史·食货志》记载："及其有国，内建宗庙朝廷，外置郡县牧守，制度日增，经费日广，上下相师，服御浸盛，而食货之用斯为急矣。”解决的办法为“五京及长春、辽西、平州置盐铁、转运、度支、钱帛诸司，以掌出纳”。可见盐铁与五京商税是辽朝财政的主要来源。《辽史・食货志》，辽代道宗初年，“沿边诸州，各有和籴仓，依祖宗法，出陈易新，许民自愿假贷，收息二分”，实际是以国家财政放债救灾。

金朝依辽制，官田曰租，私田曰税。租税之外还有按其田园屋舍车马牛羊等财产数目所征物力。公卿大夫与民庶，概莫能外。另外，猛安谋克又有所谓牛头税。金朝也有债务性质而非义务的救助。《金史・世宗纪》记载：“上初闻蓟、平、滦等州民乏食，命有司发粟粜之，贫不能籴或贷之。有司以贷贫民恐不能偿，止贷有户籍者。上至长春宫，闻之，更遣人阅实，赈贷。”

西夏的赋役十分繁重。十五岁为丁，二丁抽正军一人服军役、垦田。农民还要向朝廷和地主缴纳各种租税。由于青、白盐出产量很大，是西夏与宋、辽、金进行贸易换取粮食的主要产品，西夏对采盐格外重视，实行官营，并在中央机构“三司”中专设盐铁使一职管理盐铁。此外，以名义上的向宋“称臣纳贡”换取宋朝大量的银、绢、茶等“赏赐”和厚礼也是西夏增加收入的一种手段。

第六节　司法制度

司法职能是国家职能不可缺少的一部分，它对于定纷止争、维护统治秩序有着重要作用。各区域性政权的司法制度不仅反映了其政治与法律制度的完备程度，也折射出其独具特色的民族文化。

一、司法机关

司法机关是行使司法权，进行审判和诉讼活动的载体。古代司法与行政，甚至军事往往分不清。

秦汉时期匈奴已经有了比较完整的司法制度。《后汉书・南匈奴传》载：“呼衍氏为左，兰氏、须卜氏为右，主断狱听讼。”《史记・匈奴列传》载：“呼衍氏，兰氏，其后有须卜氏，此三姓其贵种也。”可见匈奴对于司法是很重视的，除了司法官员，应该也有机构和其他官吏配合。

北魏司法制度基本上沿袭汉制。廷尉既是官署，又是官名，是中央最高司法审判机关，下属僚有廷尉正、廷尉监、廷尉评。另有司直，永安二年

(529年) 置，共十人，隶属廷尉。地方司法机关和行政机关合而为一，行政长官兼理司法诉讼。

北周仿《周官》之制，中央最高司法机关称司寇，《周书·卢辩传》："秋官府领司寇等众职。"秋官府设大司寇卿一人，属六卿之一，又有小司寇上大夫二人辅佐，还有司宪中大夫、刑部中大夫等。

吐蕃刑部尚书总管全国法律事务，直接领导各茹及西域、河陇等地各节度使下属的司法官员，但赞普始终控制着司法权。地方长官也有直接管理诉讼的下属官员，但地方司法机关仍由行政机关兼理，地方长官能够利用行政权力干预和操纵司法。由于吐蕃政权大力崇佛，并建立一套完整的僧官制度，僧官也有一定的司法审判权。这是吐蕃司法制度的独特之处①。

南诏前期在中央设有刑曹，主管司法刑律，后期改刑曹为罚爽，这应该是中央最高司法审判机关。地方则由军事、行政机关兼理司法。

辽朝夷离毕院掌刑狱，夷离毕院有夷离毕，左、右夷离毕，知左、右夷离毕事等官职。据《辽史·百官志》，南院设南面分司官，"平理庶狱，采摭民隐"。辽朝仿汉人制度设大理寺审理重大罪案，官员有大理寺少卿、大理正等。辽兴宗时在五京专设警巡院，各地契丹人犯法，由警巡使审理。汉人犯法，由所在州县官审理。可见，司法机关设置亦有南北之别。据《辽史·刑法志》载，辽太祖初年设有钟院，凡民有冤屈者许击钟鸣冤，穆宗时废，景宗时复置。

金朝中央司法机关有大理寺、御史台、刑部。据《金史·百官志》，大理寺"掌审断天下奏案、详谳疑狱"等事，御史台"凡内外刑狱所属理断不当，有陈诉者付台治之"，刑部"掌律令格式、审断刑名"等事。地方司法机关与宋朝相同，路设提刑司监督地方司法，州县实行司法行政合一体制。

西夏中央机构十六司中陈告司掌管受理全国案件的告诉，审刑司掌管全国审判和司法行政事务。除此之外，西夏京师的司法机构还有中兴府和御史台。仁宗时期，将政府机构分为上、次、中、下、末五等司，陈告司、审刑司都属于中等司。地方行政机构与司法机构合一。

二、诉讼审判制度

诉讼审判就是由一方告诉、告发或控告，由司法机关解决控方与被告方

① 陆离《吐蕃统治河陇时期司法制度初探》，《中国藏学》2006年第1期。

的争议或纠纷的活动。

《史记·匈奴列传》载："有罪小者轧，大者死。"说明匈奴司法对定罪量刑有一定规范。《后汉书·南匈奴传》载："呼衍氏为左，兰氏、须卜氏为右，主断狱听讼，当决轻重，口白单于，无文书簿领焉。"则说明匈奴已具备一定的司法程序。

北魏对于处理狱讼之事很慎重。如《魏书·韩麒麟子熙传》记载北魏规定："诸告事不实，以其罪罪之。"即诬告反坐，旨在防止诉讼诬陷好人。北魏还有一种称为"登闻鼓"的直诉制度，据《魏书·刑罚志》，世祖拓跋焘时，"阙左悬登闻鼓，人有穷冤则挝鼓，公车上奏其表"。已判决案件，如果发现错误，必须重审。《魏书·刑罚志》记载北魏法律有规定："狱已成及决竟，经所绾，而疑有奸欺，不直于法，及诉冤枉者，得摄讯覆治之。"又有死刑复奏制，《魏书·刑罚志》载："当死者，部案奏闻。以死不可复生，惧监官不能平，狱成皆呈，帝亲临问，无异辞怨言乃绝之。诸州国之大辟，皆先谳报乃施行。"对于老弱受刑规定了上请制度，《魏书·刑罚志》："又案《法例律》：'八十以上，八岁以下，杀伤论坐者上请。'"

据《隋书·刑法志》的记载，北周保定三年（563年）制定《大律》，共二十五篇。其中第二十二篇是告言，应该是关于诉讼的。第二十四篇是系狱，第二十五篇是断狱，应该是规定审判制度的。《大律》还规定："若报仇者，告于法而自杀之，不坐。"告官而后复仇者不追究刑事责任。又规定："狱成将杀者，书其姓名及其罪于拲，而杀之市。唯皇族与有爵者隐狱。"体现了"刑不上大夫"的礼制原则。

敦煌文书中吐蕃时期的诉讼案卷包含有百姓与官府、百姓与官员、百姓与百姓之间的民事和刑事案件。当事人可以亲赴官府告诉，也可以由亲属代诉。起诉则有起诉书。起诉书可由官吏代为书写，也可自书或请人代书。另外，通过对吐蕃统治河陇地区的司法制度的探讨，可以看出吐蕃王朝诉讼审判制度在相当程度上吸收和模仿了唐朝的司法制度。审判官员要依法审案，按律判刑，民众如对判决结果不服则可上诉①。通过一些法律规定，还可以看到吐蕃司法裁判的原则。例如，《扼要决断之法》规定："强弱双方如果争讼，待察其真伪之后，做出对豪强者不加羞辱，对弱者不令其沮丧之判决。"《权

① 陆离《吐蕃统治河陇时期司法制度初探》，《中国藏学》2006年第1期。

威判决之总法》则体现了若诉讼双方都有罪，则要给双方适当的惩处的基本精神。《内府之法》规定诉讼双方均有理时，责令修好，使双方皆大欢喜①。

西突厥汗国是在征服龟兹、于阗、高昌等国后建立的，而这些国家不仅农业、手工业发达，而且商业也很繁荣。西突厥汗国不可能用自己原有落后的征税制度征收各国人民的实物，必须在各国不同货币的基础上，发行一种统一的通用货币，这种货币考古已发现，“仅从这一点看，便可知道西突厥的货币地租是建立在西域各国的货币地租之上的”②。

南诏国内各部族、部落的社会形态不同，没有统一适用的法律制度，因此，在诉讼审判制度上也形成部族、部落法律与蒙舍诏法律兼容并存的局面。《新唐书·南蛮传》载：“其法，前伤者养治，后伤者斩。”与军法依据伤在背后判断临阵脱逃一样，是比较简单的司法原则。在氏族部落内部，诉讼审判是依习惯法。如《新唐书·南蛮传》记载“松外蛮”：“有罪者，树一长木，击鼓集众其下，强盗杀之，富者贳死，烧屋夺其田。”

《辽史·刑法志》载：“太祖初年，庶事草创，犯罪者量轻重决之。其后治诸弟逆党，权宜立法。”可见此时立法与司法均不完善。后来统治相对安定后，“乃诏大臣定治契丹及诸夷之法，汉人则断以律令，仍置钟院以达民冤”。太宗时规定：“治渤海人一依汉法。”体现了“因俗而治”的特点。辽圣宗时，更是留心听断，“往时大理寺狱讼，凡关覆奏者，以翰林学士、给事中、政事舍人详决；至是始置少卿及正主之。犹虑其未尽，而亲为录囚”。辽道宗时“命诸郡长吏如诸部例，与僚属同决罪囚，无致枉死狱中”。都是提倡谨慎用刑。

金朝诉讼审判制度基本沿袭辽、宋旧制。起诉的方式分为告诉、犯罪人自首和官司纠举。审讯取证方面，金朝允许刑讯逼供，且金朝州县司法权力较重。为加强对地方司法的监督，金朝设有审录官查案，监察御史也有权考察地方司法。

西夏承袭唐宋封建法典基本精神，诉讼制度上推行“亲亲有罪相为隐”的原则，亲属之间、主仆之间告诉都有严格限制。凡举告之类别和罪名，规定都很清楚。而对于他人的犯罪行为，每一个臣民都有举告责任。还规定不许越司上告，若违律，告者、受理者都要处罪。另外，对于婚姻等民事纠纷，

① 才让著《吐蕃史稿》，甘肃人民出版社2007年版。

② 马长寿著《突厥人和突厥汗国》，上海人民出版社1957年版。

有明确的期间规定。西夏对司法官的责任、审判程序都有规定。要求司法官秉公执法，规定了审判回避，并且有司法监察。田地、房舍纠纷，强调以官方验证后出具的文书为凭据。判决书的制作也有具体的规定。刑事诉讼案件对审断的时限有明确的规定，司法官不得懈怠。判决宣告后若当事人及其家属不服，可以逐级向上申诉。死刑等重罪案件，则须经过上级司法机关复审。

三、狱政

监狱是国家产生后的机构，是和审判机关、诉讼活动同时产生并发展起来的。狱政是了解法制文明和社会发展的一个重要视角。

《史记·匈奴列传》载："狱久者不过十日，一国之囚不过数人。"说明匈奴已有监狱。据《汉书·匈奴传》载，天凤元年，王莽"因购求陈良、终带等。单于尽收四人及手杀校尉刀护贼芝音妻子以下二十七人，皆械槛付使者"。可见匈奴有押解犯人的器械。

北魏之初，无囹圄考讯之法，犯罪者皆临时决遣。统治者大都十分重视狱政。例如，据《魏书·高祖纪》记载，孝文帝延兴三年（473年）诏曰："自今京师及天下之囚，罪未分判，在狱致死无近亲者，公给衣衾棺椟葬埋之，不得曝露。"受天人感应思想的影响，北魏世宗、肃宗时都曾清理过冤狱。如《魏书·世宗纪》载："今不雨十旬，意者其有冤狱乎？尚书鞫京师见囚，务尽听察之理。"世宗朝雍州刺史元丽，为政严酷，吏民共愤，"其妻崔氏诞一男，丽遂出州狱囚死及徒流案未申台者，一时放免"。可见，地方狱政是比较混乱的。

北周监狱同北齐，分布于各郡、府、州、县。据《隋书·刑法志》记载，北周《大律》规定"凡死罪枷而拲，流罪枷而梏，徒罪枷，鞭罪桎，杖罪散以待断。皇族及有爵者，死罪已下锁之，徒已下散之"。可见狱政制度是较为完备的。

《旧唐书·吐蕃传》载："囚人于地牢，深数丈，二三年方出之。"一直到西藏农奴解放之前，地牢都存在。

《蛮书》载："河赕法，男女犯罪，多送丽水淘金。"丽水是南诏被判处徒刑的犯人服苦役的专门场所，地点固定，犯人主要从事淘金的劳役。因此，"丽水淘金"当为徒刑，而不是流刑①。既然如此，那么"丽水淘金"之处应

① 张晓辉《南诏国法律制度研究》，《比较法研究》1992年2、3号合刊。

该有监狱设施看管犯人。

契丹尊奇首为始祖，《辽史·太祖纪》记载："奇首生都山，徙潢河之滨。传至雅里，始立制度，置官属，刻木为契，穴地为牢。""穴地为牢"一直到辽朝立国四十余年之后还存在。据《辽史·刑法志》，辽朝穆宗时，"京师置百尺牢以处系囚。盖其即位未久，惑女巫肖古之言，取人胆合延年药，故杀人颇众"。另外，辽朝规定"被告诸事应伏而不服者"可以刑讯，刑具为杖、鞭、烙。

《金史·刑志》记载，金国旧俗，"其狱则掘地深广数丈为之"。金朝在诸司狱设有司狱一员，负责提控狱囚。又有典狱二人，防守狱囚门禁启闭之事。狱子，防守罪囚。另据《金史·百官志》，金朝又有作院，设使一员，副使一员，"掌监造军器，兼管徒囚"。下属有牢长，"监管囚徒及差设牢子"。可见，作院也是犯人服劳役的地方。

西夏对监狱制度有周密规定。《天盛律令》卷九"行狱杖门"对囚禁环境、囚犯待遇以及脱囚、虐囚治罪等都有明确规定。例如，第一条规定："节亲、宰相、诸司大人、承旨、大小臣僚、行监、溜首领等于家中因私（犯私罪）入牢狱，不许置木枷、铁索、行大杖，违律处罪。"犯人若在牢中自杀，监者则视不同情况承担责任。脱放囚犯，也要根据情况分别治罪。牢中囚犯有病不医，夺囚粮、衣、物而致死，重者以故意杀人论。牢房当有天窗，冬季应有草席、蒲席，燃料自备；囚犯贫弱，当给御寒衣物；有病应担保者则保与司外就医，病愈归狱。违反这些规定就是虐囚。

第三章　神话与史诗中的法

神话与史诗分别是指描写天地形成、人类起源、社会历史变迁或英雄人物的神话传说和叙事长诗①。神话与史诗记载的内容有三个基本特征：其一，神话与史诗具有特殊性，是一个民族对特殊历史阶段的集体记忆，反映了早期社会的人类生活状况、制度起源、重大事件和社会变迁过程，所以，神话与史诗成为了解人类早期社会的重要材料。其二，神话与史诗具有现实性，很多神话与史诗在现实社会中以各种形式存在并成为世代相传的濡化材料，也在传承中被不断加工、改造，神话与史诗的内容是传承神话与史诗的民族想象中的现实和共同的知识。其三，神话与史诗具有历史性，它们记载的社会历史与一个民族的发展史有密切的关系。它们以叙事的方式表达了一个民族对自己历史的认识，并以集体记忆构建自己的历史，成为研究该民族生活方式和社会制度变迁的历史资料。神话与史诗的上述三个特征也奠定了神话与史诗具有记载早期社会规范，再现现实社会法律和法律观念的功能。所以，通过神话与史诗，能够从民族文化的层面探究西部少数民族早期社会和现实社会的规范，并揭示规范和制度的变迁史。

第一节　西部少数民族神话与史诗中的早期规范

西部少数民族的神话与史诗中记载的规范内容反映了早期社会中不同少

① 关于神话的定义在神话学界众说纷纭，没有统一的概念。笔者同意神话学家李子贤教授的观点，即神话有多种存在形态。所谓多种存在形态，包括叙事形式的多样性，如叙事诗、故事和歌谣等，也包括活形态的、口头的、文献的以及诸种表达载体的形态。参见：李子贤《存在形态、动态结构与文化生态系统——神话研究的多维视点》，《云南师范大学学报》（哲学社会科学版）2006 年第 3 期。西部少数民族的史诗往往具有神话的特征，所以这些史诗也可以归神话的范畴。

数民族对自然、社会和自我的认识。按照早期规范的调整对象，可以把西部少数民族神话与史诗中的规范分为祭祀的规范、战争的规范、生产生活中的规范、婚姻家庭的规范等类型①。

一、祭祀的规范

祭祀的规范与西部少数民族的原始宗教有密切的关系。人类学理论认为，宗教起源于人类企图把握未知的超越人的能力范围的事物，“是人们试图赖以控制世界上他们所不能控制的领域的信仰和行为方式”②。在早期社会，西部少数民族显然有太多他们不能控制的领域和不能解释的现象，他们创造了各种各样的神，或者将自己的祖先与神联系在一起，用神的超能力和神的预言来解决世俗社会的困难，寄托趋利避害的希望，并创造了各种不同的仪式和仪式规则，使对神和祖先的信仰在仪式活动中得以实践。祭祀就是西部少数民族原始宗教的实践活动。为了表达对神的尊敬，保证祭祀活动的进行，每个民族都有一套严格的祭祀规范。因此，祭祀规范作为早期社会规范的重要组成部分在神话与史诗中得以完整地描述。

（一）祭祀的程序规范

为了保证祭祀活动具有庄严、神圣等象征意义，祭祀都有规范性的程序。苗族认为祭雷神事关重大。在贵州苗族地区流传的《苗族古歌》唱道：“现在有了千万坡，千份祭祀雷公肉，千串房族祭祀肉。江河也有山冲流，纺车也能摇得动，田地也会出米粮，我们也得到衣穿，美好生活说不完。”这里祭雷神的规范是用肉做祭品，每家都要祭，祭家的房族兄弟有多少户，就把祭肉分成多少份，每份肉用竹签串好，逐一散给各家，每户一份，作为分祭自家祖宗的祭品③。

四川茂县发现的《西羌古唱经》④ 中，详细记载了羌族祭祀的供品、用

① 在笔者查阅的西部少数民族神话与史诗关于规范的记载中，基本上没有犯罪和一般违法的区分，所有违反行为规范的行为都具有同样的性质，即对秩序的破坏。故本文不将犯罪作为分类的内容。

② 朱炳祥著《社会人类学》，武汉大学出版社2004年版。

③ 贵州省少数民族古籍整理出版规划小组办公室编，燕宝整理译注《苗族古歌》，贵州民族出社1983年版。

④ 《西羌古唱经》虽然未公开出版，但其研究价值颇为重要，被羌族研究者视为羌族的创世史诗。参见孔又专、吴丹妮《云端里的绚丽：羌民族宗教文化研究九十年》，《西北民族大学学报》（哲学社会科学版）2010年第4期。

具、神的排位和祭祀的程序。羌族祭祀中，祭品主要是鸡、羊、刀头肉、馍馍、香蜡和柏树枝等，数量多少按神的大小增减。祭神时敲的鼓分三种：白鼓用来还天愿，黑鼓用来保太平，黄鼓用来驱凶邪。神有大小，祭祀时要依次排列，如管理诸神的太阳神排在首位，其他的神有天神、年神、天神娘娘、四大金刚神、地神、主地神娘娘、山神、开光亮的神及其娘娘、神坛的门神等。祭祀活动的高潮是杀鸡宰羊祭神。杀鸡有规定的程序：一刀宰下鸡的头，松开捆鸡的绳子，用火燎鸡毛，再燎鸡头的毛，扯下一点鸡顶毛放在白纸上用火烧，放完鸡血后将祭鸡放在一旁①。

彝族《杀牛山的传说》中，村民们为了感谢天神的暗中保佑，使得村寨风调雨顺，人畜兴旺，就共同议定：每九年杀一条牛，三年杀一只羊，男女老少到山上祭拜山中的天神。久而久之，祭拜天神的山就被叫作“杀牛山”②。彝族《火把节的传说》（四）中，罗武山寨的火把节祭祀有专门的日程规定。祭祀活动从六月二十三日开始，当天选出十二个小伙子举行椎牛比赛，然后杀牛宴饮；六月二十四日是喜鹊姑娘遇难日，不点火也不唱歌跳舞；六月二十五日要点起火把，大家围火歌舞，唱完哀歌、古歌后，最后唱情歌；六月二十六日以祭祀为中心内容的节日才结束③。

（二）祭祀的实体规范

许多民族对祭祀有明确的目的、内容、时间规定，并赋予特定的意义，不得违反。云南武定彝族史诗《彝族氏族部落史》中，祭祀寄托着繁荣的希望：“用鸡献高神，用牲来解罪；椎牛置高山，牲尸垒山尖；牲血扇形流，祭祀得繁荣。”④ 短短的几句诗，区分了祭品的不同用途、祭祀场所的位置、祭品放置的样式和祭祀的意义。

在神话和史诗中，祭祀的对象不同，祭祀内容也不相同。彝族《月湖的传说》中，为庆贺前人的开湖壮举，月湖边的撒尼人每年都举行一次摔跤会⑤。而《冒水洞的传说》讲述的是村中少年木诗朵为使乡亲过上幸福的日

---

① 茂县羌族文学社整理《西羌古唱经》，阿新出内〔2004〕字第29号。

② 《杀牛山的传说》，载云南省玉溪市文化局、民委、文联、群艺馆编《玉溪市民间文学集成》，1989印。

③ 《火把节的传说》（四），载云南省楚雄市民委、文化局编《楚雄市民间文学集成资料》，1988年印。

④ 杨风江译注《彝族氏族部落史》，云南人民出版社1992年版。

⑤ 《月湖的传说》，载《路南民间故事》，云南民族出版社1996年版。

子，在堵住岩洞中的落水时，献出了年轻的生命。为纪念木诗朵，人们在龙潭边建寺庙，每年在此举行祭龙仪式①。哈尼族的《窝尼坟》说，绿蓬渡寨边有个山包，上面有几百座坟，人称“窝尼坟”。传说那里埋的都是当年过江开发绿蓬渡牺牲的哈尼族祖先。傣族弟兄不忘哈尼人的恩情，每年农历六月二十四要杀牛，举行“祭窝尼”仪式②。《阿郎和阿昂》说，从前太阳、月亮出没无定，时而日月并出，时而日月并落，给人间带来巨大苦难。阿郎和阿昂兄妹俩就用栗树做成磨秋，坐着磨秋飞到天上，劝说日月有规律地出没，但他们分别被烤死和冻死了。以后人们举行打磨秋仪式，就是为了祭祀这两位勇敢献身的年轻人③。

彝族的火把节在各地有不同的传说，这些传说也反映了火把节这种祭祀活动所呈现的不同祭祀目的和祭祀内容。《撒梅人的火把节》记载了撒梅王率领族人抗击外族，最后遇害的故事，六月二十四日是撒梅王被害的日子，每年这一天，云南昆明的彝族支系撒梅人都要点火把四处寻找撒梅王的精灵，还要祭牛王、念牛王经，把吃剩的鸡骨头烧了点燃麻秆，通过这些活动祭祀先祖，祈祷风调雨顺、五谷丰登、人畜平安④。在《火把节的由来》（二）中，云南石林县彝族支系撒尼人的火把节祭祀则是为了纪念族人中的英雄。传说从前有个叫“黑煞神”的土司，住在山上的城堡里，他横征暴敛，欺压百姓，许多人死在他的暴行下。有个叫扎卡的牧羊人，睿智勇敢，他联络了十村八寨的穷苦人起来抗暴，取得胜利。为纪念这次胜利，撒尼人就把六月二十三日定为火把节，用各种祭祀的活动缅怀祖先的业绩，促进族人的团结⑤。

二、战争的规范

战争是早期社会民族生存的主要手段，神话与史诗中颂扬民族英雄和民族美德的英雄史诗和故事往往以战争为背景，而要进行战争并取得战争的胜利，则需要用战争的规范约束或激励人的行为。云南西双版纳傣族的英雄史

① 《冒水洞的传说》，载《路南民间故事》，云南民族出版社1996年版。

② 《窝尼坟》，未刊稿（文稿由云南省社会科学院史军超保存）。

③ 《阿郎和阿昂》，未刊稿（文稿由云南省社会科学院史军超保存）。

④ 《撒梅人的火把节》，载《中国民间故事集成·云南卷》，中国ISBN出版中心2003年版。

⑤ 《火把节的由来》（二），载云南省昆明市民间文学集成办公室编《昆明民间故事》（第一辑），1987年印。

诗《厘俸》记述了一场傣族英雄骑战象作战的大战。故事的大意是傣族首领海罕的妻子被另一部落的首领俸改抢走，海罕为了夺回妻子，发动了对俸改部落的战争，经过浴血奋战，在神的帮助下取得战争胜利。史诗中，海罕在战前发布了这样的命令："如果有人抗拒，把他消灭干净。如果投降，宽大处理不许杀。百姓的财产，不准何人去抢夺。"海罕大军攻下勐海后，海罕又下命令："不得私藏金银财宝，应共同分享。战马战象谁得归谁。"战争的另一方俸改部落也有战争法则。勐海一役失败后，俸改下令处罚欲向海罕投降的部落："罚你一百二十头大象，绸缎一百二十匹，金子一百二十两，美女一百二十个，还要用铅做出人的形状。"当俸改属下在战场上投降时，要放下武器，跪在地上，用杂草或其他东西含在口中，以此表示投降。在攻打俸改老巢时，海罕下达命令激励将士："谁往后退枷锁上，谁蹬大象猛冲锋，不仅赐予金幡幢，还给一个村寨做奖赏。"①

蒙古族史诗《江格尔》中，江格尔在征服扎干泰吉可汗的战争前，对英雄萨纳拉下达了这样的命令："如果他要和平，让他们发誓保证：缴五十年的贡品，一千零一年的税金，永远做宝木巴的属民。如果他们要战争，你就砍倒他们的旗杆，将他们的黑花旗装进口袋，赶来他的八万匹黑马群。"江格尔的命令就是法律，其中规定了和平的条件、贡品和税金的缴纳期限、战争胜利的标志和战利品的处理等事项。对战俘的处理也是战争中的重要规则，在这部史诗中，战俘被作为战争获得的财产来处理，战俘们被打上宝木巴的火印，当江格尔的奴隶。在江格尔的宝木巴，有操 7 种语言，从事酿酒、裁缝、放牧、烹饪等各种劳动的奴隶。而江格尔的对手处理战俘的手段也很残酷。当江格尔的好朋友英雄洪古尔战败被俘后，被抽打 8000 鞭，刀剐 8000 下，又被送到 7 层地下的红海海底，用 72 道看管，最后被关入地洞，遭受 12 层地狱般的折磨。战争中，誓言也具有规范的约束力，《江格尔》中的英雄一经立誓，即使赴汤蹈火，献出生命也要履行誓言。萨布尔被江格尔收服后，立誓愿意将生命交给高尚的洪古尔，将力量献给荣耀的江格尔，并将誓言重复了三遍。在以后的征战中，萨布尔果然履行誓言，屡立战功②。

在藏族英雄史诗《格萨尔》中，格萨尔在 18 次大小征战中，以武力获取

① 刀永明、薛贤、周凤祥翻译整理《厘俸：傣族英雄史诗》，云南民族出版社 1987 年版。

② 潜明兹著《中国少数民族英雄史诗》，天津教育出版社 1991 年版。

财富，战争中的战利品成了岭国财富的重要来源，所以，收缴战利品以充国库，也是战争的规则之一。以下是关于格萨尔获得的战争财富的统计：与大食国之战，获得大批牛与财宝；与上蒙古之战，获得大批蒙古宝马；与下蒙古之战，获得大批铠甲与美玉；与阿扎国之战，获得宝库中的玛瑙；与碣日国之战，获得大批珊瑚；与祝古国之战，得兵器；与卡契国之战，得玉；与雪山国之战，得水晶；与松巴国之战，得大批犏牛；与美努国之战，得与该国大女王的妹妹联盟；与阿里国之战，得大批金子；与穆古国之战，得大批骡子；与珈岭国之战，得宝①。

三、生产生活中的规范

西部少数民族的生产活动主要是农耕、狩猎和采集，为了获得好的收获，关于生产活动的规范成为行为规范中的重要内容。

（一）动植物禁忌

彝族创世神话《虎公虎母造万物》《虎氏族》中，人们把虎当作自己的祖先，并禁止猎杀。《彝族竹篾笆与山花》中讲到人们还把竹子和一些花当成神物，禁止年轻姑娘砍伐②。在《彝族青年不准锯葫芦》中，人们把葫芦看成是曾经拯救过祖先的圣物，定下年轻人不准锯葫芦的禁忌③。《石蚌普与四芽菜普》讲述新平、峨山各地的“石蚌普”家族和“四芽菜普”家族认为石蚌和四芽菜曾经分别保护过他们的祖先，使祖先不被敌人发现，故保持不吃这两种动植物的习俗④。《撒尼的蜘蛛图腾及传说》讲述撒尼人很早以前居住昆明，后遭到入侵者的追杀，逃到圭山。逃亡途中，因得到蜘蛛结网保护，撒尼人便视蜘蛛为神，禁止伤害蜘蛛。《芭蕉树》讲述峨山海味村一带邱姓人有二三百户（千余人），把芭蕉树奉为祖神，所以遵守不吃芭蕉的禁忌⑤。《山苏人为什么不烧村旁的野蜂》讲述

---

① 潜明兹著《中国少数民族英雄史诗》，天津教育出版社1991年版。

② 《彝族竹篾笆与山花》，载《中国民族民间文学集成·永平县卷》，云南民族出版社1989年版。

③ 《彝族青年不准锯葫芦》，载《中国民族民间文学集成·永平县卷》，云南民族出版社1989年版。

④ 《石蚌普与四芽菜普》，载《走进滇中秘境》，远方出版社2000年版。

⑤ 《芭蕉树》，载云南省峨山彝族自治县民委编《嶍峨风情》，1985年印。

了山苏人从不烧吃村旁野蜂的由来[①]。而哈尼族创世神话《僾尼人为啥不吃白猪肉》解释了僾尼人不养白猪，不吃白猪肉的缘由[②]。《艰培然为什么不养鹅》中，一个叫“艰培然”的哈尼族家族一直保留着“不养鹅、不吃鹅肉”的禁忌[③]。

（二）生活禁忌

《齿改阿鲁抓雷问药》中，雷神禁止人们烧火，谁在哪里烧火，雷就打在哪里，害得人们有一段时间吃不到熟食[④]。《忌虫节》提到，节日历时一周，其间男人不准到田地里去，只能在家中做家务[⑤]。苗族神话《白苗杨家男人不吃动物心的由来》谈到，白苗杨姓的男人从不吃动物的心[⑥]。哈尼族神话《铓鼓舞的传说》告诉我们，哈尼族把铓鼓作为吉祥之物，平时谁都不能敲，只能在祭寨神或过年过节时敲[⑦]。《哈尼妇女为什么不能在织机旁哭泣》提到，哈尼族认为织布机旁的哭声是不幸的声音，是最大的禁忌，所以，不管心中有什么痛苦，绝不能在织机旁哭[⑧]。

（三）生产、居住与分配的规范

羌族的《木姐珠与斗安珠》中，天神定下天律，天上神和人间人不得往来。天神的女儿木姐珠天生叛逆，摘下人间代表婚姻的羊角花。当木姐珠长到 18 岁时，天上的求婚神仙踏破门槛，却没有谁被看中。天王让锡拉（巫师）来算卦，看看木姐珠的喜星在哪里。锡拉拿出羊骨卦片，敲响羊皮鼓，

---

① 《山苏人为什么不烧村旁的野蜂》，载云南省峨山彝族自治县民委编《嶍峨风情》，1985 年印。

② 《僾尼人为啥不吃白猪肉》，载《西双版纳哈尼族民间故事集成》，云南少年儿童出版社 1989 年版。

③ 《艰培然为什么不养鹅》，载《哈尼族民间故事》（五），云南民族出版社 1993 年版。

④ 《齿改阿鲁抓雷问药》，载云南省宁蒗彝族自治县县庆筹备委员会编《小凉山民族民间文学作品选》，1986 年印。

⑤ 《忌虫节》，载云南省建水县文化馆、民委编《云南民间文学集成·建水故事卷》，1989 年印。

⑥ 《白苗杨家男人不吃动物心的由来》，载《云南民间文学集成丛书·南涧民间文学集成》，云南民族出版社 1987 年版。

⑦ 《铓鼓舞的传说》，载《中国民族民间舞蹈集成·云南卷》（上册），中国 ISBN 出版中心 1999 年版。

⑧ 《哈尼妇女为什么不能在织机旁哭泣》，载云南省元江哈尼族彝族傣族自治县文化馆编《元江民族民间文学资料》（第二辑），1982 年印。

念起驱邪经，算得木姐珠有好姻缘。人间的小伙子斗安珠长到20岁，聪明过人，力大无穷，父母催他早日结婚。一天，在天上放牧神羊的木姐珠和在地上放牧羊群的斗安珠在龙池相遇，在对歌中产生爱情，仙女送出花腰带，小伙子送出银戒指，还交换了牧羊鞭和背水带。在木姐珠的鼓励下，斗安珠来到天庭求婚。天王听了斗安珠的求婚，怒斥他胆大妄为闯天庭，不自量力来求婚，已经犯了两条天罪，犯一罪要砍头，犯两罪，要剖腹挖心。斗安珠不畏天王，据理力争，说天神没有真本事，只会耍法术权柄。在天王对斗安珠的考验中，斗安珠险些被天王害死，幸好得到木姐珠和巫师的帮助转危而安，最后终成眷属，并从天上带回粮种和树种。他们在山坡上种青稞，在平坝种米粮，在高山上养马放牛羊，从此羌人过上了幸福的日子。但由于天王对天上人间的阻隔，木姐珠再也不能上天庭见父母，只好在每年十月初一，献上丰收的青稞和自酿的美酒祭拜父母，告诉他们人间的生活比天上好①。这首叙事诗歌颂了勤劳勇敢、善良智慧和从事生产劳动的美德，讲述了农业种植的规律和羌族十月祭祖习俗与生产活动的关系。

贵州的布依族的《酿酒歌》在讲述祖先的故事中，细致地列举了稻谷种植的技术规范。歌中唱道："先祖买来种子，把种子放到木桶里泡，让年轻人去打秧青（沤肥用的青草树叶），要牛来犁田，秧青做底肥。把田耙平整，谷种撒田里。三天就发芽，五天长嫩叶。再放水来淹，三周开始五周完，秧苗插在大田中。秧栽三周后，必须来薅秧。薅秧用脚刨，刨得根须向外伸。六月秧苗已含苞，七月谷穗都抽齐，八月就把庄稼收。"②

哈尼族生产活动涉及农耕、狩猎、采集，他们在居住地的选择上，必须考虑这些生产活动的开展。云南红河地区哈尼族的创世史诗《哈尼阿培聪坡坡》中描述了好寨子的条件："上头山包像斜插的手，寨头靠着交叉的山岗；下面的山包像牛抵架，寨脚就建在这个地方；寨心安在哪里，就在凹塘中央；这里白鹇爱找食，这里箐鸡爱游荡；火神也好来歇，水神也好来唱。"③ 由此看来，哈尼族居住地在山腰，那里必须有山有水，有森林有动物，这才是种

① 罗世泽、时逢春整理《木姐珠与斗安珠》，四川民族出版社1983年版。

② 贵州省民族事务委员会民族语文办公室编《布依族礼俗歌》，贵州民族出版社1999年版。

③ 朱小和演唱，史军超、卢朝贵等翻译《哈尼阿培聪坡坡》，云南民族出版社1986年版。

地、狩猎和采集的好地方。哈尼族神话《建寨传说》中，哈尼族建寨盖屋也有规矩：建房时，要在朝阳坡处选宅基，要把红公鸡献给神，才能顺利盖起房子；建寨时，要在出寨口处打杀鸡狗、才能立起木桩，驱除一切魔鬼灾难和疾病①。

傈僳族的叙事长诗《创世纪》对生产活动规范和家庭劳动成果的共享有这样的记述："人要吃饭要劳动，不生产的没酒喝，不劳动的没饭吃。人生自古这样传，人生自古这样续。""布谷鸟鸣早播种，桃花开时早翻地。谷苗长得绿茵茵，谷花开得鲜艳艳。粮架需得多接宽，仓库需要多扩大。一眼就能看得到，一下就能瞅得着。有大有小不平等，有小有大不公平。成家将不会牢固，立业将不会踏实。"②

四、婚姻家庭的规范

家庭是社会的基本组织，与家庭相关的婚姻关系、财产关系、人身关系是社会稳定的基础。因此，调整家庭关系的规范是西部少数民族早期社会中最为普通、数量最多的规范，在每个民族的神话与史诗中都有关于婚姻家庭方面的规范。

（一）家庭关系的规范

《苗族古歌》中直接记载了苗族的家庭关系：儿子的胎盘埋在房柱脚，女儿的胎盘埋在灶房。要杀鸡庆生，用鸡肉抹婴儿的嘴唇。孩子出生，舅舅要送一只鸭，舅妈要送一段布，还要提一罐酒来庆贺。在财产继承上，幺儿养老，父母要送他寨脚田。在兄弟关系上，父亲不在家或去世后，由哥哥担当父亲当家做主的角色③。由此可见，在苗族的家庭中，男尊女卑、舅权为重、长兄当家、幼子继承，这是家庭成员间最基本的相互关系。

家庭关系在葬礼等亲属参加的活动中也有所体现。云南红河地区的彝族创世史诗《阿赫希尼摩》记述了彝族丧葬中的亲属关系："人死要埋葬，人亡要祭奠。老人死去了，要把丧幡做。还要做咯补，要把牺牲杀，热闹来发丧。舅家有人丧，吊丧要带牛。亲戚亡故了，吊丧带猪羊。家族有人故，吊丧带

① 《建寨传说》，载《寨神——哈尼族文化实证研究》，云南民族出版社1998年版。

② 裴阿欠、黑达唱述，木玉璋收集整理《傈僳族叙事长诗创世纪·牧羊歌》，云南民族出版社2004年版。

③ 贵州省少数民族古籍整理出版规划小组办公室编，燕宝整理译注《苗族古歌》，贵州民族出版社1993年版。

公鸡。丧者的女儿，吊丧带熟饭，还要带咯补，还要带糯粑。”[①] 诗中区别了不同亲属的葬礼规范，以表明亲属的亲疏关系。老人死后由亲属发丧，舅家为大，送牛作为丧礼；亲戚为近，送猪羊作为丧礼；至于家族中的远亲，只要送公鸡作为丧礼即可。丧葬活动属于继嗣的内容，在男性继嗣群中，女性是没有地位的，所以，死者的女儿在丧葬活动中也仅仅是带点食物祭拜死者而已。

家庭关系也会表现在对习俗的记载中。柯尔克孜族的《玛纳斯》中，玛纳斯与卡塔依王子阿里曼别特结为盟友后，带王子去家中拜见父母。玛纳斯的父亲见到王子即如久别重逢的亲生父子一般，紧紧拥抱，并揭开王子的衣襟亲吻他的身体，给了王子最亲密的礼节。玛纳斯的母亲则让玛纳斯和王子吸吮洁白的乳汁[②]。这个故事生动地描述了柯尔克孜族的家庭规范，即亲生父子久别重逢，长辈要掀起儿子的衣襟亲吻他的身体，以示亲密；喝过同一母亲乳汁的人，即使不是该母亲所生的儿子，也要视为同乳兄弟。

家庭关系还会表现在祖先的训诫中。藏族英雄史诗《格萨尔》中，当格萨尔作为神下界八十一载即将返回天界时，他对臣民和子孙留下如下训诫：“后代的青年儿孙辈，都要向本尊托性命。上对长辈要敬重，下对弱小不欺凌；对外不暴露自家丑，对内不欺压老百姓；不分尊卑讲话要和气，切忌去做坏事情；要尊敬有恩的父和母，因为福分是他们生；王子嗣位要知奉佛法，它可使地方都安宁；要向土地神去求福，它能使夏季六谷生。”[③] 格萨尔的训诫规定了家庭中的尊卑长幼关系、父母与子女的关系、内外有别的关系和人与神的关系，可谓言简意赅，面面俱到。

（二）婚姻的规范

彝族的史诗《阿赫希尼摩》中讲述了婚姻的起源和男娶女嫁的由来。天神阿赫希尼摩生下万物时，万物虽然分公母，却从不成双对，人与人之间没有亲戚关系，互相不来往。地神黑得坊在处理大雁雄雌时提出：天宫千万物，地上万万千，样样分公母，理应有婚嫁。缝衣给雁穿，打银饰给雁戴，热热

① 施文科、李亮文演唱《彝族创世史——阿赫希尼摩》，载云南省少数民族古籍整理出版规划办公室编《中国少数民族古籍丛书——云南省少数民族古籍译丛》（第28辑），云南民族出版社1990年版。

② 潜明兹著《中国少数民族英雄史诗》，天津教育出版社1991年版。

③ 降边嘉措、吴伟编纂《格萨尔王全传》（修订本），作家出版社1997年版。

闹闹办喜事，从此婚嫁兴。生息的万物，全部要出嫁。天上的姑娘，芳龄到十五，若是不定亲，二十难出嫁。天上的小伙，到了十六岁，若是不说亲，三十不安家。成年不嫁娶，无人看得起，无脸出家门，无脸去干活。别人看见了，人人来取笑。三十不娶亲，若是站地下，没有别人高。若是坐凳上，没有别人大。婚嫁之日，东南西北方，亲朋来相聚。门庭院子里，桌子摆成行，凳子围成圈。桌上摆满肉，凳边放酒壶。酒壶似蝶舞，筷似燕子飞。一日吃三牲，二日吃六牲，三日吃九牲。婚嫁开始时，男嫁女娶最时兴。小伙阿卡嫁给阿妹，虽然有吃有穿，五年回家时，发现父母老迈，便说服阿妹跟他一起赡养父母，并愿意将银首饰和绸缎衣服给阿妹。阿妹贪念财物，将女娶男嫁换成男娶女嫁①。史诗中，男女成婚、男女婚龄、婚姻价值观念都由神仙将天上的规矩搬到人间，而婚宴的热闹铺张，婚后的居住方式则是人间自己定的规矩。

布依族叙事诗《桄铁方》通过一对青年男女的婚嫁讲述了布依族的结婚程序和规矩：铁方到了谈婚的年纪，他央求母亲为他去向姑娘提亲。母亲请了两个媒人来家里商量说媒的事宜，请媒人带上礼糖去向美丽姑娘优花的母亲提亲。但两次提亲均被拒绝，媒人把说媒的礼金退给铁方，说："我们不会做媒呀，把礼物还给主人；我们不会说亲呀，把金子还给主人。"铁方安慰媒人，让他们三番五次再去提亲。媒人对优花的母亲说："十二样彩礼都准备好了，定亲的礼金也带来了，答应了就和我走。你家酒肉要多少？猪羊要多少？开口银要多少？"最后，优花的母亲答应了这门亲事。她说："开口银好讲，如果姑娘肯嫁，酒要九个人抬一坛，猪要一百三十人抬一头。酒肉备齐了，就按先生选定的日期来接新人。"出嫁那天，母亲又向新娘优花讲了当媳妇的规矩："家里有爷有舅，不要对面站，不要对面走；屋里有伯妈，屋里有叔娘，对长辈要敬，对平辈要好；家中有哥嫂，家中有弟妹，待家人要和，待晚辈要亲；家中有矮碗架，家中有高碗架，要舀热饭给爹，要舀热饭给妈；要勤快做家务，管好家里的鸭和鹅。"②。诗中，布依族的婚姻程式依然遵循"父母之命，媒妁之言"的规矩，但父母要尊重子女的选择自由。男娶女嫁的风俗中，男方的彩礼负担较重，说媒先要送礼金，定亲后，要送数量不菲的

---

① 施文科、李亮文演唱《彝族创世史——阿赫希尼摩》，云南民族出版社 1990 年版。

② 贵州省社会科学院文学研究所编《布依族古歌叙事歌选》，贵州人民出版社 1982 年版。

酒和肉，还要给“开口银”。媳妇在婆家需要恪守的规矩有：男女有别，尊长爱幼，不能授受不亲，不能不敬尊长，要守妇道，孝敬公婆，操持家务。

西部少数民族神话与史诗中记载的早期行为规范具有两个显著特点：从内容上看，不同民族由于生存的环境和发展历史的差异，所形成的行为规范也不同。正如美国文化人类学博厄斯在《原始人的心智》（1919 年）中所说：“环境对人的习俗和信仰有重大影响，但这种影响充其量只是有助于决定习俗和信仰的特殊形式。然而，这些形式却主要建立在文化条件的基础之上，而这些条件本身则是历史原因造成的。”① 从结构上看，神话中的早期行为规范是构成神话意义的组成部分，对规范意义的理解不能脱离神话构成的整体内容。例如，神话中的行为规范在结构上表现为行为模式和规范后果两部分，对行为模式和规范后果的意义不能依靠其自身的内容予以解释，而只能将它们放在神话的整体结构和内容中才能理解其意义。关于这一点，法国结构主义人类学家列维－斯特劳斯在《神话的结构研究》（1955 年）中指出：“如果神话有某种意义的话，这个意义不可能存在于构成神话的孤立的单位中，而只能存在于将这些部分组成一个整体的方式中。”②

第二节 西部少数民族神话与史诗中的“活法”

如果仅仅把神话与史诗作为了解人类社会早期法律的工具，实际上只是将神话与史诗作为一种静态的文献予以研究，没有关注神话与史诗作为一种“活态”知识的存在形态。而在现实生活中，很多民族的神话与史诗蕴含着一些地方性知识。它们通过讲述、传唱和仪式等活动代代相传③。在这些民族的

① ［美］弗朗兹·博厄斯著，项龙、王星译《原始人的心智》，国际文化出版公司 1989 年版。

② 转引自［法］克劳德·列维－斯特劳斯著，陆晓禾、黄锡光等译《结构人类学》，文化艺术出版社 1989 年版。

③ 现代英国著名社会人类学家马林诺夫斯基最早注意到神话在现实社会中的功能。在《西太平洋的航海者》（1922 年）一书的第十二章中，马林诺夫斯基专门讨论了特罗布里恩德群岛的库拉神话。他将神话分成三类，即最古老的神话、文化神话和关于拥有巫术的普通人的神话。他认为，“神话被赋予建立风俗、决定行为模式、树立制度的权威和重要性的规范力量”，并满足了人们对巫术和好运的期望，因而具有“为土著人提供非常有价值的行为准则和欲望的归宿”的功能。参见［英］马林诺夫斯基著，梁永佳、李绍明译《西太平洋的航海者》，华夏出版社 2002 年版。

生活中，神话与史诗中的行为规范和规范观念不仅存在于早期社会，而且也是现实社会中实际发挥作用的行为规范和规范观念，是一种建立现实社会秩序的“活法”①。

西部少数民族神话与史诗中的许多行为规范在现实社会中也具有行为准则的功能，尤其是作为本文分析对象的神话中与行为规范相关的规范观念，如神主宰世界的观念、祖先与神同在的观念、因果报应的观念等，仍然深深地影响着当代西部少数民族群众的价值判断和行为模式。正如柯尔克孜族的英雄史诗《玛纳斯》所说：“奔流的河水，有多少已经枯干；绿色的河滩，有多少已经变成戈壁滩；多少人迹罕到的荒野，又变成湖泊河滩；平坦的大地冲成大洞，高耸的山崖变低塌陷。从那时候起啊！大地经历了多少变迁，戈壁上留下了石头，石滩又变成林海，绿的原野变成河滩，山间的岩石已经移迁。一切都留下了巨大的变化啊！唯有祖先留下的史诗，仍在一代一代流传。”②

一、神权的观念

在神话与史诗中往往有“开天辟地”“人类起源”“重大事件”和“英雄事迹”等内容，述说的基本上是无所不能的神创造了万物和人类，却也能毁灭万物和人类，或神与重大事件的关系，或英雄受神的呵护而战无不胜。这些神话和史诗传达着明确的神权观念，即神是万物之主，人类只能服从神的旨意，并以祭祀等活动表示对神的尊敬和畏惧，而对神的冒犯则是不可饶恕的行为。

（一）神是造物主

神创造万物的观念，是西部少数民族神话与史诗中永恒的主题之一。这种观念的核心是：既然神创造了人和与人相关的万物，人就应当知道对神感恩和敬畏。

这里仅以彝族为例，考察少数民族神话中对神创造万物的颂扬。彝族有很多神造万物的神话传说，所讲述的故事虽然有相同的主题，却又生成诸多

① “活法”（The Living Law）是德国法社会学家埃里希在《法律社会学基本原理》（1913年）中提出的与国家法相对的概念，指存在于制定法之外的判例、习惯、民间契约和规范等被人们平常遵守的，真正支配实际社会生活，建构社会秩序的法律。参见［奥］欧根·埃里希著，舒国滢译《法社会学基本原理》，中国大百科全书出版社2009年版。

② 潜明兹著《中国少数民族英雄史诗》，天津教育出版社1991年版。

变化，形成了各种各样生动有趣的故事。在彝族神话《天、地、人、物的来历》中，天神格兹用了九个金果、七个银果变出九个小伙子和七个姑娘，再叫他们去造出天和地来①。《月亮和太阳》中，佛祖告诉天神下面有一枚蜘蛛蛋，天神就把它放在石头上，用回生药擦一遍，再用刀把它剖成两半，一半就成了太阳，一半成了月亮②。《尼苏夺节》中，天神仇格紫的妻子天王母生下了天下万物，而在她生下的二十四个儿女中，长子变成虎上山当了王，次子变成雄鹰翱翔在高空，三子变成龙住进龙宫，其余二十一个儿女变成人分散到各地③。《更资天神》讲述了更资在神匠阿尔的帮助下，建造出宇宙之中九千九百九十九间院子和宫殿的故事④。《苍蝇的金顶和老牛的粗心》中，天神格兹派他的三个儿子和女儿开天辟地，创造出人间的万物⑤。《妮比尔立柱顶天》中，古时候洪水滔天，天地一片混乱，天神就请来了风神、雷神、气神、日神、月神、星神、山神、水神、龙神、火神、树神，在他们的帮助下，一起止住了洪水，拯救了大地万物⑥。《混散造天造地》中，天神混散把自己身边的许多荷花种子撒向四面八方，其中有一朵荷花升上天空变成了天，有四朵荷花铺成了地⑦。《冬德红利诺》中，雷神、风神、云神生出清浊二气，清气上升为天，浊气下沉为地⑧。《妈佛和爹佛音》讲述神通广大的格若山神把自己的姑娘嫁给小花狼，二者生下一个肉球，从里面蹦出来七对男女娃娃，繁衍成今天的藏族、白族、苗族、傈僳族、土家族、彝族等民族⑨。

神的万能和神的辛劳使彝族在观念上对神感恩戴德，由衷地对神表示敬

---

① 云南省元江哈尼族彝族傣族自治县文化馆编《天、地、人、物的来历》，1987 年印。

② 刀干相搜集，岳小保翻译《月亮和太阳》，稿存云南省德宏傣族景颇族自治州民语委。

③ 《尼苏夺节》，载《红河县民族民间故事》，云南民族出版社 1990 年版。

④ 《更资天神》，载《中国民间故事集成·云南卷》，中国 ISBN 出版中心 2003 年版。

⑤ 《苍蝇的金顶和老牛的粗心》，载云南省新平彝族傣族自治县民委、文化馆编《乡泉集》（第一辑），1983 年印。

⑥ 《妮比尔立柱顶天》，载云南省红河哈尼族彝族自治州文化局编《红河群众文化》（第 2 期），1989 年印。

⑦ 《混散造天造地》，载《傣族文学史》，云南民族出版社 1995 年版。

⑧ 《冬德红利诺》，云南省红河哈尼族彝族自治州文化局编《红河群众文化》（第 4 期），1989 年印。

⑨ 《妈佛和爹佛音》，载《中国民间故事全书·云南鹤庆卷》，知识产权出版社 2005 年版。

畏。彝族的《天恩歌》唱道“天地万物都是天神所造，都是天神所赐，天恩浩大”。“大地有万物，是天神所赐，高山有森林，林中有禽兽，平地有河流，河中有鱼虾。天上有日月，是天神造的，万物日月照，能生又能长。日月最公正，日月最慈善，日照万物暖，月照万物亮。天恩真浩大，万物敬仰它。”[①]

不同民族因历史和环境的不同，他们的神话中的神在造物时也各不相同。傣族创世神话《英叭神创世》讲述创世神英叭用污垢做成神桩稳固球体，又用污垢捏成四脚四梁的架子罩住球体，并将球体称为地，将神桩以上的部分称为天，从此有了四大洲和地球上最高的三座山峰[②]。《玛哈腊造天造地》提到，远古的时候，世间没有天地，到处是一片红红的火海，天神玛哈腊一连吹出几十口神气，创造出了大地和天空[③]。在《地球的传说》中，讲述了英叭神王念诵咒语，使用巫术把一个污垢球慢慢变大，最终使其成为罗宗神（地球）的经过[④]。《布桑该雅桑该》提到，天地形成之后，没有任何生物，神仙王派布桑该、雅桑该夫妇把葫芦子撒到天上和地上，天地因此有了日月星辰和植物。后来，夫妇二人又用泥捏成人形和各种动物形状，并赋予其生命。从此，地球逐渐变得生机盎然起来[⑤]。

（二）神是人间的管理者

在神话与史诗中，神不但创造了万物，而且也管理着人间的一切。

还是以彝族的神话为例。在神话中，神安排了人间的秩序。《天恩歌》讲人分官与民是天神安排的：“大地有人类，是天神所造，红泥人做官，绿泥人做民。”[⑥] 在神话中，《策格兹与黑夺方》讲日月星辰的秩序是神安排的：造物神策格兹上天后，替地上的黑夺方安上日月，使人间分出白天黑夜，又在天地间布上云雾，使世上有了晴天阴天[⑦]。《更资天神》讲动物的天性是神安

---

① 《天恩歌》，载云南省元江哈尼族彝族傣族自治县地方志办公室编《元江史志通讯》（第3期），1988年印。

② 《英叭神创世》，载《西双版纳傣族民间故事集成》，云南人民出版社1993年版。

③ 《玛哈腊造天造地》，载《傣族文学史》，云南民族出版社1995年版。

④ 《地球的传说》，载《西双版纳傣族民间故事集成》，云南人民出版社1993年版。

⑤ 《布桑该雅桑该》,载《西双版纳傣族民间故事集成》,云南人民出版社1993年版。

⑥ 《天恩歌》，载云南省元江哈尼族彝族傣族自治县地方志办公室编《元江史志通讯》（第3期），1988年印。

⑦ 李春福讲述《策格兹与黑夺方》，（稿存云南省石屏县党史县志办公室李朝旺家，5200字）。

排的：天神为各种各样的动物分工，以明确各自的职责，才使得至高无上的天宫有规有矩、秩序井然、热闹繁荣而又庄严神圣。《小燕喜住新居的故事》讲人与动物的关系是神安排的：天王定下人盖好的新房要给燕子先住的规矩①。《娶嫁的传说》讲人类的婚姻是神安排的：远古的时候，男的不会娶妻，女的不会嫁夫，玉帝便派四仙女到人间教人们繁衍后代。从此，男人才学会了娶妻，女人才学会了嫁夫②。《天摩涯寺的传说》讲声音的传递是神安排的：天摩涯寺的钟声只能传出三十里的原因是人不遵守“神谕”被神惩罚的结果③。

在神话中，通过神的安排，人居于万物之中心，成为世间万物的主人。彝族的《争世主》中，盘古开天地后，世间生灵众多，为了生存，互相争斗不息，天神只好让兽、禽、鱼及人比赛本领，胜者为统治者，败者为被统治者。经过多次角逐，人类因老鹰相救，用两石摩擦起火星，点燃干柴草，熏得兽类、鱼类、禽类逃走，哀啼求饶，愿服人管。人当了统治者，又分封各王——大象为陆地王，狮子为兽中王，龙为水中王，鹰为飞禽王，鸱为夜禽王。而老鹰救过人祖的命，它便可以叼吃鸡、鸭、鼠④。这些神话借助神的安排，把人类中心主义的观念与神权结合起来，成为一种神圣的观念。

彝族神话中描写的这些神的管理活动，在其他民族的神话中也有类似的故事。以哈尼族神话为例做比较。《天神的椎栗树》讲，天神撒万物种子的时候，最先长出来的树是椎栗树（图腾崇拜物）。有一个名叫虚纪的人把椎栗树从天上偷了回来，栽在地上，椎栗树里就有布谷鸟飞出向人们报告春耕的时间。有了椎栗树，天神、地神才有了年月日，天地间的一切活动也才变得很有秩序⑤。《天地人的传说》讲到，各种神灵祭牛补天地，牛血变成了彩霞，牛角成了彩虹，牛的鼻涕做了雨水，牛的泪变露珠，牛的气做云雾，牛的左眼做太阳，右眼做月亮，牛的牙齿做星星，牛皮绷天鼓发雷声，牛的大肠、小肠、肚子做大

① 《小燕喜住新居的故事》，载云南省武定县文化局、民委、民间文学集成小组编《武定县民族民间文学集成》（油印本），1988 年印。

② 《娶嫁的传说》，载《哀牢山彝族神话传说》，云南民族出版社 1990 年版。

③ 《天摩涯寺的传说》，载云南省巍山彝族回族自治县民间文学集成办公室编《南诏故地的传说》，1987 年印。

④ 《争世主》，载云南省红河哈尼族彝族自治州民族研究所编《红河民族语文古籍研究》（第 6 期），1986 年印。

⑤ 《天神的椎栗树》，载《奕车风情》，四川民族出版社 1984 年版。

地上的江河湖泊，牛肉拿来做大地的肥料，牛的四条腿脚，做了东南西北四棵抵天柱。从此，天地间有了万物，分出了昼夜，有了五谷、飞禽走兽、树木花草，人类也才能安居乐业[①]。《哈巴卡的传说》讲述，天神派仰者下凡，教会人们唱四季歌，让人们分出年月日，知道按节令栽种，按时过节、祭祀[②]。《慈姑认年月》提到，以前的人不会分大小，没有年月日的概念，婚配也没有规矩。人神烟蝶蝶玛指大慈姑树给人们看：大家发现大慈姑有十二条根，就知道一年有十二个月；发现大慈姑有三百六十片树叶，才知道了一年有三百六十天；发现大慈姑有三十朵花，才知道一个月有三十天。从此，人间才有了生产生活的指南[③]。《人为什么分等级》讲，创世时期，人不分等级，生活没有任何规矩。后来天神俄玛（哈尼族最高等级的大神）栽下一种草，它有根有秆没有叶，会开花结果。果实掉到天河里流到人间，所有会动的东西吃到它就比没有吃到的高一等：老虎、豹子吃了，就变成老虎王、豹子王；麂子、马鹿吃了就变成麂子王、马鹿王；人吃了就变成头人、莫批和工匠（哈尼族社会中的三种能人），他们的地位比平常的人要高出一等[④]。

（三）敬神是人的义务

既然神是造物者和管理者，对神的感恩和敬畏，就是人的义务。而且这种义务不能停留在观念上，必须表现在人的行动中。在现实社会中，神话与史诗中塑造的神，使传诵神话和史诗的民族与他们的祖先一样将神视为造物主、管理者，并自觉地履行对神的信仰、祭拜义务，以求神对他们的庇护。在西部少数民族的生产生活中，这种神权的观念往往通过各种祭祀和节日活动表现出来。

在四川的羌族叙事长诗《羌戈大战》中，与羌族祖先发生战争的戈基人偷吃了天神的神牛，并且不敬天神，天神便助力羌族祖先打败基戈人，夺取基戈人的土地，从此奠定了羌族社会繁荣的基础。战后，羌族首领带领羌族人设白石台祭天，感谢天神阿巴木比塔的恩泽和羌族始祖女神木姐的引领[⑤]。

① 《天地人的传说》，载《中国民族神话精编》，晨光出版社 1995 年版。

② 《哈巴卡的传说》，载云南省元江哈尼族彝族傣族自治县文化馆编《元江民族民间文学资料》（第一辑），1981 年印。

③ 《慈姑认年月》，载《哈尼族神话传说集成》，中国民间文艺出版社 1990 年版。

④ 《人为什么分等级》，未刊稿（文稿由云南省社会科学院史军超保存）。

⑤ 罗世泽整理《羌戈大战》，载罗世泽、时逢春整理《木姐珠与斗安珠》，四川民族出版社 1983 年版。

现在，羌族祭天的仪式已经演变成现代羌族的节日，每年农历四月羌族的祭山会和农历十月初一羌历新年，在祈求丰收或庆祝丰收的同时，祭祀天神木比塔和羌族祖先是节日的主要活动。现行《阿坝藏族羌族自治州自治条例》还将羌历新年确定为法定节日，该条例第71条第3款规定："自治机关尊重各民族的传统节日。藏历新年、羌历新年分别休假三天。"

云南峨山彝族的习俗歌《贺神明》，是当地每年举行庙会时都要重申的祈灵求福的颂词，共五节，每节六句，包括颂扬白牛土主、圣母娘娘、弥勒古佛、牛王马王、财神老爷的歌词。人们举办庙会，正是为了祭祀这些分管不同人间事务的神灵，以达到"全得耕牛像狮子，所幸骡马赛麒麟，五谷丰登人畜旺，万民幸福乐无疆"的目的[①]。

哈尼族是对神最为崇敬的民族之一，在每年的生产活动和节日的祭祀活动中表现对神应尽的义务。以下是西双版纳哈尼族在一年的生产活动中对神的祭祀活动。"奇拉胡西"，农历正月初一，祭祀天地日月和风雨雷电诸神，以求一年之中风调雨顺。"洪皮牙冲"，农历二月，在砍树烧荒、翻挖土地后，对耕地神的祭献。"牙卡皮娄"，农历二月，撒鸟旱谷前对谷神的祭祀。"里玛主"，农历二月，祭拜布谷鸟。因为布谷鸟是天神派来通知人们栽种节令已到的使者，故对其祭献。"罗活索"，祭拜水神。他们认为水最为重要，凡水井、山泉、沟水、河水、龙潭水、田水，皆有四时祭献，以农历二月"罗活索"最盛。在泉边水源，以螃蟹、蟹、石蚌等祭献水神，祈求田水丰足。"卡沃朋"，农历二、三月，开秧门，献秧神、田神。"洪西洪米"，农历二、三月，祭祀土地神，"洪西洪米"意为"新的一年农事活动的开始"，含"送旧迎新"之意。"宗米乌"，农历三月，是对人神、庄稼神、牲畜神的总祭祀。"德龙和"，又称"祈求田魂安稳"，祭田坝，农历三、四月，祭田神和秧神。"祭磨秋"，农历六月，祭祀威咀、石批（保佑丰收的神）。"密斯罗"，农历七月，宴请土地神密斯。"嘎玛妥"，农历七月，谷子将熟，祭路神，以备秋收。"活息哑"，农历七月，献谷神，尝新谷。"策机罗"，农历十月，祭谷仓神，求新谷平安人仓。"扎勒特"，农历十月，过大年，谢一年来诸神垂顾。

此外，《有关哈尼族"苦扎扎"节由来的神话故事》中，把哈尼族的"苦扎扎"节描述为是神对哈尼人的惩罚和哈尼人对神祭祀的义务。祭祀歌唱

---

① 《贺神明》，载《峨山民间文学集成》，云南民族出版社1959年版。

道："听啊，那远古的时候，哈尼先祖去烧山，哈尼先祖去开田，早上烧出的山是九架，晚上开出的田是九块，烧山烧黑了九十九架大山，开田开出了九十九个山坡……熏得野猪的一家老小去跳崖，烧死了狐狸家的七个儿子，挖倒了蚂蚁七代的老窝，挖断了蚯蚓兄弟的脖子……"由于烧山开田时，哈尼人得罪了山上的大小动物，它们就上天向梅烟天神控告哈尼人的罪行，住在洞里的老熊和野鼠的证据是："梅烟天神，我们没有了在处，我们打失了歇处，哈尼为了养活自己的儿孙，天天来烧山开田。不烧的山一架没有了，不开的田一块没有了，烧山烧倒了岩洞，老熊没有在处，开田挖坍了地洞，野鼠没有在处。天神啊，我们要断子绝孙了，快叫哈尼歇手吧，快叫他们不要上山来……"天神据此裁决如下："野物们，我定下新的规矩：每年六月来到的时候，要重重地惩罚哈尼人，不分老人小娃，不分男人女人，都要轮流吊在半空中，活活饿死哈尼人!"不过，万能的大神梅烟，又来教受苦的哈尼："哈尼，我的儿孙，每年苦扎扎的时候，不准再杀男人，在杀人供祭的秋场上，我立起高高的荡秋和磨秋，在杀人供祭的秋场上，要杀翻最壮的那头牛，砍下牛头顶人头，拿来供献天上的神……"之后，苦扎扎的时候，九山的野物来到哈尼村寨，看见哈尼的男女老幼，一个一个被吊到了天上（打荡秋），看见所有的哈尼人，一个一个被绑上了木头（打磨秋），得到了天神的惩罚，人人发出了痛苦的声音（欢乐的喊声）……从此就再不上天告哈尼人了①。今天，"苦扎扎"已经变成了哈尼族的盛大节日之一，惩罚变成了娱乐，但祭祀神的规矩并没有改变。在哈尼族"苦扎扎"节的祭献仪式上，村民们供奉神灵时排列的顺序、与神共享时座椅的远近及向神灵的象征者——村寨头人、德高望重者——敬酒时的先后顺序都有着严格的规定。在哈尼族"苦扎扎"节的祭献仪式上，莫批和咪谷会率领一帮壮汉，在秋房旁边宰牛祭天，先用牛血、牛头、牛腿和牛肝祭献天神，然后看牛肝判读神灵的启示，了解全村一年的运势②。哈尼族过"十月年"祭祀天神时，大咪谷要先做祈祷："尊贵的莫咪，今天用漂亮的公鸡祭献你，请你保护三层人丁、三类庄稼、三种牲

---

①《有关哈尼族"苦扎扎"节由来的神话故事》最少有两个版本，均载于朱小和演唱，西双版纳傣族自治州民族事务委员会编《哈尼族古歌》之《窝果策尼果》（古歌十二调）第十五章《奇虎窝玛策尼窝》（十二月风俗歌），云南民族出版社 1992 年版。

② 参见莎贝《六月之礼——哈尼族"库扎扎"节礼俗》，《民族食风》2001 年第 2 期。

畜，管粮的色关阿收来，管人的天神欧户农博来，管畜的天神奎么阿热来，一天不能来一次，三天一次一定要来，我们在天神的庇护下，人粮畜才能发展。”① 同样，祭寨神时所用的牺牲的数量、颜色、摆放等方面都有类似的明确规定。接下来，牛头挂在磨秋桩上，牛脚和牛头留在秋房，由莫批、咪谷和村中长老享用，其余的牺牲按全村户数平均分配。各家把分到的牺牲供在火塘上方的竹笆上，祭献家族祖先。祭毕，煮熟牺牲全家共食，此时若有家庭成员远走外出，要给他留下点，等他回来时再吃，因为这是神赐的食物，吃了便能不遇灾祸、平安健康。

二、祖先崇拜的观念

在西部少数民族神话与史诗中，与神关系最紧密的是这些民族的祖先。祖先或者是神，或者是神的朋友，或者是神的创造物。祖先与神的关系一方面提高了本民族的地位，另一方面也奠定了祖先与长辈在族群中的神圣权威。

（一）祖先是神

在神话与史诗中，西部少数民族的祖先往往与神有关，他们或者就是神，或者是神的后代，或者是化为神的动植物的后代。

在藏族英雄史诗《格萨尔》中，格萨尔直接就是天神投胎下凡。而在蒙古族的英雄史诗《江格尔》中，祖先与神一样是江格尔的保护神。在江格尔拯救英雄洪古尔的故事中，江格尔与一个本领高强的小妖厮打了二十四天不分胜负，江格尔削铁如泥的宝刀碰到小妖如同碰到石头。最后，江格尔发现了小妖的致命要害，拽出小妖的心脏，哪不知心脏喷出三股烈火围住江格尔，江格尔急忙祈求神灵和祖先降雨灭火，才逃过一劫②。

哈尼族很多关于人类起源的神话中，人的祖先往往是神的后代。例如，《祖先鱼上山》讲，从地球形成后过了几千万年，祖先鱼生下了天地万物，生下了“有”和“无”，生下了“黄”“红”“绿”“黑”各种颜色，生下了“生”和“死”，生下了“大”和“小”，生下了七十七个兄弟，最后生下的一个是“半”③。《青蛙造天造地》谈到，远古的时代，没有天，没有人烟，

---

① 此时，各户人家在自家屋顶上或自家大门口摆一张桌子，点三盏油灯，烧三炷香，准备酒、茶、糯米饭各三碗，外加一大碗米。要求活祭、生祭、熟祭共三次，全家人分三次朝天磕头。

② 潜明兹著《中国少数民族英雄史诗》，天津教育出版社 1991 年版。

③ 《祖先鱼上山》，载《哈尼族神话传说集成》，中国民间文艺出版社 1990 年版。

海龙王命青蛙大臣去造天地。青蛙怀孕后，生下了一对双胞胎，男的叫纳得，女的叫阿依；之后，二人再把青蛙吐的吐沫掺在石土里，造出天地、日月、风雨和五彩云霞，以及各种动植物①。《十二奴局》讲到人和动物的始祖塔婆（女神）是半人半兽的混合生物。哈尼族的头人、莫批、工匠这三种极富权能的上层统治人物，对应着天上的三种大神，他们分别由大公鸡、老母鸡、太阳孵化出来。《天地人的传说》提到，远古的时候，大海中那条大鱼的脊背里送出来一对人种，男的叫直塔，女的叫塔婆。因此，最初的人种是直塔（男神）和塔婆，他们头胎就生下二十一个娃娃，老大是虎，老二是鹰，老三是龙，剩下的九对才是人②。哈尼族神话中还将象征祖先的老人神化，以告诫人们遵循敬老爱老的道德理念。在《格朗和的由来》中，云南勐海县有一个叫格朗和的地方，以前的地名叫“南互”，那时庄稼经常颗粒无收，人们的日子过得十分清苦。一天，一对名叫阿散的夫妇接待了一位化了装的神仙爷爷，老人留下烟盒感谢阿散夫妇，这个烟盒给南互寨带来了福气，后来人们就把南互改成了格朗和（意即福气大）③。

哈尼族神话中将祖先奉为神，神话中也有许多祭祀祖先的活动和规矩，这些活动和规矩现在仍然保留在哈尼族社会中。在节庆、婚丧仪式、房屋落成典礼和其他祭祀活动中，哈尼族会像神话《哈巴卡的传说》中一样，在酒席上唱各种赞颂祖先的歌，这类歌以“严肃”著称，叫“酒歌”④；会像创世神话《棕扇舞》中讲的那样，每年农历二月属牛日或属虎日，全村人都去神树下跳棕扇舞纪念祖先“奥玛妥”⑤。

（二）祖先是英雄

蒙古族的英雄江格尔和洪古尔7岁开始就在征战中显露英雄本色，具有先知能力的英雄阿拉谭策吉预言：江格尔将是勇猛无双的英雄，要不了多久，千百万东方的魔王将会为之归服。江格尔又是无私无畏、心怀坦荡的圣主，

---

① 《青蛙造天造地》，载《哈尼族神话传说集成》，中国民间文艺出版社1990年版。

② 《天地人的传说》，载《中国民族神话精编》，晨光出版社1995年版。

③ 《格朗和的由来》，载《西双版纳哈尼族民间故事集成》，云南少年儿童出版社1989年版。

④ 《哈巴卡的传说》，载云南省元江哈尼族彝族傣族自治县文化馆编《元江民族民间文学资料》（第一辑），1981年印。

⑤ 《棕扇舞》，载《中国民族民间舞蹈集成·云南卷》（上册），中国ISBN出版中心1999年版。

将会有六千又十二名勇士云集在他身边，未来江格尔的英雄业绩将光照四方，英名也会远播传扬①。

柯尔克孜族的英雄玛纳斯在征战中受伤致死，临死前，玛纳斯述说了自己的英雄业绩："我即将走完一生的里程。我怎样估计自己？我集聚了四十多个少年，把他们由雏鹰培养成勇士，我们都坚强地战斗，歼灭敌人。我把受尽苦难的柯尔克孜人，由受压迫的奴隶变成强大的民族。现在这一切都要烟消云散了，我就要和大家诀别，即将离开人世。"②

除了英雄史诗中把祖先塑造成英雄之外，神话传说中的祖先中还有很多平民英雄。《火把节的传说》（三）讲，彝族小伙子阿查与山官头人魔哈赛马比剑，不幸坠入深渊。姑娘诺娜因四处寻找阿查，累死在悬崖之下，诺娜的父母也被魔哈杀害。阿查遇险回来后，与众乡亲一起商量复仇的办法。次日，阿查就带领乡亲们高举着上千支火把奔到魔哈家，焚烧魔哈宫殿，烧死了魔哈，不但为诺娜报了仇，也为乡亲们解了恨③。现在，火把节成为各地彝族群众的民族节日，不论火把节的传说有多少种，祖先的英雄事迹是火把节的重要起源之一。

哈尼族不但在神话中歌颂作为平民英雄的祖先，而且把生活中的父母也视为与祖先一样的平民英雄。《玛勒携子找太阳》中，远古的哈尼族祖先们做出找太阳的决定后，一个名叫玛勒的妇女说："人虽然不能活几百岁，但我怀有身孕，我走不完的路，可由我的孩子来接着走。只要认定一个方向，子子孙孙走下去，终会找到太阳的。"经过艰苦的努力，一百多年后，哈尼族终于在自己的家乡看到从东方烧起的冲天大火，把太阳找了回来④。现在的哈尼族村寨中，除了在节日活动祭祀祖先，对祖先的祭祀更多是表现在丧葬仪式中。哈尼族的"莫搓搓"葬礼把死去的父母奉为与祖先一样的英雄，因为他们生前为家庭和家族贡献了一生的辛劳。父母的灵柩被要求在家中放置三五个月，每个月的第十二日还要举行一次隆重、庄严的守

① 潜明兹著《中国少数民族英雄史诗》，天津教育出版社 1991 年版。

② 潜明兹著《中国少数民族英雄史诗》，天津教育出版社 1991 年版。

③ 《火把节的传说》（三），载《大姚县民族民间文学集成》，云南民族出版社 1991 年版。

④ 《玛勒携子找太阳》，载《中国民间故事集成·云南卷》，中国 ISBN 出版中心 2003 年版。

灵仪式，称作“莫伤”，意为守老人。在“莫伤”当天进行午餐时，丧家要杀鸡或宰羊，请本村男性家长和外村近亲享用，也要吟唱守灵古歌。当夜幕缓缓降临之际，本村和外村众多男女青年多自动聚集在丧家的房前屋后，吹拉弹唱，欢歌作乐，跳“莫伤”舞、“木雀”舞①、“棕扇”舞②。也有借机选择对象的。大家彻夜歌舞、狂欢不止。而专职妇女在葬礼场合伤心哭唱“咪煞威”时，其中以由专门的“谜煞威”女歌手（不是主祭莫批，亦非死者亲戚）以儿女身份替亲属代哭的最为特殊。她历述父母生前建家立业之辛劳，养儿育女之大恩，而今别离之悲痛。音调之悲切、情感之真挚，常使在场者怆然泪下。但一段哭毕，歌手却谈笑风生……为之动情者也往往将泪水一抹，称道起歌手哭歌的能耐③。

（三）祖先是规矩

祖先具有神和英雄的地位，祖先也就是应当敬畏的权威。在很多西部少数民族的观念中，祖先留下来的规矩便是神圣不可逾越的行为准则，这些规矩是生活的经验，是神谕箴言，一旦违反，便有灾难降临。

在云南西双版纳傣族的《谈寨神勐神的由来》传说中，傣族先民的第一个首领名叫沙罗，他之所以成为首领，凭借的是自身的素质、威信以及民众的推选。沙罗作为第一个发现能以猎物代替野生植物为食物的人，有着许多猎取动物的经验，被推选为猎首盘巴。作为首领，沙罗最初充当的角色也没有什么特权，仅仅是带领民众打猎而已。但是，随着猎物的短缺，生活秩序的混乱，沙罗以首领的身份宣布了这样的规矩：“听啊，所有的人们听着，鱼

① 关于木雀舞的民间传说是这样的：过去有一家姓卢的人家，有一个小孩全身长了癞疮，一直医治不好，父母就把他养在山洞里。后来飞来一只小雀，天天舔他身上的疮，慢慢地帮助他治好了疮。病愈后，他回到家中时父母都已死了，村里的人都不认他，他只好到村外杀牛祭奠父母，并用树木制成了小雀。在祭祀仪式中，他手拿着木雀，边跳边念：“我是你们的儿子，是小雀救活了我。”也因此，木雀舞规定只有姓卢的人家才能跳，但也形成了当老人去世时要杀牛祭奠，甚至跳木雀舞送葬的习俗。

② 有关棕扇舞的民间故事是这样的：远古时，一位哈尼族祖先要将棕扇舞教给中老年妇女，但是舞蹈尚未教完，这位祖先就升天了。祖先的拐杖插在村头，长成了参天大树，人们就把它看作是祖先的化身，以后每逢农历二月属牛或属虎日，全村人都会去神树下跳这种舞纪念祖先，表达人们对祖先的崇敬之情。于是，就形成了哈尼族一个隆重的祭祖节，称为“阿玛突”。

③ 李元庆《云南省红河州哈尼族民歌概述》，载《中国云南红河哈尼族民族民歌》，云南民族出版社1994年版。

儿有头，蜂子有王。从今天起，我就是你们的头，你们就叫我盘。活着我是你们的盘，死后我是你们的神。不管打得麂子，不管打得马鹿，从头到脚，从肠到肚，从心到肺，从皮到骨，都要平平分，大家一起吃，大家一起饿。我是你们的盘，我就是你们的神。现在我老了，牙齿已落光，皮和骨我啃不动，要拿里肉送给我。我死后还有我的灵魂在。告诉你们吧，'魂'，就是'鬼'，'鬼'就是'神'。我会给你们拴住马鹿，我会给你们撵来麂子，我会给你们驱散灾难。现在我活着，大家听我管，到我死了，你们也要设祭台，要祭我的魂。要是你们把我忘记了，麂子马鹿会跑掉，大火会烧天。不管什么人，打得麂、鹿，捕得野猪，就是捉住松鼠，也要分给大家尝，用里肉祭鬼神。有苦大家受，有乐大家享，子孙才兴旺，谁违背我的话，我的神就要惩罚他，叫他死得成。"[①] 沙罗的这番话近似咒语，却规定了人们的行为准则。现在，云南西双版纳傣族地区，鬼神观念及与鬼神观念融为一体的行为规范依然深入人心[②]。

"昂玛突"（护寨神）是哈尼族远古时代的英雄祖先，曾经拯救村寨于危难之中，村寨里的所有成员都是在他的保护之下才获得平安[③]。今日哈尼族"昂玛突"祭寨神的仪式与对"昂玛突"的神话信仰就密不可分，神话中哈尼族的先民到了某个时候就要"举寨欢乐饮宴"，举行"昂玛突"，祭祀仪式所依据的时间、地点，祭献仪式时牺牲的种类和数量，参加者的范围，甚至还有对牺牲的宰杀禁忌、食用禁忌等规定，都被认为是祖先留下来的规矩，在今天哈尼族的"昂玛突"节日中仍然被遵循。

三、因果报应的观念

西部少数民族神话与史诗中表达得最彻底的观念是因果报应。各民族的神话与史诗中，人与神、人与自然、人与人的关系处处存在因果报应，行为与结果之间彰显着的价值观就是：善有善报，恶有恶报。西部少数民族神话与史诗中表现的因果报应观念，体现在古代的人和现代的人都可以观察到的

---

① 岩温扁译《谈寨神勐神的由来》，载《祜巴勐·论傣族诗歌》，中国民间文学出版社 1981 年版。

② 张晓辉《傣族村寨民俗中的习惯与习惯法：民族志两则》，《云南大学学报》（法学版）2008 年第 5 期。

③ 《阿波仰者》，载云南省元江哈尼族彝族傣族自治县民族事务委员会、文化馆编《罗槃之歌》，云南民族出版社 1985 年版。

自然现象和社会现象中。其中反映的因果关系基本上是大人小孩最容易判断的简单因果关系。所以，因果报应的观念并不因为社会的变迁而改变，反而随着神话与史诗的流传而代代相传。现在，西部少数民族村寨中的村规民约和仍在实行的习惯法中的核心理念，依然是因果报应的观念的反映。

彝族创世史诗《阿赫希尼摩》描述的因果报应的故事最为生动：在现在的人类诞生之前，世上只有竖眼人。竖眼人时代，“人间乱如麻，天下不安宁。大人骗小孩，小孩骗大人。杀猪不祭祖，杀鸡不敬神。不把青香烧，也不把烛点。道理全不要，礼节都丢光”。为了惩罚竖眼人，地神将粮食的种子收回，天神将乾坤门锁闭，世界一片黑暗陷于混乱。后经天君的许可重开乾坤门，但竖眼人仍然不知悔改，不懂礼和德。于是天神专门为他们制定了规章、礼俗和节令。可是竖眼人我行我素，无视规矩，“正月不祭龙，初一不烧香。十五不献水，六月不杀牛。腊月不杀猪，不把天地祭”。天君下令处罚，六年不下雨，粮食颗粒无收，竖眼人祭天祭龙王，才得风调雨顺，粮食丰收。竖眼人过上好日子后，又不守规矩，不敬天神。最后天神大怒，发大洪水毁灭了竖眼人，只留下善良款待天神的彝族始祖阿谱都阿木，重新创造出守规矩、敬天神的新人类①。

柯尔克孜族的英雄史诗《玛纳斯》在讲述玛纳斯的征战故事中，因果报应是永恒的主题。例如，第二次出征的原因就是卡勒玛克人不遵守玛纳斯与他们的约法三章，名叫肖鲁克的汗还骚扰玛纳斯的盟友哈萨克人，结果玛纳斯率兵杀死了肖鲁克，并将肖鲁克的女儿和40名侍女作为战利品分发给众英雄当妻子。在第五次出征中，玛纳斯的敌人卡尔洛夫强迫部下作战，导致部下产生厌战情绪；而玛纳斯在停战期间开荒种地，丰衣足食，吸引敌对部落的百姓纷纷投奔于他，最后轻而易举地战胜了卡尔洛夫②。

在日常生活中，因果报应也是普通人从生活经验中获得的观念。彝族神话《龙女》（一）中，鲁塘基崖默是老龙王的一位心地善良的女儿，她提出要代替老父去巡察人间，并装成乞丐到多个彝家村子走访，哪儿对她好，她就给那里点出大小不同的龙泉水。当地龙水洞、一碗水、黄草坝龙潭等都是这样得来的③。《玉泉山》中，古时候云南华宁县青龙乡有个村子叫玉泉山，

---

① 施文科、李亮文演唱《彝族创世史——阿赫希尼摩》，云南民族出版社1990年版。

② 潜明兹著《中国少数民族英雄史诗》，天津教育出版社1991年版。

③ 《龙女》（一），载云南省玉溪市文化局、民委、文联、群艺馆编《玉溪市民间文学集成》，1989年印。

干旱无水。一天，村里人都做了同样的梦，根据梦示，大家合起来杀了一头猪祭祀山神，并很轻易挖出了一股很大的泉水。村人非常珍爱这股清澈甘甜的泉水，每年都要杀猪祭祀山神，玉泉山也因此得名①。

在彝族神话中，因果报应不单是对人而言，就连神做错了事，也会遭报应。《雨神龙踏恣》里的雨神由于误信假传的旨意，造成了灾难，人间的屋舍被冲、田园干枯，为了弥补罪过只有砍下自己的头喷血补雨②。《神龙降雨》说，黑白两条小龙，被父亲派到撒梅人居住的地方为人间降雨。然而，白龙天天睡懒觉、下冰雹，毁坏庄稼、伤了人。黑龙很生气，便与白龙扭打起来，扭断了它的一只角，惩罚了白龙③。《火把节的传说》（一）说，远古的时候，一恶神依天皇指令到人间暴敛百姓，人们愤怒地点燃千万把火把将天梯烧倒，并经过九天九夜战斗，把恶神杀死④。《左土司斗龙的传说》中，在左土司的故乡祖房箐的水塘里有条大黑龙，与老土司是亲家。自新土司袭任后，黑龙恶性发作，不下雨，新土司只得宴请黑龙，给它送些银两，请它给水。但黑龙不守信用，还要千猪万羊。新土司生气了，便带村民在六月十八这天在水塘边，见洪水冒出，就丢石头，见清水冒出，就丢包子，以示赏罚分明⑤。

上述这些神话与史诗中的行为规范和规范观念经过口耳相传、耳濡目染的濡化过程，成为神话与史诗拥有者的西部少数民族群众知识体系中的重要内容，当现实生活中发生某个事件，他们便会从本民族神话与史诗中寻找相关的行为规范和规范观念，以获得对事件处理的认识。这种认识不仅控制着他们的行为，而且解释着他们的行为。实际上，这些来自于神话与史诗中的“活法”就是所谓的地方性知识。美国阐释人类学家吉尔兹在《地方性知识：从比较的观点看事实和法律》（1983 年）中指出：法律“乃是一种地方性知识，这种地方性不仅指地方、时间、阶级与各种问题而言，并且指情调而言——事情发生经过自有地方特性并与当地人对事物之想象力相联系。我一

① 《玉泉山》，载《中国民间故事集成·云南卷》，中国 ISBN 中心 2003 年版。

② 《雨神龙踏恣》，载《新平县民间故事集成》，云南人民出版社 1999 年版。

③ 《神龙降雨》，载云南省昆明市民间文学集成办公室编《昆明民间故事》（第一辑），1987 年印。

④ 《火把节的传说》（一），载云南省华宁县文化局、文化馆、民委编《云南民间文学集成·华宁县集成卷》，1989 年印。

⑤ 《左土司斗龙的传说》，载云南省巍山彝族回族自治县民间文学集成办公室编《南诏故地的传说》，1987 年印。

向称之为法律意识者便正是这种特性和想象的结合以及就事件讲述的故事，而这些事件是将原则形象化的”①。

第三节　西部少数民族的神话、史诗与规范变迁

西部少数民族神话与史诗在记载行为规范和规范观念的同时，也描述了规范起源与发展和环境与社会变迁的关系，从而为了解少数民族的规范变迁提供了丰富的材料②。

一、神话与史诗中的规范变迁

神话与史诗的描述中常常记述影响规范变迁的事件和规范变迁的过程。例如，对于以农耕为主要生产活动的傣族来说，土地是基本的生产资料。在云南西双版纳傣族的创世史诗《巴塔麻嘎捧尚罗》中可以找到土地私有的起源和使之变迁的事件。史诗详细地描述了当时的氏族首领桑木底确立土地私有规范的过程：“那时候的人，虽然有了王，谷多人心大，抢地互不让。都说这片是我种，都讲那片是我撒。说着就动手，相抢人打架。帕雅桑木底，这才意识到，不把地域分，世道还要乱，争吵难防止，斗殴会发生。帕雅桑木底，就率领众人，去划分田地。用细竹竿丈量，大小都一样，分得很合理。他把大片湿地，划分成无数块，以长十九尺，宽处为七尺，定为一畦田。沿田边栽桩，沿田边垒埂，把地分开来。从那时候起，各种各的地，各收各的谷，不再争田地。”③ 从中可以看出，当时私有观念已经产生，但是并没有相应的规范保障人们的财产权利，于是氏族内部出现了争斗的情况。在这种情形下，桑木底凭借首领的权力，完成了对私有财产的划分和确认。他按照均分原则将土地划分得“大小都一样，分得很合理”。同时，他也通过土地的划分制定了保护私有制的规范，即“各种各的地，各收各的谷”。

---

① ［美］克利福德·吉尔兹著，王海龙、张家瑄译《地方性知识——阐释人类学论文集》，中央编译出版社 2000 年版。

② 英国新功能主义人类学家格拉克曼在对非洲部落社会的研究中，将历时性研究引入对非洲社会的研究，认为非洲的历史存在于神话传说中，透过关于社会制度进步发展道理的传说和将变迁吸纳进去并对信仰体系具有支配作用的固有观念，以及社会中安排现存秩序的历史事件就可以发现非洲的历史。参见 M. Gluckman, *Politics, Law, and Ritual in Tribal Society*, London: Bail Blackwell, 1965.

③ 西双版纳州民委编，岩温扁译《巴塔麻嘎捧尚罗》，云南人民出版社 1989 年版。

藏族的英雄史诗《格萨尔》中，格萨尔的叔叔达绒长官晁通（又译作“超同”）对格萨尔讲处世的道理：“幼年、青年和老年，是人生旅途的三装饰。青少年时有慈父母，常乐到老福无止。上师、弟子和施主，是修行人的三装饰。勤修法，师徒双方悦，修得正果都欢喜。首领、大臣和属民，是世间福禄的三装饰。德政感人君臣悦，保民怀德都欢喜。父叔、弟兄和子侄，是部落声誉的三装饰。以计服敌双方悦，相亲相爱亲人都欢喜。婆婆、女儿和儿媳，是家庭兴旺的三装饰。心口一致双方悦，长久相安都欢喜。亲人、友人和熟人，是世间快乐的三装饰，相互有利双方悦，赤诚无私三欢喜。太阳、月亮和星星，是湛湛青天的三装饰。温暖的阳光照世界，同在宇宙不分离。云雾、雷鸣和甘霖，是茫茫太空的三装饰。相互为伴相互依，共传福音为大地。草籽、庄稼和果实，是肥沃土地的三装饰。安排人畜得安乐，争艳增辉不相离。爸爸、叔叔和侄儿，合为岭噶布的三装饰。共谋良策降四敌，安乐相伴不分离。”格萨尔识破晁通的花言巧语和伪善的规训说教，尖锐地反驳道：“小孩无知亦无识，青春年少不懂事；老来昏庸无羞耻，长乐到老不如死。佛僧心娇图权利，弟子违法又乱纪；施主挽着吝啬结，护法守纪是自欺。首领的心钻在钱袋里，大臣们哄上对下欺；属民们无辜受处罚，说什么保民怀德都欢喜？爸爸叔叔的诡诈比山大，弟兄们的心机如臭尸；子侄无权被赶到边地，降敌保亲也无益。婆母的心比虚空黑，儿媳的行为比山羊野，女儿心中求贪欲，长久相安恐难得。亲人最后抱仇恨，相识最后把脸翻，亲友最后打官司，赤诚无私难上难。太阳落到西山去，云遮月亮黑漆漆，星星被曙光赶，碧空装饰三分离。浓云已被风吹散，苍龙躲藏不见面，甘霖消失在天边，难传福音为大地。草籽已被野牛吃，粮食装进仓库里，成熟的水果烂在地，花朵争艳只一时。爸爸森伦心眼痴，叔叔晁通有心机，难以为伴自分离。”[①] 格萨尔看透了当时一些人无视法律和道德的恶行，也觉察到当时法律规范的软弱，所以，登上象征着权力和财富的王位金座后，格萨尔即废除旧法，颁布新法，建立他所需要的秩序。格萨尔当众宣布：“除了岭国的公敌外，我格萨尔并无私敌；除了黑头藏民的公法外，格萨尔自己并无私法。从今后，我们岭噶布的众臣民，有了十善的法纪，就要把那十恶的法纪抛弃。

① 降边嘉措、吴伟编纂《格萨尔王全传》（修订本），作家出版社 1997 年版。

只要我们齐心努力，众生就能长享太平。”①

柯尔克孜族的英雄史诗《玛纳斯》中，年轻的玛纳斯第一次出征，征服了卡勒玛克人的空托依部落，并掠夺了战败者的财产。战后柯尔克孜人就如何分配战利品产生了争执，老将们要求按照传统的习惯法占有这些战利品，认为战利品代表着胜利，没有战利品就没有胜利。玛纳斯则要改变传统的习惯法，他主张将战利品留给被征服部落的人民，让他们安居乐业。他说：“掳掠人民的财产，那是暴军们干的事情；凌辱可怜的百姓，那是空托依汗的本领。”玛纳斯的主张得到青年将领的拥护，将百姓财产作为战利品占有的习惯法从此被改变。

二、从神话、史诗看现实社会的规范变迁

将神话与史诗中记载的行为规范与现实社会中的行为规范相比较，从中可以发现现实社会中的行为规范与神话、史诗的联系，以及旧时的行为规范在现实社会中的变迁。

贵州黔西南州兴义地区布依族的叙事古歌《六月六》唱道：“水有源，树有根。众乡亲啊，你请听，为什么，布依人身穿青衣镶大滚，布依人要带银圈和压领，布依女要穿青衣。众寨邻啊，你请听，为什么，燕子飞来把虫捉，蜘蛛牵网捕飞蛾，蛤蟆守护秧根脚，田边要插龙猫竹，一坝秧苗才会绿。”古歌以提问开头，讲述了布依族关于“六月六”及相应风俗形成的神话故事。传说很早以前，布依族居住的地方飞蛾、蚂蚱和害虫成灾，庄稼颗粒无收，百姓生活困苦。寨里的老人指点最勤劳勇敢的青年夫妻得莱和阿菊去找太阳和月亮想办法。得莱和阿菊途中得到燕子、蜘蛛和蛤蟆的帮助，克服重重困难，找到太阳和月亮，得到了龙猫竹、青头帕、青布裙和白龙马。回到家乡后，得莱和阿菊在这些宝物的帮助下，带领众乡亲消灭了害虫，过上了幸福生活。太阳和月亮对布依人说：“今年到了六月六，田中要插龙猫竹。年年记得献双马，年年记得杀害虫。青布衣裙青帕子，布依家家衣食足。”② 时至今日，“六月六”已经演变成布依族的传统节日。神话中太阳和月亮立的规矩仍然是布依族遵守的习俗，围绕着习俗

---

① 降边嘉措、吴伟编纂《格萨尔王全传》（修订本），作家出版社 1997 年版。

② 布哥收集，黄寿昌、李子和等整理《六月六》，载贵州省社会科学院文学研究所编《布依族古歌叙事歌选》，贵州人民出版社 1982 年版。

中祈求丰收、平安和健康的内核，又延伸出一些类似的习俗[①]。尽管作为节日的“六月六”现在已被赋予了新的观念，但原始的观念外观仍然被保留着[②]。每年到了“六月六”，每家都要制作新衣，“青布衣裙青帕子”是布依族传统服饰的基本格调。节日期间，村寨除举行祭龙大典之外，各家要用白纸剪成纸马、纸人或三角旗，染上鸡血，插于稻田中，奉祀“白马”。中老年妇女则把家里用过的衣笼垫被等物，全部挑到河边、塘边、沟边等清流水之处洗净和沐浴。村寨中的少年男女会挑着煮熟的鸡腿和粽子到河边、田坝水口边祭祀天神、水神、河神[③]。

如果说布依族“六月六”的习俗规则已经变成民族节日中具有象征意义的习俗，那么，史诗中彝族的祭祀规则的变迁则是现实中纯粹的规范变迁，在今天的彝族祭祀中仍然保留着被史诗改变了的祭祀规则。彝族的史诗《勒俄特衣》中，有关于彝族祭祀礼仪变迁的记载。传说中，一个地名叫施八卡的地方住着浦合三兄弟，母亲死后，三兄弟先为争夺衣物田产起纷争，后为争夺母亲的尸体发生矛盾，大哥争得头、二哥争得身子、三弟争得双脚。三弟请毕摩为母亲超度亡灵。“白彝毕摩坐下方，黑彝毕摩坐上方，学徒毕摩坐中央。”毕摩之间对祭祀祭场的设置发生了争论。毕摩提毕扎木说，按照古法，祭祀要将“林中獐子扇骨拿来炙，天空神鹰腿骨拿来插，地上老鼠腿骨拿来插，金枝银枝做神叉，麂子捉来拴，獐子捉来套，雉鸡捉来拴，锦鸡捉来套，松树拔来转”。毕摩尼毕始助认为这样的古法要改，否则后人无法找到这些东西就无法做祭祀。可以将“家中绵羊扇骨拿来炙，檐下家鸡腿骨拿来插，柏树树枝做神叉，小鸡拿来拴，小猪拿来套，红子树干做神灵，竹根拔

---

① 布依族“六月六”节日的来历和相关的神话在不同的布依族地区有不同的内容，但基本上都是关于神佑族人、祖先创世或驱邪避灾的故事。由于神话中的保护神不同，各地祭祀活动中祭拜的神也不同，但是祭拜的行为和程式基本相同。

② 博厄斯在20世纪初期就观察到这种演变为仪式的习俗，他指出：所有类型的文化中都可能辨认出观念联想的某些模式。在有些历史遗存中，旧的观念已然消失，只保留了这些观念的外观。例如，在仪典的领域，很多重大事件都伴随着无数规定好的仪典程式，虽然这些仪式的最初意义已经完全消失了，但人们还是经常举行这些仪式。很多仪典程式源于非常古老的年代，所以，我们必须从古文物中，甚至到史前时期去寻找它们的起源。参见［美］弗朗兹·博厄斯著，项龙、王星译《原始人的心智》，国际文化出版公司1989年版。

③ 马启忠《布依族“六月六”探源》，《安顺师专学报》（哲学社会科学版）1996年第1期。

来转”[1]。直到现在，毕摩尼毕始助修改的祭祀祭场规则仍然被使用。凡占卜某事之前，先由毕摩牵来一只猪或羊，诵骨卜经，然后宰牲取出肩胛骨，由毕摩查验所呈纹路，再对照经书，以断吉凶[2]。

社会变迁，物是人非，就相同的事物而言，古老的规则只能作为传说存在于神话或史诗中。藏族英雄史诗《格萨尔》对赛马习俗的描述与现今的藏族聚居区的赛马习俗相比有了很大的差别。《格萨尔》中描述了格萨尔夺取王位的那场赛马大会的规则：不分贵贱、人人平等，都有参加赛马的权利，都有夺得王位的可能。赛马的时间定在六月温暖的日子。赛马的彩注是女神白度母的化身、美丽无比的珠牡姑娘，获胜者无论尊卑，无论老少都会得到这个美女[3]。现今，藏族聚居区也举行传统的赛马大会，例如，云南省迪庆州香格里拉市的藏族群众每年农历五月初五要举行赛马会，内容有比速度、比马上抢旗、跑马拾物等，获胜者能得到一定的奖品，并为自己和村寨赢得荣誉。至于王位、彩注和美女都只是传说了。

三、规范变迁的差异

比较同一民族或不同民族的神话与史诗和现实社会中的行为规范与规范观念，还能对传统法律文化的变迁差异做出合理的解释。

例如，西部少数民族的神话与史诗中都有关于乱伦禁忌的故事，但是，即使是在同一民族中，不同群体关于乱伦禁忌的禁止性规范也并不相同，这种现象与该民族对乱伦禁忌的理解和识别血缘集团的标志不同及其变迁有很大的关系。以苗族为例，在《苗族古歌》中，记述了苗族分宗开亲的习俗，但分宗开亲也有例外，古歌里的苗族男青年阿今与女青年阿娲是同一氏族兄妹，两人结婚有违同宗不婚的习俗，于是寨子里的叔伯想出办法，杀一只公鸭来祭祖和向祖先赔礼后，二人便可以成婚[4]。历史上，苗族一直有分宗开亲，同宗不婚的风俗，但各地的苗族对同宗的理解又有差别，有的地方以可识别父系血亲集团的苗姓为认定同宗的标志，如贵州松桃、炉江（现属凯里

---

① 冯元蔚、沈伍译《勒俄特衣》，载凉山彝族奴隶社会编写组编《凉山彝文资料选译》（第一集），西南民族学院1978年印。

② 杨凤江译注《彝族部落史》，云南人民出版社1992年版。

③ 降边嘉措、吴伟编纂《格萨尔王全传》（修订本），作家出版社1997年版。

④ 贵州省少数民族古籍整理出版规划小组办公室编，燕宝整理译注《苗族古歌》，贵州民族出版社1993年版。

市）一带；有的地方，以鼓社为标志，有“同鼓不婚”之说[①]，如黔东南地区的台江、剑河一带的苗族；还有的地方将结拜兄弟也视为同宗[②]。现在，同宗不婚的风俗在贵州的苗族聚居区仍然保留着，但是，也有一些村寨受国家婚姻法的影响或因通婚择偶的需要，同宗不婚的观念发生了变迁，出现了同宗结婚或结拜兄弟的后代结婚的现象[③]。

云南省屏边苗族自治县的苗族群众有过花山节的传统习俗。关于花山节有很多传说，比较常见的一种是：在一次因战争引起的迁徙中，一对夫妻与他们的两个孩子走散。为了找到孩子，夫妻俩在高山上立起十多米高的花杆，花杆顶上挂着青、蓝、白三条麻布，花杆脚下放两大瓶酒，号召群众到花杆脚下来玩。消息传开后，四面八方的苗家乡亲都赶来参加，夫妻俩也在人群中找到了自己的孩子。从此，苗族就有立花杆的习俗，凡是求儿找女或缺儿少女的人家，就要连续三年立花杆，祈祷早日生儿育女，子孙繁盛。现在，屏边县苗族的花山节于每年正月初三至初五举行。节前的腊月中旬，花山节的主办人就要在花山盛会的场地中央高高地立起花杆，花杆上系着红、绿、白色的彩带。到花山节开山的时间，主办人准备一些酒放在花杆下，芦笙师傅吹响芦笙围绕花杆跳三圈后，便可宣布花山节开始。新中国成立后，花山节由政府和主办人共同主办，政府每年都拨专款给予一定资助，以发展民间文化活动。至此，花山节已经不再是单纯的民间活动了，而变成了半官方的活动。这个时期的花山节内容丰富，有芦笙舞、舞狮队爬花杆、斗牛、赛马、龙灯起舞、对唱山歌、武术表演等。1985 年屏边县人大常委会正式决定花山节为屏边苗族的传统节日，每年农历正月初三至初五举行[④]。所以，现在的花山节成了当地的法定节日。花山节的习俗普遍存在于云南、贵州、四川的苗族地区，是苗族一年中比较隆重的祭祀活动。各地苗族关于花山节的传说并不一样，有的传说与苗族和外族的战争相关，有的传说与苗族的迁徙相关，

---

① “鼓社”为氏族外婚制组织，一般由同宗的一个或几个村落组成。鼓社有号令宗族、制定规约、主持祭祀、执行赏罚的功能。参见李廷贵、酒素《苗族“习惯法”概论》，载胡起望、李廷贵主编《苗族研究论丛》，贵州民族出版社 1988 年版。

② 《苗族简史》编写组编《苗族简史》，贵州民族出版社 1985 年版。

③ 周相卿著《台江县五个苗族自然寨习惯法调查与研究》，贵州人民出版社 2009 年版。

④ 《屏边苗族自治县民族志》编写组编《屏边苗族自治县民族志》，云南大学出版社 1990 年版。

有的传说则与苗族的日常生活相关。花山节的传说不同，各地苗族花山节的祭祀规则也不相同，而规则的不同又往往与各地花山节的传说有关。以贵州的苗族为例：长顺县的苗族先砍一根最好的长竹，在竹子的顶端挂一小块红布，齐胸处挂一把马刀，下面摆一张小桌，放上四碗酒。寨主喝完酒后，用苗语念咒，宣布任命当年的花场场长，所任命的花场场长要半跪着从寨主手中接过宝刀。然后由寨主指定的两位老人绕着旗杆吹响芦笙，花山节便正式开始。长顺县花山节的传说是纪念因反抗压迫战死沙场的苗族英雄，所以，祭祀中的宝刀就是英雄的象征。贵州贵阳花溪的苗族花山节的开始仪式则是要挑选出童男童女各六名，男孩手持芦笙，女孩手持自家做的糯米饭、酒、鸡和猪头，在组织者的带领下围着旗杆按顺时针方向走三圈，把食品放在桌上供神。然后，男孩吹芦笙，女孩起舞，先向左跳三圈，再向右跳三圈，花山节才正式开始[①]。贵阳花溪苗族花山节的传说很多，其中就有求子的传说和男女青年喜结良缘的传说，仪式中童男童女的敬献和舞蹈也是一种祈神的行为。

---

① 薛丽娥《苗族“花山节”起源初探》，《贵州大学学报》（艺术版）2009 年第 3 期。

第四章　宗教法

宗教信仰通过强化宗教情感、引导信众形成善恶观、提出行为规范约束信众行为、提供纠纷解决机制等形式，在一定程度上维护着社会秩序，承担着社会控制功能。宗教信仰、宗教组织及其活动等又是国家法律调整的对象。

中国古代自汉代以来的主流意识流派是儒家学说，并且它在之后很长的历史时期都作为中国的官方思想。杨伯峻先生认为，《论语》中孔子讲的“天”有三种含义：一是自然之天，一是主宰或命运之天，一是义理之天。虽然孔子讲命运之天或主宰之天次数较多，但孔子并不是宿命论者，他讲“命”都是关于人事，并且他是怀疑鬼神的存在的。可以说，“天”“命”“鬼神”都是“六合之外，圣人存而不论”的东西[①]。所以，通常认为，中国古代的法律与宗教关系不大，不具有宗教性。“在中国，人们关于法律起源的观念与其他国家截然不同。有史以来，没有一个中国人认为任何一部成文法源于神的旨意，即使是最完备的成文法也不例外。”[②] 但一方面，自西汉董仲舒提出以“人副天数”为主要内容的“天人感应”理论后，儒家思想也具有了一些宗教色彩，例如，在审判、行刑上主张春夏行德教，秋冬施刑罚，以符合“春生夏长秋收冬藏”的天道。另一方面，我国西部地区各民族在漫长的发展历程中，形成了多种宗教信仰形态，他们的法与宗教的关系更为密切，呈现出明显的宗教色彩。

---

① 参见杨伯峻《试论孔子》，载杨伯峻译注《论语译注》，中华书局2009年第3版。

② ［美］D. 布迪、C. 莫里斯著，朱勇译《中华帝国的法律》，江苏人民出版社1998年版。

第一节　宗教与法律

一、宗教信仰的种类

宗教信仰是一种复杂的社会文化现象，是自然力量和社会力量在人们意识中的一种超自然反映形式。宗教信仰可以被视为一种对超自然力的确信，并通过一系列的“仪式”和“神话”来加以表达和诠释。在仪式中，人们普遍采用祭祀、祈祷、吟诵、舞蹈、歌唱等形式来表达自己的信仰。而广义的“神话”，泛指表达和诠释宗教信仰的各种传说、经典、教义、理论等，也就是关于解释宗教的所有“言说”。

宗教信仰既包括那些没有形成严格组织形态，也没有系统的经典和体系化教义的原始宗教信仰，也包括那些具有固定教义、组织、活动场所、教职人员等的制度性宗教信仰，还包括那些界于原始宗教信仰与制度性宗教信仰之间的，拥有一定经典和相对固定的神职人员，但其组织性和制度化程度不如制度性宗教严格的过渡性信仰形态，如萨满教、东巴教等。可以发现，很多西部少数民族都有原始宗教信仰，同时制度性宗教在西部一些少数民族中也有传播。西部少数民族地区也存在多种过渡性宗教信仰形态，形成多种信仰相互竞争、融合并存，一个民族有多种信仰等现象。

二、宗教中的行为规范：类型与特点

在共同的生产、生活活动中，人类遵守着许多调整相互关系、维持社会秩序的权利义务规范，这些规范包括道德规范、宗教规范、法律规范等。它们为人类生活提供了一套共享的知识体系，借助这套知识体系，人们可以解释社会上的善与恶、对与错、有序与无序等社会现实，理解和预测他人的行动方式，使社会生活有规可循。与道德规范、法律规范相较，宗教规范有着独特的表现形态和特征。

（一）宗教规范的类型

与宗教信仰相关的行为规范可以分为以下几类。

1. 教义教规

宗教要借助超验的权威统合分散的人群，借助内化的信仰来整合分散的意识。为此，宗教要通过种种“言说”来阐释个人或群体存在的意义与价值，来确立诸如行善、仁爱、诚实、公平、献身等价值和信念，并使之渗透到人

们的心灵深处，进而制约、调节人的行为。于是，几乎所有的宗教都有体现为教义教规的律条，其中包括宗教信仰的基本原则、神职人员和信众的基本权利和义务、违反教规的惩罚等，一些制度性宗教还形成了相对独立的宗教法体系。

2. 纠纷解决和权利救济机制

除了通过教义教规提出实体性行为规范外，一些宗教信仰也针对“越轨行为”，形成了解决纠纷、救济权利的程序性规范体系。一些民族和地方基于原始宗教信仰形成了神判等纠纷解决形式。一些政教合一的国家，则组建成立了宗教法庭，对宗教事务和世俗事务做出裁决。在这些纠纷解决、权利救济机制运行过程中，裁决者之所以能获得裁决权、裁决结果之所以能得到执行、被裁决者之所以会服从，都是以宗教信仰为其后盾力量。

3. 宗教组织管理规范

宗教信仰是一种仪式与言说的结合体，但宗教组织的活动，尤其是制度性宗教的活动，需要建立一系列人、财、物等方面的内部组织管理制度。如僧侣、教职人员需要有教育培训、级别晋升规范，宗教组织所接受的捐赠、布施需要规范管理，宗教活动场所、寺产院产需要得到保管与维护等。

4. 宗教事务管理规范

宗教信仰既是一种主观心理现象，又是一种社会文化现象。国家和历史上的地方性政权需要建立制度来明确是否保障或禁止信教、传教活动，是否鼓励宗教发展甚至实行政教合一的制度，还需要建立完善制度、设立机构，加强对宗教事务的管理。

（二）宗教规范的特点

前述四类宗教规范中，前三类多为非国家法（政教合一的国家除外），最后一类多为“国家法”或“地方性政权立法”，所以从特征来看，最后一类与一般法律规范的特征基本相同，即是一种调整人们行为的社会规范，是一种规定了权利义务的规范，是出自国家（或地方政权），并以国家（或地方政权）强制力为后盾的规范。在非政教合一国家，前三类规范在性质上属于民间法，它们是需要依靠信众内心虔诚的信仰，依靠宗教权威、组织的力量来保障实施的社会行为规范。其中尤其是前两类还具有以下特征。

1. 将社会关系转化为神人关系

宗教信仰将神、人、自然秩序合为一体，行为规范和原本由世俗的人所组成的执事组织及其活动，被以神的名义“神圣化”了，人与人的社会关系被转变为神秘的神人关系，由此，才能借助神的威力，来运行、实施行为规范。

2. 规范的内化性

每一个新的社会个体在社会化过程中自然而然地接受着社会规范的“模塑”。宗教信仰，不是精心设计的结果，而是人们在社会生活中自发形成的一种主观心理态度和行为方式。通过仪式、神话的反复浸润，宗教信众会自发地接受教义教规的模塑，内化宗教行为规范。

3. 制裁的超验性

一种行为规范，一般需要具备“行为模式”和“后果”两个部分才形成一个完整的逻辑结构。前者指引行为，后者对遵守行为规范或违反行为规范的行为做出肯定或否定。宗教规范或以前世、今生、来世的预设，宣称“不是不报，时候未到”，或借助对“末日裁判”的畏惧、不安，促使人们约束自己的行为，凭借神灵的威力，使当事者因为恐惧而承担应有责任，甚至因被吓而招认。

4. 既直接对越轨行为进行控制，又在宏观方面加强社会团结

虽然有的宗教规范是杂乱、混沌、含糊不清的，只是在一定程度上使社会规范具体化，使人们获得行为指引，对越轨行为做出宗教意义上的制裁。但是从宏观方面来看，宗教信仰还承担着调适社会主体心理、划分社会群体、增进社会团结这些基础性功能。社会的安宁及延续依赖于社会情感，而仪式等则可以对这种情感进行反复、周期性地“表达”。所以，宗教在宏观方面还发挥着整合社会意识、增强集体认同、增进社会团结的功能。

三、宗教与法律的联系与区别

宗教与法律既有联系又有区别。

（一）宗教与法律的联系

宗教与法律无论是在历史上还是在现代社会中，都有着密切的联系。

1. 在价值追求上具有相通性

在谈及宗教与法律的关系问题时，伯尔曼认为，法律不仅是一种关于解决纷争和通过分配权利义务创造合作纽带的社会功利性活动，它也是并且主要是生活目的和终极意义的一部分，而宗教也是一种关于终极意义和生活目的的集体关切和献身，即使是最富有神秘色彩的宗教，也存在并且必定存在

着对于社会秩序和社会正义的关切。人类需要通过法律、通过制度化的组织和程序来卫护自己的信仰、爱和希望，法律也需要将宗教所追求的平等对待、公正裁判、义务对等、社会责任、公义、仁慈、善意等作为自己的价值追求目标①。

2. 形成发展过程有联系

宗教与法律在形成发展过程中，联系是非常紧密的，尤其是许多早期法律在内容上具有宗教性，借助神的名义，依凭宗教的形式来运作。随着社会的发展和分化，宗教与法律的区别才日趋明显。即使是在现代社会，在政教合一的国家，信众的法律观也还与其对神灵的信仰紧密相连，宗教戒律、禁忌直接被规定在法典中。在政教分离国家，宗教规范是宗教团体、成员行为的指针，也有部分宗教规范由于符合了社会生活的需要，而被世俗法律吸纳。

3. 宗教是一种社会控制工具

从人类学功能主义的视角来看，宗教信仰通过强化宗教情感、引导信众形成善恶观、提出行为规范约束信众行为、提供纠纷解决机制等形式，在一定程度上维护着社会秩序，承担着社会控制功能。而在能提供一套行为规范、承担社会控制功能方面，宗教与法律具有诸多相似性，只不过按照现代化的理论逻辑，法治应该是现代国家主要的社会控制方式。所以罗斯科·庞德曾提出，人类历史上有道德、宗教和法律等社会控制工具，只是进入16世纪以来，法律成了最主要的社会控制工具。

4. 宗教信仰是法律的调整对象之一

在现代国家，宗教信仰自由被各国法律普遍保障，同时各国也注重加强法制建设，禁止借宗教之名，进行破坏社会秩序、损害公民身体健康的活动。我国现行法律制度也一方面以授权性规范规定保障公民宗教信仰自由，另一方面《宪法》第36条中以禁止性规范规定："任何人不得利用宗教进行破坏社会秩序、损害公民身体健康、妨碍国家教育制度的活动。宗教团体和宗教事务不受外国势力的支配。"

（二）宗教与法律的区别

虽然宗教与法律有着密切联系，同时也如伯尔曼所说，法律和宗教共同

① 参见［美］伯尔曼著，梁治平译《法律与宗教》，中国政法大学出版社2003年版。

具有仪式、传统、权威和普遍性等四种要素①，但毕竟法律是立法机构为控制、调整社会行为，维护社会秩序而制定、实施的社会行为规则，宗教则是关于超自然力的信仰、言说和仪式等。从作为一种行为规范的角度来看，二者也存在不少区别。

1. 规范的内容不同

宗教规范侧重于提出义务；法律规范既赋予权利，又提出义务。同时，法律一般只规范人的外部行为；而宗教更侧重于规范人的内心，即使行为上无过错但心存恶念也是不允许的。

2. 作用的对象不同

法律规范普遍适用于全体社会成员。在政教分离的国家，宗教规范只适用于持该种信仰的人。

3. 实施保障力量不同

法律规范由国家强制力作为后盾保障实施。宗教规范则一般依靠教徒的自我约束来实施，通过反省、苦修等形式来赎罪。在政教合一国家，针对那些严重的违反教义教规的行为，才可能由国家机关或宗教组织来进行裁决，加以惩罚。

第二节　原始宗教信仰与行为规范

原始宗教信仰，又称为原生性宗教信仰，是宗教的初级形态。其信仰活动扩散在日常生活之中，不是严格意义上的宗教，没有严格的组织形式，也没有系统的经典和体系化的教义，具有自发性、民族性、传统性等特点。其中也会有一些信仰与制度化宗教发生交融，拥有相对体系化的经典或仪式。

一、西部民族原始宗教信仰概况

在人类的“童年时期”，由于对自然界的认识和改造能力有限，人在自然面前非常渺小，无法解释自然以及人类的生老病死等现象，于是自然崇拜、祖先崇拜等对超自然存在物、超自然力量的原始宗教信仰便产生了。

（一）自然崇拜

在初民的生活里，强大的自然力带来的旦夕福祸，常使他们敬畏不已。

① 参见［美］伯尔曼著，梁治平译《法律与宗教》，中国政法大学出版社 2003 年版。

在不能将之制驭之际，只有寄希望于与之修好。于是天、山、地、雷、电、火等自然物质、现象逐渐被视为“神”或“鬼”而受到人类的膜拜。

对天的崇拜在西域先民中较为突出和普遍。突厥语和蒙古语称“天”为“腾格里”，这一名称来源于公元前3世纪的匈奴语。可见匈奴人很早就有对天的崇拜。《汉书》记载：“匈奴俗，岁有云龙祠，祭天神。”《隋书·北狄》记载北边的突厥“五月中，多杀羊马以祭天”。突厥人十分崇拜天神，认为天神腾格里是主宰一切的神，人类的一切，包括土地、食物、牲畜、权力、寿命、战争胜败，甚至妻子儿女都是上天所赐。

（二）动植物崇拜

动植物既是人类的生产资料、生活同伴，也可能伤害人甚至成为人类的天敌，各民族于是将各种想象加诸动植物身上。

如哀牢山彝族语言中虎为“罗罗”或“罗”，他们即以虎族自命，自称“罗罗颇”[①]。又如，直至今天，彝族有竹子、松树等崇拜，布朗族有栗树崇拜，藏族、摩梭人、普米族有松树崇拜[②]。再如，布朗族敬畏竹鼠，视之为父母魂魄，平常碰见要远远避开，不能看，更不能打，否则会冒犯神灵，带来祸患[③]。

在草原游牧民族中，动物崇拜极为盛行，且有相当一部分与图腾崇拜混杂在一起。如牛，尤其是牦牛，作为高原畜牧业重要畜种之一及重要的运输工具，被人们虔诚敬奉。至今在藏族地区许多山岭、房屋门槛上都摆置着牦牛角，或者在玛尼堆上供奉牦牛角。在实行天葬的藏族、蒙古族和部分土族当中，鹰被视为神圣的动物，誉为“天国下来的使者”。人们认为鹰啄食尸体，可以超度亡灵，将死者从痛苦的人世间带往极乐仙境。突厥语部落有许多关于“狼祖”“狼生”的传说。如《史记·大宛列传》记载：“昆莫生，弃于野，乌衔接肉蜚其上，狼往乳之，单于怪以为神，而收长之。”维吾尔族、哈萨克族先祖也保持着狼图腾崇拜。

（三）祖先、灵魂、鬼魂崇拜

对梦、昏、死亡、疾病、回声等现象的困惑，对先人、英雄的崇拜追思

---

① 吕大吉、何耀华主编《中国各民族原始宗教资料集成》（彝族卷），中国社会科学出版社1996年版。

② 杨学政、袁跃萍著《云南原始宗教》，宗教文化出版社2004年版。

③ 郭恩九、凡人、黎方、杨桐主编《云南文化艺术词典》，云南人民出版社1997年版。

等，促使了先民们“灵魂观念”的产生。人们基于血缘感情并加以想象，认为祖先的灵魂一般为“善”，能够保佑生者。而陌生人的鬼魂则可能作祟为恶，应该敬而远之。

如据《隋书·西域》记载，康国“国立祖庙，以六月祭之，诸国皆来助祭”，当时地处蜀郡西北二千余里的附国，其先民就是汉代的“西南夷”，“有死者，无服制，置尸高床之上，沐浴衣服，被以牟甲，覆以兽皮。子孙不哭，带甲舞剑而呼云‘我父为鬼所取，我欲报冤杀鬼’，自余亲戚哭三声而止。妇人哭，必以两手掩面。死家杀牛，亲属以猪酒相遗，共饮啖而瘗之。死后十年而大葬，其葬必集亲宾，杀马动至数十匹。立其祖父神而事之”，相信逝去的亲人是为鬼所害，十年之后又将其奉为神而事之。

《隋书·北狄传》记载契丹旧俗：“父母死而悲哭者，以为不壮。但以其尸置于山树之上，经三年之后，乃收其骨而焚之。因酹而祝曰：‘冬月时，向阳食。若我射猎时，使我多得猪鹿。’”可见契丹早期葬俗是树葬加火葬，且信奉灵魂不死。契丹建国后受汉文化的影响也逐渐采取了土葬的形式。在契丹人的土葬中，用来盛放骨灰的罐、小型石棺及木棺上的门、窗的纹饰，是留给灵魂出入的地方。

人类信仰中还可能出现鬼神不分，或由鬼向神转变的现象，还会认为陌生人的鬼魂可能作祟为恶，应该敬而远之。如据20世纪50年代调查资料记载，云南兰坪县的那马人视吴三桂为凶狠的鬼，称“吴三桂鬼”，后又为其修庙塑像，先树其为神，继之又将其当作本主予以崇拜①。

（四）图腾崇拜

图腾本是美洲印第安人鄂吉布瓦语“totem”的音译，意为“他的亲族”。历史上各部族一般将图腾与族群的划分联系在一起，认为本部族与图腾物有某种关系，并发展出一套仪式、禁忌及神话，对之进行膜拜。

例如，《后汉书·南蛮西南夷列传》记载，“夜郎者，初有女子浣于遁水，有三节大竹流入足闲，闻其中有号声，剖竹视之，得一男儿，归而养之。及长，有才武，自立为夜郎侯，以竹为姓”。将氏族首领神化，把“竹”奉为圣物。类似的内容也出现在关于奉“龙”为圣物的“哀牢夷”的记载中，《后

① 参见吕大吉、何耀华主编《中国各民族原始宗教资料集成》（白族卷），中国社会科学出版社1996年版。

汉书·南蛮西南夷列传》记载："哀牢夷者，其先有妇人名沙壹，居于牢山。尝捕鱼水中，触沉木若有感，因怀□，十月，产子男十人。""种人皆刻画其身，象龙文，衣皆着尾。九隆死，世世相继。乃分置小王，往往邑居，散在溪谷。绝域荒外，山川阻深，生人以来，未尝交通中国。"

再如云南的彝族、白族、拉祜族、纳西族、怒族等民族，历史上均有崇拜虎的现象，以虎来命族名，认为虎是祖先、狩猎不猎虎，举行大事时要择虎日等等。20 世纪 50 年代民族大调查中也发现，云南新平奎山的大寨黑彝崇拜杰吾鸟、绿斑鸠鸟、黑头翁鸟、白鹇鸟，各宗族分别以其中一种为"祖公"①。

（五）对灵力、灵物的信仰

一些无形力量、无生物也可能受到人类的崇拜。例如据林耀华先生 20 世纪 40 年代的调查，四川凉山彝族认为，一些没有生命的物质上附着超自然力的精灵"吉罗"，吉罗是神秘且不可触动的，否则"吉罗"会活动走失，祖先的遗物会成为"吉罗"，小羊毛、虎须、指甲和头发等"打冤家"的护身物，也附着着精灵，能保佑战士在战场上的安全②。这些都是灵物、灵力崇拜。

（六）神灵崇拜

人们对自然崇拜进行延伸，塑造了各种人格化的男女神灵，认为他们控制着宇宙或宇宙的一部分。

如据《隋书·真腊》记载，当时被称为"南蛮"之一的真腊国"每五六月中，毒气流行，即以白猪、白牛、白羊于城西门外祠之。不然者，五谷不登，六畜多死，人众疾疫。近都有陵伽钵婆山，上有神祠，每以兵五千人守卫之。城东有神名婆多利，祭用人肉。其王年别杀人，以夜祀祷，亦有守卫者千人。其敬鬼如此。多奉佛法，尤信道士，佛及道士并立像于馆"。面对着毒气、疫疾等自然条件和灾害，无力与之抗衡的人类只有寄希望于通过祭祀与之交好，以求五谷丰登、六畜兴旺。《隋书·西域》记载，当时西域的曹国"国中有得悉神，自西海以东诸国并敬事之。其神有金人焉，金破罗阔丈有五尺，高下相称。每日以驼五头、马十匹、羊一百口祭之，常有千人食之不

① 参见吕大吉、何耀华主编《中国各民族原始宗教资料集成》（彝族卷），中国社会科学出版社 1996 年版。

② 参见林耀华著《凉山彝家的巨变》，商务印书馆 1995 年版。

尽”，曹国“其俗淫祠。葱岭山有顺天神者，仪制极华，金银鍱为屋，以银为地，祠者日有千余人。祠前有一鱼脊骨，其孔中通，马骑出入”，两国皆为祭神而举行盛大的仪式。

又如在20世纪50年代民族调查中也发现，凉山彝族认为天父叫“磨之帕”，地母叫“沾列满”，日神叫“荷波”，月神叫“鲁波”，山神叫“莫而莫谢”，水神叫“母介”，雷神叫“母兹”，并与“母赫”（电）结合在一起①，这些神是由自然崇拜而衍生出来的人格神。也有的民族、地区直接崇拜活人，将之视为神。如云南西双版纳历史上“景龙金殿国”的第一位君主“叭真”就自称“景龙金殿国至尊佛主”，以神佛的名义来加强自己的威严。

（七）禁忌

诸多民族都有为避免招致不好的后果或惩罚，而规定、遵守一些行为规则，禁止同“神圣”或“不洁”的事物接近的禁忌。如云南哈尼族禁忌牲畜上房屋、老母鸡学公鸡叫。怒江傈僳族有女子与虎交配生出“腊扒”氏族先祖的传说，所以历史上虎氏族的傈僳族成员不猎虎②。又如，广西的花篮瑶忌食狗肉，并不许以狗肉、牛肉等作祭品，认为吃了狗肉，就不能“度戒”。

（八）巫术

人们企图借助某种神秘的超自然力量，通过一定的仪式对预期目标施加影响或者加以控制的活动一般称为巫术。弗雷泽认为巫术赖以建立的思想原则是“相似律”及“接触律”。基于前者的法术叫作“顺势巫术”或“模拟巫术”，基于后者的法术叫作“接触巫术”。

如在汉代的夜郎国，先民们就有崇信巫鬼的习俗，据《后汉书·南蛮西南夷列传》记载，“初，楚顷襄王时，遣将庄豪从沅水伐夜郎，军至且兰，椓船于岸而步战。既灭夜郎，因留王滇池。以且兰［有］椓船牂柯处，乃改其名为牂柯。牂柯地多雨潦，俗好巫鬼禁忌，寡畜生，又无蚕桑，故其郡最贫”。又如，据《隋书·北狄》记载，当时居住于北方的突厥也“五月中，多杀羊马以祭天，男子好樗蒱，女子踏鞠，饮马酪取醉，歌呼相对。敬鬼神，信巫觋”。在接受佛教之前，党项族信仰原始巫教，《辽史·外国》载：“病者不用医药，召巫者送鬼。”《宋史·吐蕃传》也记载，宋代时，吐蕃地区的

① 参见吕大吉、何耀华主编《中国各民族原始宗教资料集成》（彝族卷），中国社会科学出版社1996年版。

② 参见刘稚、秦榕著《宗教与民俗》，云南人民出版社1991年版。

民众除信仰佛教外，还信仰当地土生土长的本教，这种信仰与大量的巫觋活动相关："尊释教。不知医药，疾病召巫觋视之，焚柴声鼓，谓之'逐鬼'。信咒诅，或以决事，讼有疑，使诅之。"

再如旧时小凉山彝族在冤家械斗时也有"摄日"巫术，届时，全家支的人聚集一处，由毕摩念经，杀牲祭祀，取因癞子病死的牲畜腿骨、腰骨或猴子的腿骨一根，捆在一草人身上，指明冤家的姓名而咒。同时跑马打枪。咒毕，遣人将草人及腿骨偷偷送往冤家的室内、宅旁、村旁、道旁或田野，使其得病而死。云南怒江傈僳族相信存在一种能致人死亡的"杀魂"巫术，如果路遇某人后生病，就是被该人"杀"了"魂"①。

（九）占卜

占卜也是一种对超自然力的崇信，许多民族历史上都有过用占卜来决定是否开展婚丧嫁娶、起房建屋、出门远行等社会活动的做法，更有通过占卜、神判的方式产生君主的传说。如据《后汉书·南蛮西南夷列传》记载，当时的"西南夷"中有一支名为"巴郡南郡蛮"，他们"未有君长，俱事鬼神，乃共掷剑于石穴，约能中者，奉以为君。巴氏子务相乃独中之，众皆叹。又令各乘土船，约能浮者，当以为君。余姓悉沉，唯务相独浮。因共立之，是为廪君"。

二、原始信仰中的行为规范

原始宗教信仰中内含着诸多行为规范。

（一）通过神话、口诵经典、仪式等提出的行为规范

原始宗教信仰虽然缺乏完整的教义教规体系，但可以通过神话、口诵经典、仪式等来提出行为规范。

1. 神话中的规范

如纳西族东巴教中关于祭祀"署"的传说，告诫人类要自觉爱护生态环境，学会与自然界和谐相处，以求得生态平衡、实现可持续发展。又如哈尼族的《神和人的家谱》，也谈到最大的天神俄玛在创造儿孙时，觉得应该先造"规矩"和"礼节"，没有他们，神殿都会被"闹翻掉"，所以首先生了"玛白"和"烟似"这两个"规矩""礼节"姑娘。

---

① 郭思九、凡人、黎方、杨桐主编《云南文化艺术词典》，云南人民出版社1997年版。

2. 经典中的规范

如云南楚雄三街彝族在丧礼上念完指路经后要念解罪经，意思是要把死人生前所有的罪都解除，让他轻装去见阎王和祖宗。这种解罪经既是念给死人听，也是念给活人听，提出各种行为规范①。又如纳西族东巴经典中常提到“犊姆”一词，意为做事的规矩、程式。“犊”为可以做的事，公众认可的事宜，“莫犊”则为不可以做的事。它们把人们在生活中积累的正确经验定格成规矩、程式，直接评判人们的言行②。

3. 仪式中的规范

举行原始宗教仪式时，也可以通过念诵、唱词或仪式性动作，传达出行为规范。如广西的茶山瑶、花篮瑶、坳瑶、山子瑶都有名为“游神”（又名刘大娘出游）的集体崇拜仪式，相信接“刘大娘”游巡，可以使居民安乐，禾谷丰熟，百物生长，生意兴隆。仪式上的《坐席唱》有这样的唱词：“……赌钱的人来问我，灵神不护赌钱人。盗贼之人来求我，灵神不护盗偷人。生意之人来求我，公平交易利才深。”③ 这些唱词传达了禁止赌钱与偷盗，鼓励公平交易的规范。

4. 禁忌中的规范

禁忌要求人们按照一定的规则来规范自己的行为。如大小凉山彝族男子额前顶留一块方形头发，编成一个小辫，用头帕竖立包着，直指蓝天，据说人们以其为天神的代表，认为它能主宰自己的一切吉凶福祸，谓之“天菩萨”，严禁他人戏弄或不慎触碰，否则即认为触犯了天神，被触者必遭凶遇，而被触者因此必与之拼命搏斗。即使是在冤家械斗中处于敌对的双方，胜利者亦不能摸弄对方俘虏的“天菩萨”。按照习惯法的规定，违者须出一二百两银子作为赔礼，不然，就要将摸过“天菩萨”的那个手指砍去④。

（二）神职人员行为规范

神职人员是宗教信仰活动得以展开的条件之一，为体现“神圣性”，原

---

① 参见吕大吉、何耀华主编《中国各民族原始宗教资料集成》（彝族卷），中国社会科学出版社 1996 年版。

② 参见木仕华著《东巴教与纳西文化》，中央民族大学出版社 2002 年版。

③ 广西壮族自治区编辑组编《广西瑶族社会历史调查》（一），民族出版社 2009 年版。

④ 参见吕大吉、何耀华主编《中国各民族原始宗教资料集成》（彝族卷），中国社会科学出版社 1996 年版。

始信仰中也提出了许多对神职人员产生、继承以及职责、义务等方面的要求。

1. 产生规范

在一些原始信仰中，神职人员要通过“选举”产生，并且具备一定资格和条件。有的原始信仰则要求神职人员的产生既要通过神灵程序，又要通过世俗程序。还有的信仰要求神职人员要遵守一些禁忌。

2. 等级规范

一般宗教执事人员是有等级或分类的，不同等级的人员，“法力”不同，能主持开展的宗教活动也不同。

3. 权利与义务规范

神职人员承担着传播宗教文化的使命，所以他们的宗教生活比起一般的信教群众就更具有神圣化的色彩，其日常生活受宗教规范的约束也就更为严格。与此同时，神职人员也享有一些一般信教群众所不具有的权利。

（三）纠纷解决和权利救济的机制

原始宗教信仰中所包含的纠纷解决和权利救济机制，可体现为神灵奏报、巫术复仇和神判等形式。

1. 神灵奏报

通过祭祀仪式，向神灵做奏报，希望由神灵来定纷止争、除暴安良。如灶神是中国古代神话传说中的司饮食之神，为汉族以及满族、仡佬族、白族、彝族等少数民族所信仰。相传灶神要在每年夏历腊月二十三或二十四上天向玉皇大帝禀告所在人家的善恶功过，所以这一天各家各户都要准备祭品，以虔诚的态度为灶神送行。神龛两旁所贴“上天言好事，下界保平安”的对联所说的正是神灵奏报。又如《三教搜神大全》卷三说财神赵公明：“至如讼冤伸抑，公能使之解释，公平买卖求财，公能使之宜利和合。但有公平之事，可以对神祷，无不如意。”湖南湘西凤凰的土家族、广西的毛南族等西部少数民族也敬奉财神。

2. 巫术复仇

初民们也会认为通过巫术向预期目标施加影响或者加以控制，可以救济权利、进行复仇。如彝族毕摩的职能之一是主持诅盟。诅是彝族制胜敌方或仇者惯用的一种巫术手段。在冤家械斗发生之前，举行大规模的诅咒，在毕摩引导下咒骂对方。对方也组织反诅咒。毕摩也主持断口嘴仪式。该仪式意为念咒驱邪，原意为堵防或断绝别人恶意的咒语，后发展为与一切不吉做斗争或预防不吉的神术。彝族凡遇出生、贸易、临敌、盟誓、成年、婚嫁、生育、搬迁等事，皆须先请毕摩来家断口嘴。在冤家械斗时也举行“撮日”这一咒人的法术①。

3. 神判

神判是传统社会里的一种主要的纠纷解决机制。如云南民族历史上曾有过捞油汤、占卜、斗田螺、吊簸箕、煮米、包米、站土窝等神判方式。在碧江县色德乡，直到20世纪50年代还存在一种“杀魂”的说法。被指控“杀”了别人“魂”的人不承认自己的过错，就要用在煮着沸水的大铁锅中捞“神石”的方法进行神判②。

三、仪式活动组织规范与官方的管理规范

原始信仰的观念、意识、思想等同样表现于一定的仪式中，并且少不了活动组织规范。对少数民族原始信仰的管理规范同样也是历代王朝民族政策的重要内容。

（一）仪式活动组织规范

虽然原始信仰没有严整的组织形式，但宗教信仰往往需要凭借“神话”与“仪式”这两个载体来体现，只要有“仪式”，尤其是多人参加的仪式，就有活动组织规范。

如昆明彝族撒尼人的祭天仪式，提前两个月就要开始做准备工作，遴选会长、礼请祭司、安排执事人选等。会长由村寨中有祭祀经验、有威望的长老充任，负责全盘工作。他主持村民大会，听取意见，筹措经费，购买祭牲等事宜；副会长1—2人，负责收香客的斋饭米、香火钱，并管理东厨做饭、西厨做菜和起火、杀猪、椎牛以及分发祭品等事宜。凡行为不端者、重婚纳妾者、当年其家中有产妇及丧事者均不得遴选。组织者还要出“执事牌”，就是将工作人员应做之事、应负之责张榜公布，以防止互相推诿、出现苦乐不均的现象。会长随时督促怠惰之人，以免误事。经费由全村各户共同负担，

① 参见吕大吉、何耀华主编《中国各民族原始宗教资料集成》（彝族卷），中国社会科学出版社1996年版。

② 参见夏之乾著《神判》，上海三联书店1990年版。

按土地亩数分摊钱物，不足部分由“公积金”支付[①]。

云南红河元阳彝族祭龙对村民要求很严格，违反祭龙规定或不参加祭龙者将受到处罚。1983年4月，欧乐村的村干部食堂在祭龙日子杀了一只狗，该村祭龙主持人便率领全村人到食堂，把狗肉从锅里捞出，抹上牛屎抛在地上。逢春岭乡两个农民在祭龙的日子里吵架说了不吉利的话，乡里人纷纷要求将说了不吉利话者开除乡籍，龙头即召集全乡人大会，宣布开除其乡籍，后经乡政府出面干预，其乡籍才得以恢复。1982年，欧乐村某村民因离村到茶场工作，没有回村参加祭龙，便被罚了一桌酒席。为此，第二年祭龙时，茶场只好放假三天[②]。

（二）官方对原始信仰的管理规范

中国社会的地域与民族差异决定了宗教文化的多样性。自汉代以后，就形成儒、释、道三大规范制度化的信仰系统与多种民间宗教信仰并存的复杂体系。注重现实世界伦理行为的儒学基本上不崇拜任何人格化的超现实的存在，因而对宗教信仰采取了一种宽容的态度，甚至争取在适当控制的前提下使宗教信仰成为维持社会和谐与稳定的工具。

许多朝代对少数民族原始宗教信仰采取了宽容态度，如宋代对南方深山密林中的少数民族实行羁縻之治，对他们的宗教信仰及活动方式，采用宽容的态度。据《宋史·蛮夷一》记载，淳化二年（991年），“荆湖转运使言，富州向万通杀皮师胜父子七人，取五脏及首以祀魔鬼。朝廷以其远俗，令勿问”。对少数民族的宗教需求，也给予特殊规定，如“雍熙元年（984年），黔南言溪峒夷獠疾病，击铜鼓、沙锣以礼祀神鬼，诏释其铜禁”[③]。

第三节　佛教教义与行为规范

虽然是一种外来宗教，但佛教传入我国时间久远，并与传统的儒家思想、道教思想、民间信仰等相互交融，渗透到广大民众的思想观念中。其劝人向

---

① 参见吕大吉、何耀华主编《中国各民族原始宗教资料集成》（彝族卷），中国社会科学出版社1996年版。

② 参见吕大吉、何耀华主编《中国各民族原始宗教资料集成》（彝族卷），中国社会科学出版社1996年版。

③ 转引自张践、齐经轩著《中国历代民族宗教政策》，中国社会科学出版社2007年版。

善的戒律，慈悲、宽容的思想，对社会秩序的维护发挥了一定作用。寺院组织自身的组织行为规范、国家和地方性政权的管理规范也使得其宗教活动有章可循。

一、西部民族佛教信仰概况

佛教从古印度产生后，不断发展传播。其中一支自西汉初年传到我国汉族地区，与中国传统文化相结合，被称为“汉地佛教”或“汉传佛教”。公元7世纪时，古印度显密两宗也传入吐蕃，与当地的本教长期斗争、融合，形成了“藏传佛教”。还有一支则由古印度向东南方传播，传入我国西南边疆民族地区，此为“南传上座部佛教”。

（一）汉传佛教

汉传佛教主要是经西域诸国传入中原的。西汉时期，西域的大月氏、龟兹、安息、康居等国，已先行接受佛教，在与中国人的交往中，这些国家的使节和商人把佛教介绍给了中国人。《魏书·释老志》中对汉代佛教传入中原做了这样的记载：“案汉武元狩中，遣霍去病讨匈奴，至皋兰，过居延，斩首大获。昆邪王杀休屠王，将其众五万来降。获其金人，帝以为大神，列于甘泉宫。金人率长丈余，不祭祀，但烧香礼拜而已。此则佛道流通之渐也。”

魏晋南北朝时期，西部河西走廊一带的匈奴、鲜卑、氐、羌等少数民族及西域各国移民中，佛教传播很广泛，尤其是魏晋之后，少数民族在北方陆续建立政权，这些政权大多推崇佛教。如后赵政权的石勒、石虎就曾信任、推崇西域人佛图澄，前秦苻坚曾邀请名僧道安前往长安教导僧徒。

经过魏晋时期，佛教得到长足发展。隋、唐建立统一的国家政权后，均采取了较为宽容的宗教政策。隋文帝曾提倡“三教并奖”。唐代，除唐武宗因崇信道士，佛教又过度发展，影响了国家财政等原因而采取过“灭佛”举措外，大多数帝王基本延续了“三教并奖”政策。在《隋书》《旧唐书》《新唐书》等官修史书中，对当时的“西戎”“北狄”“南蛮”的宗教信仰也多有记载，如《隋书》载：“焉耆国……其俗奉佛书，类婆罗门。”“于阗国……俗奉佛，尤多僧尼，王每持斋戒。”

宋代僧人经西域与天竺的联系更频繁，例如宋太祖开宝四年（971年），僧行勤等人，曾经焉耆、龟兹、于阗等国，到天竺去取经，天竺僧人也来到中国译经。由于掌握着先进的印刷术，宋代译经事业很发达。大量印制经书，推进了佛教传播。

宋辽夏金元时期先后崛起的少数民族政权，也大多推崇佛教。如辽太祖时期建立了开教寺。又如，西夏占领了河西走廊的广大地区，为佛教进入中国的主要路径，当地居民早有深厚的佛教信仰。再如，蒙古族传统信仰萨满教，随着势力范围的扩张，也先后接受了伊斯兰教、佛教和道教，但元代的统治者们更推崇藏传佛教。

明朝以来，汉传佛教文明不再像魏晋南北朝、隋唐时期一般辉煌灿烂，国家还制定了一系列严格的宗教管理措施。清朝，基于统治的需要，主要推崇藏传佛教。

总体说来，西北许多地带本身就是佛教从古印度传入中国的通道，所以西北地区汉传佛教信仰历史悠久，同时，西部其他一些民族地区，汉传佛教也传播广泛。例如，公元8世纪末，9世纪初，即有佛教密宗——阿吒力教经吐蕃传入大理，古印度阿吒力僧人赞陀崛多经吐蕃到南诏，凭南诏上层统治阶级的政治权力和金钱布施，大修佛寺、吸收信徒。南诏中期以后，王室成员也皈依佛法，“劝民每岁正、五、九月持斋，禁宰牲口”①。所以，大理古有“佛国”“妙香国”之称。云南的佛教最早就是由洱海地区开始传播，之后才进入滇池地区的。

（二）藏传佛教

1. 前弘期——吐蕃时期的藏传佛教传播

佛教传入吐蕃之前，藏族先民信奉一种名叫“本教”的原始宗教。大约在公元5世纪，佛教开始传入吐蕃，并与本教展开了长期斗争。后来，王室发现佛教有利于新生的吐蕃政权的巩固，于是极力倡导佛教。

公元7世纪中叶，松赞干布执政时期，陆续翻译了一批佛经，还根据佛教的“十善戒”制定了法律二十条，把“敬信三宝”写入法律，推进了佛教传播，但当时本教的影响还很大。赤松德赞继位后，制定了《佛教大法》，规定臣民必须信佛。

2. 后弘期——藏传佛教在吐蕃的再度传播

公元838年，朗达玛继位为赞普。他在位五年中大肆“灭佛”，僧人被迫还俗，寺庙遭到破坏，标志着“前弘期”的结束。直到公元978年以后，佛教再度兴盛。

---

① 云南省编辑组编《云南民族民俗和宗教调查》，民族出版社2009年版。

藏传佛教的后弘期，大约相当于宋代，当时生活在青海湟水流域的唃厮啰政权与宋朝关系密切，曾与宋合作共破西夏。而宋朝驻甘、青一带的帅臣，也经常利用当地民众信佛教的特点，进行统治。

3. 元明清以来藏传佛教的发展

公元1270年，萨迦派教主八思巴·罗卓坚赞被元朝皇帝忽必烈尊为“帝师”，统辖西藏政教，开始了西藏政教合一的历史。

明政府改变了元代独尊萨迦的做法，采取了“群封众建”的治藏策略。16世纪，格鲁派因为其教义更有利于游牧经济的发展而得到蒙古族广大人民的接受。格鲁派最终利用其在蒙古部落的影响，联络蒙古领袖，在西藏建立起以格鲁派为主的政教合一政权。

满族在东北时，就已广泛接触佛教了。清朝建立后，在中央设理藩院，负责西藏和蒙古地方事务，正式册封格鲁派的达赖喇嘛和班禅额尔德尼两大活佛，以治理蒙藏。这些举措使喇嘛人数激增。

（三）南传上座部佛教

公元前4世纪，佛教分裂为上座部佛教和大众部佛教。公元5世纪后，上座部佛教在斯里兰卡得到发展，并向中南半岛及东南亚其他一些地区和岛屿传播，进而传入我国，为我国西南地区的傣族、布朗族、德昂族、阿昌族、佤族、拉祜族等民族所信仰。

傣族是信奉南传上座部佛教的主体民族，佛教传入前，傣族先民信奉原始宗教，祭祀寨神、勐神、谷魂婆婆等神灵。佛教初传入时，与当地原始宗教间的斗争很激烈，最终在对原始宗教做了一些妥协之后，才得以扎根。

从各傣族地区佛教传入的时间来看，最早传入的地区应是西双版纳一带，德宏一带要晚一些，临沧的双江、耿马、永德、镇康、沧源等县传入的时间更晚。南传上座部佛教在逐渐远播的过程中还形成了许多教派。

二、佛教信仰与行为规范

佛教教义教规中包含着许多行为规范，这些规范有的以佛教典籍为依据，有的是在宗教实践中为突出信仰、仪式、神职人员的神圣性而形成的，还有一些则是对人类思想行为发挥宏观指引作用的宗教观念。

（一）戒律

“戒”指以自律之心遵守规则，“律”指以他律的形式规范行为。戒律泛指佛教为所有信众制定的行为规范，其要旨是“诸恶莫作，众善奉行，自净其意”，既反对破坏社会正常生活的杀、盗、淫、妄等行为，又强调根治恶的心念，培养善的意识。这些戒律既从外部对信众的行为给予指引，又从内部净化信众的心灵，虽然一般不由国家强制力保证实施，但对信众行为却发挥了约束作用。

佛典载，释迦牟尼传道之初，信奉者的道德自觉性很高，佛陀主要是教导僧众从正面修养身心，后来因为信众增加，良莠混杂，佛陀便“随犯而制”，制定了一些禁条，以规范僧团秩序和信众行为。众僧遵照佛陀所说，总结出了“五戒”“八关斋戒”等戒律和远离十种恶行的“十善业”。“五戒”即不杀生，不偷盗，不邪淫，不妄语，不饮酒。“八关斋戒”即不杀生，不偷盗，不淫欲，不妄语，不饮酒，不著香华鬘，不香油涂身，不歌舞倡妓，不故往观听，不坐高广大床。“十善业”即不杀生，不偷盗，不邪淫，不妄语欺骗，不两舌，不恶口伤人，不说无益绮语，不贪，不嗔，不愚痴。这些基本戒律被具体细化到对僧众日常行为的种种要求中，有助于劝善止恶。

在西部民族地区，历史上无论是信奉汉传佛教还是藏传佛教、南传上座部佛教，基本戒律都对统治者及僧众发挥过一定作用。

在信奉汉传佛教的民族中，统治者重视用佛教教化民众。如西夏文词典《文海》在“佛”字条下注曰：“佛者是梵语，蕃语‘觉’之谓也。教导有情者是也。”[①] 惠宗时期刻印的汉文《大般若波罗蜜多心经》前附有一篇发愿文，其中提及“文政睹兹法要，遂起诚心”，说明党项统治者利用佛教怀柔汉人的政策收到了一定成效[②]。又如云南大理自清朝咸丰年间以来形成的民间佛教居士组织“莲池会”，所念的经多是劝人行善的，其中《观音菩萨十二大愿歌》云：“劝人行善莫要推，阎王面前不吃亏……万般都是行善好，后来自有出头期。莫说虚空无报应，举头三尺有神灵。善恶到头终成报，远在儿孙近在身。”[③]

在信奉藏传佛教的民族中，统治者也重视用佛教教化民众。如松赞干布曾令臣民皈依三宝，恭敬信奉，报父母恩，孝敬侍奉。对恩人及父叔长辈的意旨，不可违背，以德报德。对善良的人和出身高贵的人，不能与他

---

① 史金波著《西夏佛教史略》，宁夏人民出版社 1988 年版，

② 张践、齐经轩著《中国历代民族宗教政策》，中国社会科学出版社 2007 年版。

③ 参见云南省编辑组编《云南少数民族社会历史调查资料汇编》（五），云南人民出版 1991 年版。

们争斗，要听从他们的吩咐。学习经典文字，明白其中的道理。相信业、因、果，戒绝恶行，帮助亲友邻居，勿生侵害之心。品行端正，心存天良，酒食有节，知耻存礼。按期还债，称量时勿行欺骗。未受别人委托授权之事，不要参与，谋划事情时应自持主张，勿听妇人之言。是非难判断时，请地方神祇护法做证，立誓赌咒①。17世纪时，藏巴汗丹迥旺布也命令所有执任地方的官员要遵循据称也是吐蕃松赞干布制定的"在家道德规范十六条"：敬信三宝；求修正法；报父母恩；尊重有德；敬贵遵老；利济乡邻；直言小心；义深亲友；迎踪上流，远虑高瞻；饮食有节，货财安分；追认旧恩；及时偿债，秤斗无欺；慎戒忌妒；不听邪说，自持主见；温语寡言；担当重任，度量宽宏②。

在南传上座部佛教流传的地区，如在云南西双版纳，佛经的内容分为三方面：一是宗教故事，关于佛的各种传说；二是教人学好（教义教规）的故事；三是宗教哲学等③。在云南瑞丽，南传上座部佛教主张个人要修行，要有佛的心肠，概括起来包括：要行善事，做好人；好施舍，别人想要自己的土地、财产就无偿地送给；互爱互敬，不记仇怨；忍受苦难，忍受虐待。主张的戒律包括：不杀生；不偷盗；不调戏妇女，不奸淫；不欺骗；不饮酒；不吸烟；不赌博；不打扮，不跳舞吹弹，不看戏唱戏；过午不食，不睡高大华丽之床；不蓄钱财④。在云南临沧，教规有"三皈""五戒""八戒""十戒"。三皈即信徒在入教前要表示接受归顺佛、法、僧。五戒指在家男女信徒终身应遵守五条戒条，即不杀生、不偷盗、不邪淫、不妄语、不饮酒。八戒，又称八斋戒，指虔诚佛教徒应遵守八条戒律，即在五戒基础上，增加不睡坐高大华丽之床、不打扮和不观听歌舞、日偏后不进食等三戒。十戒在八戒的基础上增加两条，即身不涂饰、不蓄金银财宝⑤。在云南景谷，僧侣要遵守十

① 参见宋蜀华、东克进主编《中国民族概论》，中央民族大学出版社2001年版。

② 参见周润年、喜饶尼玛译注《西藏古代法典选编》，中央民族大学出版社1994年版。

③ 云南省编辑委员会编《西双版纳傣族社会综合调查》（一），云南民族出版社1983年版。

④ 参见云南省编辑组编《云南少数民族社会历史调查资料汇编》（五），云南人民出版1991年版。

⑤ 参见云南省编辑组编《云南少数民族社会历史调查资料汇编》（五），云南人民出版1991年版。

戒，即不杀生，不偷盗，不调戏妇女，不说谎话，不酗酒，不在日偏西时吃午饭，不唱歌跳舞，不涂脂粉、不插花打扮，不睡高床，不贪金银财宝。佛爷和尚若有违犯教规者，要受一定的处罚，如喝酒则予以警告，奸淫妇女则撤其僧职，脱去袈裟并撵出本勐本寨[①]。在云南德宏，南传上座部佛教左抵派的经典《帕拉马底戛》记载的戒律主要有：不偷盗、不杀生（见杀不吃）、不饮酒、不调戏妇女、不欺骗、不卖刀枪、不赌钱等[②]。

（二）宗教实践活动中的规范

在宗教实践活动中会形成一些行为规范，以便让宗教活动能正常运转，这些规范也可以称为习惯性规范。

如唐宋年间民间结成了一些佛教社邑组织，晚唐吐蕃统治敦煌时，一些社邑在成员死亡时，要发“社司转帖”通知社人参加助葬活动，对于后到人、不到人，要根据社邑罚则进行处罚，方式有罚物、罚局席和罚酒并附加决杖三种。对约定应纳物却不纳者行处罚，当时的一则“再限纳物转帖”是这样记载的[③]：

社司　转帖

右咨诸公等，先已商量送物。并限今月十三十四日取斋，故违不送。今更限今月廿二日午时于莲台寺门前取身并物，不到者罚半食。并须月直纳物，亦须知前后。如月直不存勾当，局席不如法及不办，重科。其帖速＝＝＝＝＝＝＝违准条。

十一月廿一日杨让帖

社官李详　社长杨岸

又如有学者曾在1941年调查了13个藏族部落，发现当地没有一个俗人可与宗教环境完全脱离关系。每日晨起，在饮食前，当地人须念数百遍六字真言。每日每家须派一名男子代表到佛爷住所前“喂颡”一次，每逢朔望，赶到附近的寺院朝拜。每月须延请喇嘛数人来家念经两次，每次两三天，以

① 云南省编辑组编《云南少数民族社会历史调查资料汇编》（五），云南人民出版社1991年版。

② 云南省编辑组编《云南少数民族社会历史调查资料汇编》（五），云南人民出版社1991年版。

③ 转引自李可著《宗教社会纠纷解决机制——唐和宋的专题研究》，法律出版社2010年版。

酥油或银钱给念经的喇嘛作为酬报等[①]。

再如在云南景洪，封建领主与佛教有密切关系，每年到关门节和开门节，各勐领主要到宣慰街向召片领“书马”（赎罪）。他们在总佛寺里饮咒水，在释迦牟尼佛像前表示忠于召片领。土司的官员、头人犯了法，判了刑，只要他给佛寺出些钱，该佛寺就设法将此犯人从狱中或绑赴刑场的途中劫走，只要越过佛寺外的壕沟，或披上一件黄袈裟，犯人也就安然脱险了，世俗的司法机关便无权处理“佛寺内的事”了[②]。在云南景谷，傣族僧人平时所需饭食，由村寨群众负担。每天早晨，村民以听到铜板声为号，及时送饭菜去佛寺给和尚。饭菜不够吃时，则由下级小和尚在僧房做饭作为补充[③]。

为凸显“神圣性”，宗教实践中还会形成一些禁忌。如甘肃裕固族藏传佛教寺院规定：俗人经过寺院，在距寺院很远处便要下马；搬家只能从寺院后面过；在寺院附近不能大声说话；到经堂去时，男人由左边进，女人由右边进；妇女不能到佛爷跟前去；产妇不能进寺院等[④]。又如，云南景谷傣族的南传上座部佛教信仰分摆顺、摆坝两派，两派均不忌五荤，肉、菜随吃，但不准亲手杀生，不吃死牛烂马[⑤]。在云南耿马，南传佛教信仰分摆润派、摆多派（多列）、摆顺派三派，其宗教仪式、教规等都有差异。如摆润派除供释迦牟尼佛像外，还供弥勒佛、东王、西王、那妥那尼（女）等像；摆多派只供释迦牟尼佛像。摆润派僧人出行可以骑马（但不骑母马）、坐轿和赶街；摆多派则不骑马、不坐轿、不赶街，出行只带一把伞。摆润派可以吃两餐，吃荤多；摆多派过午不食，虔诚者日吃一餐，少吃荤。摆润派一般信众可养猪、鸡；摆多派一般信众不养猪、鸡[⑥]。在西双版纳，和尚社会地位高，祜巴以上的僧侣更受敬重。骑马者碰见佛爷或祜巴，要立刻下马让路。在拜佛的时候，老

---

① 俞湘文《西北游牧藏区之社会调查》，载李文海主编《民国时期社会调查丛编》（少数民族卷），福建教育出版社 2005 年版。

② 参见云南省编辑组编《云南少数民族社会历史调查资料汇编》（五），云南人民出版 1991 年版。

③ 云南省编辑组编《云南少数民族社会历史调查资料汇编》（五），云南人民出版社 1991 年版。

④ 《裕固族简史》编写组编《裕固族简史》，甘肃人民出版社 1983 年版。

⑤ 云南省编辑组编《云南少数民族社会历史调查资料汇编》（五），云南人民出版社 1991 年版。

⑥ 云南省编辑组编《云南少数民族社会历史调查资料汇编》（五），云南人民出版社 1991 年版。

年人对当了和尚的后辈也得跪拜①。

（三）地狱果报说及其威慑

佛教所宣扬的地狱果报说，给信众形成一种心理威慑，进而影响到他们的行为。

中国先秦时期就有鬼神、地狱观，《墨子·明鬼下》中就主张用“鬼神说”来维护秩序，减少犯罪。佛教传入后，本土的地狱观与佛教的地狱果报说相结合，通过冥界判官的“司法”，来震慑俗世之人。正如《魏书·释老志》对佛教的解释：“凡其经旨，大抵言生生之类，皆因行业而起。有过去、当今、未来，历三世，识神常不灭。凡为善恶，必有报应。渐积胜业，陶冶粗鄙，经无数形，藻练神明，乃致无生而得佛道。其间阶次心行，等级非一，皆缘浅以至深，藉微而为著。率在于积仁顺，蠲嗜欲，习虚静而成通照也。故其始修心则依佛、法、僧，谓之三归，若君子之三畏也。又有五戒，去杀、盗、淫、妄言、饮酒，大意与仁、义、礼、智、信同，名为异耳。云奉持之，则生天人胜处，亏犯则坠鬼畜诸苦。又善恶生处，凡有六道焉。”

佛经中对地狱有不少描述，既描述了地狱的种类，又描述了地狱中的镬汤炮煮、碓捣研磨、烹煮煎炸等酷刑，还描述了地狱判案的官员、胥吏体系及其讯问方式等。如仅是流传于魏晋南北朝时期的地狱说就有四地狱、六地狱、八地狱、十五地狱、三十地狱、六十四地狱，甚至无边无量地狱等说法。又如唐代还逐渐形成了“十王”主宰地狱的观念。《佛说十王经》展现了“十王”思想，仅敦煌出土的有关地狱十王的手写卷子就有二十种左右②。

各种史料中，也不乏对冥界、冥罚的描绘。如元好问在《续夷坚志》中记载了金代发生在平舆的下述“案例”③：“平舆函头村张老者……年已老，止一儿，成童矣，一旦死。……明日欲埋之，又复不忍，但累砖作邸……三日复墓，恸哭不休，忽闻墓中呻吟声……撤棺砖，曳棺木出，舁归其家。俄索汤粥……寺有一僧吕姓者，年未四十，仪表殊伟，曾上州作纲首。张童即前

① 云南省编辑组编《云南少数民族社会历史调查资料汇编》（五），云南人民出版社1991年版。

② 参见陈登武著《从人间世到幽冥界——唐代的法制、社会与国家》，北京大学出版社2007年版。

③ 转引自李可著《宗教社会纠纷解决机制——唐和宋的专题研究》，法律出版社2010年版。

问僧：‘师亦还魂耶?’吕云：‘何曾死?’张童言：‘我在冥中引问次，见师在殿角铜柱上，铁绳系足，狱卒往来以棓撞师腋下，流血淋漓。及放归时，曾问监卒，吕师何故受罪？乃云，他多脱下斋主经文，故受此报。’吕闻大骇，盖其腋下病一漏疮，已三年矣，儿初不知。吕遂洁居一室，日以诵经为课，凡三年，疮乃平。”

藏族的原始宗教认为人死后灵魂有三个去处：一是升入天界；二是托生为人类；三是堕入地狱。后来传入的佛教认为人是由于前世今生的业（罪业）而不断轮回于六道中，要得到解脱，取决于个人在身、语、意（行为、语言、思想）方面的行善积德、远离犯罪，最终获得佛果。若一个人在世间犯的罪孽深重，在中阴阶段，经过审判、核实罪行，将被打入地狱，受到无尽折磨。相反，如果做了许多的善事，则会转入天界或成佛。藏族还有许多谚语、格言、史诗和神话传说都宣扬了佛教的因果论和来世说，劝人弃恶行善[①]。

南传上座部佛教理论也把世界分为三等，即天堂、人间和地狱，认为凡做坏事的人死后下地狱，不好不坏的人死后投胎到人间，行善事的人死后可升入极乐世界——天堂。曾实施于云南孟连傣族地区的《孟连宣抚司法规》中也规定：“帕雅召勐（土司）办事要公平合理，应按各种法规处理一切事务，赏罚严明，神灵才会保佑，死后才能升天堂，冤判、错判就要下地狱。”[②]

（四）佛教观念的宏观指导作用

佛教所主张的许多观念虽然不直接针对具体的人和行为，但却在宏观上发挥了指引行为、维护秩序的作用。佛教主张的不滥杀、尊重生命的慈悲观与中国传统的恤刑、慎刑思想相契合，能劝导当政者明德慎罚，不伤及无辜，所主张的宽容、忍让的观念也能带来息诉、止争的影响，所提出的伦理道德观念，也对社会秩序的维护发挥了有利作用。

例如，隋文帝曾下敕要“好生恶杀”。隋初制定的《开皇律》也依据宽容、慈悲的理念，废除了一些死罪、流罪、徒刑、杖刑条文。

又如，西藏帕竹政权时期，香曲坚赞制定《十五法典》的立法理念也深受佛教思想影响，认为“执行死刑是造孽行为，因为佛教认为伤害生命是一种恶行”。他说：“尤其元代蒙古，杀人以命相抵为代表的法律规定使恶业越

---

① 甘措著《藏族法律文化研究》，青海人民出版社 2009 年版。

② 云南省少数民族古籍整理出版规划办公室编《孟连宣抚司法规》，云南民族出版社 1986 年版。

积越重，因此以先贤法王‘十善’的优良传统为依据制定本法，只要求杀人赔偿命价，不允许杀人者偿命，而害死两条生命。为使吐蕃赞普以来的法律传统不受破坏，因此规定对杀人者罚交命价。”①

再如藏传佛教噶当派的创始人仲敦巴以格言的形式撰写了《俗法精要蔓珠》，作为劝世良言来警示世人，其中的内容包括施政、求知、生财的正确途径及为人处世等方方面面②，有利于形成良好的社会风气：

无论为何人排忧解难，应尽力减少其痛苦。

工作和事业何以成就，所有行为要与人随和。

无论自己有多少知识，蔑视他人的念头应该减少。

虽有很强的生财欲望，贪别人财富的念头应该减少。

处世方式机灵而聪慧，伤天害理之事应尽量减少。

虽是自己积累的财富，其中偷来的成分应该没有。

三、宗教组织规范和财产规范

制度化宗教需要有相对固定的教义、组织、神职人员和仪式活动。宗教组织如何成立、如何开展活动、需要遵守哪些组织行为规范、如何任免职事、管理财务等都需要加以规定和明晰。这些规范有的是宗教的“自组织”规范，在组织内部具有约束力，有的对教外群众也有约束力。

（一）组织规范

僧人生活在一起，需要有集体生活制度。大约在唐贞元至元和年间(785—806 年)，居住在江西百丈山的怀海禅师制定了僧众共住的规约。这一规约被称为《百丈清规》，是禅院的组织规程及内部日常生活的管理规则，对后世产生了很大影响。唐宋以后，佛教丛林制度越来越完善，形成了寺院级别规范（如甲乙徒弟院、十方住持院、敕差住持院等），职事人员职责分工制度（如住持、方丈、和尚、长老等），东西两序职事职务制度（东序为列职，按都监、监院、副寺、僧值等次第排列，西序为序职，按座元、首座、西堂、堂主、书记等次第排列）等③。

还有一些规范是约束僧众行为的规范，如两晋之际著名的僧人道安，在今山西、河北、河南一带活动，他曾制定僧尼规范。这些规范包括讲经说法

① 甘措著《藏族法律文化研究》，青海人民出版社 2009 年版。

② 杨士宏著《藏族传统法律文化研究》，甘肃人民出版社 2004 年版。

③ 夏金华著《中国佛教的制度与仪轨》，上海社会科学院出版社 2010 年版。

的仪式和方法，日夜六时的修行、食住规定，对半月举行一次的说诫忏悔仪式、夏安居结束时举行的检举忏悔集会的规定。这些规定出现后，在全国影响都比较大，所谓“天下寺舍，遂则而从之”[①]。

藏传佛教和南传上座部佛教也有自己的组织规范。例如，在寺院组织体系方面，甘肃的裕固族藏传佛教寺院规模一般较小，内部组织并不严密，有的寺院有喇嘛（或称堪布、活佛）、法台，有的只有僧官或提经[②]。又如，旧时云南耿马南传佛教摆润派佛寺分为三级，在每年开门节后至关门节前，照例有两次朝拜活动，即基层佛寺僧侣到中级佛寺朝拜两次，中级佛寺僧侣到高级佛寺朝拜两次，否则便算违反教规。基层佛寺范围的信众若要大赕佛或中赕佛须向中级佛寺长老请示。中、下级佛寺要晋升“厅召”以上僧职，还须向耿马城区佛寺的印长老请示。信众欲作大赕佛活动，也要向土司请示，得到土司的允许方可[③]。再如，新中国成立前，云南景谷大多数傣族村寨都建有佛寺，若干个村寨基层佛寺又设有一个中心佛寺作为统率。农历每月十五和三十两天，众佛爷都集中在各中心佛寺诵经，称“团佛”。其他时间，所有佛爷、和尚都在各自的佛寺里活动。凡升沙的和沙米，要由村寨集体赕佛，大家分摊费用。村寨佛寺兴办升祜巴以上僧职仪式时，须请各勐佛爷前来参加，每个佛爷随带一名小和尚，该村寨给每位佛爷搭设一个小草棚，内备床铺、篾桌等用具，佛爷就在草棚里吃、住，念经半个月，早晚到佛殿拜佛，所需吃食概由升祜巴村寨的群众提供[④]。

（二）财产规范

佛教经典对僧人财物和寺院财物都有所规定。在僧人财物方面，按照律藏的说法，在佛陀时期，僧人仅准持三衣一钵、坐具和漉水囊等，以免僧人滋生贪心。规定比丘不得买卖宝物，不得以宝物谋取利息或其他利益，也不得从事医药、饮食、衣物等种种贩卖。但也规定，如果不为求利而行买卖之事，是允许的。还规定比丘不得以种种方式，令施主将本欲供养整个僧团的

---

① 参见谢重光著《中古佛教僧官制度和社会生活》，商务印书馆2009年版。

② 参见《裕固族简史》编写组编《裕固族简史》，甘肃人民出版社1983年版。

③ 参见云南省编辑组编《云南少数民族社会历史调查资料汇编》（五），云南人民出版1991年版。

④ 云南省编辑组编《云南少数民族社会历史调查资料汇编》（五），云南人民出版社1991年版。

物品，转给自己受用，不得未经许可擅自动用属于僧团的物品。在寺院财物方面，认为“四方僧物”（也称“十方僧物”“常住僧物”），由他人所供养，所有权属于僧团集体共有，例如房舍、果树、厨库、田园、谷米、衣服、汤药等。而“现前僧物”（指现前僧、眼前所见之僧人所特用之物，即施主布施予现前僧之物，或丧亡僧人的遗物）其他僧人无权使用。还规定，四方僧物不能私分，其占有、使用、处置的权利，皆归于僧团①。

藏传佛教和南传上座部佛教寺院也有关于寺产、寺院财经制度的规定。例如，甘肃裕固族康隆寺有草场、林场，草场租给牧民，收入作为每月十五放小会的费用。其长沟寺规定，从腊月二十三到正月十五，喇嘛、僧人都要集中，由寺院管账者公布账目，把每年过会时的收入、支出情况，在腊月二十三日公布、交账。若账管得好，可继续管，否则另选②。每个寺院每年都有定期的正月大会、四月大会、六月大会、十月（或九月）大会，每月十五还有一次小会。在放会之前，每个部落均召开会议，内容是决定放会及其活动费用的认可或摊派。一般大户多出，贫苦户少出③。

还有一种情况是国家或地方政权直接以立法的形式规定某些财物归属寺院，或要求属民要为寺院服役。例如，元代忽必烈封八思巴为国师、帝师后，每一新帝即位，都要对帝师“降诏褒护”，这道诏书以“络珠为字”，称为“珠诏”。忽必烈在一封珠诏中对八思巴保证：僧人们的佛殿和僧舍，来往使臣不得住宿，不得征派供应，乌拉差役。属于寺院之土地、水流、水磨等，任何人不得夺占④。

元朝历代皇帝、皇太后、皇太子还曾对西藏地方政府下达过不少圣旨、懿旨、令旨。如《薛禅皇帝颁给拉洁·僧格贝的圣旨》⑤：

靠长生天的气力，托大福荫的护助，皇帝圣旨

向军官们、士兵们、城子达鲁花赤们、官员们、来往的使臣们、百姓们宣谕：

---

① 参见释慈藏《加强佛教财物管理的戒律和佛制依据》，《中国宗教》2010年第11期。

② 甘肃省编辑组编《裕固族东乡族保安族社会历史调查》，民族出版社2009年版。

③ 《裕固族简史》编写组编《裕固族简史》，甘肃人民出版社1983年版。

④ 参见张践、齐经轩著《中国历代民族宗教政策》，中国社会科学出版社2007年版。

⑤ 转引自杨士宏著《藏族传统法律文化研究》，甘肃人民出版社2004年版。

成吉思汗、哈罕（窝阔台）皇帝圣旨里说道："和尚们、也里可温们、先生们不承担任何差发，祷告上天保佑。"兹按以前的圣旨，不承担任何差发，祷告上天保佑，向绒地的拉洁·僧格贝颁发了所持的圣旨，在他的寺院、房舍里，使臣不得下榻；不得向他们索取铺马、祗应；不得征收地税、商税；不得抢夺寺院所属土地、河流、园林、碾磨等。他也不得因持有圣旨而做无理的事。如做，他岂不怕？

牛年（1277年或1289年）正月三十写于大都

元朝的帝师也可以下达法旨，内容包括政治、经济、军事、宗教、差税及官吏、地方头人、平民百姓的行为规范等诸多方面。如帝师发布的下述维护寺僧及寺院财产的法旨：

遵奉皇帝圣旨

仁钦坚赞帝师法旨

向乌斯藏地方宣抚司官员、军官、士兵、地方守官、法官、税官、过往官吏、站赤、牛马饲养员、胥吏、地方头人、百姓晓谕：

昆顿师长和仁钦贝桑布师长所属埃巴地方寺庙溪卡、供法溪卡的僧人、施主、徒弟们听讲佛法，为皇帝祈祷，安分守规。遵奉皇帝圣旨，对其拥有的耕地、溪卡、土地、河流、草场等，不得抢夺；不得在寺庙下榻；不得征收地税、商税；不得以借贷、离间等为口实，惹是生非；不得饲养牛马；不得将农具和驮驴作抵押；不得掠夺牛群；不得派驮马支乌拉；不得使用暴力。特颁发了执持的法旨。若见法旨仍倒行逆施，则必加惩罚。尔等亦不得做违法之事。

龙年（1304年）二月二十三日书于大都皇宫御花园①

再如，明末清初固始汗占领西藏后，曾决定将卫藏赋税全部交给达赖作为供养，清政府继承此传统，《西藏记》记载："卫藏地方，乃赏给达赖喇嘛采邑，免其正赋之贡。"《卫藏通志》详细记载了藏族给喇嘛庙上缴赋税的情况："上等地，下籽种一克者，交粮十克；中等地，下籽种一克者，交粮七克；下等地，下籽种一克者，交粮五克。"此外还有名为"乌拉"的差役，"凡有生业之人，毋论男女皆派"②。

---

① 西藏自治区档案馆编《西藏历史档案荟萃》，文物出版社1995年版。

② 转引自张践、齐经轩著《中国历代民族宗教政策》，中国社会科学出版社2007年版。

四、神职人员规范

神职人员既是传经布道者，也是仪式活动主持者，甚至还是纠纷调解解决者，所以，佛教活动实践中形成了一些有关神职人员的规范。

（一）产生规范和职责分工制度

神职人员需要管理者，神职人员之间也有分工，这就需要一些制度性规定。

例如，按照汉传佛教禅宗的丛林制度，“住持”是一寺之主僧，意思是保持佛法，安住于世。“方丈”原被用来表示住持的住所，后来也用于指一寺之主，与住持意思相同。“长老”则是僧团中年老且德学皆优者。其他职事也各有职责，如“都监”位在住持、监院之间，上辅助住持，下匡扶监院，又称为“总理”。“监院”则是监督一寺之意，在住持领导下，执掌寺中一切行政事务。“维那”是负责寺内大众的修持、执行上殿、过堂、念诵等仪轨的纲领职事。“僧值”是值日僧，负责监察大众上殿、外寮各僧遵守寺院清规戒律情况。“知客”又名“典客”，指客堂接待人员，负责来访僧俗的接待工作等等①。

又如，云南大理白族信仰的阿吒力教属于汉传佛教密宗，“阿吒力”的意思是“轨师”“范师”“导师”，故又称“师僧”“轨范师”，白族称之为“师主簿”。阿吒力有妻室儿女，子孙世代相承，大理凤仪北汤天“师僧府”董家，自大理国段思平时起，世为阿吒力，到新中国成立前夕已有四十三代。作为坛主的阿吒力，自清代康熙时起，必须由县僧正司给他“念经”上奏，取一个法名。没有这个合法身份，不能出面给群众做“法事”②。

（二）等级制度与待遇制度

宗教执事人员有级别之分，也有相应的待遇。例如，1941 年有学者调查了 13 个藏族部落，发现其最高行政长官有两种称呼，一是“洪布”，译意为“官”，一是“郭哇”，译意为“头人”，他们不能专制独裁，要召集下面的小头目商讨后才能决定事件如何办理。这 13 个部落有 6 个是在寺院统治之下，形成政教不分的状态。游牧区寺院主持的喇嘛称为“贡察布”，他不能兼管民事，要另派“郭哇”治理民政。而郭门寺是一个定居部落，故其民政由郭门

---

① 参见夏金华著《中国佛教的制度与仪轨》，上海社会科学院出版社 2010 年版。

② 云南省编辑组编《云南民族民俗和宗教调查》，民族出版社 2009 年版。

寺的贡罕察布兼管。在当时，洪布和郭哇都没有一定的俸禄，他们的酬劳大部分来自民间的讼案，胜方献上酬金，输方缴出罚款，罚款大部分给胜方，一小部分归土官所有。郭哇被选派出来时，本人须略有资产，否则在最初数月中必须借债。寺院派某一喇嘛为郭哇，并不给予任何经费，这个喇嘛须备有一个自己住的蒙古包，驻扎在其所管理的部落中，随着人民逐水草迁移，还要备一个很大的帐房，给他的随从和厨子们住，还要负担他自己和随从的伙食费用。3年任满后，陆续所得的酬金与罚款，不但能补偿以前所垫的款项，还可以满载而归，其随从亦均有分肥。若此郭哇能力低弱，不能治理政务，而引起人民反对，中途被撤回，则此郭哇将得不偿失①。

又如，西双版纳景洪的僧侣由低到高分为以下级别："帕"，即和尚，包括大和尚、小和尚；"督"，佛爷，其中又分为大佛爷"督龙"、二佛爷"督刚"；"祜巴"；"沙弥"；"常卡拉乍"；"帕召虎"；"松领"；"松领阿戛木里"，只有召片领的血亲才能担任。前七级中，祜巴以上的高级僧侣须经召片领（宣慰）委任；若他们不愿继任了，也要得到宣慰的许可；若犯了错误，先脱了袈裟，然后再由宣慰议事庭给予处罚，将其撤职。第八级高僧阿戛木里可以管理全西双版纳的祜巴、佛爷、和尚等僧人。学习经书多，又能遵守戒律，有德行，可以逐级上升。各级僧侣享受袈裟、金牌、银牌数量也有规矩②。寺爷有不好的行为，祜巴可命他还俗，并且在寺内服劳役，以示惩罚。佛爷有大罪，祜巴只能使其还俗及罚上述劳动，在缅寺内没有办罪，只能由地方上来办罪。送丧、建寨、盖房子，这三件事都必须有和尚佛爷来念经③。

云南耿马南传佛教摆润派，教阶由低到高分为以下级别：和尚；佛爷（由二十岁以上的和尚升任，可以还俗）；"厅召"（长老）；"西米召"（上长老）；"桑召"（西双版纳称桑卡拉乍）；"召虎马"（大长老）；"虎马南"（副印长老）；"按雅淌"（印长老，有权管理土司辖地内的所有佛寺）。按规矩，土司碰见印长老要叩头，而印长老却不给土司叩头。但印长老若违犯教规，

① 俞湘文《西北游牧藏区之社会调查》，载李文海主编《民国时期社会调查丛编》（少数民族卷），福建教育出版社2005年版。

② 云南省编辑组编《云南少数民族社会历史调查资料汇编》（五），云南人民出版1991年版。

③ 云南省编辑委员会编《西双版纳傣族社会综合调查》（一），云南民族出版社1983年版。

土司可以将他撤职。土司制定世俗法律，宗教界不完全受约束，违犯教规者按教规办理。违犯土司法律而被判死刑者，唯有印长老能搭救他。如因欠债太多无法偿还者，求助于印长老，印长老如果同意他去寺中躲避，欠债人只要把袈裟一披，即可免掉无法偿还的债务①。

再如，西双版纳勐海县山区布朗族的教阶分为以下级别："科勇"，预备和尚；"帕"，又分为"帕囡"（小和尚）、"帕龙"（大和尚）；"督"，又分为"督囡"（二佛爷）和"督龙"（大佛爷）；"沙的厅"，傣族称"祜巴"；"沙弥"，或称"帕沙弥"；"沙的桑"，或称"桑卡拉乍"；"松领"；"帕召虎"。在云南景谷，僧人从低到高分为七级，分别是"帕弯"（和尚）、"帕罕"（二佛爷或"督"）、"沙的"（大佛爷）、"厅召"（西双版纳称"祜巴"）、"沙米"（"糜"）、"桑召"（在官佛寺中的长老称为"桑台召"，在普通佛寺中的长老则称为"祜巴"）、"松列"。按规定，凡升任"沙的"以上的高级僧侣即不能还俗②。

五、宗教事务管理规范

为管理佛教事务和僧众，封建国家和一些地方性政权先后采取了许多管理措施。

（一）僧官制度

当僧人增多后，需要设立僧官管理僧众。如姚秦在中央设三种僧官，主要僧官为"僧主"，又称"僧正"，副职为"悦众"，又副职为"僧录"。据《魏书·释老志》，北魏拓跋跬时立僧人法果为"道人统"，随后又设立了专门的僧务机构，所谓"先是，立监福曹，又改为昭玄，备有官属，以断僧务"。隋朝继承了魏、齐僧官制度，还增设了"外国僧主""二十五众主"和"五众主"。外国僧主，是为适应外国僧人来华渐多的需要而设的，二十五众主类似教化僧徒学习的学官，五众主分别是"十地""讲律""涅槃""讲论""大论"五种佛学的众主。唐高祖时期，除以寺院三纲（上座、寺主、维那）为主，以僧隶寺、以寺隶官外，还对于超出一寺的僧务，临时设置"十大德"加以摄领。唐太宗则加大了对宗教的控制，取消了十大德和寺、观监，把管

① 参见云南省编辑组编《云南少数民族社会历史调查资料汇编》（五），云南人民出版1991年版。

② 参见云南省编辑组编《云南少数民族社会历史调查资料汇编》（五），云南人民出版1991年版。

理僧尼的职能转归有关世俗官府，选任僧官、寺额、僧籍、外国客僧等都交由这些机关管理①。

敦煌是佛教传入中原的一个重镇，吐蕃占领前期，敦煌的最高僧官也称“僧统”，除僧统外，还有“判官”，其下才是寺院三纲。吐蕃占领后期，开始出现一种名为“教授”的僧官②。

清代时，西藏地区也曾设“仲益”一职，意为“文书”或“秘书”。凡一切僧官的培养、任命、调迁，都由“仲益”拟具名单，呈请噶厦转呈达赖喇嘛或摄政核准任用。仲益对达赖和噶厦负责，主管班禅系统以外的全藏宗教事务，负责达赖印信、文书，起草地方政府的公文、命令等③。

云南大理白族信仰阿吒力教，明朝时为此设立了阿吒力僧纲司，让他们主持自己的宗教事务。清康熙年间又把阿吒力僧纲司与朵兮薄纪纲司从政府职官中取消，阿吒力和朵兮薄事务，分别归僧正司和道纪司管理④。

（二）度牒制度

僧道出家，由官府发给证明身份的凭证，称之为度牒。佛教度牒，上面通常载有僧尼的籍贯、俗名、年龄、所属寺院、得戒师等内容，持度牒的僧尼还可以得到朝廷规定的某些保障，包括可以免除赋税和徭役等。《僧史略》记载：“度牒自南北朝有之。”据《魏书·释老志》，孝文帝延兴二年（472年）下诏：“若为三宝巡民教化者，在外赍州镇维那文移，在后者赍都维那等印牒，然后听行。违者加罪。”其中所谓“文移”“印牒”，虽是僧徒的临时性证明文件，但已具有度牒的作用。迄清代为止，这一制度为历代沿用。

由于随着佛教信众的增多，带来了良莠不齐的问题，也由于存在对僧尼免除赋税的规定，所以魏晋以来出现了不少借当僧尼之名而逃避税赋的行为，影响到国家财政，所以很多朝代都采取了加强度牒管理，淘汰假僧尼的举措。如史籍中有宋朝边疆地区官员请求政府给予寺额的记载，如据《续资治通鉴长编》卷三四五记载，元丰七年（1084年）四月，“广南西路经略司言：‘已自融口通开石门溪洞路，欲与新路侧创僧寺，化谕蛮人。乞给度僧牒五道及

① 参见谢重光著《中古佛教僧官制度和社会生活》，商务印书馆2009年版。

② 参见谢重光著《中古佛教僧官制度和社会生活》，商务印书馆2009年版。

③ 国家教委高等学校社会科学发展研究中心组织编《西藏古代法典选编》，中央民族大学出版社1994年版。

④ 云南省编辑组编《云南民族民俗和宗教调查》，民族出版社2009年版。

降御书，岁度僧一人。’从之”。又如，金代帝王虽多信佛教，但也对佛教有所控制，天会八年（1130年），曾诏令“禁私度僧尼”。再如，明朝对内地佛教发展也有限制，《明会要》记载：“清理释、道二教，限僧三年一度给牒。凡各府州县寺观，但存宽大者一所，并居之。凡僧道，府不得过四十人，州三十人，县二十人。民年非四十以上、女非五十以上者，不得出家。二十八年令天下僧道赴京考试给牒，不通经黄者黜之。”

（三）僧尼行为规范

虽然宗教组织本身会对僧尼行为进行规范，但随着僧尼数量的增多，一些政权在优待名僧、修筑寺院、组织译经活动的同时，也对僧人违反教义教规的行为严行惩治，或规定僧尼拥有某些特权。

例如，北魏世祖诛长安沙门就是一例。据《魏书·释老志》，当时长安沙门藏弓矢矛盾，酿酒具、财物，与贵室女私行淫乱，所以世祖诏诛长安沙门，焚破佛像。据《佛祖统纪》卷三九记载，隋炀帝时期，曾诏“天下僧徒无德业者。并令罢道”。

宋朝对于佛教同样采取扶植、利用与限制的政策。对僧数寺数加以限制，对不法僧侣予以处罚。据《宋会要·道释》，天圣二年（1024年），尚书右丞马亮向仁宗奏言：“天下僧徒数十万，多游惰凶顽，隐迹为僧，结为盗贼，侮辱教门，欲望今后除额定数剃度外，非时更不放度。及常年聚试之际，先委僧司看验保识，如行止不明、身有雕刺及曾犯刑宪者，并不得经试，仍于逐年帐前榜此条贯之。”

元朝对佛教的接受和理解具有萨满教不求来世只求今生的特点。朝廷将大量的土地赐给寺院，寺院还可以从事工商业，寺院经济的发展使得元代僧侣世俗化，潜心修行的少，追求财利的多。

明朝对四川、青海、甘肃等与汉族居住区邻近或杂居的地区宗教领袖，管理严格。《明史·李英传》载：“番僧张答里麻者，通译书。成祖授以左觉义。居西宁，恣甚。以计取西番贡使资，纳捕逃，交通外域，肆恶十余年。英发其事，磔死，籍其家。西陲快之。”

再如，云南《孟连宣抚司法规》规定：“比丘或有识之人借债无力偿还者，不能以身抵债做奴隶，应当延长赔还期限或何时有偿还能力就到何时，但不论时间长短都不应计算利息。”其他的困难户、百姓却没有这样的特权。还规定：“佛门弟子有偷盗行为者，不论构成事实与否，即以心动，产生邪念，就为犯罪开始，便应离开佛门，取消佛门弟子资格。”①

（四）处理中央与地方宗教事务与世俗事务关系方面的制度

历史上，一些地方性政权实行政教合一的制度，统一的中央政权又要对之进行管理，所以在处理中央与地方、宗教事务与世俗事务关系方面，形成了许多特殊的制度，这尤其体现在元、明、清对蒙藏地区的治理上。

例如，元朝在中央设立“宣政院”负责管理全国佛教事务和藏族聚居区军政事务，宣政院主官为从一品。宣政院下设三个宣慰使司都元帅府，一个是吐蕃等处宣慰使司都元帅府，一个是吐蕃等路宣慰使司都元帅府，一个是乌斯藏纳里速古鲁孙等三路宣慰使司都元帅府。在宣慰使司都元帅府下，设有都元帅、元帅、转运、万户、千户等职，都由帝师或宣政院提名，皇帝任命。尤其是万户以下，全部由藏族僧侣领袖担任②。

又如，清朝的理藩院共有六个清吏司，《理藩院例则》规定了各个部门的职责分工，其中柔远清吏司分管藏传佛教事务。

第四节　道教教义与行为规范

道教是中国土生土长的宗教，深深植根于中国文化，具有鲜明的中国特色。和其他制度化宗教一样，道教也有自己的经典和理论体系，有自己的宗教组织、人员和宗教礼仪，有自己的组织管理规范，也受到国家和各地方性政权的管理和约束。

一、西部民族道教信仰概况

道教初创的历程分散且缓慢。战国时期，逐渐出现一些热衷于追求长生不老的先民。汉末，在民间巫术、神仙方术、道家思想、儒家纲常伦理、阴阳家阴阳五行相生相克理论和中国传统养生理论、医药学说基础上，道教理论逐渐系统化，出现了《太平经》《周易参同契》《老子想尔注》等经典。

东汉末年，天下动荡、民不聊生。汉顺帝时（126—144 年），有一名为张陵的人客居四川，称受太上老君之命而创立了“五斗米道”。汉灵帝时（168—189 年），又有巨鹿（今河北省巨鹿县）人张角创立“太平道”，组织

① 云南省少数民族古籍整理出版规划办公室编《孟连宣抚司法规》，云南民族出版社 1986 年版。

② 参见张践、齐经轩著《中国历代民族宗教政策》，中国社会科学出版社 2007 年版。

了黄巾大起义。这两个组织的出现，使得道教拥有了有组织的实体。其中，巴蜀地区的五斗米道，设置义舍，救济和吸引流民，发展教众，形成汉中政权，实行政教合一的制度。其下分设二十四治，以“天师”为最高首领，还设“治官”“祭酒”来管理道民和事务，形成了一套授职颁箓、收取钱税的制度，还利用宗教推行教化，在三十余年间形成一个地方小社会，直到曹操攻占汉中，汉中政权沦丧，教徒就四处迁移。黄巾起义被镇压后，道教发展跌入低谷。魏晋的统治者也担心方士术士与道教结合，可能会煽动人民、危及政权，所以也采取禁教措施。

南北朝时期，佛教在北方得到广泛传播，虽然道教势头不如佛教，但诸如前秦氐族和后秦羌族对道教也不排斥。这一时期，道教与佛教之争越来越激烈，道教徒开始改革宗教，以获得统治者的支持，逐渐形成了楼观派等新兴道派。

隋唐之际，为迎合新的统治者，道教提出了王权神授的观点，形成太上道君开天辟地、化形老君、辅佐帝王、传授经戒、教化众民的言论。尤其是李唐王朝利用道教来为其统治服务，将老子清静无为的思想作为治国理政的依据之一，将《老子》一书尊为《道德真经》，唐高宗咸亨五年（674 年）还把《道德经》作为官吏考试的课目之一，唐玄宗开元二十一年（733 年）也命士庶家藏一本《道德经》，贡举人加试老子策。唐玄宗还亲自注疏，颁之全国，使之广泛传播[①]。道教哲学体系在隋唐年间得到了系统化建立，道教仪法也得到系统整理、完备，道教从主要在民间流传，或者与民间力量结合与统治势力对抗，发展为逐渐依附于封建王朝。

宋朝统治者对道教持支持态度，如宋太祖曾修复道观、选拔道官，宋真宗曾“神道设教”，于大中祥符二年（1009 年）十月，诏天下州县建天庆观，每观赐田五至十顷。其目的之一是利用周边少数民族畏天的意识，“镇服四海，夸示戎狄”，“假是以动敌人之听闻”，使其消除觊觎宋朝之志”[②]。契丹、蒙古贵族也不排斥道教信仰。成吉思汗曾向丘处机请教治国之道和养生之道。金元时期，全真与正一逐渐成为道教的两大派别。

明王朝的建立，曾托宗教之名。政权建立后，道教对明代政治的影响也比较大，虽然也因为宗教耗损财富、僧道不法现象太多而采取了一些抑制措

---

① 参见任继愈著《中国道教史》，中国社会科学出版社 2001 年版。

② 转引自 任继愈著《中国道教史》，中国社会科学出版社 2001 年版。

施。同时，明代道教还进一步世俗化，画符念咒、看相问卜、念咒驱魔等成为道士的主要活动。

清朝不如明代那般重视道教，但道教在民间实力还是比较大的。如据康熙六年（1667 年）统计，当时全国有道士 21 286 人，占僧尼总数的近五分之一。自乾隆年间废除僧道度牒制度后，僧道数量增长很快，而且随着疆域的开拓，汉族向边疆地区迁徙，道教也随之传播，如新疆、内蒙古等地陆续建起了道观，西藏也有了关帝庙①。明清时期纂修的云南各州、县志《祠祀志》多载当时当地建有各种道教神祠，如“蛮民”杂居、崇尚巫鬼的普洱府百姓，兴建关帝庙、文昌宫、吕祖庙、三元宫等道教宫观神祠六十余处②。

具体说来，道教在西部民族地区的传播与发展，主要有以下几种形式：

一是传入民族地区，为当地汉族和少数民族信奉。如五斗米道在巴蜀兴盛时期，当地“巴夷”“板楯蛮”等都前往归附，《蜀记》也记载，参加五斗米道的教民，有“山僚”等少数民族，且“五斗米道”自创立之时，便已传播到邻近的云南等地③。

二是传入民族地区，与少数民族原始宗教相结合。例如主要分布于今湖南、贵州、广东、广西、云南等省区的瑶族，受道教影响较大，其“盘王信仰”“度戒仪式”等都有受道教经典、仪式影响的痕迹。又如云南纳西族东巴教也信仰道教“本府城隍”，明代丽江木氏土司在丽江各地修建了许多道教宫观，并在建筑上绘有大量道教题材壁画，清代丽江纳西族道徒组织洞经会、供奉道教诸神及北岳三多神④。

三是由迁入的汉族、云游的方士带入，主要被汉族所信奉。例如青海一带，魏晋时就有道士在积石山诵经修道，只不过青海一带地广人稀，且多信仰藏传佛教或伊斯兰教，道教的传播范围比较有限。

二、道教信仰与行为规范

在道教的教义教规和宗教仪式中，有不少行为规范。此外，道教还有因

---

① 参见任继愈著《中国道教史》，中国社会科学出版社 2001 年版。

② 参见郭武著《道教与云南文化——道教在云南的传播、演变及影响》，云南大学出版社 2000 年版。

③ 参见郭武著《道教与云南文化——道教在云南的传播、演变及影响》，云南大学出版社 2000 年版。

④ 参见木仁华著《东巴教与纳西文化》，中央民族大学出版社 2002 年版。

果报应之说，用记录人们日常行为善恶的功过格来约束人们的行为。

（一）经典与规范

道教在产生发展过程中，先后分分合合形成过南北天师道、符箓派、正一道、全真道等派别，宗派众多，经典也为数不少，而且还经过不断的补充、发展。道教经典中，有许多戒律和规范，既包括敬神祈神时的仪式，也包括进行修炼要遵守的仪轨，还包括日常生活中的道德规范。

作为道教的主要哲学理论支撑，《道德经》中有很多关于规范行为、维护秩序的内容。例如，主张"无为而治"，"我无为而民自化，我好静而民自正，我无事而民自富，我无欲而民自朴"。又如批判儒家礼法，认为"故失道而后德，失德而后仁，失仁而后义，失义而后礼。夫礼者，忠信之薄，而乱之首"。对法家的"严刑峻法"也提出了深刻批判，认为"法令滋彰，盗贼多有"。

道教经典《太平经》强调为道要忠君、孝亲、敬长，提出修道的原则是养性与积德并重，"内以致寿，外以致理"。《太平经》提出了阴阳五行灾异说，认为阴阳之道体现了天意，要通晓顺应阴阳之理，社会才能太平，"天乃为人垂象作法，为帝王立教令"。"天之法，常使君臣民都同，命同，吉凶同"，根据天道恶杀好生的道理，主张为政要尚德去刑，富人要散财济贫①。

同时，道教也整合吸收了不少儒家思想，在与佛教的相互竞争中也发生了相互融合，吸收了不少佛教思想，实现了儒、释、道的融合。

在与儒家思想相结合方面，历史上道教专门有一批以融摄儒家思想见长的人物，如杜光庭和陈景元就将儒家的伦理规范纳入道教思想体系之中，再以之来教化信众。如陈景元说："修道于身者，心闲性淡，爱气养神，少私寡欲，益寿延年，乃为真人矣。修道于家者，父慈子孝，兄友弟顺，夫信妻贤，九族和睦，庆流来世矣。修道于乡者，尊老抚幼，教诲愚鄙，百姓和集，上下信向，其德久长矣。修道于国者，礼乐自兴，百官称职，祸乱不生，万宝丰熟，则物充实矣。修道于天下者，不言而化，不教而治，平易无为，和一大通。"② 在此方面，道教尤其是以其劝善书和功过格，对民间信众产生了渗透性的影响。道教劝善书以《太上感应篇》和《文昌帝君阴骘文》最为著名。它们以实行儒家伦理纲常为善，反之则为恶，宣扬善有善报、恶有恶报，

① 参见任继愈著《中国道教史》，中国社会科学出版社 2001 年版。

② 《道德真经藏室纂微篇》卷七，《道藏》本。

主张诸恶莫作、众善奉行。

在与佛教思想相生相融方面，也有许多明例。例如，道教也有因果报应之说，认为一个人若不勤奋修道、不行善积德，甚至作恶多端，就会跌入地狱中最令人痛苦的底层，这种观念能在某种程度上对人们的行为产生制约。道教崇奉多神，既有天神，也有阴间神灵，其中东岳大帝（或丰都大帝）是阴间的最高统治者，主管阴间裁判，还有十殿净王、察命童子、执罚大神、司录神君等辅佐他。例如道教的《玉历至宝钞》就是以佛教的《佛说十王经》为基础改编的，涉及的是地狱审判的不同“殿”和罪名，有学者曾对二者比较如下。

表 4－1《佛说十王经》与《玉历至宝钞》所见冥律罪名比较①

各殿	《佛说十王经》	《玉历至宝钞》
一殿秦广王		轻生及僧道得钱代人诵经而遗漏字句者
二殿楚江王	盗罪入此	掠卖人口、诈欺财物、损人肢体、婚姻不以实告
三殿宋帝王	邪淫	为臣不忠、不顾人命、见利忘义、教唆兴讼等
四殿五官王	先破妄语戒，又造余恶	漏税、赖租、用重秤、合假药害人、诅咒谣言
五殿阎罗王	业镜业秤，检视善恶诸行	不信因果、阻行善事、谈人是非、盗坟、杀生、放火
六殿卞成王	依前秤镜两现，劝善惩恶	世人怨天尤地、憎恶风雷冷热晴雨、偷盗神佛之物、不敬惜字纸
七殿泰山王	断勘决两舌之罪	酗酒悖乱、抢夺掠诱、盗取棺物、拷打婢仆
八殿都市王	且施教化，且贪刑罚	不孝养双亲、亲殁不葬、灶神令其受邪鬼作祟致死
九殿平等王	受八斋戒，可免地狱苦	放火烧屋、置蛊毒、吸脐气
十殿五道轮	等待轮回	核定转生、等待投胎

① 陈登武著《从人间世到幽冥界——唐代的法制、社会与国家》，北京大学出版社2007年版。

（二）西部民族地区实践道教教义教规的样态

道教传入西部民族地区以后，其教规和戒律也呈现出多种实践样态。

1. 结合道教经典宣讲教义教规

如云南大理洱源县凤羽清静寺，20 世纪二三十年代宗教活动频繁，专门有一些信教文人宣讲经文。他们分为七部分宣讲《道德经》：第一讲“清静无为”，第二讲“柔弱胜刚强”，第三讲“先人后己”，第四讲“谦虚忍让”，第五讲“知足戒贪”，第六讲“循序渐进”，第七讲“警惕众生”。宣讲《太平经》时，第一是讲“静坐养身”，第二是讲“好学求师”，第三是讲“学道有缘”，第四是讲“劝人为善”，第五是讲“治乱由人”。宣讲《太上感应篇》则主要是讲劝善惩恶①。

2. 实践中形成的戒律

道教传入西部民族地区后，形成了一些与道理伦理相结合的戒律和规则。

例如，云南大理龙尾关附近的白族立有《大理白族文昌帝君蕉窗十则》，要求一戒淫行，二戒意恶，三戒口过，四戒旷功，五戒废字，六敦人伦，七净心地，八立人品，九慎交游，十广敦化②。在大理鹤庆，清光绪年间就有洞经传入当地，一些文人组成了洞经会，其洞经中的《文昌谢过宝忏》也谈道：“或不孝父母，或狎侮老成，轻慢前辈。甘心漫法喜为，逸乐度日，直情径行弗顾，放荡无时。外貌慈祥，巧言美语。恃才傲物，不敬师长。不友兄弟，宣扬睿号，挟长欺孤。不诚夫妇，不义友朋……”特“披露丹衷……伏惟作善降祥，作恶降殃，知过必改，知罪必首……”③通过洞经弹唱，宣扬道教思想和伦理道德规范。

仪式中同样贯穿着规范。例如，瑶族男子的成年礼一般称为“度戒”，举行该仪式时，受戒人要从师父处接受“阳牒”，牒上写有各种戒律。云南省富宁县、麻栗坡县的蓝靛瑶也信奉道教。其度戒仪式“过法”，瑶语称为“栽”，这一仪式包括一套专门的程序，其中“阳牒”上写有“过法”后必须

---

① 云南省编辑组编《云南少数民族社会历史调查资料汇编》（一），云南人民出版社 1986 年版。

② 参见郭武著《道教与云南文化——道教在云南的传播、演变及影响》，云南大学出版社 2000 年版。

③ 云南省编辑组编《云南少数民族社会历史调查资料汇编》（五），云南人民出版社 1991 年版。

终身恪守的戒律，共有八戒十二愿，包括不准虐待父母、兄弟姐妹，不准杀人放火，不准偷盗等。此外还要求“过法”人在举行仪式的七天内走路不得踩死蚂蚁，不得随手摘有生命的树叶草木；“过”了“法”的人忌吃狗肉；“过法”的人不准杀牲，甚至连鸡蛋都不能敲；在动鼓开坛后的整个过程中，师父、过法人及其家人必须斋戒，忌食大油、大肉，只有贺客才得吃荤；过法开坛后还禁食牛肉①。规范通过民族地区的宗教仪式实践得到反复重申。

3. 传播因果报应说

道教的因果报应、地狱审判说在西部民族地区也有传播，如在云南大理洱源县，20世纪二三十年代文人是这样宣讲《太上感应篇》的：“祸福无门，惟人自召，善恶之报，如影随形，是以天地有司过之神。随人所犯轻重，以夺其寿。寿减则人贫耗疾病，屡遭忧患，寿尽则人死。”“人身中有三尸神，每逢庚申日，辄上天白司命，道人所为过失；又月晦之夜，灶神亦上天白人罪状，大者夺纪，纪者三百日也，小者夺筭，筭者三日也。”“应夺筭者，有数百事，包括憎善好杀，口是心非；虐害其下，欺罔其上；弄法受贿，纵曲枉直；废公为私，刑加无辜；假借不还，求欲无已；轻秤小斗，以伪夹真”等等②。

三、组织管理规范

西部民族地区的道教组织也有组织管理规范、财产经费规范和神职人员规范。

（一）组织管理规范

在道教组织规范方面，东汉时期张陵在巴蜀所创的五斗米道实施的制度要特殊一些，因为实行的是政教合一的制度。当时，汉中政权分设二十四“治”，作为各地区的教务活动中心，每一“治”都有自己的管辖范围，设有治官、祭酒分统道民，就如同郡县官吏一般，组织比较严密，并有一套授职颁箓、收取钱税的制度仪式③。西部民族地区的其他一些道教组织多为民间组织，所形成的规范是自我组织管理规范。例如，在20世纪二三十年代，云南

---

① 云南省编辑组编《云南少数民族社会历史调查资料汇编》（五），云南人民出版社1991年版。

② 云南省编辑组编《云南少数民族社会历史调查资料汇编》（一），云南人民出版社1986年版。

③ 郭武著《道教与云南文化——道教在云南的传播、演变及影响》，云南大学出版社2000年版。

大理洱源县凤羽清静寺就其宗教活动有这样的一些规定：寺中设有斋堂，每饭必祭。初一、十五，寺内外吃长斋的，聚集朝拜，宣讲经文。每年正月初九玉皇会，二月十九观音会，三月十五龙华会，四月初八太子会，七月十八瑶池金母会，九月太上老君会，冬月十九太阳会，要上表疏，燃香点烛，求神保佑。平时每晚都要静坐①。

（二）财产经费规范

财产经费规范也多为宗教组织的自我管理规范。如前述云南大理洱源县清静寺的经费分为三部分，一是全寺公产，包括各社员捐助和大会收入，由专人保管开支。凡修建、购置斋堂陈设需要物品，都由公款开支。二是住寺人员共有财产，凡菜园收入和做豆腐收入，作为住寺人员伙食开支，由专人经手。三是社员个人财产，不论住寺在家，均各有收入，由个人开支②。云南大理鹤庆县洞经会也是一个自由结合的宗教团体，其成员有前清进士、举人、秀才及落第士子、闲散文人等。这些人进退随己、不取报酬。成员家庭经济条件都在小康以上，每次办会要求会员捐功德，等于拼伙食费③。

（三）神职人员规范

正一、全真两派为道教的基本派别。正一道可溯源至东汉的张陵，其道士可以不住宫观并娶妻生子，俗称“火居道士”；组织比较松散，宫观规模较小，戒律也不如全真道严格。全真道则以王玄甫、钟离权、吕洞宾、刘海蟾、王重阳为“五祖”，主张儒释道三教合一，以修炼内丹、“识心见性”、追求成仙为要务而不尚符箓；其道士必须出家，不得娶妻生子，不许茹荤饮酒；具组织比较严密，多广置宫观，并有较烦琐的清规戒律来约束信徒④。

西部民族地区，道教神职人员的产生、派别，权利义务等方面的规范则多种多样。例如，道教唐代就传入云南姚安境内，当地的道士分为火居及寺

① 云南省编辑组编《云南少数民族社会历史调查资料汇编》（一），云南人民出版社1986年版。

② 云南省编辑组编《云南少数民族社会历史调查资料汇编》（一），云南人民出版社1986年版。

③ 云南省编辑组编《云南少数民族社会历史调查资料汇编》（五），云南人民出版社1991年版。

④ 参见郭武著《道教与云南文化——道教在云南的传播、演变及影响》，云南大学出版社2000年版。

观清修两派。火居道士专门为人祈禳，又有萨、邱、刘三派。清修之道，则为龙门派。两派所奉神灵只有很小的区别，经典也是相同的。道士又有出家道士、居家道士之分。出家道士须长住观中，做各种宗教功课，学习经典和各种道场仪式，并有一整套的教规及戒律约束其言行。居家道士，俗称“法师”，也叫“老师傅”，平日在家修行，不受戒律束缚①。

有的则因传播过程中与原始信仰相结合，形成了独有的神职人员类别及“权利义务”规范。如瑶族受道教影响很大，在一些瑶族支系中，其神职人员道公，尊奉元始天尊、灵宝天尊、道德天尊“三清”，不能宰家畜和家禽等生灵，也不能打破禽蛋，有资格为亡人举行葬礼和超度仪式等②。云南富宁县的蓝靛瑶的神职人员“魔公”，虽然地位显赫，但并非专职，平时参加生产劳动，主持宗教祭祀活动时不计报酬，他们认为这是本民族中的一种互相帮助，所以当地有“魔公不得钱，只要嘴巴甜”的说法③。但在广西大瑶山，师公、道公为数较多，师公的职务主要是跳神祈禳，道公主要是超度亡魂。他们因替人做法事而得到不少物质报酬④。

还有的有专门的产生规范和要求，例如，海南的一些苗族信奉道教，男子必须经过传道洗礼，才能取得道士资格。受过传道洗礼后，便有一个法名。法名分文武两班，每个道士的名字，一看便知他是文是武。法名的次序是父子相承的。道士在苗族生活中作用很大，地位较高，享有许多特权⑤。

四、宗教事务管理规范

从国家到地方到道教组织自身都有一些宗教事务管理规范。

（一）国家的管理

1. 设立管理机构

封建王朝大多设有专门的机构对宗教事务进行管理，其中一些朝代对道

---

① 云南省编辑组编《云南地方志道教和民族民间宗教资料琐编》，云南人民出版社1986年版。

② 郭武著《道教与云南文化——道教在云南的传播、演变及影响》，云南大学出版社2000年版。

③ 云南省编辑组编《云南少数民族社会历史调查资料汇编》（五），云南人民出版社1991年版。

④ 广西壮族自治区编辑组、《中国少数民族社会历史调查资料丛刊》修订编辑委员会编：《广西瑶族社会历史调查》（一），民族出版社2009年版。

⑤ 王兴瑞《海南岛之苗人》，载李文海主编《民国时期社会调查丛编》（少数民族卷），福建教育出版社2005年版。

教采取了控制措施，加强对道士系籍、考试、给牒的管理及对宫观兴建、活动的管理，制定了一些具体措施以控制因道教的过分膨胀而“蠹耗民财”，建立了系统的道教管理机构以加强对道教的控制。如明太祖洪武十五年（1382年）设置了道录司以掌天下道教，还在一些地方的府设立道纪司，州设道正司，县设道会司，以便层层管理。明代道教管理机构的体制较为严密，道官多得享朝廷俸禄，如道录司设左、右正一各一人（正六品），左、右演法各一人（从六品），左、右至灵各一人（正八品），左、右玄义各一人（从八品）；道纪司设都纪一人（从九品），副都纪一人（未入流）；道正司设道正一人；道会司设道会一人，俱未入流。宋徽宗也曾诏令“每路通选宫观道士十人，遣发上京，赴左右街道录院讲习科道声赞规仪，候习熟，遣还本处”，对道教人才加强培养，以提高道士素质[①]。

也有一些朝代在管理制度上对道教予以优待。如唐朝统治者推崇道教，为提高道士社会地位而令“道士女冠可在僧尼之前”，令“道士女冠宜隶宗正寺，僧尼令祠部检校”。“宗正寺”是秦汉以来专管皇室宗族事务的机构，以道士隶属宗正寺大大提高了道教的社会地位。唐玄宗还曾下令：凡道士女冠有犯法者，州县官吏一律不得擅行决罚。宋朝统治者也优宠道士，《续资治通鉴》载：“时道士有俸，每一斋施，动获数十万；每一观，给田亦不下数百千顷。”明朝洪武元年（1368年），朱元璋赐张正常“护国阐祖通诚崇道弘德大真人”号，领道教事，并赐银印，秩视二品。之后，历代天师在明初中期皆获明室诏封恩赐[②]。也正是这些使“道”高于“佛”的举措，遭到佛教的抗议。

2. 调停佛道之争

佛、道教一直以来都在相互竞争、相互融合中得到发展，面对着它们相互间的竞争与矛盾，许多统治者都不得不进行调停。

唐太宗贞观十三年（639年），道士秦世英奏沙门法琳著论毁谤皇室，敕遣勘问，后流放法琳至益州。同年，诏国子监祭酒孔颖达、沙门慧净、道士蔡晃入弘文殿谈论三教。唐中宗神龙元年（705年）敕废《化胡经》及画壁

① 郭武著《道教与云南文化——道教在云南的传播、演变及影响》，云南大学出版社2000年版。

② 参见郭武著《道教与云南文化——道教在云南的传播、演变及影响》，云南大学出版社2000年版。

变相，僧寺毁除老君之像，令两教不可互辱，并刻诏于石，立于白马寺。还要求全国各州只许建立一寺一观，命名为“中兴”，后又改为“龙兴”[①]。元朝时，全真道仰仗元太祖的支持，也与北方佛教徒长期相互倾轧，聚众斗殴，抢夺寺产，斗争不断。至元十七年（1280 年），忽必烈将一些道士判刑，第二年又下令烧毁除《道德经》之外的全部道教经典[②]。

3. 惩治道士恶行

对一些僧道的恶行，各朝代均有惩戒。如，据《留青日札摘抄》，明洪武二十七年（1394 年）下诏：“令僧道有妻妾者许诸人赶逐，相容隐者罪之。有称白莲、灵宝、火居，及僧道不循祖风，妄为议论、阻令者，皆治重罪。”永乐十七年（1419 年）又谕曰：“天下僧道多不守戒律，民间修斋诵经，辄较利厚薄，又无诚心，甚至饮酒食肉，游荡荒淫，略无顾忌。又有无知愚民妄称道人，一概蛊惑，男女杂处无别，败坏风化。即揭榜申明，违者杀不赦。”[③] 又如第四十六代天师张元吉，《明史》说他“素凶顽，至僭用舆服，擅易制书，夺良家子女，逼取人财物，家置狱，前后杀四十余人，有一家三人者”的行为，明宪宗会百官廷讯判罪，杖罚并发配肃州军[④]。

（二）地方和宗教组织自身的管理

对宗教组织及其财产，地方国家机关也履行一定的保护职责，如在明代，为保护云南昆明鸣凤山太和宫的官田，官方曾勒石[⑤]。

太和宫官田记

按

本官常住田，乃本院部同　司道衙门则置，供奉玄帝群真香火，上以护国

镇

祝厘，下以佑民保境。尔在官员役，新承员选趋事之始，谅图弗虔。顾今以往，岁月转迁，而各员役更替有难齐一，好歹则不同心，其中岂无视官田为己业，日久私图典卖者乎。有一于兹，便负置设永传之意。爰颁约束，以训

---

① 任继愈著《中国道教史》，中国社会科学出版社 2001 年版。

② 张践、齐经轩著《中国历代民族宗教政策》，中国社会科学出版社 2007 年版。

③ 任继愈著《中国道教史》，中国社会科学出版社 2001 年版。

④ 郭武著《道教与云南文化——道教在云南的传播、演变及影响》，云南大学出版社 2000 年版。

⑤ 云南省编辑组编《云南地方志道教和民族民间宗教资料琐编》，云南人民出版社 1986 年版。

将来，特令官勒石，将置过各田地亩数坐址，并岁收租粒银粑及分给各员役香灯齐粮数目备载碑内，遇有续给田地附后。尔等务晨昏钟鼓，以时香灯勿阙，宣扬经典、除洁堂揩，滋培树木，莫忘一饭，从来可也。该员役在官，奉香火则许岁收其入，子孙徒弟能继者许其世承，如不肖当革与子弟辈，不堪继者，中军官禀请另换，即承继原分之田，敢有将官田典卖及势豪之家，典卖者实行重治不贷，是为记。

万历甲辰春王正月谷旦

军门陈

会同勒石

总镇沐

宗教组织自身也会就相互间的争端进行协商处理。如20世纪30年代云南大理凤羽，儒、释、道三家表面和好，内中互有意见。1934年，佛教组织要做水陆大会，道教要做蟠桃盛会，佛教组织怕后者把会员吸引去，影响水陆大会的场面，于是借觇堂传“圣旨”把道教组织负责人赵某叫到觇堂，让其跪下向三教“圣人”认罪，并传达三教“圣人”指示，坚决不准其开蟠桃盛会。赵某回去转达了“圣人”意旨，道教组织的其他两位负责人仍坚持开蟠桃盛会，最终还是举办了蟠桃盛会①。

第五节　基督教教义与行为规范

作为世界三大宗教之一，基督教在西方国家有着深远影响。虽然早在唐代，就有基督教的聂斯脱利派传入中国，但基督教在中国的广泛传播主要还是与近代殖民主义的扩张运动相关。由于西部民族地区要么地处边疆，要么地处统治者鞭长莫及的洪荒之地，经济、政治、文化发展上都具有边缘性，生活在当地的许多少数民族长期以来遭受经济剥削和阶级压迫，物质和精神上长期存在匮乏，给传教工作带来了诸多有利因素，所以，近代西部民族地区一度成了西方传教士开展活动的首选之地。基督教的传入，一方面，在一定程度上影响和改变了西部民族的风俗习惯、社会结构；另一方面，由于基

① 云南省编辑组编《云南少数民族社会历史调查资料汇编》(一)，云南人民出版社1986年版。

督教毕竟是一种外来文化，且具有殖民主义背景，所以其传播也受到了一些民族同胞和统治者、士大夫阶层的抵制。在殖民主义的武力威胁下，国家和地方在对基督教事务的管理、协调方面形成了独有的特征。

一、西部民族基督教信仰概况

基督教最早出现于公元1世纪初古罗马帝国统治下的巴勒斯坦地区，4世纪初在罗马帝国获得合法地位。1054年，基督教分裂为罗马公教（天主教）和正教（东正教）两派。16世纪初，欧洲爆发了宗教改革运动，罗马公教中又分裂出新教（基督教、基督新教）。近代以前，基督教在中国的传播可以分为三个阶段。

（一）唐朝时期景教传入

基督教传入中国可以上溯到唐贞观九年（635年）。当时，叙利亚人阿罗本从波斯沿着丝绸之路，抵达唐都长安，建寺传教。其所传入的教派是基督教的一个支系——聂斯脱利派，后来被称为景教。据《唐会要·大秦寺》，贞观十二年（638年），唐太宗曾颁布诏书称："波斯僧阿罗本，远将经教，来献上京，详其教旨，玄妙无为，生成立要，济物利人，宜行天下。所司即于义宁坊建寺一所，度僧廿一人。"由于得到了朝廷的认可，景教在唐朝中前期获得了一定发展，但主要是在外籍移民中传播，并未深入中国民众。据唐穆宗长庆四年（824年）舒元舆所作《唐鄂州永兴县重岩寺碑序》中说，当时全国的摩尼教、景教和袄教这三种外来宗教的寺庙总和，还比不上佛教在一个小县的寺庙数量①。唐武宗会昌五年（845年）下令"禁佛"，景教在内地也遭毁灭，只是在北方草原游牧民族中还有传播。据一些西方传教士在中亚活动时所见，当时的突厥、回纥都有景教信仰②。

在景教传播过程中，传教士们翻译了许多典籍，阐述了基督教教义和《圣经》的主要内容，建立了教会教规和组织体系。同时，作为一种外来宗教，为获得统治者的支持，景教也主动进行了不少本土化调适，如作于唐德宗建中二年（781年）的《大秦景教流行中国碑》，既阐述景教教义、流传经过，还吸收儒家思想、借用佛道教词汇和叙述来表达自己的观念，以求得生存和发展。

---

① 参见王美秀著《中国基督教史话》，中国大百科全书出版社2000年版。

② 参见张践、齐经轩著《中国历代民族宗教政策》，中国社会科学出版社2007年版。

（二）元朝的“也里可温”

元朝时，景教、罗马天主教在中国都有传播，蒙古族将它们统称为“也里可温”，把教堂称为“十字寺”。

据陈垣先生考证，在元朝建立之前，景教已流行于蒙古、新疆和黑龙江等地了。内蒙古的百灵庙、新疆伊犁和山西大同等地挖掘出土的墓碑和十字架也证实了这一点。成吉思汗的家族、近臣中也有景教信徒，如蒙哥、忽必烈的生母别吉太后就是景教徒，她死后，停灵于甘肃“十字寺”。忽必烈定都大都（北京）后，专设宣政院、集贤院和崇福司分管佛教、道教和也里可温事宜，多次颁布敕令保护教堂，给予也里可温免除徭役、兵役和租税等特权，还“依僧例给粮”。当时基督教在山西大同、大都、唐兀（今宁夏）、甘州等地最为兴盛，但主要还是在蒙古族和色目人中传播[①]。

13—14 世纪，罗马天主教也传播到中国。贵由可汗时，罗马教皇就曾派使臣进行过传教。元朝建立以后，传教士又到大都、福州、四川等地传教。

（三）明末清初到民国时期的基督教

明清时期，随着海路的日益畅通，大批传教士从欧洲来到中国。尤其是 19 世纪前后，西方列强开始在全球扩张，基督教被作为一种扩张工具，在列强的保护下更深入地进入中国。这一时期，罗马天主教、新教、东正教在中国西部地区都有所传播。

1624 年，罗马天主教神父安夺德自葡萄牙来华入藏传教。1625 年，天主教传入陕西。1640 年，耶稣会教士利类思、安文思便到成都、保宁府、重庆等地活动。1696 年，罗马教廷将中国划为十二个主教区，其中第五区为云南区，第六区为四川区，第十二区为贵州区。到 1801 年，云贵川三省共有天主教徒 4 万人[②]。1846 年，罗马教廷在澳门、南京、北京设立三个主教区，在陕西、山西、山东、湖广、江西、云南、香港等地设立宗座代牧主教区（由教皇任命的宗座代牧主教或神父代管教务的主教区）。1879 年，教皇利奥十三世又宣布将中国分为五大传教区：第一区为直隶、辽东、蒙古；第二区为山东、陕西、河南和甘肃；第三区为两湖、浙江、江西和江南；第四区为四川、云南、贵州、西藏；第五区为两广、香港和福建。规定各区要定期召开会议，

① 参见王美秀著《中国基督教史话》，中国大百科全书出版社 2000 年版。

② 张坦著《“窄门”前的石门坎：基督教文化与川黔边苗族社会》，云南教育出版社 1992 年版。

研究圣事、主教和传教士的管理问题，中国籍神职人员的责任和培养问题，传教方式问题，中国神职人员和修女的培训和纪律等问题[①]。1927 年，天主教又将全国划分为二十个大教区[②]。

1517 年欧洲宗教改革后产生了众多新教教派，它们推崇《圣经》为最高的和唯一的权威，在组织形式上呈现出多元化特征。不像罗马天主教会那样坚持罗马天主教会的中央集权管理制，认为罗马教皇是普世教会在世上的最高首领。

19 世纪，新教也传入中国，传教士们翻译《圣经》，出版宣教书籍，发展信徒。在西部地区，1876 年，鲍康宁、金辅仁进入陕西。1877 年，内地会伊斯顿、帕克进入甘肃宣教。1877 年，中华内地会传教士祝名扬、巴子成和麦加底分别进入了贵州、四川和云南，先在贵阳建立了传教点，1881 年又在成都建立传教点，1882 年、1883 年，在云南大理和昆明建立传教点，1884 年在贵州安顺扎下了根，1883—1885 年，又进入云南昭通、东川和贵州威宁等地带。1879 年，传教士相继进入青海，建立西宁、鲁沙尔、丹噶尔、保安等传教站[③]。这些传教士一开始采取以城镇为依托，面向士大夫阶层传教、争取统治者支持的传教路线。但经过一段时间的实践后，他们发现在受儒家思想渗透性影响、对外国殖民者深怀戒心的士大夫阶层和统治者面前，这一路线很难奏效，所以，内地会率先调整了传教方式，让传教士学习当地语言，到受儒教影响小的民族地区传教。这一传教策略的调整，使得传教活动在民族地区取得了极大的进展。

长期以来，中俄边界的边民不断进行着各种交往和文化传播，俄罗斯人所信奉的东正教也随之传入中国。明清两朝交替年间，沙俄帝国占领了中国黑龙江左岸的雅克萨地区，1685 年、1686 年，康熙皇帝两次派兵收复雅克萨，并将一部分俘虏押回北京，安排他们居住在京城东北角胡家圈胡同，将一座庙宇赐给他们作教堂，东正教进一步传入中国[④]。但东正教在内地并不主动发展信徒，而只是作为一种侨民宗教传播，所以在内地影响不大。

---

① 王美秀著《中国基督教史话》，中国大百科全书出版社 2000 年版。

② 云南省编辑组编《昆明民族民俗和宗教调查》，云南民族出版社 1985 年版。

③ 参见张坦著《"窄门"前的石门坎：基督教文化与川黔边苗族社会》，云南教育出版社 1992 年版。

④ 参见王美秀著《中国基督教史话》，中国大百科全书出版社 2000 年版。

历经上述阶段，基督教在西部民族地区得到了广泛传播。按光绪十九年（1893 年）杨毓辉《整顿中国教务策》一文记载，当时罗马教皇公布的中国教民，四川省有 72 879 人，云南有 11 207 人，贵州有 16 892 人，广西有 1013 人。又据 20 世纪五六十年代的民族大调查，新中国成立时全国有基督教徒 100 余万，云贵川三省有 58 万，云南的苗、傈僳、怒、景颇、拉祜、佤、彝、哈尼、傣、独龙等族，贵州的苗、彝、仡佬、布依等族，四川的藏、彝、羌、苗、土家等族中都有基督教信徒。再按《中华归主》一书统计，1919 年贵州省有信徒 9446 人，教友 35 286 人，大小教堂 132 所。四川省 1920 年有教徒 32 942 人[①]。

近代基督教在西部民族地区的传播，既与西部民族地区的地理、交通、文化等状况相关，也与西部地区长期发展滞后，属于统治者鞭长莫及的洪荒之地，生活在当地的民族长期受到重重经济剥削和阶级压迫等客观条件相关。传教士们在殖民者的支持下，选择了这些政治统治薄弱、受主流文化影响小、经济发展滞后的地方，通过帮助创造文字、发展教育与医疗、争取话语权等形式[②]，使传教工作取得了长足发展。这一策略在贵州《石门坎苗族信教史碑》[③] 对柏格理在滇黔交界的传教活动的记载中可以得到典型体现。

石门坎苗族信教史碑（译文）

苗族信教史刻于此碑。苗族信教以前，没有开化，愚昧无知，没有土地耕种，向彝族地主佃地耕种，年年向彝族地主纳重额租子；害怕其他民族辱凌，生活、穿着十分困苦；胆小怕事；有陋习，男女青年“宿夜室”“踩月”，打老牛祭祖，祭山，祭树神；生活浪漫，酗酒成性。别族歧视、嘲笑，自己还不知道。幸有上帝差遣柏格理牧师到苗族地区传耶稣福音，指教我们走出一条生路。苗族自古以来生于中国，是中国人。祖辈有古诗详细记述。

① 转引自方慧、胡兴东《清末民国时期基督教传入对西南信教少数民族法律文化的影响》，《世界宗教研究》2006 年第 1 期。

② 例如，当地一些长期以来受压迫的少数民族在遇到纠纷后，传教士会借助自己的影响，向当地官府施压，要求解决纠纷，为少数民族争取权益。参见［英］柏格理等著《在未知的中国》，云南民族出版社 2002 年版；方慧、胡兴东《清末民国时期基督教传入对西南信教少数民族法律文化的影响》，《世界宗教研究》2006 年第 1 期等。

③ 张坦著《“窄门”前的石门坎：基督教文化与川黔边苗族社会》，云南教育出版社 1992 年版。

由于没文化不识字，变成落后，到处流浪，生存无着，谁也不问津。1903 年，听说安顺有党居仁牧师传基督福音，苗族人亲自去安顺领教求道，党牧师说来此信教路程遥远，你们应到昭通找柏格理牧师。当找上柏格理牧师，他很高兴，让我们回去向四方苗族同胞说，可以到昭通来信教。他们回来后，向苗族村寨宣传，从此苗族去昭通信教的人日益增多。人山人海，礼拜堂容不下，柏格理只得带领汉族老师李司提反和苗族传道士王道源、杨雅国到苗族地区向彝族地主交涉索要兴建教堂地基，以满足信教者需要。地基选中石门坎，建堂办校。开始学文化时，读汉语文相当费力，因为苗族没有文字已四千余年，读汉语文书比什么都困难。幸有柏格理、李五先生（李司提反）、杨雅国等创制苗文，减轻了学习的困难。从此苗族算有了自己的文字。信教人越来越多，石门坎教堂容不下，又向四面八方的苗族地区发展教堂。读书的人一年比一年多，但没有大的学校，苗族无力建校。柏格理见此情此景，于 1908 年回英国向各方面宣传讲述苗族极端贫困，要求各方面捐资兴办一所较大的学校。后来，有一位名叫阿司多的老人听了很受感动，乐意捐助英镑两千元。为此，苗族赞曰：黑暗时代谁可怜我们，困难环境谁同情我们。感谢上帝遣使柏格理牧师宣传基督福音。我们有书读，当赞美解囊资助老人家。战胜黑暗，重见光明。特立此碑以示纪念。

全体苗族信徒暨石门坎全体学生

1916 年 8 月 10 日

柏格理等人的成绩鼓舞了各教会持续跟进，20 世纪初掀起了在少数民族地区的传教高潮。以云南为例，20 年间，教会的活动范围从五六个县迅速扩大到 60 余个县，教堂从不足 10 所猛增到 100 余所，信徒也由原来的不过百人增加到 3 万余人，大部分分布在滇东北、滇西北和滇西南的苗、彝、傈僳、怒、景颇、佤以及一部分拉祜和哈尼等 8 个少数民族中①。

在西部其他地区，传教士们也调整传教策略，深入民族地区传教。如 1912 年，梧州福音堂美国教士陈华年开始进入广西瑶山东南角传教，1920 年在罗香村买了一座屋子，一面设立福音堂传教，一面开设学校，招收瑶族子

① 参见张晓琼《碰撞与冲突——基督教在云南少数民族中传播特征探析》，《广西民族学院学报》（哲学社会科学版），2002 年院庆专辑。

弟入学，不收学费[①]。

这些传教活动，不仅发展了教徒，还推广了基督教化的宗教生活方式，对西部地区部分民族的政治、经济、文化生活影响很大。

二、基督教信仰与行为规范

基督教拥有大量宗教规范，由于教会的信条也就是政治的信条，《圣经》的词句是教会法庭遵循的重要准则，在中世纪的欧洲曾经对世俗法院有一定的约束力，所以《圣经》本身就是欧洲封建法律的重要文献，近代西方国家所形成的诸如公平、正义、平等等现代法治理念，与基督教信仰有着千丝万缕的联系。当基督教传入中国后，其教义教规对信徒的思想观念、生活习惯、行为方式也产生了诸多影响。只是进入中国后，作为一种外来宗教，尤其是由于在近代传入的特定历史背景，基督教还是经历了许多本土化的发展和改革，形成了独特的法律文化。

（一）基督教教义与行为规范

基督教拥有大量的宗教规范，其中《圣经》是其规范的集中体现，它由《旧约》和《新约》组成。《旧约》来自犹太教经典，成书于公元前 3 世纪至 1 世纪，又由律法书、先知书和圣著三部分组成。《新约》形成于公元 1 世纪下半叶至 2 世纪下半叶，反映了基督教早期的活动情况和教义。合本《新旧约全书》定本于公元 4 世纪。《圣经》既直接规定了一些行为规范，又提出了一些宏观性的观念和主张，以指引信徒行为。

1. 戒律

《圣经》中有戒律条文 600 余条，内容包括财产所有权、债务、婚姻家庭、犯罪与刑罚、审判与诉讼等等。

首先要遵守的是“摩西十诫”：禁止信仰耶和华以外的其他神；禁止雕刻和崇拜埃及人所膜拜的那种偶像；禁止妄称耶和华的名；必一周工作六日，第七日休息，以表示对耶和华的崇拜；必孝敬父母；不可杀人；不可奸淫；不可偷盗；不可作伪证陷害他人；不可贪婪。（《出埃及记》20：3—17）其中，前 4 条是关于神与人的，后 6 条是关于人的，包括家庭、刑事、诉讼和财产等内容。

---

① 广西壮族自治区编辑组编《广西瑶族社会历史调查》（一），民族出版社 2009 年版。

除了“摩西十诫”之外，《圣经》里还有许多详细具体的规范，如杀人者应被处死，伤人者应受惩罚，方式是“以命偿命，以牙还牙，以手还手，以脚还脚，以烙还烙，以伤还伤，以打还打”。（《出埃及记》21：23—25）造成损害的，要赔偿，如牛触死人，牛要被打死，牛的主人可以无罪；如果牛的主人知道该牛素来触人，则牛和牛的主人都要被治死，但主人可以用钱赎命；牛若触奴仆或婢女，牛的主人要赔偿奴婢的主人。（《出埃及记》21：28—32）如果井口敞开，或挖井人不作遮盖，有牛或驴掉进井里，则井的主人要拿钱赔偿牛驴的主人，死牲畜归自己。（《出埃及记》21：33—34）在盗窃问题上，如果偷他人的牛羊，则五牛赔一牛、四牛赔一羊。人如果在田间或在葡萄园里放牲畜，任凭牲畜上别人的田里去吃，就必须拿自己田间上好的和葡萄园上好的赔还。（《出埃及记》22：1、5）

此外，在基督教形成发展过程中，不断地形成教派，这些教派也有一些自己的戒律。如唐代的景教要求教士们都削顶留须，不豢养奴婢，不聚敛财物，劝人慈悲爱人、正直谦逊、济世行善、待人平等①。又如天主教修会之一的加尔摩罗会属于女修会，该会要求入会的修女发“三愿”，即“神贫”（绝财，个人不得拥有任何财产），“贞法”（绝色，永不嫁娶），“听命”（绝意，绝对服从长上的命令）②。

2. 法律至上的观念和信仰法律的理念

一种没有强制力的规范，很难让民众遵从。宗教规范的实施后盾，一般是缥缈的超自然力。所以，《圣经》里强调上帝具有威力，如果违反上帝的律令，将会遭遇到各种天灾人祸般的毁灭性惩罚。同时，为了让人们自觉自愿地诚心遵从，《圣经》所塑造的上帝及其法律，还蕴含着公平正义的理念。首先，上帝立法时秉持着公平正义原则，即“所命定的法度是凭正义和至诚”。（《诗篇》119：138）上帝审判也是伸张正义，“按公义审判世界，按公正审判万民”。（《诗篇》98：9）审判时要坚持法律面前人人平等的原则，“……施行审判，不可行不义，不可偏护穷人，也不可重看有势力的人，只要按着公义审判你的邻舍”。（《利未记》19：15）并且，法律是至上的，“凡没有律法犯了罪的，也必不按律法灭亡。凡在律法以下犯了罪的，也必按律法受审

① 王美秀著《中国基督教史话》，中国大百科全书出版社2000年版。

② 云南省编辑组编《昆明民族民俗和宗教调查》，云南民族出版社1985年版。

判”。“律法是罪吗？断乎不是。只是非因律法，我就不知何为罪”。（《罗马书》2：12；7：7）

基督教戒律一方面提出了行为规范，并以超自然力作为后盾，让人心生敬畏。另一方面又要求法律符合公正正义，使这些规范具有伦理内驱力，通过影响信徒们的态度、观念进而影响行为。

3. 泛爱主义与惩罚报复观

《圣经》提出了诸多行为规范，认为上帝无时无刻不在对人类遵守律法的情况进行监督，如果人类不遵守上帝的诫命，就会受到诅咒和惩罚。基督教教义中推演了一个从“原罪”到“赎罪”再到“末日审判”的完整过程：人类因始祖的罪行在出生时就有罪，即原罪，人类在尘世中的生活是人类赎罪的过程，赎罪的目的是重返天堂。在公正审判的日子到来时，上帝将按各人的行为施以报应。这种惩罚报复的观念对近现代西方刑法制度也产生了影响，梅因曾言：“犯罪法普遍由于两种原因而得到更快的发展，这两种原因，即罗马帝国的回忆和教会的影响。”①

《圣经》也提倡“爱”的精神，认为要通向天国，重要的是要有一颗爱心，要无私地爱上帝爱他人。《旧约》中提出过“以牙还牙”的复仇原则，《新约》中则说：“你们听见有话说：以眼还眼，以牙还牙。只是我告诉你们，不要与恶人作对。有人打你的右脸，连左脸也转过来由他打。有人想要告你，要拿你的里衣，连外衣也由他拿去。有人强逼你走一里路，你就同他走二里。”（《马太福音》5：38—48）

《圣经》主张真正的良善是发乎内心的，引导人们因为爱而自觉地约束行为、维护秩序。

4. 契约精神

《圣经》中多次提到定约与守约。例如面对着人类制造出的无数罪恶，上帝决定实施毁灭性惩罚，但他与挪亚订立约定，除了留在挪亚方舟中的挪亚一家以及一公一母成对的飞鸟、牲畜、昆虫等有血肉的活物外，他要用洪水毁灭地上的一切。又如在摩西带领犹太人出埃及的途中，上帝在西奈山上与摩西做出约定，授予了摩西十诫。摩西接受约书后，立了一座祭坛，以血为祭，说：“你看，这是立约的血，是耶和华按这一切话与你们立约的凭据。”

① ［英］梅因著，沈景一译《古代法》，商务印书馆1996年版。

(《出埃及记》24：8）定约是神圣的，守约也是必须的。《圣经》中所记载的放着上帝诫命的约柜具有阻绝河水等神奇力量的内容，也体现着约定的神圣性。(《出埃及记》25：10—22；《约书亚记》3：1—17）这种契约精神尤其在西方信仰基督教的国家有着深远影响，是现代法治理念之一。

（二）基督教传播对西部民族地区法律文化的影响

基督教传播过程中，必然要宣讲其教义教规、宣讲《圣经》，影响中国信众的观念与行为。其在西部民族地区的传播过程中，还形成了独特的法律文化。

1. 形成了新的戒律

基督教在西部民族地区传播过程中形成了新的戒律，这些戒律包括为解决基督教教义与中国传统文化、各族亚文化所存在的冲突而形成的戒律，也包括与中国文化相融合而形成的戒律，还包括以基督教戒律为依据、与当地特点相结合形成的戒律。

例如，天主教初传入中国时，允许入教者保留“祭孔祀祖”的习俗，到清朝康熙年间，在华天主教徒已有 15 万人左右，传教士内部从 1631 年起发生了所谓的“礼仪之争”，就能否“祭孔祀祖”产生了分歧，罗马教皇于 1704 年 11 月订出“禁约”，禁止中国天主教徒“祭孔祀祖”。正因为此，康熙便下令驱逐传教士，雍正继位后，也实行了禁教政策[①]。

又如，生活在内蒙古的驯鹿鄂温克人过去以狩猎为生，需要不断迁徙。由于他们保留着萨满教信仰，17 世纪时又传入了东正教信仰，所以，每一次迁徙时，都把东正教圣像小心地放在一个大的圆形桦树皮盒内。这个大桦皮盒传统上也是放置萨满教神像和神偶的地方。通常他们就把东正教圣像和萨满教神像和神偶一同放进这个大桦皮盒内。迁徙途中有一头驯鹿专门用来驮这个大桦皮盒，而它要走在整个队伍的最前面。他们的小孩出生后不久即被抱到东正教堂接受洗礼、取教名。当他们举行婚礼时，在迎亲队伍中，走在最前面的老者要手捧一幅耶稣像，新郎新娘见面后，要先吻耶稣像[②]。

再如，据 20 世纪 50 年代的民族大调查，当基督教传入云南怒江州后，当时碧江地区的傈僳族、怒族教民依照《圣经》十条戒律又形成了十条戒律，

① 云南省编辑组编《昆明民族民俗和宗教调查》，云南民族出版社 1985 年版。

② 唐戈《基督教在中国少数民族中的传播——鄂温克族与拉祜族比较研究》，《世界宗教研究》2010 年第 5 期。

即不饮酒、不吸烟、不赌钱、不杀人、不买卖婚姻、不骗人、不偷人、不信鬼、讲究清洁卫生、实行一夫一妻制。教徒违反这十项教规的，将被开除教籍。怒江福贡的神召会，也要求教民不吃酒、不吃烟、不赌钱、行一夫一妻制、不买卖婚姻、不骗人、不偷人、不杀人、不信鬼、讲究清洁卫生①。在云南禄劝地区，教民遵守以下十条教规：不抽烟、不赌钱、不喝酒、不种烟（鸦片）、不算命、不送鬼、不拜菩萨、不跳神、不择日子、不娶妾等。在云南澜沧地区，根据“十诫”规定的十条教规是：听父母话、不信鬼、一夫一妻制、不偷人、不饮酒、不吸大烟、要亲爱、不杀人、不嫖、不贪钱②。

2. 改变了当地民族习惯法

基督教信仰者推广了基督教的宗教生活和世俗生活方式，改变了当地的许多民族习惯法。

如云南怒江州碧江地区，传统习惯法是结婚时男方要给女方若干头牛，有的为此而十分贫穷。如果双方感情不好，可以离婚。若是男方要求离婚，则结婚时男方所给女方的财物可不退还。若是女方要求离婚，则女方必须加倍退还男方给的财物。信奉基督教后，规定教徒们只要男满 20 岁，女满 18 岁即可结婚，并由教士做介绍人，双方愿意，便在教堂中举行婚礼，男方不需付女方财物。信教的结了婚，就不许离婚，不能互相抛弃③。

3. 纠纷解决方式发生变化

基督教传入西部民族地区时，由于中央政权“王化”不到，当地多处于中央统治权力的末梢，国家纠纷解决机制并不完善。例如当柏格理在云南昭通、贵州威宁传教时，当地的苗族没有土地、没有钱财、没有书籍、没有文字、没有学校，也几乎与其他少数民族及汉族没有往来。他们习惯于在本民族内解决争端，或诉诸地主，在争端双方都要献上酒、谷物或家畜为礼物的情况下，地主乐意承担仲裁者的角色④。当基督教传入后，这些纠纷解决方式

---

① 云南省编辑组、《中国少数民族社会历史调查资料丛刊》修订编辑委员会编《中央访问团第二分团云南民族情况汇集》（上），民族出版社 2009 年版。

② 方慧、胡兴东《清末民国时期基督教传入对西南信教少数民族法律文化的影响》，《世界宗教研究》2006 年第 1 期。

③ 云南省编辑组、《中国少数民族社会历史调查资料丛刊》修订编辑委员会编《中央访问团第二分团云南民族情况汇集（上）》，民族出版社 2009 年版。

④ ［英］柏格理等著，东人达、东旻翻译、注释《在未知的中国》，云南民族出版社 2002 年版。

发生了变化，教徒们开始选择通过布道者或教会中的长老执事来解决纠纷，根据基督教的教义教规来做判断。

4. 教民的诉讼地位发生变化

在基督教传入前，各少数民族由于社会地位低、在语言上存在障碍等原因，在争诉中往往处于弱势地位。入教后，基于传教士的出面调停，甚至是基于传教士身后的殖民者所施加的武力威胁，教民们往往在诉讼中获得了相对优势地位，这与入教前的地位有所不同。

如光绪十年（1884年）云南《丽江府云州知州黄毓全等禀》中就有教民饶国泰说，他信教的动因是因为“奉了教，有许多好处。有钱的，可以保身家；贫穷的，可得钱使用，不受人欺，打官司有赢无输”。1904年威宁州羊街团总兼乡绅李士林为阻止当地苗民前往昭通求学、入教，对苗民进行非法拘禁、拴锁、吊打，案件发生后，教士柏格理出面干预，亲自到威宁州见地方官，在地方政府和教会的压力下，李士林只好认错赔罪①。

三、宗教组织规范和财产保护规范

传播宗教信仰需要有一定组织形式，早在唐代景教传播过程中，传教士们便翻译了许多典籍，阐述了基督教教义和《圣经》的主要内容，建立了教会教规和组织体系。如每天要诵经七次，七日礼拜一次，举行洗礼和礼拜时要手持十字架；将教士分大主教（法主、大法主）、主教（上德或大德）、司铎、助祭等几级，主教以下均可结婚②。天主教会和新教形成后，也不断完善自己的组织管理规范。

（一）天主教会的组织管理规范

天主教坚持罗马天主教会的中央集权管理制，在组织上是统一的，属于罗马梵蒂冈教皇所管，统一地解释《圣经》。天主教每个教区由主教、副主教、管账神甫等组成领导核心。主教下面是教堂的本堂神甫，由主教直接委任。一般在教友多的地方就设副本堂。例如，新中国成立前云南昆明有两座天主教堂，一座由巴黎外方传教会主建，占有大量土地，每年皆收租米。另一座是义和团运动后，用庚子赔款修建的，也占有一点土地③。

---

① 方慧、胡兴东《清末民国时期基督教传入对西南信教少数民族法律文化的影响》，《世界宗教研究》2006年第1期。

② 王美秀著《中国基督教史话》，中国大百科全书出版社2000年版。

③ 云南省编辑组编《昆明民族民俗和宗教调查》，云南民族出版社1985年版。

天主教的传教会和修会是由罗马教皇批准设立的僧侣组织。各修会同受罗马教皇的领导，但各有自己的组织结构，在行政、经济上是独立的。如新中国成立前，云南昆明地区主要为巴黎外方传教会势力范围，在昆明地区活动的天主教修会有方济各会、圣保禄会、加尔摩罗会、圣心会、撒勒角会、灵医会等。在昆明的天主教堂的经费，一是靠巴黎外方传教会和香港外方传教会的申汇津贴，二是靠教会的房产收租[①]。

天主教会还实行教区制度，如清朝康熙三十五年（1696 年），云南成立教区，法国教士雷勃郎受任云南主教（宗座代牧），乾隆二十年（1755 年）教廷命云南教区与四川教区合并。1927 年，天主教又将全国划分为二十个大教区。云南属于大教区之一。云南大教区又划分为三个教区：大理教区，管辖范围是楚雄以西至永胜；昭通教区，管辖范围相当于现在的昭通；昆明教区，就是总主教区。除前述两个教区范围外的其他地方都属昆明教区管辖[②]。

（二）新教的组织管理规范

新教如英国循道公会内部素来提倡平等观念和民主作风。他们采用建立教区、教堂传教或旅行传教的方式，定期召开布道大会，通过开展识字运动、建立学校、提供医疗卫生服务等形式来扩大基督教的影响，还在管理中采取“协议”的形式。

例如，在 1901—1920 年间，甘肃有宣教师驻在地十七处，共有宣教师七十二人，没有一个城市驻有一个以上的差会代表。布道区共三十八个，每区平均有受餐信徒三十五人，临时布道所之数目不定，概归十七总堂管理。随后又增加了三个宣教师驻在地，甘肃差会总堂数增至二十个。有的地方，如当时的甘州（张掖），只是一个布道区，区内只有中国医生一名及医务助理两名，没有驻外国宣教师。布道员中有中国职员，他们分别从事布道工作、教育工作、医务工作，有的受薪，有的不受薪。如甘肃的中国职员中，有近 66% 的人担任布道工作，23% 的人从事教育工作，11% 的人从事医务工作。三差会受薪中国布道员的比例为：宣道会 70%，协同公会（内系）72%，内地会 53%。教职员学校也设有管理者，如甘肃只有一所圣经学院，设于当时的狄道县城，归宣道会管理。教会组织兴办学校，如当时甘肃没有高级小学

① 云南省编辑组编《昆明民族民俗和宗教调查》，云南民族出版社 1985 年版。

② 云南省编辑组编《昆明民族民俗和宗教调查》，云南民族出版社 1985 年版。

以上程度的教会教育设施，三差会于1918年9月召开联合会议，决定于1920年以后尽快在兰州设立一所协和中学①。

再如，新中国成立前，云南姚安县的新教教堂组织活动形式为："由牧师、教士常川驻堂，布道间亦聘国内著名牧师博士来姚开布道大会。1918年，聘山东丁立美博士，1919年聘浙江桑竖堂牧师，1932年聘安徽孟则牧师，1936年聘上海顾复临、顾主恩牧师等，1938年聘福建宋尚节博士，前后来姚开会数日，大举宣传。会内现在教友百余人，经介绍培植研究道学、幼稚师范及护士产科有成就者八人，常开办幼稚园、男女识字班、主日学校、民众学校等，并购置西药，半送半售，裨益贫病焉。"②

（三）传教范围划分

天主教、新教及其各宗派，经常通过协议的形式就其传教范围进行划定。

例如，在1901—1920年间，有三个差会在甘肃省建立工作地，中部及东南部为内地会，东部为协同公会（内系），西南部为宣道会。藏族中有一个小独立宣教会在兰州以西之巴燕戎格（巴戎）建立有一小块工作地。1918年9月，各宣教组织在兰州召开了宣教师联合会，全体通过了各差会应该按宣教区划分图所划定的区域进行工作的决定。但是，上帝教会的宣教师拒绝遵守此协约，并进入宣道会的区域开始工作③。

又如，1901—1920年间，广西有八个差会，英国三个、美国四个、国际一个。当时建立有"差会协作地区"，共四块：北部桂林附近地区归宣道会、侵信会及英圣公会联合工作；东部梧州附近地区归循道会、宣道会及浸信会联合工作；贵县地区归浸信会与宣道会联合工作；省会南宁周边归英圣公会、宣道会、传道会、浸信会及基督复临安息日会联合工作。英圣公会还报告，该会宣教师与宣道会宣教师就桂林县城南北二部达成谅解，英圣公会在桂林南部不另行开展工作④。

① 中华续行委办会调查特委会编《中华归主》（第1卷），中国社会科学出版社1987年版。

② 云南省编辑组编《云南地方志道教和民族民间宗教资料琐编》，云南人民出版社1986年版。

③ 中华续行委办会调查特委会编《中华归主》（第1卷），中国社会科学出版社1987年版。

④ 中华续行委办会调查特委会编《中华归主》（第1卷），中国社会科学出版社1987年版。

再如，1901—1920年间的贵州，有五个宣教会，即美福音会、内地会、圣道公会、内系女执事会、立本责信义会（内系）。内地会和与其同系的女执事会订立协约，将七星河以北地区划归女执事会（内系）负责. 虽然女执事会之总堂设于河之南岸。圣道公会与内地会各派代表就本省西部之宣教地工作进行协商，但未达成协议①。

（四）神职人员的权利义务

基督教神职人员有一定的产生规范、职责义务规范，也有一些当政者所赋予的特权。

如《元典章》户部卷之十载："元贞元年（1295年），有圣旨曰：'西番、汉儿、畏兀儿、云南田地里和尚、也里可温、先生、答失蛮，拟自元贞元年正月已前，应有已未纳税土地，尽行除免税石，今后续置或影占土地，依例随地征税。'"

又如，20世纪初在贵州，为便于传教，传教者发展了当地苗民进行宣教，还对他们委以一定职务，"各乡村苗族中之信徒多有被任为长者执事各职，此辈为会众领袖，宣讲圣道颇具口才，并管理各乡村中之集会事宜，更能设法使不到会者均能到会听道，各总堂每月有长老会议，凡信徒有不规则行动，即于会中提出讨论云"。"每一布道区，该布道员即归其自给，一年中由各信徒给以玉米、大麦、荞麦、番薯等食品，此外更由西人津贴少许薪水。葛布区中之职员，普通称为布道员，皆负该区牧师责任，并由西人指导之"。"鄙人写此段事实时，已有十六人出发，于福音未经普及之地遍寻同胞归主。该十六人出发时，每二人为一队，教会给以十日旅费，队员为长老及热心信徒等，同为志愿服务也"②。

再如，20世纪20年代，基督复临安息日会传入昆明，该会的组织机构由牧师、长者、执事、教士组成。牧帅不一定是神学院毕业的，只要传教有方就可以担任，由教会的组织者，如会长提名。每年选举一次会长，牧师管理宗教的具体事务，专门传道，是圣职。长老也是圣职，是管理教会的，如教育。长老也是由教会提名担任。执事在长老之下，由教会选举，教长提名通

① 中华续行委办会调查特委会编《中华归主》（第1卷），中国社会科学出版社1987年版。

② 中华续行委办会调查特委会编《中华归主》（第1卷），中国社会科学出版社1987年版。

过。传教士管理传教的事情[①]。

(五) 教会财产管理

从财产的来源来看，教会的财产有的来源于教会组织的津贴，有的来源于自养，有的来源于捐赠和信众的奉献。

例如，柏格理在石门坎建教堂的土地，是诺苏领主安荣之赠送的。当他获得土地后，仍缺乏经费建教堂，传教会没有对苗民中的传教工作予以资助，他将这个困难如实地告诉了教徒们，教徒们以行动做出了反应，共同商定家家户户按人头出 100 文铜钱，一年之后凑集了 100 万文铜钱交到了柏格理手中[②]。1911 年，柏格理还曾上书循道公会差会："彝族众多不下数万人，且散居各县，大多掌握土地权，为苗族之地主，不易受佃奴苗族的同化……恳求派员来华，并接济经费，以资创办该族会堂。"[③]

又如，1901—1920 年间广西宣道会"华南福音盟会"宣言书中写道："本会关于自助之三部事业，几全不受差会经费，试分别说明之：(一) 苍梧 (梧州) 之编辑部，创始于 1912 年，财产达一万五千元以上，所有各种出版品，如福音文字，有五百万页，华文圣经杂志有八十页，每二月出版一次，销售在三千份以上。(二) 盲童间之工作。(三) 苍梧 (梧州) 之男女圣经学校等。""至于我人如何自助与自治之手续，规定极为完备，即凡教堂中有信徒十人，'母差会'不须负维持杂费之责任，有信徒二十人，即行自给堂役薪工，有信徒四十人，至少担任三分之一之牧师薪水，有信徒六十人，更须担任三分之二，有信徒八十人，则担任牧师之完全薪水。""此后又议定，华议会可选派代表三人，不特赴年会，亦可加入常年执行委办会。我人一念及此，深信当此中国教会急进之时，百事待举，所望于华委员者正多，将来于管理之责，定必借助他山也。"[④]

再如，20 世纪 20 年代，昆明基督复临安息日会的经费不完全来自外国教会，多是教友捐助，《圣经》中规定捐十分之一。安息日会每年召开一次布道

① 云南省编辑组编《昆明民族民俗和宗教调查》，云南民族出版社 1985 年版。

② [英] 柏格理等著，东人达、东旻翻译、注释《在未知的中国》，云南民族出版社 2002 年版。

③ 张坦著《"窄门"前的石门坎：基督教文化与川黔边苗族社会》，云南教育出版社 1992 年版。

④ 中华续行委办会调查特委会编《中华归主》(第 1 卷)，中国社会科学出版社 1987 年版。

会，每次七至八天。会议的内容是讲道，鼓励教士传道，并总结各地的工作情况，解决传道工作中存在的困难，根据各地的要求，筹款帮助他们去建教堂，发展文化，设立学校等①。而在云南省姚安县，民国时新教伯特利派进入当地建立教会，该会系自动成立，未受各大教会津贴，仅由该会志同道合者自由捐助②。

四、宗教事务管理规范

国家和地方性政权、力量对基督教的活动都有一些相关的管理规范。

（一）官方的宗教事务管理规范

国家的宗教事务管理规范体现在多方面。

1. 承认合法地位，免除赋税

如前文所述，自唐代传入景教以来，封建王朝在赋予其合法地位、给予税收特权等方面对基督教进行管理规范。

2. 清朝的“禁教”制度

在罗马教皇于1704年、1715年两次颁布“禁谕”，禁止中国天主教徒祭祖祭孔，禁止中国教徒使用“天”或“上帝”的称呼，禁止在教堂内悬挂“敬天”的匾额后，中国士大夫阶级对之做出抵制，康熙皇帝也认为这是干涉中国内政，并于康熙五十六年（1717年）下令查禁全国天主教。这一“禁教”之令，从康熙、雍正年间一直持续到乾隆、嘉庆年间，使天主教只能秘密进行活动。如嘉庆十七年（1812年）清廷风闻贵州有人传习天主教，便“谕令”将首恶严惩。

3. 管理教堂兴办事务，监督传教活动

鸦片战争后，西方宗教传播开始公开化。但由于在近代特殊的历史背景下，基督教传入中国时被西方帝国主义所利用，作为侵略中国的文化武器，再加之中国士大夫阶级、统治者对传统文化的固守与捍卫，担心移风易俗会影响到现有秩序，认为基督教是异端邪说，所以政府也采取了限制或阻止传教士在民族地区租地建房、对传教士开办教会学校传教等加强管理的举措，但也有一些举措在面对帝国主义的武装压力时显得力不从心。例如，咸丰年间，在贵州因为清军在石阡与“号军”激战，宗教活动于是受到了严密监视。

---

① 云南省编辑组编《昆明民族民俗和宗教调查》，云南民族出版社1985年版。

② 云南省编辑组编《云南地方志道教和民族民间宗教资料琐编》，云南人民出版社1986年版。

贵州提督田兴恕、巡抚何冠英密令全省在适当时机杀掉传教士。同治三年（1864 年）清廷在法国政府的压力下，谕令惩办田兴恕①。

1920 年，美国传教士永伟理因建教堂需要土地一事与云南孟连宣抚司发生了争议，他在糯福传教时，国民党政府也要求他办学校须得到县政府的批准，使用中国的教科书教学。又如 1932 年前后，美国传教士莫尔斯在云南福贡普利乡（现马吉乡）租地建教堂时也引发争议。

4. 惩治传教士恶行

由于殖民者的支持纵容，又由于一些传教士自身存在恶行，所以，在近代，西部民族地区不乏各种形式的反洋教斗争，其中也包括使用当时的法律对一些传教士加以惩治。例如 1857 年春，传教士马赖逼迫广西西林群众放弃敬奉祖宗，改从天主教，干涉群众的家庭婚姻，造成了命案，被告到官府，马赖不但不认罪，还态度傲慢，在其拒不认罪的情况下，官府对他动用了大刑，杖死于公堂，这就是“西林教案”。又如，20 世纪初在云南怒江地区福贡县，随美国牧师马导民到福贡传教的华人传教士杨雨楼，在当地发放高利贷进行盘剥，奸污妇女，引起了当地民众的公愤，福贡设治局将杨雨楼关押了三天，罚白银一百两，让其退赔霸占的土地三亩。在云南澜沧地区的传教士永亨乐，也因偷取银矿、奸污妇女被澜沧县政府驱逐。

当然，也有一些传教士的恶行没有得到惩治的例子。如在 1949 年以前，安顺天主堂神甫冷国贤，利用特权，侵占农民的田地和财产。1904 年，神甫沈世玉，以非法手段霸占堡庙田，并强迫当地人入教，还借修教堂为名勒索，引起群众不满，将教会爪牙宋某打死。1942 年该村群众要修建学校，追问被教会霸占的庙田和其他财产，神甫冷国贤便支使地主周世陪，诬告宋子清等抢夺教堂财产，伪县政府不问是非，关押了宋子清，并不准其上告申冤，宋因此积恨成疾而死②。

5. 协调处理民众与教会的冲突

在近代特殊的历史背景下，教会的传教活动，不断受到统治者、士大夫

① 高应达《天主教、基督教在黔东少数民族地区的传播历史探析》，《铜仁学院学报》2008 年第 6 期。

② 中国科学院民族研究所贵州少数民族社会历史调查组、中国科学院贵州分院民族研究所编《贵州省仡佬族社会历史调查资料》（贵州少数民族社会历史调查资料之十三），1964 年编印。

阶层和普通民众的抵制，国家和地方官府迫于殖民者的压力，通过发布布告、与教会协商等形式来协调处理各种矛盾。如光绪十八年（1892 年），云南昭通县城内言传，天主教教堂的育婴堂残害中国婴儿幼童，这一消息激起了城内民众的愤慨，人们涌向教堂，要求查明事实，惩办凶犯。昭通府知府为防止事态扩大，一方面劝散聚集百姓，另一方面与传教士古若望联系，“切嘱古主教云：嗣后知府躬行施放赈济贫穷人等，尤为留意稚子。以后不准教堂或在城内或在城外收养孤子。昭通府育婴堂由来至今，所有领洗幼孩并在学堂教诲童子，以及奶子养育之婴儿小女，均令该主教交还知府收领”。这一交涉遭拒绝后，知府又派人前往交涉，最终达成“该教堂内幼孩可以收养，而官员亦不强行领去。惟应令缮写清单，报明本地方官。如有幼孩病故，则教士应即呈报，地方官亲往查明尸身，至教堂内所存幼孩。地方官并询问终日有何事业”①。

又如在贵州威宁，由于苗族信教者越来越多，汉族、彝族、当地土目地主便传出苗族要造反，传教士有巫术等流言，对当地苗族进行迫害。其间有一名苗族基督徒被施以拇指火刑并被毒打致死，传教士柏格理便向威宁政府施加压力，迫使威宁县衙出示布告禁止干涉②。

（二）民间的宗教事务管理规范

由于中央政权“王化”不到，直到近代基督教在西部地方进行传播时，当地的社会治理仍依靠土司土目、民族酋领、士绅贵族等民间力量，这些力量也采取了一些举措。

例如，柏格理在贵州传教时，威宁苗族佃农除向彝族土目地主交纳实物地租和劳役地租外，每年还必须敬拜土目地主的家神，并献祭一定数量的自酿酒。信奉基督教后，苗族以“不敬拜别神”，“不给他们酌酒，更不得向菩萨献酒”的基督教戒律为由，进行反抗。彝族土目地主也对之进行镇压，拔佃撵苗、加押加租，烧毁苗寨，实行家法。柏格理等传教士从中斡旋，最后土司土目做出让步，不献酒可以，不跪拜家神也未尝不可，只是苗族佃农要以钱代酒。又如，1907 年 4 月，柏格理在云南省永善县大坪子传教时，被当地仇教的民团首领带人抓获，毒打几乎致死，首领们对柏格理做出了裁决，

① 东人达著《滇黔川边基督教传播研究（1840—1949）》，人民出版社 2004 年版。

② 张坦著《“窄门”前的石门坎：基督教文化与川黔边苗族社会》，云南教育出版社 1992 年版。

要求柏格理马上离开当地，并永不返回。如果再返回，就要杀掉他。如果因为这件事采取任何行动，他们将杀死当地寨子中所有的苗族人。苗族房东也被传上前来，被告知如果敢再接待柏格理，就要被罚一百两银子[①]。

第六节　伊斯兰教教义与行为规范

伊斯兰教在其创立和传播过程中，逐渐为许多不同文化背景的民族所接受，成为一种世界性宗教。在政教合一的伊斯兰国家，全面推行以伊斯兰教义教规为基础的、被奉为国家意志的、以国家强制力为后盾的伊斯兰教法。在伊斯兰国家以外的其他穆斯林聚居区，穆斯林也严格遵守伊斯兰教义教规，形成了一种凭借宗教虔诚、依靠宗教权威来保障和执行的行为规范体系及生活秩序。

一、西部民族伊斯兰教信仰概况

虽然目前尚有争议，但一般认为在唐代，随着大食使节出使和商人的频繁来华贸易，伊斯兰教逐渐传入我国。当时，阿拉伯人、波斯人等被称为“蕃客”，政府为他们设立了“蕃坊”方便其居住。

宋辽夏金时期，由于北宋、南宋的继立，辽、西夏和南宋、西夏、金的分割状态，陆上丝绸之路几乎被阻隔，海上丝绸之路得到了发展，大量穆斯林从海道进入中国。宋朝在《宋刑统》中特别增设“死伤钱物，诸蕃人及波斯附”门，以保护外商及其亲属，规范对外贸易。在这个时期，北方和西北地区的穆斯林活动也开始频繁。

元朝时期，成吉思汗及其继承者的大规模征战为伊斯兰文化在更大范围内传播创造了条件。大批阿拉伯人、波斯人和突厥人随蒙古军队进入中国，“回回”被正式编入国家户籍。按照元初颁布的《户口条画》，当时有“回回户”“畏吾儿户”“汉人户”等按民族划分的户籍，也有以职业划分的户籍，例如“答失蛮户”是伊斯兰教教职人员，“迭里威失户”是伊斯兰教中的苦修者[②]。蒙古人的统治势力延伸到西域后，对当地民族的伊斯兰教信仰也加以尊重和保护。《明史·西域传》中有“元时回回遍天下”的记载，西部的很多地区都形成了穆斯林聚居区。

---

① ［英］柏格理等著，东人达、东旻翻译、注释《在未知的中国》，云南民族出版社2002年版。

② 参见马克林著《回族传统法文化研究》，中国社会科学出版社2006年版。

明代对伊斯兰教既曾持宽容态度，也曾采取过强制同化政策。如明太祖洪武元年（1368 年），禁止“胡衣、胡语、胡姓”，洪武五年（1372 年）又下令：“蒙古色目人氏，既居中国，许与中国人家结婚姻，不许与本类自相嫁娶。违者，男女两家抄没入官，为奴婢。其色目、钦察自相婚姻，不在此限。”[①] 对其实行强迫汉化政策。

清代前期，甘宁青一带回族日益增多，建立起聚居点，云贵川等地回族也向中小城市扩散分布。

在漫长的历史发展岁月中，作为一种外来宗教信仰，伊斯兰教传入中国，是以我国西部一些民族为载体的。例如，公元 9 世纪 30 年代，回纥人的一支南下附唐，一支迁到楚河河畔，称“葱岭回鹘”，一支迁到吐鲁番盆地，称“高昌回鹘”，一支迁到河西走廊，称“河西（甘州）回鹘”。回鹘西迁后出现了多种宗教信仰，如摩尼教、景教、佛教、伊斯兰教等。最终伊斯兰教成为他们最主要的信仰。又如，在大批信仰伊斯兰教的中亚一些民族的人随蒙古军队征战迁入我国，被称为“回回人”的同时，元明之际，还有三个信仰伊斯兰教的民族相继在我国西北地区产生。其中的东乡族一般被认为主要是元代色目人与蒙古人的融合。保安族的来源被认为是 13 世纪随西域亲军东来的一支信仰伊斯兰教的蒙古军，他们最先在今青海同仁一带驻军屯牧，与当地回、土、藏等民族等融合形成，清咸丰年间，因在宗教习俗与灌地用水问题上与当地藏族发生纠纷，迁到甘肃临夏积石山边的大河家、刘集一带定居至今。撒拉族被认为是源于西突厥一支。成吉思汗西征中亚，签发当地各族民众组成西域亲军，其先民在其中，后来与途中藏、土、回、汉等民族融合而形成[②]。到目前，中国信仰伊斯兰教的民族有回族、维吾尔族、哈萨克族、柯尔克孜族、东乡族、撒拉族、塔吉克族、乌孜别克族、保安族和塔塔尔族等，主要分布在我国西北。

在西部地区的地方志中，对伊斯兰教的传入也多有记载。如云南的《昭通县志稿》中有这样的记载：“回教……据彼教中人言，其古教祖名阿丹，又称为伊斯兰，流传已数千年矣。”[③] 又如在西北地区，20 世纪 30 年代，伊斯兰教信

---

① 转引自云南省编辑组编《云南回族社会历史调查》，云南人民出版社 1986 年版。

② 参见宋蜀华、东克进主编《中国民族概论》，中央民族大学出版社 2001 年版。

③ 云南省编辑组编《云南地方志道教和民族民间宗教资料琐编》，云南人民出版社 1986 年版。

仰已成相当规模，据美国传教士孛威默、毕华士记载，当时的西北穆斯林修建清真寺，举行礼拜仪式，拥有大量的教职人员宣讲教法（如当时仅西宁的东大寺，就有80位满拉），到麦加和麦地那朝觐，遵守宗教戒律和禁忌[①]。

二、教义中的行为规范

伊斯兰教的教义、宗教伦理、教法律例等，对穆斯林的世界观、人生观、善恶观、行为规范的形成，都起着潜移默化的作用。穆斯林的日常生活要受教义和教法的约束，对于伊斯兰教经典《古兰经》和“圣训”的规定，不仅要内心诚信，还要诵念表白、身体力行。

（一）“五功”

伊斯兰教的基本信仰是“认主独一”的“伊玛尼”——正信，它包括六大信仰：信安拉、信天使、信经典、信使者、信后世和信前定。念、礼、斋、课、朝“五功”[②]是伊斯兰教的基本宗教礼仪，也是穆斯林的基本宗教义务。

“五功”坚持伊斯兰教“认主独一”的基本信仰原则，通过礼拜仪式、集体诵经，强化穆斯林虔诚的宗教信仰，并通过自省涤荡杂念、净化心灵、约束行为，被穆斯林严格遵守。例如，云南《嵩明县志》记载：“祈祷仪式：沐浴身体，戴白帽（篾制尖帽），脱鞋于堂隔之外，乃入而礼拜。日礼五功。凡礼拜以二叩首一鞠躬为一跪，兴每日共三十二鞠躬六十四叩首。又一年中须把斋一月，意在禁止情欲，祈祷恕一身之罪，答报造化天地万物之真主。禁戒：盗物不食，烟酒不食，猪肉不食，性暴之兽不食，形象奇异之物不食。视若天经地义，罔敢或越。”[③] 再如在甘肃临夏县东乡族聚居区[④]，1952年当地穆斯林承担天课的情况有这样的几个例子：地主成分的包福才，承担麦子165斤、糜子7.5斤、豆子30斤、苦荞25斤、洋芋16背斗，折合当时的人

---

① 王建平编著《中国陕甘宁青伊斯兰文化老照片——20世纪30年代美国传教士考察纪实》，上海辞书出版社2010年版。

② 参见马克林著《回族传统法文化研究》，中国社会科学出版社2006年版。

③ 转引自云南省编辑组编《云南地方志道教和民族民间宗教资料琐编》，云南人民出版社1986年版。

④ 1950年东乡族自治县成立时，称东乡自治区，1953年更名为东乡族自治区，1955年改为自治县。该区原是甘肃临夏县的东乡，民国时临夏县分为数县，东乡被分隶在临夏、宁定、和政、永靖四县内。新中国成立后成立自治区，分为锁南、唐汪、平善、乐牟、汪家、河滩、四家、百合等八区。本部分所涉及的东乡族有关调查资料，均出自20世纪50年代对甘肃省临夏东乡族自治地方的调查。（参见甘肃省编辑组编《裕固族东乡族保安族社会历史调查》，民族出版社2009年版。）

民币 496 000 元，占其收入的 8.7%；富农成分的张义龙，承担麦子 180 斤、杂禾 98 斤、糜子 25 斤、胡麻 13 斤、洋芋 9 背斗，折合当时的人民币 476 000 元，占其收入的 8.9%；贫农成分的马尚海，承担麦 120 斤、杂禾 90 斤，折合当时的人民币 216 000 元，占其收入的 3%[①]。

（二）社会生活规范

伊斯兰教根据日常生活中所遇到的各种实际问题，以宗教名义规定了一整套行为规范。例如，《古兰经》既是伊斯兰教的经典，又是伊斯兰法的渊源，教律涉及民商、刑事、婚姻家庭、遗产继承、司法及审判程序、国家体制、国际关系、战争与和平等各个领域。以下将简介《古兰经》中涉及社会生活规范的部分内容。

1. 婚姻家庭规范

伊斯兰教主张结婚是真主对穆斯林的命令，主张有独立财产和民事行为能力的人，应该自行择娶配偶，通过正当的途径结婚。婚姻建立在男女双方信仰一致、自主自愿、有感情的基础之上。坚持内婚制原则，同其他民族通婚则要求非穆斯林的一方要皈依伊斯兰教。《古兰经》[②] 中涉及婚姻家庭的规范较为细致，主要包括：婚姻成立需要获得主婚人（双方父母）的许可、有合理的聘金以及诵念“尼科哈”仪式；丈夫不得随意休弃妻子，休妻应容有一段“待婚期”（伊达）；限制、禁止近亲通婚；禁止在妇女经期同房；准许寡妇自由改嫁；反对轻率离异，主张有关亲属须进行劝导、劝说；禁止同性恋；禁止卖淫、通奸等。如《古兰经》启示：“你们应当把妇女的聘仪，当作一份赠品，交给她们。”（4：4）“如果你们怕夫妻不睦，那么，你们当从他们俩的亲戚中各推一个公正人，如果两个公正人欲加以和解，那么，真主必使夫妻和睦。”（4：35）“你们不要接近私通，因为私通确是下流的事，这行径真恶劣！”（17：32）“淫妇和奸夫，你们应当各打一百鞭。”（24：2）

关于遗产继承问题，《古兰经》规定可以遗嘱方式处分遗产，规定男女都有权继承遗产，规定严禁侵吞孤儿财产，劝诫人们团结互助。如《古兰经》中说：“你们当中，若有人在临死的时候，还有遗产，那么，应当为双亲和至亲而秉公遗嘱。”（2：180）“你们中弃世而遗留妻子的人，当为妻室而遗嘱，

---

① 甘肃省编辑组编《裕固族东乡族保安族社会历史调查》，民族出版社 2009 年版。

② 本部分所引《古兰经》条文，均出自中国伊斯兰教协会的推荐译本——马坚译《古兰经》，中国社会科学出版社 2013 年第 4 版。

当供给她们一年的衣食，不可将她们驱逐出去。”（2：240）“男子得享受父母和至亲所遗财产的一部分，女子也得享受父母和至亲所遗财产的一部分，无论他们所遗财产多寡，各人应得法定的部分。”（4：7）“侵吞孤儿的财产的人，只是把火吞在自己的肚腹里，他们将入在烈火之中。”（4：10）

伊斯兰教的这些关于婚姻的教法，被穆斯林所遵循。例如据20世纪50年代的调查，甘肃临夏的东乡族在结婚时，阿訇在念经时要说出一个价钱，作为将来夫妇感情不好而离婚时男方给女方的赔价。当地东乡族与回族互相通婚，其他情况下，则只能东乡族男子娶其他族女子，而东乡族女子则不能嫁给其他民族男子。继承时，分产必须请阿訇和阿舅到场①。生活在甘肃临夏县的保安族，新中国成立前和汉族不通婚，和信仰伊斯兰教的回族、撒拉族通婚。同时按照宗教要求，离婚后，妇女再嫁前，要坐满120天的“安得期”②。

2. 商业活动规范

穆斯林可从事正当的商业活动，并通过合法经营获取利润，但要合理分配和使用盈利，恪守商业道德，信守契约合同，反对贪婪和自私的行为。《古兰经》中说：“你们应当用足量的升斗，不要克扣。”（26：181）“你们应当以公平的秤称货物。”（26：182）“你们不要克扣他人所应得的财物。你们不要在地方上为非作歹，搬弄是非。”（26：183）伊斯兰教法也禁止高利贷，《古兰经》中说：“你们不要吃重复加倍的利息，你们当敬畏真主，以便使你们成功。”（3：130）“真主准许买卖，而禁止重利。奉到主的教训后，就遵守禁令的，得既往不咎，他的事归真主判决。再犯的人，是火狱的居民，他们将永居其中。”（2：275）《古兰经》中甚至还有详尽的关于借贷合同书写、代书、证人证明等方面的规定：“你们彼此间成立定期借贷的时候，你们应当写一张借券，请一个会写字的人，秉公代写。代书人不得拒绝，当遵照真主所教他的方法而书写。由债务者口授，（他口授时）当敬畏真主——他的主——不要减少债额一丝毫。如果债务者是愚蠢的，或老弱的，或不能亲自口授的，那么，叫他的监护人秉公地替他口授。你们当从你们的男人中邀请两个人作证；如果没有两个男人，那么，从你们所认可的证人中请一个男人和

① 甘肃省编辑组编《裕固族东乡族保安族社会历史调查》，民族出版社2009年版。

② 甘肃省编辑组编《裕固族东乡族保安族社会历史调查》，民族出版社2009年版。

两个女人作证。这个女人遗忘的时候，那个女人可以提醒她。证人被邀请的时候，不得拒绝。无论债额多寡，不可厌烦，都要写在借券上，并写明偿还的日期。在真主看来，这是最公平的，最易作证的，最可祛疑的，但你们彼此间的现款交易，虽不写买卖契约，对于你们是毫无罪过的，你们成立商业契约的时候，宜请证人，对代书者和作证者，不得加以妨害；否则，就是你们犯罪。”（2：282）

3. 刑事规范

在刑事方面，伊斯兰教严禁滥杀，《古兰经》说：“你们不要违背真主的禁令而杀人，除非因为正义。无辜而被杀者，我已把权柄授予他的亲戚，但他不可滥杀，他确是受援助的。”（17：33）对于故意杀人，《古兰经》规定：“谁故意杀害一个信士，谁要受火狱的报酬，而永居其中，且受真主的谴怒和弃绝，真主已为他预备重大的刑罚。”（4：93）还规定：“信道的人们啊！今以杀人者抵罪为你们的定制，公民抵偿公民，奴隶抵偿奴隶，妇女抵偿妇女。如果尸亲有所宽赦，那么，一方应依例提出要求，一方应依礼给予赔偿，这是你们的主所降示的减轻和慈恩。事后，过分的人，将受痛苦的刑罚。”（2：178）

对于盗窃，《古兰经》规定：“偷盗的男女，你们当割去他们俩的手，以报他们俩的罪行，以示真主的惩戒。”（5：38）

对于侵犯他人财产、贿赂等行为，《古兰经》中说：“你们不要借诈术而侵蚀别人的财产，不要以别人的财产贿赂官吏，以便你们明知故违地借罪行而侵蚀别人的一部分财产。”（2：188）

《古兰经》中规定的刑罚有鞭刑、断手刑、削足刑、以石击毙刑、绞刑等，这些刑罚适用于酗酒、偷窃、私通、诬陷私通、抢劫、叛教等罪行。

4. 纠纷解决、审判裁决规范

伊斯兰教要求穆斯林应顺从、忠诚，《古兰经》中说：“你们当服从真主，应当服从使者和你们中的主事人，如果你们为一件事而争执，你们当使那件事归真主和使者（判决），如果你们确信真主和末日。这对于你们是裨益更多的，是结果更美的。”（4：59）《古兰经》中又说“他们的事务，是由协商而决定的”（42：38），因此伊斯兰教倡导穆斯林在遇到纠纷的时候尽量采用协商的方法来解决。在现实生活中，穆斯林内部的民事纠纷通常由阿訇根据教义教法来解决。由于伊斯兰教主张全人类都是真主大家庭中的一员，真主面前人人平等，倡导公平、公正、公道，所以《古兰经》要求："你们应当秉公调停，主持公道，真主确是喜爱公道者的。"（49：9）"信士们皆为教胞，故你们应当排解教胞间的纷争。"（49：10）同时，《古兰经》也主张宽恕，说："恶行应得同样的恶报。谁愿恕饶而且和解，真主必报酬谁。真主确是不喜爱不义者的。"（42：40）

5. 其他规范

在日常生活的各方面，伊斯兰教教法还有许多规定。如在饮食问题上，《古兰经》说："他只禁止你们吃自死物、血液、猪肉，以及诵非真主之名而屠宰者。但为势所迫，非出自愿，且不过分者，那么，真主确是至赦的，确是至慈的。"（16：115）又如在反对挥霍方面，《古兰经》说"你不要挥霍"（17：26），"挥霍者确是恶魔的朋友，恶魔原是辜负主恩的"。（17：27）

这些规范被穆斯林严格遵守。如据20世纪50年代的调查，在云南昭通，"牛羊鸡鸭之类不经教长宰杀者，皆不食之。此外烟酒消耗之物，损伤脑筋，奸淫赌博之事，污身败德，以及非分妄取之财，皆一律戒除"[①]。又如在20世纪30年代，西方传教士到西北穆斯林地区传教，对于他们射杀的野鸡，当地穆斯林以不是念经宰的为由拒绝烹调[②]。

三、宗教组织规范

作为一种外来的宗教，伊斯兰教的宗教组织及其相关的财产保护形式与其传入中国的背景和信徒的族别、居住形式等相适应，形成了自己的特点，经历了一个不断发展的过程。

（一）蕃坊

唐宋时期，政府对来华的"蕃客"采取了一些管理措施。例如，据《资治通鉴》记载，唐政府曾要求"华蛮异处""不得立田宅"。蕃客们不断在商埠城市聚居，逐渐形成蕃坊社区。在这些社区里，穆斯林需要按教法、教规规定开展宗教生活和日常活动。政府也将蕃坊视为对蕃客进行管理的行政单位。

---

① 云南省编辑组编《云南地方志道教和民族民间宗教资料琐编》，云南人民出版社1986年版。

② 王建平编著《中国陕甘宁青伊斯兰文化老照片——20世纪30年代美国传教士考察纪实》，上海辞书出版社2010年版。

（二）教坊

元代中后期，蕃坊逐渐演变成教坊。明代以后，教坊的组织机构、规章制度更加健全、完备。农村的教坊多以一个清真寺为核心，结合周围的穆斯林村落组成；城市的教坊则以穆斯林聚居的街巷为主，集合附近散居的穆斯林居民构成。此时的教坊不是一级行政单位，与地方各级政府也没有隶属关系。其组织形式南北各地大致一致，但有两种称谓：甘、宁、青、云、贵、川地区大多称为“学董乡老会”，陕西、华北等地区一般称“社头会”。在明代，婚丧嫁娶、礼庆斋节等民俗、宗教活动都由教坊安排，不触犯刑律的民事案件都由教坊调解。各教坊一般都有成文或不成文的坊规，要求教坊内全体穆斯林遵守执行①。

（三）门宦制度

在教坊体系基础上，清朝乾隆年间，甘宁青地区的回族、东乡族、撒拉族社会中，逐渐形成了门宦制度，这种制度进一步把一定区域的穆斯林组织起来，将宗教生活、世俗生活整合在一起。

各门宦还对教徒制定了清规戒律。如虎夫耶学派下的毕家场门宦为教徒规定了36项要求，其中涉及世俗生活行为和伦理规范的条目有：遵守国法、宽待家下、孝顺父母、为人和善、行为端正、和睦乡邻、不随意欺人、接贫济困等。再如西北回族嘎得林耶门宦下的大拱北明列了15项禁止性清规，包括：朋比结党，欺凌家长；颠倒黑白，拨唆是非；交朋结友，出入茶馆；囤积居奇，揣摩街头；放债吃利，计收锱铢；饮酒聚赌，寻花问柳；认拜干亲，往来俗家；诊脉看病，不避女姓；游手好闲，不习经典；送徒陪地，挟持家长；不惜公物，争多论少；不求同意，任收门徒；不事静修，好吃懒做；不遵天命，轻视五典；私养牲畜，行同贩侩②。

四、神职人员权利义务规范

唐朝时，政府成立了“蕃长司”管理蕃坊，在蕃客中任命“蕃长”主持宗教礼拜，裁决蕃客之间的一般民事诉讼。据阿拉伯商人苏莱曼游记对广州蕃坊的记载，当时“各地回教商贾既多居广府，中国皇帝因任命回教判官一人，依回教风俗，治理回族，判官每星期必有数日专与回族同祈祷，朗诵先

---

① 参见马克林著《回族传统法文化研究》，中国社会科学出版社2006年版。

② 马克林著《回族传统法文化研究》，中国社会科学出版社2006年版。

圣训诫，终讲时，辄与祈祷者共为回教苏丹祈福。判官为人正直，听讼公平，一切皆能依《古兰经》、‘圣训’及回教习惯行事”[①]。元代则有“回回哈的司”，任用“哈的”掌理宗教事务，决断族内讼争。到了明代，“伊玛目”逐渐取代了“哈的”的职能和作用。明末清初，由于经常教育的兴起，“阿訇”开始逐渐取代“伊玛目”，成为主要的神职人员，负责掌教和教学，并全面主持教坊内的宗教事务。

西部民族地方史料也显示，伊斯兰教多设有教长、阿訇等职，他们须以熟悉经典、品学兼优等为任职条件，负有宣传教义、主持礼拜、进行祈祷等职责，也拥有获得薪给、调解纠纷等权利。如据20世纪50年代调查收集的资料，云南《嵩明县志》记载：“教长：回族称之曰师傅，亦曰阿洪［訇］，随时更易。”云南《姚安县志》记载：“教堂首领曰五梭，掌教条，司礼拜。次曰以摩，可代理五梭领导崇拜。又次曰海梯，系登梯执杖代圣宣道者。再次曰噻热，系按时召集教徒赴堂礼拜者。曰阿吽，系补助五梭宣讲及为教徒婚丧祈祷者。均有薪给，但在教民少，款项绌之地，仅设五梭。”在云南顺宁，回教教长，惯称“五梭”，乃老师之意。在云南昭通，教长主持教中之条规，以宣传教义为天职。各寺皆有教长，不论本地外方，必经典纯熟、品学兼优者方能担当此任[②]。

又如，20世纪50年代，在甘肃临夏东乡区，设有以下宗教职务。阿訇。寺内的主要宗教职业者，主持寺内的教务，给满拉教经，在本坊传教、念经。阿訇又分为三类：大阿訇（又叫开学阿訇），经文程度高，在地方上有威望；掌教阿訇（掌学阿訇），主要负责讲经和满拉的教学；二阿訇（治坊阿訇），协助大阿訇做好各项寺务。学董。清真寺中管理财务及其他事务的人。学董多由当地有钱、有地位、有威望的教民担任，在形式上有时还要通过教民选举产生。学董有权向教民摊派粮食、财物，以扩大寺的收入。乡老（社头）。寺院中类似办事员的人，直接由阿訇和学董委派和指使。满拉。向阿訇学经的学生，由阿訇在教民中挑选[③]。

---

① 转引自马克林著《回族传统法文化研究》，中国社会科学出版社2006年版。

② 云南省编辑组编《云南地方志道教和民族民间宗教资料琐编》，云南人民出版社1986年版。

③ 甘肃省编辑组编《裕固族东乡族保安族社会历史调查》，民族出版社2009年版。

五、宗教事务管理规范

为管理伊斯兰教和穆斯林，封建国家先后成立了一些机构，采取了各种管理措施。

（一）唐宋时期

唐代，伊斯兰教传入中国时，佛教在中国正兴盛，儒家学说一直在中国社会居主导地位，道教亦占据了重要地位，伊斯兰教仅在西来胡人间传播。唐朝政府也持比较开明的态度，尊重各民族的信仰习俗，成立了专门的管理机构，管理蕃客在华的经商等事务，保障外来人员的财产权益。

宋代沿袭了唐代的制度，在大食商人中任命“蕃长”，蕃长要负责督促胡商纳税，主持宗教事务，裁决日常民事纠纷等。

（二）元朝时期

元代，伊斯兰教得到大发展，大量穆斯林因为军征来到中国，元朝统治者也对各宗教一视同仁，还在“大札撒”中规定对各宗教要平等对待。

元代设立的“回回哈的司”是中国历史上第一个专门管理穆斯林事务的官方机构。元代“哈的”职权有三：一是负责穆斯林宗教事务；二是替蒙古皇帝祝寿祈福；三是处理“回回”人内部的诉讼，全面掌管“回回”刑名、钱粮、户婚、词讼等①。

元朝政府在设置“回回哈的司”的同时，在“回回”人较多的地方还设立“回回掌教哈的所”。其职责主要是由“哈的”引领，为国祈福，受理穆斯林之间的争讼，管理宗教内部事务。虽然“回回哈的司”时废时兴，但“哈的”都在依据伊斯兰教法处理穆斯林间的纠纷，只有重大案件才向官府控告②。

（三）明朝时期

明朝对伊斯兰教曾持宽容的政策，为了尊重穆斯林习俗，朱元璋曾敕令修建清真寺，同时，明王朝对西部、西北部信仰伊斯兰教的各民族，也加以怀柔恩抚。

明王朝对伊斯兰教既保护、推崇又有所限制，如《大明律》规定：“凡蒙古、色目人，听与中国人（汉人）为婚姻，不许本类自相嫁娶。违者杖八十，

① 姜歆《试论元代伊斯兰教的传播与发展》，《宁夏社会科学》，2009 年第 6 期。

② 参见马克林著《回族传统法文化研究》，中国社会科学出版社 2006 年版。

男女入官奴。”明朝还规定，清真寺住持的设立要经朝廷认可，清真寺不能自由修建，清真寺要用封建纲常约束教民等。

（四）清朝时期

清朝设立有理藩院，管理蒙藏等西部地区的民族宗教事务，理藩院下设六个司，其中的徕远司主要职责就是管理“回部”事务。清朝政府还给予新疆民族宗教界上层人士很高的礼遇，保留了新疆原有的伯克制，后来伯克制又逐渐演变为乡约制。所谓乡约制，就是乡里、亲属之间互相联保的一种制度。按照这种制度，在一乡之内举一头人为乡约，负责担保与监督穆斯林群众的言行。乡约要经常稽查户口，随月上报，否则将受处置。乡约还要时时关照教民的思想行为，在聚礼日要向教民宣讲皇帝教导民众安分守己的《圣谕广训》。乡约在年终对上述施行情况要总结上报，由地方官签署通过，然后送清廷备案。乡约要从政府领取印札，资格期限为三年①。

清朝前期对穆斯林采取了尊重和宽容的政策，后期则逐步采取防范措施，尤其是数次回民起义后，清朝对穆斯林采取了分化瓦解和残酷镇压的政策，还制定了比较严苛的法律法规。比如，雍正年间制定过《西宁番子治罪条例》，专门适用于少数民族聚居地区。又如，通过制定律令，对清真寺掌教人员进行控制，对回族的流动予以控制等。

① 杨虎德、张钟月《清朝伊斯兰教政策探析》，《青海师范大学民族师范学院学报》2008年第2期。

第五章　家族法

家族法是调整宗族和家庭内部与外部关系的法律制度。它通过规定宗族和家庭中的人身关系、婚姻关系、财产关系和对违反家族法行为的处罚，建构宗族和家庭在生产劳动和社会生活中所需要的秩序，以保证宗族及家庭的繁衍和生存①。在国家法的层面上，中国古代法律将家、宗族和国家视为一个整体，宗法制度是国家法的重要内容，国家政权通过国家强制力保证宗法制度的实施。在现代中国，宗法制度在国家法中已经被取消，我国婚姻法构建的基于婚姻自由、一夫一妻、男女平等婚姻制度上的平等、和睦、文明的婚姻家庭关系，已经成为当下各民族处理婚姻家庭关系的基本准则。但是，在日常生活中，宗族的观念仍然存在，宗族组织也活跃于民间。在西部少数民族社会中，尽管社会变迁已经使一些旧时的家族法失去了效力，然而，由于家族组织的存在，传统家族法中与国家法不冲突或冲突较小的内容也还作为传统法文化的重要内容保留着。因此，从民间法的层面上，揭示近现代西部少数民族民间社会中存在的家族法，有益于了解当代西部少数民族的宗族制度与婚姻家庭制度的渊源和变迁②。

---

① 对于家族法还有一种狭义的解释，例如，日本学者滋贺秀三在《中国家族法原理》中将中国“家”的概念分成广义与狭义两种，广义上的“家”与“宗”同义，指男性继嗣血统中的亲属集团；狭义的“家”，仅指共同维持家计的生活共同体，即家庭。滋贺秀三的这本书主要是对家庭关系的研究，所以，他对家族法的定义是，所谓家族法，无非是有关宗上的身份关系，在同居共财这样的场中表现出来的某种权利关系。参见［日］滋贺秀三著，张建国、李力译《中国家族法原理》，法律出版社 2002 年版。

② 本章的内容主要以 20 世纪 50 年代的调查材料为依据，所以，除特别注明之外，少数民族家族法反映的是中华人民共和国成立以前或成立初期的情况。

第一节　家族法的类型、特点与功能

一、家族组织的规模与形式

（一）家族组织的规模

家族是一种主要以血缘关系为纽带形成的社会组织，它由数个、数十个或更多的同宗家庭组成。家庭和家族虽然密不可分，但是，二者在社会中的职能并不相同。“家为家，族为族，前者为一共同生活团体，后者则为家的综合体，为一血缘单位，每个家自为一经济单位”①。

在西部少数民族社会中，由于社会发展不平衡和民族文化的差异，家族组织的规模呈现出多样化的格局。

有的家族组织将具有同宗血缘关系的均视为同族，家族规模庞大，形成跨越地域的宗族组织。例如，贵州省江口县土家族同一血缘关系的各姓均有自己的宗族组织。有的大姓如杨、张、陈、李、刘、黄等，人口成千上万，分布面广，宗族组织甚至包括县内外、省内外同一血缘的同姓成员，故有的大宗族下，还有小宗族，一般由同寨或少数不同寨的同一血缘的成员组成。大小宗族之间有一定的间接从属关系。大宗族组织由于分布面广，组织活动有一定困难；小宗族组织一般一年至少召开一次全体成员大会，每年清明节，几乎都要合族聚会，到共同的祖先坟前扫墓，共饮共食②。内蒙古自治区莫力达瓦达斡尔族自治旗的达斡尔族有一种叫作“哈拉”的宗族组织，“哈拉”之下又有叫作“莫昆”的小宗族组织。由于宗族成员庞大，小宗族组织众多，作为大宗族组织的“哈拉”设有议事会和族长，并组织各种活动，以便协调各小宗的关系，促进小宗对大宗的认同。以下列举的“哈拉”职责就说明了大宗族组织控制小宗族组织的措施。一是识别通婚集团，同哈拉的人不能通婚。禁止同哈拉内通婚的成规，即使官吏也必须恪守，否则要受习惯法的惩处。二是缮修哈拉族谱。各莫昆的总族谱（哈拉的总族谱），经若干年后要缮修一次，即开一次族谱会。会上，各莫昆派出代表1—2人，携带本莫昆的已新近缮修的族谱并带些款项参加会议。开族谱会要举行隆重的仪式：杀猪或

① 瞿同祖著《中国法律与中国社会》，中华书局1981年版。

② 赵大富《江口县土家族社会历史及社会组织》，载贵州省民族研究所、贵州省民族研究学会编《贵州民族调查》（之六），1989年印。

牛，摆酒和肉，并点香供奉祖先，然后才能打开族谱，把各莫昆从上一次开族谱以后的死亡者和新生者写进去（均限于男子，新生者的名字用红墨写，死亡者的名字用黑墨写）。最后全体参加者举行宴筵。缮修哈拉族谱会的全部费用由各莫昆分摊。三是处理哈拉内部重大事件。处理重大事件，不能由一个莫昆解决时，召集同哈拉的各莫昆开会，决议或执行。四是举行射箭比赛，联合狩猎。直到20世纪初，以哈拉为单位，各莫昆之间经常举行射箭比赛。射箭比赛的规则是：各莫昆各出射手若干，以中靶多者为胜。比赛前杀1头肥猪，现场将猪的内脏煮给射手吃，猪肉分给射手带回家。比赛结束后，输者付猪钱。继续第二次比赛时，杀1头3岁乳牛，牛价也由输者担负。五是祭吊长者。丧葬时，参与祭吊者一般只限于本莫昆的人。但很早以前，同哈拉的其他莫昆的人也参加，同一莫昆的年老辈长的人死去时，其他莫昆各家族大家筹钱，买酒和猪，派出1—2名代表，带着酒和猪前往参加丧仪并祭吊①。

有的家族组织在血缘关系的基础上，又以一定地域为家族的居住区域，形成以一村一寨或数村数寨为单位的家族组织。在这种形式的家族组织中，村或寨的首领往往也就由家族的族长兼任。例如，广西壮族自治区大瑶山五个族系的瑶族，大都各分族系而自成村落。两个族系共村杂居的现象极不易见。其中，茶山瑶、花篮瑶、坳瑶，由于最初进入瑶山时，占有广阔的山场，在较平坦而肥沃的地方开辟了水田，建村定居。一村里面，共同聚居的往往是一个或几个同姓的血缘亲族。而在一个原来共祖先的某姓家族下，由于子孙繁衍，又往往分为几个小集团。前者称为家族，后者称为“房”（也称房族）。瑶族常把这种由一个祖先的后裔所分出来的房比作树的枝丫。家族是较疏远的血缘关系，房却是较亲近的血缘关系。房下面则为家，一房之下往往包括数目不等的家，有的房只有2—3家，有的房有10多家，但20家以上数目的房在调查中还没有发现。可见房这种社会组织形式仅是成员不多的小集体②。广西龙胜各族自治县龙脊乡的壮族也是以村寨聚族而居。他们依据父系血统的远近亲疏，三代以内的称为房族，三代以外称作门族或宗族。在龙脊

① 内蒙古自治区编辑组编《达斡尔族社会历史调查》，中央民族大学出版社2005年版。

② 广西壮族自治区编辑组编《广西瑶族社会历史调查》（一），中央民族大学出版社2005年版。

每一个村寨都以某一姓氏为主体，很少杂姓，因居住同一村寨的人，大抵也就是这个宗族成员之一。每个宗族都有共同的祖坟，凭这点来维系血亲相距很疏远的宗法关系。同一宗族内，又按血统分为若干支系，各支系又有自己的祖坟，但没有公有的蒸尝田，也不是集体去扫祭，而是由各家分别前去扫祭①。

有的家族规模不大，由于历史上迁徙或合作等原因，几个家族共同居住在一个村寨，不同的家族以姓氏为识别同宗的符号。贵州省罗甸县平亭村布依族有7—8个较大的姓氏，每一个姓基本上是一个家族。但由于姓氏的来源不同，也有一个姓是两个不同的家族的情况。例如，王姓中有的是属于王姓亭目的王姓家族，有的是王姓亭目统治下的另一个王姓家族②。

有的家族规模很小，尤其是生产活动游动，经常迁徙，生活条件艰苦的族群，家族规模也与其生产生活方式相适应，不能形成大的家族，而只是以生产活动的需要由数个家庭组成小家族。例如，居住在广西壮族自治区大瑶山属于过山瑶的盘瑶和山子瑶没有土地，只靠租种山主的山地过活。由于采取刀耕火种和轮耕的生产方法，3—5年就要迁徙他处，另垦新地。由于迁徙频繁，虽是同族系的居民共建村落，但住户一般只有十户左右，这样就不可能将共同祖先的血缘亲属世世代代聚集在一处。而且凡兄弟姐妹多的家庭，一到各人婚娶以后，往往分家拆户，各走一方。所以，家族和房这种血缘组织形式不易出现。但是，过山瑶的同族共祖的远近血亲观念极其明确，而且彼此间的联系也经常不断③。

除了血缘关系的家族组织之外，有的民族还存在将拟制的血缘关系视为同宗家族从而扩大血缘家族规模的情况。例如，贵州省黔东南地区的台江、剑河一带的苗族将结拜兄弟也视为同宗，享有并承担与血缘家族成员一样的权利义务④。

（二）家族组织的形式

家族组织虽然普遍存在于西部少数民族社会中，但是家族的组织形式却

① 广西壮族自治区编辑组编《广西瑶族社会历史调查》（一），中央民族大学出版社2005年版。

② 贵州省编辑组编《布依族社会历史调查》，中央民族大学出版社2005年版。

③ 广西壮族自治区编辑组编《广西瑶族社会历史调查》（一），中央民族大学出版社2005年版。

④ 《苗族简史》编写组编《苗族简史》，贵州民族出版社1985年版。

因民族和地区的不同有很多差异。如果做一般性的归纳，可以将家族的组织形式分为两种，即复杂的家族系统和简单的家族系统。

复杂的家族系统中家族组织有多个层级，由上至下，界限清楚，秩序各异。有的地区的少数民族群体有十分复杂的家族组织系统，在这个系统中，家族被分为不同的层级，每一个层级之间有不同的联系。例如，贵州省黎平县肇洞侗族村寨的家族组织系列分为“胜”“督”“翁”“高然岱侬”“然”等5个层次。“胜”的含义与汉字的“姓”相同，肇洞的居民以陆姓为主，约占总人口的90%。“督”即一伙人之意，肇洞的陆姓共分13个督，同一寨的督与督之间，经常有来往，但本督内严禁通婚。“翁”即公，就是祖父的意思，翁是家族组织中的第三个层次，是由督第一代祖公下分出来的几个支系。各翁之间交往较多，各翁均有自己的内部规定。“高然岱侬”中“高然”指的是住房内安设有火塘用于饮食的一间屋子，“岱”指兄，“侬”指弟，故“高然岱侬”意为共用一个火塘的兄弟，是包括几个或十几个父系小家庭在内的社会组织。其成员中凡大小事，都看成自家的事，均需共同商量处理，并对外严守秘密。“然”即家或家庭的意思，是由本“胜”（姓）开始的向外联姻而组成的一个父系小家庭①。

简单的家族系统中家族组织层级较少，家族成员人口不多，没有明确的族长或家族组织机构。例如，新疆疏附县维吾尔族的宗法制度并不严整，亲属之间的权利义务一般不超出直系血亲的范围，没有“同宗同姓”的血缘联系。非直系亲属以外的居民主要是按宗教社会联系起来，一个礼拜寺便是联结一群居民的纽带②。云南省贡山县的独龙族居住在大山之中，经济落后，1950年以前处于刀耕火种的状态。独龙族的家族属于父系家族，一个家族多聚居在一个村寨中，大的有十几户，小的只有一户，一般七八户就是一个家族③。有的家族人口分散，甚至还没有形成比较集中的村落，家族内也缺少联系，家族成员经常迁移，找到他得走一天或数天的路，所以，名为家族，实

① 黄才贵《黎平县肇洞侗族社会调查》，载贵州省民族研究所、贵州省民族研究学会编《贵州民族调查》（四），1986年印。

② 全国人民代表大会民族委员会调查组《疏附县托古扎克区第六乡调查材料》，载新疆维吾尔自治区丛刊编辑组编《维吾尔族社会历史调查》，新疆人民出版社1984年版。

③ 洪俊、王均等调查，陈燮章、洪俊整理《云南省贡山县第四区独龙族社会经济调查报告》，载云南省编辑组编《独龙族社会历史调查》（二），云南民族出版社1985年版。

际上并无族长[1]。

除了复杂和简单的家族组织之外，常见的家族组织系统往往分为两个层次。一个层次是宗族，凡是有血缘关系的人员均为宗族的成员；另一个层次为小的家族，以一定血缘关系范围为确定族人的标准，凡是属于该范围的人员即为本家族的成员。例如，广西罗城县四把乡新村、大梧、覃村的仫佬族，其社会组织，都以父系家庭为单位，但仍聚族而居。新村有谢吴两姓，大梧全是吴姓，覃村全是覃姓。除大梧吴姓共有三个不同宗族的祖先而外，新村的谢姓和覃村的覃姓都各自是同一始祖的子孙。同宗共祖的血缘宗族之下，往往以血缘较近的亲属，分成若干房族。一个宗族，都建有宗祠，多数都置有蒸尝田产（俗称清明田）作为祭祀祖先的费用。各房族也有这种公共财产。同一宗族，往往修有谱牒，定有族规，由族长执行。家族之下的小家庭中，家庭财产由家长支配，家庭成员地位不平等，男尊女卑，共父之子，平均分占财产，女子无财产继承权。老人在家庭中一般受尊重，儿子对父母须生养死葬[2]。

二、家族法的类型和特点

（一）家族法的类型

作为社会组织的家族，要维系家族组织内部的和睦与外部的和平，必须建立与家族组织生存条件相适应的规则，并使家族成员遵守，这种规则即为家族法。家族法是由家族组织制定，规定家族成员相互关系、家庭财产处分、家族重大活动和家族对外行为等事项的行为准则，由家族组织的执行机构或全体家族成员监督实施的规范体系。由于家族法代代相传，历史久远，其中的大部分内容已经成为该地区或该家族的风俗习惯。

西部少数民族家族法以是否受汉族文化影响为标准，可以分为两类，一类是受汉族儒家文化影响形成的家族法，另一类是在少数民族固有文化发展过程中形成的家族法。

受汉族儒家文化影响形成的家族法，主要存在于受汉文化影响较多的少数民族地区。在这些地区，少数民族往往以代表儒家文化的汉族家规家

---

① 张瑛、温继铭调查整理《第四行政村德乌打独龙族社会经济调查》，载云南省编辑组编《独龙族社会历史调查》（二），云南民族出版社1985年版。

② 广西壮族自治区编辑组编《广西仫佬族社会历史调查》，中央民族大学出版社2005年版。

训为蓝本，制定本家族的族规。清代担任过贵州省铜仁地区省溪司土司的土家族杨氏家族的家族法便是一例。为了便于比较，特将杨氏的家训条例照录如下。

家训条例①

一、始祖辟地开疆，分矛赐土，咸以征剿得之，栉风沐雨，历尽艰辛，沿袭至今，仰庇祖宗之余荫，以长子承袭，代膺爵土，原不偶然。凡我□诸后裔，当追念创业之艰难，守成之不易，毋□□以骄矜，毋肆志以愤事，夙兴夜寝，无黍自□，视百姓必念切恫瘝，和宗族……立心制行，自然德业日进，闻望日隆，这便是孝子慈孙，不忘清白，家传遗训于世世，身膺民救者有厚望焉。

二、子孙分受田地，除俸田原是随官代禄，不敢私易外，其余兄弟分受祖置庄田、器物、房舍，必先听族官均平搭配，然后通白祖先，凭神阄定，写立分关契据，永立遵守。尔子孙不得恃强凌弱，越分侵欺，以致骨肉相残，酿成后毒，有何益哉！诗不云乎：兄弟既翕，和尔且耽，又曰：戚戚兄弟，莫远具迩，此可见思属同气，谊深一木之谓也。即便有遗业之为祖父者，亦不得私存匿爱，至令分受不均，以萌明日祸基。凡有父兄之责者，亦当鉴戒焉。

三、家庭间父子叔侄兄弟夫妇，称呼亦有定分，伦乱毋庸僭越，务宜九族稽和，六亲教睦，无悖逆伦，犹克承先志。朱文公有居家四本曰：读书起家之本，勤俭治家之本，和顺齐家之本，循礼保家之本，惧勿废业嬉游，荒淫赌博，破产倾家，使人谓杨氏有此匪类玷辱祖宗也。

四、吾族子孙繁多，岁时会饮，间长幼尊卑，务□□坐作谦和以教族谊。倘有耽面薛以骂坐，借恹谐以辱尊者，谅罚谅责，各随轻重治之。

五、祖宗清白传家，凡我子孙，或耕或读，各宜分寸，尚有不务本业，奸盗邪淫，不孝不悌，博虐欺尊，此等之人，玷污祖宗，莫此为甚，当鸣族长，削谱除名，永不许入祠以祭，各宜猛省。

六、吾族自再西再蒙公分支，以主平邑，石耶，水德等司，与夫铜属之龙鱼、客寨、凯荞、坝盘，各皆处属本支一脉，而平头、万山，更属亲脉，

① 赵大富《江口县土家族社会历史及社会组织》，载贵州省民族研究所、贵州省民族研究学会编《贵州民族调查》（之六），1989年印。

茅地远人蕃，隔若参商，夫葛藟庇其本根，根株既同，虽千万人之身，视尤一己之身，岂其拔本基，源宗族判为秦越乎？嗣后凡每会间，各须存敦睦遗意。

七、家庙祭祀，务要按时致敬，届时举行，纵值时势或难，众举不给，亦必酌量行之，不可缺典。至家庙所奉祖主，除劈土标功者固百世不迁外，其余务遵家礼。此后□世神主，亲尽当祧，五世其斩。自本身而上，除奉考祖曾高□外，除服即迁入祧，其或有光宗耀祖标功表德者不在例。

八、冠婚丧祭，人之大事，有力者，固当自尽。其间有贫乏不能自举者，可赖众擎易举，毋怯捐助。盖古人竞丹高谊，传美至今，况我一本同源，反视为陌路不相周恤可乎。

九、本族缔结姻盟务照伦，嫁女娶妇，亦当喜酌，总之，择婚宜贤，娶归以德，若为门第，是选河睹居奇，宁止子女终身怨读言，抑亦宗祊体恤攸关。至处内闻之间，更宜严戒，语云：害莫大于婢子造言而妇人悦，妇人附会而丈夫信，禁此二者，家政肃矣。

族中有不公不平，一切大小事务，先白之族长，理其曲直，和解不从，然后鸣之宗官或官，处分不当，方许处上控理。失讼，惕则吉，络则凶，讼以财先，费财虞芮质成，尚能自化，何况一小本乎。

上述杨氏家训条例共9条，涉及家训宗旨、家庭财产处分、家庭成员之间的关系、行为操守、族人分布、祖宗祭祀、族人互助、婚姻缔结和族内纠纷处理等内容，其中援引了儒家文化中关于治家的家训格言，并以此作为家训条例的权威来源和合法性依据。例如，“兄弟既翕，和尔且耽”，意为兄弟一条心，才有快乐与和睦；“戚戚兄弟，莫远具迩”，意为相亲相爱的兄弟应该亲密无间，这两句诗出自《诗经》。“朱文公有居家四本曰：读书起家之本，勤俭治家之本，和顺齐家之本，循礼保家之本”，则出自宋代儒学大家朱熹的“家训格言”。所谓“四本”，是将读书、勤俭、和顺、循礼作为家庭之根本，不可放弃之原则。“害莫大于婢子造言而妇人悦，妇人附会而丈夫信，禁此二者，家政肃矣”，出自明朝思想家吕坤（吕叔简）的《呻吟语》，原文为“犹莫大于婢子造言而妇人悦之，妇人附会而丈夫信之。禁此二害而家不和睦者鲜矣”。意为家里的主妇喜欢奴婢造谣或者丈夫轻信其妻故意附会的谣言，都是危害家庭的行为，只要能禁止这两种有害行为，家庭的和睦就能实现。除了这些家训格言之外，杨氏家训条例中的其他内容受汉族族谱家训的影响也较明显。

尽管许多少数民族的家族法都或多或少有受汉族家训影响的内容，但是，也有一些西部少数民族的家族法并未体现出受汉族文化影响的痕迹，而是与相近的地缘文化融为一体，具有明显的地缘文化特点。例如，云南省西双版纳州的傣族传家祖训，是以南传上座部佛教的经典和傣族的文化为基础形成的具有民族特色的家族法。傣族家训内容繁多，共有三个部分，这里仅摘录第一部分内容与上述杨氏家训条例相比较。

傣族传家祖训[①]

要学习各种专业知识，不要使坏心眼害人。

要向知识渊博的人学习，对各种技术都应精通。

要勤请教老师，要亲近有知识的人。

想进天堂，要守法经商；对现有财产，要分成四份[②]。

有权有粮时，要可怜无田地的穷人；求人办事时，要讲恳切的话。

追求爱情要有耐心，对未婚妻要勤送礼。

要说话，先考虑该说不该说；问什么，要看场合、时机。

骑马要拉住缰绳，挡坝要先看天气。

吃饭不要说话，睡觉必须安静。

缝蚊帐要掌握尺寸，说话要考虑时间地点。

挑担子要量力，办事情不勉强。

洗头洒香水要选吉日，摊家立户要问“鲁摩”（占卜者）。

人家爱你，你应加倍相爱；人家恨你，切莫把人恨绝。

人家帮助过你，要记得报答；人家伸手求助，要即时去拉，人家撑船掌舵，要即时划桨。

当爷爷，要爱护孙子；当官家，要爱护奴隶；当头人，要爱护百姓。

肚里的话不要说完，袋里的钱不要花光。

想急于求成，要办那容易的事；若跳不过去，就脚踏实地地走。

---

① 刀光强、高立士《傣族传家祖训》，载云南省编辑组编《傣族社会历史调查》（西双版纳之九），云南民族出版社 1988 年版。傣文《传家祖训》，原名“布双朗”，直译为“爷爷教育子孙”，是 1950 年以前流传于西双版纳傣族上层和民间的一种傣文抄本。该抄本全文约 3000 字。

② 原文中对四份财产的解释是：防病防灾、敬神赕佛、抚养儿孙、死后超度之财。

已懂的经要常念，赕佛从善要有恒心。

与曾吵过嘴的人说话，态度更应和蔼；看到怀疑的事，要弄清事情的缘由再讲。

上路要有护身的小刀，遇到仇人要加倍警惕。

罪将扩大，要立即回避；发生战争，要火速逃跑。

狭窄的路要慢走，摇晃的桥要轻过。

生疮处要勤洗，当和尚要勤念经。

怕生病要吃预防药，担子散要即时捆紧。

滚汤要慢慢吹凉，有气要渐渐消除。

想快就爬，想慢就跑。

想抖威风，就去当“召”的侍从；喜图清净，去森林中隐居。

想吃饱饭勤种田，想吃鱼虾勤挖塘。

想当判官学法律，想当“波章”（祭佛师），学念经。

想要朋友多，要家庭富裕；想使家庭富，要会做生意。

想得福气，要诚心赕佛；想有知识，要勤学好问。

想得到善果，应遵五戒；想认识世界，勤问老师。

想当“叭英”（天王），卖房赕佛；想要成佛，入寺坐禅。

与内地受汉族文化影响较多的少数民族家族法相比，《傣族传家祖训》有几个特点：其一，它的保存形式是以傣文记载的文本形式，而内地很多受汉族文化影响较多的少数民族家族法的保存形式则是以汉文记载的文本形式。其二，它的内容多是以日常生活中的常识和道理劝导人们从善避恶，与南传上座部佛教的佛经联系密切；而内地受汉族文化影响较多的少数民族家族法的内容主要涉及家庭或家族成员之间的关系，以儒家的礼教规范家族成员的行为。其三，它的行文方式多用排比的句型，用简单通俗的话讲出经验和道理，类似谚语，通俗易懂；而内地受汉族文化影响较多的少数民族家族法多是由有儒学知识的先生撰写，行文讲求循礼且古雅，脱离口头表达的习惯，有些句子深奥难懂。

然而，时至今日，许多少数民族的家族法已经不再使用文言文，而是使用现代白话文来表述了。这些家族法的起草人已经不再是儒学秀才或乡村士绅，而是接受了现代国民教育的家族成员，所以现在制定的家族法往往与现代法律相吻合，并反映了制定家族法的家族成员受教育的程度。例如，贵州省红丰村仡佬族高姓家族有1995年制定的家族族规，原文如下。

高姓家族的族规[①]

打骂父母第一罪，祖坟面前受苦刑；
杀人放火第二罪，依法判楚（处）不容情；
强奸淫乱第三罪，对照家法来楚（处）分；
一贯抢劫第四罪，法规摆在面前行；
拐卖妇女第五罪，查清是非苦召行；
盗窃无为第六罪，还人钱物要对清；
横行霸道第七罪，以多论少也不行；
不尊（遵）家法第八罪，交与家族论罪行；
野勾内窜[②]第九罪，分清是非不饶人；
酗酒闹事第十罪，酒醒以后判法行。
以上十条，人人要记清，如有错犯者，到时莫怪人。
家法与国法都是一样行，家法楚（处）分你，随你告官报主人。

高姓家族的族规是该村仡佬族各个家族中最完备的族规，其中的一些条文的规定反映了当时红丰村仡佬族社会中存在的现实问题，如拐卖妇女、酗酒闹事等。另外，族规规定对一些严重的犯罪要按照国家法律处理，如杀人放火、抢劫等，并强调国法和家法的一致性。不过，从文中的语法错误和错别字可以看出，该村仡佬族的受教育程度不高[③]。

（二）家族法的特点

西部少数民族的家族法形式多样，内容繁简不一，然而，就其历史、形式和主要内容而言，依然具有一些共同的特点。

1. 民族性

家族法是约束生活在特定地域的特定族群的行为规范，这种规范必须具有合法性才能被适用和遵守。而家族法所谓的合法性之一就是家族法反映了适用和遵守家族法的家族与其所属民族在地缘和族群上的联系。这种联系就是少数民族家族法的民族性，它是少数民族家族法的一种特质。同一少数民族的家族法往往会有很多相似性，其中的原因就在于不同家族所具有的共同

① 摘自笔者收集的高姓家族族谱。
② “野勾内窜”指通奸和乱伦的行为。
③ 张晓辉主编《仡佬族：贵州大方县红丰村调查》，云南大学出版社2004年版。

的民族性。首先，在同一地域生活的同一少数民族具有相同的民族文化，这种民族文化影响着他们的共同行为；其次，在同一地域生活的同一少数民族具有相同的生产方式和生活方式，在物质和精神上的需求也基本相同，能够形成一致的价值观念和行为规范；最后，在一个民族内部，人员往来频繁，文化交流密切，家族间的认同度高，好的家规家训易于传播。所以，从民族文化的视角看，少数民族家族法是民族文化在处理家族关系上的制度化，家族法的内容是民族文化的组成部分之一。从规范的视角看，少数民族家族法的行为规范能够反映本民族的民族文化，与本地方、本民族的生产生活条件相适应，体现民族特点和地域特点的价值观念。这种文化上和规范上的民族性使特定地域的同一少数民族的家族法具有了与居住在同一地方的其他少数民族或居住在其他地方的少数民族的家族法不同的民族特征。

2. 历史性

家族按照父系血缘关系的继嗣谱系可以上溯若干代，少的三代，多的数十代。从时间上计算，一个家族的历史短的有数十年，长的有数百年或数千年。与家族的历史相伴的不仅仅是人口的繁衍，还有家族文化的传承。家族法作为家族文化中的制度文化，是家族文化中的核心文化。它通过文字的方式或口耳相承的方式一代代继承下来。在传承之中，家族法借助祖宗崇拜的信仰和祖宗的威严不断得以强化，成为全族必须遵守的祖宗之法。所以，不同地方的少数民族家族法均强调是秉承祖宗的训诫制定行为规范，很多少数民族的家族法具有源远流长的历史，在家族的历史演变中发挥了重要的作用。

3. 劝导性

家族法处理的是家族成员之间的关系，家族成员不论血亲远近，相互之间都是亲属，这种亲情维系的关系，决定了家族法主要以劝导的话语督促族人多行善举，光宗耀祖，尊重长辈，孝敬父母，兄弟同心，劳动致富，勤俭节约，体恤同族，共御外敌。劝导的规定有几种方式：其一，以祖先的丰功伟绩或艰难创业的事迹激励族人；其二，以家族或祖先的挫折和教训警示族人；其三，以家族中出现的不端行为使家族蒙羞的实例教育族人；其四，以重振家族声望，促进家族发展为目的，提振族人自强自律。例如，1920 年镌刻在广西仫佬族大梧村吴姓二冬的《祠堂规则》引言说：“自来伦常固宜首重，祠堂尤贵分明。稽余二冬自鼻祖以来，生数十余代，烟户稍近七八百家，或世居本村有之，或分支别地亦有之，悉同归一祠，实同归一脉所生者也，迄今年深日久，房族间有牛马襟裙，不守道德，不从天伦，擅作欺宗灭祖，专为藐族慢尊，或乱伦而同族为婚，或勾匪而残害同宗，或田地而私卖外人。有此等人，不特为本祠所不容，抑亦为法律所不许也。襄者曾因此等人物，扰乱本祠，诉至公庭，爰阖祠人等协拟本祠规则，勒附石碑，以儆来者之效尤也，是为引。"①

4. 规制性

家族法的宗旨是告诉家族成员什么应该做，什么不能做，从而确立家族成员之间的权利义务关系和与之相关的行为准则，规范家族成员的观念和行为，构建家族生存和发展所需要的秩序。从秩序的层面看，家族法的规制是保证秩序建立和维护的必要一环。家族法涉及生产和生活中的家族和家庭的关系，家族成员之间的关系，家庭与家庭之间的关系，家庭成员之间的关系，婚姻的缔结与撤销形成的关系，家族或家庭财产的共有、分割、继承的关系等诸多方面。通过劝导性规范和禁止性规范从软硬两个层面对族人的观念和行为进行规制，使族人的言行举止有规可循，从而在家族内部建立起尊卑有序、尊老爱幼、男女有别、倡导善行、杜绝恶行、互帮互助、人丁兴旺的家族秩序。

5. 灵活性

家族法虽然有悠久的历史和祖先的遗训，但对于使用家族法的家族而言，家族法毕竟是处理当下家族事务的规范，必须根据当下族人的生产生活方式的现实顺势而变，才能有利于家族的发展和族人的生存。因此，家族法受到家族成员的拥护和遵守。重要的是家族法具有灵活性，能顺应社会的变迁而及时做出改变，以维护整个家族和所有族人的利益。家族法的这种灵活性除了体现在顺应情势改变规则上以外，还体现在具体适用规则的过程中。家族中发生的个案性质不同，当事人的地位、为人不同，事件发生的地点时间不同，都会引起对个案处理的差别。在不违背基本规则和伦理的前提下，执法者会在处理过程中灵活地使用家族法，从而在一定程度上更好地体现公平公正。

三、家族法的功能

西部少数民族家族法之所以能够在很长的历史时期内存在，并被本家族

---

① 《仫佬族简史》编写组编《仫佬族简史》，中央民族大学出版社2005年版。

的族人所遵守，一个重要的原因就是家族法的功能体现了家族成员的共同需要，维护了家族的繁衍和发展，而家族的繁衍和发展也在强化着家族法的功能。概括起来，西部少数民族家族法的功能主要体现在以下几个方面。

（一）彰显祖宗德行，增进族人团结

家族祖先是家族认同的象征和精神寄托，作为继嗣族谱的重要内容，许多少数民族的家族法开篇总是先讲祖先创业的事迹和祖上的行为典范，一方面为后人树立榜样，另一方面也通过彰显家族先辈的德行和荣光，加强本族子孙对祖宗的认同感，增进族人的团结。例如，内蒙古莫力达瓦达斡尔族自治旗的达斡尔孟氏家族 1954 年曾召开家族大会，重修家谱。在家谱的《序》中，开篇文字就是叙述家族传承之本和家族法的要旨："盖闻木重有本，水重有源，人重其祖先，故历代士庶人家，大部分各刊家谱，以时修辑，垂示后裔，这是崇本也。家者由先祖以迄子孙，世世相承，历久弗替，不致散而无纪。又建祠祭祖，使子孙尊宗敬祖不致远而遗忘，这是重孝也。是故谱牒谨藏宗庙，后世子孙绵远相继，勒修谱牒，敦睦周亲，凡为子孙应知忌讳，并识老人生故年月，与夫埋藏山阴……俱得详明而辨其亲疏也。所以，达斡尔族每一秩必召集同族人们，择日举行祭祖修谱会，重修谱牒，出生者名字在其父之名下，以朱笔加填，死亡者名字，以墨笔写之，而辨其男性家族成员之生死区别。同姓则二三十年以内择日定适中地点，召集同姓各族之代表，携带支族家谱，参加重修总谱大会，对照家谱。如有异动变更者，随时修正。每当祭祝开谱时期，追忆过庭之训，弥深各族之恩。"[①]

（二）扬善惩恶，规范行为准则

在家族中，家族成员的行为影响着家族内部的稳定和家族外部的关系。家族法通过设立规范，构建家族内部的秩序，协调家族与外部的关系，家族法规范的设立、执行体现了家族扬善惩恶的价值观，从而为家族成员确立行为准则。例如，贵州铜仁地区的土家族内部有严格的家族法规。他们按血缘关系组合的家族社会秩序，主要靠家族法规来维持。该地区江口县的土家族有"家法大于国法，国法可避，家法难逃"之说[②]。可见宗族组织的家训族

① 内蒙古自治区编辑组编《达斡尔族社会历史调查》，中央民族大学出版社 2005 年版。

② 赵大富《江口县土家族社会历史及社会组织》，载贵州省民族研究所、贵州省民族研究学会编《贵州民族调查》（之六），1989 年印。

规，内容比国家法更为繁杂具体，实效性更强。在当地土家族家族法的规定中，通奸被视为最为严重的违法行为，妇女与人通奸，丈夫会置妇女于死地而不顾。若有非婚生子女不得抚养，须送给别人，其母则受到严厉制裁。若有同族内通奸者，族长、家长则组织族人将私通双方捆绑在一起，系上大石，抛入河中淹死。与对通奸的严厉惩罚相比，对财产纠纷或邻里纠纷的处理则是宽以待人，处理的原则是：小事教育，大事请酒赔礼①。

（三）提倡族人互助，共同安内攘外

在一个家族中，族人之间贫富不均，生活条件不尽相同，碰到喜事应当有人庆贺，碰到难事也应当有人出手相助，这样的家族才有凝聚力，也才能繁荣昌盛。家族法对族人之间的相互关系的规定中，普遍规定了族人之间尊老爱幼，相互扶助，排难解忧，共同安内攘外的义务。例如，广西的毛南族有尊老爱幼的传统，在家庭或村社活动中，多请年高的长辈主持，每有筵席亦按字论辈入座。各大姓都有宗祠，各置宗祠田产，委人经营，收获作为每年祭祖经费，或为春节全族男子聚餐之用。对于孤儿，若房族人不管，则由舅父领去抚育，待成长后再转回继承父业。绝户的财产由房族成员平分，或由族长选定过继儿子继承。各家各户凡婚姻、丧葬、祭祀、买卖土地以及发生纠纷，房族都有权过问和帮助，宗族关系相当稳固②。贵州省铜仁地区土家族一般都是一村一寨聚居，每个自然村多为同姓同宗，同姓都以血缘相互联系，同一近祖的人称为同一房。这种由同姓人组成的村寨内聚力很强，虽然他们平时相互间会有些矛盾，但在对外关系上往往能充分地表现出和谐的一致性③。

（四）确定族人的婚姻家庭关系，保障家族繁荣

婚姻是家族繁衍的基本方式，在外婚制的婚姻形式中，婚姻是以外族女子嫁入本族得以实现的。同时，婚后形成的家庭和生育的子女，也产生了家族和家庭中的尊卑长幼秩序和家庭财产的分割与继承。因此，家族法需要通

① 罗勇、石海波《铜仁地区土家族概况》，载贵州省民族研究所、贵州省民族研究学会编《贵州民族调查》（四），1986 年印。

② 广西壮族自治区编辑组编《广西仫佬族、毛南族社会历史调查》，中央民族大学出版社 2005 年版。

③ 罗勇、石海波《铜仁地区土家族概况》，载贵州省民族研究所、贵州省民族研究学会编《贵州民族调查》（四），1986 年印。

过对族人婚姻家庭关系的规定维护家庭的稳定，保障家族的繁荣。例如，四川羌族婚姻习惯法中，有“同姓不婚”“近亲通婚”“早婚”“包办强迫”“神灵定亲”等原则，相互联系，构成一个缺一不可的有机整体，共同维护着20 世纪 50—60 年代以前羌族的婚姻家庭结构①。

（五）维护家庭和家族财产，防止家产外流

家庭财产和家族财产是家庭和家族生存与运作的经济基础，财产的稳定和增加与家族内部的繁荣和稳定关系密切。因此，以家族法的形式对家庭或家族财产的使用处分做出规定，有利于维护家庭和家族财产，防止家庭或家族财产外流。例如，1950 年以前，新疆阿勒泰地区的哈萨克族家族法规定，哈萨克族只有男子才有家庭财产继承权，女子没有权利继承财产，妻子亲属也无权继承财产。家长死后，其财产由其子继承，无兄弟则由本家族的成员继承，如家族中无人继承时，财产由本氏族成员分得。如果丈夫死后，妻子带着儿女嫁给丈夫的兄弟或者其他本氏族成员，则财产可以全部带到第二个丈夫家中，如嫁到外氏族中去，那么前夫的财产必须留在本氏族内。哈萨克人认为，妻子属于夫家的家庭成员，同时也属于夫家氏族中的成员和财产。如果夫死之后，妻再改嫁，就不仅脱离了夫家，也脱离了夫家的氏族。为了使氏族的人口和财产不流入别的氏族，由亡夫的兄弟或近亲和氏族成员继承这种婚姻关系，才能使寡妇和财产不脱离夫家的氏族。如果本氏族中有人要娶而该寡妇坚决不嫁，则会被逐出本氏族，如未经本氏族成员允许而擅自嫁到外氏族，有时会引起氏族间的纠纷②。

第二节　家族成员的人身关系

一、家族的识别

家族的识别是确定家族成员人身关系的前提，只有确定某人是本家族的成员，其才能享有本家族的权利，并承担本家族的义务。一般来说，家族组织是一种血缘组织，在父系继嗣的社会，以父系血缘为标准，即可确定家族

---

① 龙大轩著《乡土秩序与民间法律：羌族习惯法探析》，华夏文化艺术出版社（香港）2001 年版。

② 新疆维吾尔自治区丛书编辑组编《哈萨克族社会历史调查》，中央民族大学出版社 2005 年版。

成员的身份。但是，由于家族规模的不同和家族的分化，世系的血缘关系并不等同于家族血缘关系。社会关系中拟制的亲属关系加入家族的情况，又会使以血缘关系为基础的家族组织发生非本质的变化。因此，在西部各少数民族的家族法中，家族的识别往往是较为重要的内容。

（一）以祭祀活动识别家族成员

祭祀活动的价值之一是认祖归宗，缅怀祖先，启迪后人。所以，以祭祖为内容的家族祭祀活动，是家族成员认同家族和密切相互关系的契机，也是家族组织展示家族权威，团结族人的重要手段。例如，广西罗城县四把乡仫佬族很重视同族的祭祀活动，同一祖先的后裔，往往聚族而居。同族而居的村落，往往建有宗祠，作为供奉祖先灵位的所在。凡是建有宗祠的，都必须购置田产，作为春秋二祭的费用。按当地仫佬族的风俗，每逢清明节，按例须备办猪鸡糯米饭香烛纸钱等祭品，在宗祠里祭祀祖先，并到公共坟场扫墓一次。祭毕，祠里还须备办酒肉，招待六七十岁以上的男性老人一餐，以示敬老之意。族中生育男孩的，必须于这天到宗祠内报丁，把名字登上报丁簿，并须缴纳报丁费铜钱一百文，作为购买香灯之用。宗祠主办清明祭典的头人，则分给报丁者猪肉、豆腐、糯米饭、烧酒各四两，以示祝贺。其余的猪肉、糯米饭，按族中此次回祠扫墓的户数多少，平均分配给每户一份，称为“拈份”。这一天，许多远迁他处的子孙，都要回来参加祭祀，因此，家族尊卑老幼，便有机会团聚，互相认识。中元节日，祠内又须备办纸钱财马，烧化给祖先。这些祭祀手续，都由族中轮值头人负责办理，族中子孙却不参加①。

（二）以族谱记载识别家族成员

族谱是记载家族谱系的工具，在以父系为继嗣系统的家族中，男性成员应当在族谱中予以登记；在双系继嗣系统中，家族中的男性和女性成员均登记于族谱中。所以，凡是添丁生子均要向族长禀报，由族长登记在族谱之中。有的民族将家族成员的登记和除名视为本家族大事，须在全家族成员参加的祭祀活动中，以特定的仪式才能完成。例如前文提到的达斡尔族等。内蒙古的蒙古族更是看重家谱和世系的记录与撰写，大家庭都有家谱、世系，王公贵族还有家庙和家族墓地，设专人守护，按时举行家祭②。

① 广西壮族自治区编辑组编《广西仫佬族社会历史调查》，中央民族大学出版社2005年版。

② 王迅、苏赫巴鲁主编《蒙古族风俗志》（上），中央民族学院出版社1990年版。

也有实行父子联名制的民族，通过父子联名的方式记忆族谱，识别族人。四川省凉山地区的彝族的家支系谱是父系血缘链条，其中，20—30 代以前的祖先是一个共同的主干链条。主干链条是以长子为一个主干系连名到最小的一个子孙的长子名。这是公共链条，即是家支的系谱。每个家支都有一个单线的从始祖到今最小的子孙的父子连名系谱，这是整个家支成员都要记住的名字，是一个氏族的徽号。而家支中各个分支也有各自的父子连名系谱，各自记名连名，但要求各个分支处要根系清楚。如曲木氏族连名系谱是：木乌（天）—乌洛洛—曲木—海尼木出—木出潘差—潘差阿伙—阿伙尼额—鲁都什哩—什哩约质—约质拉莫①。西藏的珞巴族也实行父子连名制。每个人的名字前要加上父亲的名字，父亲的名字前加上祖父的名字，这样代代相连，一个宗族就形成了一个世代相承的谱系。女儿虽然也连父名，以表明她是谁家的女儿，但是嫁出去后，所生的子女只能连夫家父系的名字。这种连名能够表明宗族成员的尊卑、辈分，可以辨别不同的宗族。所以，记住宗族的连名谱系是每个珞巴族需要具备的知识。阅历多的珞巴族老人能够随口说出本氏族十几代的谱系②。

除了族谱上记载的名册之外，族谱上确定的排辈名序也是识别家族成员的依据。例如，四川的羌族受汉族文化影响，各家族都讲究起名上的排行尊卑上下，以确定不同字辈在家族中的不同地位。汶川县龙氏家族有“十六代还宗”谱系，其中规定的起名字辈依次为“福启政世，文登清荣，朝廷德安，永治太平”③。这些用于起名的文字关乎家庭和国家的兴旺，有儒家“修身、齐家、治国、平天下”之意。地处边远的广西少数民族对起名字辈的重视也不亚于内地的汉族，广西罗城县四把乡仫佬族认为族谱是联系族人的重要工具，凡聚族而居的同姓，绝大多数都修有族谱，详载自远祖以来的各代世系。有族谱的，必定有排辈用字的号谱诗，或五言，或七言，或四句，或八句。子孙须按排辈诗依次命名，故虽族繁人多，而尊卑次序，秩然不紊④。广西龙

① 张晓辉、方慧主编《彝族法律文化研究》，民族出版社 2005 年版。

② 姚兆麟著《西藏民族志》，中国藏学出版社 2006 年版。

③ 龙大轩著《乡土秩序与民间法律：羌族习惯法探析》，华夏文化艺术出版社（香港）2001 年版。

④ 广西壮族自治区编辑组编《广西仫佬族社会历史调查》，中央民族大学出版社 2005 年版。

胜县瑶族也有在族谱中设定派辈排字的习俗，例如，粟氏家族族谱中规定了粟姓宗谱班辈用字："粟有奇乾劝良言，惟孟仲子积单邦，均远九万汉以生，方年景启政朝阳。"开头的"粟有"二字是现在能追忆起来的粟氏一世祖粟有红的代称①。

（三）以继嗣的范围识别家族成员

继嗣是指某人与其祖先之间公认的关系，继嗣的范围实际上是家族成员根据亲属关系的远近确定本家族作为宗族分支与宗族的关系，以及本人在家族关系中的位置。例如，云南省贡山县的独龙族同一祖先的后代称为"尼勒"，实际上是以血缘关系予以识别的氏族共同体，虽然同一氏族的成员互相认为有亲属关系，但是氏族由于人口增加，不断分化，加上氏族成员住地相隔较远，交通不便，氏族内部在政治、经济上的联系越来越淡薄，以至于有的氏族成员已经忘了自己的氏族。氏族之下，独龙族有规模较小的家族，称为"吉可罗"。独龙族的家族是以血缘亲族关系及一定数量的土地共有为基础的，每个家族都有独特的家族名称，以示区别于别的家族。家族的成员有使用本家族姓氏的权利，姓名以家族名称—父名—本人的排行次序命名，可以从其名字中清楚地看出他属于哪个家族的成员，是谁的子女，是第几个儿子或女儿。家族内部的各个家庭有一定的经济联系，并且只要隔了三代，便可以通婚。家族中由依靠个人能力自然形成的族长主持家族的事务②。

（四）以血缘亲疏识别家族成员

家族从广义上说包括宗族，凡是同一祖先的后裔，均可视为同宗。同宗之下，按照血缘的亲疏远近，又可分为各个小宗，小宗之下可能又有更小规模的家族。西部许多少数民族在家族识别时，往往以血缘亲疏为识别家族成员的标准，在宗族之下识别与自己更为亲密的家族。例如，广西环江县龙水乡壮族的家族观念，在各姓居民中已不是很深了。各姓同族的子孙，虽然聚族而居，但已没有什么族长或族规的约束力量存在。就相互关系来讲，年长月久，家族分支过多，散居村屯较广，以及内部阶层分化之明显而逐渐疏远

① 广西壮族自治区编辑组编《广西瑶族社会历史调查》（四），中央民族大学出版社2005年版。

② 张瑛、温继铭调查整理《第四行政村独龙族社会经济调查》，云南省编辑组编《独龙族社会历史调查》（二），云南民族出版社1985年版。

了。同宗的族人虽然共同供奉一个祖先，但五代以外，关系就非常淡漠了。五代以内的家族，不但在感情上有较亲密的联系，就是在经济上也是如此，特别是三代以内的家族，关系更为密切。以往五代以内的家族，无论哪家有婚丧庆吊等事，都要互相邀请参加；三代以内的家族，必要时，还得以钱米酒肉等相助。已分居的弟兄的叔伯兄弟，家族成员娶亲时，还得在自家备办酒席，分担招待一部分宾客。不过，哪家帮多少则没有一定标准，一般视经济力量而定。五代以内的家族，只在每年三月清明节共同祭扫始祖坟墓，但没有共同祭祖的蒸尝田，即使有，数量也很少。有蒸尝田的家族，由家族成员每年轮流耕种或出租，以其收入购买祭品祭祖①。

二、家长与族长

（一）家长

家庭是最小的社会组织，在以农耕、放牧、采集、狩猎和捕捞为主要生产方式的小农社会中，家庭既是一个直系亲属共同生活的场所，也是一个劳动生产的组织，家庭承担着组织家庭成员生产，为家庭成员提供基本生活资料，繁衍后代，赡养老人，交往邻里等社会功能。同时，在父系继嗣的家庭中，家庭关系错综复杂，有夫妻关系、父母子女关系、兄弟姊妹关系、宗族关系和姻亲关系等等。这些关系交织在一起，处理不好势必影响家庭社会功能的发挥。因此，在家庭中，建构一定的秩序，以调整家庭成员的相互关系，才能保证家庭社会功能得以实现。在人类的历史中，最普遍的家庭秩序就是建立家长制，以家长为家庭的核心和家庭的最高权威，从而理顺家庭关系，实现家庭功能。在父系继嗣的社会中，一般以共同居住的父系长辈为家长；在母系继嗣的社会中，以共同居住的母系长辈为家长。家庭中，家长的话就是命令，家庭成员均要服从。从伦理上说，这是孝的重要内容；从生存方式上说，这是家庭组织生产和生活的必要条件。

在云南省红河州居住的哈尼族，“家庭中以长者为尊，父亲和长兄在家庭中拥有最高的权力，负责安排全家的生产活动，管理经济开支。生产工具如锄头、犁、耙、镰等均由父亲和长兄准备。家务由母亲和长媳负责。未分家的人家，众媳妇轮流做饭，第一个起床的就是做饭人，相继起床的媳妇分担

---

① 广西壮族自治区编辑组编《广西壮族社会历史调查》（一），中央民族大学出版社2005年版。

背水、舂米等劳动”。“分家独立生活的儿子，每年要给大房上交一定的谷米等实物，以尽赡养老人的义务。已出嫁的女子没有分配父母固定资产的权利”[①]。当地的拉祜族以父亲为家长；父死，长兄为家长；长兄死，次兄接替。家长的主要职责是：敬奉祖先，安排、调度全家的生产生活，以家庭代表的身份参加村社活动。家长的床头挂一块长10厘米、宽4厘米的竹片，表示家长维系家庭的团结[②]。新疆克孜勒苏柯尔克孜自治州的柯尔克孜族有尊老爱幼的传统，在放牧的生产劳动中采取大家庭（家族）合作的方式，在大家庭内部形成团结互助、互敬互让、戚戚相依的亲密关系。但是，在小家庭中，家长享有绝对的权威，一家老小必须绝对服从。在父子之间，子女必须服从父母；在夫妻之间，妻子必须服从丈夫[③]。

（二）族长

家族实际上是家庭的扩展，在这个大的家庭中，族长就是家长，只是家庭中的家长是父系的长辈。家族中的族长则并不当然地由家族中的父系长辈担任，而是按照一定的惯例产生。有的家族中，族长由家族成员推举产生。例如，广西仫佬族各村寨中还存在一种以血缘关系为纽带的宗族制度。各族姓各设祠堂，定有族规，推举那些班辈较大、年岁较高的人，办事公道而又为族人所拥护者为族长，专门管理族内事务，主持制定本族族规并监督执行禁约条例等[④]。云南省红河州瑶族村寨的寨老制度中选举族长的方式如下：在一年一度的“丛会”（宗族或村社年会）上，参加会议的各户成年男性通过比较候选人酿制的白酒质量，或候选人点燃的香燃烧的快慢，或置放在簸箕内代表候选人的谷粒（或豆子、苞谷）簸剩的最后三粒来决定当选人。能被选为寨老的人，都认为是人生最大的荣幸，一经选上绝不推辞，会尽心尽力为族人服务[⑤]。

---

① 云南省红河哈尼族彝族自治州民族志编写办公室编《云南省红河哈尼族彝族自治州民族志》，云南大学出版社1989年版。

② 云南省红河哈尼族彝族自治州民族志编写办公室编《云南省红河哈尼族彝族自治州民族志》，云南大学出版社1989年版。

③ 克孜勒苏柯尔克孜自治州地方志编辑委员会编《克孜勒苏柯尔克孜自治州民族志》，新疆克孜勒苏柯尔克孜文出版社1992年版。

④ 《仫佬族简史》编写组编《仫佬族简史》，中央民族大学出版社2005年版。

⑤ 云南省红河哈尼族彝族自治州民族志编写办公室编《云南省红河哈尼族彝族自治州民族志》，云南大学出版社1989年版。

有的家族中，族长由特定的继嗣子孙担任。例如，广西龙胜各族自治县有的瑶族村子族长并不经过选举，而是由长房的长子充任，代代如此①。

有的家族中，族长由家族中的老人来推举。新疆的鄂温克族的族长由年长者推举，族长年老体衰时就会进行改选。改选时，由老家族长召集各户老年人提出改选，族长人选由大家商定。在家族会议上，老族长把族谱交给新当选的族长，鄂温克人对族谱是很严肃的，用黄布包上保存在族长家里②。

有的家族中，族长由老人担任。贵州省铜仁地区的土家族过去普遍都有自己的宗祠组织，宗祠宗族基本上是靠姓氏关系而组成的，一个宗祠相当于一个家族。每个家族都有自己的族长，大都由年龄高、辈分大，为族人所拥戴的人担任，族长势力很大，凡族内一切事务都要通过宗祠由族长处理解决③。云南省丽江玉龙县文海村的纳西族族长也由辈分大、有威望的老人担任。族长在社会组织结构和社会生活中起着重要的作用，承担着主持家族祭祀、婚丧礼仪和纠纷调解等活动的责任④。

有的家族中，人口较多，支系复杂，族长不止一个，可由不同支系的人来推举本支系的族长。广西罗城县四把乡的仫佬族村寨中同村的宗族，都选有族长，人数多少，看宗族大小来决定，一般都有 4 人以上。担任族长的，大都是 30 岁以上，60 岁以下的人。族长的条件：知书识字，能讲话，会办事，为人公正，族人信任。办事不公正的，族人有权罢免他；年老体衰的，往往自动提出辞职，遇有这项缺席，则由族中各户的家长集会另选。族长的任期不定⑤。

族长是家族的首领，也是家族活动的组织者和家族法的执行者。云南省红河州的瑶族曾有寨老制度，寨老是氏族和村寨的首领，一切生产、宗教祭祀、村规民约乃至军事、政治和对外活动，都必须由经过民主选举产生的寨

---

① 广西壮族自治区编辑组编《广西瑶族社会历史调查》（四），中央民族大学出版社 2005 年版。

② 内蒙古自治区编辑组编《鄂温克族社会历史调查》，中央民族大学出版社 2005 年版。

③ 罗勇、石海波《铜仁地区土家族概况》，载贵州省民族研究所、贵州省民族研究学会编《贵州民族调查》（四），贵州省民族印刷厂印刷，1986 年印。

④ 杨福泉著《纳西民族志田野调查实录》，中国书籍出版社 2008 年版。

⑤ 广西壮族自治区编辑组编《广西仫佬族社会历史调查》，中央民族大学出版社 2005 年版。

老组织来主持。寨老成员必须是氏族或村社中年高德重，正派有识的男性长者。寨老的任期视村寨是否平安昌盛而定，有的可以任期几十年①。在广西龙胜地区，瑶族族长的职责如下：初一和十五到祠堂烧香供香，并打扫清洁；还祖宗愿时做一切准备工作；排解族内发生的纠纷；协调解决与外族发生的纠纷；防止每一族姓的成员私自更改姓氏排行。有的族长为人比较忠厚，很少讲话或过问事情，如果是这样，就由其他老人来掌实权，而他只是挂名族长而已②。在内蒙古阿荣旗的鄂温克族中，每个毛哄都有自己的族长。族长是由全体成员选举产生的家族领袖，当选族长的条件是30岁以上，聪明、老实、办事合理。清代还发给每个族长一条黄色的带子。族长负责处理家族内部的事务，毛哄会议也由他召集。参加“毛哄会议”（毛哄达西楞）的人多为毛哄各户的老年人，如果没有老年人的家，可派青年参加，会议是不定期的。族长有权执行习惯法，例如，发生不正当男女关系（上下辈、小和大），打自己的父母，都由族长在家族内部处理。族长有权在召开“毛哄会议”时打犯罪的成员，但只有打六十板子的权限③。西藏珞巴族的氏族首领实际上是父系继嗣宗族的族长，在氏族中承担着召集、主持氏族议事会，主持祈神祭鬼活动，调解、裁决氏族内部的纠纷，主持处罚违法的氏族成员，对外接待外氏族借地、借猎场等要求，并代表氏族接受馈赠，代表氏族处理氏族间的纠纷、结盟，领队进行氏族械斗和血族复仇④。广西宜州市的壮族如果宗族立有祠堂，就得由族人推举一个族长来管理祠堂的款项和执行族规，以及调处族人相互之间的小纠纷。族规的内容，首先是尊卑长幼的次序不得混淆和同族之中不得通奸乱伦，其次是严禁勾结外人偷盗或抢劫本族，其他则是禁盗窃、赌博、为非作歹等事。身为族长的人，绝大多数是读书人和能讲会说并能替人排难解纷的老者⑤。

---

① 云南省红河哈尼族彝族自治州民族志编写办公室编《云南省红河哈尼族彝族自治州民族志》，云南大学出版社1989年版。

② 广西壮族自治区编辑组编《广西瑶族社会历史调查》（四），中央民族大学出版社2005年版。

③ 内蒙古自治区编辑组编《鄂温克族社会历史调查》，中央民族大学出版社2005年版。

④ 姚兆麟著《西藏民族志》，中国藏学出版社2006年版。

⑤ 广西壮族自治区编辑组编《广西壮族社会历史调查》（五），中央民族大学出版社2005年版。

三、家族成员的关系

家族的存在和沿袭与家族成员间的相互关系密切相关。因此，规定家族成员之间的关系，确定家族成员相互之间能做什么，不能做什么，便是家族法的一个重要内容。通过对家族成员相互关系的规定，能够使家族成员对行为的对象和边界有明确的认识，以维持家族中的等级、权威、亲疏、和睦、内聚力等秩序。

广西罗城县仫佬族1920年6月29日刻在石碑上的家族法对家族成员之间的关系有详尽的规定：

一、开祠议事，须要听族长公论，分别情由，年居卑幼，不得高声乱喊。有之，此等人即非谦让。

二、为人须葆其固有之良，不得任意妄为，而恣淫乱伦等情。有之，不啻禽兽。

三、婚姻之事，凡同宗共祖姐妹、婶嫂，不得以疏族而娶为妻媳，亦不得以远居异地而乱为匹配。有此原因，即是灭天理之人；变卖房屋田地，须要先尽六房族内人等，无人承领后，即任由卖出外人。如有贪图串通受贿，族内未尽，遂卖出外人。有之，即是藐族之人。

四、为人宜守本分，不得违法例为非作歹，或盗贼与窝藏匪类，通匪、勾匪忤害族内等情。有之，即是首恶之人。

五、事理不平，应行具控，必先由族长等公论。倘若不清，任其经凭团总理论。以定其可否，若仍不清，即任其向前控诉，不得以口角是非或毫末之理，即听讼棍唆使，捏以大题，往往致人冤屈大受。有之，是藐法之徒。

六、从勤息之人，必要公是公非，不得徇情庇护受贿扶同。有之，我等众人佥呈攻忤，如有退缩不前者，即以徇情受贿论，一并指名，俱难逃罪。

以上议条，各宜恪守，倘有不遵，或听讼棍唆使，动辄移秧嫁害与抢控抵塞等情，必经众族人等先行举罚，后论是非。小则公罚，大则送官究治。庶一道同风，而千门和乐，共享升平之福，永称礼义之乡，是所望也①。

从上述规定中可以看出，广西罗城的仫佬族家族成员的基本关系包括以

---

① 广西壮族自治区编辑组编《广西仫佬族社会历史调查》，中央民族大学出版社2005年版。

下几个方面：第一，家族成员按年龄分尊卑，年居卑幼者在家族开祠议事时，“不得参语高声乱喊”，否则视为不谦让行为；第二，家族成员不得乱伦，否则视为禽兽；第三，家族成员不得互为婚姻，否则视为违背天理；第四，家族财产的出卖要“先尽六房族内人等，无人承领后，即任由卖出外人”，否则视为藐视族人；第五，族人不得行违法之事，不得做盗贼或通匪等祸害族人的行为，否则视为家族中的首恶之人；第六，家族成员之间的纠纷，应先由族长调停，不得随意诉至官府，否则视为藐视家族法；第七，家族中出现不守家族法的人，家族成员不得徇情包庇，而应全族讨伐，不参与者与违法者同罪。这些基本关系实际上是以禁止性规范规定了家族成员的基本义务，也是家族成员的行为底线。

关于家族成员关系的规定普遍存在于西部少数民族的家族法中。云南省大理地区的白族有严格的辈分制度，在宗族和家庭成员中，祖父母、父母叔伯间的行辈有严格的次序，平辈的兄弟姐妹之间，也以“长支为大”。凡属哥哥姐姐的子女，不论比弟弟妹妹子女的年龄大或小，弟弟妹妹的子女都一律叫他们为哥哥或姐姐①。贵州省罗甸县平亭村的布依族有这样的习俗，如果同属一个姓氏的家族：不能通婚；死人时所念的咒语和祭祖时的仪式相同；有互相帮助的义务；有人绝嗣，同姓人可以继承财产；出卖土地时，一般要先告知家族中的人，族人不要，才能卖给外人；同姓人仍保留着一块公有墓地②。广西的瑶族习俗中，由血族近亲所组成的“房”的成员，彼此间相互关系就比较紧密一些。其权利与义务大致有如下几种：第一，不互通婚姻（茶山瑶有例外），男女不得通奸；第二，如有鳏寡孤独得相互照顾；第三，某家无子嗣，要尽量先在房内选人承继，本房无人才得在族内挑选；第四，房内无人继承的产业，由同房各家共同处理；第五，某家当卖土地，先通房内，次通家族，倘无人承买，才得外卖（早年如果房和家族无人承买，则不得外卖）；第六，某些族系，房内有老人去世，同房的弟妹和晚辈都要戴孝，以表哀悼（坳瑶戴孝的时间为30—42天，期间不得戴银饰）；第七，互通有无，同房某家有婚丧大事，所需银钱、酒、米、猪肉等，无力筹措时，同房中生活较富裕的各家，都有借助的义务，并不得索取利息。甚至如果某家缺

① 《白族简史》编写组编《白族简史》，云南人民出版社1988年版。

② 贵州省编辑组编《布依族社会历史调查》，中央民族大学出版社2005年版。

少水田耕种，同房田多的人还得分出一些水田给他耕种，以示照顾。不过这种事例并不常见，两家感情较好才会发生。盘瑶娶亲需费（猪肉、酒、米、银钱）很大，单猪肉一项，往往要用1000斤左右。这项费用，生活穷困的盘瑶家庭是很难筹措的，唯有求助血族近亲和邻里，凡是被邀约借助的人，不得拒绝。凡属借助的东西，等到出借人有婚姻喜庆的时候，才由借方如数偿还。从这方面也可以看出盘瑶血缘近亲和同族系间的社会关系①。西藏珞巴族的氏族成员互助关系主要体现在集体狩猎和家庭的重大事件上。按惯例，凡是氏族围猎，有出猎能力的男性都要参加，猎得的猎物要按户平均分配，没有参加狩猎的孤寡户也得一份。氏族成员遇到盖房、结亲、丧葬等大事，同氏族或分化出去的亚氏族都要来帮忙、扶助。除此之外，氏族成员最突出的权利义务是当他们遇到外氏族欺负时，有权请求本氏族给予保护。氏族的每个成员都有参加救援本氏族兄弟行动的义务，包括参加氏族械斗和血族复仇②。

家族法中规定的家族成员间的相互关系一般都能得到维系。例如，在贵州省剑河县的苗族习俗中，一寨或数寨中血缘相近的若干家庭构成房族。房族以一巨岩或怪石作为祭祖地，谓之“王岩”或“祖岩”，过年过节时全房族子孙集中岩前祭奠先祖。房族有房长，系由长房子孙世袭。如果长房绝嗣，或其子孙聋哑，或者过于老实，则由二房承袭。房族内联系十分紧密，兴衰、荣辱、祸福各家与共。一家有婚事，全房族出钱出物出力祝贺，热情陪客，减轻其经济负担。一家有丧事，全房族前来料理，出钱出物资助，使场面壮观，气氛浓烈。某家家庭纠纷不能自决，房长出面调解裁决。某家姑娘在婆家受欺压，亲戚调解无效，房族派代表出面干涉，以保证其在婆家的正当权益和地位。本房族有人受外人侵害，房长便通知各房主，定点集会商讨对付方案。

---

① 广西壮族自治区编辑组编《广西瑶族社会历史调查》（一），中央民族大学出版社2005年版。

② 姚兆麟著《西藏民族志》，中国藏学出版社2006年版。

第三节　家族的婚姻

一、同姓不婚

同姓不婚也可以称为同族不婚，意为同一家族的男女不能结婚或不能互为择偶对象，它反映了外婚制习俗对家族内部婚姻的约束。在西部少数民族的家族法中，普遍都有同姓不婚的规定。

同姓不婚有宽严之分。有的民族中执行的同姓不婚十分严格，凡是宗族成员都不能通婚。广西罗城县集环乡的仫佬族分别血缘亲属的亲疏关系，往往把共祖父三代以内的近亲称作“内六房”，五代以内的称为“外六房”，五代以上的仅称为同族。九代以上，则认为血缘疏远，可以“打老庚”和“认寄爷”。但无论相隔多少代，凡清明一同祭扫老坟的同族都不得通婚，只是子死留媳招婿上门的，则可招同族的人①。内蒙古达斡尔族的家族分为“哈拉”和“莫昆”两个层级，哈拉是大家族，哈拉之下有以村聚居的小家族莫昆。哈拉内部禁止通婚，而莫昆是血统关系比哈拉更近一层的共同体，当然更要禁止内部通婚。所以，哈拉和莫昆成员都要遵守这一习惯，如果有人违背了，就要受到制裁和处分②。

有的民族则规定宗族中一定亲等范围的家族成员不能通婚。四川甘孜地区的藏族六代以内有亲缘关系都不能结婚，如果有人与六代以内的亲戚结婚，会被认为是不祥或耻辱③。在广西环江县壮族的家族中，据老人们谈，过去老辈原是七八代以外才许通婚的，否则就要被人非难④。

有的民族虽然执行同姓不婚的习俗，但是，同姓不婚的范围根据现实的需要缩小了，只是在三代直系血亲内执行。例如，云南省西双版纳州勐海县傣族的家族在傣语中叫作“哈滚”，哈滚分为两类，一类是“记腊哈滚”，指有血缘关系的夫方男系家族；另一类是“姆腊哈滚”，指有夫妻关系的妻方男

① 广西壮族自治区编辑组编《广西仫佬族社会历史调查》，中央民族大学出版社2005年版。

② 内蒙古自治区编辑组编《达斡尔族社会历史调查》，中央民族大学出版社2005年版。

③ 康定民族师专编写组编《甘孜藏族自治州民族志》，当代中国出版社1994年版。

④ 广西壮族自治区编辑组编《广西壮族社会历史调查》（一），中央民族大学出版社2005年版。

系家族。哈滚的范围只是在活着的人的范围内来认识，至于死去的人则被从哈滚中删除。也就是说，活着的最长辈一代是哈滚的上限，这一代的男性年长者担任家族长，每个哈滚有一个家族长。一般来说，同一哈滚的人是不通婚的，这当然是指同一记腊哈滚或姆腊哈滚的人。如果是对子女来说，哈滚的范围更大，应包含属于父方记腊哈滚和母方姆腊哈滚，这样难免会半径扩大。20 世纪 80 年代实行土地承包以后，在本寨寻夫或娶亲最实惠，因为，结婚的青年男女能够保住自己的责任田。所以，对哈滚的认识也发生了变化，同一哈滚的人虽然最好不要结婚，但是，三代以外的旁系血亲还是允许结婚的。这样做符合《婚姻法》的规定，同时，当三代以外的旁系血亲共同的直系血亲长辈去世时，他们已经不属于同一哈滚，所以，也符合同姓不婚的习俗①。云南省红河州的回族则禁止同血缘的人结婚，如同胞兄弟姐妹，堂兄弟姊妹，幼时同吮一乳者，都视为血亲，与嫡系兄弟姐妹相同，禁止结婚②。

在同一民族中，不同群体关于乱伦禁忌的禁止性规范也并不相同，这种现象与该民族对乱伦禁忌的理解及识别血缘集团的标志不同和变迁有很大的关系。以苗族为例，历史上，苗族一直有分宗开亲，同宗不婚的风俗，但各地的苗族对同宗的理解又有差别：有的地方以可识别父系血亲集团的苗姓为认定同宗的标志；有的地方以鼓社为标志，有“同鼓不婚”之说。现在，同宗不婚的风俗在贵州的苗族聚居区仍然保留着，但是，出现了同宗结婚或结拜兄弟的后代结婚的现象③。

同姓不婚也有例外。在贵州省从江县秀塘村，壮族群众同姓同族一家亲，家族人口庞大，人口不外流，可以对抗外族的排斥和压迫，所以，族内婚流行，实行同姓同族优先婚和亲戚优先婚。同姓同族优先婚主要表现为：姑娘经舅家同意放弃优先婚的权利，可以外嫁时，同姓同族的某家要娶这个姑娘，姑娘及其家长应首先考虑同意，然后再考虑外姓外族，否则可能被认为是不忠于本姓本族，以后在社会生活中会受到冷落。亲戚优先婚（如姨妈表亲）

① 张晓辉主编《云南民族村寨调查：傣族——勐海勐遮乡曼刚寨》，云南大学出版社 2001 年版。

② 云南省红河哈尼族彝族自治州民族志编写办公室编《云南省红河哈尼族彝族自治州民族志》，云南大学出版社 1989 年版。

③ 周相卿著《台江县五个苗族自然寨习惯法调查与研究》，贵州人民出版社 2009 年版。

表现得多种多样。两姐妹出嫁后，她们所生的女孩除舅家娶外，如双方有男有女，便互为亲家，缔结姻缘；不论与夫妻的哪一方有亲戚关系，都可以向他们的女儿提亲，姑妈征得舅家的同意，也应优先考虑这方面，再答应外姓外族或无亲戚关系的人家提亲。秀塘乡的壮族几乎村村挂亲，寨寨有缘①。云南省怒江州的傈僳族和怒族除了姑表舅婚优先外，还有族内婚，同一家族的男女，除了亲生父母、亲兄弟姐妹外，其余姑、叔、伯的兄弟姐妹都可以作为择偶对象②。

有的民族在实行同姓不婚的同时，还实行严格的等级内婚。例如，四川甘孜地区藏族“土司头人子女的婚嫁，必择世家，与庶人不通婚配”。如私自恋爱，必受惩罚，乃至处死③。四川凉山的彝族也实行等级内婚制，在等级森严的凉山，诺伙（黑彝贵族家支）与其他等级之间的界限不可逾越，曲伙（受诺伙支配的下等级家支）与其下一等级之间的界线亦然，以此保证家支的血统的纯洁和固定。因此，对破坏等级血统者，家支都要给予惩罚。如果诺伙男子要和曲伙或以下的女子结婚，或曲伙男子要和其等级以下的女子结婚，则被认为犯了弥天大罪，即使不被处死，也要被开除家支，被开除者因而就会失去对其以下等级的统治地位④。

有的少数民族还有不族际通婚的习俗，即只能与本民族的成员结婚，不能与其他民族的成员结婚。例如，在贵州省大方县红丰村，如果仅仅从经济生活方式来看，红丰村的仡佬族与该村的彝族、苗族、汉族几乎没有明显的差别。但在缔结婚姻关系上，不同民族之间至今仍存在着较严格的通婚界限，彝族和苗族都执行严格的民族内通婚，即当地所称的“彝族、苗族都不开叉亲”。因此，尽管与其他民族的居住地相距很近，该村仡佬族仍然基本上实行民族内通婚，通婚范围还包括邻近的黔西县的仡佬族地区。但是，近几年随着社会发展和各民族之间的交往增加，以及年轻人外出打工，不族际通婚的婚姻禁忌被打破，红丰村仡佬族中出现了与其他民族通婚的婚姻实例⑤。

---

① 覃东平《从江县秀塘乡婚姻及节日调查》，载贵州省民族研究所、贵州省民族研究学会编《贵州民族调查》（四），1986年印。

② 怒江州民族事务委员会、怒江州州志编纂委员会编《怒江傈僳族自治州民族志》，云南民族出版社1993年版。

③ 康定民族师专编写组编《甘孜藏族自治州民族志》，当代中国出版社1994版。

④ 张晓辉、方慧主编《彝族法律文化研究》，民族出版社2005年版。

⑤ 张晓辉主编《仡佬族：贵州大方县红丰村调查》，云南大学出版社2004年版。

同姓不婚的家族法还衍生出另外两个基本规定：一是严厉禁止家族内部的通奸行为；二是不养外姓或不养非家族成员。

家族内部的通奸行为被家族法规定为最严重的违法行为之一，在西部少数民族的家族法中，该行为往往被认为既是一种亲属中的乱伦行为，又是一种严重危害家族内部团结的行为，一旦发现必定严惩不贷。例如，广西宜州市洛东乡壮族在家族法中将家族成员之间的通奸作为乱伦行为规定为首恶行为[①]。

不养外姓的家族法规定，主要是出于保证家族成员的血统纯洁和防止家族财产为非家族成员侵占。很多少数民族的家族法规定，家族成员有收养本家族遗孤或扶助本家族中的贫困家庭的义务，避免家族成员的遗孤或贫困家庭的子女流落外族，被外族欺辱。但是，也有例外，如果本家族的遗孤或贫困家庭的子女在家族中无人领养，则可以由其他家族收养。收养非本家族的孩子，对一个家庭和家族都是大事，一般都有严格的程序或仪式，以保证被收养的人真正脱离原来生养他的家族和家庭，成为新家族和家庭的一员。在这些程序和仪式中，最普遍的做法就是改名换姓。以下这份广西瑶族的卖子契约十分详细地说明了不养外姓的家族法的适用情况。

断卖男孩契约[②]

立出断卖男字人系利周蕃昌村第十甲尾莫屯邓元珠同妻赵氏所生第三男，原命生于乙酉年十二月十三日卯时，建年方陆（六）岁。父母贫寒，男现重（众）多，无垠（银）娶媳。夫妻商议，自愿出发，先通房族，后问临近，无受买，亲自出言，到同村第六甲尾云坡。

黄清朝闻言说请，凭媒人上门，三面言明。身价聘金法光银叁拾壹大元整足。即日当中凭媒人三面言定，立断卖字，两相交清明白。银交与邓姓父母，亲手领银回家使用。男子交与黄姓父母，任由教训，解（改）名换姓，顶戴黄姓万代香烟。生是黄姓之人，死是黄姓之鬼。邓姓生不任（认）人，死不任（认）尸。以后不听教训，任由黄姓换价别人。聘金多少，邓姓不得争端，一笔绝断。江河水流东海不得归原，青木烧辉（灰）不得番（翻）

---

① 广西壮族自治区编辑组编《广西壮族社会历史调查》（五），中央民族大学出版社 2005 年版。

② 广西壮族自治区编辑组编《广西瑶族社会历史调查》（五），中央民族大学出版社 2005 年版。

生。倘若房族人等，来历不明，现有亲父中保一力承当，不干买主之事。倘若意（食）言，则自任由执出断卖字乙（一）纸呈官论理，自干（甘）作罪。明买明卖，双方心干（甘）意愿，并非勒迫等情，各无后悔。空口无凭，立有断卖字乙（一）纸，永远存照为居（据）。

酒肉乙（一）席

硬中保人 邓元红（手模）

凭媒人 邓有受（手模）

代笔人 邓金青（手模）

卖主 邓元珠亲左中指 押

民国二十九年（1940年）三月十二日

不养外姓也有例外。在新疆的阿勒泰地区，养子习俗也在哈萨克族中盛行，每一个氏族成员都有扶养本氏族孤儿孤女的义务，其他氏族部落或外民族的孤儿孤女也一律予以收养。养子和亲生儿女一般，不受任何歧视，养父母要给养子成家，并分遗产①。达斡尔族的规定也基本相同。达斡尔族夫妇年老没有孩子者，可以接纳养子。在本哈拉或莫昆内接纳养子，不用通过莫昆会议，报本管佐领，把养子的户籍转入自己户口册内就行。如果由其他哈拉或莫昆接纳，要通过莫昆会议，把养子的原哈拉改掉，填入本莫昆族谱和自己的户口册内②。

二、婚姻关系中的女性

在以男性继嗣为中心的家族中，女性的地位很低，未婚女性一般不记录在族谱中，有的家族族谱中女性的名字随其丈夫的名字而被登录，归入丈夫的宗族，也有的家族族谱根本就不记载女性的名字。例如，内蒙古达斡尔族的家族组织莫昆在缮修莫昆族谱时，只写男子的名字，族谱内某男了的母亲是谁，或者她是什么哈拉的人，都无法知道。因为，母方是由别的哈拉娶来的，不是本哈拉的人。同样，本莫昆成员所生的女儿，也不写在族谱里面，因为，她早晚要嫁给其他哈拉的男人，不能成为本莫昆的成员。为了保持血统，每个莫昆都有这样的男系族谱。此外，每个莫昆还有共同祭祀的敖包

① 新疆维吾尔自治区丛书编辑组编《哈萨克族社会历史调查》，中央民族大学出版社2005年版。

② 内蒙古自治区编辑组编《达斡尔族社会历史调查》，中央民族大学出版社2005年版。

（把石头堆成堆，中间插进很多柳条），每年春秋两季各祭一次，杀牛或猪献祭，祈求风调雨顺、五谷丰登、免除畜疫，接着进行赛马和摔跤等体育活动。如遇虫灾和畜疫流行，也要祭祀敖包，祭祀所需费用由各户按耕地面积和牲畜头数多寡分担。但家族法规定，妇女不能参加以上的敖包祭祀活动。遇到天旱时，可以由妇女祭祀敖包，但不能杀牲畜，只能杀鸡献祭或用素供（如奶制品或米粥等食物）；还可以由妇女进行求雨仪式，莫昆中的成年妇女相约到江河滩祭河神，以鸡为供物，祭完互相泼水，以盼降雨①。

妇女结婚后在家庭和宗族生产劳动与家庭管理中的权利反映着妇女的地位。内蒙古的蒙古族有一些涉及妇女的家族禁忌：除家庭主妇外，一般女人不能参加重要的祭祖活动；东蒙农区和牧区，称粮食时，女人不能在现场；女人不能上房；女人不能坐在男人的帽子上，等等。这些禁忌实际上也是为维护家族中男子的尊严而设立的②。不过，也有少数民族妇女在家庭生活中享有优待或支配权的情况。例如，青海的蒙古族放牧时以十几家为一部落，一家住一个帐篷，同部落的族人十分亲密，闲暇时聚居一处，高谈阔论，共同议事。可谓守望相助，疾病相扶持。若要迁徙，商定日程和路线后，部落人员分成三队，妇女为第一队，骑马持枪，身着美丽的服饰；第二队为家具；第三队为牛羊。妇女先行，有时竟比后队早到2—3日。云南省红河州一些地方的彝族妇女不仅主持家庭事务，而且有权参与家庭开支的安排，当地流传着一句俗话："夫找钱来交妻管，妻用钱后向夫报。"在家庭生活中，占支配地位的是女人，男人干了一天活，只要有烟抽、有酒喝就满足了③。

离婚是妇女作为当事人参与的活动，妇女在离婚中的权利最能体现妇女的地位。以下介绍的是新中国成立前的情况。西北回族的离婚，丈夫只要说三声休妻的话，就可以不要妻子了，俗称"打三休"。要是妇女想离婚，男方不同意的话，一辈子也离不成。撒拉族离婚也要丈夫的口唤"我不要你了"，否则不能离婚或再嫁。维吾尔族妇女在丈夫说出"放了你"后，就形成了离婚的格局。赫哲族离婚时男子用桦树皮或皮革画一个右手印和一个左脚印，

---

① 内蒙古自治区编辑组编《达斡尔族社会历史调查》，中央民族大学出版社2005年版。

② 王迅、苏赫巴鲁主编《蒙古族风俗志》（上），中央民族学院出版社1990年版。

③ 云南省红河哈尼族彝族自治州民族志编写办公室编《云南省红河哈尼族彝族自治州民族志》，云南大学出版社1989年版。

表示丈夫用右手打妻子一个耳光，左脚将她踢出门，体现了夫权对妇女的欺压和侮辱。水族男子碍于脸面，夫妻不和也不离婚，男子可以停妻再娶，妇女则只能独守终老。当然，也有许多少数民族，对离婚的妇女照顾有加。云南的拉祜族妇女在离婚中得到照顾，不论哪方提出离婚，都要给对方一定赔偿，但如果是男方主动提出离婚，就要付出比女方多2—3倍的赔偿。孩子由双方分别抚养，男孩归父亲，女孩归母亲①。宁夏的蒙古族婚姻自由，彼此相许，然后告知父母，请人说合；夫妇不和，离婚也自由，若因离婚诉至官府，官府以妇女所言为依据断案，所生子女判归妇女抚养②。

新中国成立前，在财产继承上，妇女的权利往往是被否定的。广西罗城县集环乡仫佬族的女子无财产继承权，无子的人，便算绝后，她死后，其财产由侄儿或堂侄等内六房近亲占有，以承顶她的“香烟”。如果没有侄儿来承顶香烟，则由内六房近亲瓜分③。贵州省铜仁地区土家族的丈夫是家长，在家庭中占有支配地位，家庭内部的一切问题，丈夫可以不考虑家属的意见而做出决定，并能得到社会的承认。妇女在家庭中从属男人，因而重男轻女已成为土家族社会的普遍风气。父母的财产由儿子们继承，女孩无继承的权利④。

比较特殊的是居住在云南丽江和四川凉山地区的摩梭人，他们中的一些家庭保留着母系大家庭的传统，妇女在家庭中有很高的地位。例如，丽江市宁蒗县永宁乡扎实村在1999年时有71户摩梭人村民，其中有二十余户人家保持着完整的母系大家庭生活方式，即家中以母系血缘为主体，由母亲担任家庭主妇，没有父系成员，家庭成员都属于一个祖母或外祖母的后代，实行暮合晨离的“走婚制”。除了母系大家庭的家庭外，该村还有三十余户母系父系并存的家庭和十余户一夫一妻制的家庭⑤。

---

① 严汝娴、刘宇著《中国少数民族婚葬风俗》，商务印书馆1996年版。

② 《宁夏纪要》，1947年铅印本，载丁世良、赵放主编《中国地方志民俗资料汇编·西北卷》，书目文献出版社1989年版。

③ 广西壮族自治区编辑组编《广西仫佬族社会历史调查》，中央民族大学出版社2005年版。

④ 罗勇、石海波《铜仁地区土家族概况》，载贵州省民族研究所、贵州省民族研究学会编《贵州民族调查》（四），1986年印。

⑤ 杨福泉著《纳西民族志田野调查实录》，中国书籍出版社2008年版。

三、舅权制与姑表婚

尽管在婚姻关系中已婚女性归入丈夫的宗族，但是，女性的宗族也会通过舅权的习俗主张对未婚或已婚女性的权利。

舅权制在贵州省从江县秀塘乡壮族中非常普遍。外甥女的婚姻问题，舅家有绝对的优先选择权，外甥女首先由舅家支配。如姑妈家有几个姑娘，舅家至少得娶一两个。如果姑妈或姑娘不同意婚事，舅家又非娶不可，问题比较严重，甚至以断绝亲戚关系要挟。如果舅家无男孩，或者愿意放弃优先权，经过协商也会向未来的外甥女婿要一笔赔偿费。姑妈在女儿出嫁时，也一定要备彩礼送到舅家以示赔偿。据说，姑妈是舅家的人，既嫁出来，其女儿应回舅家去代为料理老人，补偿舅家的损失。在日常生活中，外甥们见到舅舅，必须垂手侍立，听从吩咐。舅舅到姑妈家，被待为上宾，一般要坐首座，即使家里来了比较重要的客人依然如此。姑娘出嫁后，不论年龄如何、路途远近，去世时夫家必须立即禀告舅家，待舅舅亲自来查看认可后方能下埋。姑娘到夫家后，如因感情不和，丈夫无理取闹等因素常闹家庭矛盾的，舅舅有权出面干涉，提出解决办法或警告；夫家必须认真对待，否则一旦矛盾激化，有斗殴的危险①。云南省红河州的布依族也存在舅权制的习俗。当地的布依族十分尊重舅权，舅父在外甥家享有特权，娶亲嫁女，起房盖屋，分家诉讼，落户迁徙，都要经过舅父的同意，并分给舅父一份“舅爷钱”。家中有女去世，舅父不到不得入殓安葬②。

西藏门巴族的舅舅也是极有权威的人，特别是在婚礼上，作为女方代言人的舅舅风头最盛。在送亲队伍中，舅舅不可缺少；在婚礼宴席上，好酒好菜放在舅舅面前，舅舅还要百般挑剔，大喊大叫，怒发冲冠，不依不饶，逗得宾客大笑，吓得男方父母讨饶，叫人换酒换菜，待酒菜重新摆上桌，舅舅便转怒为喜。原来这是婚礼上舅舅必须演出的一场戏，以考验新郎的耐心和诚意，也给新娘抖抖威风，省得新娘在婆家受欺负③。门巴族也推崇姑表舅

① 覃东平《从江县秀塘乡婚姻及节日调查》，载贵州省民族研究所、贵州省民族研究学会编《贵州民族调查》（四），1986年印。

② 云南省红河哈尼族彝族自治州民族志编写办公室编《云南省红河哈尼族彝族自治州民族志》，云南大学出版社1989年版。

③ 严汝娴、刘宇著《中国少数民族婚葬风俗》，商务印书馆1996年版。

婚，甚至认为没有娶到舅舅家的女儿做妻子是无能的表现[①]。

在云南省昆明市近郊彝族的黑彝语言中，“对平表（叔伯或姨的子女）的称谓，相同于对自己的兄弟姊妹的称谓，而不同于对交表（舅或姑）子女的称谓。同时在交表中，对舅表（舅的子女）的称谓与对姑表（姑的子女）的称谓有严格的区分。之所以有这样的亲属称谓系统，是因为黑彝实行一种限定性的交表婚的制度。所谓交表婚，指优先与交表结婚，而不能与平表结婚的制度。在黑彝的交表婚中又有限定，只能与舅的女儿结婚，但不能与姑的女儿结婚。这种制度反映在亲属称谓中就是严格区分平表和交表的称谓；同时，在交表中严格区分姑表与舅表的称谓”[②]。云南省的景颇族也有类似的习俗。景颇族的亲属称谓中，母亲的姊妹都称母亲，父亲的兄弟都称父亲；同样，母亲姊妹的子女和父亲兄弟的子女相互之间都互为兄弟姊妹，不能通婚。所以，景颇族虽然实行交表婚，但是，在交表婚中，男人娶妻首先应当娶舅舅的女儿，而舅舅的儿子绝对不能娶姑妈的女儿。如果不娶舅舅的女儿而娶别姓的女子，则要给舅舅送一定的礼物，以此征得舅舅的同意。如果舅舅有几个女儿，则要先娶长女，否则要给舅舅赔偿[③]。与彝族和景颇族相反的是，云南省怒江州的傈僳族盛行姑表舅婚。但是，这种婚姻只允许舅舅的儿子娶姑妈的女儿，因此，就形成了“有女先问舅”的习惯。如果舅父有年龄相当的儿子，则姑妈的女儿就先嫁给舅舅家，只有当舅舅家没有适合的男孩时，方可许嫁别人，即使如此，也要先经舅舅同意。难怪傈僳族有谚语说“树最大的是杉树，人最大的是舅舅”[④]。居住在云南省怒江州的独龙族则实行严格的家族外婚制，男子只固定地与舅方的家族联姻并形成较固定的婚姻系团，构成单通循环的婚姻关系。其特点是：甲家族的男子固定娶乙家族的女子为妻，但甲家族的女子绝对不能嫁给乙家族的男子[⑤]。

---

① 姚兆麟著《西藏民族志》，中国藏学出版社 2006 年版。

② 罗常培著《语言与文化》，语文出版社 1989 年版。

③ 谭碧波、朱家桢等《瑞丽县雷弄寨景颇族调查报告》，载云南省编辑组编《景颇族社会历史调查》（二），云南人民出版社 1985 年版。

④ 怒江州民族事务委员会、怒江州州志编纂委员会编《怒江傈僳族自治州民族志》，云南民族出版社 1993 年版。

⑤ 怒江州民族事务委员会、怒江州州志编纂委员会编《怒江傈僳族自治州民族志》，云南民族出版社 1993 年版。

第四节　家族的财产关系

一、家族的财产

家族财产的概念实际上包括两类财产。一类是家族共有的财产。它属于整个家族所有的财产，家族中的每个成员虽然不能对该财产主张所有权，但都有分享该财产利益的权利。另一类是家族成员的家庭或个人财产。尽管这一类财产有家庭或个人作为明确的所有人，但是，从家族整体利益来看，这类财产仍然与家族的兴衰相关，因此，家族对这类财产的处分和继承有必要的限制。从这个意义上讲，这类财产也是家族财产。

家族共有财产的种类、多少与不同家族的历史、人口和地理环境相关，也受社会变迁的影响。富裕的家族，家族财产种类较多。例如，广西上思县思阳乡凡是同姓的壮族都设有祠堂，还有族坟。祠堂有公田、山林、土地等公产，也有扫墓田。祠堂田每年租给族内外的人耕种，租额40%左右的收入作为本族宗祠会宴、诉讼等开支，扫墓田也是放租，租额40%的收入作为每年三月、十月扫墓时的开支①。宜山市洛东乡壮族的家族往往建有宗祠，供奉祖先牌位。祠堂往往有一些公共财产——蒸尝田或由族人捐谷作本，放高利贷生息，并以其利息收入作为春秋二祭之费用②。

不富裕的家族，家族财产种类就会较为单一。例如，广西富川县富阳区的瑶族家族有时也占有财产，这种财产是祖辈遗留下来的，属于全族共有，任何人不得私自盗卖或侵吞。这种财产有的是山场，有的是水田，一般都租给别人耕种的，租谷作为清明扫墓祭祖的费用。扫墓时，同姓同族各户去代表一人，并且在祠堂内集体共餐。60岁以上的男性老人还由族内设宴另行款待③。广西大瑶山的瑶族家族占有的公共财产一般只限于他们祖先早年占有的山场与河流，但不是每个家族都如此。房族占有公共财产的现象则比较普遍，

---

① 广西壮族自治区编辑组编《广西壮族社会历史调查》(三)，中央民族大学出版社2005年版。

② 广西壮族自治区编辑组编《广西壮族社会历史调查》(五)，中央民族大学出版社2005年版。

③ 广西壮族自治区编辑组编《广西瑶族社会历史调查》(三)，中央民族大学出版社2005年版。

仍以山场为多；占有水田却是个别现象，如滴水村茶山瑶和罗香村坳瑶，过去曾经有过公堂田，它是同房几家人的公共财产。家族和房族的公共财产如果是山场，家族或房族中哪家都可以去开垦种植杂粮，谁种谁收，种多得多，不要求每家平均。如果种香草和香蕈等高价的土产，则各家合作，如果把公山出租，所得租息，则各房各家均分[①]。内蒙古的达斡尔族每个莫昆都有公共的柳条通和牧场，如系山区，还有公共的育林山。柳条通按计划分区育成，每年每家出一把镰刀割取柳条。所割的柳条做菜园子的篱笆或夏季烧柴。有育林山者，也共同利用，有的做椽木用，有的做冬季烧柴。如有偷伐者，要罚偷伐者杀猪让大家吃才能了事。

有的家族由于人口增加、生财无方或天灾人祸，家族财产也会出现衰败的现象。罗城县仫佬族的家族财产经历了由多到少的过程。共祖的房族往往占有一些公共山场，原来是各户共占，后来子孙多了，又分作几份。公山内的土地原来是同族人可以自由耕种的，但到后来，有人便将垦熟的地据为一家私有，并可出卖。剩下来的，只是一些不能垦种的石山，留着生长柴草，供同族作为燃料。这些山场都要叠石为墙，作为界限，不同家族彼此都不得越界砍伐或放牧[②]。

有的家族实行共有制，在家族内部，家族成员就像家庭成员一样，共同劳动，共享劳动获得的财产和收益。例如，四川省凉山地区的彝族家支内部，生产资料公有，共同耕作和消费。公共事务由家支成员公认的酋长管理，重大问题由家支成员大会决定。彝谚说“家支有的就是我有的，我没有我家支有，我的生命是家支的”[③]。云南省双江县拉祜族曾有大家庭的生活方式，一个大家庭中包含若干个有直系血亲关系的小家庭，大家庭成员共同劳动，共同消费[④]。

二、家族财产的处分

家族财产的处分涉及家族共有财产的处分和家族对家族成员财产的处分。

---

① 广西壮族自治区编辑组编《广西瑶族社会历史调查》（一），中央民族大学出版社 2005 年版。

② 广西壮族自治区编辑组编《广西仫佬族社会历史调查》，中央民族大学出版社 2005 年版。

③ 张晓辉、方慧主编《彝族法律文化研究》，民族出版社 2005 年版。

④ 双江拉祜族佤族布朗族傣族自治县民族事务委员会编《双江拉祜族佤族布朗族傣族自治县民族志》，云南民族出版社 1995 年版。

对于家族共有财产的处分，一般需要征得所有家族成员的同意，所得利益由整个家族分享。云南省红河州红河县一些地方的哈尼族有同父系大家族几十代聚居不散的现象，如果大家族的人口自然增殖仍不分化，就在大房侧边扩建同样规模和格局的房屋，以避免因住房好坏不一而造成家族成员间的不和。大家族统一生产粮食，统一安排消费，并以尊敬长者的传统以及家长对晚辈和全家族成员的公平态度来维护家族的团结。他们当中有人外出买东西回来，都要均分给大家族中的每一个成员①。广西毛南族各大姓都有宗祠，各置宗祠田产，委人经营，收获作为每年祭祖经费，或为春节全族男子聚餐之用。绝户的财产由房族成员平分，或由族长选定过继儿子继承②。

而对于家族中家族成员要处分的财产，家族或本家族的其他成员往往享有优先受让权或是否决权。广西罗城县集环乡仫佬族卖田必须征得内六房族人的同意，否则别人便不敢买。至于分家、离婚写字据时，也得请内六房到场，否则就认为无效③。云南省西盟县中课乡的佤族共有 15 个姓。同姓人有互相帮助，代偿债务，抚养孤儿的义务；有互相继承财产的权利（无子或无继承人时，财产由同姓人继承）；卖地和卖子女时，需要先告知同姓人④。云南省双江县的佤族寨子有属于村寨公有的荒地、森林和牧场，除牧场供村民放牧，不允许私人开垦外，其余的公有荒地和森林均可以由本寨村民自由开垦，有俗语称“蒿枝开花人人种”，“谁的砍刀长，谁个开地多”。但是，外寨人不得来使用本寨的土地，外寨人来本寨界内砍一棵树，挖一锄土，都会引起纠纷。公有土地之外，还有私有土地，私有土地可以转让、抵押和买卖。但有两条限制：一是本寨的土地不能卖给外寨人；二是出卖土地时，必须依次问亲兄弟、堂兄弟是否要买，若他们不买，方可卖给异性人。否则，不仅要受到亲属的指责，他们还会把卖出的土地收回来。另外，绝嗣户的土地按

---

① 云南省红河哈尼族彝族自治州民族志编写办公室编《云南省红河哈尼族彝族自治州民族志》，云南大学出版社 1989 年版。

② 广西壮族自治区编辑组编《广西仫佬族、毛南族社会历史调查》，中央民族大学出版社 2005 年版。

③ 广西壮族自治区编辑组编《广西仫佬族社会历史调查》，中央民族大学出版社 2005 年版。

④ 田继周、杨英、黄宝璠《对西盟县中课乡佤族社会几个问题的初步调查》，载云南省编辑组编《佤族社会历史调查》（四），云南人民出版社 1987 年版。

传统应由其家族近亲继承[①]。云南省德宏地区的阿昌族出卖土地要先问本家族；家族内无人买，可出卖给本寨的异姓；异姓人不买，方可卖给外寨。土地出卖后，若卖主不赎回，其家族有权赎回，若家族无人赎回，经家族同意，本寨的其他异姓人方能赎买[②]。

家庭财产的处分除了受家族的限制外，在家庭内部也受家长的制约，家长享有对家庭财产的处分权利。贵州省台江地区的苗族家庭中，父亲对家产有完全的处置权。在买卖耕牛、田地、放债、借债和建盖房屋时，虽然必须由父亲来主持，但是他还是要与妻子和成年的儿子商量。如果没有得到他们的同意，难免会引起争吵。至于购买农具、衣服或其他日用品，则不用与家属商量，父亲自己可以随意决定。但是，有关家产的问题，强悍的父亲可以完全不理睬家属的意见，而做出完全有效的决定和处理，也会得到社会的承认。唯一的限制是：出卖田地山林必须先由家族购买，家族不要，才能卖给外姓。母亲对重大家庭财产的处理虽然可以发表意见，但没有决定权。关于她养的鸡、鸭、猪的买卖，一般来说，她可以自己做主，但往往也需得到丈夫的同意[③]。

三、家庭财产的继承

西部少数民族的财产继承制度一般有三种，即长子继承制、幼子继承制和家庭成员平等继承制。

四川省甘孜地区的藏族系父权制，实行长子继承制，父亲支配家庭收入、家庭生活和子女婚配；父亲年迈或去世，由长子继承家产；无长子的由长女婿继承家产[④]。云南省澜沧县的拉祜族虽然由长子负责父母的养老，但父母去世后，父母的老屋由长子继承，其他财产由子女均分，女儿和儿子享有同等

---

① 双江拉祜族佤族布朗族傣族自治县民族事务委员会编《双江拉祜族佤族布朗族傣族自治县民族志》，云南民族出版社 1995 年版。

② 李成洪、刘达理等《户撒阿昌族社会经济调查》，载云南省编辑委员会编《阿昌族社会历史调查》，云南民族出版社 1983 年版。

③ 全国人民代表大会民族委员会编《贵州省台江县苗族的家族》，1958 年印刷。该文后收入贵州省编辑组编《苗族社会历史调查》（一），贵州民族出版社 1986 年版，文章题目为《台江县苗族的家族》，署名为顾华、张文杰调查，罗时济整理。

④ 康定民族师专编写组编《甘孜藏族自治州民族志》，当代中国出版社 1994 年版。

的继承权[①]。云南省临沧地区的佤族有长子赡养父母，次子和幼子另立门户的习俗[②]。有的民族在不同地区有不同的财产继承制，如广西一些地方的壮族并不确定长子或幼子继承制，而是根据父母的选择，确定养老送终的儿子。龙胜县龙脊乡的壮族有“长子田”的习俗，父母死后，从父母的养老田中抽出一些田给长子，叫作长子田。该乡的壮族认为，“长兄为父”，长子曾照料过他的弟弟，先当家为家庭创造财富，对家庭有功劳，父母死后，由长子背灵牌，所以，多分一些田地给长子，弟弟们也觉得理所应当[③]。而云南省红河州的壮族则实行幼子继承制[④]。

少数民族中实行幼子继承制的，家庭财产一般由幼子继承。贵州省铜仁地区的土家族，父母一般随幼子居住，兄弟分家时要给父母留下一份“养老田”，其余多半采用平分的方式每个儿子各有一份，父母随幼子居住后，养老田归幼子，生养死葬都由幼子负责[⑤]。贵州省册亨县者述村的布依族用事前占有的方式确保幼子继承制的习俗得以实现。据2007年的调查，当地布依族父母过世后，父母有使用权的田地由儿子平均分配，父母去世后的花费也由儿子分摊，但实际上，父母生前大多都是和小儿子一起生活，父母住的房子和养老田都与小儿子的财产在一起，按照传统，跟父母住的小儿子往往能分到好的房子和有使用权的优质土地[⑥]。

财产继承事关父母健在时的养老，所以，幼子继承制并不完全表现在父母死后遗产的分配上，其实当兄弟分家时，幼子就承担了赡养父母的责任，分家时就有优先占有家庭财产的权利。例如，内蒙古的蒙古族虽然也实行幼子继承制，但是，幼子以外的其他儿子也能分到财产。按照传统的习俗，兄弟分家时，

---

① 颜思久、徐柏操、齐泽莲调查整理《澜沧县东河区拉巴寨拉祜族社会调查》，载云南省编辑委员会编《拉祜族社会历史调查》，云南人民出版社1982年版。

② 双江拉祜族佤族布朗族傣族自治县民族事务委员会编《双江拉祜族佤族布朗族傣族自治县民族志》，云南民族出版社1995年版。

③ 广西壮族自治区编辑组编《广西社会历史调查》（一），中央民族大学出版社2005年版。

④ 云南省红河哈尼族彝族自治州民族志编写办公室编《云南省红河哈尼族彝族自治州民族志》，云南大学出版社1989年版。

⑤ 罗勇、石海波《铜仁地区土家族概况》，载贵州省民族研究所、贵州省民族研究学会编《贵州民族调查》（四），1986年印。

⑥ 周相卿著《者述村布依族习惯法研究》，民族出版社2011年版。

财产按照年长者多得，年少者少得，幼子继承父业的原则分配[①]。在云南省双江县布朗族村寨中，留在父母身边的儿子，分家时可以多分得一份家产，父母的住房、园地归小儿子。没有儿子的，可以收养子，养子的地位与亲生子相同，不受歧视，并有财产继承权。入赘的女婿被明确了“儿子”身份的，也有继承权。但出嫁的女儿没有继承权，即使家庭绝嗣，也不能继承[②]。如果幼子不承担赡养父母的责任，其就会丧失继承财产上的优待。贵州省大方县红丰村的仡佬族家庭中，儿子结婚后，可以立即分家，也可以与老人继续住在一起，共同劳动生活三五年再分家。红丰村仡佬族的财产继承实行的是父系继嗣，分家时，所有的家产都要按照家庭中儿子的数目进行均分，无论儿子是否结婚，都会分得一份。分家的财产包括房子、土地、林木、牲畜、家具。不便分割的东西，如仅有的一头牛或仅有的一间房，可以折成现钱来进行平均分配，由持有的一方支付现金给其余的兄弟。老人一般跟小儿子住，也有轮流住在每个儿子家的。如果土地由小儿子种，老人的衣食住行就由小儿子负责；如果由几个儿子共同种老人的土地，则由使用老人土地的几个儿子共同分担老人的衣食开销。不按规定提供粮食给老人的儿子会受到社会舆论的谴责。具体采用哪种赡养方式，一般由两辈人根据各自的意愿，商量决定。妇女陪嫁的东西不参与分家，不但来自母亲的陪嫁物品不参与分家，而且女儿也不能参与家庭的财产分配，只是在出嫁时得到少量的衣物、家具[③]。

我国少数民族中实行幼子继承制民族较多，彝族、景颇族、苗族、珞巴族、瑶族、傈僳族、拉祜族、布朗族、哈尼族、景颇族、阿昌族、傈僳族、普米族、独龙族、蒙古族、鄂伦春族、鄂温克族、哈萨克族、柯尔克孜族、撒拉族等都实行幼子继承制。

有的少数民族在财产继承上实行家庭成员平等继承。例如，新疆的维吾尔族在家庭财产继承上没有剥夺妻子的继承权，遗产一般由直系亲属分配，最根本的原则是丈夫死后，妻子、儿子各得一半遗产，或除去妻子应得的部分，其余的归儿子。死者无妻儿的，遗产继承由亲戚定夺，给其他直系亲属部分或全部。祖孙三代，父先死，祖父的遗产可以不给孙子，若有遗嘱，

① 王迅、苏赫巴鲁主编《蒙古族风俗志》（上），中央民族学院出版社 1990 年版。

② 双江拉祜族佤族布朗族傣族自治县民族事务委员会编《双江拉祜族佤族布朗族傣族自治县民族志》，云南民族出版社 1995 年版。

③ 张晓辉主编《仡佬族：贵州大方县红丰村调查》，云南大学出版社 2004 年版。

也可给孙子。儿子在父死前已经结婚另立门户的，不得继承父亲的遗产。死者的儿子年幼，不能自立时，遗产可交寺院的阿訇代管，等幼子长大成人后全部交还[①]。云南省丽江地区的纳西族虽然也是由幼子负责父母的养老，但是在家中老人死后，要由家族中的长辈主持兄弟分家事宜，一般是共同商量，老屋由幼子留守，长子和次子另建新房居住，田地、牲畜、农具和其他生产生活资料一般平均分配，幼子略多分一点[②]。云南省西双版纳傣族的财产继承制也很公平，父母死后，遗产由与父母同住的子女继承；如果父母死前立有遗嘱，则按遗嘱分配；无遗嘱的，按习惯由家族长主持分配，分配办法是，三分之一用作死者的丧葬和赕佛费用，其余部分分成三份，两份分给与父母同住的长子或长女，一份分给其他儿女[③]。

大多数实行父系继嗣的少数民族在财产继承上，往往排除女性的继承权，只有男子享有继承权。例如，云南省大理白族只有男子才有继承财产的权利。继承者首先是儿子，有女无子的，可以招赘女婿，叫作“讨实子”，无儿无女的也可以抱养同族弟兄的子女（过继）或“养子”，但都必须取得家族的同意。赘婿和养子要改名换姓，才能取得财产继承权，所生之子就是这一家庭的继承人[④]。

新中国成立前，一些少数民族将妇女视为财产，对丧夫的妇女再嫁有很多限制。最典型的就是所谓“转房”的制度，即兄死，嫂子转给弟为妻，若弟死，弟媳转给兄为妻，如果兄或弟有妻子便形成一夫多妻的家庭。云南省怒江州的独龙族实行转房制，兄死，嫂子转给弟；二弟死，二嫂转给三弟；三弟不要，可以转给堂兄弟或叔父为妻。总之，妻子作为家族内部的财产和劳力是不能外溢的。在这样的观念下，甚至父死，父亲的小妻归长子占有；儿子死，如果没有兄弟，儿媳归公公所有[⑤]。西藏的珞巴族将妻子视为家族的

---

① 《克孜勒苏柯尔克孜自治州地方志》编辑委员会编《克孜勒苏柯尔克孜自治州民族志》，新疆克孜勒苏柯尔克孜文出版社 1992 年版。

② 许鸿宝调查整理《丽江县纳西族婚丧礼俗调查》，载云南省编辑委员会编《纳西族生活历史调查》，云南民族出版社 1983 年版。

③ 刀永明、刀述仁、曹成章《西双版纳景洪地区傣族婚姻习俗调查》，载云南省编辑委员会编《西双版纳傣族社会综合调查》（二），云南民族出版社 1984 年版。

④ 《白族简史》编写组编《白族简史》，云南人民出版社 1988 年版。

⑤ 怒江州民族事务委员会、怒江州州志编纂委员会编《怒江傈僳族自治州民族志》，云南民族出版社 1993 年版。

财产，在丈夫死后儿子又未成年时，遗妻连同财产、子女都转给其夫的兄弟继承，做后者的老婆。如无合适的同胞兄弟，也可由同家族或由近及远的同氏族兄弟继承为妻，如果无人继承，则由近亲做主将其卖出氏族①。云南省红河州有的地方的哈尼族留存着叔配嫂的转房婚②。贵州省铜仁地区土家族的男子若中年丧妻，可以再娶，但妇女中年丧夫，却不得改嫁，首先要坐床转房，即弟收兄嫂，若弟弟不愿坐床，寡妇才能外嫁，但在夫死不满三年的情况下，若外嫁，就得由婆家索取很高的银两作“赎身钱”。三年后改嫁时也不能带走原夫妻双方的财产，而只能带走原自己带到夫家的嫁妆③。

将妇女视为财产的民族，在对不法行为的处罚上也有反映。例如，四川省凉山地区彝族的支系罗彝在处理通奸行为和拐骗妇女行为上便考虑了妇女的财产性。对于通奸行为，因奸夫的行为不至于使财产流失，故对奸夫重者罚牛 1 头，轻者罚猪或羊 1 头。而拐骗妇女则是重罪，因为妇女走了会使家族损失财产、势力和劳力，因此，抓住拐骗者，一般要处死④。

财产继承往往涉及绝户财产的处理问题，家族法对这种情况的一般规定是，绝户的财产或是由养子继承，或是由近亲属继承，或是由家族充为公产。广西龙胜县龙脊乡的壮族在继承上，如果无子女，可在生前经房族同意在侄子中指定一人或向远房外族要一子作为养子来继承财产，但得将田产的一部分分给亲侄子，才能得到他们同意而立契保障养子的继承权。若生前没有养子或指定的继承人，死后则由兄弟或亲侄平均分取财产。如果没有兄弟或侄子，绝户的财产应由房族或远一点的宗族平分。如果连房族宗族都没有，便为本寨所有，他们说“有亲归亲，无亲归旁，无旁归外”⑤。云南省德宏地区的阿昌族对死绝户财产的处理则是先由近亲继承，若无近亲，可由较近的家族继承，若无家族，则成为村寨的公共财产，由村寨招租放佃，收益作为村

---

① 姚兆麟著《西藏民族志》，中国藏学出版社 2006 年版。

② 云南省红河哈尼族彝族自治州民族志编写办公室编《云南省红河哈尼族彝族自治州民族志》，云南大学出版社 1989 年版。

③ 罗勇、石海波《铜仁地区土家族概况》，载贵州省民族研究所、贵州省民族研究学会编《贵州民族调查》（四），1986 年印。

④ 马长寿著，李绍明、周伟州等整理《凉山罗彝考察报告》（下册），巴蜀书社 2006 年版。

⑤ 广西壮族自治区编辑组编《广西社会历史调查》（一），中央民族大学出版社 2005 年版。

寨的公益费用[①]。

第五节　对违反家族法行为的惩罚

一、执行惩罚的机构

家族法虽然是一种民间法，但是却有强有力的执行机构。族长、家族议事会、专职执法人员等组成执行家族法的公共权力机构，凭借家族成员的认同和地方管理者的支持发挥作用，使家族法在处理家族纠纷中具有一定的权威性。

在很多少数民族家族中，族长是家族法的当然执行者。例如，贵州省榕江县三宝乡的侗族过去有一句谚语“大树护村，老人管寨”。三宝各寨都有负责管理寨内事务的寨老。寨老一般由社会上层人士担任，多为清末秀才或家境富裕的人。寨老的职责一般是管理寨内公益事务（重大祭祀活动、道路修筑、水井维修、防火防盗等）和排解民众纠纷。在处理纠纷时，一般分两步调解，如某两家因地界纠纷，先在本家族或寨内调解，即先由首先申诉一方备一桌酒菜，请族长数人到家里吃饭并讲述自己的理由；然后对方也备一桌酒菜邀请族长吃饭并述说自己的理由；此后经族长往返调解，纠纷一般得到圆满解决。如果矛盾较深，一时解决不了，或经族长做出裁决而有一方不服者，不服的一方便邀请全寨各寨寨老出面解决。解决过程如前所述，只是吃些便饭。经寨老们反复调解，纠纷一般也就解决了。经寨老裁决的案件，不服者只能忍让了事，很少有人到官府去申诉，即使去官府申诉，打赢官司的也是少有的。因为寨老可以操纵民众造成全寨一边倒的情势，使不服寨老的裁决者处于一种孤立状态，而民众最怕的是“村往一边倒，寨往一方偏”。寨老的作用在这句谚语中得到了体现[②]。云南省大理地区白族的家族中族长权力很大，一切族内的事务和纠纷，必须经由族长处理解决，方为有效[③]。

有的少数民族在家族中设有家族议事会，并赋予其执行家族法的职权。

① 李成洪、刘达理等整理《户腊撒阿昌族社会经济调查》，载云南省编辑委员会编《阿昌族社会历史调查》，云南民族出版社 1983 年版。

② 向零《榕江县三宝侗族的社会组织》，载贵州省民族研究所、贵州省民族研究学会编《贵州民族调查》（之七），1990 年印。

③ 《白族简史》编写组编《白族简史》，云南人民出版社 1988 年版。

贵州省江口县的土家族同一血缘关系的各姓均有自己的宗族组织。大宗族设有议事会，由同血缘关系的小族长联合组成。小宗族虽无议事会，但小宗族的族长遇到不能单独解决的问题，则邀集族内的老年长者共同研究解决方案①。云南省红河州的瑶族有寨老组织，由“寨老”“寨长”和“当龙师”组成。寨老是一寨之首，寨长是村社活动的指挥者，当龙师是宗教活动的组织者，各司其职，各负其责。他们都是宗族中经民主选举产生的有德有识的男性长者，在群众中享有很高的威望。每年一次的“丛会”是寨老履行职权的重要场合。“丛会”是氏族（宗族）和村社一年一度的定期会议，每年大年初一，各户成年男性自动凑上1—2斤白酒、猪肉或鸡，汇集在当值的寨老家中聚餐，商讨村寨事务，寨老也在“丛会”上向村寨成员报告村寨重大事务的处理情况②。广西上思县壮族的房族祠堂是维系家族关系的组织，也是家族法的执行机构，有钱有势、能说会道的长者往往被奉为族长，具有很大的权威。大凡族内宗法制度，习惯法的掌握，以及内外的诉讼纠纷，都得经族长许可，并在房族祠堂中处理③。

凉山彝族家支虽然没有确定的常设管理机构，但是每个家支一般都有数目不等的头人，头人一般有“苏易”“德古”和“扎柯”三类。“苏易”和“德古”都因阅历深、见识广、熟悉习惯法，并善于依据习惯法排难解纷而成为本家支乃至数个家支的自然领袖人物。他们还要处事公正、正派，能言善辩，有威望，有统帅才能，有责任心为本家支的事务服务，并且勇武善战，有超强谋略。“德古”的地位较“苏易”高，他是彝族社会的司法官、法官。“德古”一般都是头人，而头人不一定能当“德古”。“德古”不需经选举而自然形成，亦不需罢免，但如果一次处事不公，便会自然失去其职位。“德古”的职责主要有：根据习惯法调解纠纷，主持家支会议，执行家支议事会议的决定，动员、组织、领导、指挥冤家械斗，安排命价银子的赔偿与分配；遇雹灾、风灾、水火之灾时，请毕摩作法禳解；分派

---

① 赵大富《江口县土家族社会历史及社会组织》，载贵州省民族研究所、贵州省民族研究学会编《贵州民族调查》（之六），1989年印。

② 云南省红河哈尼族彝族自治州民族志编写办公室编《云南省红河哈尼族彝族自治州民族志》，云南大学出版社1989年版。

③ 广西壮族自治区编辑组编《广西壮族社会历史调查》（三），中央民族大学出版社2005年版。

人手帮助、安排救济，安排社会保障；等等。在调解重大纠纷时，“德古”虽然能得到当事人双方的一些报酬，但并没有固定的俸禄，也没有高居于一般家支成员之上的特权，还不能世袭。“扎柯”是在冤家械斗中勇敢善战、带头冲锋陷阵的人。在头人的安排下，凉山彝族的家支成员必须无条件地维护家支的利益①。

在一些少数民族地区，还有专职的依靠家族法和其他习惯法处理家族纠纷的人员。例如，在贵州省铜仁地区的土家族中，有一种被尊称为“土老师”的人。土老师虽不是官，但却是土家族中的地方首领，权力很大，过去凡地方上的祭祀、治病、婚姻、诉讼等事都由他管。土老师可以结婚，其职务也可世袭。土家族内部的纠纷，同族找族长解决，不同族则找土老师解决。后来，族长和土老师的社会地位逐渐衰退，族长只剩有一个空名，而宗祠的作用也随之消亡，土老师则只成为土家族民间宗教仪式的执行人②。四川省凉山地区彝族的“德古”、贵州省台江县苗族的“六方”都是专司纠纷处理的人。

二、惩罚的程序

在家族法的实施过程中，程序的公正是保证执法结果公正和家族法权威的必要条件。所以，少数民族的家族法往往以具有地方和民族特点的规定确立实施程序的公开和公正，以保证裁判结果能够得到家族成员的认同。

有的少数民族的家族法十分讲求处理纠纷时的说理和表达方式。例如，贵州省台江县的苗族在处理家族内部和外部纠纷时，有一个叫作“六方”的组织。“六”指老人或长老，“方”指地方，“六方”实际是专门调解、处理纠纷的有知识的老人。每个村寨中总有一两个“六方”，当一个家族内部有纠纷时，虽然可以由这个家族中有威望的人来调解处理，但是，如果碰到疑难复杂的纠纷，则只有“六方”才能处理得了。如果这个村寨只是一个家族，那么这些“六方”就是家族的“六方”。此外，临近的几个村寨或更大的范围内还会有一个共同的“六方”。不同的“六方”行使职权的范围大小并不相同，他们的社会地位和社会威望也不相同。“六方”不靠选举或任命产生，而是由于他善于说理，富有辩才，经常自愿而耐心地为人解

---

① 张晓辉、方慧主编《彝族法律文化研究》，民族出版社2005年版。

② 罗勇、石海波《铜仁地区土家族概况》，载贵州省民族研究所、贵州省民族研究学会编《贵州民族调查》（四），1986年印。

决纠纷，受到群众的赞许而逐渐地被承认为“六方”，就像一个自然的领袖，碰到争执，双方都会请他去解决。“六方”调解纠纷除接受当事人的酒食供应之外，如果调解的纠纷有现钱赔偿的话，“六方”会取赔偿的1/10，如果没有现钱赔偿，当事人双方也要送一两角钱给他，希望今后对方反悔他能出来做证。当家族中发生田土、山林、借债、婚姻、吵架等纠纷时，就会请“六方”来调解。“六方”调解时主要采取说服的方式让双方让步妥协。调解时“六方”往往用韵语演唱一番道理开导当事人，并借以取得在场群众的支持。这些调解的演唱词生动诙谐，富有地方特点，易懂易传，而且，每种纠纷的调解或不同的“六方”都有不同内容和情景的唱词，当事人和群众都容易接受。例如，在调解离婚纠纷时，“六方”劝导提出离婚要求的男子不要离婚的唱词是：“架桥为了过路，开亲就要走亲。架桥有德，拆桥有罪。这家也有婚姻，那家也有婚姻。娶了她，就要对她好。又不是谁强迫你的，又不是包办的。水牛配水牛，黄牛配黄牛。大家搞生产才得吃，大家纺织布才得穿。这边腰子（心里）想一想，那边腰子商量一番。不听劝，你就再去找人讲理，不答应，你就再去找人调解。”在这段唱词中，“六方”表明自己的态度：首先，劝和不劝离；其次，结婚时两人是自愿的，相配的；再次，夫妻要齐心合力日子才好过；最后，当事人要思前想后，听从劝导，打消离婚的念头。这些态度代表了苗族社会对待离婚的基本原则，即不能随便离婚①。

有的少数民族的家族法注重处理纠纷过程的公平。例如，云南省怒江州的独龙族发生家族内部纠纷双方争吵不休时，由族长根据家族习惯法来进行适当调解，判断是非。族长在听取双方说理的过程中，常以小木片或玉米粒作为裁判的记号，待讲完理，就以得到小木片或玉米粒多的为胜，获胜者当场就能把规定赔偿给他的东西带走②。云南省德宏地区的景颇族过去实行山官制，山官由富裕的家族头人或家长奴隶制的家长担任，是其辖区内景颇族习惯法的最高执行者。当发生纠纷时，山官按照习惯法来判断是非，维持社会秩序，必要时山官会和“司朗”（村寨中各姓的自然领袖）、“董萨”（原始宗教的神职人员）等一同协商判决，当无法判明是非

---

① 全国人民代表大会民族委员会编《贵州省台江县苗族的家族》，1958年印。

② 怒江州民族事务委员会、怒江州州志编纂委员会编《怒江傈僳族自治州民族志》，云南民族出版社1993年版。

时，就按习惯法的规定请鬼神裁判。景颇族采用的神判方式很多，如卜鸡蛋卦、捏鸡蛋、埋鸡头、诅咒、斗田螺、煮米、捞开水、闷水等。景颇族的习惯法被景颇人认为是“阿公阿祖”传下来的做人道理，但由于它是约定俗成的不成文法，也为山官留下了随意解释的缺口，有的山官出于自己的需要，往往曲意解释或修改习惯法。景颇族群众说：“官错了不算错，装酒的竹筒裂了看不见缝。”①

有的少数民族的家族法强调纠纷处理程序的公开性。例如，四川省茂县羌族的“清明会”是家族长辈行使族权的常规程序之一。每年清明节那天，族长召集全族男子到祠堂，先举行祭祖仪式，然后进入具体议事日程，处理具体纠纷，处理结果具有拘束力和执行力②。

有的少数民族的家族法对定案证据做出细致的规定。例如，侗族的“约法款”是居住在贵州、湖南、广西的侗族普遍适用的习惯法。以“约法款”为核心，加上各村寨、家族制定的制度，共同构成了侗族的制度文化。“约法款”中的“六面阳规”是关于轻罪的处理规定，其中讲到对轻罪的定案程序：“讲到红薯地，讲到芋头山，菜园有主，豆角有秆。如果谁人的子孙，夜晚走路不点灯，白天进村不守约，不怕雷公轰顶，不怕雷婆放火，地头偷红薯，地尾偷豆角，园内偷白菜，田中偷萝卜，抓不得不讲，如果抓到哪个，肩上得担，背上得篓，筐里得青菜，篮里得豆角，瓜薯菜豆罚四两四，还要罚他喊寨敲锣。”这样细致的程序规定体现了一个重要原则，即捉贼捉赃，如果不是人赃俱获，就不能定案③。四川的羌族也有类似的证据法则，羌族地区有谚语这样说，“贼无赃，硬如钢”，“贼从门前过，无赃不定罪”④。

三、惩罚的种类

家族法的处罚种类与不同少数民族的文化和地理环境有密切关系。民族文化影响着家族法惩罚种类所体现的处罚目的，而地理环境影响着家族法惩罚种类的手段选择。

---

① 龚佩华著《景颇族山官制社会研究》，中山大学出版社1988年版。

② 龙大轩著《乡土秩序与民间法律：羌族习惯法探析》，华夏文化艺术出版社（香港）2001年版。

③ 吴大华主编《侗族习惯法研究》，北京大学出版社2012年版。

④ 龙大轩著《乡土秩序与民间法律：羌族习惯法探析》，华夏文化艺术出版社（香港）2001年版。

内地的少数民族家族法的处罚受汉族影响，多是儒家的训诫和同族公议定罚的内容，大体上与汉族的家族法相一致。清末四川酉阳县后溪土家族白家的族谱中记录的新列戒规十条，将同姓结婚、叔嫂转房、不孝、不悌、以下犯上、以尊凌卑、败坏纲常、不守王法家规、擅自打官司、贪污宗族财产十种行为列为触犯家族法的重罪。对这些行为施以重罚，或以官法处治。所谓重罚，有赔偿、没收田产、杖责、族人共击、流放、逐出家族等[①]。所谓以官法处治的行为是不孝，按清律，不孝为重罪：不听父母教诲的，杖一百；别籍异财的，杖八十；骂祖父母父母的，是十恶之罪，可处绞刑；殴祖父母父母的，处斩决刑。四川省羌族地区的羌族族规对违背贞洁之道行为的处罚比起国家法来毫不逊色，有赔偿、体罚、撵出村寨和处死等处罚种类，各地的处罚方法又有不同[②]。

地处边疆或边远地区的少数民族，对违反家族法的惩罚更多来源于本民族对违法行为危害性的认识。1950年以前，凉山彝族社会实行家支统治，彝族的谚语说，“老虎靠牙齿，诺伙（贵族）靠家支”，“想家支想得流泪，怕家支怕得发抖”。家支既是奴隶主对奴隶进行统治的工具，也是调整奴隶主内部关系的组织机构。按照彝族的习惯法，奴隶主可以处置自己占有的奴隶，对奴隶有生杀予夺之权，有些奴隶主还修了关押奴隶的牢房，一般能容20—30人，有的牢房甚至可容50人。习惯法所允许的刑罚种类中有多种酷刑，这些刑罚只适用于某些实施了严重违反习惯法的奴隶。如果是贵族犯了罪，无论罪大罪小，都禁止使用酷刑，即使按习惯法应处死，一般只是令其自杀[③]。除了上述酷刑外，凉山彝族家支的处罚还有诅咒、赔偿、除籍、处死等。诅咒是受害家支对已知或未知的侵害人进行谴责并期望神灵惩罚侵权人的集体行动。以对拐卖妇女的诅咒为例，如果本家支的妇女被拐卖，那么全家支的妇女都要杀鸡、狗、马等动物来集体诅咒，诅咒中请毕摩念咒语，并将拐骗人（没抓到拐骗人，就用毕摩扎的草人代替）处死。赔偿的适用范围较宽，杀人要赔命价，伤害要根据伤害的身体部位和

---

① 李星星著《曲折的回归——四川酉水土家文化考察札记》，上海三联书店1994年版。

② 龙大轩著《乡土秩序与民间法律：羌族习惯法探析》，华夏文化艺术出版社（香港）2001年版。

③ 杨怀英主编《凉山彝族奴隶社会法律制度研究》，四川民族出版社1994年版。

伤害程度的不同做出赔偿。除籍是开除侵害人的家支户籍，是最严重的处罚之一，凡是被开除家支的人，族人不认其为家门亲戚，见面不打招呼，被人欺负也不过问，死后不得在家支祖坟上烧葬。处死包括勒令自杀和他人行刑两种。处死的方式按身份等级有区别。处死奴隶主贵族采用勒令自杀的方式，处死奴隶一般采取他人行刑的方式[①]。新中国成立前，内蒙古阿荣旗的鄂温克族对犯罪的处理有赔偿、流放、开除、处死等惩罚种类。开除是把违法者的名字从族谱上除掉，一个成员被家族除名后，就等于一个死人。除名的处罚主要适用于杀人、偷东西、通奸等破坏家族名誉的行为。偷东西的人，特别是偷马的人，会被流放，偷东西的多少，决定着流放时间的长短。被开除的人可以申请加入别的毛哄（家族），但别的家族不愿意要，因为被开除的人地位比奴隶还低。如果被开除的人拿出几头牛请人们吃，可能会被留在毛哄。外甥犯错，舅父和师傅可以向毛哄保证，免于处理。如果毛哄内部因过失杀人，如枪走火打死人，只需负担丧葬费用，再用两头好牛作为命价，由死者的妻子或家人享用[②]。

少数民族家族法中设置了较多的惩罚种类，也使违反家族法的行为在处理上能够通过选择不同的处罚，做到罚当其罪，罪罚相当。新中国成立前，云南省怒江州的傈僳族对不同的违法行为有不同的惩罚。对盗窃行为，一般是偷一罚二，如偷一头牛，罚两头牛作为赔偿。如果无能力赔，则由亲戚代赔。如果是发现在地里或家里偷窃他人的粮食财物，可以当场打小偷，小偷还要受斥责。如果诬陷他人盗窃，诬陷者要受到处罚。对通奸行为，如果是与有妇之夫通奸的，有的只罚一筒酒或数元半开了事，有的则要由头人召集全村人“评理”当场斥责奸夫，还要罚一头牛，一盘铁三角，一件衣服给对方。如果发现拐别人的妻子或未婚妻，则要由拐骗者的姊妹去顶替，还要赔牛若干头[③]。云南省德宏地区的景颇族厌恶偷盗者，对盗窃行为的处罚较重。如偷一头牛要赔四头。盗窃者进了牛栅，还要赔一面铓和一支枪。枪暗示关门棒拴，象征今后不会再被人偷了。同样，偷屋内的东西，除归还原物外，

① 杨怀英主编《凉山彝族奴隶社会法律制度研究》，四川民族出版社 1994 年版。

② 内蒙古自治区编辑组编《鄂温克族社会历史调查》，中央民族大学出版社 2005 年版。

③ 怒江州民族事务委员会、怒江州州志编纂委员会编《怒江傈僳族自治州民族志》，云南民族出版社 1993 年版。

也要加赔一面铓和一支枪。偷鸡者要按同态原则赔偿，如鸡毛赔龙袍一件，鸡蛋赔料珠一串，鸡脚赔铁三脚架和煮鸡的锅一口，等等①。

有的少数民族的家族法在惩罚原则上，十分注意区分初犯和再犯，对初犯和再犯施以轻重不同的处罚。例如，贵州省台江县的苗族榔规是在几个寨子的“六方”主持下，各寨成年群众集体参加的议榔会议制定的族规或寨规。议榔当日会杀牛分肉，以后如遇有违反榔规者，人们必质问他是否分了肉，意思说你已知道了榔规，是明知故犯，应当接受处罚。新中国成立前，如果挖断田坎放水偷鱼的，初犯罚银 12 两，再犯吃钢针或投河；如果偷窃塘里的鱼或放出塘水偷鱼的，初犯罚银 6 两 6 钱，再犯吃钢针或投河。开除的处罚也经常使用，主要针对盗窃后有人担保其不再犯的、不参加家族活动，或因言行得罪了家族等行为。被家族开除后，家族成员就孤立他，不和他来往，也不准其他人与他接近。被开除的人往往受不了这种被孤立的状态，便杀牛或杀猪请全寨子的人吃饭，表示赔礼道歉。取得原谅后，才能重新回归家族②。

① 龚佩华著《景颇族山官制社会研究》，中山大学出版社 1988 年版。

② 全国人民代表大会民族委员会编《贵州省台江县苗族的家族》，1958 年印。

第六章　历史上的纠纷解决机制

西部少数民族在历史上由于存在文化、政治、经济、宗教、法律规范的多样性、复杂性，因而其社会纠纷解决机制也具有多样性。认真分析，西部少数民族历史上的纠纷解决机制种类包括了人类历史所有类型的纠纷解决机制形态。这是因为西部少数民族在历史上存在各种类型的社会组织形态，如家族、氏族、部落、部落联盟、村寨、土司或国家性质的社会组织，加上中央政府对西部民族采用形式多样的治理措施，因而西部少数民族地区社会纠纷解决机制更具多样性。

分析西部少数民族社会纠纷解决机制，若综合考虑纠纷解决机制的特点、解决方式、解决主体等多重因素，可以将其在历史上存在的纠纷解决机制分为复仇式纠纷解决机制、神判式纠纷解决机制、调解式纠纷解决机制、诉讼式纠纷解决机制和军事征伐式纠纷解决机制。在以上分类基础上，还可以再细分成多种类型，如复仇式纠纷解决机制包括个体复仇、群体复仇。个体复仇有个体间肉体仇杀、巫术复仇，群体间的复仇有械斗。神判式纠纷解决机制根据内容与特点可以分为水审型神判、火审型神判、诅咒型神判、动物型神判、物质型神判、罚站型神判等。调解式纠纷解决机制有少数民族氏族、部落、村寨等头人的调解，少数民族内部专业人员和特定人员的调解，宗教人士的调解，土司的调解，地方流官政府的调解和中央政府各级机构的调解。诉讼式纠纷解决机制有地方民族政权和地方土司的诉讼机制、地方流官政府的诉讼机制及中央政府的诉讼机制。军事征伐式纠纷解决机制主要适用于大规模的社会纠纷，特别是不同民族之间的仇杀、土司间为争夺职位的仇杀等重大社会纠纷。从严格意义上看，还有一种个人之间的私了或容忍纠纷解决机制。虽然此类纠纷解决机制在消除社会纠纷上数量最多，但由于在纠纷解决的制度化上影响很小，加之很难对其机制进行分析，所以不再展开论述。

在复仇式纠纷解决机制与神判式纠纷解决机制中，有被学术界称为“私力救济”的内容，如个体间的复仇和诅咒神判等。

第一节　复仇式纠纷解决机制

复仇式纠纷解决机制是指产生纠纷后，纠纷一方当事人以消除对方肉体，或给对方带来肉体伤害及生活灾难等为目的，对纠纷另一方当事人施以相应的行为，进而消除与对方冲突的纠纷解决机制。复仇式纠纷解决机制主要包括群体之间的械斗和个体之间的肉体复仇。群体之间的械斗可以细分为血缘复仇与地缘复仇两类。血缘复仇表现为家支、宗族、部族、部落、族群等之间的复仇，地缘复仇表现为氏族、部落和村寨等形式的复仇。

一、群体间械斗型纠纷解决机制

西部少数民族在纠纷解决机制中存在群体械斗的解决机制。对械斗，不同民族有不同称谓，如彝族等民族称为“打冤家”、景颇族称为“拉事”等。此种纠纷解决机制是把个体之间的纠纷转化成村寨、家族、家支或氏族间的群体纠纷，或者是村寨、家支、氏族或家族群体之间的纠纷。个体之间的纠纷引起械斗是因为当事人之间的纠纷形成后导致双方当事人亲属相助，甚至是全村或全族为之复仇，聚众斗殴。当然，西部少数民族历史上械斗十分普遍，对其究竟是一种纠纷形式还是一种纠纷解决机制是存在不同理解的。我们认为，西部少数民族地区历史上的械斗是一种纠纷解决机制，因为它与一些汉族地区的械斗略有不同。西部少数民族历史上的械斗具有很强的解决纠纷的功能。从史料上看，西部少数民族产生纠纷时，通过械斗解决纠纷有三种形式：第一种是双方通过械斗，导致双方皆有损失，特别是双方人员受伤、死亡数相等时，械斗停止，纠纷得以解决，本质上是同态复仇的变种。第二种是在械斗时由特定人员的卷入或者出面调解，让纠纷得到解决。最有特点的是在械斗不能停止时，妇女出现在械斗场内，械斗停止，纠纷得以解决，如傈僳族；或由特定宗教人士出现，让纠纷中止，如藏族、傣族。第三种是械斗中一方无法承受损失，提出停止械斗请求，采用其他方式解决纠纷。如请第三者调解，进行赔偿，消除纠纷。对西部少数民族械斗形态、特点和作用进行较早、较为完整记载的是宋朝洪迈的《容斋随笔》。该书卷一六《渠阳蛮俗》记载“方争时，以首博首，获首一二则溃去，明日复来，必相当乃止。

欲解仇，则备财物以和，谓之‘陪头暖心’。战之日，观者立其旁，和劝之官虽居其中，不敢犯也”。械斗解决纠纷是一种特殊的方式，有时它可能导致更大、更久的纠纷，即出现多年的世仇纠纷。西部少数民族中械斗纠纷解决机制的大量存在可能与西部很多少数民族在历史上没有形成强有力的公共权力机构来维持社会秩序，执行纠纷解决有关。西部少数民族社会大量存在以村寨、氏族、部落为结构的社会组织，各个群体之间没有更有效的公共权力进行约束。于是，当个体之间产生纠纷时，为了让自己在纠纷中处于优势，只能让群体介入，即把个人的纠纷转化成群体纠纷，在解决上、保证执行上更为有力。氏族、部落、村寨和家族等群体之间由于没有公共权力维持，双方没办法达成妥协，于是采用械斗的方式让各自接受妥协，同时也执行达成的协议。械斗的出现还与西部少数民族的群体生存观及现实相关。

历史上，贵州、湘西等地的“苗人”械斗较为普遍。严如煜在《苗防备览·风俗上·打冤家》中记载：“两家战斗之后，计尸以相抵。除一命一抵外，多尸者为人命，则索牛马财物以偿，谓之‘倒骨价’。”[①] 从此可以看出，械斗成为纠纷解决的有效手段。佤族在村寨之间产生纠纷时，一般以械斗解决，是否械斗由村寨头人会议决定。武器由各家参战的成年男子自备，武器有自制的长刀、标枪、弓箭和火药枪等。行动前由头人和魔巴杀鸡看卦，选出指挥者，由他率领寨人出战。通过械斗的消耗，当一方有和解的要求或者承认理亏要求和解时，经过双方友好村寨的第三方调解，双方约定时间和地点举行“洗手”仪式，原来的仇家村寨化干戈为玉帛，不再械斗，纠纷得以解决。1949 年以前怒江地区的白族、傈僳族等有械斗解决纠纷的习惯。他们在械斗时由引起械斗的当事人双方把家族中的成员招来，选定日期，一般在虎日和猴日。械斗时由双方青壮男子参与，双方摆好阵势后举行祷告、祭祀，然后高喊三声“墨苏”。械斗在出现三种情况时停止：一种是伤亡过重，一方妇女跑到阵前，挥动裙子、头巾高喊停战，械斗必须停止，否则女方会自杀，她母亲的家族会参加械斗；另一种是双方死伤人数相等，自行停止；再一种是因为消耗太大，双方无法承受，请中间人调停赔偿，纠纷得以解决[②]。总之，通过此机制纠纷得以很快解决。滇西景颇族把纠纷称为“拉事”，把解决

① 〔清〕严如煜《苗防备览·风俗上·打冤家》，道光木刻本。

② 云南省编辑组编《白族社会历史调查》，云南人民出版社 1987 年版。

纠纷称为“讲事”。但从某个角度上看，“拉事”是纠纷解决的一种形式。“拉事”有报仇、抢劫等意思，是婚姻纠纷、财产纠纷、民族之间纠纷、历史仇杀及村寨之间纠纷产生后的一种报复方式。“拉事”本身具有双重含义：一方面，它本身是纠纷的一种，特别是抢劫的“拉事”具有破坏性，同时导致不同村寨、山官之间产生新的纠纷；另一方面，它是解决纠纷的一种途径，即被人“拉事”后进行报复性“拉事”，或产生纠纷后进行“拉事”。通过“拉事”使一方或双方接受“讲事”（排解纠纷），最后把纠纷解决。“拉事正是解决村寨纠纷的一种方式，即受欺负或损失的当事人，向本辖区的山官提出申请，要求向对方索赔偿，山官随即召集头人等有关人员商议；或由山官出面，邀请对方村寨，拉一些牛、猪这类牲畜回来，宰猪杀牛，等待对方请人前来解决”①。从中可以看出，拉事把纠纷从个体转向群体，促使对方请求解决纠纷，或通过拉事逼使纠纷对方接受解决的提议。

分析此种纠纷解决机制在西部少数民族纠纷解决中广泛存在的原因，可能与他们的社会结构以宗族、家族、村寨为单位，很多地区没有更有效的公共权力组织，只有通过此种方式才能让群体更好地生存有关。当然，从这种纠纷解决机制看，西部少数民族中很多民族在历史上把个体之间的纠纷，特别是人身伤害都当成对群体的伤害，而不是对个体本身。在这种行为中，人们不会以个体的物质利益作为衡量得失的标准，而是为团体生存竭尽全力，否则便没有必要将其扩大为械斗。

二、个体间复仇型纠纷解决机制

复仇在纠纷中既是一种产生纠纷的手段，也是纠纷解决的一种方式。西部少数民族个体之间产生纠纷后，在私力救济上大量存在复仇。复仇的观念和习惯，在原始社会后期、奴隶社会前期普遍存在。如希腊人、希伯来人、阿拉伯人、印度人都公开允许复仇。《汉穆拉比法典》《摩西法典》和《摩奴法典》认为复仇是正当的。罗马人《十二表法》中保留了同态复仇的规定。中国古代存在复仇观念，《孟子·尽心上》中有“杀人之父者人亦杀其父，杀人之兄者人亦杀其兄”。《周礼》中对特定人群，在特定条件下是允许复仇的。复仇可以细分为肉体复仇和精神复仇。肉体复仇包括杀仇人、自杀复仇；精神复仇主要是诅咒对方，让对方死亡或给对方带来灾难。复仇与群体械斗很

① 杨永生整理《景颇族阿昌族社会历史调查文集》，德宏民族出版社2007年版。

多时候相伴影随，难以区分。这里把复仇严格界定在个体复仇上，而排除群体械斗。

（一）肉体复仇

肉体复仇是通过将仇人从肉体上消灭或自杀，促使自己的家族、亲人为自己报仇。这里把前者称为仇杀，后者称为自杀复仇。仇杀型复仇是一般意义上的复仇。史料记载西部少数民族在产生纠纷后采用此种方式解决较为典型。

自杀复仇可以算作一种纠纷解决的方式。从史料看，这种方式广泛存在于西部少数民族群体中。这是以家族、氏族、部落等血缘为社会结构单元的一种产物。在少数民族中，若因纠纷而自杀，对方便得负杀人的责任，否则会导致其他纠纷的出现。因此，很多民族往往制定法规禁止此类行为。清朝，在湘西、滇、蜀、黔各族百姓中常有产生纠纷时服毒自杀复仇的行为。黄钰辑点的《瑶族石刻录》中有禁止自杀复仇的规范。新中国成立前，凉山彝族社会的“斯吉比”是比较有代表性的自杀复仇。“斯吉比”是彝语音译，直译为“相互死给”。“斯吉比”即“死给某人”的简称，是彝族社会中一种较为普遍的社会现象，属于自杀行为的一种，即他因自杀。因为“斯吉比”事件是很严重的社会纠纷，通常会升级为家支间的冲突与纠纷，甚至常被认为具有与故意杀人案件相似或接近的性质。“斯吉比”案的基本构成是某两人因为纠纷，通常是些小事发生口角，一般是在纠纷中处于弱势的一方如果感到尴尬、受到侮辱、觉得难堪，尤其是当众受辱，情面和自尊受到伤害时，他或她可能通过选择自杀，以死相争，报复对方，使之出现“斯吉比”。“斯吉比”事件的出现毫无例外地导致死者家支群体的卷入，让个体纠纷转化成群体纠纷。“斯吉比”者可以以自己家支力量和传统习惯法对纠纷的另一方提出赔偿，甚至允许“斯吉比”者的家支不分青红皂白地袭击被“斯吉比”者，然后再进一步要求赔偿。如果对方家支不能满足“斯吉比”家支的要求，会导致大规模的家支械斗。

（二）精神复仇

精神复仇也称为巫术复仇、诅咒复仇，是西部少数民族中具有巫术与复仇双重内涵的一种纠纷解决机制。当某人与他人产生纠纷后，不愿或不能采用肉体复仇时，会选择此种复仇方式解决纠纷。当然，这与西部少数民族历史上信仰各类原始宗教、巫术有关。西部少数民族地区民间多信巫鬼，故有借助这种神秘力量，通过相应仪式来报复对方，达到消除自己与他人间纠纷的目的。这种方式在西部少数民族中普遍存在于个体、群体私力纠纷解决中。彝族的诅咒复仇形式多样，《新唐书·南蛮传》中记载“夷人尚鬼，谓主祭者曰鬼主，每岁户出一羊或一牛，就其家祭之。送鬼迎鬼必有兵，因以复仇云”。彝族当某一家庭、家支、氏族灾难频出，厄运不断或怀疑有仇家在背地里施咒时，会请专业的毕摩主持，采用此种方式复仇对方。这类复仇方式有两类：施咒与反施咒。彝族称为“断口嘴”。此类机制的具体过程，记载各不相同，最为详细的是林耀华记载的，具体做法有六种形式①：一是打狗念经，咒冤家遇狗死亡。死狗必吊在路中树上，使冤家不敢越境。二是打鸡诅咒，把鸡脑壳吊向冤家的方向，使之危害仇人。三是用野鸡或野鸽，由毕摩写上冤家名字，紧系于鸟颈上，作法诅咒并放鸟飞到冤家地面，仇人即能得病死亡。四是束缚茅草成冤家形状，用鸡血鸡毛发咒送到冤家田园之中，冤家路过必遇恶鬼死亡。五是用木板刻成仇人形状，并用蛇血写上名字诅咒，暗中掷于冤家住处，必有天灾降于冤家住处。六是用癞子腿骨扎成草人，指冤家名字发咒，暗中放于仇人住屋或田间，使其中被咒的人死亡②。当然，有施咒复仇就有反施咒复仇。《云南民族志·彝族志》中记载小凉山诺苏家族祭祀一种叫“节迴”（返咒），有时他们称为“大节迴”，意思是返送仇家施咒的恶鬼。这是带有浓厚的巫术性质的返咒仪式，整个过程历时三天，由“节茨”“节迴”“基则卓尼说”和“博者苏”四个仪式构成。“节茨”仪式是把缠绕在人身上的不洁之物、隐藏在家里的鬼怪以及别人施咒变来的鬼怪驱逐出家里。第二天开始“节迴”仪式，这是整个祭祀的重点。“节迴”的核心仪式如下：一是转头，人们深信如此便能将纠缠在每个人身上的咒魔、病痛、鬼怪、污秽转嫁于羊的身上，带到仇家。二是杀生烧祭，祈求神灵助阵护法，保证仪式顺利、圆满、成功。三是捉仇家鬼，这一仪式中，返咒、施咒的对象“节”，是一个很模糊的概念，它并非具体指某个人、某个家庭或某个家

---

① 白获在《倮罗的宗教和他们的巫师》中认为有三种：一种是把数十或上百头（只）牛羊鸡狗一齐打死，请毕摩们诵经施咒，将打死的一只白狗用木叉撑住放在重要路口，咒仇家死亡；二是用活獐子或野鸡，由毕摩念咒后，指明冤家的方向，把它们投放到冤家的家里，咒冤家死亡；三是扎草人无数个，写上冤家的姓名，毕摩找来患病死去的动物腿骨，毕摩一面念咒，一面有男子骑马打晃动的神幡，然后把这根骨头悄悄地埋到“冤家”的屋内、道路上或者田里，咒冤家触骨头会死去，吃了这个田地长的粮食也会死去。

② 参见林耀华著《凉山彝家》，商务印书馆1941年版。

支，而泛指那些曾经伤害过他们，有可能对他们施过咒术以及所有不怀好意的人。四是献毕祖，捉到“仇敌魂像”（草人）后，将头和腰献给毕祖神和山神，把脚放进道场中的“鬼屋”中，念诵《毕补》经。五是“格依卓”，把象征仇家魂像的草人锁进鬼屋，用刀枪奋力刺之。接着，毕摩齐声诵经施咒。六是“打鸡送节”，这一程序中毕摩所念经的内容大致有三部分：第一部分是请神送鸡，第二部分是劝鸡如何到仇家，第三部分是指示公鸡到仇家如何行事：“你这厉害的鸡，边走边叫到仇家。到仇家头一夜，屋内黑压压，锅庄裹黑裙；到仇家第二夜，房屋开口，锅庄说话；到仇家第三夜，男人砍树被树压死，女人挑水被水淹死，小孩拾炭被火烧死；到仇家第四夜，房屋遭雷劈，父子一起死，母女一起亡。”这种诅咒是祭祀者所希望产生的结果。七是“瓦某夺”，即抛鸡占验吉凶，预测仪式成功与否。“基则卓尼说”，目的是调和家族成员之间的关系，并为每个家族成员除秽。“博者苏”仪式在一定程度上具有通过宴请各路神灵来安抚山神，请求山神宽恕人的过失，赐福于人的寓意。在这样的仪式中，人们希望借助超自然的力量来消灾解难，并达到报复仇家的目的。从上面的记载中可以看出，彝族这种复仇方式可以称为精神复仇，或称为诅咒复仇。因为通过此种形式让“受害”一方消除纠纷，进而成为纠纷解决的一种形式。在调查时，一些民族地区仍然存在这种形式，只是没有如此复杂的仪式。在文山州广南壮族村寨调查时，当地某司法所副主任就给我们讲当地“民族村寨如有人怀疑对方做了坏事，对方会在公开场所，要人很多，有人见证，双方当事人都在，一方点香发誓说不是自己干的，如果是自己做的，天打五雷轰等毒誓，冤枉我的人要……在一些四十多岁的人的记忆里，村寨中3—5天就会有人发誓，现在少了”。

复仇式纠纷解决机制在学术界常被称为私力救济，是人类社会纠纷解决机制中最早的机制，是人类社会对纠纷最直接、直观的解决方式。从上面的考察看，在西部少数民族纠纷解决机制中，历史上，其一直占重要地位，并且形成了形式多样的复仇形态。西部少数民族社会中大量存在此种纠纷解决机制与很多民族社会发展的水平有关。西部很多少数民族在社会结构中缺少强有力的公共权力组织，特别是纠纷解决机制的组织，使各民族群体中的个体私力救济成为必要。由于个体肉体复仇或群体械斗都会产生严重的社会后果，导致纠纷双方消失，失去解决纠纷的最初目的，因为纠纷的解决不是消灭对方，而是让破坏了的社会关系得到恢复。从西部少数民族复仇式纠纷解决机制的变迁和种类上看，也是遵循这一原则，因为西部少数民族复仇式纠纷解决机制从种类、形态和作用上看，很多已经发生了异化，即从直接的、赤裸裸的肉体对抗转化成仪式化、形式化和心理性的复仇形式。这是人类社会发展中实践理性的作用在驱动。因为肉体直接对抗对纠纷解决来说是零和博弈，并不是纠纷解决的目标。

西部少数民族个体复仇式纠纷解决机制开始出现诅咒式复仇，群体械斗中开始出现仪式化、形式化的械斗，且械斗时受到的约束越来越多，说明人类社会纠纷解决机制变迁中的实践理性在起作用。此种纠纷解决机制的存在与变迁还与人类社会组织结构的变迁有关。随着人类社会发展到以血缘集团为中心组成的氏族、家族为社会责任承担主体后，个体之间的行为往往由群体来承担产生的社会后果。这种社会结构反过来加强了个体间复仇机制的有效性，因为群体让个体的行为产生预期的社会后果。当然，从西部民族复仇式纠纷解决机制的发展上看，人类会通过一些制度设置来约束此种社会结构产生的社会影响。复仇式纠纷解决机制作为人类社会最早的纠纷解决机制，具有很大的直接性、直观性，但这种纠纷解决机制的存在是与当时的社会历史条件相适应，并受其制约的，而不是人类社会发展的失败。

第二节 神判式纠纷解决机制

神判是人类审判历史上存在于每个民族发展初期的纠纷解决机制。西部少数民族在1949年以前，多数还处在发展的初级阶段，神判在他们的纠纷解决机制中占有重要地位。分析西部少数民族的神判，种类繁多、形式多样，有时神判成为纠纷解决的法定程序的组成部分。对神判的分类，根据神判使用的介质，可以分为水审型、火审型、动物型、武器型、占卜型、诅咒型、罚站型、发誓型、物质型等①。根据神判在解决纠纷中的作用，可以分为查清事实、消除争议和确认、强化纠纷解决协议效力两种类型。神判的共同特点是有严格的、公开的仪式和预定的、公开的、明确的决定输

① 印度《那罗陀法典》第102条规定了8种神判：火审、水审、秤审、毒审、圣水审、圣谷审、热油审及抽签审。

赢的规则。神判在纠纷解决机制中以鬼魂观的存在作为前提，即相信存在外在的鬼魂，通过特定仪式能让它们把公正、真实的事实彰显出来，甚至让理屈者得到报应。神判在纠纷解决机制史上是形式正义的滥觞，是诉讼程序主义的前身，是人类对自身不信任的体现，是形式非理性的纠纷解决机制。神判是西部少数民族固有纠纷解决机制中重要的一种，它不仅是西部少数民族民间纠纷解决的重要组成部分，甚至影响到纠纷的正式解决机制，有时土司等官员及地方司法机构在审理疑难案件时会采用此种纠纷解决机制。如清末瑞丽勐典景颇族、邦达人与勐典人因争水田产生纠纷，最后当地傣族土司通过神判闷水解决[①]。西部少数民族中神判机制的发达与西部少数民族多有鬼神崇拜有关。西部少数民族在 1949 年以前整体上生活在一种鬼神观的世界中，鬼神崇拜构成了他们传统文化的一部分。《后汉书·南蛮西南夷列传》中指出西部少数民族是“俗好巫鬼禁忌”；《周书·异域志》称“俗畏鬼神，尤尚淫祀巫祝”等。

一、水审型神判

水审型神判是指通过水中的神来让真实的清白者和理亏者得到彰显的神判。水审型神判主要通过让当事人在特定的江河里沉浮及闷水等形式来获得结果。其中闷水有两种形式：一种是若当事人沉下就判定其无罪，一种是若当事人浮起就判定其无罪。闷水神判在傣族中较为流行。按傣族法律及史料，主要适用于土地纠纷，特别是村寨之间的土地纠纷。闷水神判在《汉穆拉比法典》[②]《西双版纳傣族封建法规·财产继承》中都有规定，后者在第八十三条规定“抢占他人的财物或田、地、园界、村界，告到官府评理判决，信告输，罚其‘编沙’召勐；谁告赢，要经受‘点蜡烛闷水’的考验。最后真正输的一方，罚银九百九十罢。若仅是寨、园、田界，输的一方，罚三百三十罢或五百五十罢，赢的一方，不需‘点蜡烛闷水’，找出当事人出庭做证即可判决”[③]。《西双版纳傣族封建法规·争田地的处置》中有相同的规定[④]。此种纠纷解决机制是得到具体个案支持的，在傣族纠纷解决中是被适用的。傣历

---

① 云南省编辑组编《景颇族社会历史调查》（三），云南人民出版社 1986 年版。

② 该法第 2 条和第 132 条规定对于被控有巫术及通奸的妇女可以到河中进行神判，以洗自己的被诬。

③ 杨一凡主编《中国珍稀法律典籍续编》（第九册），黑龙江人民出版社 2002 年版。

④ 杨一凡主编《中国珍稀法律典籍续编》（第九册），黑龙江人民出版社 2002 年版。

1137年（1784年）勐遮土司与景真土司夺争勐遮曼滚的山地——马鞍坡。此纠纷由傣历1137年争到傣历1146年。傣历1146年举行了几方会商，仍然没有办法解决，最后把纠纷“呈奏至景洪宣慰使处请求解决”，宣慰使采用的是闷水神判。此纠纷解决的具体过程在《勐遮历史点滴》中有记载，“宣慰命以蜡条祭神佛前，命景真和勐遮召勐各派人沉入水，谁先浮出水面，谁即无理（为输）”①。按《解决景真、勐翁和勐遮为安麻山地界争执纠纷事略纪要》记载，在举行前先拟好处罚条款，具体是“第一，地方的事其价值如‘兰’（百万之意思），寨子的事其价值如‘先’（十万之意思）。第二，哪方输了，就按上数罚银，若是输方求饶，就把罚银数减少三万三千，要是再三告饶，就减少三千三百。其他礼仪开支在外”②。接着举行神判仪式，当时请了全勐的佛爷、波占、头人到场。佛爷诵经，波占与昆欠分别向天神、地神致祝祷词，双方陈述引起纠纷的经过，祈神灵判明真假。这种神判以下沉者为真，反之，则是霸占、欺骗者。最后是“景真入水的人先浮出水面，宣慰使认定（景真）无理，命其（将霸占之地）归还勐遮”③。于是按规定罚款，但胜方把罚金七“怀”银退还给败诉方。傣历1147年六月，景真又与景鲁产生土地纠纷，勐遮土司与景真交涉没有办法解决，于是告到宣慰使那里，宣慰使还是采用闷水神判的方式解决纠纷。“宣慰使仍以蜡条祭神佛，在景洪南万河白塔下沉水解决。景真沉水之人先浮起，宣慰使命景真退还所占勐遮地”④。云南的阿昌族对偷牛、马，有关山林和土地等的重大纠纷，若没有办法审理清楚时，也采用“闷水”神判。“闷水”由族长、寨主或庙主、道士主持，把两根长竹竿插入小河或深池塘中，令双方当事人各顺着一根竹竿潜入水下，谁在水中闷的时间长，谁就得胜；谁在水中闷不住，先露出水，谁就输理而受到惩罚。这些文献资料展示了水审神判的具体形式与内容。在青海地区，存在另一种类型的水审神判，具体是在木桶中放两个大小相等的、形状一样

① 云南编辑组编《傣族社会历史调查》（西双版纳之九），云南人民出版社1988年版。

② 云南编辑组编《傣族社会历史调查》（西双版纳之二），云南人民出版社1988年版。

③ 云南编辑组编《傣族社会历史调查》（西双版纳之九），云南人民出版社1988年版。

④ 云南编辑组编《傣族社会历史调查》（西双版纳之九），云南人民出版社1988年版。

的黑白石头，木桶中倒打拉水（起隐蔽石头的作用），让纠纷双方中嫌疑一方去捞，捞到黑色的输理，捞到白色的赢理，称为“倒尕日纳合”。藏族有浑水摸石（烫泥摸石），具体是在部落头人或寺院僧官的主持下，用一口大锅盛满冷水，放入泥浆，经搅拌，将水弄浊，锅内放黑白两色小石头各一块。仪式开始后，先向神起誓，令诉讼双方在浑水中摸石子，摸到黑色石子为败诉，摸到白色石子为胜诉。

二、火审型神判

火审型神判是指用与火有关的物质和材料进行的神判。火审型神判是通过与火有关的物质间接来审，主要有在热水、热油中捞物等形式。当然，也有直接在火中取出某物的神判，如拔火桩、端铁犁铧等形式。从相关材料看，西部地区少数民族火审型神判主要采用的是间接方式，具体可以分为热水审、油锅审、点蜡烛和同时燃烧某物质等。

（一）热水型

热水型神判就是把水加热、烧开，把特定的物体放在热水中，通过特定仪式让纠纷当事人从开水中把某物捞起来，看其是否被灼伤定输赢。这种神判通常用在偷盗案中对窃贼是谁不能达成共识，又不能通过其他证据证明时。清代檀萃记载武定府土人“有争者，告天，煮沸汤投物，以手捉之，屈则糜烂，直则无恙”[①]。《苗俗记闻》中记载“若小隙争论不已，则彼此以期日、地，辨曲直。两寨之人及两家戚属左右列，中设一大镬满贮以水，置一斧，燃以沸。两造各言是非，言竟，互鸣金，声震林谷，金尽。彼此仰而呼天，移时各以手入沸汤中取斧。得斧而手无恙者为直，焦烂者为曲。如直在左，则右者奔，奔不脱者群执而杀之”[②]。傣族当对某纠纷当事人不能获得一致意见时，“这样还审判不出结果，最后就念经，祭神，烧着火或煮着开水，把东西放在开水里面或火里面，用手去取，请神来审查，就可以鉴别出谁是好人，谁是坏人”[③]。景颇族在偷盗纠纷中失主和嫌疑者对事实争执不下时，会请山

---

① 〔清〕檀萃辑，宋文熙、李东平校注《滇海虞衡志校注》，云南人民出版社1990年版。

② 〔清〕方亨咸《苗俗记闻》，载《小方壶斋舆地丛钞》（第8帙），杭州古籍书店1985影印本。

③ 云南省编辑委员会编《傣族社会历史调查》（西双版纳之二），云南民族出版社1983年版。

官和寨头主持，把特定东西投到滚开的水中，让嫌疑者用双手去捞，以手是否灼伤定输赢，即嫌疑者的手被灼伤就认定其有偷盗行为，反之则认为其没有偷盗行为。这种神判程序由巫师主持仪式，嫌疑者对天发誓，然后把特定物体从加热的水中捞出，输赢、清白与否是看是否捞出特定物体和手是否被灼伤。凉山彝族有从开水中捞鸡蛋或小石子的神判，具体方法是把水烧开，放入鸡蛋或小石子，让嫌疑者用手捞，若捞出来手没有被灼烧，则为清白。举行神判前会让原告与被告交出一定数量的金银，若被告被确定是清白的，原告的钱物交给被告，相反，则交给原告。西部少数民族中有的民族会把捞开水神判写入乡规民约中。咸丰四年（1854 年）侗族立的《永远遵照》碑中规定“村寨难免有事，或遇婚姻田土等事例，当经中理论。倘若不清，照俗捞汤表白。如系枉控，罚钱三千文入公”①。这里把捞开水神判写入当地田土、婚姻纠纷的解决中，作为法定形式被确定下来。

（二）热油型

热油型神判又称为捞油锅，是用火把油加热烧开，把特定物体放在油中，通过特定仪式让纠纷当事人从热油中把特定物体捞起来，以手是否被灼伤来定输赢。捞油锅神判在西部少数民族中适用较为广泛，是较为普遍使用的神判。从记载看，主要适用于被指控为放药、放蛊毒或诅咒致人生病、死亡的纠纷。此外，还适用于土地、债务、偷盗等纠纷。对此，有学者指出“这种捞油锅要是用在被人指控为偷人、杀人、杀魂而本人又坚决不承认时，特别是杀魂，更是当地谈虎色变的巫术，即将别人魂魄设法摄去，置对方于死地，如果‘查出’是杀魂，光赔偿钱物还不行，一般要远远逐出村寨”②。这是对此种神判适用对象及性质最为完整、本质的表达。青海省藏族在处理偷盗纠纷时，若偷者不承认便让被告往滚油锅里插手，烫伤者输理，称为“益苦”。藏族在处理较大的盗窃案件时，由于原、被告争执不下，又没有明确的证据，部落头人和僧官在无法判明的情况下，即采取“捞油锅”的神判形式。具体做法是，在审判之前，双方各牵出议定的牛若干头，作为抵押交给头人。当神判开始时，由部落头人或寺院僧官主持仪式，用大铁锅盛清油，点火烧沸。接着由主持神判的僧官对神祈祷

① 吴江编录《侗族部分地区碑文选辑》，黎平县志办公室内刊，1989 年印。

② 云南省编辑组编《白族社会历史调查》（二），云南人民出版社 1986 年版。

发誓，被告应对神灵深信不疑，毫不犹豫地将右手深入油锅，大约一秒钟后，迅速抽回，用白布包好，然后由主持神判者加盖印鉴，不得私自拆开。时隔两三天后，当众打开包手的白布条，察看手上是否起泡，如果没有受伤，则认定他不是盗窃犯，并由原告赔偿名誉损失费或牵走抵押的牛。否则，即便是没有盗窃也算有罪。《真腊风土记》中载："且如人家失物，疑此人为盗，遂以锅煎油，极热。令此人伸手于中，若果偷物，则手腐烂，否则皮肉如故。云番人有法如此。"阿昌族在产生纠纷时采用捞油锅神判的具体程序是，争执双方选定时间、地点，在一空旷地方烧一锅油，请寨中的"吾曼作"和"作借"作公证人。要祭祀寨神"色蒙"。待油锅滚涨后，双方同时伸手入油锅中，谁被灼伤则为输，输者要赔偿相当于失物量的数倍。西部民族的乡规民约中有规定，如广西在康熙十一年（1672 年）立的《高增款碑》中明确规定对争议山林、田产不能处置时，采用捞油锅方式解决。"议山场杉树，各有乡界，争论，油锅为止；议卖田不典，将典作断，一卖百了，止（此）田有粮无粮，无粮之田以后说田有粮，进油锅为止。"[①] 这种形式是有明确的个案的。同治三年（1864 年）四川宁远府冕宁县彝族中有一案，典吏李忠义、李宗义兄弟于同治二年（1863 年）雇百姓陈双福做佣工，同治三年（1864 年）正月初二李家丢失了一件衣服，怀疑被陈双福偷，但没有证据证明，所以进行捞油锅神判。"安置油锅。李宗义望空祷告，伤者是贼，李宗颜下手先捞，已被油烫，次逼民子伸手下锅，将钱捞起，毫没损伤。伊等计谋不遂，甜言慰子，不准声张，将米三升折作挂红。民知投明头人地知保，讵伊弟兄以强压弱，恶言横估"。事后，陈的父亲把此事上诉到知县那里，当时知县批道："捞油设誓系属乡愚恶俗，例应严禁。"[②] 怒江傈僳族捞油锅神判主要适用于被指控为"杀魂"纠纷的案件。杀魂，傈僳语称为"肯扒"，或"扣扒"，意为"迷人的人"，是"一种所谓能够足以谋害人致死的巫术"，因某些家庭、家族或村寨有人大量死亡，怀疑某人来索取人灵魂。当然，捞油锅不仅适用于"杀魂"案，还适用于其他纠纷，只是"杀魂"纠纷中被怀疑者要证明自己清白只能通过此种方式，否则就等于默认自己有此种行为。怒江的俄夺底乡（1949 年

① 邓敏文、吴浩著《侗款研究》，中国社会科学出版社 1995 年版。

② 四川省编辑组编《四川彝族历史调查资料、档案资料选编》，四川省社会科学院出版社 1987 年版。

称为腊吐底保）在 1949 年前的 20 多年里发生过 10 件通过捞油锅解决的纠纷，具体是 2 件偷盗案，2 件通奸案，1 件债务纠纷案，5 件杀魂案。捞油锅神判时以一定数量的牛羊猪为赌注，赢者获得相应的财物。如 1953 年教徒普儿山、李马博指控拉今我为“扣扒”，拟砍杀拉今我，被本氏族内部人劝阻，最后各以猪三头打赌捞油锅，因为拉今我手没有伤，原告认输，拉今我获得猪三头；1954 年色得村思卜家连死 5 人，认为同村里柏普是“扣扒”，最后通过捞油锅神判解决此次纠纷①。怒江地区白族支系那马人在产生养药鬼和撒魂鬼纠纷时，被怀疑者要证明自己的清白时，主要采用的办法是捞油锅，那马人称为“抓陆”②。

（三）用火烧某物

这种神判有烧香、点蜡烛、拔火桩、烧铧铁、烧写有生辰八字的纸条等。烧香或点蜡烛由相关神职人员主持，举行仪式后同时点燃香或蜡烛，看谁的先烧尽，先烧尽者胜诉。青海省兴海县藏族在处理偷盗纠纷时，若不能确定偷者，原被告各拿八十头牲畜（叫加去卡束，由双方小措哇出），采取天断的办法处理。输者的牲畜一半给有理者，一半给头人和调解人。有“斧头”审，称为“达利”。具体是用火把斧头烧红，让被告转烧红的斧头，烧伤者输理。佤族有烧线香神判。当失主、嫌疑人对事实争执不下时，就请董萨主持仪式，董萨念了相关咒语后，同时点燃线香，看谁的先燃烧尽，谁就清白。点蜡烛神判时纠纷双方约定时间、地点，请来公证人，双方各点蜡烛一支，蜡烛先灭者为输，即赔偿失物。阿昌族有一种神判是让纠纷双方到寺庙里，将各自的理由、咒语、生辰八字写在纸上，请道士或和尚念经请鬼，念到早晨公鸡叫第一声时，当事人双方把写有字的纸条放在香炉中焚烧，立即取出后洒上油再烧，之后用脚踩灭，打开看，谁的生辰八字烧完谁无理③。怒族人的拔火桩神判是把一条长约二尺的石块一半埋入土中，周围架起柴火来烧，把石头烧热后，嫌疑者对天发誓并赤手去拔烧热的石柱。如果拔出来，并且手没有烧伤，则被认为是清白的，或者是石头被烧断了，嫌疑者也被认为是清白

① 参见怒江州地方志办公室编《怒江史志资料》（第 1 辑），怒江州地方志办公室 2003 年印。

② 云南省编辑组编《白族社会历史调查》（二），云南人民出版社 1986 年版。

③ 陇川县史志办、政协陇川县文史委编《户撒史话》，云南人民出版社 2002 年版。

的[1]。凉山彝族有端烧红的铧铁、端烧红石头等神判。端犁铧神判是某人遗失了财物或金钱，用此来确认偷盗者。具体是请毕摩作法，将铁犁用炭火烧红后，由毕摩诵经念咒，所有失主指控的嫌疑人都用手来举烧红的犁铧，若是偷盗者，则必烧至喊叫。“据云此法甚为有效”[2]。这些神判中的基本因素是火，所以把它们归入火式神判。

三、武器型神判

武器型神判主要是采用某种物质进行特定的行为，根据是否出血或者其他约定的现象是否出现来确定输赢。如相互殴打对方的头，失主和“被疑者”相互打对方的头（自己不打找别人打也可以），哪个被打出血，就认为哪个输，双方出血或不出血，则认为都没有错。用竹签扎手，双方请公正的老人或头人用竹签扎手，竹签扎下去拔出来时，谁的血急速流出，则认为其输；谁的血慢慢流出则认为其清白；若两者出血的情况一样，就认为都没有错。佤族的“叫天”神判就是武器型神判的一种。具体是失主与嫌疑者对事实争执不下时，双方把长刀横在头上，请董萨念咒语，谁错就咒其被雷劈死。

四、动物型神判

动物型神判是通过特定的动物，让它们进行特定的行为，根据其产生的特定结果确定输赢。此类神判的典型代表是中国古代记载的皋陶通过獬豸举行的审判。西部少数民族中的佤族有一种叫“爬螺蛳”的神判，即在一大口铁锅内画上一些方格，装上水，捉一些螺蛳来，放在方格里，认定一个方格内的螺蛳代表失主，其余方格中的螺蛳各代表一个“被疑者”，看代表失主的螺蛳爬到哪个方格里的螺蛳旁，便认为失主旁的这个螺蛳所代表的被怀疑者是有错的。彝族、苗族、佤族等族中的斗鸡、斗牛和砍鸡头、砍狗头可以当作动物型神判。凉山美姑县彝族中有“发生赖债的事情，就吊死偿价或打鸡狗诅咒，用以解决”[3]。打鸡狗神判在凉山彝族中称为“克瓦努”，主要用于解决产生纠纷后双方不能达成协议的。如“某甲称某乙之祖人欠其祖人之债，而某乙则绝不承认，彼此纠纷，则主张打鸡狗了事”。具体是取一只鸡或狗，当场声明理由，双方念出誓词，立即举行，若系某甲打死鸡或狗，则某乙必

---

① 杨一凡主编《中国珍稀法律典籍续编》（第十册），黑龙江人民出版社 2002 年版。

② 王成圣《倮罗的神权思想》，《边疆通讯》1947 年第 3 期。

③ 杨一凡主编《中国珍稀法律典籍续编》（第十册），黑龙江人民出版社 2002 年版。

须照数还债，若为某乙打死鸡或狗，则某甲不能再索要。“举行完毕，即从此了事，双方均不能再提”[①]。此种神判形式在西部少数民族解决债务纠纷方面非常有效。

五、发誓型神判

发誓型神判，或称诅盟型神判。西部少数民族由于相信对神盟誓的效力，所以在纠纷解决中大量存在此类纠纷解决机制。发誓型神判的最大特点是纠纷双方通过特定的诅盟仪式，让纠纷得到解决。此类纠纷解决机制与诅咒型神判的最大区别是它的主体是纠纷双方，双方在自愿前提下进行。诅咒型神判是指纠纷主体中一方当事人在对方不知道的前提下独自举行，以便让对方得到某种报应。西部少数民族好诅盟是一种地域性文化与风俗，自古皆然。《华阳国志·南中志》中记载南中诸民族是“其俗征巫鬼，好诅盟，投石结草，官常以盟诅要之”[②]。《滇海虞衡志》中记载“白人（白族）……尚巫好盟，拔石结草，官常盟诅要之”[③]。鄂伦春族认为，太阳至圣，它给人们温暖光明，没有它，人们就不能生存。两人打架，为分辨是非，常向太阳发誓[④]。遵义及贵州史书上记载“民信巫鬼，好诅盟。嗟呼！此不独遵义也，黔之民亦然”。发誓型神判在西部少数民族纠纷解决机制中的作用体现在两个方面：一是作为一般神判，使用在疑难案件的审判中；二是作为增强某纠纷解决结果效力的机制。因为西部少数民族纠纷解决机制中普遍缺少强制执行的外在公共权力组织，所以纠纷解决的结果只能依靠当事人的自愿执行，于是存在纠纷解决结果在执行时执行力不足的问题，发誓往往作为保证执行的力量。

（一）作为审理过程的机制

发誓型神判作为疑难案件的审理机制是较为常见的神判，具体是举行特定仪式后，在某神前发誓，谁不敢发誓谁就输，两者都愿发誓则纠纷就算解决，以后哪方出现病灾就认定属于理亏。新中国成立前，由于西部一些少数

---

① 毛筠如著《大小凉山之彝族》，四川民族出版社 1946 年版。

② 〔晋〕常璩撰，刘琳校注《华阳国志校注》，巴蜀书社 1984 年版。

③ 〔清〕檀萃辑，宋文熙、李东平校注《滇海虞衡志校注》，云南人民出版社 1990 年版。

④ 董国尧著《北方民族文化论稿》，中华发展基金管理委员会/洪叶文化事业有限公司联合发行。

民族具有浓厚的鬼神观，很多人宁可接受不公正的指控或调解，也不敢轻易发誓。北方和西部蒙古族、藏族等少数民族形成了较明显的神判形式，称为“赌咒”，又称“牙日哇”。历史上，青海省兴海县，处理偷盗纠纷，偷者不能肯定时，原、被告各拿八十头牲畜（叫加去卡束，由双方小措哇出），采取天断的办法处理，输者的牲畜一半给有理者，一半给头人和调解人；或由被告亲友中有威信的老年人或者宗教人员赌最重的咒，不敢赌即输理，赌了咒即赢理。按天断方式处理后，即不再赔偿。藏族的发誓型神判是以向神发誓的形式审视犯罪嫌疑人有罪或无罪，并以此验证证人的诚实与否。若不诚实，神将降罪于证人。立誓时由审判者及公证人将被告或疑犯带到寺院的神像前（一般是在密宗殿的护法神像前），让被告或嫌疑犯在神像前发誓，表明自己是无辜的。陈述如果欺骗了神灵，则让神灵惩罚自己一辈子，或不得好死，或不得安生等语。立誓之后，如被告或疑犯拒不承认有罪，则断他是无辜的；如被告或疑犯害怕说谎受神灵惩罚，则会自动认错请罪。“山盟神证”是一种建立在宗教和神灵虔诚信仰基础上的心理惩罚或冥罚的“神判”形式。西南民族地区，史书记载“苗人事件排解……其讦告不明之事，亦必誓于神焉。谓之开庙吃血”①。苗人对此十分谨慎，志书上说“其入庙，则膝行股栗，莫敢仰视。抱歉者则逡巡不敢饮”②。《孟连傣族封建习惯法·继承的规定》中有“债主说不清就祈祷天神，赢了，欠债人要加倍赔还”③。宣统二年（1910年）迪庆结底村与乃日村产生牧场纠纷，结底村提出要按藏族的传统习惯到喇嘛寺喇嘛面前“吃咒”，但乃日村不同意，最后结底村上诉到官府，要求官府下令乃日村到喇嘛寺喇嘛前神判，在状文中有“唯有再叩仁天，饬令乃日村民，前赴大寺前吃咒”④。阿昌族中当事人若产生纠纷，双方争执不下时，当事人就约定时间、地点，扔下赌注，祭祀寨神“色蒙”，然后赌咒说“如果我偷了你的东西，要死绝死败，愿输赌注”，等等。敢于面对寨神赌咒发誓自己无错的，就等于胜诉。哈尼语称赌咒为“巴拉勒毛”，如某家的猪丢失，失主怀疑某人盗去，往往请追玛公断，如被怀疑者拒不承认，双方赌咒。方法是置一竹桌，桌上放一碗清水，赌咒双方相对而坐，追玛或公断人坐在中间，

① 段汝霖撰《楚南苗志》（卷4），岳麓书社2008年版。

② 胡朴安著《中国风俗》（下），九州出版社2007年版。

③ 杨一凡主编《中国珍稀法律典籍续编》（第九册），黑龙江人民出版社2002年版。

④ 参见王恒杰著《迪庆藏族社会史》，中国藏学出版社1995年版。

被告一方用食指在碗中蘸一点水搽在额上，发誓说“我向祖先发誓，没有偷某某的猪，如果偷了，被雷打死，被毒蛇咬死，被豹子咬死，被大树打死，被火烧死”，等等。原告一方也用食指蘸一点水，搽在前额，发誓说“我向祖先发誓，我的猪是被某某偷去的，如果是我诬陷他，就让雷打死，被火烧死”，等等。然后赌咒双方把碗中水各喝一半[①]。对于信奉神灵崇拜和祖先崇拜的哈尼族而言，向神灵或祖先发誓是一件极为严肃、神圣的事情，他们相信神灵和祖先的英明，一旦誓言中的判断或辩解与事实不符，咒语中的惩罚会降临到自己身上和村寨中。怒江傈僳族中若发生偷盗、通奸，当事人双方不承认，会采用抛血酒和吃血酒诅咒神判。抛血酒适用于通奸纠纷，祭司主持仪式，把血酒抛上天时，“向天盟誓，说一方错指，或者另一方犯罪不承认，必受天惩，在三日内死去，反之将活百年、千年”。吃血酒适用于偷盗牲畜，仪式与前者相同，只是被指控一方为证明自己无罪，“头包白纸，手握长刀，饮血向天盟誓，如犯此种行为三日内三遇天惩，如对方错指将活百岁、千岁”[②]。下面是一份典型的此类神判的判文。

立甘愿入庙社后字人，毛呈上寨众等廖贵、廖珍、廖照、廖杨冈、廖良铁、廖仁红等。尝思世人不平则鸣，对人以无讼为贵。况吾等因与毛呈田寨为地争竞，土名枫木漕一共五漕、五奇，原系吾等公山，伊说伊地，请中理论，头甲人等亥豕难分。窃思官山府海，各有分别，土产山业，岂无其主。一比心甘祷神，何若做亏心事，举头三尽，有神明，瞒心昧己，一动一静，神明鉴察，毫发不爽。而我等各缘庚帖，甘愿入庙祈神。

各大神圣论座前鉴察报应，谁是谁非，神明本是无私，分明究治。倘若我等何人风云不测，命入黄泉，实定诈骗欺夺，其班牌钱项尽属田寨。而我等产族邻不得说长道短，倚命而让祸端。如有悔言，自甘其罪。口无凭，立甘愿字，付与地方执照为据。

甘愿立字人上寨众等廖杨冈、廖铁福、胜仁贤。

头甲执字人廖金书、潘金旺、陈景章。

地方证人廖秀荣、元华、金成、光清、仁盘、玉连、口映、贵发、福金、学继、美昌、仕美，潘美仁、玉陈福贞、学茂、永义。

---

① 云南省编辑委员会编《哈尼族社会历史调查》，云南民族出版社 1982 年版。

② 参见怒江州地方志办公室编《怒江史志资料》（第 1 辑），怒江州地方志办公室 2003 年印。

代口代笔人潘廷范请笔五百文。

光绪六年（1880 年）二月初二立[①]。

从上面这份发誓神判文书中可以看出当事人想借此让神明给无理方降灾，让正义得以实现，自己的冤屈得到洗明。此份神判文书体现出这是当事人已经穷尽世俗纠纷解决手段后所采用的一种形式。从此文书看，此种神判更像是诅咒式。但通过此种仪式，当事人内心的不满得到了表达。当然，在当事人所在的语境下，由于对鬼神的信从，要做出此种行为是需要相当的勇气的，因为报应理论当时在当地社会生活中有很大的影响。

（二）作为增强某纠纷解决结果效力的机制

发誓型神判中有一类是在某一纠纷已经解决后，为了让双方严格执行而举行发誓。西部少数民族发誓神判中此类较为常见。史料记载“苗人事件排解，及命案偿命价之后，必凭神发誓，然后可免翻悔”[②]。这里指出“苗人”在解决纠纷后，特别是涉及人命案的赔偿时，会采用对神发誓，确保解决的效力。怒江白族人调解纠纷后“为了防止日后有人翻悔，双方举行杀狗赌咒，表示日后决不翻悔。如若翻悔，就要像被杀死的狗一样短命，不得好死”[③]。说明杀狗盟誓的功能是增强解决协议的效力。彝族中盟誓较为典型，在达成纠纷解决协议或某一协议后会举行钻牛皮饮血酒的仪式。“在彝族地区，举凡战争、议和、个人间的重大协商，以及和外族交往商定协议等，皆必须由双方盟誓，借冥冥中的鬼神力量加以约束”[④]；“由双方宣誓者，各出鸡一只，酒若干斤，共出牛一头，各自请一毕摩……诅咒如任何一方，违背誓约，即如鸡牛而死，以此而维系彼此互不滋事……此虽为一种简单动作，可是凡在这种场合中都非常的严肃，却有不少的强暴而凶狠的夷人头目，受到这种仪式的约束……这种仪式有系冤家和解后举行的”[⑤]。说明此类神判在彝族纠纷解决机制中的作用与效力是保证达成的协议的执行。彝族人在冤家械斗胜利后，也会举行仪式，称为“断口嘴”，即胜利一方请毕摩将“白鸡白狗打死，

① 杨一凡主编《中国珍稀法律典籍续编》，黑龙江人民出版社 2002 年版。

② 段汝霖撰《楚南苗志》（卷 4），岳麓书社 2008 年版。

③ 云南省编辑组编《白族社会历史调查》，云南人民出版社 1988 年版。

④ 林耀华编《中国少数民族原始宗教资料丛编 · 彝族卷》，中国少数民族原始宗教资料丛编课题组 1992 年印。

⑤ 王成圣《倮罗的神权思想》，《边疆通讯》1947 年第 3 期。

埋在敌人住所周围，使被逐的敌人永远不敢在此落土，否则会如鸡狗之死去”[①]。清代西宁、川西北地区藏族有“议罚赔偿东西，有推卸难措不能赔出者，遂令伊发咒免赔，如日后查出，先前系隐瞒故骗，将伊另外罚九样东西，连前所罚一并入官”[②]。《西宁青海番夷成例》第十二条规定：“凡称无力完纳罚服牲畜者，令小头目于该部落内，选有颜面之人立誓，具保无力。立誓之后，若被查出者，将查出牲畜罚服外，向立誓之人，罚一九牲畜。”[③] 四川冕宁县光绪二十六年（1900 年）四月初一日《高兴田兄弟永杜后患约》是高兴田、高永增、高相臣三兄弟争财产相互争诉不休，地方官在审理后，让他们凭神发咒确保判决的效力。“沐饶县主吩谕五省首人查街等至庙理剖，弟兄各捏各言，难以分理。弟兄甘愿凭神发咒，从此先前家屋财目，高兴田、高永增二人心甘愿意，永远再不向高相臣生事，倘若日后再借故向高相臣滋事，自愿认迭之罪”。由于三兄弟各说各的理，最后是到当地神庙凭神发咒，以和解方式解决，由于怕过后无凭，所以“特立永敦和睦杜出后患文约合同与五省客会首人等庙内存据。倘后若言不复初，各来庙将合同揭出，照据治究禀办。空口无凭，立合同为据”[④]。怒江怒族在械斗后举行的和解仪式上有发誓的程序，具体是由调解老人端酒对天发誓，“自此以后，息事宁人，永不反悔。然后双方同时喝这碗酒，并钉一个木桩在大树上或岩缝里，请示立此为凭”[⑤]。从本质上看，这里的发誓是对遵从达成的协议施加一种强制力。在历史上，很多地方官员都会通过此种方式来强化与西部少数民族达成的某些协议。僮人解决纠纷后“抚安僮老为其和毕，则截刀为誓，始不报冤，谓之赔头”[⑥]。

六、物质型神判

物质型神判是采用特定物质，在特定仪式和程序后看其是否产生特定现象来决定输赢。其中有煮米、嚼米、捏生鸡蛋、喝血酒、摸铅、斗牛角

---

① 白获《倮罗的宗教和他们的巫师》，《京沪周刊》1947 年第 21 期。

② 〔清〕曹抡彬等修，曹抡翰等纂（乾隆）《雅州府志》卷一三《夷律》，载《中国地方志集成（63）·四川府县志辑》，巴蜀书社 1992 年版。

③ 张济民主编《青海藏族聚居地区部落习惯法资料集》，青海人民出版社 1993 年版。

④ 四川省编辑组编《四川彝族历史调查资料、档案资料选编》，四川省社会科学院出版社 1987 年版。

⑤ 杨一凡主编《中国珍稀法律典籍续编》，黑龙江人民出版社 2002 年版。

⑥ 〔明〕王士性辑《广志绎》卷五《西部诸省》，中华书局 1997 年版。

等。青海藏族有两种形式的物质型神判：一种是让纠纷双方掷骰子，点少者输理，名叫“小”；另一种是捏炒面包蛋，在每个炒面包蛋放上写有双方名字的小纸条，由一中间人放在盘子里转，写有谁的名字的纸条先掉下来，谁为输，称为“三各日里”。西南少数民族中的煮米神判是当失主和偷盗嫌疑人对偷盗事实争执不下时，各用相同大小的米包，用线系好后，同时投入一个锅中煮，到一定时间后同时取出，若谁的米煮不熟谁就输，也就是说当嫌疑者的米没有煮熟，就认定其有偷盗事实，就得按偷盗行为处罚。嚼米是让嫌疑人嚼特定的米，胜负是看嚼碎后米中是否带有血丝，有则败诉，无则胜诉。凉山彝族举行嚼米神判是把红白米各一撮置于桦叶上，由毕摩念经后，被告宣誓，祝告神灵，然后把这些米放入口中咀嚼，碎后看是否带有血丝来确定输赢。捏生鸡蛋是当发生偷盗，对某人仅是怀疑，嫌疑者不承认又不能证明自己清白时，双方用此办法。举行时请山官和寨头等人到场做证，先由董萨（景颇族中从事神职的人）念咒，然后由嫌疑者捏生鸡蛋，捏破了就认定嫌疑人有偷盗行为，按偷盗物的赔偿标准做出赔偿。怒族有喝鸡血酒审判。具体是先由巫师念经，然后杀一只公鸡，将鸡血和入酒里，让嫌疑人喝下，如三年内，喝酒者不生大病，不死亡，就认为他是清白的①。彝族用“漂灯草”作为确定偷盗纠纷的神判。具体是用“数寸长的灯草二根，一根带箭头，与另一根斜搭成十字形式，浮之水面。毕摩念经后，吹一口气促草浮动。被嫌疑者站列于四周，灯草停止漂动时，箭头指向何人，何人即是盗犯”②。折蒿子秆神判是彝族妇女或少年之间因口舌引起纠纷，当一方怀疑另一方搬弄是非，被怀疑方找不到证据证明自己清白时，会折取一段蒿子秆，对天诅咒发誓后，将蒿子秆一折两段，向东方丢去。于是是非争吵停止，因为对方已经用生命担保③。摸铅在阿昌族中作为一种神判使用。具体是把一块铅熔化后，在寨主、族长主持下，令双方用手去摸，敢摸者为胜。斗牛角是佤族的一种神判。具体是两人产生纠纷又不能解决时，“各人出牛角比赛，甲牛角长，便是甲理是，乙牛解

① 杨一凡主编《中国珍稀法律典籍续编》（第十册），黑龙江人民出版社 2002 年版。

② 林耀华编《中国少数民族原始宗教资料丛编 · 彝族卷》，中国少数民族原始宗教资料丛编课题组 1992 年印。

③ 参见白芝 · 尔姑阿呷《凉山彝族习惯法》，《彝族文化》1999 年年刊。

短，便是乙理屈，自家退让，不敢再争”[1]。以上神判是通过特定的物质特性来确定纠纷的结果。

七、罚站型神判

罚站型神判是让纠纷双方当事人站在特定物体上，举行特定仪式，若谁出现预定的结果，谁就败诉。如佤族有站穴顶板。挖一个深半尺左右、大小能容双足的穴，让双方轮流站在穴内，公证人将一块木板放到站者的头上，连放三次，每次几秒钟。若站不稳，板子掉下来，就算错了；站得稳，板子没掉下来，就算清白；双方情况一样就都没有错。《真腊风土记》中记载："又两家争讼，莫辨曲直，国宫之对岸有小石塔，令一人各坐一塔中。其外两家自以亲属，互相提防。或坐一二日，或三四日。其无理者必或征候而出。或身生疮疖，或咳嗽热症之类。有理者略无谶事。以此部判曲直，谓之天狱。盖其土地之灵有如此也。"以上是此种神判的两种形式。

八、占卜型神判

占卜型神判是通过特定仪式，借助特定介质，通过预定的图像、符号及形式确定纠纷结果的神判形式。占卜型神判在古代汉族先民中普遍使用，至少在夏商两朝是重要的审判形式。当时主要采用的是动物骨占卜神判。《礼记·曲礼》中记载"卜筮不过，卜筮不相袭。龟为卜，荚为筮。卜筮者，先王之所以使民信时日，敬鬼神，畏法令也。所以使民决嫌疑，定铖与也。故曰'疑而筮之'"，指出汉族先民采用卜筮方式解决疑难案件。占卜神判是西部少数民族神判的重要形式，主要有鸡骨卜、羊骨卜、狗骨卜、木刻卜、鸡蛋卜、草卜、胆卜、肥卜、竹签卜、石头卜、环珓卜、衣襟卜、围腰卜和手相卜等二三十种形式。藏族的占卜型神判通常发生在两个部落之间的纠纷需要请寺院调解时；部落内部的一些重大案件，经头人调解无效，也需请寺院裁决时。遇到这种情况，由寺院出面主持，采取"卜卦"的神判方式，依靠神灵判断是非。元朝李京在《云南志略》中记载"罗罗""以鸡骨占验吉凶，酋长左右，斯须不可阙，事无巨细，皆决之"。明朝景泰《云南图经志书·曲靖府》记载"土人称巫师曰'大奚婆'。遇有一切大小事，怀疑莫能决者，辄请巫师以鸡骨卜其吉凶"。这些说明彝族人用鸡骨占卜神判，解决疑难案件。阿昌族善于用卜卦来解决生活中的各种问题，占卦者有活袍、巫师和普

① 胡朴安著《中国风俗》（上），九州出版社 2007 年版。

通人。清代檀萃辑的《滇海虞衡志》中记载“峨昌，一名阿昌。性畏暑湿，好居高山，刀耕火种。妇女以红藤为腰饰，祭以犬，占用竹三十三茎，略如蓍，嗜酒负担，禽兽虫豸皆生啖之”①。《云龙记往·阿昌传》中提及阿昌族惯以占卜定吉凶，审理纠纷。“后又能揲蓍三十三根，九变以卜吉凶，夷人服其神明，呼为‘阿弥’。”② 20世纪50年代民族调查资料表明，阿昌族占卜解决纠纷的方式有鸡蛋卦、刀卦、米卦、鸡骨卦和阴阳卦等。哈尼族在产生纠纷时则采用看手相占卜，哈尼语称为“贾摸牟”。此种占卜多用在财物被盗或家畜走失时，但仅有尼帕能看手相，凡求看者，手中要拿一个鸡蛋，立于掌中。尼帕念了巫词后，收下鸡蛋作为报酬。这种方法是根据求看者手掌上的纹理，判断所丢失的财物为何人盗去，或者是家畜走失在何方向③。这种看手相占卜方法盛行于西双版纳的哈尼族聚居地区。景颇族中有“鸡蛋灵”与“鸡蛋卜”两种占卜方式。“鸡蛋灵”是景颇支的，“鸡蛋卜”是载瓦支的。“鸡蛋灵”是“用一口锅或一个竹筒，内放清水，把一个鸡蛋敲一个洞，让蛋清流入锅口或竹筒中，再在受害人与被嫌疑人的房上各拿稻草两根为代表，放在锅里或竹筒里，盖上盖子，几分钟后揭开看草上是否沾了蛋清。哪家房上的草被沾上蛋清就算输了”④。可以看出，这就是占卜神判。

九、诅咒型神判

诅咒型神判是指产生纠纷后，没办法查清和证明自己的清白，或者没有办法获得自己认为是公正、公平的结果，于是纠纷当事人一方采用诅咒自己心中怀疑者和纠纷另一方当事人的方式，以达到解决纠纷的目的。“倮俗凡憎怨于人而不能报，则延巫作法，咒一鸡或猪羊，打而死之，以其头向门外，念经咒久之，谓此鸡羊猪之鬼，即将痛恨怨家而住祟之”⑤。这里记载的是一种诅咒神判，它是一种单向行为。苗人“遇有冤忿，必告庙誓神，刺猫血滴酒中饮以盟心，谓之吃血。吃血后三日，必宰牲酬愿，谓之悔罪做……鬼其誓必曰：你若冤我，我大发大旺；我若冤你，我九死九绝”。⑥ 这是一种诅咒

① 〔清〕檀萃辑《滇海虞衡志》卷一三《志蛮》，杭州古籍出版社1985年影印本。

② 董善庆《云龙记往·阿昌传》，载李春龙、刘景毛校点《正续云南备征志精选点校》，云南民族出版社2000年版。

③ 云南省编辑委员会编《哈尼族社会历史调查》，云南民族出版社1982年版。

④ 杨永生整理《瑞丽县勐典寨社会历史调查》，德宏民族出版社2007年版。

⑤ 任乃强著《西康图经》，南天书局1935年版。

⑥ 胡朴安著《中国风俗》（下），九州出版社2007年版。

型神判，希望通过神灵解决纠纷。《滇海虞衡志》中记载“地羊……鬼与人仇，能以木石易其脏腑，遂不救”①。这里采用诅咒方式解决“与人仇”的纠纷。西部彝族中此种形式最为普遍。凉山美姑县彝族中有“妇女被掠、冤家械斗打不过对方、买卖土地纠纷、被究而找不到偷窃者，都可以请毕摩来打鸡狗诅咒对方”②。彝族在产生冤家械斗前会采用诅咒与反诅咒，反诅咒称为“断口嘴”③。这种诅咒成为彝族个体或群体用来自我解决纠纷的一种方式。佤族若失物者在物品不见后先叫还两夜，没有人还，就请董萨念恶咒，后把鸡头砍下埋于地中，诅咒偷东西者死去。这是相信神鬼有明察事实的能力，同时也有让偷盗者受罚的能力。

具阴呈献状人白门潘氏，系广西桂森府义宁县龙胜分府官衙塘桐木冲獞民人氏为白平屈冤，累遇叠害事。情小民于本年七月初一日被盗。恶棍潘光美，年生于辛卯年二月十五日辰时，人面兽心，起意偷盗田地谷米等件。又至十四日，请中向说盗案，及来诈索钱文一千二百文，凭中过交。窃念前因，多端需索过甚，暗敲索，为此难以安身，只得上天无路，入地无门，故以诚心纸香，乞叩本宅土地、龙君神主位前，伸叩本乡庙王、广福侯王、摩天大帝祠下，呈叩奏上玉皇大帝、众圣天神，准奏牒文，传下十殿阎君、天神大圣，凭纸赏差提究。善恶冤枉，嫁害无辜，被伤良民难安，到速亲奏，情蒙天神下降，思念小民善者，必降添寿，虐者必受灾刑，得入地狱，小民情安。为此民间暗里受害，现身多端，免受冤伸。是惟全家伸叩天恩，日日百奏，时时念问，令旨报下，神对显愿吉祥，为此阴呈，伏乞伸叩④。

当事人希望另外一方受到神灵的制裁，由此实现自己的诉求。这是人类在绝对弱势和世俗救济不足下采取的一种诉讼方式。

---

① 〔清〕檀萃辑，宋文熙、李东平校注《滇海虞衡志校注》，云南人民出版社1990年版。

② 杨一凡主编《中国珍稀法律典籍续编》（第十册），黑龙江人民出版社2002年版。

③ 对彝族的此种神判过程，近代学者在调查报告中多有记载：白获《倮罗宗教和他们的巫师》，《京沪周刊》（第1卷）1947年；庄学本《彝族调查报告》，1941年；任乃强著《西康图经》，南天书局1935年版；林耀华著《凉山彝家》，商务印书馆1941年版；徐益棠著《雷波小凉山之罗民》，金陵大学中国文化研究所1944年版；王成圣《倮罗的神权思想》，《边疆通讯》1947年第3期；巴莫·阿依《凉山彝族的“晓补”反咒仪式》，《世界宗教研究》1989年第3期。

④ 杨一凡主编《中国珍稀法律典籍续编》，黑龙江人民出版社2002年版。

神判在人类社会各种纠纷解决机制中是脱离复仇式纠纷解决机制后出现的第二种最为普遍和重要的纠纷解决机制。考察人类历史，会发现神判普遍存在于所有民族的特定发展阶段。神判是人类认识发展历程中的产物，很多民族都经历过。神判对人类诉讼式纠纷解决机制最大的贡献是提供以程序主义为内容的形式正义。神判以形式主义为特点得到人类社会中所有民族的接受。在人类社会发展过程中，人类经历了对自身不信任的历史。当人们发现人类自身无法摆脱个人情感等因素制约时，让他人解决纠纷却没有办法保证解决者的绝对公正时，人类在外在、独立存在的世界中可以找到“神”的想象下产生了神判。神判以外在的神为前提，以形式主义为特征，以结果的预定、公开为取向。所有的神判都有严格的形式主义，结果都是公开的、预定的。这样，神判第一次显示了人类理性的取向与特征，满足了人类对纠纷解决中形式主义的需求。西部少数民族在历史上存在形式多样的神判。在西部少数民族中，神判的作用复杂多样，有认定事实、直接产生裁决结果、确保纠纷结果的执行等。从实证角度看，神判的存在还与公共权力组织不发达有关。西部少数民族的神判与其他民族的神判是一致的，如神判过程严格的形式主义，程序步骤严格的公开、预定，审判结果公开、明确，等等。神判的出现除了人类发展中理性追求下的不足外，还与人类对神的认识有关。人类在从原初的无知状态发展到自我认知的状态的过程中，曾经历对外在神高度认同的时期。没有对神的确信，就无法保证神判的有效运作，而神判的消失也是以人类对神的否定为前提的。

第三节　调解式纠纷解决机制

复仇式纠纷解决机制与神判式纠纷解决机制在解决纠纷时具有相当的代价，两种纠纷解决机制在适用时是作为最后的手段使用的，而不是作为纠纷解决的优先手段。西部少数民族在历史上形成了一些更为理性的纠纷解决机制，那就是把纠纷交给当事人以外的第三者进行调解和诉讼审理。调解式纠纷解决机制在西部少数民族中，特别是在一般民众的日常纠纷解决中具有重要的地位，是他们解决民间日常纠纷最常用的方式。此种纠纷解决机制具有很强的理性、世俗性，且很多民族都形成了较为完善的机制。

一、诸民族群体中各类头人调解机制

西部少数民族在自己的历史发展中，以村寨、家族、氏族、部落为基本

单元，在社会生活中构成了较为稳定的以特定地缘或血缘为纽带的社区组织[①]，各种类型的社区头人对社区内部事务具有重大决定权，成了社区社会秩序的维持者、纠纷的解决者、安全的保护者。历史上，西部少数民族社区社会的运行具有高度自治性，甚至是绝对自治性。在他们的社会中，纠纷解决是以村寨、家族、氏族和部落中各类头人为主体的。西部少数民族地区村社头人名称繁多，形式多样，产生途径各不相同，但它们在社区中的功能却很相似，构成了西部少数民族社会中世俗纠纷解决机制的第一级机制。西部少数民族地区少数民族的社会组织形式多种多样，具体名称各有不同，如有溪、洞、源、寨、团、隘等，组成的社会组织有佤族的窝朗制、基诺族的长老制、黎族人的合亩制、毛南族的村老制、彝族的家支制、壮族的寨老制、苗族的鼓社制、瑶族的石牌制和瑶老制、傣族的村社制等。社区头人名称各不相同，有首、头、目、长、老等，如寨老、族长、庙老、伙头、召曼[②]、目老、山官、苏易（凉山彝族的家支头人）、苏温、排头、牌头、火西、土官、理老、款老、都老等。西部少数民族社区头人的产生途径有选举、世袭和委任三种，每种又可分为多种次类型。如选举产生的具体形式有 13 种，分别是口头提名、众人表决、射箭比武选举、比赛酿酒、烧香选举、簸物选举、占卜选举、抽签选举、滚簸箕选举、立蛋选举、斗牛选举、吊石选举和抛铜钱选举[③]。当然，西部少数民族地区在中央政府把治理力量推到基层社会后，它们的社区结构会因国家开始设立基层社会组织，如里甲制、保甲制及乡约制等而发生变化。但由于中国古代特有的社会结构形式，国家在设立各种类型的基层社会组织时，很多时候这些基层社会管理人员仍然由各少数民族社区传统头人兼任，出现他们社区的头人同时兼任中央政府设在地方的基层社会管理人员的现象。

东北地区鄂伦春族社会组织是父系氏族公社的“穆昆”。穆昆是以血缘为基础而形成的男性成员组织。“穆昆达”（氏族长）是穆昆组织中为人正

---

① 西部少数民族地区社会结构多数是一种以村寨为基本结构的社区，可以称为村寨、村社社会。当然，像吴文藻先生指出的那样，也可称为社区。他认为“社区即指一地人民的实生生活而言，至少包括下列三个要素：人民；人民所居住的地域；人民生活的方式，或是文化”。（王同惠著《广西象县东南乡花篮瑶社会组织》，商务印书馆 1936 年版。）

② 布朗族村寨头人称为“召曼”。召曼通过三次抽签产生，即让所有适年青年在佛教长老的主持下进行抽签，三次中两次抽到写有“召曼”的人出任该职。

③ 参见张冠梓著《论法的成长》，社会科学文献出版社 2002 年版。

直、办事公道、狩猎经验丰富的老年人。他们的职能之一是审理组织内的各类社会纠纷[①]。达斡尔族的社会组织称为“哈拉”和“莫昆”。哈拉内部限制通婚。其中，“莫昆达”是这种社会组织的长老，审理本组织内的社会纠纷。

历史上，西部少数民族中，西北少数民族多有部落社会组织。在他们的社会纠纷解决中，部落首领是主要的审理者。哈萨克族社会实行部落制度。部落基层组织“阿吾勒”。“阿吾勒长”是本组织中的社会纠纷的解决者。阿吾勒长通常由较为富有、较有经验的长者担任，他的名字也就是阿吾勒的名字。阿吾勒长亦负责调解内部成员纠纷，出面交涉与其他阿吾勒之间的争执等[②]。青海海南藏族自治州同仁县土房浪加部落设“红保”（百户）一人，世袭祖传，管理行政事务。下设“老兰”九人，多是由年长并又有势、有钱、有威望，能说会道者担任。红保和老兰是部落内部纠纷解决者。部落内部产生纠纷后，由红保、老兰住在双方当事人家中调解。两方都要供吃供喝，直到事情了结为止。与其他部落发生纠纷时，由红保召集老兰协商解决。

西部少数民族在各自的历史发展中形成了世俗的村社自然头人的纠纷解决机制。这种纠纷解决机制形式、种类繁多，成为西部少数民族纠纷解决机制中世俗解决机制的组成部分，是他们社会纠纷解决中最有效的部分，承担着西部少数民族内部绝大多数纠纷的解决，有些时候是所有的纠纷解决任务。如西北地区藏族、裕固族、土家族的纠纷主要由部落尊长解决。苗族的理老评裁制[③]、瑶族的石牌头人和瑶老制、景颇族山官及苏温解决机制、布朗族的召曼头人、阿昌族的家会制度[④]，等等。西部地区壮族、瑶族等的村寨头人能把本地少数民族内部社会纠纷有效消解。“有所争不决，则推其乡高年众所严事者往直之，谓之叫老。老人以为不宜，则罚酒食分飧谢罢，故瑶人讼，鲜至官府”[⑤]。广东地区的瑶族有相似记载，“有事交争，则延邻里责让之，名

---

① 《中国民族问题资料・档案集成》（第56卷），中央民族大学出版社2005年版。

② 薛宗正主编《中国新疆古代社会生活史》，新疆人民出版社1997年版。

③ 苗族中的理老有三个级别，分别是解决村寨内纠纷的理老、解决重大纠纷的理老和处理某个地域内重大纠纷的理甲或理贾。

④ 家会制度是阿昌族中的一种家族组织，是解决各氏族间纠纷的机制。

⑤ （嘉庆）《广西通志》卷二七八，《列传》二三《蛮夷一》。

曰放酒。其不直者，罚输放酒钱，犯奸者则鞭扑”[①]；“号为瑶甲，以后瑶族事无大小，听其公断，本中夜不闭户，路不拾遗，偷盗欺凌，杀无赦”[②]。清代赵翼在广西镇安府为官时，两年仅坐堂审理诉讼两起，自叹民风淳朴。然而究其原因，主要是当地少数民族把纠纷交给了村寨头人解决。“镇安府在粤西之极，西与云南土富州接壤……然民最淳，讼狱稀简。县各有头目，其次有甲首，如内地保长之类，小民视之已如官府。有事皆先诉甲目，跪而质讯。甲目不能决，始控头目，再不能决，始控于官，则已为健讼者矣”[③]。新中国成立前，民间村寨头人成为西部少数民族地区民间纠纷解决主体，只是村寨头人的身份在不同时期、不同民族中略有不同，特别是在国家力量介入后，往往以保甲长、乡约等身份出现，他们本质上是各民族的传统头人。新中国成立前，西双版纳地区的“人民遇有田土、婚姻、口角，及冤抑不平之事时，即往投之。保甲受理，便僻壤双方当事质问。谈判场所，是借民房。通常原被两不同室，距远尤远。原告发言，被告不知，被告发言，原告莫闻”[④]。这里指出了西双版纳地区傣族社会当时的纠纷解决的基本机制。这里的保甲长就是他们传统社会结构中的头人。因为西双版纳傣族社会中乡一级中有火西头人及村社议事会“贯”。其中，村社议事会具体由“波曼”（寨父）和“咩曼”（寨母）及若干头人共同组成。他们在景龙金殿国地方政权中被任命为“帕雅”“鲊”等，基本职能是“管理村社民众的婚姻和解决民事纠纷等”[⑤]。这些基层头人成为基层社会纠纷的重要解决者。“波郎所管辖的村寨地域内，凡一切民事纠纷和诉讼，村寨当权头人解不了的，就报告波郎处理，处理不了才转报议事庭”[⑥]。这构成了西双版纳地区当时的基层社会纠纷解决机制的结构。

---

① 〔清〕姚柬之编纂《连山绥瑶厅志》卷四《风俗》。

② 刘运锋《乐昌县志》卷三《地理志三·风俗·附瑶俗》。

③ 〔清〕赵翼撰《粤滇杂记》，载《小方壶斋舆地丛钞》（第八帙），杭州古籍书店1985影印本。

④ 云南省西双版纳地方志办公室编《西双版纳傣族自治州志》（下），云南省地矿局2003年印。

⑤ 云南省编辑委员会编《西双版纳傣族社会综合调查》（二），云南民族出版社1984年版。

⑥ 云南省编辑委员会编《西双版纳傣族社会综合调查》（二），云南民族出版社1984年版。

怒江地区的傈僳族主要由头人、老民、村约、乡约[①]等负责解决纠纷。“傈僳彼此间之诉讼事件，较小者由地方保甲长或村中老民予以调处，案情重大者或经村中头人、老民调处”。此处说明头人、老民是傈僳族的重要的内部纠纷解决主体。这些头人、老民在解决纠纷时“两造各以一碗酒、一只鸡致献，于是原告蹲左、被告踞右，先由原告取长寸许之竹片若干节，逐条诉陈理由。原告诉毕，复由被告诉陈理由。中席之判事者，倾耳静听，待两造诉毕，判词已成竹在胸，于是按是非情理，予以判决。罚金分交胜诉者或地方公益事业。两造服判后，不仇视，不嫉妒，转而相邀吃‘和气酒’”[②]。傈僳族社会中氏族族长和头人拥有绝对权力，氏族、村社的各种事务主要由族长或头人管理。傈僳族社会中产生纠纷时，一般先由族长、头人或其他有威望的人以口头方式进行调解。如果家庭、氏族、村寨间发生了较为严重或复杂的纠纷，族长或头人往往将纠纷当事人集中到公共场所，以类似司法官员的身份来审理纠纷。傈僳族传统的解决纠纷机制称为“摆干干”，具体是解决纠纷时用小木棍、小竹片记事。当事人陈述理由被认可后，就放一根木棍或一片竹片。其中摆篾片阵较有特点，记载说竹片长约 15 厘米，宽 1 厘米。解决纠纷双方在陈述理由时各方都是陈述一条摆一片篾片，最后双方通过数篾片的多少来决定输赢。此外，还有用木刻的，“公断人当着人高声诵述被断的各条断词。诵述完一条则用小刀刻一个印，按断词条款逐条断词。诵述完一条则用小刀刻一个印，按断词条款逐条诵述，在木条上顺序刻下去，直到诵完断词为止”[③]。木刻作为审理人的依据被审理人收藏，若出现当事人一方否认和反悔时，就用木刻作为依据。此外，还有用苞谷粒的。解决纠纷时各方面前分别摆一只竹筒，哪方陈述一条理由便由头人往其竹筒里放一粒苞谷，最后通过数苞谷粒的多少定输赢。调解结果由审理者当场宣布，并刻木为凭。现在，怒江州福贡县文管所保存有一块木刻，据当地人介绍，这块木刻是因审理一件婚姻纠纷案而做。上面较为详细地描述了傈僳族社会中由传统社区

---

① 傈僳族的村约、乡约与汉族地区由国家设立的基层人员不同，他们是傈僳村寨自卫组织中所设的一种自治人员。

② 怒江州地方志办公室编《怒江史志资料》（第 1 辑），怒江州地方志办公室 2003 年印。

③ 政协怒江州委员会文史资料委员会编《怒江文史资料选辑第一至二辑摘编》（下卷），德宏民族出版社 1994 年版。

头人解决纠纷的过程。贵州地区苗族是“诸寨共于高坦处造一楼，高数层，名聚堂。用一木杆长数丈，空其中，以悬于顶，名长鼓。凡有不平之事，即登楼击之。各寨相闻，俱带长标利刀，齐至楼下，听寨长判之”。

云南景颇族中解决纠纷的是村社苏温（又称为波勐）和长老[①]、上级山官，形成村社头人、山官与村社头人、山官委员三级纠纷解决机制。当一个村寨内出现轻微刑事和民事纠纷时，往往由寨头和各姓长老出面解决。这类纠纷具体是村寨内的口角、偷窃、婚姻、债务及土地纠纷。当事人不服可以向山官申诉。山官在调处村社内纠纷时往往与村社头人组成调解委员会。清末王子树山官早乐东“每当解决纠纷时，他把常用的一块篾席铺开，酒筒摆上，请岳家兄弟和有声望的老人参加。听完双方申诉之后，他先提出自己的解决方法，再征求岳家兄弟和村寨老人的意见，说：‘这样定是否合理?’得到多数人的支持时才最后裁决”[②]。这体现了山官头人在解决纠纷时采用的基本模式，它实质上是一种委员会制。

西部少数民族村寨纠纷解决机制除了村寨头人解决外，还存在通过一些更高级别的委员会解决纠纷的机制。调解委员会制度是西部少数民族内部解决自身纠纷的重要机制，它体现了一种原始民主制度。这种委员会机制是解决村寨家族及村寨之间重大纠纷的机制。如景颇族产生重大纠纷时由双方当事人的所管山官及其他山官组成调解委员会；凉山彝族家支内部若遇到重大纠纷时会组成“蒙洛”“蒙格”或“吉尔吉铁”调解委员会[③]。这种委员会解决的是“本家支的人命事件、杀外家支的人要赔命价、本家支的人通奸”等[④]。如家支内通奸等重大纠纷则组成“吉尔吉铁”委员会审理。西部少数民族村寨级社会纠纷解决机制中的最高级别是由头人、老人组成的纠纷解决委员会。他们承担着西部少数民族地区土司政权及流官政府介入前的解决重大纠纷的任务。在没有土司、土官地方政府的纠纷解决机制及流官政府的纠纷解决机制之前，西部少数民族以此委员会为世俗最高纠纷解决机制。清朝

① 长老指各村寨中有势力的家族中的长辈。

② 德宏州政协文史组编《德宏州文史资料选辑》（第四辑），德宏州政协文史组 1985 年印。

③ 彝族的此种委员会分有两个级别：由家支头人组成的委员会及由全体家支成员组成的委员会。

④ 杨一凡主编《中国珍稀法律典籍续编》，黑龙江人民出版社 2002 年版。

末年广西金秀瑶《罗香七村石牌》规定“如村中田地山场界限不分明，争斗打架，即由父老调处。若不能解决，再请邻村父老调处。若不能解决，邻村父老同本村父老负责担保，不准斗争，和平解决”①，即纠纷最终由本村父老及邻村父老组成委员会解决。

西部少数民族中有些民族在历史上已经形成了相应的地方政权，如贵州的罗殿鬼国、西双版纳的景龙金殿国及各类土司政权，他们往往任命各类村社头人，把纠纷交给他们解决。傣族土司政权中有圈（相当于现在的乡）官审理圈内纠纷。《芒市边民的摆》中记载德宏地区芒市“全境共分八干，每干正副管理各一人，叫作干头和干尾，总理干内各村寨的行政事务，如征收租谷、摊派捐款、早派夫役及调解纠纷。干以下，各村寨又设管理一人，称老辛，其秉承干头来执行一切事务”②。老辛、干头成为当地村社组织的纠纷调解者。

西部少数民族纠纷解决机制中此类纠纷解决机制得以存在与长期保留，主要是因为各少数民族在国家设立流官县级政权以前，主要的社会治理者是村寨头人。在改土归流后，国家设立了县级，甚至是里甲级社会组织。但西部少数民族由于各种原因，仍然会制定乡规民约，或者地方政府出于少数民族内部纠纷由内部解决的动机，会制定相应法令承认村寨头人的此种纠纷解决权。

首先，西部少数民族制定自己村寨的乡规民约时明确规定产生纠纷时先由村寨头人解决，不能解决时再交给上级机构，特别是地方流官政府。清朝道光二十六年（1846 年）《安龙阿能寨布依族公议碑》中规定“禁有口角细故，要经头人，不可枉控”③，明确规定本寨纠纷先由本村社头人解决。道光二十九年（1849 年）瑶族《龙脊乡规碑》中规定“各村或有小事，即本村老者劝释更（便）宜可也”④。光绪十七年（1891 年）《潘内寨团律乡约碑》明确规定“议地方遇有大小事务，准请甲头及公举之老人，再三理论或判不清，方可兴讼。倘有刁顽之辈，不由分论，而擅词讼控者，地方合具公呈，毋得

① 黄钰辑《瑶族石刻录》，云南民族出版社 1993 年版。

② 田汝康著《芒市边民的摆》，云南人民出版社 2008 年版。

③ 杨一凡主编《中国珍稀法律典籍续编》，黑龙江人民出版社 2002 年版。

④ 杨一凡主编《中国珍稀法律典籍续编》，黑龙江人民出版社 2002 年版。

推诿”[①]。宣统二年（1910 年）《册享者六众寨合气协防合同》中规定“凡寨内有不平争端，不论大小事件，必当凭寨老理明排解。若冒渎不明，突然具控经官，众公罚钱千文”[②]。从这些乡规民约中可以看出，在封建社会，西部少数民族在纠纷解决中虽有封建国家正式的诉讼机制可以利用，但很多时候民间社会还是首选在本民族、本村寨内解决纠纷。有些时候，在乡规民约中甚至将由本村寨头人解决作为必需的程序，否则要受到处罚。咸丰五年（1855 年）《有食上村村规民约碑》中明确规定“凡钱账田土，互相口角，必先通知老人。倘有借事生端，妄经官府者，必究”[③]。同治二年（1863 年）布依族制定的《丫他八窝齐团合同》中第二条规定“如婚姻、田土、口角细故、大小事件，各寨各劝了解。倘有抗拗，解团理论，公同处治”[④]。此处把社会纠纷解决限定在村寨头人及乡团内部。

其次，中央与地方官员会分别颁布法律承认村寨头人在该社区纠纷解决中的优先权。乾隆七年（1742 年）湖广总督孙嘉淦提出对苗族的纠纷解决上应由苗族头人解决：“夫苗人散居而无统，故各服其头人，其势然也。凡作奸寓匪之处，兵役侦之而不知者，头人能知之；斗争劫杀之事，官法绳之而不解者，头人能调之。故治苗之道，治其头人而已。但头人甚众，不可无所统摄，应于各寨之中，用其头人立为寨长，一峒之中，取头人所信服者立为峒长，使各约束寨长而统于县令。众苗有事，则寨长处分而息之，寨长所不能息者告之峒长；峒长所不能息者告之县令。”[⑤] 嘉庆十九年（1814 年）在《治瑶洞律碑记》中有“查苗瑶风俗，当素朴实称意，不知有构讼。一切婚姻田债，许其该管洞寨处理”[⑥]。这里地方官员公开承认村寨头人具有调解本村寨内部民事纠纷的权力。《乡党禁约碑》中有“禁婚姻坟墓争端之事，宜村发现解纠纷不息，经鸣头甲公断。如不遵者，宜甲头带告，送官究治”[⑦]。此类规

① 杨一凡主编《中国珍稀法律典籍续编》，黑龙江人民出版社 2002 年版。

② 黔西南布依族苗族自治州史志办编《黔西南布依族清代乡规民约碑文选》，黔西南布依族苗族自治州史志办 1986 年印。

③ 杨一凡主编《中国珍稀法律典籍续编》，黑龙江人民出版社 2002 年版。

④ 黔西南布依族苗族自治州史志办编《黔西南布依族清代乡规民约碑文选》，黔西南布依族苗族自治州史志办 1986 年印。

⑤ 故宫博物院明清档案部编《清代档案史料丛编》（第 14 辑），中华书局 1984 年版。

⑥ 杨一凡主编《中国珍稀法律典籍续编》，黑龙江人民出版社 2002 年版。

⑦ 杨一凡主编《中国珍稀法律典籍续编》，黑龙江人民出版社 2002 年版。

范在清朝存留下来的地方官颁的规约中较多。《章程永固碑》中有“地方如有雀角事故，必经团理剖曲者公罚，不得恃横抡控”[①]。这些地方官员颁布的规约承认并强化了村社头人在村社纠纷解决中的地位。

二、少数民族内部专业人士与特定人员调解机制

在历史发展中，有些民族已经分化出专门的纠纷解决主体，提供相对专业的纠纷解决服务。这种群体较为典型的有凉山地区彝族的德古，苗族的行头、赛老，瑶族的款头等。西部少数民族在纠纷解决机制中存在特定人员调解机制，其中最有代表性的是妇女在纠纷解决中的特殊作用与地位。

（一）特定专业人士调解机制

西部的一些少数民族中形成了专门的纠纷解决主体，他们不是村寨中的头人，而是村寨中专门解决纠纷的人员。哈萨克族中的“比”是特殊阶层，多出自富裕平民家庭。他们能言善辩、娴于辞令，熟悉哈萨克习惯法，善于处理各种诉讼案件，是部落中纠纷的专门解决者。东乡族调解者称为“乡老”。“乡老”不是固定的职业，也不要报酬，一般以中、老年人为多。“乡老”有自愿、自发担任的，也有当事人双方聘请的。当“乡老”要苦口婆心，秉公办事。乡老们把那些积习不改者看作坏汤之鼠。受村里不成文规矩的制裁，隔壁邻居都与其绝交，即使遇婚丧大事，亦无人往来[②]。从这些人在纠纷解决中的作用、地位看，他们都是专业人员。闵叙在《粤述》中记载苗瑶等族有“赛老者，即本地年高有行之人。凡里中是非曲直，俱向此老论说，此老一一评之。如甲乙俱服，即如决断；不服，然后讼之于官。当其论说之时，其法颇古。甲指乙云，某事如何，赛老则置一草于乙前；乙指甲云，某事如何，赛老又置一草于甲前。论说既毕，赛老乃计算而分胜负”[③]。在《蛮司合志·湖广》中有相似记载：“争讼则推一人断曲直，曰行头。曲者絓以筹。计所絓多则掷筹三，曰天减一，地减一，行头又减一。然后，责赎其作者。”明朝田汝成《炎徼纪闻》中记载“苗人”产生纠纷时，解决的机制是“推其属之公正善言语者，号曰行头，以讲曲直”[④]。广西壮族“有争，以年高位寨老

① 杨一凡主编《中国珍稀法律典籍续编》，黑龙江人民出版社2002年版。

② 《中国民族问题资料·档案集成》（第62卷），中央民族大学出版社在2005年版。

③ 〔清〕闵叙《粤述》，载《小方壶斋舆地丛钞》（第七帖），杭州古籍书店1985影印本。

④ 〔明〕田汝成撰《炎徼纪闻》卷四《蛮夷》，广西人民出版社2007年版。

判断，不能平者，始告诸官。通常的纠纷，不经官断”[①]。从大量史料上看，此类纠纷解决的人员已经出现专门化了。

西部少数民族地区由特定专业人员解决纠纷最典型的是凉山地区彝族社会中德古。德古在当地彝族社会中的作用可以从“汉区的官府，彝区的德古”，“德古睡觉不理事，纠纷就会闹翻天”的格言中看出。“德古是对调解纠纷者的泛称，源于远古彝族氏族社会职能中专事调解纠纷的‘莫’这一职级”[②]。任何人都得服从“德古”调解案件的结果。按1956年的民族调查，美姑县德古可以调解的纠纷有“与外家支的冤家械斗、债务纠纷、婚姻纠纷、杀人及赔命价、拴人或盗窃、分绝产、土地纠纷等”[③]。彝族社会中的德古的来源不受等级限制，黑彝、白彝以及家奴都可以成为德古，其产生条件是对彝族习惯法、案例十分熟知，并且为人公正、能言善辩。“苏易并非选举产生，而是由于常调解事情，主持公道，因而在群众中有威望，群众常找他调解事情，因此自然产生。苏易的地位不能世袭”[④]。所以把德古当成专业化纠纷解决人员，他与毕摩作为祭祀群体，与家支头人苏易等人都不同。德古调解案件的结果任何人都得遵从，彝族社会有“穿草衣的不怕披毛披毡的”[⑤]；“最没有名望的人调解成功的纠纷，即使是最有名望的人也不能重新进行调解”[⑥]；“三岁孩子说好的纠纷，六十岁老人也不能改”；“用金子做腰带的人，推翻不了用麻绳做腰带的人调解成功的纠纷”[⑦]。对德古在彝族社会中的纠纷解决功能，学术界已经有不少研究[⑧]。怒江地区白族支系那马人的“此莫”在纠纷解决中的作用与德古相似，他们不是

① 〔明〕田汝成撰《炎徼纪闻》卷四《蛮夷》，广西人民出版社2007年版。

② 彝族将调解纠纷、审判案件的人称为“德古”，将“德古”所从事的法律事务，称为“莫”或“莫木搓”“莫萨”“草图莫机”“莫木萨休”“木呷牛呷”等等，即对从事调解纠纷及审判案件之事，不称作“德古”，而称为“莫”，德古是对从事“莫”者（调解纠纷者）的总称。

③ 杨一凡主编《中国珍稀法律典籍续编》，黑龙江人民出版社2002年版。

④ 杨一凡主编《中国珍稀法律典籍续编》，黑龙江人民出版社2002年版。

⑤ 穿草衣是指在彝族社会中平民和家奴阶层，披羊皮是指黑彝阶层。

⑥ 以上所引见白芝、尔姑阿呷《凉山彝族习惯法》，《彝族文化》1999年刊。

⑦ 海乃拉莫等《凉山彝族习惯法案例集成》，云南人民出版社1998年版。

⑧ 近年学术界对凉山德古的性质、地位及在纠纷解决中的作用的研究很多，基本共识是德古是凉山地区彝族中专业分化出来的纠纷解决者。他与苏易（家支头人）、毕摩（宗教人士）都不同，三者构成了凉山彝族传统社会中的三大传统权力主体，维持着凉山彝族的传统社会秩序。

世袭的，是自然形成的，负责整个社会中世俗纠纷的解决。云南德宏陇川阿昌族中的“乌蒙作”，意思是村寨中的老人，即寨老，具有专业解决纠纷的功能。“乌蒙作”是那些专门负责解决村寨内纠纷的人员，并不是每个老人都可以当，出任人员是德高望重、能说会道、主持公道、有一定办事能力、为各姓氏所公认的老人。他们与阿昌族社会中的村寨头人不同，村寨头人称为“作借”。这些民族中的特定专业人员肩负着在本民族中解决社会纠纷的任务，成为本民族社会中纠纷解决的专业人员。

（二）特定人员调解机制

西部少数民族在历史上存在妇女在特定情境下调解特定纠纷的机制。这里把妇女调解纠纷的机制作为一个种类分析是因为这种纠纷解决机制与前面的专业人员调解机制不同。妇女在特定情境下调解纠纷不是因为她们的知识与技术，而是她们的性别与社会关系。因为妇女当时在很多民族社会中承担着人口生产的重任，所以在械斗中保护妇女是让人口得到恢复的基本前提。当然，还有妇女的社会关系，那就是母亲家族。若伤害妇女，会导致她母亲家族卷入械斗，让不停战的一方受到两股力量的打击。凉山彝族中若妇女调停时不停战，妇女会采取两种措施，“一是当阵自杀，另一是脱下裙子，表示被两军所辱。这样，女方的亲戚，便可不问是非曲直，联合起来向不愿停战的一方攻击，为这女子复仇”[①]。从史料记载看，这种纠纷解决机制在西部少数民族中较为普遍。贵州、湘西等地“苗人”群体中存在大量此方面的记载。如，田雯撰《黔书》记载：“生苗、红苗，若同类相杀，以妇人劝方解。”云南滇西北地区诸民族中，如纳西、傈僳、藏等民族在产生纠纷时，特别是械斗时妇女可以在特定情况下进行调解。李京《云南志略》记载“末些蛮”（纳西族）“少不如意，鸣钲相仇杀，两家妇女中间和解之，乃罢”。《滇海虞衡志》中记载“么些……少不如意，鸣钲鼓相仇杀，妇女投场和解，乃罢”[②]。明朝万历时李元阳《云南通志》卷四中记载“境内夷么些、古宗……相仇杀，两家妇女投皆和解乃罢”，就是发生械斗时，只要双方妇女出来调解，纠纷可以和解。海南黎族“其俗最重复仇，名算头债。然不为掩袭计。先期椎牛会众，聚竹箭三，刃其干，誓而祭之，遣人赍此矢告仇。辞曰：‘某

① 李文海主编《民国时期社会调查丛编·少数民族卷》，福建教育出版社2005年版。

② 〔清〕檀萃辑，宋文熙、李东平校注《滇海虞衡志校注》，云南人民出版社1990年版。

日某时相报，幸利刃煅矛以待。’仇者谋于同里，亦椎牛誓众如期约。两阵相当，此一矢来，彼一矢往，发毙其一而后已。或曲在此，曲者之妻于阵前横过，呼曰：‘吾夫之祖父负汝，勿毙吾夫，宁毙我可也。’其直者妻呼其夫曰：‘彼妻贤良如是，可解斗。’亦即释焉，如已报矣。若力微不能敌，则率同里避之。报者至，见无人相抗，即焚其茅苹曰：‘是惧我也，可以雪吾先人耻矣。’凯还不再出”[①]。从这里可以看出黎族人已经把械斗仪式化，转化成较为理性的选择。当事人可以选择不同方式来结束纠纷，从整体上看至少有三种：有人被射死；一方妇女出来调解；当事人一方不接受械斗。

西部少数民族地区基层社会中的纠纷解决机制很发达，形成了所谓的“瑶杀瑶，不动朝；僮杀僮，不告状”[②] 的纠纷解决局面，让他们可以在相对自治中维持社会的运行。

三、土官土司调解机制

西部民族地区历史上，中央政府广设土官、土司，即任命少数民族中各类首领为当地各级地方官员。从秦汉时期的边郡县制到唐宋时期的羁縻州县制，再到元明清时期狭义上的土官土司制，西部少数民族地区一直存在由本民族头人出任当地官员的制度。西部少数民族地区土官土司在官职上承担纠纷解决的有土府、土州、土县、长官司、巡检司等。土官土司的性质较为特殊，构成了当地社会纠纷解决中的重要组成部分。土官土司在解决纠纷中存在两种类型，即调解与诉讼。当然，采用调解解决纠纷的主要是小土司。此外，部分相当于县州府以上的土司在解决纠纷时，也采用调解形式。这里先分析上官土司的调解纠纷解决机制。

西北土族由土司统治。土司的舍房由土司派家族中的人来做家长，家长在舍房中被认为是最高贵的。家长可以管理族户内的诉讼、粮差、款项、婚丧等事。家长解决不了的事件，则转交土司处理。明万历时龚一清针对广西三江县的《善后六议》提出“分设土舍，以束诸瑶。怀远大徭峒二，峒置六刀，付与各酋。每徭犯法，请刀行诛”。该县志中解释是，“县境瑶、壮、伶、侗，蟠据山谷，耐杀喜斗，向示羁縻，不习官法，为以彝治彝计，乃设六刀酋长，缘大瑶峒二峒，置六刀，付与各酋，每瑶犯法，请刀行诛”[③]。这里把

① 〔清〕屈大均撰《广东新语》卷七，黎人条。

② 〔明〕王士性撰《广志绎》卷五《西部诸省》，中华书局 1997 年版。

③ 广西壮族自治区编辑组编《广西侗族社会历史调查》，广西民族出版社 1987 年版。

当地社会纠纷交给由中央任命的土官，土官调解机制成为当地社会纠纷解决中的重要机制。“僰夷不知文字，惟以木刻为符，各执其半。如约赏酬，毫发无爽，如有不平赴酋长口讼，以石子计其人之过。酋长因而训之，使改，不改则死”[①]。这里采用调解解决纠纷。德宏地区傣族的土司调解机制成为元明清时期该地区重要的纠纷调解机制。“芒市边民地区，遇有重大案件直接由土司审断，但土司处理民事案件，须收纳坐堂费，数目大小以案情为转移。根据案件的判决比例来看，在当地遇有民事案件，大都调解了事。刑事案件则从习惯。然在此比例上，刑事案件仅占极少部分”[②]。这里体现了德宏地区在纠纷解决上土官土司调解机制是重要的解决机制。新中国成立前，西双版纳地区在改革当地诉讼时规定各勐土司“民刑诉讼专归委员审理裁判。虽边民习俗，民事仍报该管土司叭目在议事庭诉理调度”[③]。这里把西双版纳地区的民事纠纷交给土司调解。怒江地区各民族在元明清时期归土司管辖，由于流官政府没有进行有效的管理，“故土司之权力甚大，边民之贡赋、诉讼、抚绥、教化，均由土司办理之”，以致当地“傈傈彼此间之诉讼事件，较小者由地方保甲长或村中老民予以调处，案情重大者或经村中头人、老民调处，原告不服者，则报请所属土司、乡公所或县政府、设治局审理”[④]。嘉庆二十四年（1819年），迪庆地区发生归化寺大喇嘛、觉厦、八康参、十六名老僧和僧众1200名控告小中甸境“夷民”温布洛单、松那九、松那扎什等不领沙盐、不交纳柴驮等纠纷，此诉讼提到当时丽江府分驻中甸“抚夷府”。虽然此案是“本府再三开导，无如二比（双方）一词，纷纷执拗”，最后是“今据农布土守备、大中甸境千总（温布登珠）、小中甸境士千总齐礼培初、土把总松那齐礼、恩珠诺布从中劝解，小中甸康参130个僧众情愿代认去五属卡每年夷民所领沙盐，以及供应柴驮”，双方才“二比和息，具结前来”[⑤]。由此看本案是由地方土司调解，可以看出土司调解机制成为当地社会纠纷解决中的重要机制。在元朝后，西部少数民族地区土官土司调解机制成为各民族纠

① 天启《滇志》，《羁縻志·第四·僰夷风俗》。

② 田汝康著《芒市边民的摆》，云南人民出版社2008年版。

③ 云南省编辑组编《傣族社会历史调查》（西双版纳之九），云南人民出版社1988年版。

④ 怒江州地方志办公室编《怒江史志资料》（第1辑），怒江州地方志办公室2003年印。

⑤ 参见《中甸藏文历史档案资料汇编》，云南民族出版社2003年版。

纷解决中的重要调解机制之一。

四、宗教人士调解机制

宗教人士在西部少数民族纠纷解决机制中的作用较为明显。这里的宗教是广义的，包括少数民族各类原始宗教。宗教对西部少数民族的影响在元朝李源道《创修圆通寺记》中有较为深刻的说明："滇以南俗尚狰狞，喜格斗攻敚，刑教所不能束，而奉三宝尤至，户有梵宇，昕夕熏燎，钟磬相闻，少老牢自持律，不轻毙一蚁，岂非三恶、八难、十缠、九恼之戒，有以革其面而律其心矣。"[①] 西部少数民族对各类宗教的信仰较为虔诚，所以宗教人士在西部少数民族的纠纷解决中的作用较为明显。西部少数民族地区的宗教人士包括原始宗教人士，如北方蒙古族的萨满，西北藏族的本教人士，东巴教的东巴，彝族的鬼主、毕摩，佤族的魔巴，景颇族的董萨，道教的道士（如瑶族的道公），佛教的僧侣，近代基督教的传教士等。

历史上，西部少数民族的宗教人士在纠纷解决上的作用主要有两个方面：一是参与各种纠纷解决，特别是神判。西部少数民族在举行神判时都由各类宗教人士主持。二是宗教人士直接调解纠纷，成为纠纷的直接解决者。这里主要分析第二种纠纷解决机制下宗教人士的作用。这些宗教人士由于自身的特殊性，在西部少数民族的纠纷解决机制中成为重要主体，其中最典型的是伊斯兰教神职人员、佛教僧侣。新疆很多民族全民信仰伊斯兰教，宗教人士成为纠纷的主要解决者。如塔吉克族，在克仑家担任"阿尔钦"[②] 的时期内，蒲犁分为十四个庄，每个庄各有卡孜（管宗教法律）、阿尔巴甫（千户长）、阿克萨格尔（百户长）、翁巴什（十户长）。卡孜按宗教法律处理债务、离婚、纠纷等诉讼。他所不能解决的案件送到香比该（负责处理诉讼）处去审判，如果再不能解决就送到副、正阿奇木伯克那里去处理。卡孜由懂得宗教法律的人担任，由阿奇木伯克任命，群众可以提名。藏族与傣族由于明清时期全民信仰佛教，僧侣成为纠纷解决的重要主体[③]。在塔什库尔干塔吉克自治县大同乡小同村，"阿兰姆"是全村唯一的专职宗教职位，一般由群众推选熟

① 杨世钰主编《大理丛书·金石篇》(10)，中国社会科学出版社 1993 年版。

② 塔吉克语，即维吾尔语"阿奇木伯克"的意思。

③ 内蒙古自治区编辑组编《达斡尔族社会历史调查》，中央民族大学出版社 2005 年版。

悉宗教经典和仪式的人担任。村内的社会纠纷由他按宗教法律处理①。

在西部民族地区，佛教是藏族、傣族信仰的宗教。傣族地区出现械斗纠纷时，只要和尚及巫师坐其间，械斗就停止。藏族佛教僧侣成为纠纷解决的重要主体。《滇海虞衡志》中记载“古宗……强悍难治，纠众互斗，喇嘛排解乃散”②。“虽土司亦无如之何，必得赖喇嘛从中劝和，偿还数十年前死过命价，抢过牛马，对佛盟誓，方始解释。遇有命案，土司将凶手收押黑房，逃往喇嘛寺抱住幡竿，可免收押”③。寺院和喇嘛在迪庆藏族聚居地区取得对民众纠纷的调解权至少在清朝建立时就开始。余庆远在《维西见闻录》中载“其性强悍，偏执而能制，稍不如意，则纠党互斗，喇嘛排解之乃散”。这说明喇嘛在当地社会纠纷解决中的作用。

历史上，在果洛地区，若部落头人组织到外部落去抢牲畜与财物，两部势力悬殊，弱部无可奈何，只要有力抵抗，都要追赶争斗。掠来的牲畜归头人，参加者视其勇敢程度分得一小部分。无论战斗过程中身亡还是被俘受虐致死，都必须赔命价。强部打死弱部的人是长期争斗的仇恨之源，弱部在无力的条件下就积蓄力量，准备复仇。一旦得到和解，双方计算损失，死人赔命价，伤人要赔偿，牲畜财产也要计算赔偿。一般由别的大部的有力的头人和地位较高的活佛出面调解。调解成功，举行仪式喝血酒宣誓消恨，双方都要给调解人“衙门钱”“调解费”，败方要向胜方交“道歉钱”“低头钱”“消恨钱”，调解人签字要收签字钱。所以调解一项纠纷，负担颇为沉重，被判为无理的一方的负担更加沉重。上述各种钱都归头人，而负担由全部落承担。命价一般牧民十二个元宝，合白银六百两或白洋八百余元；小头人和牧主命价为牧民的两倍；大头人又为小头人的两倍；妇女命价为同级男子命价的一半。所有命价的负担，由全部落征派。所以一场械斗后，总有许多牧民破产④。

---

① 内蒙古自治区编辑组编《达斡尔族社会历史调查》，中央民族大学出版社 2005 年版。

② 〔清〕檀萃辑，宋文熙、李东平校注《滇海虞衡志校注》，云南人民出版社 1990 年版。

③ 〔清〕钱召棠纂辑《巴塘志略·杂识》，《中国西部文献丛书（第 1 辑）·西部稀见方志文献》（卷 16），兰州大学出版社 2003 年版。

④ 国家民委《民族问题五种丛书》编辑委员会编《中国少数民族社会历史调查资料丛刊》（第 73 卷），中央民族大学出版社 2005 年版。

在四川阿坝地区，草地藏族分成许多部落，由于部落间的抢夺和争草山，较大部落的统治者与寺院争夺地盘、百姓，经常引起部落间的纠纷和械斗，使藏族人民遭受沉重的痛苦。部落间发生纠纷引起械斗，通常由友邻部落或者与其关系密切的寺院出面调解。例如，唐克和辖曼部落械斗，曾由辖曼寺提出停战，由周围各部落参加调解。也有由较大部落出面调解的，如包座的阿西、求吉两部落和卓仓寺的几年械斗，友邻小部落无力调解，最后由中阿坝土官派特尔多前往调解。铁布各部落械斗，由色赤寺出面调停。纠纷双方感于长期械斗的痛苦及慑于大部落的威力，一般同意调解。达成谅解后，双方要付调解者的旅食等费以表谢意。至于大部落与大部落之间，如夏河、中阿坝、芦花间的械斗，大寺院间如色赤寺、革尔底寺间的械斗，双方力量强大，小部落只能参加助战或保持中立，无法调解。只有待双方械斗伤亡损失严重，或一方失利企图缓兵罢战时，始由大部落当权者（如果洛大土官）或大寺院活佛当权者出面缓和，暂时和解。如芦花和中阿坝的纠纷曾经查理寺活佛进行过调解。宣统二年（1910 年）六月结底村与乃日村发生纠纷时，上诉状中指出“窃缘乃日村霸夺小的牧场，去岁经控于大寺及交沙二处”[①]，这里“交沙”就是“觉厦”的另译，说明解决者是宗教人士。中甸地区归化寺具有审理当地民众民事纠纷的功能。以迪庆地区的归化寺为主体组成的“吹云会议”成为全境内最高纠纷解决机制。瑶族地区记载“瑶甲死前，必以方术授其人，谓之‘渡身’。其人预斋三日，至期有七日功课，竖刀鸣角，略如巫觋，用费破巨，此人即号为瑶甲。以后瑶族事无大小，听其公断，有疾病痈疽，乞其符水治之”[②]。这里指的是瑶族中的宗教人员，他们负责瑶族的纠纷解决。

近代基督教传入西部少数民族地区后，少数民族中教民的纠纷解决机制开始发生变化，主要是教民不再把内部发生的纠纷提到本民族传统纠纷解决机制中寻求解决。如苗族不再通过议榔、寨老解决纠纷，彝族不再通过土目、土官来解决纠纷，傈僳族不再通过“伙头”、族长等来解决纠纷，而是通过布道者或教会中的长老、执事解决教民间的纠纷，使教民从本民族传统纠纷解决机制中脱离出来。《中华归主：中国基层督教事业统计（1901—1920）》一

① 王恒杰著《迪庆藏族社会史》，中国藏学出版社 1995 年版。

② 民国《乐昌县志·风俗》卷 3。

书中记载贵州“各乡村苗族中之信徒多有被任为长老执事各职，此辈为会众领袖，宣讲圣道颇具口才，并管理各乡村中之集会事宜，更能设法使不到会者均能到会听道。各总堂每月有长老会议，凡信徒有不规则行动，即于会中提出讨论云”①。这里后半句说的是教民中有纠纷，由每月总堂长老会议解决。如1951年中央访问团在武定地区调查到当地教会对通奸男女处罚时，女的采用剪光头游村，男的“放大牛”，即抄没家产和驱逐出寨。从这里可以看出，在处罚方式上，教会会采用各少数民族传统处罚方式。此外，报告中还写道，“类似的事情外国牧师在洒普山处理了很多”②。周国华在1942年撰写的《册亨县乡土志略·风俗习尚·宗教》中说：“过去苗夷头脑中只有主教，不知有政府，民、刑案件，均由神父裁决。”云南武定地区的苗族、彝族教民中在产生纠纷时多由教会布道员进行调解。由于当时武定地区十分之七以上的少数民族是教民，导致十分之七以上的当地少数民族间的纠纷由教会内部解决。当教民间有纠纷时，如不先报教会处理，就会受到教会的处罚。这种教民间的纠纷由教会解决的强制性规定，改变了西部少数民族中信教者纠纷解决的方式，脱离了历史中形成的传统处理方式，如伙头、寨老等解决机制，神判等方式。由于纠纷解决机构的变化，导致处罚和纠纷解决方法上的变化。内地也一样，光绪二十七年八月初八日（1901年9月20日）《革职留任河南巡抚松寿奏请将法主权安西满赏给花翎二品顶戴片》中说“法国主教安西满在豫省传教三十余年，与地方官民相处无猜，督率副主教、司铎、执事人等亦能遵守约束，调和民教”③。这里说到传教士处理教民内部纠纷。教会中主持解决教民纠纷的可以是外国牧师和传道长老等，在处理上可以给予罚金或宣布罪状等，甚至出现教会或外国牧师要求地方政府按教会要求处理教民的纠纷等现象。

五、官方调解机制

西部少数民族纠纷解决机制中存在流官政府的调解机制，虽然这种机制在历史发展中经历了渐进式的发展过程，但秦汉以后一直存在着，且这种机

① 《中华归主：中国基督教事业统计（1901—1920）》（上册），中国社会科学院世界宗教研究所1985年印。

② 云南省编辑组编《中央访问团第二分团：云南民族情况汇集》（下册），云南民族出版社1986年版。

③ 朱金甫《清末教案》（第三册），中华书局1996年版。

制在权力位阶上一直处于优势地位，成为纠纷解决机制中最具国家权威性的解决机制。

（一）地方流官政府调解机制

在西部少数民族的纠纷解决机制中，地方流官政府调解机制是重要的纠纷解决机制。从秦朝起，西部少数民族地区虽然存在各种类型的地方民族政权组织，但中央都会在地方设立各种类型和性质的地方流官政府。如秦汉时期的边郡太守、唐朝时期的节度使等。这些地方流官政府由于得到中央政府的支持，在权力上处于绝对优势地位，各地方民族政权是无力与中央政府对抗的。地方流官政府有维持地方秩序，解决地方各民族头人、群体纠纷的权利与义务。地方流官政府解决西部少数民族纠纷有两种形式：调解与诉讼。调解是早期的主要形式，特别是涉及西部少数民族政治性纠纷及重要经济利益的纠纷时，多采用此种机制解决。当然，特别重大的政治案件较早被纳入诉讼解决机制中，到明清时期成为诉讼审理的重要对象。

调解是地方流官政府在解决西部少数民族地区纠纷时较早采用的和较常用的方式。元朝之后，虽然地方流官政府大量把西部少数民族纠纷强制纳入诉讼管辖中，但主要采用调解方式解决。汉朝成帝河平年间，夜郎王兴、句町王禹、漏卧侯俞为争夺领地相互仇杀，最后是牂牁太守陈立设计杀了夜郎王兴，解决了此次纠纷。史书记载地方流官政府在受理西部少数民族地区纠纷时多采用调解的方式，而不是审判。其中最典型的是下面的记载："苗人案件，不肯轻易出官听审，必须文武官弁齐赴两造适中之地，就近唤集，质讯排解。夫所谓排解者，盖取排难解纷之义。其时，两造鲜不倔强，官为之理谕而劝导之，牙郎难复从中解说之，争论逾时，然后渐就消释。否则今日不结，继以明日。明日不能，俟之后日。毋欲速，毋执己见，从容办理，乃获归结"①。这里明确指出地方流官受理苗族案件时，采用的是调解而不是审判。在西部少数民族诸多纠纷中，流官主要是各类土酋、群体之间纠纷的调解者。元明清时期有"苗人不忘九世之仇，往往相杀无已。惟恃流官一诚劝谕，能为息争"，"峒苗仇杀后，汉官为之讲歹。两造各积草为筹，每讲一事，举一筹，理诎者弃其筹，筹多者负者以牛马

① 〔清〕段汝霖撰《楚南苗志》（卷4），岳麓书社2008年版。

偿之，纷乃解”[①]。说明苗族产生械斗纠纷时，中央设在地方的流官以第三者身份采用调解方式解决各民族的纠纷，成为西部少数民族地区仇杀械斗纠纷解决的重要机制。明朝万历年间保州土司彭象乾在任职时，他的异母弟象坤想夺他的职位，永顺土司助他的弟弟，酉阳司冉御龙听到后施救，于是出现相互仇杀。辰州知州瞿汝稷采用的是“传檄开谕，始解”[②]，就是由知州调解此次纠纷。清朝康熙年间乌蒙、威宁两土司相互仇杀，四川巡抚年羹尧遣官员调解，两土司拒绝不出来接受调解，于是上奏中央，派四川、云南、贵州三省督抚出面审理，贵州巡抚刘荫枢先到，派遣官员招谕，“威宁土酋听命，乌蒙土酋亦自缚出就质，咸愿伏罪释仇，苗以无事”[③]。此案在地方大员的主持下采用调解方式解决纠纷。

宋朝在对少数民族地区的纠纷解决上承认“和断”。这种纠纷解决机制由两类人主持：一类是少数民族首领主持调解；另一类是少数民族产生纠纷，由流官主持举行调解，采用少数民族的方式解决。“以诏书犒赏诸羌，阅其人马，为立条约：‘若仇已和断，辄私报之及伤人者罚羊百、马二，已杀者斩。负债争讼，听告官为理，辄质缚平人者，罚羊五十、马一。贼马入界，追集不赴及本族，每户罚羊二，质其首领。贼大人，老幼入保本砦，官为给食；既不入砦，本家罚羊二。’”[④] 这里的“和断”是对少数民族纠纷解决机制的承认，但从中可以看出国家通过“立条约”形式对羌人的纠纷解决机制进行相应规制。元朝张庭瑞任“诸蛮夷部宣慰使”时采用调解方式解决了汉族与少数民族之间产生的人命纠纷。“碉门羌与妇人老幼入市，争价杀人，碉门鱼通司系其人。羌酋怒，断绳桥，谋入劫之。鱼通司来告急，左丞汪惟正问计，庭瑞曰：‘羌俗暴悍，以斗杀为勇。今如蜂毒一人，而即以门墙之寇待之，不可。宜遣使往谕祸福，彼悟，当自回矣。’惟正曰：‘使者无过于君。’遂从数骑，抵羌界。羌陈兵以待，庭瑞进前语之曰：‘杀人偿死，羌与中国之法同，有司系诸人，欲以为见证耳。而汝即肆无礼，如行省闻于朝，召近郡兵空汝巢穴矣。’其酋长弃枪弩罗拜曰：‘我近者生裂羊脾卜之，视肉之文理何如，则吉其兆，曰有白马将军来，可不劳兵而罢。今公马果白，敢不从命。’乃论

① 李文海主编《民国时期社会调查丛编·少数民族卷》，福建教育出版社 2005 年版。

② 彭剑秋编著《溪州土司八百年》，民族出版社 2001 年版。

③ 《清史稿》卷二七六，《刘荫枢传》。

④ 《宋史》卷三一四，《列传》七三《范仲淹》。

杀人者，余尽纵遣之”[①]。张庭瑞处理的方式是调解。盈江县支那石分山官荣氏在清朝咸丰时期与当地傣族发生争土地纠纷，相互仇杀了三年，傣族本想请南甸土司主持解决，但由于战乱，傣族把纠纷提到腾越府，最后腾越府派人到地那坝主持调解。此案是在流官政府的主持下调解解决的。

（二）中央政府调解机制

西部少数民族产生纠纷时，中央政府相关机构会派官员到事发地调解。历史上西部少数民族之间的重大政治性纠纷，特别是涉及不同地方民族政权、土司之间争夺领地、土司职位、土司与地方流官产生的重大政治性纠纷时，皇帝会派出特别使臣到地方来调解，史书上一般称为“诏谕之”。此种解决机制在西部少数民族地区历史上虽然解决的纠纷数量不多，但却是作用重大的解决机制。中央政府对西部少数民族地区族际纠纷，特别是涉及两个少数民族群体之间的纠纷往往采用中央政府居间，派出相关官员进行调解的方式。明朝时滇、黔、川三省交界地区的彝族长年相互仇杀，最后由中央政府出面，召集他们进行居间调解。“万历六年乃令照蛮俗罚牛例处分，务悔祸息争，以保境安民，然终不能靖也”[②]。西部少数民族中此种纠纷解决机制开始较早，秦汉到元朝以皇帝名义处理少数民族纠纷时主要采用此种方式。汉朝成帝河平年间，夜郎王兴和句町王禹、漏卧侯俞为争夺领地相互仇杀，汉中央先派大中大夫蜀郡张匡持节调解，但没有成功。唐宋及之后时期，特别到了元朝，此种纠纷解决机制表现得更为明显。元朝西部少数民族地方政权在性质上转变成中央在地方设立的特别行政机构，各少数民族的地方政府人员成了为皇帝保土安民的地方特别官员，由于这些土官土司的权力与流官有很大区别，他们有权力直接把自己的纠纷提交给皇帝，由皇帝裁决他们之间及与流官之间的纠纷。元朝至元十七年（1280 年）罗氏国主阿察反叛，当云南、四川行省讨伐他时，“八月二十九日阿察遣阿榨、阿麻二人至四川诸蛮夷部宣慰使司自言无反意，但云南平章听我仇人乌锁纳之言，织罗我罪，朝廷不知，我今赴阙，听圣裁”[③]。这里阿察认为自己是被云南行省流官诬陷而被罗织罪名，于是把纠纷交给皇帝裁决。泰定二年（1325 年）威楚、大理等处少数民族起事，云南行省提出军事征伐，但皇帝提出采用“诏谕之”。《招捕总录》上大

① 《元史》卷一六七，《列传》五四《张庭瑞传》。

② 《明史》卷三一一，《列传》一九九《四川土司》。

③ 《招捕总录》（宛委别藏本），中国台湾“商务印书馆”影印。

量记载了西部少数民族地区产生纠纷时，在处理上多用此种方式。当然，调解是有前提的，若不服从则会采用军事征伐的手段。明朝初期贵州水西土司奢香与地方官员马晔产生纠纷，他赴中央把纠纷交给明太祖朱元璋裁决。麓川政权在明初扩张掠夺其他土司领地时，被掠夺者就把纠纷交给皇帝，由皇帝派行人钱古训和李思聪来调解。麓川政权内部产生权力纠纷时，思伦法就到明太祖朱元璋处控诉，明太祖派沐春派兵代表自己进行调解。清朝时这种纠纷解决机制可以适用到一般民众之间，即西部少数民族若有不平的纠纷可以到北京告御状，由皇帝派大臣或者下诏让地方大员代表自己出面调解，调解后把结果报告皇帝认可或裁决。除了皇帝外，中央政府的相关部门也会采用这种方式调解西部少数民族地区的纠纷。

西部民族地区各民族在历史发展中受到两种力量的控制，即本民族形成的非公共权力组织的社会结构与分化成公共权力组织的一些地方政权及中央政府。两种社会控制力量让西部少数民族地区在纠纷解决机制上存在由两者调解的机制。在解决纠纷中，由第三人调解与复仇式解决和神判相比具有更强的理性。西部少数民族中，不论社会结构是以村寨为中心的村社社会，还是以部落、氏族和家族为中心的原始社会后期的社会，在发展中都出现了世俗的、以各类头人或专门分化出来的人员为中心的调解机制为主导，以个体为中心的私力救济和神判只作为补充性的纠纷解决机制。从西部少数民族传统社会中形成的调解机制看，相关人员在解决纠纷时开始以“中立”者的身份出现，调解者居于中间地位，甚至在有些民族中已经分化出专门人员与阶层承担纠纷解决的职能，让纠纷解决者更具“专门”性，如彝族中的德古阶层。一些民族中对纠纷解决者提出了人品素质的要求。这些调解机制的内容与特征体现出人类对纠纷解决机制的基本要求。西部少数民族由于存在宗教，不管是原始宗教还是佛教、道教和基督教，在西部各民族社会中普遍缺少行使公共权力的机构的社会现实下，宗教人士成为西部各民族社会纠纷的重要解决者之一。西部民族地区自秦汉以来，中央政府就以各种形式调整其社会秩序，加上有些民族在历史发展中也形成了地方政权，两者在不同层次上提供着调解机制，只是存在时间、地域和民族上的差别。世俗调解式纠纷解决机制，特别是各民族头人及特定专业人士与特殊群体是新中国成立前维持西部少数民族地区社会秩序的重要力量，与之相应的纠纷解决机制是最为重要的纠纷解决机制。

第四节　诉讼式纠纷解决机制

西部少数民族在解决纠纷时存在诉讼式纠纷解决机制。诉讼式纠纷解决机制主要有地方政权与土司衙门的诉讼式纠纷解决机制、地方流官政府的诉讼式纠纷解决机制和中央司法机关的诉讼式纠纷解决机制。

一、地方政权与土司衙门的诉讼式纠纷解决机制

西部少数民族在纠纷解决中存在本民族内部的诉讼纠纷解决机制，主要是因为历史上西部少数民族地区建立了各类地方性政权，比如历史上有名的夜郎国、滇国、哀牢国、白狼国、句町国、罗殿鬼国、南诏国、大理国、麓川国等。这些地方政权有的已经有完善的诉讼制度，如南诏国、大理国从中央到地方都有专门负责司法的机构。南诏国有专门负责司法的中央司法机关——法曹或刑曹[①]，后改为罚爽。此外，还有断事曹长，地方府级机构中有“陀西，若判官”。此种制度在大理国时期同样如此。西部民族地区此类地方政权在司法制度上已经有较为完善的诉讼制度。西双版纳地区的景龙金殿国也形成了完善的诉讼制度。历史上西部少数民族地区存在大量此类地方政权，它们形成了相应的司法组织，承担着解决本政府辖区内的纠纷的任务。此类政府已经有正式公权力，在解决纠纷时已经与中央政府一致，公共权力的效力保障已经形成。

元明清时期西部少数民族地区大量土官土司拥有司法权。藏族地区地方诉讼机制较为完善，当部落发生纠纷时，先由部落“达如”报告甲本，小的纠纷由甲本审理，甲本不能审理的纠纷由宗本审理，宗本不能审理的纠纷由噶厦审理，构成了一个较为完整的诉讼机制。土官土司具有双重性质，他们在解决辖区内各民族纠纷时采用了诉讼式纠纷解决机制，而不全是调解机制，是西部少数民族地区诉讼式纠纷解决机制的组成部分。历史上西部地区的土官衙门在汉官地方权力进入前和进入后都是当地各民族纠纷解决的重要机构。民国时期的《普思沿边开发方案》中提出“取消宣慰土司司法权”的建议，指出思茅、西双版纳地区“本境人民，每有争执纠纷，习惯上均由村寨头目

① 《蛮书》中，“士曹”为工曹，“法曹”为刑曹，而《南诏德化碑》的碑阴题名中，有士曹，凡三例，而无工曹；有法曹，凡二例，而无刑曹。

解决，如是层递以至于土司署以至宣慰司署。现虽有政府之设立，介人民诉件，仍少经由县府解决，此应彻底纠正者”①，说明土司署是当时的诉讼机构之一。康熙四十四年（1705 年）有“覆准苗民犯轻罪者，听土官自行发落外”②。这里明确规定土官具有审理本民族内部轻微诉讼纠纷的权力。由土司，特别是由县级及以上的土司主理的诉讼式纠纷解决机制，构成了西部少数民族地区纠纷解决中诉讼机制的重要制度。土司诉讼式纠纷解决机制在怒江地区同样存在，“傈僳彼此间之诉讼事件，较小者由地方保甲长或村中老民予以调处，案情重大者或经村中头人、老民调处，原告不服者，则报请所属土司、乡公所或县政府、设治局审理。傈僳因知识及财力关系，诉讼多至县政府为止”③。同治年间《来凤县志》上有“土人有罪，小土知州、长官等治之，大则土司自治。若客户有犯，则会经历，以经历为客官也”④。这里明确记载若是当地少数民族之间的纠纷就由当地土司衙门审理。宋代洪迈《容斋随笔》卷一六中记载靖州、武冈、桂阳地区的瑶民“蛮酋自称为官，谓其所部之长曰都模，邦人称之曰土官……有罪则听其所裁，谓之革断”，说明当地瑶人的社会诉讼纠纷由他们的土官审理。

云南德宏地区的景颇族、德昂族、阿昌族等由于与傣族土司有特殊的关系，当他们与汉族、傣族产生重大纠纷，或本民族内部产生重大纠纷时都会把诉讼提到傣族土司衙门审理。陶思曾在《藏輶随记》中记载“野人……归我国辖者，均分隶于干崖、南甸、陇川诸土司，但许理其词讼，而禁其收税”⑤。这里说干崖、南甸、陇川等地的傣族土司对景颇族有“理其词讼”的权力，没有征收税收的权力，要指出的是土司衙门并不对所有景颇族山官辖区内的人都有这种权力，主要看景颇族山官与傣族土司之间的关系，也就是傣族土司对山官地区的控制力度有多深。从记载看，提交到傣族土司衙门来解决的纠纷主要是景颇族与其他民族产生的纠纷，如与汉族、傣族之间的重

---

① 云南省西双版纳地方志办公室编《西双版纳傣族自治州志》（下册），云南省地矿局 2003 年版。

② 〔清〕席裕福、沈师徐辑《皇朝政典类纂》卷三七四《刑六·刑名律·化外为有犯·条例》，（台湾）文海出版社 1983 年版。

③ 怒江州地方志办公室编《怒江史志资料》（第 1 辑），怒江州地方志办公室 2003 年印。

④ （同治）《来凤县志·杂缀》。

⑤ 云南省编辑组编《景颇族社会历史调查》（四），云南人民出版社 1986 年版。

大纠纷。当然，也会有景颇族内部的重大纠纷。20 世纪 50 年代民族大调查时，陇川邦瓦乡的景颇族人说本辖区的山官对辖区内的民众纠纷不能解决时，民众可以请傣族土司管爷出面解决，但得送给管爷 30—50 背柴[1]。在调查中有一个案例，一位名叫董老四的人指称邦瓦人梅普盖偷牛，双方争执不下，各自送给早堵山官一头牛，山官早堵不能解决，于是他们把纠纷提到司署请土司解决[2]。清朝末年，瑞丽地区勐典与邦达景颇族因水田产生纠纷，在山官不能调解时，就把诉讼提到傣族土司那里，最后采用的是闷水神判解决[3]。这里虽然采用神判，但审理者是傣族土司。

二、地方各级流官政府的诉讼式纠纷解决机制

西部少数民族地区纠纷解决中地方流官衙门一直是重要的诉讼审理机关。同时，中央设在地方的流官政府的重要职能之一是审理少数民族内部不能解决而提起诉讼的纠纷。当然，地方流官衙门的诉讼受理是有级别的。不同时期，地方流官衙门在西部地区的纠纷解决中具有不同的作用与功能。元朝以后较为明显。宋人周去非在《岭外代答·风俗》中记有其亲身经历的一个案例："瑶人无文字，其要约以木契合二板而刻之，人执其一，守之甚信。若投其牒于州县，亦用木契。余偿摄静江府灵川县，有瑶人私争，赴县投木契，乃一片之板。长尺余，左边刻一大痕及数十小痕于其下，又刻一大痕于其长，而于右边一大痕牵一线道合于右大痕，又于正面刻为箭形，及以火烧为痕，而钻板为十余小窍，各穿以短稻穰而对结绉焉。殊不晓所谓。译者曰：'左下一大痕及数十小痕，指所论仇人，将带徒党数十人以攻我也；左上一大痕，词主也；右一大痕，县官也；牵一线道者，词主遂投县官也；刻为箭形，言仇人以箭射我也；火烧为痕，乞官司火急施行也；板十余窍而穿草结绉，欲仇人以牛十余头备偿我也，结绉以喻牛角云'。"说明当地少数民族把诉讼提交到了地方流官政府，只是起诉书采用本民族刻木方式。元朝《翰林学士承旨欧阳公行状》记载，泰定元年（1324 年）欧阳玄任武冈县尹时，赤水、大清两洞的少数民族起事，原因是"我曹非不畏法而擅兴兵，缘诉其事于县，县不为直，而吏更需求无已，繇役横敛，掊克百端，使终岁劳苦，无以为生，情有不堪，发愤就死耳"。此次少数民族起事是因为地方官员在审理他们的诉

① 云南省编辑组编《景颇族社会历史调查》（一），云南人民出版社 1986 年版。

② 云南省编辑组编《景颇族社会历史调查》（一），云南人民出版社 1986 年版。

③ 杨永生整理《瑞丽县勐典寨社会历史调查》，德宏民族出版社 2007 年版。

讼时不公正，所以最后是“归理其诉”①，起事平息。这里说明少数民族已经把诉讼提到流官政府。明朝在统一云贵时，太祖于洪武十六年（1383 年）正月初三日下诏要求云贵各民族把自己的纠纷起诉到官，由官府审理。“本处人民归附之后，凡有诉讼，须经官陈理，毋得擅相仇杀”②。据《明孝宗实录》卷一六七记载，明弘治十四年（1501 年）六月有官员上奏，要求“严责成云贵、两广、湖广、四川土官土人有争地、争官者，巡抚、巡按等官督委巡守等官亲临勘报，如延至一年以上者，住俸”，对此皇帝认为“卿等所言，皆切时务……俱准行”。明朝时地方省级官府成为地方土司之间各类纠纷（特别是争夺、争官仇杀的纠纷）的重要审理机构，要求西部地区的地方高级官员加强对当地少数民族重大诉讼的审理。康熙四十四年（1705 年）清朝制定法律，规定苗人的重大案件交由流官政府审理，“覆准苗民犯……若杀死人命、强盗、掳掠及捉拿人口索银勒赎等情，被害之苗赴道厅衙门控告，责令土官将犯苗拿解，照律从重治罪，藏匿不送者，将土官照例严加议处”③。从这些法律看，西部少数民族地区的纠纷多交由地方流官衙门管辖。从个案看，西部少数民族地区的少数民族最先把族际纠纷提到地方流官衙门中。道光十年（1830 年）永昌府腾越厅出现傣族土司与汉民的田土纠纷案。具体是盏西部甸土司将田土私下典卖给汉民，汉民开荒为隐粮税而向土司纳租，规避法律而引起权属纠纷。案件发生后，知府周澍判决“今令萧姓人等写立租贴交与土司收执，土司仍给执照，以昭信守。永不准起佃、短租”，对戈姓典买的田地，“唯有将戈姓得典蛮仑寨脚田亩准土司照赎回”。后上报云南巡抚同意拟判④。四川凉山地区在清末时有知县在《创定汉夷简明约章》中规定“官兵、汉民如与夷人有釁，准由地方官处治，不得仍前私斗，以致犯法”⑤，即规定产生族际纠纷时不能通过械斗解决，只能通过官方来解决。清朝时云南边境景颇族地区开始出现流官政府对少数民族诉讼的管辖。按记载，陇川勐约拱东山官第一代山官排早诺（1835 年任拱东山官）时，由于他发展过快，导致

① 〔元〕危素著《危太朴续集》卷七。

② 余宏模编《明代贵州彝族历史资料选编》，载《民族研究参考料》（第二集），贵州省民族研究所 1980 年印。

③ 〔清〕席裕福、沈师徐辑《皇朝政典类纂》卷三七四《刑六·刑名律·化外为有犯·条例》，（台湾）文海出版社 1983 年版。

④ 参见《清代武定彝族那氏土司档案史料校编》，中央民族学院出版社 1993 年版。

⑤ 徐怀璋纂修《昭觉县志稿》卷 3《政教》，1920 年铅印本。

他叔叔乱莫不满，于是乱莫把排早诺告到腾越府[①]。明代四川盐井卫左、前二所与云南永宁府、丽江府的争地纠纷，此纠纷始于洪武年间，在永乐、正统、嘉靖、弘治、万历年间都由两省地方大员会审过。

清朝以来，特别是改土归流后，虽然西部民族地区社会结构发生的变化很少，但在纠纷解决上却发生了重要的变化，具体是国家司法权成为影响当地社会纠纷解决的重要力量之一。当地人民有了新的纠纷解决途径。这主要表现在一些重要的纠纷开始被国家管辖和当地百姓主动把纠纷提到流官官府处寻求解决。最有特点的是乾隆三十四年（1769 年）春，迪庆地区格鲁派与噶玛派喇嘛产生纠纷，把诉讼起诉到丽江府和维西协副将那里，最后诉讼到云南总督处才结案。乾隆三十六年（1771 年）发生黄教与格鲁教派在归化寺发生械斗案，最后中甸地方官府把案件相关人员解赴到永昌府进行审理，在审理中适用了国家法律，按“律载聚众共殴杀三人，而非一家者，应拟斩决，奏请定村等，读机那加一犯喝令放枪致毙；别藏众纠闹，致毙三命，均照杀三人而非一家例，应拟斩决”。对四川来的翁结等人，由于施放鸟枪杀人，“照故杀人律，拟斩监候”，其他人则“听从别藏纠约同往行凶之佃民”及“随同附和赴寺争闹，均属不法，亦请遣发乌鲁木齐，赏给种地兵丁为奴”，对德格土司进行“咨查”，对中甸同知、中甸都司都进行处罚[②]。此外，光绪二十三年（1897 年）发生一起陶瑶殴毙杨氏女案，案件发生后，被流官政府进行管辖，当地土司要求按“夷情”处理。“杨氏毙命，复经五境老民、伙头再三恳援照夷情办理”，当地流官不同意，最后是上报到云南按察司处，经云南巡抚和总督同意后，才按当地民族习惯法处理。在批语中有“兹于执法之中，参以权宜之计，姑准将陶瑶免其按例招解，由该厅酌年限，暂行监村，微示惩儆，嗣后该厅无论民夷，有犯人命等案，罪应论死者，均应按例写拟招解，永不准以牛马银钱抵偿，请归外结，亦不准援此案及惟前外结成案为例。”[③]可以看出，虽然流官官府最后同意按当地习惯法处理，但已经过云南地方最高长官的特批。同时，特别说明此案不能成为判例，在以后相同案件中援引。此案最后赔偿了三百两银子才结案。说明此时在司法上，流官政府取得了相当重要的地位。此外，还有乾隆四年（1739 年）三月发生在归化寺

① 德宏州政协文史委编《中国景颇族山官》，德宏民族出版社 2001 年版。

② 王恒杰著《迪庆藏族社会史》，中国藏学出版社 1995 年版。

③ 王恒杰著《迪庆藏族社会史》，中国藏学出版社 1995 年版。

的庄户“罗扔”三百户联名向当地政府起诉归化寺的压迫和掠夺。乾隆六年（1741 年）发生中甸结底村庄民诉厂哈三村人等关于山场使用权的讼诉。乾隆六年五月还有中甸那翁配从、那布七里等土司百姓诉归化寺僧庄户关于东葱边珠山林林木砍伐权纠纷一案。在具结状中有“结得小的等与归化寺僧庄户，互争东葱边珠山林一案，控经天台，蒙当堂公断，仍照旧两下同为砍伐”[①]，说明争执的是关于此山林中林木的砍伐权，甚至出现当归化寺与当地藏族产生纠纷时也把诉讼提到流官政府的现象。《云龙记往·段保世职传》中记载，明代嘉靖三十五年（1556 年），云龙地区段氏土司承袭发生纠纷，“（段）文显卒，耀率傈僳五百余人，抄其家，尽杀其妻子。文显舍目段早邦预闻其谋，携文显幼子绶夜渡江潜逃。耀以杀胞叔家属并劫掠民间，提举司申报上官，檄各土司擒之，尽诛其党，赦耀”。官府对此土司承袭案件进行司法管辖并以国家法做出判决。万历四年（1576 年）间，云龙地区段氏土司又发生争斗仇杀，“段进忠、进义、进孝纠夷民杀土官嘉龙。其子保告于各土司，擒之，解省枭示”[②]。西部少数民族地区纠纷解决机制中的诉讼解决机制自秦朝以后就存在不同程度的地方流官诉讼解决机制。当然，随着社会发展，一些少数民族也在规约中规定，产生纠纷时，重大纠纷交由官府审理。如瑶族中有“瑶小争，则瑶管为之解剖，大争乃讼于官”[③]，“小争则峒长分解，大事难决乃讼于官，然亦罕有至者”[④]。雍正十年（1732 年）贵州按察使方显在奏折中明确提出可以按苗例的刑罚方式处罚“各寨仇杀、斗殴、人命，凡具报道官，即准理……或其中有情愿照苗例以牛马赔偿，不愿检验终讼者，似应念其归附日浅，准予息结”。此奏折上报后，雍正皇帝批“伊议论甚是”[⑤]。西双版纳地区在民国时期柯树勋就规定在诉讼上各勐土司“民刑诉讼专归委员审理裁判。虽边民习俗，民事仍报该管土司叭目在议事庭诉理调度”[⑥]。这里把当地的刑事案件及重要民事案件归地方流官政府审理，地方流

---

① 王恒杰著《迪庆藏族社会史》，中国藏学出版社 1995 年版。

② 董善庆《云龙记往·段保世职传》，载李春龙、刘景毛校点《正续云南备征志精选点校》，云南民族出版社 2000 年版。

③ （同治）《鄘县志》卷七《户口·瑶俗附》。

④ （嘉庆）《九疑山志》卷二《风俗·瑶峒》。

⑤ 《雍正朝汉文朱批奏折汇编》（第 22 册），江苏古籍出版社 1989 年出版。

⑥ 云南省编辑组编《傣族社会历史调查》（西双版纳之九），云南人民出版社 1988 年版。

官成为诉讼审理的主体。

民国时期，西部少数民族地区都设有流官县政府、设治局、垦殖机构，可以说基本上所有少数民族地区在纠纷解决机制上都有地方流官政府的审判机构。在云南边境地区，如怒江、德宏、西双版纳等地区都设有设治局，负责审理当地的诉讼纠纷。“傈僳彼此间之诉讼事件，较小者由地方保甲长或村中老民予以调处，案情重大者或经村中头人、老民调处，原告不服者，则报请所属土司（如该处尚有土司）、乡公所或县政府、设治局审理。傈僳因知识及财力关系，诉讼多至县政府为止，绝少上诉者”[①]。只是当时的设治局在审理案件时问题较多。

三、中央司法机关的诉讼式纠纷解决机制

西部少数民族地区产生重大诉讼时，特别涉及地方安全、社会稳定的诉讼时，中国古代历朝都相当重视，加上少数民族首领往往把诉讼直接诉到中央，所以很多重大纠纷在解决上往往是由中央司法机关审理或者派出特使到地方审理。明朝《职官志五·土官》中有“有相仇者，疏上听命于天子”。这里要求西部地区土官土司把相互之间的仇杀纠纷交给皇帝审理。永乐年间永乐帝审理过思南宣慰使田宗鼎和田琛争地案、都督马煜鞭打奢香案等有名的案件。德宏州景颇山官排启仁说：“明朝后期，我家（南甸土司）与卯兆土司争地，双方告状到朝廷，我家告败，从瓦甸迁到了滇滩关。”[②] 可见此纠纷提到中央，由中央审理。从历史上看，西部民族地区少数民族在出现重大纠纷后，中央政府和地方政府积极进行管辖，把重大纠纷纳入自己的诉讼管辖中。元仁宗延祐元年（1314 年）下诏“湖广、云南边境诸蛮互相仇杀、掳掠人民，如能悔过自新，即与免罪”[③]。这里明确规定云南少数民族之间产生族际仇杀、抄掠等案时要受流官政府的管辖。元朝对西部少数民族地区因争土地、官位承袭、抄掠产生的重大纠纷，中央政府会采用“招捕之”，即逮捕到中央进行审理。泰定四年（1327 年）开南州土官阿只弄掠夺当地，中央任命

---

① 怒江州地方志办公室编《怒江史志资料》（第 1 辑），怒江州地方志办公室 2003 年印。

② 德宏州委员会文史组编《德宏州文史资料选辑》（第四辑），德宏州委员会文史组 1985 年印。

③ 《元典章》卷二《圣政二·霈恩宥》，中国广播电视出版社 1998 年版。

“云南行省招捕之”[①]。洪武二十七年（1394 年）九月，云南乌撒军民府知府卜穆奏诉沾益州屡侵夺其地，后来是中央“诏令西平侯沐春理断之”[②]。同年二月沐春判决把乌撒与沾益所争的土地判给乌撒卫官军。宣德八年（1433 年）六月中央就遣行人章聪、侯琎与四川巡按御史李实及三司会审乌蒙、乌撒二府争地仇杀案，会审后“盖所争者，初本乌蒙之地，为乌撒所据，今乌蒙耆老念其世亲，以所争地十之三让乌撒，治沟为界，永息争讼”[③]。正德年间芒部土舍陇寿与庶弟陇政及兄妻支禄等争袭仇杀，中央“事闻，命镇守中官会抚按官捕治”。成化二十年（1484 年）贵州播州杨爱与哥哥宣抚杨友相互起诉，把诉讼打到皇帝那里，最后是“帝命刑部侍郎何乔新往勘”[④]。嘉靖三十九年（1560 年）东川土官阿堂夺其他土官的土地，利益受损的土官起诉到官府，“九鼎及禄位与罗雄土官者浚等，各上书讼堂罪”，最后是“下云、贵、四川抚按官会勘。堂听勘于车洪江，具服罪，愿献所劫府印并沾益、罗雄人口牲畜及侵地，乞贷死”[⑤]。此案就由中央委托地方三省大员代为审理。天顺二年（1458 年）云南南甸发生当地傣族土官宣抚司刀落盖诉南宁伯毛胜、腾冲千户所千户蔺愈强占田产案件，起诉到中央后，案件转到户部，要求“请令云南都、布、按三司同巡按监察御史诣彼从公体勘，所占地方田寨照数退还，干碍毛胜、蔺愈，径奏拿问”，地方审理后上报中央，皇帝明英宗同意判决[⑥]。此案虽然具体审理的是云南地方官员，实质上是由中央正式审理。成化元年（1465 年）贵州安顺土知州张承祖与所属宁谷寨长官顾钟争地仇杀，中央“下巡抚究治，命各贡马赎罪”[⑦]。正德十五年（1520 年）中央派都御史吴廷举到保靖审理彭九霄与大喇司土舍彭惠争土纠纷。“十五年，钦委都御史吴廷举亲诣踏勘，断以溪水七十二条四至界限归彭惠管理，敕立石碑喇竹口金斗山，永杜争端”。此次审理终于把“积五六代的争地问题始获最后解决”[⑧]。天启元年（1621 年）三月乌撒土知府安效良入侵沾益，同时土舍安

---

① 《元史》卷三〇《泰定帝二》。
② 《明太祖实录》卷二三四。
③ 《明宣宗实录》卷一〇三。
④ 《明史》卷三一二《四川土司传》。
⑤ 《明史》卷三一一《四川土司传》。
⑥ 《明英宗实录》卷二九八。
⑦ 《明史》卷三一六《贵州土司传》。
⑧ 彭剑秋编著《溪州土司八百年》，民族出版社 2001 年版。

官保、水西、镇雄土舍也参与掠夺，最后中央派云贵川三省大员会审，判决“官保依律正罪，其抢掳沾益军民屯寨人财，烧毁房屋，逐一赔偿。水西、乌撒、镇雄助兵恶目各数十名擒拿正法，及安氏，奢社辉等各加罚治”[①]。

诉讼解决纠纷的形成是一个社会中公权力组织对该社会作用已经很强时的产物。在人类社会治理中，公权力组织的作用与私人“自治”的程度是成反比的。西部少数民族自秦汉以后，不同民族、地区就受到不层程度、层次的流官政府的治理。中央流官政府对西部民族治理的最大功能是提供一种有别于传统自生的纠纷解决机制——诉讼。同时，西部少数民族地区不同民族、地区也形成了一些层次不一的地方政权。这些地方政权对其治理下的民众也提供了一种诉讼式纠纷解决机制。于是，西部少数民族地区在地方政权治理下的民众在纠纷解决上开始受到诉讼机制的影响，虽然诉讼依据可能是形式多样的，但都存在诉讼式纠纷解决机制。以流官政府形式提供的诉讼机制在西部民族地区所产生的作用是十分复杂的，因为不同民族、地区、时期流官的力量是不同的。由于流官政府在权位上、解决的理性上较其他机制高，所以西部民族地区流官政府的诉讼机制还是具有较大的优势。流官政府在对西部民族提供诉讼时，在管辖上是一个渐进的过程：最初是政治性的纠纷，特别是那些严重危害社会秩序及以地方各头人为主体的社会纠纷，慢慢才转向重刑案件，最后到一般的民事案件。国家在审理西部民族案件时也存在管辖与法律适用的分开，即国家管辖的案件在法律适用上并不必然导致适用国家法，在适用国家法时也并不必然导致适用国家法中的处罚。这些司法诉讼让国家在西部少数民族的诉讼机制中呈现出灵活性与原则性，让国家的作用与功能得到很好的发挥，但又不会出现过度干预带来的治理上的困境。

第五节　军事征伐式纠纷解决机制

西部少数民族地区重大纠纷解决机制中有通过军事征伐解决的机制。这是中国古代所谓“大刑用甲兵”的一种体现。由于西部地区很多民族有自己的政权，拥有自己的军队等武装力量，当因政治权力引起纠纷时，往

---

① 《明熹宗实录》卷三。

往以兵对抗，此时中央政府在解决时，必须以军事征伐为手段才能解决。此类纠纷解决机制解决的纠纷在西部民族中多是地方政治力量争夺土地、官位承袭及由地方流官权力滥用引起当地民族起事等重大政治性社会纠纷。此种机制解决的重大纠纷在历史上比较多，历朝历代都有。比如，明朝时，武定地区由于汉族官府对当地彝族头人权力滥用，引起当地彝族起事。又如，清朝乾嘉时期，湘西地区的汉族移民与当地少数民族因土地纠纷引起苗疆各少数民族起事；道光年间，云南永胜彝族由于土地纠纷起事。这些纠纷最终都是通过军事征伐解决的。采用军事征伐手段，虽然把纠纷解决了，但往往导致大量人员伤亡，加上军事征伐中会出现无辜人员的死亡，于是为新纠纷产生埋下动因。唐朝中期节度使章仇兼琼开步头道，筑安宁城，引起南中诸爨起事，唐中央派南诏首领皮逻阁领兵征伐，南中诸爨在大军压境的背景下上书认罪，停止动乱，最后得到赦罪，但南诏势力成为影响唐朝在云南地区统治的力量。

西部少数民族地区采用军事征伐解决社会纠纷具体有三种。一是大兵压境，让纠纷当事人，特别是酋长、土司出来受审，承认罪行。国家对此采用宽恕或罚一定财物的方式，如元朝时的“罚而不废”的处理原则。南宋乾道六年（1170 年）沅州地区瑶人因知州孙叔杰权力滥用起事，宰相虞允文提出的解决方案是“量遣官军，示以兵威，徐以盟誓，自可平定”。后来朝廷接受他的建议，“俾叶行代叔杰，开示恩信，谕以祸福，遂招降之，边境悉平”①。明朝永乐八年（1410 年）贵州思南州田琛、黄禧与田宗鼎争地、争权相互诉讼，田宗鼎把诉讼提到中央，最后是派行人“蒋廷瓒召之，命镇远侯顾成以兵压其境，执琛、禧械送京师，皆引服”②。此案就是在军事征伐的压力下解决的。二是带兵到纠纷地，用军事作为后盾，让纠纷者出来受审。三是采用军事行动，把起事者消除，进而重构地方社会秩序。历史上对西部少数民族地区酋长为首的起事，特别是内部之间的纠纷，往往先招谕，若不听再采用军事行动。元明两朝对西部少数民族地区土司相互仇杀，或由此引起的重大政治纠纷，一般先招谕，即进行调解，若不听从，就派兵征伐，抓主犯进行审理判刑。如至治元年（1321 年）时出现蒗渠州知州剌俄杀兄剌秋后，

① 《宋史》卷三九四《蛮夷传二》。

② 《明史》卷三一六《贵州土司传》。

“（刺）俄集众依摩些俗，杀马牛各一，焚刺秋尸，明日逼其嫂梳蛮塔为妻及夺刺秋所部百姓”，后来官军对他征讨时，刺俄说：“父祖宣命俱在子合处，又藏印不与尔客官行用，我兄弟自相仇杀争夺山寨，不关尔番汉官事。梳蛮塔系我嫂，我杀兄刺定、刺秋，故以嫂为妻”[①]。明朝成化八年（1472年）十月贵州总兵都指挥同知吴经上奏称九姓长官司土官蒙存与族人蒙理互相仇杀，攻袭长官司所在地，不听招谕，要求派兵征伐。据《明宪宗实录》卷一〇九，兵部认为“蛮夷仇杀，恐因而煽惑为患，宜行镇守总兵、巡抚三司管官悉抚谕；如强犷不服，逮问如律”，最后皇帝同意此方案。这是此类纠纷解决机制中较有代表性的个案。国家一般不愿在西部少数民族土司出现仇杀时就出兵，但若国家干预后，不听国家调解，国家就会强制派兵征伐，强制解决纠纷。国家对西部少数民族之间的社会纠纷，特别是族际纠纷采用军事征伐的行为是一种非常手段，是西部少数民族地区纳入国家治理后国家实现其权力的一种表现。但不可否认，它是西部少数民族地区社会纠纷解决机制中的一种特殊类型。

军事征伐作为一种解决社会矛盾纠纷的机制，是最后的使用手段。中国古代由于政治结构上存在特殊的臣服关系，很多民族地方政权在性质上具有双重性，即它一方面是当地民族的政府，另一方面又是中央政府下设的地方政府。其中，前者的特殊性在于这些民族地区的政权往往拥有自己的军队。当他们出现叛乱或严重违法时，中央政府和流官政府对其进行司法管辖，其往往会不服从，甚至会武装对抗，于是采用军事征伐成为解决此类纠纷的最后手段。同时，中国古代传统文化认为王者之政中，军事征伐是一种王者解决与臣民间纠纷的最后机制。于是，中国古代较早就有“大刑用甲兵”之说，把军事征伐作为解决社会纠纷的一种手段。西部民族地区中央政府对各民族群体的社会治理，在历史上具有较高的独立性。中央政府作为对地方社会秩序的最后维持者，当地方出现重大政治性社会纠纷时，特别涉及各民族公开争夺，发生武装对抗，或对中央政府公开不服从时，一般都会先采取政治解决、司法解决方式，若都无效时，就会采用军事征伐的方式。当然，作为军事征伐，它让纠纷在强力下得到解决，甚至将纠纷一方消灭，但对整个社会的影响却是十分巨大和不利的。分析这

---

① 《招捕总录》，宛委别藏本，（中国台湾）“商务印书馆”影印。

种解决机制，可以说是中国古代“大刑用甲兵”的传统法律制度体系中的一种延伸。历史上，作为中央政府维持西部民族地区社会秩序的一种手段，军事征伐在西部民族地区的社会纠纷解决，特别是政治性、重大安全性的社会纠纷解决中起的作用是不可否定的。

第七章　现代社会中的习惯法

习惯法是西部少数民族文化的重要组成部分。在西部少数民族长期的历史发展中，习惯法始终在政治、经济与文化生活中发挥着重要的作用。它们不但为各种社会关系的调整提供规范与制度，而且还帮助西部各个少数民族维系着多元的生产方式和生活方式。随着社会变迁在西部少数民族地区的出现，习惯法的内容和社会影响也发生了一些变化，影响范围缩小，对人们行为的控制减弱，出现了规范功能的商品化或市场化的趋势。

尽管如此，习惯法仍然是当代西部地区少数民族法律文化的重要组成部分和基层社会控制的重要制度。虽然很多习惯法已经消失，但还有很多属于习惯法内容的禁忌和习惯被保留了下来，并通过某种自觉的文化改造适应了新的时代的要求，它们广泛地存在于西部少数民族生产、生活、宗教、饮食、婚姻家庭、生育、娱乐等社会生活领域，在现实生活中发挥着重要的作用，并在很大程度上影响着人们的思想观念和行为方式①。因此，有必要对仍然作为习惯法存在于西部少数民族地区的禁忌和习惯进行研究。

① 新中国成立前，西部少数民族的禁忌与习惯，在 20 世纪 50 年代的民族调查中有丰富的材料。这些材料在本书的其他章节中也有不同程度的展示。然而，西部少数民族的禁忌和习惯在当代社会的现状和变迁的材料和研究成果却较为分散，难以形成整体性的认识。有鉴于此，本章试图依据 21 世纪的国内学者关于西部少数民族地区的调查材料，对当代西部少数民族的禁忌和习惯做一个整体性的描述。本章使用的材料大部分来自云南大学“跨世纪少数民族村寨调查”形成的全国 55 个少数民族村寨的民族志材料。为了减少注释的篇幅，本章的内容除注明出处的之外，均来自张晓辉、王启梁、王鑫为云南大学“跨世纪少数民族村寨调查”所写的民间法综合报告《少数民族民间法在现代社会中的变迁和作用》，载张跃主编《跨世纪的思考：民族调查专题研究》，云南大学出版社 2001 年版；《民间法与村寨秩序的建构》，载张跃主编《中国民族村寨研究》，云南大学出版社 2004 年版；以及云南大学“跨世纪少数民族村寨调查”各调查组提供的材料。

第一节　习惯法的特点和作用

禁忌和习惯是西部少数民族习惯法的主要表现形式。禁忌是一种禁止性的规范，它限制着人们的行为选择和行为范围，并依靠自然力、世俗权威或超自然力的报复性惩罚来维持和保证遵守。习惯是社会生活中经过长期实践形成的人们共同遵守的行为规范，它是一种处于特定文化圈内的人难以摆脱的行为模式。人们依习惯而作为或不作为，任何违反习惯的行为都会引人注目，甚至会受到公共权力组织的制裁。在当代西部少数民族农村，与禁忌和习惯有关系的规范是村规民约①。村规民约是一种由村寨公共权力机构——村委会或村民大会制定，并由村寨的公共权力机构保证实施的具有自治性质的规范。它的产生和实施都有别于禁忌和习惯，但它的内容往往包含着禁忌和习惯，所以，作为现代社会中禁忌和习惯的载体，村规民约是了解习惯法的重要材料②。

尽管禁忌和习惯都属于习惯法的范畴，但是二者的内容和适用的对象却不尽相同，故存在不同的特点。

一、禁忌的特点

在现代社会，作为禁止性规范的禁忌在调整社会秩序时具有以下特点。

（一）种类众多，内容丰富

依据禁忌所调整的社会关系和对象的不同，西部少数民族的禁忌主要可

---

① 有学者认为“村规民约也是一种习惯法”。参见庄孔韶主编《人类学通论》，山西教育出版社 2003 年版。

② 对于禁忌和习惯的归类，学界往往将它们纳入习惯法的范畴。学界对习惯法的理解存在很大的差异。梁治平认为：“习惯法乃是这样一套地方性规范，它是在乡民长期的生活与劳作过程中逐渐形成的；它被用来分配乡民之间的权利、义务，调整和解决他们之间的利益冲突，并且主要在一套关系网络中被予以实施。就其性质而言，习惯乃是不同于国家法的另一种知识传统，它在一定程度上受制于不同的原则。”参见梁治平著《清代习惯法：社会与国家》，中国政法大学出版社 1996 年版。孙国华等人提出：“习惯法是人们在长期社会生活中逐步地、自发地形成的特定行为方式。习惯经国家政权的认可，便成为习惯法。”参见孙国华主编《法理学教程》，中国人民大学出版社 1994 年版。高其才也指出：“习惯法是独立于国家制定法之外，依据某种社会权威和社会组织，具有一定的强制性的行为规范的总和。”参见高其才著《中国少数民族习惯法研究》，清华大学出版社 2003 年版。

以分为以下种类：一是生产禁忌。生产禁忌具体又可以分为农耕禁忌、狩猎和捕捉禁忌、饲养禁忌、商业禁忌、工匠禁忌和其他生产禁忌。二是生活禁忌。生活禁忌又可以分为性别禁忌、服饰禁忌、饮食禁忌、居住禁忌、出行禁忌、语言禁忌和其他生活禁忌。三是宗教与祭祀禁忌。四是婚姻与生育禁忌。婚姻与生育禁忌又可以分为嫁娶禁忌、孕妇禁忌、分娩及产后禁忌、养育禁忌。五是动物与植物禁忌。六是丧葬禁忌。丧葬禁忌又可以分为死亡禁忌、哀悼禁忌、埋葬禁忌和丧眷禁忌。这些禁忌涉及生产生活、宗教祭祀、婚姻生育、语言行为等人类活动的各个领域。

西部少数民族的禁忌内容极为丰富，而且同一民族或者信仰同一宗教的少数民族由于居住地区不同、社会发展程度不同，其禁忌内容也会有很大差别。近些年来的调查结果表明，在西部的很多少数民族村寨，尽管人们的思想和行为方式发生了很大的变化，但是，众多的禁忌规则在村民的生产、生活、生育和宗教活动中仍然扮演着十分重要的角色，所涉及的社会关系并没有明显减少。以云南省绿春县为例，据笔者对绿春县大兴镇岔弄办事处白木折家调查，农历庚午年（1990 年）十月初一到十一月初一为哈尼人的十月年，白家共有忌日 15 天。十月初三为鼠日，禁止到田地间干活，以防鼠虫猖獗，危害庄稼；十月初四为牛日，祭献寨神“昂玛”，全村禁止生产活动，禁止不速之客来访和村民集体出村；十月初五为虎日，禁止舂碾米，以免家道败落；十月初七到十月十三是年节，禁止一切生产活动；十月十七又为虎日，禁止提亲说媒；十月十八为兔日，男忌理发，女忌梳头，并忌出借东西；十月十九为龙日，禁止生产活动；十月二十为羊日，禁止做农活；十一月初一为龙日，禁止生产活动。哈尼族的禁忌涉及生产、生活各个方面，浩繁多样。一年 365 天，有 100 多天属于忌日，这些忌日有的是全民族统一的忌日，有的是一个或几个村寨的忌日，而有的则为一户人家的忌日。如此繁杂的忌日和禁忌所勾勒的线条，不但说明禁忌在现代哈尼族社会中仍是哈尼族的一种重要的社会规范，而且表明禁忌在现代文化不发达地区仍然作为传统文化的内容起着不可低估的作用[①]。

（二）妇女是禁忌规制的重点

由于大部分西部少数民族实行父系继嗣，因此农村妇女的社会地位普遍较低。在有的少数民族中，妇女群体或者具有特殊身份的妇女甚至被视为不干净

① 张晓辉、卢保和《哈尼族的习惯及其文化价值》，《思想战线》1993 年第 4 期。

的、不吉利的或不好的人，因此成为禁忌的内容。如内蒙古的鄂温克族就有大量专门针对妇女的禁忌：日常生活中，禁止妇女摸男人的头，禁止妇女跨过斧子和男人的马鞍、套马杆等；在祭敖包时，禁止妇女上敖包山；丈夫死后，妻子在三年守孝期内禁止改嫁。内蒙古的达斡尔族不准许妇女去渔场，不许上房顶，祭敖包时也不许妇女参加。青海的土族忌讳妇女拍打男人的肩膀，忌讳已婚妇女和未婚经期妇女进入寺院供有龙王的大殿和家中的佛堂。

大多数针对妇女的禁忌，往往是从时间、空间等方面对妇女的行为进行限制，而不是完全禁止妇女从事生产劳动或其他社会活动。所以，关于妇女的禁忌从时间上看，主要强调怀孕、生育、坐月子以及守孝期间妇女的行为规范；从空间上看，主要强调限制妇女参加或进入宗教祭祀、生产、居家场所活动的规范。禁忌的目的是通过对妇女行为的歧视性限制来保护神祇、死者、男子、长辈的安全和利益。在贵州省红丰村，仡佬族的禁忌就有很多是涉及妇女的。这些禁忌对妇女的行为做出种种限制，而且基本上都是歧视妇女的规范。比如说，妇女生孩子后坐月子期间，不能从家中的大门前走过，不能进家中的堂屋，不能靠近家中的香火（神龛）、灶台，不能串寨（到寨子中的其他人家走动）。妇女不能供奉祖先。每逢祭祖的日子，总是由男性来完成祭祖的活动。如果家中没有男性，妇女只能用勺和筷子象征性地祭祖。妇女不能跨门槛，不能进中门，不能靠大门的门框，不能爬楼。妇女都必须遵守上述禁忌，不得违反。如果违反了禁忌，就被认为会给家庭、家族和村寨带来灾祸。有的民族也有很多针对妇女的禁忌。新疆的维吾尔族禁止妇女进入坟地、禁止扶灵送葬。哈萨克族妇女禁止宰杀牲畜，忌讳从长辈面前走过，或者坐公公的床。羌族禁止怀孕的妇女随意串门或参加婚礼，也禁止其参加敬神活动或参加葬礼。内蒙古的达斡尔族妇女在生育方面要遵守很多禁忌，其中包括禁止产后三天内上烟囱脖子，禁止孕妇铺熊皮、吃驴肉。

（三）禁忌规范的对象包括人和动物的行为

受“万物有灵”及“鬼神面前，万物平等”观念的影响，西部很多少数民族的禁忌规范不但规制人的行为，而且也规制某些动物的行为[①]。这一特点

① 禁忌是一种依靠超自然力量贯彻、执行的行为规范，违反禁忌的行为被视为对神鬼或其他神秘力量权利的侵害，也由神鬼或其他神秘力量来予以惩罚。由此，禁忌不同于其他行为规范的地方还在于：其调整的首先不是人与人之间的关系，而是人与神鬼之间的关系。人与动植物在禁忌面前是没有本质区别的。

是禁忌区别于习惯和习惯法的重要地方。动物尽管不会主动依照禁忌的要求去规范行为，但是，通过他们的主人和其他人，人类对于动物的行为提出一些必须得到遵守的禁忌要求，违反禁忌的动物及其主人会受到程度不同的惩罚。如贵州的土家族有不准猪、狗和猫进房屋，禁止鸡上灶台，禁止别人家的牛进堂屋，禁止山里的鸟飞到屋里的禁忌。如果违反了这些禁忌，犯忌的动物会被杀掉或由其主人负责赔偿。四川凉山的彝族也有很多针对野生动物和家禽的禁忌，如野鸟入室、野鸟飞停屋上、乌鸦在屋前或屋上鸣叫、老鼠跌入水缸中、蛙跃入室、蛇现于屋前或入室、蜘蛛入室结网、途见双蛇盘结、途见蛇吞蛙、老母猪自食猪儿或咬死羊儿、老母猪怀孕不育、牛羊产怪胎、老母鸡生蛋自食、雏鸡吊死在母鸡羽毛上、半夜鸡飞或者鸡啼、母鸡啼鸣、猎狗入林尾巴盘结在树上等，都是不祥预示，必须予以禁止。凉山彝族的禁忌还包括，忌讳途中看见竹枝生双叉和枯木圆顶，忌讳水缸漏空和长虹将水缸汲干，如犯上述禁忌，则以为会引来鬼①。

（四）传统禁忌的内容既有保留又有变迁

西部少数民族地区的禁忌大多古老而传统，是各个少数民族长期生产和生活活动的经验总结，有的禁忌还与民族的品格或个人的行为方式相关，所以，尽管社会生活发生了变化，但是，与习惯相比，禁忌的变化并不明显。如内蒙古的鄂温克族至今仍然保留着对萨满的严格禁忌，“萨满死后，将其装进棺材，然后举行隆重的送葬仪式。不能将装有萨满尸体的棺材埋在坟墓里，须将其放在坟地上。当棺材和尸体腐化后，人们再去墓地堆上一些石块。萨满法器和法衣留在家里，放在木架上，等新萨满出现之后，交给他。如果继承的新萨满死了，将其安放在前萨满墓地的旁边。献给前萨满的‘温格’马，回家后，和一般马同样对待，但妇女不能骑，也不能杀掉或卖掉”②。

当然，有的禁忌规范与具体的社会生活密切相关，所以，社会生活发生变化，禁忌的内容也会发生变化，也会出现新的禁忌。随着机动车和自行车越来越普遍地进入内蒙古的达斡尔族的家庭，有些地方的达斡尔族开始禁止将机动车（或自行车）直接对着屋门口开进院（或骑进院）。过去有禁止骑马者将马

① 白兴发著《彝族传统禁忌文化研究》，云南大学出版社 2006 年版。

② 孛·吉尔格勒、罗淳、谭昕主编《鄂温克族——内蒙古鄂温克族旗乌兰宝力格嘎查调查》，云南大学出版社 2004 年版。

直接对着屋门骑进院的禁忌①。照相机普及了，旅游的人多了，但对拍照的禁忌也随之产生。居住在旅游景区的维吾尔族、东乡族、傣族、德昂族等很多信仰宗教的民族忌讳给宗教物品或象征拍照或录像。西藏的珞巴族过去以狩猎为主要生产方式，形成了大量有关狩猎的禁忌。现今，随着珞巴族新的以农牧业为主的生活方式的确立以及政府对野生动物的保护，很多有关狩猎的禁忌都已消失了。村民偶尔进行的狩猎行为只遵守几条大的禁忌，如不猎杀老虎、蛇以及煮野牛肉的汤不能泼到猪粪和牛粪上②。国家法律也在引导禁忌的变化，例如，《婚姻法》规定禁止直系血亲和三代以内旁系血亲结婚，青海省的土族逐渐改变了过去实行姑舅表婚的习惯，形成了禁止姑舅表婚的禁忌。

二、习惯的特点

西部少数民族的习惯有以下特点。

（一）习惯兼有多重功能

马克斯·韦伯曾对习惯、惯例和习惯法做了界定，他认为“习惯是指在没有任何（物理的或心理的）强制力，至少没有任何外界表示同意与否的直接反映的情况下做出的行为”。“惯例是指一种典型的、根据常规的统一行动，行动者‘习惯于’这样做，并且毫不思索地模仿着做。这是一种集体性行动，没有谁‘要求’这样做”。而“作为习惯法的规范，其效力在很大程度上依赖了一种类似的强制性实施机制”，“这种强制性机制是指有一部分人相对确定地担负着运用物理或心理手段实施强制力的特别任务”。尽管做了这样明确的界定，韦伯还是不得不承认惯例与习惯之间的界限模糊不清，甚至还认为“法律、习惯和惯例属于同一个连续统一体，即它们之间的演变难以察觉”③。这种混淆的理论，其实根源于在现实社会中民间法渊源的混淆和民间法与国家法之间互动的复杂性。

1949年新中国成立后，西部少数民族的习惯与习惯法也出现了“混淆”，原来的习惯法所依靠的政权机构或社会组织丧失了权威，失去强制力的习惯

---

① 毛艳、毅松主编《达斡尔族——内蒙古莫力达瓦旗哈力村调查》，云南大学出版社2004年版。

② 龚锐、晋美主编《珞巴族——西藏米林县琼林村调查》，云南大学出版社2004年版。

③ ［德］马克斯·韦伯著，张乃根译《论经济与社会中的法律》，中国大百科全书出版社1998年版。

法沦为习惯。这些习惯中的一部分被将它们作为生活方式的人们自觉遵守。同时，由于传统文化对整个族群或村寨存在影响，一部分习惯仍然被整个族群或村寨的村民所共同遵守，成为以集体的舆论和行为方式保证执行的惯例。随着新的政权机构和社会组织的建立，建构村寨秩序的需要又使传统文化中的习惯成为可以利用的制度资源，被乡镇政府和村民委员会规定在乡规民约或村规民约中，并以公共权力保证其执行，这部分习惯实际上又重新具备了习惯法的特点。所以，现代社会中，由于习惯、惯例与习惯法具有相同的渊源，同时又均是建构乡村社会秩序的制度资源，所以，许多习惯兼有习惯、惯例和习惯法的功能，没有必要严格区分它们的性质。

（二）村规民约成为习惯的重要表现形式

过去，很多少数民族社会基本上处于原始的村落自治状态，习惯在这一特殊的社会条件下形成了一系列特点。例如，习惯的执行主要依靠传统的社会组织，已经内化于人的行为和内心之中，一般通过非成文的口耳相传的方式传播，由于适用于熟人社会，习惯的执行成本低廉。但是，随着国家权力的进入，外来文化的影响，尤其是现代科学技术和市场经济的冲击，人们开始有意识地制定维护社会秩序所需要的习惯，习惯开始以成文的形式出现。同时，为了适应社会发展的需要和国家的要求，习惯开始参照国家法律，以便获得国家的认可。执行主体也由传统的组织变为国家认可的党支部、村委会及其所属组织。而依据《村民委员会组织法》授权制定的村规民约成了习惯的重要表现形式。

以下是青海省互助县大庄村土族村民在20世纪末制定的两份村规民约①，从其具体内容中可以看到作为习惯表现形式之一的村规民约在现代社会的变化。

村规民约1：大庄村“十好十不准”（20世纪80年代）

十好

1．爱国守法的好公民

2．劳动致富的好家庭

3．安心务农的好社员

① 李志农、丁柏峰主编《土族——青海互助县大庄村调查》，云南大学出版社2004年版。

4. 维护治安的好哨兵

5. 科学种田的好能手

6. 计划生育的好青年

7. 孝敬父母的好儿女

8. 尊敬公婆的好媳妇

9. 互敬互爱的好夫妻

10. 团结互助的好邻居

十不准

1. 不准无视党纪国法

2. 不准游手好闲到处撞骗

3. 不准造谣生事煽动民心

4. 不准破坏计划生育

5. 不准糟蹋庄稼和破坏森林

6. 不准拦路抢劫

7. 不准行凶打人

8. 不准虐待父母

9. 不准虐待妇女儿童

10. 不准调拨离间

村规民约 2：大庄村《村规民约》（20 世纪 90 年代）

为了建设社会主义精神文明，加强法制观念，进一步提高我村广大群众的共产主义思想觉悟，特制定本村《村规民约》。

一、遵守社会公德，提倡助人为乐，团结友爱，说话和气，礼貌待人。不聚众玩赌，不酗酒闹事，不干损人利己的事情。

二、维护集体利益，加强护青、护林制度。管好家禽家畜，不得在林子里塄坎上放牧，大牲畜全部围养。羊只只能挡坡，不准上塄坎。违者大牲畜白天偷放罚款 10 元或罚粮 100 斤，晚上偷放罚款 20 元或罚粮 200 斤。羊只上塄坎、进树林、苗圃，每只罚款 1 元。

三、保护水利设施、公路桥梁、田间道路。不准在田间路上乱取土挖坑，社员用土在自家承包地里或有土的地方去挖。

四、爱护广播线路、高压线路。禁止家户偷电，禁止使用电炉和瓦数大的灯泡，违者按有关规定处理。

五、教育小孩不得玩火（特别在冬季）。不准剥树皮折树苗，如发现折树苗剥树皮的均罚款1元。

六、为了搞好社会秩序，改变村风，今后村里社员发生纠纷，村委干部进行调解处理。每调解一次当事人交纳调解费5元。

七、人人争当五好个人，户户争当五好家庭，让文明礼貌之花开遍大庄村。

上述两份村规民约前后间隔十余年的时间，但社会情况却发生了很多变化，因此，相关规定也发生了变化。比较前一份村规民约和后一份村规民约，不难发现其中的明显差别。其一，前者的规范内容主要是一种宣告式的规定，提倡村民做什么和禁止村民做什么。后者的规范内容多是惩罚性规定，禁止性行为与具体处罚紧密相连。这说明仅仅靠道德的宣传已经不能有效地维护村内秩序，只好将处罚作为维护村内秩序的主要方法加以使用。其二，前者规范的对象主要是个人的行为，强调对家庭和个人利益的保护。后者针对的主要是侵害公共利益的行为，强调对公共利益的保护。这说明前者的制定者是普通村民，后者的制定者是村委会。

（三）习惯在现代社会中面临着与国家法调适的压力

在现代社会，习惯虽然仍然在发挥其调整社会关系的作用，但是也面临着与国家法调适和冲突的压力①。

在与国家法调适上，一方面，由于国家法律的实施和社会的变迁，少数民族逐渐接受了法律的原则和社会变迁的事实，采取了主动的态度，通过改变旧的习惯以保证国家法律的遵守。另一方面，以前西部各少数民族的习惯具有很强的“自治性”和“自足性”，通常不需要国家法律和权威的介入就基本可以满足调整社会秩序的需要，但是，现在的习惯在适用空间上已经大大萎缩了，很多社会关系领域被国家法律所“占领”，在社会控制和一些社会关系的调整上（如纠纷解决）如果没有国家法律与正式权威的配合，单靠习

① 禁忌与习惯不同，禁忌中的大部分规范与日常的生产生活和原始宗教相关，依靠个人的经验和信仰决定是否遵守，所以，只要生产生活方式不发生根本改变，或是原始宗教信仰存在，禁忌就很少发生改变。尤其是这种禁止性的规范是限制人的行为，除了少数歧视性的内容外，一般很少与国家法发生冲突，主要是与科学知识发生冲突。而习惯是一种依靠公共舆论或公共权力组织实施的规范，是一种集体认同的行为方式。它与国家法的调整的某些对象、适用的某些领域相一致，而价值取向和适用程序不一样，所以容易发生冲突。

惯已经很难实现了。这种情况也加快了传统习惯与国家法的主动调适的步伐。例如，在内蒙古的达斡尔族村寨，依照过去的习惯规定，女性不能记入家谱名册。但随着《婚姻法》和其他国家法律中男女平等原则的贯彻，女性的法律地位和社会地位得到明显提升，现在该村的一些家族已经开始在家谱中记录女性的名字。孟姓家谱于 1998 年 6 月续修时，就将女性成员的名字记入了哈拉莫昆的家族名册。

在习惯与国家法的冲突上，由于西部少数民族习惯大多形成于传统社会，受传统社会政治、经济、文化和地域因素的影响较大，因此，其中的一些习惯很难适应现代社会发展的需要，与现代法治精神和原则存在冲突，无法适应我国社会主义法治建设的要求。

三、习惯法的作用

由禁忌、习惯和村规民约的相关内容构成的习惯法在现代社会中的少数民族村寨还发挥着不可或缺的作用。

（一）保持和强化本民族的传统文化

习惯法中的大部分内容实际上都存在于各民族村寨的少数民族传统文化的记载中。这种以规范形态表现的传统文化，对于民族村寨保持和传承本民族的传统文化发挥着重要的作用。

首先，习惯法有利于各民族传统文化的保持。传统文化总是依靠一定的形式才能得以表现和被感受。传统文化常见的表现形式有民间的器物、民间的艺术、民间的规范、民间的语言文字等，在传统文化的诸种表现形式中，禁忌与习惯的作用十分突出，它不仅有记录传统文化的功能，还有向人们提供传统行为准则的功能。记载于习惯法中的传统文化使人们能够通过口耳相传或文字的识读来了解传统文化的内涵和文化的模式①。

其次，习惯法使传统文化在村寨中成为一种强势文化。习惯法是一种行为准则，它指导着人们日常的行为，使人们在依照习惯法行为的过程中经常

---

① 少数民族传统文化的传承对民间法的依赖性很大，在一些少数民族村寨，传统文化的消失和复兴与民间法消失与复兴往往是同步的过程。例如，云南省剑川县东岭乡下沐邑村，过去的习惯法已基本消失，残留下一些封建陋习，如大年初一女人不得到别家串门等，白族日常生活中的许多传统文化也随之消失。云南大学白族调查组认为，现在一些农村正处于习惯法消退，现代法律观念尚未扎根的过渡阶段，应当搜集调查习惯法，取其精华，融入农村的现行政策、条规、条例中。如果这样做的话，会使传统文化在新的意义上复兴，成为一种为现代文明所包容的文化。

且反复地体验着传统文化。同时，习惯法还依赖村寨的公共权力机构、社会舆论、超自然力等形成的约束机制要求人们必须做出或不做出一定的行为，使传统文化的权威得以强化[①]。青海省循化县石头坡村的撒拉族的商业活动通行着传统的交易习惯，不懂这些交易习惯就无法做生意。“袖筒里捏价是撒拉族做买卖时秘密讨价还价的一种方式。在撒拉族地区，做买卖的人并不把物品价格标出来，而是双方都看了货以后，在袖筒里定价格，而且物价可在一定的数值范围内浮动。这种不用语言而在袖筒里捏指头谈价钱，其目的是增强隐秘性，以免旁人听见。撒拉人袖筒里捏价，一般捏住食指表示一、十、一百、一千、一万；捏住食、中二指，表示二、二十、二百、二千、二万；再加无名指表示三、三十、三百、三千、三万；再加上小指表示四、四十、四百、四千、四万；捏住五指表示五、五十、五百、五千、五万；捏住拇指与小指表示六、六十、六百、六千、六万；捏住拇指、食指与中指表示七、七十、七百、七千、七万；拇指与食指展开表示八、八十、八百、八千、八万；食指捏弯表示九、九十、九百、九千、九万。双方讨价还价时，往往手在袖筒里活动，而嘴中只说：‘这个价，怎么样?’一直捏到双方都认为价格合适为止。若双方捏的数字差距较大，就各自作罢，另觅交易对象。随着经济生活的发展，撒拉族的穿着逐渐改为制服或西服。即使有人穿传统的皮袄，其袖子也不是太宽了。所以，今天不少人改在及襟、羊皮袄下捏价。如专事羊皮买卖的，将羊皮往手上一盖，即进行交易。买主订货要放定金，定金视货物贵贱而定，一般为 10% 左右。放好定金后，在双方商定取货的期限内，卖主不得将货物转卖他人。如果买方在商定的期限不来提货并未交完货款，则定金全归卖主，卖主可自由出售货物，买方无权干涉。撒拉族在商业活动中，倡导公平交易、按质论价、平等竞争、信守诺言，反对投机取巧、谋取暴利、进行欺诈等。禁止从事违背伊斯兰教教义的商业活动，如不准经营烟酒买卖，不准经营未经阿訇宰的牛羊肉和皮张。违者要受到人们的一致唾弃。”撒拉族还“禁止放高利贷，视高利贷为一种不劳而获的收入，包括带有利息性质的借贷也被视为非法。但出租田地、房屋时，可以收租金，租金由租借双方商定。如果借贷人无力偿还或发生意外死亡时，得由其家属或子女

① 现在，村寨里的村规民约、宗教禁忌等充满惩罚性规定，只要违反，便会受到惩罚。

偿还。但在一般情况下，借贷人去世后，会免其债务”①。

（二）建构民族村寨的社会结构

村寨的社会结构指的是由村寨的组织机构、家庭模式和人与人之间的关系等各种因素所构成的社会关系的网络。现代社会中民族村寨的社会结构是由村寨的物质生活条件和文化观念以及外界的影响所决定的。它可以分为两种类型：一种是传统的结构，如家族和祭祀组织；另一种是被安排的结构，如村民委员会、村民小组等。这两种类型的结构均是由习惯法或是相关的国家法（如村民委员会组织法）建构的，传统的家族制度和祭祀组织，在许多民族村寨中仍存在着，它的设立和活动还是由习惯法来规定②。而家庭、村民委员会及其他社会组织的设立和人与人之间的关系则是由国家法及习惯法共同来规定或由国家法单独规定③。正是有了这些习惯法或国家法的规定，民族村寨中的各种社会组织及其相互关系才得以建立，人与人之间有了一种部分程式化的、有规可循的联系。例如，在现代哈尼族社会，禁忌在建构村寨秩序中的作用表现在以下几个方面：一是规范本族群众的行为。哈尼族禁忌中的许多内容具有一般性规范的意义，所禁止的对象包括某一地区的哈尼族或全族的民众。任何人都必须遵守这些禁忌，一旦违反禁忌，将被认为会给村寨或族人带来灾难。统一规范族人的行为，对于维护村寨团结，举办集体活动等具有重要的作用。二是保护神的权益。哈尼族的禁忌与神鬼的惩罚有密切的联系。信奉多神崇拜和祖先崇拜的哈尼族认为万物有灵，神灵主宰着人类，因此尊重和保护神的权益便成为禁忌的重要内容。哈尼族在保护寨神树林的方面有严格的禁忌，任何人不得砍伐界内的树木，不得狩猎树林中的动物，不得跨越界桩，等等。甚至对进入寨神树林不得穿戴何种衣物都有规定。这些关于神的禁忌是禁忌中的大忌，族人中一旦有人违反，便被认为是对神

---

① 朱和双、谢佐主编《撒拉族——青海循化县石头坡村调查》，云南大学出版社2004年版。

② 例如，云南省西双版纳傣族的哈滚（家族）制度在择偶、互助、纠纷解决中仍然起着作用，以龙叭头（召曼）为代表的祭祀组织也在20世纪80年代得以恢复。相应的原始宗教的禁忌习惯维系着龙叭头的地位，保证了祭祀活动的进行。

③ 在村寨中，家庭是一个由民间法和国家法共同调整的社会组织，民间法中有择偶、尊卑、居处等家庭规范，国家法中有关婚姻的制度和计划生育的规定对家庭的组织和规模也起着重要的作用。由国家法单独规定的是村民委员会，1998年《村民委员会组织法》颁布后，大部分村寨的村民委员会依照该法建立和运行。

的亵渎，神将降灾惩罚村寨。三是维护伦理道德。哈尼族禁忌中有一部分是关于伦理道德的规定，如晚辈对长辈的尊敬，妇女应遵守的妇道，村民、村寨之间的相邻关系，等等。这些禁忌中的伦理道德以禁止性规范的形式出现，使哈尼族慑于神灵的威严、舆论的谴责和传统的制裁，自觉地维护本民族的伦理道德。四是保持习俗。哈尼族的祭祀和节日活动中涉及众多的禁忌，这些禁忌与祭祀和节日活动密不可分，遵守禁忌就意味着必须参加祭祀和节日活动，而在参加祭祀和节日活动中也必须遵守禁忌。这种现象不仅表明禁忌在维护习俗中的地位，而且表明有的禁忌已经成为习俗中的重要内容[①]。

（三）维护村寨的公共利益和村民的个人利益

村寨是一个各种利益交织的社区，利益主体有村寨集体、家族、家庭、个人等。利益的类别又可划分为公共利益、个人利益（包括家族、家庭的利益），还可以划分为财产利益、人身利益。利益是村寨集体和村民生存的基本条件和追求的目标。在维护和追求利益的过程中，利益主体之间必然会发生利益的冲突。例如，土地承包中，土地的划分就有好田、差田，须搭配分，否则会产生村委会与个人及个人与个人之间的矛盾。村寨中的许多利益依靠习惯法来确立和维护。在村寨中，多数利益已经被传统的习惯法和新的村规民约所规定，凡是侵犯村寨集体利益或个人合理利益的行为，都是被习惯法或包含有习惯法的村规民约所禁止的行为。贵州省大方县红丰村仡佬族有关坟地的习惯很有特点。红丰村仡佬族很注意对祖先坟地的保护，死人一旦入土后，坟地就属于死者家属的权利控制范围。按惯例，坟地及其周围 5 米的土不准任何人动。另外，该村仡佬族至今遵循着这样一个原则：坟先土后，坟随土走。也就是说，死者的家属对于坟地具有控制权，任何人即使是坟地所在地的承包者也无权让其把坟地迁出或者在坟地周围种植作物。破坏坟地是大家都不能容忍的恶行，行为人要负责修好坟地或买 5—10 公斤酒向坟地的主人赔罪[②]。习惯法通过对侵害利益的行为予以惩罚，责令赔偿等方式，使被破坏的利益平衡机制重新恢复[③]。在现代社会中，村寨中的集体利益和个人

① 张晓辉、卢保和《哈尼族的习惯及其文化价值》，《思想战线》1993 年第 4 期。

② 张晓辉、李天元主编《仡佬族——贵州大方县红丰村调查》，云南大学出版社 2004 年版。

③ 维护利益的规范还有国家的法律。在一些少数民族村寨，已经开始出现利用国家法律保护自身利益的案例。

利益有时也会发生冲突，由于集体的观念在民族村寨中十分浓厚，所以，习惯法中集体利益优先的特点十分明显[①]。

（四）组织生产活动和其他社会活动

习惯法的又一重要的作用是组织生产活动和社会活动。这方面的习惯法一般都是长期以来农业生产活动的经验积累，对于合理使用土地和水资源、利用农时、保护牲畜和庄稼很有利。新疆塔什库尔干县提孜那甫塔吉克族村至今仍然严格遵守着这样一个习惯：每年5月下旬至6月1日本村所有大小牲畜必须全部离开村寨，到各指定的夏牧场中，以保护村寨里的农作物。与此相反，9月底至10月1日，村里不管成熟不成熟的庄稼都必须收割完毕。夏牧场的所有大小牲畜应在10月1日前回村，以保护牲畜和牧场。这一习惯很好地调整了农牧业在时间和空间上的矛盾和冲突[②]。也有一些与农业生产相关的习惯法属于原始宗教规范的范畴，这些习惯法反映了这些民族村寨的村民祈求丰收、祈求鬼神原谅人类行为的愿望。例如，云南省罗平县鲁布革乡布依族的祭青苗，贡山县丙中洛乡小茶腊村独龙族的开荒祭鬼等。现在，布依族祭青苗只是一种娱乐性的习俗，祭神的含义已经淡化了。而在独龙族村寨，由于生产力水平低下和文化的封闭，开荒祭鬼实在是出于一种因鬼神崇拜而对开荒行为举行的恕罪仪式。除了组织生产外，习惯法对村寨的其他社会活动的组织也有很细致的规定，有的不但规定了活动的程式，而且连每家每户需贡献的钱物都做了规定，从而保证了这些社会活动的开展[③]。

除了上述几方面的作用外，习惯法的一项重要作用是可以对其加以利用，以保证国家法律和上级机关的指示在村寨中得以贯彻。新疆乌恰县吾依村小组是一个以农业和牧业为主要生产方式的柯尔克孜族村寨。水是整个村寨生产发展的基础，为了让有限的资源得到充分的运用，在当地乡政府的努力下，形成了一套严密的用水制度。这套制度是在以先上游、后下游安排用水先后

---

① 多数村寨的村规民约都以规定公共利益为条文的主要内容。例如，云南大学基诺族调查组收集的村规民约共有26条，其中维护集体利益的条文有16条，维护个人利益的条文有10条。

② 罗家云、赵建国主编《塔吉克族——新疆塔什库尔干县提孜那甫村调查》，云南大学出版社2004年版。

③ 例如，云南省勐海县曼刚寨每年“灵曼”（祭寨神）的活动不仅程式清楚，而且每家须贡献一只鸡的规矩也很严格地被执行。

顺序的传统习惯基础上形成的①。在民族村寨中，最普遍的做法是通过将国家法和上级的指示变为村规民约的内容，来避免习惯法与国家法的冲突。所以，帮助少数民族村寨制定村规民约是基层政府的一项重要工作，从目前调查的情况看，至少村规民约在形式上避免了习惯法与国家法的冲突。

第二节　习惯法中的禁忌

一、生产禁忌

（一）农耕禁忌

农耕禁忌广泛存在于西部的少数民族中，有关农耕的禁忌非常丰富，涉及农耕活动的各个环节，并且各种禁忌都有明确的目的或“说法”。这些详细而严格的农耕禁忌影响着各民族的农耕活动。

有的农耕禁忌是为了保护土地、庄稼、生产工具。新疆的维吾尔族在农耕活动中，忌讳随意踩踏各种农业耕作工具，忌讳烧毁、胡乱丢弃农具，禁止踩踏庄稼和田埂。在收割庄稼时要遵循一系列的禁忌，如不能挥舞镰刀，休息时不能乱丢弃镰刀，否则就会影响收成。打麦场为了保住好运也有着许多禁忌，如不能朝麦场里吹口哨、互相打骂、吐口水、随地大小便等等②。云南的哈尼族禁止妇女跨越犁、耙、弓、木工工具等男子使用的器物。

有的农耕禁忌是为了不冒犯神鬼，以获得好的收成。贵州的侗族落秧种时，忌小孩遇见孕妇；插秧时忌吹口哨，立秋时忌上山干活；水稻尚在田中，忌吹芦笙；伐木时要择日；砍伐时忌树蔸朝上树梢朝下，忌未砍藤茎先砍树，忌砍伐身上长有大疙瘩的大树、雷击之树、坟山上的大树；忌砍杨梅树、泡桐树、漆树、“夜盲树”和制香火的树木和藤条等来当柴烧③。云南省贡山县丙中洛乡小茶腊寨的独龙族有九条生产禁忌，被禁止的行为均与丰收相关。小茶腊的生产禁忌是：一忌在有鬼的地方开荒；二忌开荒不祭鬼；三忌下种

① 董秀团、万雪玉主编《柯尔克孜族——新疆乌恰县库拉日克村调查》，云南大学出版社2004年版。

② 汪俊、张建军《浅析维吾尔族禁忌习俗与社会秩序构建》，《塔里木大学学报》2009年第4期。

③ 刘锋、龙耀宏主编《侗族——贵州黎平县九龙村调查》，云南大学出版社2004年版。

之日外人来拜访；四忌不将种子放粮仓；五忌田间杀蛇后不休息；六忌收获粮食之日吃鸟、鸡、鱼肉；七忌村里死人时收割粮食；八忌下种前不向天神祈求免灾；九忌一棵玉米结很多苞籽（四至六苞）。在这些禁忌中，第一、二、三、四、八条和鬼神有关，害怕冲撞鬼神影响丰收；第五条是劳作经验，地里蛇多，打死一条蛇后可能会因惊吓其他蛇而遭受攻击，故要休息一阵，以便观察动静；第六、七条是担心到手的粮食会随动物溜走或被死人的悲伤所影响；第九条显然是把多苞籽的玉米视为“怪胎”。

有的农耕禁忌是为了尊重祖先、顺应节气，不误农时。甘肃的裕固族逢六月、腊月不动土，不做农活，平日不随意挖井掏泉。贵州苗族人忌戊日，正月立春后，凡遇戊日忌动土挑水。广西睦边县彝族在农历五月十六日“祭公节”这天不能出门，也不做其他动土之事，不准砍柴，不准舂米等。广西隆林县那地寨彝族从农历三月三日起，如果下雨，就三天不出工；如果不下雨，则七天不出工，也不推磨、不簸谷、不砍柴。云南巍山县彝族一年中，农历九月十四日和霜降日不能用牛犁田；农历二月初七“神树”下宰猪后，全村人不得从事挖地、磨面、打柴等重体力劳动，直到初十才解禁；每年立秋之日不能到田里劳动。云南小凉山彝族在农历二月初八、三月初八、火把节后第三天、过年的三四天以及村里有人烧尸那天均不能劳动；生小孩当日，全家不能下地生产。广西的毛南族农历六月初六和立秋这天，禁忌下地劳动。云南的普米族犁地、撒种、收割均须占卦择吉日；忌日不下田，雷响不下种；禁妇女犁地、打猎和取蜜；四月至八月封山期，禁上山采集花木。广西的仫佬族二月初一不进地，六月初一不做工、播种忌火日。云南水族忌雷声，旧时每年立春后第一次听到雷声，若干天内不能下地干活；火日、金日不下秧，非鸡日、虎日、马日不种玉米。云南的拉祜族在马日不下种，玉米、荞麦只能在虎日开种，忌讳在父母忌日下种。西藏的珞巴族祭祀之日禁止劳动。

（二）狩猎和捕捞禁忌

由于国家保护野生动物，狩猎活动已经很少了，但是，关于狩猎的禁忌还保留在许多西部少数民族的记忆之中。狩猎禁忌大多是为了祈求有好的收获，保证猎人的安全。同时，有的少数民族的狩猎禁忌还表达了对动物资源的保护和对人的欲望的抑制。如甘肃的裕固族禁止捕杀“哈拉”（旱獭）。四川凉山彝族忌讳女人参与打猎活动，狩猎时对虎、熊、豹、獾、猴等动物只能取其毛皮，不能食肉；有的动物只能驱赶，不能射杀，如猴；打猎时忌讳猎犬尾缠树。广西的壮族农历每月的初五、十四、二十三的夜晚不能狩猎，如果发生吃饭掉碗筷，看见狗交尾、蛇挡道等迹象，则认为对狩猎不利，不能打猎。贵州的侗族狩猎出行时如果遇见孕妇、上厕所的人和梳头的妇女，都认为是不吉利的，不能打猎；他们还忌讳捕燕子和喜鹊。云南的哈尼族狩猎出门，不能讲不吉利的话，不能打布谷鸟，出猎时遇到孕妇则认为不吉利，要停止打猎。拉祜族狩猎时忌带肉食，忌讳在火塘边商议猎事。

捕捞禁忌的产生也主要是为了保护渔业资源和获得好的收成。广西的壮族村寨，村民只能在合适的季节到沟渠河中捕捞鱼类，避免得罪鱼神；禁止在鱼坝中大小便；自养的鱼塘也只能捕捞，禁忌钓鱼。云南的哈尼族村寨，村民在捕鱼时，不准用毒药毒鱼。拉祜族村寨，村民捕鱼时忌带腌菜。内蒙古达斡尔族的渔场不许拿鞭子走路，不许妇女去渔场，禁止戴孝的人去渔场，在渔场不许背着手走，雅得根（萨满）不能去渔场，不许从鱼竿上跨过①。

（三）饲养禁忌

西部少数民族的饲养禁忌非常丰富，其功能主要是保护家畜家禽，防止畜禽生病死亡、发育不良或祸害村民。

四川的彝族忌讳杀过人或打死过狗的人剪羊毛；母羊分娩时如果出血过多视为不吉利，需将母羊杀死；羔羊夭折不能土埋；忌牛尾巴缠在树上；母牛产双犊亦为凶兆；放牧时，忌牛和羊的颈项上带回树杈和草圈。云南的布依族村寨中，大牲畜生产后，忌外人进入，主人家要在门外插上用红纸剪成的小三角旗，让外人知道已有“喜财”，提醒人们不要乱闯入家中。哈尼族村寨中，喂猪时忌将食槽翻过来，猪不能在家产仔，狗不能在村外产仔，忌一窝仔猪全是公的，忌牛尾缠住绳桩，忌母鸡啄食自己下的蛋，忌不同种类的牲畜交配。傈僳族村寨中，禁止宰杀怀孕和还在哺乳期内的母畜。布朗族村寨中，忌讳母猪产下的猪仔都是母的。新疆的哈萨克族在牲畜生头一胎时，其乳汁不能给别人，不能拿干枝条或者炉钩子去驱赶牲畜，不能把帽子扔向牲畜，也不能跨过卧在地上的牲畜，不能骑马从羊群中通过，忌讳用脚和木棍打击牲畜的头，不能往羊身上吐口水，不能跨越拴牲畜的绳子②。塔吉克族

① 毛艳、毅松主编《达斡尔族——内蒙古莫力达瓦旗哈力村调查》，云南大学出版社2004年版。

② 《中国少数民族民俗大辞典》编写组编《中国少数民族民俗大辞典》，内蒙古人民出版社1995年版。

禁止用脚踢、用棒打牛、羊等牲畜。维吾尔族禁止人在牲畜的圈棚吹口哨、大小便、倒火灰，潮湿的圈棚只能倒干土，黄昏时不能从圈棚里赶牲畜，放牧时不能从牧群中间穿过，不拄着放羊的木杆而行走，不把手放在背后放羊，不跨拴畜的缰绳，不大骂牲畜，忌讳在周四和周五放牧，等等[①]。

（四）商业禁忌

西部大部分少数民族的商业文化并不发达，有关的商业禁忌不是很多，但与民族文化和宗教有关，特色较浓。如青海的撒拉族不得从事伊斯兰教禁止的猪肉、酒类、麻醉品等物的营利活动，禁止以色情、占卜、赌博等方式获取利益。东乡族禁止在生意中克扣秤量。新疆的维吾尔族忌讳周五经商，忌讳顾客在店内嗑瓜子，不得在店内乱扔脏的物品，忌讳开张欠账。其他一些民族的商业禁忌多基于道德的要求和祈求吉利而产生。广西的壮族忌卖饿牲畜。广西钦州市黄屋屯、大寺等地的壮族忌跨槛而立进行贸易。仫佬族挖煤时，在煤洞里忌说不吉利的话；要到外村做生意，路上碰见的人若不喊“好卖”，就不宜上街；在家若遇煮饭不熟、打破锅盖等，也不宜外出[②]。

（五）工匠禁忌

西部各少数民族手工业发达，因此产生了大量的工匠禁忌。如新疆维吾尔族各行各业的手艺人有很多需要遵守的禁忌，如不能酗酒、偷窃、赌博、投机取巧、侵吞他人财物，不准亵渎和践踏手工用具，要敬师傅且不能控诉师傅等。四川彝族的工匠有孕妇禁忌，如铁匠熔铁水倒铧口时禁忌孕妇在场，漆匠煮桐油时也忌讳孕妇看见，染色时禁忌孕妇进入或在场[③]。广西的壮族村寨中，纺织由妇女操作，有很多禁忌需要遵守。在理纱上机时，织者一定要净手梳发，忌讳讲与紊乱和断裂有关的言语。而木匠所需要遵守的禁忌更多：木匠如果未婚或无子，忌替人打造婚床或梯子；如果木匠自家盖房尚未满三年，则不帮人做棺材；木匠替别人做棺材后不满一个月的，忌替别人打造结婚家具；在造水车、犁耙或结婚家具时，要选择吉日或双日开工。贵州的侗族妇女在纺纱织布的过程中，梳纱时，禁止小孩从纱底下穿过；制染水时，

① 汪俊、张建军《浅析维吾尔族禁忌习俗与社会秩序构建》，《塔里木大学学报》2009 年第 4 期。

② 章立明、俸代瑜主编《仫佬族——广西罗城县石门村调查》，云南大学出版社 2004 年版。

③ 卢春樱《试论彝族传统禁忌文化》，《贵州民族研究》（季刊）1999 年第 4 期。

忌讳碰到怀孕的妇女，也忌讳用单手直接去点击染桶中的染水。云南的哈尼族则禁止男性跨过织布机、背板等妇女用的劳动工具和物品。傈僳族木匠的墨斗内忌倒入茶水；盖自己家的房屋时，忌本人画墨；摆放木料和竖房屋时不能头尾倒置。拉祜族忌讳进烤酒房不加柴火。水族忌讳在（水书）凶日造屋动工。凡开工动土、建房过程以及乔迁就居，均须选择吉日，并切忌说不吉利的话语。砍伐用作大梁的树木时，在树木倒下的时候，要使树梢朝上，树头朝下，忌讳树梢向下树头朝上。内蒙古的达斡尔族做摇篮的木料不能选择独树或被雷击、风刮倒的树木；不用榆木和白桦盖房子，不用白桦做木排的舵；盖房子不许钉铁钉子，不许敲打房梁，在房木上也不许用刀划出痕迹。四川的羌族学徒在拜师时，不能吃狗肉和葱、蒜、姜，不能够进入孕妇的卧房①。

（六）其他生产禁忌

除了上述生产禁忌外，还有的西部少数民族在伐木和劳作中形成了一些其他的禁忌。在四川彝族的伐木禁忌中，鼠日和蛇日一般忌伐木，伐木时须选择适合的日子；独木不能砍，树上有鸟草的不能砍，树下有洞穴的也不能砍，被雷击过的树木不能砍，焚化场的树木不能砍，枯萎的树木不能砍，泥石流中的树木不能砍，水冲倒的树木不能砍；忌讳砍倒的树木倒在其他树上；忌讳伐木出行途中遇到妇女；在树木被伐倒后，要立即在树桩上敷上泥土或者放上草、石。贵州的侗族伐木要择日；砍伐时忌树蔸朝上树梢朝下，忌未砍藤茎先砍树，忌砍伐身上长有大疙瘩的大树、雷击之树、坟山上的大树，忌砍杨梅树、泡桐树、漆树、“夜盲树”和制香火的树木和藤条等来当柴烧②。

二、生活禁忌

（一）性别禁忌

在西部很多少数民族文化中，性别不同的人具有不同的地位和作用，因此在生产、生活、宗教等方面针对不同性别的人设置了不同的禁忌。这些禁忌体现了对不同地位的人的尊重和对不同性别的人的独特看法。

如甘肃的裕固族妇女不能到佛像跟前去。西藏的藏族妇女不准披头散发，

① 何斯强、蒋彬主编《羌族——四川汶川县阿尔村调查》，云南大学出版社 2004 年版。

② 刘锋、龙耀宏主编《侗族——贵州黎平县九龙村调查》，云南大学出版社 2004 年版。

因为藏族认为披头散发是妖女的发式。新疆的维吾尔族在送葬的过程中，禁止成年妇女参加安葬仪式活动；忌讳经期、分娩前后的妇女参加各种祭祀活动，妇女甚至不能宰杀用于祭祀的牲畜。四川的彝族妇女不能犁田，不能从犁上跨过，不许上屋顶，不得跨过男子身体，不许将自己的织布用具拿过男人头上或挂于男子斗笠、武器以及毕摩经书、法具经过之地的上方，不得参与各种祭祀活动。在祭密枝时，不得碰到密枝树林；在家或做客时忌伸腿、张腿而坐；禁忌十七岁以上的女子上楼；彝族新房落成，迁居之日，必由主妇领头入室，忌男主人领先入室；媳妇与公公、大伯子以及丈夫的叔伯、堂兄弟字辈均要相互回避，不论坐立行走，都须保持一定距离，不能面对面坐一处等；忌夜间吹口哨和梳头；忌在家中高声喧哗；忌做男人的活计；忌妇女宰杀羊。云南南部的彝族已婚女子从结婚之日起，禁呼丈夫及其弟妹之名；已婚女子禁与公公及丈夫之兄同桌吃饭；特别忌讳在人前放屁有声和偷鸡[①]。

在云南，瑶族妇女忌吃因产牛犊而死亡的母牛和生蛋不出而死亡的母鸡。白族妇女的禁忌也很多，如妇女不能坐在门槛上，不能到佛庙去朝拜，不能叉开双腿来烧火和做饭，衣裙不能碰触到三脚架，新媳妇不能往门后泼脏水。哈尼族忌年轻妇女到楼上去，忌辈分小的媳妇坐长辈的床；待客时，妇女不可在堂屋与客人共餐。傣族楼下有长辈、男人时，女性不能在楼上走动；妇女不得跨越男人用的衣物和工具；女性衣物不能晾晒在男人的衣物上方。傈僳族妇女忌躺在除丈夫以外的男人床上，忌跨犁架和锄头、弩弓和箭包、男人的衣服，忌杀猪、牛、羊，忌钓鱼和狩猎。佤族妇女的旧衣碎布，不能撕下来补男人的衣物。景颇族忌用妇女的筒裙盖熟睡的孩子，忌妇女坐时跷二郎腿，忌妇女托下巴而坐。阿昌族妇女不能在楼上；男人在楼下时，妇女不能在楼上；男人不走晒妇女筒裙之处；妇女不能从犁、耙、锄、刀、枪等物上跨过；妇女不能跨坐在家堂屋的门槛上[②]。怒族妇女不许跨越弓箭、长刀及背板。德昂族女人不能杀生，也不能到河里拿鱼摸虾；不能坐在火塘的西北角；睡觉时腰箍要放在床下或楼板上，不能悬挂在墙上，更不得挂在高处；男人不能摸到其裙子和腰箍；女性不能上房顶，更不能攀爬榕树。

---

① 对于彝族的禁忌可参见白兴发《彝族禁忌的起源及演变试探》，《云南民族大学学报》（哲学社会科学版）2003 年第 3 期以及卢春樱《试论彝族传统禁忌文化》，《贵州民族研究》（季刊）1999 年第 4 期。

② 章立明《傣族村落人聚空间的性别禁忌》，《民族艺术研究》2003 年第 4 期。

在内蒙古，达斡尔族不准妇女上房顶、睡在西炕上，也不准面对灶坑坐着。祭敖包求雨时，不许妇女参加。鄂温克族绝对禁止女人摸男人的头，禁止妇女踩过男人用的马鞍和套马杆，也不准妇女用男人的马鞍。姑娘不能叉开双腿坐，走路时不能东张西望且要小步走；忌讳和外来青壮年说笑，正月初一到初五期间姑娘们不准用针线。在新疆，俄罗斯族已婚妇女忌露头发，特别是在长辈面前。

（二）服饰禁忌

服饰是西部少数民族文化的重要体现，服饰不但与少数民族的信仰和宗教有关，而且体现了少数民族不同的历史和文化。服饰禁忌则很好地体现了各个少数民族的信仰和社会文化。

内蒙古的蒙古族在办丧事时忌穿红色和白色的衣服，在办喜事时忌穿黑色和黄色的衣服。新疆的维吾尔族在穿衣服时要尽可能地把身体的各个部位掩盖起来，通常禁止袒胸露背或穿着过于短小的衣服；头巾和服饰上不能有人和动物的图案；一般不穿黑色和其他冷色的服饰，因为这些颜色均被视为凶色，在许多场合里都是禁忌使用的。在丧葬、祭祀等比较严肃的场合，又忌讳穿红、黄、绿等鲜艳颜色的服饰，但也不穿黑色、白色和蓝黑色等深颜色的礼服。部分妇女有不穿黄色服饰的忌俗①。

在云南，傈僳族接亲时忌讳穿白色衣服。拉祜族忌讳用女人穿破了的筒裙的碎布来缝补男子的衣服。澜沧茨竹河一带的拉祜族忌讳红色，认为红色不吉利，因而忌穿纯红色的服饰，也禁止外人带入红毯子、红手巾等红色物品。甘肃的东乡族禁止穿戴暴露“羞体”的服装，忌穿染有污秽物的服饰，禁止穿戴非伊斯兰教的有宗教象征意义和宗教人士穿戴的服饰，禁止男子穿真丝面料的衣服，禁止男子戴纯金首饰，忌蓬头垢面、披头散发，禁止文身②。四川的羌族衣服不能反着穿；不能随意抛衣服，只能提在手头；背篼不能倒着背。广西的毛南族除丧事外，禁忌穿白色外衣；妇女不能穿白色或红色的外裤；忌自己穿过的衣服烂了乱扔。

（三）饮食禁忌

西部少数民族的饮食禁忌大致可以分为两类：信仰伊斯兰教的少数民族

① 姜歆著《中国穆斯林习惯研究》，宁夏人民出版社2010年版。

② 秦臻、马国忠主编《东乡族——甘肃东乡县韩则岭村调查》，云南大学出版社2004年版。

的饮食禁忌和不信仰伊斯兰教的少数民族的饮食禁忌。前者受伊斯兰教的影响，具有很多共同点。后者则受自然环境的影响较大。不同民族因图腾崇拜、动物崇拜不同，在饮食禁忌上的差别也较大。

青海的撒拉族因受伊斯兰教文化的熏陶，在饮食习俗上有较多的禁忌。这些饮食禁忌主要有：第一，严格遵从伊斯兰教关于食物的禁忌，忌食生肉，不食自死动物、不吃动物血液、禁食猪肉以及未经安拉许可而宰的动物肉，也不食被勒、锤、跌摔至死和被野兽吃剩或咬伤而死的动物肉。第二，不饮酒，不吸烟。第三，忌吃过饱，忌躺在床上吃东西，忌吃喝前不洗手；忌老人动筷前，其他人先吃；忌吃蒜、葱、韭菜后到清真寺去做礼拜。在撒拉族民间，参与炸油香、煮麦仁饭的妇女必须“乎斯里”（沐浴过），未经沐浴或处于经期的妇女，不允许参与这项工作，也不允许到油锅附近去[①]。宁夏的回族忌酒，不但禁食猪肉、自死物和非反刍牲畜，也不能吃狼、虫、虎、豹、熊、狐、猫、鼠、蟒蛇、驴、马、骡、狗、鹰、鹞、鸷、鲨、鲸等动物的肉，血也在禁食的行列。甘肃的东乡族禁止食用一切非法的、污秽的、不洁的、有害的食物，禁食猪肉、鸽子肉、驴肉、骡肉、马肉、动物血液、酒、麻醉品，也不食自死的动物、猛禽异兽，包括鹰、隼、雕、鸱、狼、虎、豹、狗等也不能食用。新疆的维吾尔族在饮食上，禁食猪、狗、驴和猛禽的肉，并禁止食用所有动物的血。传统宗教观念较强的人还禁酒，忌讳糟蹋粮食、盐和各种食物等。不能向盐和火焰吐口水，不能坐在装有食物的箱子或物品上。在用餐的过程中，不能随便拨弄盘中的食物，不能将食物掉落在地上，要把碗里的饭菜吃干净。在吃馕的时候要将馕掰成小块吃，不能将整个馕拿在手上吃。不能敲击碗筷。对粮食做的各种食物，绝不允许脚踩或跨过去，即使掉在地上了，很小的一块也要捡起来，否则会受到惩罚，带来厄运[②]。塔塔尔族长期恪守《古兰经》对于饮食的有关规定，最忌讳食用猪肉。除此之外，还禁食驴、狗、骡肉和自死牲畜以及凶禽猛兽，禁食一切动物的血（包括羊血在内）。此外，保安族、哈萨克族、柯尔克孜族、乌孜别克族、塔吉克族等民族的饮食禁忌也受伊斯兰教有关教义的严格约束。

---

① 朱和双、谢佐主编《撒拉族——青海循化县石头坡村调查》，云南大学出版社2004年版。

② 肖迎、拜合提亚尔·吐尔逊主编《维吾尔族——新疆疏附县木苏马村调查》，云南大学出版社2004年版。

除了信仰伊斯兰教的民族之外，西部少数民族的饮食文化中也有很多关于饮食的禁忌。如甘肃的裕固族禁食“尖嘴圆蹄”动物的肉，即飞禽、鱼类和驴、骡、马这三种动物。即使现在有的裕固族群众已开始食用鸡肉、鸡蛋、鱼肉等，但对于“圆蹄”类动物的肉，如驴马、骡肉则还在禁食之列。另外，狗肉也在严格禁食的范围内。裕固族牧民养的牧狗，通常要一直把它养到老死，挖坑埋掉，不会剥其皮食其肉。如果猎获了野鸡，拿到裕固族人家，主人一是不让将野鸡拿进家，二是不借锅给你烹调野鸡。在吃手抓羊肉时，甘肃肃南县大草滩的裕固族尤其讲究“杀生害命，骨头啃尽”①。

内蒙古锡林郭勒盟正蓝旗蒙古族在吃手扒羊肉时非常讲究礼仪，当需要使用蒙古刀割肉时，刀刃锋利的一面只能向内对着自己，忌讳将刀口向外对着别人，否则会被认为是对他人的不尊重。从骨头上割羊肉时，只能由上往下割而不能从下往上割。

藏族的饮食禁忌也比较多，忌食马、驴、骡等圆蹄类牲畜的肉和猫、狗、乌鸦、猫头鹰、鹫鹰，认为鱼、蛇、蛙等动物的肉有毒②。贵州的苗族忌吃蛇肉，也忌讳在屋里煮蛇肉；尤其是产妇忌食的东西比较多，包括老母黄牛肉、母猪肉、公鸡肉、小鱼、蔬菜、辣椒等。部分苗族地区只能在吃新米的时候洗饮甑、饭包、饭盆等，忌随时洗刷。在山上饮生水时须先打草标再饮用，忌直接饮用。在就餐时，鸡头要敬给老年人，鸡肝、鸡杂要敬给老年妇女，翅膀给青年男女食用，鸡腿则留给小孩，但不准小孩吃鸡血。

四川凉山的彝族禁食狗、马、熊等动物的肉；妇女忌食难产而死的家畜的肉；举办某些祭祀活动时忌食公羊肉、种猪肉、老母猪肉、狗肉、猫肉等；孕妇忌吃獐肉、兔肉；小孩禁吃鸡胗、鸡翘、猪耳、羊耳、鸡回肠、乌鸦肉、蛇肉、蛙肉等。除上述食材外，毕摩还禁食耕牛的肉。四川的羌族禁吃马肉，没有产子的牛羊也不能吃。广西的壮族忌食笼中的死鸡，部分地区的青年女性忌食牛肉和狗肉。瑶族忌食狗肉，小孩忌吃鸡爪、鸡内脏。而仫佬族则一般不食猫肉和蛇肉。有些地方的土族还忌吃狗肉和动物内脏。云南的白族小孩忌讳吃鸡肠、猪尾巴。部分地区的白族禁食狗肉，部分地区的白族禁吃岩

---

① 郑筱筠、高子厚主编《裕固族——甘肃肃南县大草滩村调查》，云南大学出版社2004年版。

② 陈烨《藏族的饮食禁忌及其现代价值》，《西藏民族学院学报》（哲学社会科学版）2005年第5期。

羊肉。佤族吃饭时忌讳饭粒掉在地上；得疟疾的人，禁止吃雌性家畜的肉；山上狩猎吃野味餐时，每顿都要吃完，不能有剩余的野味带回家。拉祜族禁食献祭在路边、树林里的肉食，禁止用母猪及母兽肉做“剁生”，忌讳在属鸡日尝新，忌吃牛肉。水族中凡命带“三丁六甲”的人忌吃狗肉、羊肉和斑鸠肉。青海的土族禁食马、骡、驴等圆蹄牲畜的肉。西藏的珞巴族在阉猪时，主人要在门口栽上鲜树枝，三天内禁止生人入内，其间不能向外借东西，不准拿皮毛之类的东西从灶前走过。阉猪的人三天内不准靠近灶台、木柴和灶具，也忌讳说“死”“无”等字。

（四）居住禁忌

西部少数民族的居住禁忌非常丰富，涉及房屋设计、建造、使用等方方面面。

第一，搬家禁忌。甘肃的裕固族逢虎、狗、鼠、蛇日不搬帐篷。新疆的柯尔克孜族主麻日不能搬家。

第二，居室装饰禁忌。青海的撒拉族在居室内禁止挂任何动物像或人像。宁夏的回族民居内部不挂人物像和动物图片，凡是有眼睛的图像都不能张贴。

第三，居室摆设禁忌。在云南，布依族禁忌神龛下方堆放其他杂物。佤族屋里的神龛处不能随意放置东西。拉祜族禁止挪动房内的神桌。布朗族忌把绿色植物公开带入屋内。德昂族家中的佛龛上禁止挂放东西。贵州侗族的神龛上面禁止放置一切凶器，法师、道师、艺人、巫者及狩猎者家中安置的坛火上面也忌放凶器。

第四，建筑方面的禁忌。新疆维吾尔族的房舍院落的大门禁止朝西开。柯尔克孜族毡房门一定要向东。广西壮族盖房时讲究对房基和吉日的选择，建房期间还要躲避一些可能引起不祥的事物。部分地方的壮人盖房时，门要朝南开，是为吉，如果不能朝南，就选择朝东，忌讳门朝西或北边开。大门口不能有树，也不能有东流水。盖房期间，人们往往要主动回避诸如丧葬等不吉的事物，忌食狗肉，通常夫妻不同房，也不在外边过夜。京族忌在吃亭和三婆庙正前方建盖房屋，建牛栏、庄稼栏时要选择合适的日子。在云南，白族忌讳别人家的屋梁头正对自家的大门。巍山县彝族的普通百姓在盖房屋时禁忌用方木为房柱。哈尼族在盖房立柱时，禁讲不吉利的话。水族的楼屋朝向，忌讳朝向穷山恶水；大梁忌被人畜踩踏跨越；盖房以单数为吉，忌盖双间房屋，如盖二、四、六间房；楼屋大门的两侧忌开窗户。四川羌族初一至初五不能砍木头修房子。不能在其上修房子的土地有：城隍庙的地界上、磨坊的基地以及村子里传统意义上的阴间路上面。贵州仡佬族在建房时要选吉日且不能在火日建房。建房时只能请一个木匠，中途不能更换木匠。建房要从左边开始，装房屋的板壁也要从左边开始。房屋的中柱必须由舅舅送，其他人不能送。

第五，与居住相关的居住、待客礼俗禁忌。甘肃的裕固族不准客人携带枪支、弹药、牧鞭、生肉等进帐篷，若带了这些物品，必须在帐篷门外交给主人，方可进入帐房。新疆的哈萨克族晚上不能打开家里的箱子。柯尔克孜族所有家庭成员进门时不能站在门槛上。锡伯族夜晚睡觉时不能把脱下的裤子、鞋袜等放在高处，不得在炕上横卧，不得从衣帽、被枕等物上跨过，不能跨过木工工具、堂屋的火塘和路上拦着的绳子，不能跨坐在堂屋门槛上。塔塔尔族忌在室内大小便。在云南，布依族忌讳产妇走过堂屋，部分地方的布依族还禁忌妇女住在楼上，尤其忌讳外来的已婚妇女住在楼上。傣族家中的中柱不能扶靠，也不能动上面的东西。佤族禁止坐在舂米的臼上，禁止任何人坐在门槛上。拉祜族禁止住因难产死过人的房屋。纳西族晚上点火把回家时，忌把火把带进屋内；晚上回家忌先入卧室，要先入火塘屋。布朗族严禁外家族成员和本家族的人住在一起，更不允许外家族成员进入本家族成员的内房。德昂族不能坐在柴火上，不能坐在门槛上。广西的京族船头烧香的地方不能坐，坐船时忌把双脚垂在船外或舱里，在船上时忌把饭碗覆转，认为覆转饭碗会翻船。

第六，室内居住环境的禁忌。对于室内居住环境，大部分民族都有敬火的习俗和相关的禁忌，因此，与火炉、火塘、炉灶等相关的禁忌较多。蒙古族禁忌在火炉上烤脚，烤湿靴子和鞋子；不能在炉灶上磕烟袋，摔东西、扔脏物；不能跨越炉灶，或用脚蹬或踩踏炉灶。藏族禁止人从灶塘上方跨过，不准在灶塘上方挂或放裤子、鞋、裙子一类的衣物，不准在灶洞里烧死禽、死畜及毛发，不准往火塘里倒水，扫地也不能朝着灶塘方向扫，禁止向灶塘或灶灰里吐口痰，不准用脚踩踏灶塘[①]。在云南，哈尼族禁止跨越火塘，不准朝火塘中吐痰，不随便移动火塘、灶。傣族忌从火塘上跨过，火塘上的三脚架不能随便移动，火塘

① 《中国少数民族民俗大辞典》编写组编《中国少数民族民俗大辞典》，内蒙古人民出版社 1995 年版。

里面的座位只能是老人坐。拉祜族忌讳跨过房内柴头，也不得坐在柴头中间。普米族忌用手去摸火塘上的三脚架以及在灶上烘烤衣服。怒族不得用脚踩火塘中的铁三脚架或锅庄石，更不能从火塘上方跨过，火塘上方的神位不能坐人，也不能从那里经过。德昂族不能用脚踩火塘里的柴火，烧柴不能倒着烧，要从根烧到尖。布朗族认为火塘地位也是神圣的，因此禁止跨越火塘、用脚蹬三脚架；他人用过的三脚架不能支在自己家的火塘上；火塘上也不能放置鞋袜、衣裤。新疆的哈萨克族忌践踏火种与旧炉灶，禁止小孩玩火，禁止往火上倒水，把污物扔火中，亮着的灯火都不能被吹灭。

第七，室外居住环境的禁忌。在云南，瑶族禁忌在房前屋后乱动土。傣族在晾晒衣服时，忌将上衣晒在裤子或裙子的下方。佤族屋子的柱子四周不能挂衣物。青海的撒拉族忌在水井、水塘附近洗涤衣物。新疆的维吾尔族忌讳在黄昏和夜间扫地。塔塔尔族禁止人们在水渠、水池、涝坝（水塘）中洗衣服、洗脸、洗脚、洗澡、游泳，也不准许在住房附近、水源旁边、清真寺附近、墓地周围大小便、吐痰或倒脏水。

（五）出行禁忌

为了出行安全，西部一些少数民族还形成了不少有关出行的禁忌。在广西，金秀的盘瑶（瑶族的分支）但凡有重大事情要出远门，如果刚一上路时就遇见鼠、蛇及大树倒、石山崩等事项，就必须中止出行。壮族出门忌讳打破碗和煮夹生饭，夜间出行忌吹口哨。毛南族出门远行时，禁忌煮饭不熟或破碗。在云南，白族出行有择吉日和看禁忌的习俗。普米族出门时遇到背空筐的人则认为是不祥之兆。水族当家里人出远门的那天，也忌讳煮夹生饭和摔碗、掉筷。彝族忌在家人外出时说不吉利的话。青海的土族忌早上出门碰上背空水桶、空背篼的人。甘肃的保安族出门远行者，禁忌途中遇到空水桶。新疆维吾尔族在星期五（主麻日）这天不能出远门，认为这天出远门会带来许多的不吉利。柯尔克孜族单日、主麻日不宜出门。

（六）语言禁忌

语言是人们交流和表达思想感情的重要手段，语言的使用既可能产生好的社会影响，也可能产生坏的社会影响。为了规范人们的语言，西部很多少数民族就形成了各种语言禁忌。

如西部回族对食用的畜禽忌说“肥”，而要说“壮”；忌说“杀”，而要说“宰”；忌说“肉”，而要说“菜”，如“牛菜”“羊菜”；相互间不能用禁忌物来比喻。藏族在藏历新年的正月初一，忌讳说“空”“完了”“死”“病”“杀”“没有”“穷”“烧”“水冲”“地震”等不吉利的词语。四川的彝族忌在有人生病时说死伤之类的话，忌无故恶语咒骂他人和禽畜，等等。贵州的苗族忌讳别人称他们为“苗子”，做客时，客人也不能称主人“苗子”。广西的壮族对年长者严禁直呼其名；在结伴上山打柴时，严禁说“死”伤”血”“鬼”“臭”等话语。

云南的瑶族在山上劳动时，忌讲老虎，以“嘴大”来代替；在山上煮饭时，要以隐语“烧黄峰”或“控泥”来代替煮饭，忌直说。甘肃的东乡族人去世后忌称“死”字，宰牲时忌说“杀”字，对长辈忌直呼其名，忌说“坟”[①]。内蒙古的鄂温克族小孩死了，不许说死了，而说“丢了”或“少活了”；老人和长辈死了，不能说死了，而是说“成佛了”[②]。广西的京族煮饭烧焦了不能说焦；在船上，油不能说油，要说“滑水”。

（七）其他生活禁忌

除了上述生活禁忌外，西部各少数民族还有很多与生活相关的禁忌。如藏族在翻越山顶时，禁止发出声音，认为发出声音会招致风雪和冰雹；白色的东西不能随便往家外拿，认为会使财气外流；夜晚则忌讳往外倒垃圾；平时忌讳在家里吹口哨，认为只有送鬼时才会吹口哨[③]；也忌讳在路上大小便；不能在别人背后吐唾沫、拍巴掌，尤其忌讳妇女在别人面前抖裙子，认为这些动作都会降灾给对方。贵州的侗族取名时，除辈分字外，晚辈名字中的字绝对禁止和前辈，尤其是直系亲属中的前辈的名字中的字相同。如果结了婚，也有这个忌讳，如果新娘的名字里面的字与新郎家的人的名字中的字相同，则要改名。原则是重字双方谁年纪小谁就改名，新娘年纪小或辈分低就由新

---

① 秦臻、马国忠主编《东乡族——甘肃东乡县韩则岭村调查》，云南大学出版社2004年版。

② 孛·吉尔格勒、罗淳、谭昕主编《鄂温克族——内蒙古鄂温克族旗乌兰宝力格嘎查调查》，云南大学出版社2004年版。

③ 尽管原因各不相同，但很多西部少数民族对吹口哨都有忌讳，如苗族不许在家或夜间吹口哨；哈萨克族、维吾尔族不能在牲畜圈内吹口哨，不能朝麦场里吹口哨；傈僳族忌在家中、室内吹口哨，也不能在别人家吹口哨；纳西族在东巴教圣地不能吹口哨；景颇族严禁在房内吹口哨；达斡尔族不许在室内吹口哨；羌族禁止在家中长辈面前吹口哨；毛南族在室内也忌吹口哨；京族忌夜间在树林中吹口哨或唱歌；侗族插秧时忌吹口哨；彝族忌在夜间吹口哨；壮族夜行忌吹口哨。

娘改名，新郎家重名的人年纪小或辈分低就由新郎家的人改名。新疆的俄罗斯族忌讳“星期五”这个日子和“13”这个数字，结婚时也要避开每月的13号这天，家庭在举行较有纪念意义的活动时一般也不定在星期五。俄罗斯族认为黄色象征着不忠诚，因此忌讳送黄颜色的礼品。云南基诺族有很多忌日。例如，创世神的葬日“西夺”，在这一天不可葬死者；“天地之合”日“嫫”日，这一天不可葬妇女；每个人一定都有5个必忌之日，即自己的生日、父亲死的日子和葬的日子以及母亲死的日子和葬的日子。在忌日中，都有很多需要严格遵守的禁忌，而家庭祭礼则需要避开自己家的忌日。

三、宗教与祭祀禁忌

几乎所有的西部少数民族都有宗教信仰，而围绕本民族的宗教信仰也都形成了各种各样的禁忌规范。如甘肃的裕固族信仰藏传佛教，其相关的禁忌就有：凡是俗人骑马经过寺院时，要很远就下马，然后牵马而过；搬家时驮物的牦牛、牛马羊群和人不能走寺院前面，只能从寺院后面经过；在寺院附近忌大声说话、喧哗；到寺院拜佛进经堂时，男人须由左边脱鞋左脚先进入，女子则由右边进入，男人要用袖口捂嘴，用左手点长明灯。信仰伊斯兰教的新疆维吾尔族忌讳未做小净而抓、读、买卖《古兰经》，禁止踩踏、撕、烧《古兰经》，也不能把它放在脚边，不允许在放置《古兰经》的房屋内睡觉，严禁用印有经文的纸张做一些亵渎行为①。信仰伊斯兰教的青海撒拉族，禁止信仰任何异教；禁止崇拜一切偶像，不得求神问卜（除真主外）；禁止面相算命；禁止赌咒和念咒语咒术；禁止在清真寺或墓地旁边解手；严禁在清真寺内及其附近吐痰，或携带污浊之物进入清真寺；做礼拜时，他人不得从面前走过。青海省循化撒拉族自治县石头坡村的村民们做礼拜都要穿干净衣服，尤其是白色长袍不能有血污；禁止在清真寺里唱歌、跳舞、放电影等②。

在云南，白族信仰自然神、本主神，故而禁止用白色石头垒坟、砌墙或铺路，禁止砍伐祖坟上的山神树及祭天牛的天牛树，忌用狗肉祭奠祖先。布朗族有祭龙树神的习俗，在祭龙树神仪式完毕后的三日内，禁止外寨的人进

---

① 汪俊、张建军《浅析维吾尔族禁忌习俗与社会秩序构建》，《塔里木大学学报》2009年第4期。

② 朱和双、谢佐主编《撒拉族——青海循化县石头坡村调查》，云南大学出版社2004年版。

入寨子；忌水鬼，严禁把水引进寨子；不同家族忌讳使用同一木碓，人禁止坐在木碓上；不能在木碓周围放置红、白布和生肉；旧的木碓即使不用也不能丢弃或当柴来烧。金平县的布朗族祭祀祖先的地方是房屋内左侧第一个火塘，因此其周围忌讳放置红、白布和生肉；神林受到严格保护，严禁任何人进入其内砍柴、割草、放牧和狩猎等。

蒙古族禁止在寺院附近打猎；在参观寺院的经堂、供殿时，不得吸烟、吐痰，不能乱摸法器、经典、佛像等物品，不得高声喧哗。藏族群众在转经时禁止反转经轮；忌产妇及月经期间的妇女进寺院或经堂，平时妇女也不能自由出入寺庙；禁止在寺院附近杀生、打猎或捕鱼。四川凉山彝族地区，举行过成人礼或婚礼的女子，在娘家举行的一切宗教仪式中，不许以主人的身份参加；忌妇女触摸家中所供灵牌，也忌妇女为其献祭；女子不能选择公年公月公日文身；妇女严禁参加“送祖灵”仪式中“为儿女求富贵”的道场。在云南，巍山彝族在敬献观音时，妇女一律不许进入庙内，并禁忌已婚妇女制作敬神用的粑粑。云南布依族在生产活动中的重要事项[①]开始之前，常常要杀鸡占卜，如果占得的结果是凶兆，通常要改变行动，顺从“神意”。瑶族在度戒期间，师父、受度者及其家人必须吃素，同时禁行房事，不能与妇女言笑，忌抬头看天，还要严格遵守道德行为规范的十条戒律。傣族不能砍伐寨神树，不准在寨神树上拴牛马；神树下的鬼台、鬼匾不能随意移动；寨心不能触摸，不能在其周围泼污水、丢污物，也不准拴牲畜，更不能大小便。佤族禁止砍伐墓地周围的树木，严禁进入圣山乱伐树木和捕杀野生动物。景颇族家中的鬼门忌外人通过；祭鬼的地方不能去；不能在“鬼桩”上拴马、晒衣物，也不能在“鬼桩”附近大小便。基诺族忌人去触摸祭鬼用的供品；装换龙门后的三天内，忌任何外人入寨，寨里的人也须安静相处，不得打架、吵闹和爬树，等等。独龙族严禁砍伐鬼林中的树木。彝族中的撒尼人禁止妇女进入村中的密枝林，也禁止随意砍伐密枝林里的树木。广西的仫佬族在做依饭法事的“谷穗”时，参加者不能乱摸，除非本房族的人，否则不可以摸“香火台”。内蒙古的达斡尔族在供神时，不许背向神像坐着，在供神的神龛里不许乱放东西。新疆柯尔克孜族忌向着太阳大小便，忌在圣地洗脚，不允许乱动山顶泉水附近的东西。

---

① 诸如垦荒、建房、出猎等事项。

四、婚礼与生育禁忌

(一) 嫁娶禁忌

为了祈求婚姻生活的幸福，西部一些少数民族形成了各种嫁娶禁忌。

在四川，彝族忌单月提亲、定亲；在订婚后到结婚前，忌女子到男方家中去；闰月不结婚，嫁娶忌犯红纱日和雷雨天，猪日、猴日和月末日忌办婚事；结婚期间忌说死、鬼等不吉利的话；不能损坏婚礼中的用具；姑娘忌嫁期进食；新娘结婚未满月不能回娘家或串门；新婚的新娘忌与孕妇面对面路过；新人忌穿白色衣服，要婚后一百天后方可以穿。羌族回门时新娘和新郎必须在当天太阳落山前回到婆家；新娘进门一星期，不能在家里嬉笑；女子嫁出去后，端午节和过年、正月初一不准回娘家①。

在云南，布依族在订婚时忌响雷；婚礼整个过程中最忌讳“白”的东西，特别忌讳碰到“白事”；结婚时，不能在午时正发亲，新娘出门和抬新嫁妆上路时要回避孕妇，忌讳与当天结婚的另一个新娘走同一条路或走送葬者当天走过的路；再婚妇女忌讳从娘家出门，出门前夕只能在村寨附近的山洞里待上一夜，从那里出发到夫家。白族忌婚日陪嫁行列在路途中和其他人家的陪嫁行列相遇；最忌讳婚嫁行列碰到送丧行列。傈僳族忌单月单日订婚；结婚的日子要逢双，忌逢单；彩礼无论多少要成双成对，忌单数。佤族婚前不能同床，更不许怀孕。拉祜族禁止在父母忌日办婚事，新婚夫妇忌用有缺口的碗。水族民间操办婚事，忌在水书上的凶煞日问亲、迎娶；迎娶之日，最忌响雷，忌讳走同日另一位新娘走过之路，忌讳踩当天出殡送葬者走过之路；新娘入门时，忌踩门槛；新娘进家后，忌讳洞房有人。景颇族男子婚后一年内，忌出远门，或参加“拉事”（一种报复性的械斗）。普米族新娘禁穿白衣，禁骑骡，出嫁途中禁回头张望。怒族新婚夫妇在举行婚礼的三天中忌同居。德昂族忌在日食和月食的日子提亲和办婚事；新婚夫妻从过礼这天开始到拜堂结束，忌穿绿色衣服；孕妇不能参加迎亲队伍；一天内结婚的两对新人不能走同一条路；迎亲途中新娘的脚后跟不能被踩到；新郎新娘拜堂成亲时，任何人不能从新郎新娘中间穿过；婚宴上忌打烂碗；婚礼开始后，忌寺院里的佛爷、和尚到婚礼场所来，忌敲象脚鼓；婚后，忌讳别人呼自己和自

---

① 何斯强、蒋彬主编《羌族——四川汶川县阿尔村调查》，云南大学出版社 2004 年版。

己家人的乳名。

在贵州，仡佬族在订婚后，男女不能见面。黎平县九龙村九龙寨侗族迎亲队伍人数忌双数，老年人不参加接亲队；出新娘家门槛及通过寨中巷道时忌出声、说话、喧哗，忌光线，忌碰到另外一个接亲队；迎亲途中忌遇孕妇，忌过别人新建的“求子桥”；到新郎家后，忌说笑，只能轻声言语，待天亮后方可欢庆热闹；新娘进门时忌与男方家人会面；女儿定居夫家后，回娘家时忌入娘家粮仓；忌拿娘家的扫帚扫地、忌洗碗和倒水等[①]。

在广西，仫佬族举行婚礼时，忌打雷；新娘出门和进门的时候，不能踏上门槛；不能一路哭到夫家；出门时不能向后看，进门时不能抬头看香火台；新娘进门时，新郎要避开[②]。毛南族新娘登梯进门时，忌踩门槛，有孕的妇女和她的丈夫以及新郎、家公、家婆要回避[③]。京族在订婚时，男方家忌打破碗、煮烂饭、家中六畜损失、鸡鸭生软壳蛋；女方家忌看到两条蛇相近、出门时迎面碰见女人；寡妇再嫁忌从正门出，只能从侧门出。内蒙古达斡尔族女方一家不许独享察恩特，在不同意求婚的情形下，不准接受媒人的敬酒磕头礼，也不能留媒人吃饭或过夜。

（二）孕妇禁忌

西部少数民族的孕妇禁忌主要是出于对孕妇的保护，另外也存在因为视孕妇为不洁者而加以禁忌的情况。甘肃肃南裕固族自治县的裕固族认为孕妇不能闻见麝香，否则易堕胎；不能吃鹿肉、喝鹿血，否则头发易变白、脱落，双眼会发红；孕妇不能光脚蹚冷水，不能提、背、扛过重的东西；产妇生下孩子的当天，要在佛龛前点一盏酥油灯，不能熄灭；产妇在月子内出产房，必须戴头巾或帕子，婴儿及产妇的衣物不能在河流中清洗；产妇不准进寺院[④]。

在云南，苗族产妇生产时忌外人入室。巍山县的彝族妇女在怀孕期间

---

① 刘锋、龙耀宏主编《侗族——贵州黎平县九龙村调查》，云南大学出版社 2004 年版。

② 章立明、俸代瑜主编《仫佬族——广西罗城县石门村调查》，云南大学出版社 2004 年版。

③ 匡自明、黄润柏主编《毛南族——广西环江县南昌屯调查》，云南大学出版社 2004 年版。

④ 郑筱筠、高子厚主编《裕固族——甘肃肃南县大草滩村调查》，云南大学出版社 2004 年版。

不能攀爬果树、采摘果子和看见竹子开花，其裤子不能晾晒在蜜蜂窝旁边，不能参加婚礼、丧葬等。滇西一带的彝族孕妇则不准轻易出门，要出门时须择吉日且要洗脸后方能出门。白族妇女在怀孕期间，忌踩跨牵牛的绳子、套绳、弯担等牛用工具；不能参加红白喜事。傈僳族孕妇也忌参加婚礼和进入新娘卧室；妻子有孕，丈夫忌扛死人，孕妇忌跨过刀斧和马鞍鞯等物品。佤族怀孕妇女及其丈夫不能吃用于祭神的食物和酒。拉祜族孕妇禁止爬树，忌讳摘瓜果，忌杀生和骂婴儿。布依族孕妇不准串门、走亲访友，别家办婚事时，不准帮忙、不准摸嫁妆物品，忌拿秤、渔网等物品。普米族禁止妇女怀孕后还在娘家生活，更不能在娘家生孩子。基诺族女子怀孕期间，丈夫在外出打猎时禁砍棕树、禁猎猴子、禁割岩蜂、禁打羽毛为花、黑、黄白、红黑色的鸟、大嘴鸟、犀鸟和声音不好听的鸟、禁打蛇，也不可去抬死亡的老人，不可参加绷大鼓、斗刀把等活动，禁爬树摘果。普米族的孕妇禁忌多是通过对丈夫的行为控制来完成，这一点与其他民族的孕妇禁忌相比有些特殊。

在广西，仫佬族家有孕妇时，家中不能钉钉子，孕妇的床不能乱动；孕妇和她的丈夫不能参加依饭节；产妇要过三朝才能进厅堂，满月后才能出门，未满月不能去串门和参加社交活动；女人坐月子，男人不能进内房①。京族孕妇不能进入“吃亭”；家中有孕妇怀孕六个月以上，忌在孕妇房里剪东西，忌在墙上钉钉，忌搬动做鱼汁的缸，忌在房前屋后铲地，忌在屋旁打基桩；孕妇忌食辛辣和有刺激性的东西②。

贵州侗族的孕妇家禁止移动家中的家具，特别是孕妇的床；丈夫不能去破猪蹄、牛蹄等。四川羌族的孕妇不准随意串门，不准参加婚礼、盖新房等吉庆活动，不准参加敬神或者是祭祀活动，也不允许参加葬礼；孕妇分娩3天内，禁止生人入产房③。内蒙古的达斡尔族孕妇不许往灶坑里看，不许铺熊皮，不许吃驴肉，不能坐驴车，不去看坐月子的妇女；产妇一个月内不出大

---

① 章立明、俸代瑜主编《仫佬族——广西罗城县石门村调查》，云南大学出版社2004年版。

② 马居里、陈家柳主编《京族——广西东兴市山心村调查》，云南大学出版社2004年版。

③ 何斯强、蒋彬主编《羌族——四川汶川县阿尔村调查》，云南大学出版社2004年版。

门，怕污染了门神，不许到屋内西北角去，怕污染了神龛里的神，不许到井边，怕污染了井水[①]。

（三）分娩及产后禁忌

分娩及产后禁忌形成的主要目的在于保护产妇和婴儿。西部各少数民族这方面的禁忌很多。

在广西，壮族已婚妇女只能在婆家生产，忌在娘家分娩；产妇在生产期间，禁止外人特别是男子、不育妇女和狐臭病患者上门。隆林县的彝族妇女在生小孩时忌外人进入，因此家人要在门外挂一把树叶以告知外界。

在四川，凉山彝族产妇生产时染上血污的荞麦秆不能烧掉，要送到家里的肥料堆。羌族婴儿未满月前，禁止产妇进灶房，不得去串门，不得到神山、神龛、庙宇等有神灵之处；生小孩后忌外人入内，一般要忌三至七天；生孩子不满一个月的媳妇不能过桥，不能串门户；七天内不能跨过大门，任意进出[②]。

在云南，布依族忌讳“红人”（未满月的产妇）进家进寨，产妇未满月不准出门，不吃黏米饭。傈僳族不能在娘家生产；儿媳坐月子时，老公公忌进儿媳的住处；产妇忌吃骟猪肉、母牛肉、白或灰色羽毛的鸡肉；产妇家不能烧苞谷花，不能取燃烧着的柴块。佤族产妇生小孩，当日不准外人进屋，屋里屋外不准烧肉吃；产妇在坐月子时，不许串门聊天。拉祜族产妇在产后3日内，忌讳外人进家。水族产妇忌吃酸辣食品，忌听到鞭炮声及其他奇怪的声音；产妇的母亲也忌进入产房。阿昌族妇女生产后七日内，忌别人家的男子进入院子。普米族妇女分娩时，男子忌进入产房。怒族妇女分娩时，男人不能在场；生小孩以后，外人不能进入产妇家，特别是不能在晚上出入产妇家。德昂族产妇月子期间不得串门。基诺族产妇不准在竹楼分娩，要在凉台上或楼下炒菜用的小房间内生产；月子期间，禁吃家畜；婴儿的父母还忌唱歌；婴儿满月的当天，父母忌讲话，忌外人进入屋内，忌带着瓜菜、猎物进入屋内，直至太阳落山方可解禁。独龙族产妇不能在室内分娩，且分娩时，忌男人照料；女子出嫁后，不得回娘家生产。水族忌在娘家生产；生产后三

---

① 毛艳、毅松主编《达斡尔族——内蒙古莫力达瓦旗哈力村调查》，云南大学出版社2004年版。

② 何斯强、蒋彬主编《羌族——四川汶川县阿尔村调查》，云南大学出版社2004年版。

天内，忌讳别的孕妇来家串门。白族生小孩忌外人进门，要在门外挂上篾帽；产妇坐月子时，忌生人进其卧室；产后未满月的产妇，忌上灶煮食、上楼取物、上堂掌灯烧香、到别人家串门。布朗族产妇不能在自己住的房屋内生产，通常会在家旁边搭一个芭蕉叶棚，由丈夫接生，不能由其他人代替；在孩子出生后，从夫居的产妇要在芭蕉叶棚住上一晚才能回家，从妻居的则要住三晚；产妇在回家时忌从正门进入。

在贵州，侗族产妇生产后，三天内忌外人来串门。黎平县九龙村九龙寨的侗族还忌自己家人去别人家；产妇坐月子期间，忌吃鱼虾、鹅鸭（含蛋）、牛肉、瓜果、蔬菜及食盐等；禁到别家串门；禁到井边、河中清洗产妇衣裤和坐月子时段内的婴儿尿片[①]。青海土族家中生小孩禁止外人进入。仡佬族妇女生孩子后一个月内，不能从家里的大门前走过，忌进家中的堂屋，忌靠近家中的香火（神龛）、灶台，忌走村串寨。

青海的土族产妇在孩子满月前，不能出大门；孝子、宗教祭祀人员和生人禁入暗房。循化撒拉族自治县石头坡村撒拉族产后不满月的产妇一般不到别人家去串门，如果串门就被认为是不吉祥的前兆，将来会给他们家带来麻烦[②]。藏族禁忌妇女在家中、帐篷内分娩，认为生孩子时很污秽，要冲毁一切福气；忌讳不生育的妇女抱别人的婴儿；忌讳别人对自己的孩子过分夸奖[③]。内蒙古的达斡尔族产妇在产后三天内，夫妇二人都不许上烟囱脖子，院内忌驴进来，不许推碾子和移动室内的缸罐等；产妇忌门，如果达斡尔族人家门前横放着车轴，标志着这家人家中有产妇，外人就不能擅入屋内；在忌门期间，甚至外地归来的车马或出汗的马，都不许牵入院内；外人忌从坐月子的人家里拿走粮食。鄂温克族妇女生孩子忌说“生孩子”，要说“有孩子了”或“添孩子了”；产妇三天内忌拨火，忌将腥辣的食物扔进火里；产妇未满月前，外来妇女不准带着钥匙进入产房。

（四）养育禁忌

有的民族还有专门针对养育的禁忌。比如，四川的彝族不在鸡日、虎日

① 刘锋、龙耀宏主编《侗族——贵州黎平县九龙村调查》，云南大学出版社 2004 年版。

② 朱和双、谢佐主编《撒拉族——青海循化县石头坡村调查》，云南大学出版社 2004 年版。

③ 《中国少数民族民俗大辞典》编写组编《中国少数民族民俗大辞典》，内蒙古人民出版社 1995 年版。

和猴日给女婴剪发；婴儿未满月以前，家人不能给亲友酒钱或其他钱；婴儿父亲不能出远门，不能过桥；忌男子到有婴儿的人家中串门、做客；母亲不能将婴儿吃不完的奶水随便倒掉，也不能借东西给别人。云南的白族如果小孩出天花，要在病人的房门上挂柏枝，忌生人进入房内。傈僳族家中若生了男孩，忌客人带弓箭和长刀进家；若生了女孩，则忌穿鞋进家；而远道而来的客人则不能入门，忌期通常为十至十三天；忌横抱婴孩。水族忌称赞孩子长得可爱，要说长得丑陋；第一次背孩子回娘家时，要择日子，须避开水书上的凶煞日。

五、动物与植物禁忌

（一）动物禁忌

西部很多少数民族围绕着某些特殊的动物形成了一些禁忌。

在云南，藏族禁打猫头鹰[①]，忌讳狐狸在村庄附近啼叫，认为是村里要死人的征兆；忌讳乌鸦在房上、墙头或帐篷上叫唤，认为是不祥的征兆；忌讳猫在夜间打架，认为不吉利。白族不允许猎杀跑进自己家的兔、鹰、雁等野生动物，忌讳母鸡学公鸡打鸣。傈僳族忌讳捕杀燕子或者破坏燕子的巢，忌讳食猫肉，忌讳蛙、蛇等动物进屋。拉祜族忌讳吃狗肉。水族忌讳鸡上神龛、猪睡食盆。纳西族禁止捕杀狗、蛇、青蛙等动物。普米族年节时禁止打狗，禁止杀狗、吃狗肉。

贵州的侗族忌讳打杀吃了青蛙的蛇，还忌讳遇到两蛇交配。瑶族不允许吃狗肉，不准投毒捕鱼，忌讳食蛇肉。苗族禁杀狗、打狗，也不吃狗肉，新疆的维吾尔族忌杀食鹁鸽。西藏的珞巴族，客人不得打骂狗，猪槽里严禁大小便，蛇和虎在有些地方被视为图腾而严禁捕杀，被毒蛇咬伤要主动停止劳动一天。

（二）植物禁忌

西部各少数民族也围绕着一些特殊的植物形成了一些禁忌。围绕植物所产生的植物禁忌在客观上起到了保护植物资源和生态环境的重要作用。如广西的壮族忌讳竹子开花；有些树种，如芭蕉、竹、桃等一般不允许年轻人栽种。瑶族村寨前后的树木忌讳砍伐，否则会带来灾祸。新疆的哈萨克族不能砍伐生长在荒漠中的独树，也不在树下乘凉、睡觉，忌毁坏树木，忌讳拔青

---

① 藏族认为猫头鹰的先祖是神。

草。云南的哈尼族禁止砍伐神山中的各种树林，禁止破坏和侵害“山神庙”和“龙树”。傈僳族禁止砍伐“神树”。拉祜族不准在树下大小便。德昂族寨子里的榕树禁止砍伐，祭祀过的树木禁止砍伐；开过花的竹子不用来建房、制作家具，不能拿回到家中用；樱桃树也不用来建房，虫喜欢吃的树也不用来建筑房屋；蓝皮树的皮不能用来拴或绑送给别人的东西。

六、丧葬禁忌

（一）死亡禁忌

死亡是所有人必须面对的现象。西部各少数民族的死亡禁忌表现了他们对于死亡的理解，体现了他们在料理后事方面的注意事项。

在贵州，有些苗族地区，忌讳男子在白天死亡，女子在晚上死亡，这被视为不吉利。布依族则忌讳人死在寨子外边，若人死在寨外均被称为“冷期”，一般严禁将尸体抬进寨子和放在家中；未出嫁的姑娘死后，不准从正门抬出去。侗族对于凶死的人，还禁止埋入大坟山；未婚而死的女子，忌讳从家中正门抬出。瑶族忌讳拜访有人死亡的家庭。

在云南，白族禁止将在寨子外因意外事故死亡的人停放厅堂之中，禁止将其与祖先埋在同一块墓地。德昂族、阿昌族对于死在寨子外的人或凶死的人都不允许进寨。哈尼族有的地方规定在寨子外死亡的人，抬回家时不得由正门进家，要在后墙上单独开洞将尸体抬入家内；有些地方则规定孕妇、婴儿的尸体或者在村寨外暴死的人的尸体不得在宗族公共“坟山”埋葬。傈僳族忌讳家中长辈死在楼上；忌讳将尸体较长时间放在床上；忌讳猫、狗等动物从尸体和棺材上蹿过；忌讳给死者穿戴皮毛衣服；非正常死亡的人，如死亡产妇和夭亡儿童忌讳葬入祖坟。水族忌讳出嫁女子死在娘家。怒族忌讳人死前就做好棺材。

内蒙古的鄂温克族忌讳用皮毛给死者制作衣帽。西藏的珞巴族人死后，忌说“死”字，一般用“走了”“老了”“去世了”“没有了”等代替；有人去世，全村停止劳动三天，到死者家帮忙、劝慰[①]。

（二）哀悼禁忌

很多民族在哀悼死者的活动中也需要遵循各种禁忌。如甘肃肃南县裕固

---

① 龚锐、晋美主编《珞巴族——西藏米林县琼林村调查》，云南大学出版社2004年版。

族办理丧事时要停尸守灵，守灵时特别忌讳猫、狗接近尸体，不能让酥油灯熄灭。灵堂内要保持安静，不能在灵前痛哭失声。藏族在丧葬期间，家人不能笑，不能唱歌跳舞、不梳头，不穿新衣服，妇女要取下装饰品，以表示对死者的悼念。一家死了人，在四十九天之内，邻居、村子不办喜事、不歌舞，不举行任何娱乐活动，以示对死者家属的尊重；死者家属在四十九天内不杀害一切生灵①。西藏的珞巴族长辈死后一年以内，子女忌讳佩戴装饰品，忌讳结婚，死者妻子不能剪发、插花，也不能改嫁。贵州黎平县九龙村九龙寨侗族只有孝子忌荤，忌吃肉，又忌鱼虾。侗族家中如遇有人去世，在死者未入棺前，整个家族都忌讳在家中用餐；入棺后，才可在家中用餐，但本家兄弟及子女不能回家用餐，需等安葬后才能回家用餐；家人及家族都忌吃肉，但可吃鱼、虾等水产品②。广西的仫佬族如遇老人去世，孝子必须把头发剃光，赤着脚，不准讲高兴的话，不准笑。

在云南，宁蒗县彝族忌讳用鲜艳布料为死者制作丧服，忌讳焚尸当日上山砍柴、劳动，尤其禁止犁地。佤族如遇人去世，忌讳盖新房和结婚。水族人死后，族人忌讳荤食，但鱼类除外；忌讳活人眼泪滴在死者身上。布朗族家中有人去世，忌讳使用铁器给死者敬献饭、肉；家里也忌讳放置铁制工具。怒族如遇成人死亡，全村社的人禁止劳动生产三天，并需要派人前往丧家吊唁。

（三）埋葬禁忌

尸体的埋葬在西部少数民族中具有特殊的宗教意义，因此始终是西部各少数民族禁忌规范的重点内容。

在云南，白族规定在入殓与出殡时，与死者相同属相和生日者忌讳去送葬，否则会对死者和生者不利。那马白族规定每个季度末一个月的初一，往前推两天，往后推十五天，禁止出殡；用于祭祀的公鸡不能杀、不能吃。傈僳族送葬的人忌讳空腹；安葬时，忌讳把蚂蚁、蜘蛛等小动物一同埋入墓穴中；除清明节外，忌讳在坟墓上动土；忌讳埋葬死者时将棺材对着箐沟处。佤族安葬死人时，忌讳吃杂粮和蔬菜。水族规定死者寿衣穿着忌讳

① 郑筱筠、高子厚主编《裕固族——甘肃肃南县大草滩村调查》，云南大学出版社2004年版。

② 刘锋、龙耀宏主编《侗族——贵州黎平县九龙村调查》，云南大学出版社2004年版。

双数，忌穿棉衣。拉祜族忌讳在不吉利的日子下葬，忌讳单人参加葬礼，禁止将凶死者埋在公共墓地。纳西族死者入棺或火葬时，属相相克者忌讳在现场。昆明郊区的彝族忌讳将不满月的小孩的尸体葬入祖坟，忌讳将死亡的未婚男女、已婚但未育子女者葬入祖坟，忌讳在孕期或生产中死亡的妇女葬入祖坟，忌讳将非正常死亡者葬入祖坟。宁蒗县的彝族忌讳对癞子、麻风病人及不满三个月死亡的婴儿实施火葬，而必须土葬。阿昌族送葬返回途中，不能回头看。怒族随葬品忌铁器。德昂族公共墓地平日一般不允许人进入并触动墓地之物，不得堆坟，不得立碑，所有的死者都安埋到指定的区域；坟地里的树木禁止砍伐，忌讳用坟地里的树木来建房屋。独龙族出殡时，尸体不可从大门抬出。

在贵州，布依族忌讳将除银子之外的金属放在死者口中，忌讳用刺泡树和松树制作死者的棺木。侗族忌讳使用铜铁器物或含有铜铁的器物陪葬；死者入葬前，忌讳扫地和泼水；抬死者上山时忌讳踩到别人的屋基。瑶族规定送葬时，棺木禁止碰着门槛、楼梯等。苗族忌讳在棺材中放铁、铜等金属，但银子除外；忌讳在棺材中放入棉花和涂有桐油的物品。

青海的撒拉族在送葬过程中，外人不得进入坟地；前往坟地安葬时，妇女禁止参加。甘肃的东乡族禁止土葬和水葬以外的其他殡葬方式，忌讳夜间入葬，忌讳陪葬物品，忌讳用棺材。新疆的柯尔克孜族出殡时女性不能去墓地。广西的仫佬族封棺的时候，家里所有的亲人都必须躲开；出殡的时候，棺木不能碰到门框。

（四）丧眷禁忌

为了表示对死者的尊重，同时也是为了保护自己，很多西部少数民族形成了一些有关丧眷的禁忌。

在贵州，苗族在父或母去世后的一个月内忌讳劳作、过桥，在三年内忌讳吃狗肉。有些苗族地区，在灵柩停放期间，家属忌讳吃蔬菜；死者在入葬后一个月内，家中任何东西都不得出卖或借给他人。布依族规定从死者入殓到送上山安葬期间，孝子不能在床上睡觉，而应用稻草铺在灵柩旁陪同死者过夜；孝子不准吃猪肉。布依族丧眷在老人入葬前需忌食荤食，但水产动物除外。侗族孝子忌讳戴孝进别人的家；家中有人去世一个月内，家中男子不得理发，女子不得洗头和动针线。瑶族父母去世，儿女需戴孝三年，孙儿女需戴孝一年，白孝服以穿破戴烂为止，忌讳违反，否则会带来不利；家人在守孝期间，忌讳戴装饰物，忌讳睡高床，坐高凳，夫妻忌讳同房。

在云南，白族如遇家人去世，子女要求守孝一年，在守孝期间禁止结婚。洱源县西山白族在服丧期间女子忌讳打草鞋、织麻布；孝子在服丧期间，七天之内忌讳到别人家串门，二十一天之内忌讳到亲戚家探访；禁止唱山歌。那马白族禁忌规定，在人死后七天之内禁止扫地，三个月之内禁止吃辣椒，一年内禁止吃大蒜；在死者安葬后的一百天之内，孝子不准理发，而且只能穿草鞋；妇女不准梳头。傈僳族守孝期间禁止婚嫁；子女在守灵期间，不准洗脸梳头，忌兴土木；寨子有人去世，全寨人在入葬之前禁吃辣椒；家中有小孩夭折，全家人忌讳吃蒜、葱、羊肉等食物。佤族在父母忌日，不能婚嫁、建房、外出、卖猪、杀猪等。纳西族戴孝人，忌讳去别人家串门。德昂族家中有人去世，死者家属在丧事办理期间不能吃藤本作物菜。京族人在守孝期间不得穿红色等颜色鲜艳的服装和戴各种金银装饰物，也不能参加哈节；孕妇和身体不好的小孩忌讳见到棺木；经常外出和经商的人忌讳去有丧事的家庭串门。

甘肃的裕固族在父母去世的四十九天内，孝子孝女不穿色彩艳丽的衣服，忌佩戴首饰；守孝期间，孝子孝女不喝酒，不猜拳行令，不唱歌、跳舞；孝女不梳头，孝男不剃头不刮须；孝期忌动土，忌杀生①。青海的撒拉族妻子在丈夫去世后最少要守三个月，然后才能改嫁。新疆的维吾尔族在丧葬仪式活动期间，亲属不准啼哭，妇女不准进入坟地，妻子不得扶灵送葬；不能骑着牲口经过埋葬有名者的墓地麻扎，不允许非信仰伊斯兰教的人进入坟地②。柯尔克孜族在死者去世后的四十天里，家里禁止一切娱乐活动，不能喝酒，也不能去别人家；四十天中男性不能刮胡子，女性不能装扮，要穿黑衣，戴白头巾③。塔塔尔族的丧葬是按照伊斯兰教的规定进行的，如遇有人去世，亲友不能大声号哭，家人在服孝期间，不能做饭，一切饮食由邻居送给。内蒙古的达斡尔族在服孝期间，不参加婚礼和娱乐活动，不剃头，不和别人吵嘴，

---

① 郑筱筠、高子厚主编《裕固族——甘肃肃南县大草滩村调查》，云南大学出版社2004年版。

② 肖迎、拜合提亚尔·吐尔逊主编《维吾尔族——新疆疏附县木苏马村调查》，云南大学出版社2004年版。

③ 董秀团、万雪玉主编《柯尔克孜族——新疆乌恰县库拉日克村调查》，云南大学出版社2004年版。

不接受别人磕头，不贴红对联（可贴蓝对联），妇女不戴耳环、手镯[①]。鄂温克族如果父母去世，三个月内儿子不许刮脸和理发；在老人死去的周年日，禁止向别人借用东西，以及参加娱乐活动；父母死后，儿媳以及出嫁的姑娘都要穿白色孝服、扎白腰带，白腰带的扎法有严格的规定，不能乱扎；如果丈夫去世，妻子需要戴孝三年，在此期间不能改嫁[②]。广西的仫佬族在葬礼中，孝男、孝女不准抽烟、不准喝酒、不准吃猪肉，特别是不准吃带酸味的食物；孝子要用白布包头四十九天，孝女要九天以后才能洗头[③]。四川的彝族在父或者母去世的当年，忌讳结婚，孝子在三年内不准杀生害命，打架斗殴。羌族在父母去世当天应当剃头，否则在三个月之内忌讳剃头；在七天之内忌讳到别人家串门；孝子在守孝期间不能穿鲜艳的衣服；孝子在守孝期间如果和村里的人有矛盾，即使占理也不能占上风，否则不利；如果遇到父母去世，要办喜事就必须在当年办，否则三年内不能办喜事[④]。

第三节　习惯法中的制度性习惯

按照习惯的调整对象来分类，西部少数民族村寨制度性习惯的内容可以分为以下几类，即婚姻家庭制度、物权制度、债权制度、侵权制度、生产制度、公共事务管理制度、对违法犯罪行为的处罚制度[⑤]。

一、婚姻家庭制度

婚姻与家庭是社会生活的两个基本方面，在西部少数民族的习惯中，涉及婚姻家庭的习惯最为细致。

---

① 毛艳、毅松主编《达斡尔族——内蒙古莫力达瓦旗哈力村调查》，云南大学出版社 2004 年版。

② 孛·吉尔格勒、罗淳、谭昕主编《鄂温克族——内蒙古鄂温克族自治旗乌兰宝力格嘎查调查》，云南大学出版社 2004 年版。

③ 章立明、俸代瑜主编《仫佬族——广西罗城县石门村调查》，云南大学出版社 2004 年版。

④ 何斯强、蒋彬主编《羌族——四川汶川县阿尔村调查》，云南大学出版社 2004 年版。

⑤ 这种分类方法是现代法学的分类法，而民间法往往是各种内容混杂在一起，无论哪一种渊源的民间法中，都会有调整相同对象的规范，由于这些规范的存在和被实际执行，因此，便有了与这些规范的分类相一致的种种民间的制度。

（一）择偶规则

少数民族在择偶上往往有许多避免近亲结婚的禁忌。在云南省，独龙族的择偶规则最多最细。独龙族调查组把这些规则分为两部分：一是禁止性规则，规定禁止乱伦，禁止家族内通婚，禁止姑表婚；二是优先规则，即“转房制”和“妻姊妹婚”。转房制要求死去丈夫的妇女应转嫁给前夫的亲兄弟或堂兄弟。妻姊妹婚的习惯允许一个男子娶两个或数个互为亲姐妹或堂姐妹的女子为妻，死去妻子的男子也往往续娶原妻的姐妹。前述的转房制也适用于让寡妇转房于姐夫。

（二）结婚规则

在西部许多少数民族村寨中，结婚的年龄一般都低于婚姻法规定的法定年龄，男女 18 岁左右便结婚生子。云南省澜沧县福糯乡南段老寨拉祜族有 15 岁即已结婚的个案。

以民间的仪式作为认可婚姻的形式也是一种共同的习惯，有的民族还有先订婚，后结婚的习俗[①]。订婚和结婚的仪式都比较隆重，送彩礼和大宴宾客均不可缺少，以致结婚使男女双方的家庭承受了巨大的经济负担。过去，由于民间的仪式成为社区中认证婚姻的主要形式，法定的婚姻登记便退居次位。现在，许多村寨中，依法登记的婚姻逐渐增多，在已婚男女中占很大的比例。

（三）婚后居处模式

婚后的居处模式一般有三种，即从夫居、从妻居、单独居住。在现代社会，虽然从夫居或从妻居是一些少数民族传统的居住方式，但婚后居处模式往往可以由双方家长协商而定，或由结婚后的夫妻自由选择。以云南的傣族为例，在以往的调查材料中，往往把傣族婚后居处模式描述为从妻居。而现在，这种从妻居的模式已经有了很大的改变。勐海县曼刚寨傣族婚后的居处模式在形式上仍然保留着从妻居的模式，结婚后一般要在女方家居住，但如果男方家提出落夫家的要求，双方家长则可以协商从妻居的时间，由男方以给女方家庭补偿的方式，将从妻居转变为从夫居[②]。

（四）离婚规则

离婚对于崇尚婚姻自由的少数民族来说是较容易的事，离婚的原因一般

---

① 订婚是云南省勐海县曼刚寨傣族村民结婚的必经程序。

② 云南省澜沧县福糯乡南段老寨的拉祜族也有同样的情况。

是由于包办婚姻、婚外性行为或双方感情不和所致。离婚意味着家庭解体，关于财产分割、子女抚养、婚姻补偿或彩礼退赔等，容易引发种种矛盾，因此需要用习惯来做规范。在财产分割和婚姻补偿及彩礼退赔这类涉及经济的问题上，离婚的原因和谁先提出离婚是起决定作用的因素，一般来说，有过错的一方或先提出离婚的一方在权利主张上处于劣势地位①。在子女的抚养上，女方一般居于优先地位，但如果是采取从妻居或从夫居的居处模式，则子女抚养一般由居处模式来决定，离家者不得带走子女②。

二、物权制度

物权主要指对物的所有权，在村寨生活中物权制度集中表现在对土地的占有、使用、收益和财产的所有权上。

（一）土地制度

村寨的土地属集体所有，家庭联产承包责任制使各民族村寨的集体土地大部分划分在家庭及家庭成员的名下，由农户享有对承包土地的占有、使用、收益的权利。由于各村寨土地面积是固定不变的，而村寨的人口是不断增加的，所以，土地紧张是各民族村寨面临的问题。各村寨对土地控制得很严，土地管理成为一些村规民约中的重要内容。在云南大学2000年调查的25个少数民族村寨中，第二轮土地承包工作已经于1999年完成，土地制度更加明确。考察习惯中的土地制度，主要有这样一些内容：一是按人口均分土地。这是1980年初第一次土地承包时的做法，在1999年第二次土地承包前，又按人口对各户土地承包的土地数量做了调整，使第一次土地承包后出生或因婚姻到村寨落户的人有了自己名下的耕地③。二是有关土地使用的规定。主要涉及相邻关系、荒地开垦、集体土地使用等④。三是

① 在云南省傣族和拉祜族村寨中，有过错的一方或先提出离婚的一方不但在财产分割上要少分或不分，而且还要对他们处以罚款。傈僳族村寨中，男方提出离婚不得索赔原来送过的彩礼，女方提出离婚，则要赔男方比结婚时所得彩礼更多的东西。

② 云南独龙族的离婚较为独特，离婚一般是女方提出，没有男方提出离婚的。女方提出离婚时，男方会极力劝说，如果实在不行，就将女方吊起来狠打一顿，并让其妻妹前来顶替或女方家退回全部聘礼。如果由其妻妹前来顶替，则男方不必再回第二份聘礼。离婚后的女人不得分割家中的财产，也不得带走子女。

③ 云南省勐海县曼刚寨1999年将1981—1999年间死去或因婚姻等因素离村的人的土地收回，然后按人均0.4亩的份额分给此期间出生或因婚姻落户曼刚寨的人。

④ 在云南省蒙古族、彝族、纳西族、白族、傈僳族等村寨的村规民约中都有关于土地使用的规定。

土地的转租、出让等规定[①]。

（二）财产制度

处于经济欠发达地区的少数民族村寨，财产关系并不复杂，所以，相关的财产制度也较为简单，一般来说，只涉及家庭财产的所有权与继承权问题。家庭财产的所有权虽然属于家庭的所有成员共有，但名誉上属于家长，待老人去世后，再由赡养老人的子女来继承。家庭财产的继承范围相对来说比较窄，嫁出去的女儿或分家单过的子女，一般不得继承老人的财产，从而保证了赡养老人的子女能够尽心照顾老人[②]。能够体现家庭财产共有特点的事情是分家。云南的白族、拉祜族分家一般采取平均分配的原则，而哈尼族分家则采取长子分得全家最大的一块田，小儿子继承老房的分配原则。

随着社会的发展，财产共有的形式也有变化，除了家庭成员共有财产的情况之外，对于一些重要的生产工具、交通工具的所有权也出现了亲属或朋友共有的形式，以减轻经济负担并提高使用效率。例如，在被调查的傣族村寨中，拖拉机、打砖机、摩托车由数位家人或数个朋友共有的情况很普遍。

三、债权制度

债权制度指的是契约制度。少数民族在村寨生活中，难免会发生互借互助的行为，同时也会由于与外界的经济交往而发生经济上的债权债务关系。从调查材料看，债的发生主要有几种情况：一是因借贷而生的财物之债。村民之间有时会因为临时的困难向他人借钱、借物，这种借贷一般是口头约定，有钱、物时即还[③]。新疆柯尔克孜族有互帮互助的传统，村民急需用钱时通常找私人借，不立字据也不用证人，靠村民之间的相互信任来实现债权。如果还不起钱，还可以以物抵债，此时也全凭当事人双方口头协议，一致同意即可[④]。二是因互

---

① 土地的转租、出让在《中华人民共和国土地法》中有明确规定。集体土地使用权不得出让，不得用于经营性房产开发，也不得转让、出租用于非农业建设。在云南大学2000年所调查村寨的村规民约中，关于土地的规定大多是依据1986年的土地管理法制定的，少有允许出租、转让和承包土地的规定，多为禁止出租、转让的规定。

② 各民族对财产继承人的选择不同，云南的傈僳族、独龙族、哈尼族多为“幼子继承制”，其他民族无定制。

③ 云南省德宏州的景颇族群众一般会在家庭生活困难、盖房子、生病或子女上学时举债。借债多为口头协定。近年来开始写借据，但200元以下的小额借款仍不写欠条。

④ 董秀团、万雪玉主编《柯尔克孜族——新疆乌恰县库拉日克村调查》，云南大学出版社2004年版。

助而生的劳务之债。互助是一种生产劳动中常见的行为，尽管体现着村民之间的友情，但接受帮助的一方往往有负债的认识，必须以相同的方式向对方提供帮助行为①。新疆柯尔克孜族有代牧的习惯，即如果家里劳动力不够，可以请山上放牧的家庭代牧。如果出现疾病、灾害等不可抗力时，代牧者将死去的牲畜的皮带回来交给主人就不用赔偿损失了，但如果是代牧者不尽心，导致牲畜丢失的，则要赔偿同样大小和品种的牲畜②。三是因侵权而生的损害赔偿之债。若是做出侵害他人权利的违法行为，也会因为赔偿或罚款而承担债务③。四是因合同而生的合同之债。现在许多村寨的生产活动和日常生活往往与外界有密切的联系，现代社会的合同制度开始渗透到村寨生活之中，村委会、村民与政府、企业订立合同，明确双方的权利义务。在这些合同中，购销合同居多，涉及农产品的销售和化肥、农药等工业品的买卖，在一些发达地区，有线电视、电话的使用和用水用电也开始用合同来约定④。

四、生产制度

生产制度一般包括这样一些内容：一是灌溉管理。由于水与收成关系密切，水的使用成了村民关注的焦点，为了避免矛盾，许多村寨都在村规民约中对水源、公平用水的事项做了规定。在云南，玉龙县白华乡制定了《白华乡水电公约》，并成立了水利管理委员会。剑川县东岭乡下沐邑村的白族群众，有一整套关于相邻用水、排水、滴水的习惯，以避免和解决这方面的纠纷。二是互助方式。土地承包后，一些抢农时的生产劳动一家人难以完成，然而，少数民族村寨中的互助传统，使得村寨中的生产劳动在以家庭为基础的前提下，出现了互助小组的形式，互助小组往往是亲戚朋友间自愿组合，

---

① 云南省勐海县曼刚寨傣族群众的互助行为十分普遍，得到帮助是一件很有“面子”的事。但对等互助很严肃认真，每家人都用小本子记载着为他提供互助人的姓名、时间、项目，随时查阅，一旦互助提供者需要帮助，互助受益者必须前去提供帮助，否则会在寨子里丢面子。

② 董秀团、万雪玉主编《柯尔克孜族——新疆乌恰县库拉日克村调查》，云南大学出版社 2004 年版。

③ 村规民约中，罚款的条文很多，只要行为触犯村规民约的，就要交罚款。由于村寨生活中公共组织的权威和“熟人社会”的特点，罚款很容易得到落实。

④ 云南勐海县曼刚寨涉及外界的合同有甘蔗生产收购、红薯生产加工、化肥购销、有线电视安装接收等合同。有趣的是，这些合同的受益人是村民，但签订合同的当事人是村公所或村委会。这样做一方面使合同的信誉增加，另一方面也使履行合同的环节减少，便于双方履行。

也有由村寨指定的。互助小组解决了各家各户农忙时劳力不足的困难。除了互助小组外，农忙时的换工制度也很普遍。如勐海县勐遮乡曼刚寨的94户人家分为12个互助组，当互助组劳动时，如果有不能出工的家庭，往往要以出钱或换工的方式找人顶替，以便维持公平。玉龙县白华乡吉来村纳西族群众有“牛亲家”的习惯，当地采用“二牛抬扛”的耕地方式，由于一家农户养两头耕牛成本较高，所以，多数农户只养一头耕牛或两家农户合养一头耕牛，待需耕地时，便与其他有牛户结成“牛亲家”，双方共同协商用牛的时间、耕地的先后。这种“牛亲家”关系并不稳定，每年都可以自由重组。

五、公共事务管理制度

由于每个村寨都是一个由公众组成的社区，建立公共事务的管理机构进行公共事务管理活动是十分必要的。公共事务管理的内容一般有以下几项：一是组织集体活动，尤其是节日期间的活动组织；二是组织公益活动，如修桥修路；三是组织村民完成上级指派的任务，如提留款的收取，公余粮的交售等；四是保护公共利益，如公共设施的管理，共有资源和环境的保护等；五是处理纠纷，如对违反村规民约行为的处理等。上述这些内容的公共事务管理一般都规定在村规民约或村寨公共组织的工作规范之中①。

六、对违法犯罪行为的处罚制度

少数民族村寨中的违法犯罪虽然不多，但也会发生。在村规民约中，一般都把常见的违法犯罪行为规定为禁止和受处罚的行为。违法犯罪的类型主要有：吸食毒品②、打架斗殴③、不道德的性行为④、偷盗行为⑤、赌博行

---

① 1995年开展的“农村社建”工作，使得农村基层组织得以建立和完善，各种公共事务的管理趋于制度化。例如，云南省勐海县曼刚寨，除了村委会之外，还有宗教小组管理宗教活动，有经济委员会管理寨里的生产活动。另外，如祭寨神的原始宗教活动，仍由“召曼”这一原始宗教的村寨首领来主持。

② 在云南边疆地区的村寨，少数民族群众对境外毒品的侵入恨之入骨，会从维护民族生存、村寨兴旺的立场来禁食毒品，并规定在村规民约中。

③ 打架斗殴影响团结，破坏村寨的稳定，一般由村委会或村寨里的老人来处理。

④ 不道德的性行为包括通奸、强奸、乱伦、婚前性行为、侮辱妇女等，各村寨的村规民约中都规定了严厉的处罚条款。

⑤ 少数民族村寨一是崇尚劳动，二是个人财产有限，所以对于不劳而获，侵害他人财产所有权的行为十分痛恨，处罚也最重。例如，云南省罗平县鲁布革乡多依布依族村委会在村规民约中规定，偷盗各种财物、庄稼者，处以被盗物价值5—10倍的罚款。

为[①]、违反计划生育政策的行为[②]、破坏公共管理活动的行为[③]、不尊敬老人的行为[④]。

对于违法犯罪的行为，村规民约一般都规定了责任和处罚标准。常见的处罚方式有四种：一是罚款。罚款是最普遍的处罚方式。罚款少则几元，多则上千元。对于农村居民来说，一年的收入并不多，所以罚款的方式有很大的威慑力。二是"洗寨子"。实际上是杀猪、宰牛请全寨人或寨子中有威望的人吃饭喝酒，使因其违法犯罪行为蒙羞的寨子洗去耻辱[⑤]。三是赔偿。比如，致人伤亡的，要对被害人及其亲属进行赔偿。四是习惯和国家法同时介入。云南省金平苗族瑶族傣族自治县，正式与非正式的纠纷解决程序或者方式都是同时存在的。金平傣族地区正式的纠纷解决制度包括：国家司法机关（如法院）的裁决、诉讼内调解；国家行政机关（如人民政府及其相关职能部门——公安机关、司法行政机关、民政机关等）的行政调解、裁决、复议、决定等。正式纠纷解决程序或方式以外的所有纠纷解决程序或方式被称为非正式的纠纷解决制度，包括民间组织进行的纠纷解决、当事人的忍让和逃避、当事人之间的谈判和械斗等等。现在，国家机关、机构和法律已成为解决当地民间纠纷的重要力量，它不但可以直接地介入当地民间纠纷的解决，而且对于民间一些非正式的解纷制度和方式也或间接或直接地发挥着重要的影响作用[⑥]。

第四节　少数民族习惯法在现代社会中的变迁

中华人民共和国成立后，在党和国家的指引下，经过各民族的共同努力，西部少数民族地区的政治、经济、文化发生了翻天覆地的变化，正在向小康

---

① 云南农村赌博现象较严重，禁赌也成了少数民族村寨的一项重要社会工作。

② 计划生育是政府极力推进的一项政策，在乡政府制定的各种处罚规定中，超生、早婚生子处罚最重，罚款金额都在2000元以上，甚至数万元。

③ 主要指不参加公共活动或公益活动的行为，这类行为不处罚有损公共组织的权威。

④ 云南省景洪市基诺乡巴亚村的村规民约中规定："对不赡养老人者给予教育并责令赡养老人，同时给予罚款500元作老人的赡养费，情节严重的强令赡养老人并加重罚款。"

⑤ 洗寨子的处罚方式在云南省的傣族、布朗族、阿昌族等民族村寨中普遍存在。

⑥ 王鑫《少数民族农村地区民间纠纷解决制度研究——以云南金平苗族瑶族自治县为例》，载方慧主编《少数民族地区习俗与法律的调适：以云南省金平苗族瑶族傣族自治县为中心的案例研究》，中国社会科学出版社2006年版。

社会迈进。与变化了的社会相适应，少数民族的习惯法也发生了重要的变迁。

一、习惯法变迁的表现举要

少数民族习惯法的变迁是一个既存的事实，关键是如何来记录和阐释习惯法的变迁。这里，我们以举要的方式将习惯法变迁的记录做一个大致的整理。

（一）习惯法在内容上的变迁

习惯法在内容上的变迁是指习惯性民间规范的消失、修改和增加。1950年以来，消失的民间规范主要有：一是维护村寨头人特权的规范。新中国成立以前，许多少数民族村寨存在着与土司制度、山官制度及其他统治制度相联系的头人制度。据20世纪50年代的民族调查材料，在云南省的阿昌族、佤族、景颇族、傣族、基诺族、独龙族、苗族等少数民族村寨中，普遍存在头人制度。村寨头人掌管着村寨中的社会管理权力，并拥有种种特权①。新中国成立后，这些有关维护村寨头人特权的制度已随着旧的统治制度的瓦解而消失。二是维护旧土地制度的规范。在新中国成立以前的习惯中，关于土地制度的规范是其中的重要内容。在不同的民族村寨中，由于社会形态的不同，土地制度也有差别。如云南大理白族的封建土地制度，西双版纳傣族的封建领主土地制度，中甸藏族的奴隶制土地制度，沧源佤族、贡山独龙族的原始公社土地制度等。这些土地制度经20世纪50年代的民主改革被废除后，各少数民族村寨历经合作社和公社化的土地制度，并在20世纪80年代初普遍建立了以土地集体所有制为基础的土地承包制度。三是部分生活、生产方面的习惯法。在村寨中，许多与生活、生产相关的习惯随着当地村民生活方式和生产活动以及观念的变化慢慢消失了，它们消失得无声无息，以致连当地老百姓也说不清这些民间规范是什么时候消失的。在村寨老人们的回忆中，这些规矩在当时是很认真、很严肃的事情。四是神判的规范。神判原来是少数民族普遍使用的一种审判方式，在哈尼族、独龙族、景颇族、瑶族、壮族、藏族、阿昌族、傣族、拉祜族、布依族的村寨调查中，都记录了神判的变迁，除了被调查的独龙族、瑶族和拉祜族村寨尚保留着神判传统外，其余各民族

① 例如，云南省德宏州的景颇族1950年以前存在着山官制度，山官拥有土地特权和收受百姓的纳贡等特权。参见云南省编辑组编《景颇族社会历史调查》（二），云南人民出版社1985年版。

村寨中，神判已经成为历史[①]。

习惯法在内容上的变迁还表现在被修改或新增的规范中。现代社会与新中国成立前的旧社会相比，已经发生了翻天覆地的变化，作为表现社会现实、调整社会秩序的社会规范来说，适应社会的需要是其赖以存在的条件之一。因此，在村寨调查中，随处可见被修改或新增的民间规范。根据导致民间规范修改或增加的原因来分类，这些规范主要有：一是因为国家法律的介入而修改或增加的规范。例如，许多少数民族村寨将有关计划生育和禁毒的工作规定增加到村规民约中[②]；有的少数民族村寨修改了以前习惯法中与国家法律相悖的规定[③]。二是因生产方式改变而修改或增加的规范。例如，在通海县兴蒙乡桃家嘴村六社蒙古族的村规民约中，规定了集体土地的管理、承包合同的订立、水电的管理等内容。三是因为生活方式改变而修改或增加的规范。例如，在婚后的居处方式上，由于男女平等的观念确立和小家庭的独立性增加，传统的从夫居或从妻居的居处方式发生了改变，由夫妻双方自由选择居的居处方式的情况增多[④]。又如，在家族范围识别上，由于亲属在生产活动中的意义和在通婚上的意义不同，人们头脑中的亲属观念发生了变化，一些与此相关的习惯法也相应做了修改[⑤]。

（二）习惯法在权威上的变迁

习惯法的权威是习惯法赖以存在和保证实现的基础。自 20 世纪 50 年代以来，习惯法的权威发生了重大变化，旧的权威或者消失，或者消失以后又

---

① 云南省贡山县丙中洛乡小茶腊独龙族村至今还保留着“捞油锅”和“砍猪头”的神判方式；河口县瑶山乡水曹村的瑶族保留着扔“子”验证谷神和用烧香卜来选举寨老人神判方式；南段老寨的拉祜族处理纠纷的“卡些”是由群众推荐，用“茅草拈鸡蛋清”的办法确定。

② 在云南省，所有少数民族村寨都有计划生育的规定；在被调查的拉祜族、苗族、阿昌族、回族、彝族、景颇族的村规民约中，有关于禁毒的规定。

③ 例如，在云南省文山县攀枝花乡旧平坝上寨，新中国成立前壮族妇女无继承权，现在妇女在家庭中享有和男子一样的继承权。

④ 云南省德宏州景颇族传统的居住方式是从夫居，现在已开始转变为根据现实情况和经济情况选择相应的居住方式，不再有固定模式。

⑤ 云南省勐海县曼刚寨亲属范围除血亲或姻亲外，以认老庚的拟亲形式亲属也加入其中，亲属范围的扩大适应家庭承包制后互助活动的开展，在生活、生产中的互助多以亲属为核心。然而，土地承包后，土地的因素导致通婚半径缩小，为了在遵守禁止族内婚习惯的同时适应通婚半径变化，家庭的范围也相应缩小，现在计算家庭成员只以活着的老人为上限。

复兴，新的权威也处于不断被确立或变更的状态中。从权威的来源看，新中国成立前，习惯法的权威来自于旧的公共权威机构、宗教、家庭和老人、自然力等；现在，习惯法的权威从来源的形式上看并无改变，但在性质和地位上有了明显的变化。习惯法依赖宗教、家族、自然力建立的权威在弱化，并处于不稳定的状态，而村委会作为一种新的公共权力机构，在政府的支持下拥有稳定而强势的权威。在许多村寨，村委会的权威使许多习惯法重新确立并得以实现，而村委会承担着双重角色——村寨秩序的维护者和国家法律的执行者，使村委会在工作中交替或综合地使用习惯法和国家法，由于村委会的介入，习惯法的权威大大加强。

这里，我们选择两件个案分别说明习惯性民间规范权威的丧失与强化。

个案 1

云南省勐海县勐遮乡曼刚寨是一个只有 94 户人家的传统的傣族村寨，1993 年以前，曼刚寨中的民居都是人字顶的干栏式竹木结构或砖木结构的房屋。1993 年，村民岩广因做生意先富起来，便筹划建盖砖混结构两层平顶楼房，用经济实用的平台屋顶取代传统的人字顶①。这种情况在以前的习惯中没有规定，于是以“布章”（村寨中民选的宗教活动召集人）为代表的老人们定下一条规矩：只有当曼刚寨满 100 户人家时，才能盖平顶楼房，否则，平顶楼房会给全村带来灾难。岩广得知这条规矩时，建房的材料已经基本备齐，所以岩广没有服从老人们订立的习惯，于同年七月盖好了全寨第一幢平顶楼房。由于沉浸在“上新房”的忙碌和欢乐上，岩广没有听从建房师傅的建议安装避雷针，结果，上新房后的第三天，一声炸雷砸坏了新房屋顶的一个角，应验了关于建盖平顶楼房规矩的预言，岩广遭到全村公共舆论的指责，只好率全家搬出新房到田边搭塑料帐篷居住。同时，应村里老人的要求，本村缅寺的和尚去新房住。一个月后，据说新房里的鬼和灾难已被和尚驱走，岩广又花了 700 元，象征性地从和尚手里买回新房，重新操办“上新房”仪式。岩广回家的第一件事，便是安装避雷针。雷击事件发生后，建盖平顶楼房的规矩因自然力的作用而得以加强。第二年（1994 年），寨里又有 3 户盖新房，都采用了人字顶砖混结构楼房的设计，但这一年岩广家新房平安无事的状况

---

① 在当地，如果在砖混结构的楼房顶上建盖人字顶，建房费用将增加 5 万元左右，而且平顶楼房晾晒谷物的功能也会丧失。

也使村民对关于平顶楼房的规矩产生了怀疑。1995年，寨里的岩龙又盖了平顶楼房。现在，曼刚寨仍不足100户，但平顶楼房已经盖了近30幢。

在该个案中，我们看到老人的权威在丧失，尽管他们作为传统的保护者仍可以创立习惯法，但他们创立的习惯法已经很难依靠他们的权威得以实现。尤其是年轻一代追求美好生活的欲望和接受外界影响的态度，使传统的权威和维护传统的习惯法受到挑战。此时的习惯法需要外力来强化其权威，雷击新房的偶然事件作为一种自然力的权威加入进来，保证了这一习惯法规范的实现。但是，在科学知识普及和外界影响的冲击下，依靠偶然事件建立的权威迟早仍要丧失。

个案2

云南省澜沧县糯福乡南段老寨拉祜族村的公益事务由寨子里的“卡些”“着巴”、村委会共同安排进行①。因为这些公益事务涉及村里的每一个人，关系到全寨的利益，所以，积极参加公共事务成为村民共同遵守的习惯法。公共事务主要有两种，一种是公共设施的维修，一种是集体活动的组织和参与。公共设施的维修除了路、桥、蓄水池的维修外，主要是春节前对寨神桩、佛寺、祭礼物品的维修和准备。近几年，人们参与或服从安排去维修公共设施的积极性减弱，只好由村委会做出规定，不参加或不服从安排者罚款两元。南段老寨一年中的大型集体活动项目有请天神、祭寨神、拜年等。每年寨子里举行这些活动时，村委会和“卡些”“着巴”均是采取分工负责，互相配合的方式来组织活动。例如，祭祀活动由卡些、着巴主持，拜年活动由村委会和着巴共同组织，这些活动的费用均在村提留款中支付。

这个案例表明，村委会对于习惯法权威的加强和实现提供了必要的支持，使可能丧失的习惯法权威得以强化。

（三）习惯法在语言上的变迁

语言是习惯法的表述方式。习惯法在语言上的变迁主要有两个方面，一是话语体系的变化，二是语词的变化。在云南省傣族、拉祜族、壮族、景颇族、布依族、瑶族、傈僳族、独龙族、布朗族、佤族、阿昌族、回族、藏族的村寨调查中，习惯法一般有两套话语体系：一套话语体系是与根据乡政府或村公所的要求和范本制定的村规民约相匹配的，这些村规民约使用的话语

① “卡些”“着巴”是拉祜族寨子中的宗教活动召集人和纠纷处理者。

体系是现代社会的话语体系，反映着政府对村寨的要求以及村寨的公共利益；另一套话语体系是民间自发的话语体系，它有着悠久的历史，使用朴素的语言，不需解释就为当地群众所了解。例如，拉祜族调查点云南省澜沧县糯福乡南段老寨，1991 年制定的村规民约共 16 条 1800 余字，其中讲到“党的四项基本原则”“精神文明”等，使用的是现代社会的语言。在此村寨中，仅有 50% 左右的群众知道该村规民约的内容。而同一寨子中的群众却 100% 地知道该寨 1995 年制定的寨规。其原因在于该寨的寨规共 10 条，不足 200 个字，简单、清楚、易记。以关于牲畜管理的规定来说，村公所的村规民约规定：“党、政、军、人民团体、个人、集体放牛一律到指定的牧场放牧，不准放到育林区和茶林区。严禁放到茶林，严禁出境放牧，避免涉外事件发生。”“大牲畜糟蹋庄稼，无论损失多少，一律互相协商赔偿，严禁无理取闹，如大牲畜管理较差的看守人，不负责任地把牲畜到处放逃，加倍惩罚，惩罚部分中的食物交集体作为积累。”而南段老寨的寨规对同类事项的规定仅是十几个字：“不准放牛进茶地，不准放牛吃别人的庄稼。”

在云南傣族、傈僳族、回族等信教民族的村寨中，习惯法还有第三套话语体系，即宗教规范的话语体系。宗教规范的话语体系的特点是以宗教的语言和权威来表述宗教戒条。例如，回族将《古兰经》视为行为规范来遵守，许多戒律和伦理规范均来自《古兰经》。《古兰经》中有“信道的人们啊！饮酒、赌博、拜像、求签，只是一种秽行，只是恶魔的行为，故当远离，以便你们成功。”（5：90）1980 年以来，民族地区的宗教迅速恢复并发展，宗教的规范随着宗教信仰的普及和宗教话语的普遍使用而被一些少数民族群众所认识和遵守。

习惯法的话语变化还表现在语词的使用上，即使是在用民间话语体系表述的习惯法中，语词的使用也有了一些变化。如关于罚款的规定便是最明显的例子。罚款是村规民约中最常见的处罚种类，有趣的是，在乡政府或村公所制定的习惯和村民们创制的习惯中，罚款规定的表述往往十分相似，这种趋同的现象其实是因模仿而产生的。另外，由于币制和度量衡的改革、权威主体的变更和生活水平的提高，旧规范中规定的罚款事由虽然没变，但罚款的币制、数量和缴纳对象却变化了，这种变化明显地反映在规范的话语表述中[①]。

---

① 云南省勐海县曼刚寨新中国成立前的旧寨规规定，离婚者如双方同意，男女各出 1.5 半开请头人做证；现在新村规民约规定，此种情况男女各交 50 元给村委会。

二、影响少数民族习惯法变迁的因素

习惯法是一种文化现象，它的变迁一般采取渐进或突变的方式。如果没有外界强势文化的介入或没有内部的激烈变革，习惯法的变迁呈现出缓慢的渐进态势，但当外界强势文化介入或内部激烈变革发生时，习惯法的突变便难以避免。习惯法的变迁过程十分复杂，受到诸多因素的影响。有时，习惯法的变迁也会因为外部因素的改变而发生逆转，或者从一种显性的状态变为一种隐性的状态。所以，研究习惯法的变迁不能不了解影响习惯法变迁的因素。为了使影响习惯法变迁的因素凸现出来，有必要把习惯法的变迁放到中国社会变迁的背景下考察。

西部少数民族地区自1950年以来，大致经历了7次重大的社会变迁：新生的革命政权建立；民主改革；人民公社化；社会主义教育运动（边疆地区还开展了政治边防的建设）；“文化大革命”；拨乱反正，恢复和落实民族政策；改革开放。正是这些重大的社会变迁造就了习惯法变迁的基本因素，即制度因素、替代文化因素、宗教因素、教育的因素和社会生活的因素。

第一，制度的变革是导致习惯法变迁的根本因素。自1949年到1980年，民族地区一直处于制度变革的冲击之下，除了1978年到1980年间拨乱反正、改革开放的制度变革导致习惯法的复兴以外，以往的制度变革都一次次地使少数民族村寨的习惯法不断弱化，甚至趋于全面被摧毁的状态。在云南省景洪市基诺族村寨的调查材料中，调查者这样写道：“据1958年的资料反映，当时被划成地主、富农的人，大多数是基诺山寨的长老、头人。这些长老、头人实际上是基诺族习惯法的传承者，剥夺他们指挥农业生产和主持各种仪式的权力，也就等于从整体上摧毁了形成已久的习惯法。”① 对习惯法造成毁灭性打击的事件应当首推十年“文化大革命”，这场运动不但持续时间长，而且矛头直指“四旧”，即“旧制度、旧思想、旧风俗、旧习惯”，所以，属于“四旧”范围的习惯法在这个时期遭到了彻底铲除。我国的制度变革在1978年前多是以政治运动的形式进行，对习惯法也主要采取打压的策略。在1978年至1980年的拨乱反正、恢复和落实民族政策时期，习惯法呈现出复兴的态势。经过数次政治运动后几乎已不见踪迹的习惯法，尤其是属于少数民族风

① 1958年9月，基诺山开展了“政治补课”运动，在基诺族中划分了阶级，并对被划分出来的地主、富农实行阶级专政。

俗习惯的部分，得以迅速恢复[①]。

第二，替代文化的存在是习惯法变迁的重要条件。所谓替代文化，实际上是一种可被移植的文化。1950年以来，伴随着变革而发生的现象是一种崭新的社会主义文化在民族地区的传播和移植，以致当旧的习惯法被摧毁后，新的文化能够替代习惯法文化的位置，迅速地构建维护社会秩序所需要的新的文化体系。在这个新的文化体系中，规范的要素是很多的，如民族政策，社会主义的道德规范，政府的命令、指示、文件等。由于人民政权的力量和少数民族对人民政权的拥护和信赖，文化移植和替代的进程虽然十分迅猛，但却较为顺利，其结果是在20世纪50年代末至20世纪80年代期间，原来的习惯法文化成了一种隐性文化。在一些少数民族村寨，如云南省峨山县双江镇高平彝族村、丽江县黄山乡白华纳西族村、通海县兴蒙蒙古族乡，这种在20世纪50年代即变为隐性文化的习惯法，经过几十年之后，已经被淡忘或摒弃而没有再复兴。当然，在大多数少数民族村寨，1980年以前变成隐性文化的习惯法，在1980年以后又渐渐地成为村寨中的一种显性文化现象。

第三，宗教的因素是部分习惯法存在和变迁的基础。习惯法中的一些内容与宗教有密切联系，它们有的就是宗教的禁忌，有的则是因为宗教衍生出来的规范。例如，在云南省罗平县鲁布革乡多依布依族村的村规民约中就规定了与原始宗教相关的禁止性规范[②]。在“文化大革命”期间，由于宗教被禁绝，与宗教相关的习惯法也销声匿迹。1980年新的宗教政策出台后，大多数少数民族村寨中的宗教禁忌又被恢复，并出现了规范宗教活动的习惯法。非宗教规范的习惯法和宗教规范在内容上互有重叠，但一般互不冲突，基本上都具有维护传统文化的功能。但是，在一些信仰基督教的村寨，基督教的教规与信教民族的传统文化便出现了对抗性的冲突。例如，云南省泸水县上江乡百花岭村的原始宗教对原有的生产生活方式产生了很大的影响，基督教规中的一些内容彻底改变了该村傈僳族原有的某些习俗。基督教教规规定：不准抽烟、喝酒、奉鬼神，不准唱民间歌谣或讲述祖先的历史传统。现在该村的傈僳族教徒基本上不抽烟、不喝酒、不搞祭祀。他们也不再过传统的“阔时节”，不唱傈僳族的三大调。与此同时，基督教的教规在现实生活中也

① 1975年的宪法废除了关于允许少数民族保持和改革本民族风俗习惯的相关权利的条款，保障这些权利的相关条款在1978年的宪法中被恢复。

② 该村规民约第9条中有4款涉及原始宗教活动的管理规定。

与傈僳族的某些习惯法达成了一种妥协，出现了乡土化的特点。例如，基督教规定不准礼拜天做农活，而教徒们实际遵循的是“礼拜天不杀生，但可以干农活”。

第四，教育的因素是习惯法变迁过程中导致自觉行为的条件。在村寨生活中，教育的种类和途径是多种多样的，常见的有家庭教育、宗教教育、村寨社区的教育、国民教育和来自外界的信息所起的教育作用。教育的作用是让各民族村寨的村民们掌握一套了解和认识习惯法的知识系统。当一个村民完成了从生物人到社会人的转变之后，习惯法便成为一份供他解读的文本。由于所受教育的种类和途径的不同，村民们对习惯法的认识和态度也不一样。在许多民族村寨中，现有的人口大致有四代，1950 年以前出生的第一代人口比例很小，且他们中的大多数在 1950 年时已是 20 岁左右的年轻人，很容易接受新社会的影响，至于第二、三、四代人口都是生在新社会、长在红旗下的人。由于这四代人所受的教育基本上是以社会主义的知识体系为主的教育，所以，各村寨中的习惯法与传统的习惯法相比已经在性质上有了重大的变化，并且，许多习惯法被赋予了新的含义，体现着现代社会的主流文化。例如，各民族村寨订立的村规民约基本上是积极向上的规范，体现了受新社会教育的几代人对传统文化和现代社会的认识程度。

第五，社会生活的变迁是习惯法变迁的基本动力。1949 年以来，少数民族村寨的生产活动和生活方式都发生了重大的变迁，作为反映社会生活的习惯法也必然为了适应社会生活的变迁而发生变革。如狩猎的规范、战争的规范、民族间互相仇视的规范都已经消失了，而像计划生育、土地管理与承包、农业机械的使用等规范出现在新的习惯法中。尤其是随着科学技术的普及和义务教育制度的推行，农村的生产方式和生活方式的变化较为迅速。有的村寨中的习惯法仅仅是村民自治、自律的规范，与过去的传统文化中的习惯法相去甚远。即使其中有一些关于本民族传统节日的规定，那也仅仅是为维护民族性、凝聚民族的认同意识而做的规定①。

---

① 例如，云南省罗平县鲁布革乡多依村的村规民约第 9 条。在此次调查的白族、纳西族、壮族等村寨中，村规民约基本上是国家的一些法规政策的再现，只是操作性、针对性更强了。

参考文献

〔汉〕司马迁撰《史记》，中华书局1959年版。

〔汉〕班固撰《汉书》，中华书局1962年版。

〔晋〕常璩撰，刘琳校注《华阳国志校注》，巴蜀书社1984年版。

〔南朝宋〕范晔撰《后汉书》，中华书局1965年版。

〔北齐〕魏收撰《魏书》，中华书局1974年版。

〔唐〕魏征等撰《隋书》，中华书局1973年版。

〔后晋〕刘昫等撰《旧唐书》，中华书局1975年版。

〔宋〕欧阳修等撰《新唐书》，中华书局1975年版。

〔元〕脱脱等撰《辽史》，中华书局1974年版。

〔清〕沈家本撰，邓经元、骈宇骞校点《历代刑法考》，中华书局1985年版。

〔清〕檀萃辑，宋文熙、李东平校注《滇海虞衡志校注》，云南人民出版社1990年版。

白寿彝主编《中国通史纲要》，上海人民出版社1980年版。

才让著《吐蕃史稿》，甘肃人民出版社2007年版。

陈登武著《从人间世到幽冥界——唐代的法制、社会与国家》，北京大学出版社2007年版。

邓敏文、吴浩著《侗款研究》，中国社会科学出版社1995年版。

东人达著《滇黔川边基督教传播研究（1840—1949）》，人民出版社2004年版。

方慧编著《中国历代民族法律典籍——“二十五史”有关少数民族法律史料辑要》，民族出版社2004年版。

方慧主编《云南法制史》，中国社会科学出版社2005年版。

方铁主编《西南通史》，中州古籍出版社 2003 年版。

甘措著《藏族法律文化研究》，青海人民出版社 2009 年版。

龚佩华著《景颇族山官制社会研究》，中山大学出版社 1988 年版。

郭武著《道教与云南文化——道教在云南的传播、演变及影响》，云南大学出版社 2000 年版。

潜明兹著《中国少数民族英雄史诗》，天津教育出版社 1991 年版。

瞿同祖著《中国法律与中国社会》，中华书局 1981 年版。

李鸣著《中国民族法制史论》，中央民族大学出版社 2008 年版。

龙大轩著《乡土秩序与民间法律：羌族习惯法探析》，华夏文化艺术出版社（香港）2001 年版。

马克林著《回族传统法文化研究》，中国社会科学出版社 2006 年版。

马戎编著《民族社会学——社会学的族群关系研究》，北京大学出版社 2004 年版。

马长寿著《突厥人和突厥汗国》，上海人民出版社 1957 年版。

蒲坚主编《中国历代土地资源法制研究》，北京大学出版社 2006 年版。

任继愈著《中国道教史》，中国社会科学出版社 2001 年版。

史金波著《西夏佛教史略》，宁夏人民出版社 1988 年版。

王恒杰著《迪庆藏族社会史》，中国藏学出版社 1995 年版。

王美秀著《中国基督教史话》，中国大百科全书出版社 2000 年版。

武沐著《匈奴史研究》，民族出版社 2005 年版。

谢重光著《中古佛教僧官制度和社会生活》，商务印书馆 2009 年版。

杨经德著《回族伊斯兰习惯法研究》，宁夏人民出版社 2006 年版。

杨茂盛著《中国北疆古代民族政权形成研究》，黑龙江教育出版社 2004 年版。

杨士宏著《藏族传统法律文化研究》，甘肃人民出版社 2004 年版。

赵云田著《中国治边机构史》，中国藏学出版社 2002 年版。

张践、齐经轩著《中国历代民族宗教政策》，中国社会科学出版社 2007 年版。

张晓辉主编《云南民族村寨调查：傣族——勐海勐遮乡曼刚寨》，云南大学出版社 2001 年版。

张晓辉主编《仡佬族：贵州大方县红丰村调查》，云南大学出版社 2004

年版。

张晓辉、方慧主编《彝族法律文化》，民族出版社 2005 年版。

郑秦著《中国法制史纲要》，法律出版社 2001 年版。

周相卿著《台江县五个苗族自然寨习惯法调查与研究》，贵州人民出版社 2009 年版。

朱炳祥著《社会人类学》，武汉大学出版社 2004 年版。

国家民委《民族问题五种丛书》编辑委员会编《西双版纳傣族社会综合调查》，云南民族出版社 1983 年版。

国家民委《民族问题五种丛书》编辑委员会编《景颇族社会历史调查》，云南人民出版社 1985 年版。

国家民委《民族问题五种丛书》编辑委员会编《云南回族社会历史调查》，云南人民出版社 1986 年版。

国家民委《民族问题五种丛书》编辑委员会编《傣族社会历史调查》，云南人民出版社 1988 年版。

国家民委《民族问题五种丛书》编辑委员会编《四川彝族历史调查资料、档案资料选编》，四川省社会科学院出版社 1987 年版。

国家民委《民族问题五种丛书》编辑委员会编《广西仫佬族社会历史调查》，中央民族大学出版社 2005 年版。

国家民委《民族问题五种丛书》编辑委员会编《广西瑶族社会历史调查》，中央民族大学出版社 2005 年版。

国家民委《民族问题五种丛书》编辑委员会编《达斡尔族社会历史调查》，中央民族大学出版社 2005 年版。

国家民委《民族问题五种丛书》编辑委员会编《云南民族民俗和宗教调查》，民族出版社 2009 年版。

国家民委《民族问题五种丛书》编辑委员会编《裕固族东乡族保安族社会历史调查》，民族出版社 2009 年版。

《苗族简史》编写组编纂《苗族简史》，贵州民族出版社 1985 年版。

睡虎地秦墓竹简整理小组编《睡虎地秦墓竹简》，文物出版社 1978 年版。

[英] 梅因著，沈景一译《古代法》，商务印书馆 1959 年版。

[法] 克劳德·列维－斯特劳斯著，陆晓禾、黄锡光等译《结构人类学》，文化艺术出版社 1989 年版。

[美] 克利福德·吉尔兹著，王海龙、张家瑄译《地方性知识——阐释人类学论文集》，中央编译出版社 2000 年版。

[英] 柏格理等著，东人达、东旻翻译、注释《在未知的中国》，云南民族出版社 2002 年版。

[日] 滋贺秀三著，张建国、李力译《中国家族法原理》，法律出版社 2002 年版。

[美] 伯尔曼著，梁治平译《法律与宗教》，中国政法大学出版社 2003 年版。

后 记

《中国西部民族文化通志·法律卷》是云南大学瞿明安教授主持的2010年度教育部人文社会科学重点研究基地重大项目《中国西部民族文化通志》的分项目。受瞿明安、何明两位主编的委托，由张晓辉牵头组成了《中国西部民族文化通志·法律卷》写作组，历时数年，几易其稿，最终形成了呈现在大家面前的书稿。在写作的过程中，参加写作的各位作者克服了种种困难，竭尽全力收集资料，潜心研究历史和现实中西部少数民族的法律文化，力争为读者奉献一部有所创新的作品。由于西部少数民族法律文化历史悠久、材料浩繁，加之作者的认知能力有限，所以，本书难免存在疏漏和错误，还请读者不吝赐教，以便我们在修订时予以改正。

本书的作者共有八位，分别是：

张晓辉，云南大学法学院教授，博士生导师；

朱艳英，玉溪师范学院法学院副教授，法学博士；

孙健飞，云南财经大学法学院讲师，法学博士；

胡兴东，云南大学滇西社会发展研究中心教授，法学博士；

洪宜婷，法学博士；

洪涵，云南省委党校法学部副教授，法学博士；

王鑫，云南大学法学院讲师，法学博士；

王秋俊，云南师范大学政法学院讲师，法学博士。

本书各部分撰写的分工如下：导论由张晓辉、孙健飞撰写；第一章由朱艳英撰写；第二章由孙健飞撰写；第三章由洪宜婷、张晓辉撰写；第四章由洪涵撰写；第五章由张晓辉、王秋俊撰写；第六章由胡兴东撰写；第七章由王鑫、张晓辉撰写。全书由张晓辉、孙健飞负责修改和统稿，胡兴东参加了本书的写作组织和前期策划工作。

本书付梓之际，《中国西部民族文化通志·法律卷》写作组对总课题主持人和为本书写作、出版提供帮助的同事及编辑表示感谢，没有他们的辛勤付出，这部书难以面世。

张晓辉

初拟于 2013 年 3 月 28 日

修订于 2017 年 2 月 18 日

图书在版编目（CIP）数据

中国西部民族文化通志. 法律卷 / 张晓辉等编著
. -- 昆明：云南人民出版社, 2017. 5
ISBN 978-7-222-15408-7

Ⅰ. ①中… Ⅱ. ①张… Ⅲ. ①民族文化－文化史－西北地区②民族文化－文化史－西南地区③法律－文化－西北地区 ④法律－文化－西南地区 Ⅳ. ①K28②D909. 2

中国版本图书馆CIP数据核字(2016)第307007号

出 品 人：李 维 赵石定
策划编辑：尹 杰
责任编辑：李 萍
装帧设计：王曦云
责任校对：余 祁 缪 伟 李 钧 霍 红 盛雪梅
责任印制：洪中丽

中国西部民族文化通志 法律卷
作 者 张晓辉 孙健飞 胡兴东 朱艳英等 编著
出 版 云南出版集团 云南人民出版社
发 行 云南人民出版社
社 址 昆明市环城西路609号
邮 编 650034
网 址 http：//ynpress.yunshow.com
E-mail ynrms@sina.com
开 本 787mm×1092mm 1/16
印 张 29
字 数 500千
版 次 2017年5月第1版第1次印刷
印 刷 云南国方印刷有限公司
书 号 ISBN 978-7-222-15408-7
定 价 145.00元

如有图书质量与相关问题请与我社联系
审校部电话0871-64164626 印制科电话0871-64191534